순정기독교

상권

예 수 인

순 정 기 독 교

상 권

임마누엘 스베덴보리 지음
이영근 옮김

예 수 인

THE
TRUE CHRISTIAN RELIGION

CONTAINING

THE UNIVERSAL THEOLOGY

OF

THE NEW CHURCH

BY

EMANUEL SWEDENBORG

옮긴이의 머리말

할렐루야! 마라나타!

스베덴보리 선생님의 ≪순정기독교≫(純正基督教 · True Christian Regligion ; 약칭 T.C.R)가 우리말로 번역, 발간된 것은 1995년 8월이었습니다. 지금부터 23여년전 일입니다. 어림잡아 1세대가 지났으므로 이른바 개정본판(改訂版)이 나올 시간이 흘렀습니다. 왜냐하면 옮긴 사람의 이 말에 동의하지 않을 분들도 계시겠지만, 사실 이 책 ≪순정기독교≫는 고전(古典)이기 때문에 정적한 기간이 지나가면 그 시대에 맞는 개념이나 용어로 번역, 출간되어야 한다는 것은 일상의 일이기 때문입니다.

이 책을 번역, 출판하는 사람으로 서두에 "할렐루야! · 마라나타!"라는 말씀을 외람되게 "표제"(標題)로 삼았습니다. 왜냐하면 이 책의 발간이 지극히 사소(些少)한 일이라고 생각할 수도 있겠지만, 저에게는 한마디로 감격, 그 자체입니다. 그리고 그 감격을 주님에게 드리는 말로는 이 두 말씀, "할렐루야! · 마라나타!" 이외에 다른 말이 없다고 생각하였기 때문입니다.

독자 제현께서는 잘 아시는 일이지만 ≪순정기독교≫는 스베덴보리 선생님의 조직신학(組織神學 · 教義學)입니다. 어떤 면에서 보면 난삽(難澁)하고, 따라서 이 책을 읽고, 연구한다는 것은 퍽 지루한 일입니다. 그럼에도 불구하고 우리가 곁에 두고, 읽어야 하는 것은, 그 책의 내용이 처음부터 끝까지, 한마디로 교리(教理)이기 때문입니다. 저자께서는 이 교리를 단순하게 "종교상의 원리나 이치"라는 사전적인 뜻을 넘어서, 넓고 크게는 우리 주님의 계시(啓示)이고, 교회의 설시이고, 따라서, 주님의 강림을 뜻하는 내용으로 개념(概念), 정의(定義)하고 있습니다.

한마디로 ≪순정기독교≫는 가깝고 밀접하게는 성경말씀(=주님말씀·聖言)의 안내서(案內書)이고, 넓고 높게는 주님나라에 인도하는 대문이고, 초석(礎石)입니다. 이 책을 번역, 발간하는 사람으로서, 외람되겠지만, 후배나 후학들에 당부드리는 것은 일반적인 내용은 물론이고, 명제 하나, 문장 하나, 용어 하나에 이르기까지 더 정확한 뜻으로 계속해서 번역, 발간하기를 바랍니다.

저는 교조주의자(敎條主義者)는 아니고, 그런 신앙 또한 좋아하지 않지만, 교리(敎理)는 매우 중요한 것이라고 고집합니다. 그것은 교리가 주님말씀에서 비롯된 것이고, 그 교리에 의하여 해석, 이해할 수 있기 때문입니다. 요사이 시체어로 말한다면 교리는 진보(進步)적이어야 하고, 삶, 즉 종교적인 삶은 보수(保守)적이어야 한다는 것을 주장합니다. 이것을 아우르는 것은 교리(敎理) 뿐이기 때문입니다.

저희 도서출판 <예수인>은 스베덴보리 선생님의 저서를 70여종 발간하였습니다. 그런 일을 하기에는 자질(資質)도, 학식(學識)도, 심지어 재력(財力)까지도 무척 모자르지만, 첫째는 주님의 은총과 보살핌에 의해서, 둘째는 독자 여러분의 헌신적인 도움과 격려(激勵)로 오늘에 이르렀다는 것을 충심으로 감사드리고, 그 사실을 고백합니다.

금후에도 여러분의 후의(厚意)에 감사드리겠습니다. 감사합니다.

2017년 종려주일 아침
이 영근 목사

목 차

옮긴이의 머리말

서론 : 새로운 천계와 새로운 교회의 믿음의 요체(要諦) ············1-3*

제 1 장 : 하나님 창조주(God the Creator)

하나님의 단일성(單一性)

(1) 전 성경과 그것에서 비롯된 기독교계의 교회들의 교리들은 하나님은 존재하시고, 그분은 한 분이시라는 것을 가르친다 ············5-7
(2) 하나님이 계신다 ; 그리고 그분은 한 분이시라고 가르치는 하나님에게서 비롯된 보편적인 입류(a universal influx)가 진리에 속한 사람들의 영혼 안에 있다 ··8
(3) 이런 이유 때문에 이 세상에서 종교를 가지고 있고, 그리고 건전한 이성을 가진 민족들은 하나님의 존재를 시인하고, 그 하나님이 한 분이시라는 것을 시인한다 ····································9·10
(4) 한 분 하나님에 관한 것은, 민족들이나 사람들이 많은 이유 때문에, 서로 다르고, 오늘날까지 여전히 다르다 ························11
(5) 만약에 그가 원한다면, 인간적인 이성(human reason)은, 이 세상에 있는 수많은 것들로부터 하나님이 존재한다는 것과 그분은 한 분이시라는 것을 지각하고, 확신을 갖는다 ····················12
(6) 만약에 하나님이 한 분이 아니시라면, 우주(the universe)는 창조될 수 없고, 보존될 수도 없다 ··13
(7) 하나님을 시인하지 않는 자는 누구나 교회에서 출교(黜敎)되고, 징죄(定罪)된다 ··14
(8) 한 분 대신에 여러 하나님들(Gods)을 시인하는 사람에게는 교회에 관계되는 것들과의 어떤 결합도 결코 존재하지 않는다 ···········15

---

* 이하의 숫자는 책의 쪽수가 아니라 항수이다.

영계 체험기 ··16 · 17

여호와가 뜻하는 신령존재(the Divine esse)

(1) 한 분 하나님은 존재로 말미암아 여호와라고 불리웠다 ; 그것은 그 분 홀로 존재하고(Is), 존재하였고(Was), 존재할 것(Is to Be)이기 때문이다 ; 그것은 그분이 처음과 마지막(the First and the Last)이시기 때문이고, 시작이고, 종말(the Beginning and the End)이시기 때문이고, 알파와 오메가(the Alpha and the Omega)이시기 때문이다 ·····································19
(2) 한 분 하나님은 실체 자체(實體 · Substance itself)이시고, 형상 자체(形狀 · Form itself)이시고, 그리고 천사들이나 사람들은 그분에게서 비롯된 실체들이고, 형상들이고, 그들이 그분 안에, 그리고 그분이 그들 안에 있는 것에 비례하여 그분의 형상들(images)이고, 모양들(likenesses)이다 ··20
(3) 신령존재(the Divine Esse)는 본질적으로 존재(Esse · Being)이고, 본질적으로 현현(Existere · Manifestation)이다 ························21 · 22
(4) 본질적으로 신령존재(the Divine Esse)이고, 본질적으로 신령현현(the Divine Existere)인 그 존재나 그 현현을 가리키는 다른 신령한 것들을 생성한다는 것은 불가능하다 ; 그러므로 동일 본질(the same Essence)의 다른 하나님(another God)은 존재할 수 없다 ············23
(5) 과거 수세기 동안, 오늘날 신들의 복수의 교리(the doctrine of a plurality of gods)는 신령존재의 이해의 부족(a failure)에서 생겨났다····24

하나님의 무한성(無限性 · the Infinity), 즉 그분의 광대무변성(廣大無邊性 · His Immensity)과 영원성(永遠性 · His Eternity)

(1) 하나님께서는 그분께서 당신 자신 안에 계신 존재(Being)이시고, 실재(Existere)이시기 때문에, 그리고 우주 안에 있는 삼라만상은 그분에게서(from Him) 그것들의 존재와 실재를 취하셨기 때문에, 무한하시다 ··28
(2) 하나님께서는, 그분께서 이 세상이 있기 전에, 그리고 공간들(spaces)과 시간들(times)이 생겨나기 전에 계셨기 때문에, 무한하시다 ········29

(3) 이 세상 창조 이후로는, 하나님께서 공간 밖의 공간(in space without space)에, 시간 밖의 시간(in time without time)에 계신다 ……30
(4) 공간들과의 관계에서 하나님의 무한성(God's Infinity)은 광대무변(廣大無邊·Immensity)이라고 부르고, 이에 반하여 시간들과의 관계에서는 하나님의 무한성(無限性)은 영원성(永遠性·Eternity)이라고 부른다 ; 그러나 비록 그것들이 그렇게 관계되고 있지만, 그분의 광대무변성 안에는 공간에 속한 것은 아무것도 없고, 그분의 영원성 안에는 시간에 속한 것은 아무것도 없다 ……………………………………31
(5) 하나님의 무한성은 이 세상의 수많은 것들로부터 조요된 이성(照耀理性·enlightened reason)에 의하여 알 수 있다 ……………32
(6) 창조된 모든 것은 유한(有限)하고, 무한성은, 그것의 수용그릇들 안에 있는 유한한 것들 안에 존재한다 ; 그리고 그것은, 마치 그것의 형상들(its images) 안에 있는 것과 같이, 사람들 안에 있다 ………33·34
영계 체험기 ………………………………………………………35

신령사랑과 신령지혜를 가리키는 신령본질

(1) 하나님은 사랑 자체이시고, 지혜 자체이시며, 이 양자는 하나님의 본질(His Essence)을 형성한다 ……………………………37
(2) 하나님은 선 자체이시고, 진리 자체이시다 ; 그것은 선이 사랑에 속한 것이고, 진리가 지혜에 속한 것이기 때문이다 ……………38
(3) 하나님께서 사랑 자체이시고, 지혜 자체이시기 때문에 그분께서는 본질적으로 생명을 가리키는 생명 자체이시다 ……………39·40
(4) 사랑과 지혜는 하나님 안에서 하나(one)를 완성한다 ………41·42
(5) 사랑의 본질은 자기 이외의 다른 사람들을 사랑하는 것이고, 그들과 하나 되기를 열망하는 것이고, 그들이 나 때문에 복 받게 하는 것이다 ………………………………………………43-45
(6) 신령사랑에 속한 이런 본질적인 것들은 우주에 속한 창조의 원인 (the cause of creation of the universe)이고, 그것의 보존의 원인(the cause of its preservation)이다 ……………………………46·47
영계 체험기 ………………………………………………………48

하나님의 전능·전지·편재(全能·全知·遍在)

(1) 전능(全能)·전지(全知)·편재(遍在)는 신령사랑에서 비롯된 신령지혜에 속해 있다 ···50·51
(2) 하나님에 속한 전능·전지·편재는, 질서가 무엇인지 밝히 알게 될 때, 그리고 하나님께서 질서이시라는 것을 알게 될 때, 그리고 그 하나님께서는 그것들의 창조 때에, 우주와 그리고 그것의 개별적인 것이나, 전체적인 것들에게 질서를 주입(注入), 전래(傳來)시키셨다 ···········52-55
(3) 우주나, 그것의 개별적인 것들이나 전체적인 것들 안에 있는 하나님의 전능(God's omnipotence)은 그분의 질서의 법칙들에 일치하여 발출(發出)하고, 역사(役事)하고, 활동(活動)한다 ·················56-58
(4) 하나님께서는 전지(全知)하시다 ; 다시 말하면 하나님께서는 질서에 일치하여 일어나는, 그리고 질서에 반대하여 일어나는 것들에서 비롯된 지극히 작은 것에 이르기까지, 개별적인 것들이나 전체적인 것들을 지각하시고, 보시고, 아신다 ·····························59-62
(5) 하나님께서는 당신의 질서에 속한 첫째 것들로부터 마지막 것들에 이르기까지 편재(遍在)하신다 ································63·64
(6) 사람은 신령질서(the Divine order)에 속한 한 형체로 창조되었다 65-67
(7) 사람은 신령전능으로 말미암아 악이나 거짓을 다스리는 능력을 가지고 있고, 신령진리로 말미암아 선한 것이나 참된 것이 무엇인지에 관한 지혜를 가지고 있고, 신령편재로 말미암아서는 사람이 신령질서에 일치하여 사는 그 범위까지 하나님 안에 있다 ···············68-70
영계 체험기 ··71-74

우주의 창조(the creation of the universal)

사람의 이해가 보편적인 지식에 의한 지각의 상태에 있기까지는 그 누구도 우주창조의 올바른 개념을 가질 수 없다 ·······················75
영계체험기 ··76-80

제 2 장 : 주님 속량주

(1) 우주의 창조주 여호와 하나님께서는, 그분께서 사람들을 속량하시고, 그들을 구원하시기 위하여 이 세상에 강림하셨고, 인성(人性・신령인간・the Human)을 입으셨다 ················ 82-84
(2) 그분께서는 성언을 가리키는 신령진리로서 강림하셨지만, 그렇다고 그분께서는 신령진리를 신령선에서 분리하시지 않았다 ·········85-88
(3) 하나님께서는 당신의 신령진리에 일치하여 인성(=신령인간・the Human)을 입으셨다 ··89-91
(4) 하나님께서 그것에 의하여 당신을 이 세상에 보내신 인성(人性・신령인간・the Human)이 하나님의 아들(聖子・the Son of God)이라고 불리운다 ··92-94
(5) 속량의 대업(the acts of Redemption)을 통해서 주님께서는 당신을 의(義・Righteousness)로 완성하셨다 ························95・96
(6) 그 대업을 통하여 주님께서는 아버지(聖父)와 당신을 합일(合一)하셨고, 그리고 아버지는 당신 자신을 주님에게 합일하셨는데, 이 합일은 신령질서에 일치한다 ··97-100
(7) 따라서 한 인격 안에서 하나님은 사람(Man)이 되셨고, 사람(Man)은 하나님이 되셨다 ····································101-103
(8) 합일(合一)에 이르는 과정은 겸비에 속한 그분의 상태(His state of Exinanition)이고, 그리고 그 합일 자체는 영광에 속한 그분의 상태(His state of Glorification)이다 ····················104-106
(9) 이후부터 기독교인들 가운데 어느 누구도, 주님을 하나님 구주로 믿고, 오직 그분에게 나아가지 않는다면, 천계에 들어가지 못한다 ·····107・108
(10) 주님의 강림 전 교회의 상태와 강림 뒤 교회의 상태에 관한 여적(餘滴・a corollary) ·······································109
영계 체험기 ··110-113

속량의 대업(贖良大業・Redemption)

(1) 속량(贖良・redemption) 자체는 지옥의 정복이고, 천계의 질서회복(回復・a restoration of order in heavens)이고, 이런 것들에 의한 새로운 영적 교회(a new spiritual church)의 준비다 ··········115-117
(2) 이 속량이 없으면, 사람은 누구도 구원을 받을 수 없고, 천사들도 완

전무결(完全無缺·integrity)의 상태에 계속해서 있을 수 없다 118-120
(3) 이와 같이 사람들뿐만 아니라, 천사들까지도 주님에 의하여 속량되었다 ··121·122
(4) 속량은 순수한 신령역사(役事·a work purely Divine)이다 ········123
(5) 이 속량은 하나님의 성육신(成肉身·God incarnated)에 의하지 않고서는 성취될 수 없다 ··124·125
(6) 십자가의 고난(the passion of the cross)은 대선지자(the greatest Prophet)이신 주님께서 겪으신 최후시험이고, 또한 이 시험은 주님의 인성(His Human)의 영광화의 수단들, 다시 말하면 주님의 인성과 아버지의 신성(the Divine of the Father)의 합일(合一·uniting)이지만, 그러나 그것은 속량은 아니다 ····································126-131
(7) 십자가의 고난이 속량 자체라고 하는 신념(信念·belief)은 교회의 근본적인 오류(the fundamental error of the church)이고, 이 오류는, 영원부터 있었다는 세 신령삼위(three Divine Persons)에 관한 오류와 더불어, 영적인 것이 그것 안에 어느 것 하나 남아 있지 않게 하는 정도까지, 온 교회를 타락시켰다 ····················132·133
영계 체험기 ···134-137

제 3 장 : 성령과 신령역사(the Holy Spirit and Divine Operation)

(1) 성령(聖靈·the Holy Spirit)은 신령진리(the Divine Truth)이고, 그리고 또한 그분 안에 신령삼일성(神靈三一性·the Divine Trinity)으로 계시는 한 분 하나님에게서, 다시 말하면 주님 하나님 구세주(the Lord God the Saviour)에게서, 발출(發出)하는 신령에너지(the Divine Energy)이고, 신령역사(=신령활동·the Divine Operation)이다 ·····················139-141
(2) 성령이 뜻하는, 신령에너지나 신령역사(=신령활동)들은 일반적으로는 개혁(改革·reformation)과 중생(重生·regeneration)을 가리키고, 그리고 이것들과 일치하는 혁신(renovation)·갱생(vivification)·성화(sanctification)·칭의(justification)를 가리키고, 그리고 후자들과 일치하는 악들로부터의 정화(purification)와 죄들의 용서(forgiveness of sins), 그리고 최종적으로는 구원을 가리킨다 ·····················142-145
(3) "성령의 보내심"(the sending of the Holy Spirit)이 뜻하는 신령에너지

와 신령역사(=신령활동)는 특히 선지자에게는 조요(照耀・enlightenment
　　)와 교육(教育・instruction)이다 ……………………………146-148
(4) 주님께서는 그분을 믿는 자들 안에서 이들 에너지들을 활동적으로
　　만드신다 …………………………………………………………149-151
(5) 주님께서는 아버지(聖父・the Father)로 말미암아 자기 스스로 역사
　　(役事・活動)하신다 …………………………………………153-155
(6) 사람의 영(the spirit of man)은 그의 마음을 가리키고, 그리고 그의
　　마음에서 발출한다 ……………………………………………156・157
여적(餘滴) ……………………………………………………………………158
영계 체험기 ……………………………………………………………159-162

신령삼일성(神靈三一性・the Divine Trinity)

(1) 성부・성자・성령을 가리키는 신령 삼일성(a Divine Trinity)이 있다
　　………………………………………………………………………164・165
(2) 세 존재를 가리키는, 아버지・아들・성령은 한 분 하나님의 세 본질적인
　　것들이고, 그것들은 영혼・몸・활동(=역사)(soul・body・operation)이 하나
　　(一體)를 이루는 것과 같이, 사람 안에서 한 몸을 이룬다 ………166-169
(3) 이 세상이 창조되기 전에 이 삼일성은 존재 하지 않았다 ; 그러나
　　이 세상이 창조된 뒤 하나님께서 성육신(成肉身)되셨을 때 삼일성은
　　주어졌고, 생겨났다 ; 그 때 주님 안에는 하나님 속량주와 구세주
　　예수 그리스도께서 존재하셨다 ……………………………170・171
(4) 영원 전부터, 또는 이 세상이 창조되기 전부터 신령 인격들의 삼일
　　성(a Trinity of Divine Persons)의 생각의 개념들 안에는 복수 하나
　　님들의 삼일성(a Trinity of Gods)이 있었다는 것 ; 그리고 이 개념들
　　은 한 분 하나님에 속한 입술의 고백(a lip-confession of one God)에
　　익해서는 결코 불식(拂拭)될 수 없다 ……………………………172・173
(5) 복수 인격들의 삼일성(a Trinity of Persons)은 사도교회(使徒教會・the
　　Apostolic church)에서는 알려지지 않았고, 다만 니케아 종교회의에 의하
　　여 모색되었고, 그리고 그것에서 로마 가톨릭 교회에 전래되었고, 그리
　　고 다시 그 교회에서 분리된 여러 교회들에게 전래, 전수되었다 174-176

(6) 니케아 종교회의의 삼일성이나 이른바 아타나시우스의 삼위일체설(三位一體說)은 서로 협력하며 생겨난 믿음에 의하여 전 기독교회는 왜곡되었다 ·· 177·178
(7) 이것이 다니엘서와 복음서들에서, 그리고 묵시록서에서 주님께서 예언하신 "이전에도 없었고, 앞으로도 있지 않을 멸망의 가증이나, 환난의 근원"이다 ··· 179-181
(8) 그러므로 역시 주님에 의하여 새 하늘과 새로운 교회가 설시되지 않는다면 인류는 누구도 구원받을 수 없다 ····································· 182
(9) 아타나시우스 신경(the Athanasian Creed)에 따라서 복수 인격의 삼일성(=이른바 성 삼위일체설)에서부터 환상들이나 기형적인 것들을 가리키는, 하나님에 관한 수많은 조화롭지 않고, 이질적인 개념들은 생겨났다 ··· 183·184
영계 체험기 ·· 185

제 4 장 : 성서(聖書)·주님의 말씀

Ⅰ. 성서(聖書·the Sacred scripture), 곧 성언(聖言·the Word)은 신령진리 자체이다 ··· 189-192
Ⅱ. 성경말씀 안에는 아직까지 알려지지 않은 영적인 뜻이 있다 ····· 193
 (1) 영적인 뜻은 무엇인가? ·· 194·195
 (2) 영적인 뜻은 성경말씀의 모든 개별적인 것이나, 모든 부분 안에 있다 ·· 196-199
 (3) 성경말씀은, 이 뜻 때문에, 신령하게 영감(靈感), 감동하고, 모든 낱말 안에는 거룩함이 있다 ·· 200
 (4) 지금까지 성경말씀의 영적인 뜻은 알려지지 않았다 ········· 201-207
 (5) 지금까지 성경말씀의 영적인 뜻은 주님에게서 비롯된 순수한 진리들 안에 있는 그런 존재에게 주어질 것이다 ····························· 208
 (6) 성경말씀의 영적인 뜻에서 비롯되는 성경말씀에 관한 놀라운 것들 209
Ⅲ. 성경말씀의 문자적인 뜻은 성경말씀의 영적인 뜻이나, 천적인 뜻의 기초이고, 수용그릇이고, 버팀목이다 ··· 210-213
Ⅳ. 성경말씀의 문자적인 뜻 안에는 그것의 충만함과 거룩함과 능력 가운데 신령진리가 존재한다 ·· 214-216

(1) 성경말씀의 문자적인 뜻에 속한 진리들은 새 예루살렘의 주춧돌들을 형성한 여러 보석들이 뜻한다 ·······················217
(2) 성경말씀의 문자적인 뜻으로 성언의 선들이나 진리들은 아론의 에봇(Aron's ephod·法衣)의 우림과 둠밈이 뜻한다 ··················218
(3) 두로의 왕이 살았다고 언급된 곳인, 에덴 동산 안에 있는 여러 보석들이 뜻한다 ·······················219
(4) 성경말씀의 문자적인 뜻 안에 담겨 있는 극외적인 것들 안에 있는 진리들이나 선들은 성막(tabernacle)의 휘장들·천막들·기둥들이 표징한다 ·······················220
(5) 예루살렘 성전의 외적인 것들이 뜻한다 ·······················221
(6) 주님께서 현성용(顯聖容·transfiguration)하셨을 때, 주님 안에서 표징하는 그것의 광영 안에 있는 것은 성언을 표징한다 ············222
(7) 성경말씀의 극외적인 것들 안에 있는 성언의 능력(the power of the Word)은 나사렛 사람에 의하여 표징되었다 ·······················223
(8) 말로 표현할 수 없는 성언에 속한 능력에 관하여 ················224
V. 교회의 교리는 반드시 성경말씀의 문자적인 뜻에서 취하여야 하고, 그리고 그 뜻에 의하여 확인, 확증되어야 한다 ·················225-230
(1) 교리가 없이 성경말씀은 이해되지 않는다 ·······················226-228
(2) 교리는 반드시 성경말씀의 문자적인 뜻에서 취하여야 하고, 그리고 그것에 의하여 확증되어야 한다 ·······················229-230
(3) 반드시 교리를 구성하는 진정한 교리는 주님에 의하여 조요의 상태에 있는 자들이 성경말씀의 문자적인 뜻 안에 있는 것을 볼 수 있다 ·······················231-233
VI. 성경말씀의 문자적인 뜻에 의하여 주님과의 결합이 있고, 천사들과의 교제가 있다 ·······················234-239
VII. 성언(聖言·the Word)은 모든 처계에 존재하고, 천사적인 지혜는 그것에서 비롯된다 ·······················240-242
VIII. 교회는 성언으로 말미암아 존재하고, 사람에게서 그 교회는 성언의 이해와 같다 ·······················243-247
IX. 성경말씀의 개별적인 모든 것 안에는 주님과 교회의 혼인이 있고, 그리고 결과적으로 선과 진리의 혼인이 있다 ···················248-253
X. 이단사설(異端邪說)이 성경말씀의 문자적인 뜻에서 비롯될 수는 있

     지만 그것을 확증한다는 것은 매우 유해(有害)하다⋯⋯⋯⋯⋯254-260
XI. 주님께서는 이 세상에 계실 때 성경말씀에 기록된 모든 것들을 이
    루셨고, 그리고 그것에 의하여 성언(聖言·the Word), 다시 말하면
    신령진리가 되셨고, 심지어 마지막 것들 안에 계신다 ⋯⋯⋯⋯261-263
XII. 지금 이 세상에 있는 성언(聖言·the Word)이 있기 전에 성언이 있
    었는데, 그것은 잃어버렸다 ⋯⋯⋯⋯⋯⋯⋯⋯⋯⋯⋯⋯⋯⋯264-266
XIII. 교회 밖에 있고, 그리고 성경말씀을 가지고 있지 않는 자들에게
    성언(聖言)을 통한 빛이 있었다 ⋯⋯⋯⋯⋯⋯⋯⋯⋯⋯⋯⋯⋯267-272
XIV. 만약에 성경말씀이 없다면, 어느 누구도 하나님·천계·지옥·사후생명은
    물론이고, 심지어 주님에 관해서도 아무것도 알지 못한다 ⋯⋯⋯273-276
영계 체험기 ⋯⋯⋯⋯⋯⋯⋯⋯⋯⋯⋯⋯⋯⋯⋯⋯⋯⋯⋯⋯⋯⋯⋯277-281

서 론

새로운 천계와 새로운 교회의 믿음의 요체(要諦)

1. 제일 먼저 보편적인 형태(a universal form)나 개별적인 형체(a particular form)로 믿음(faith)을 분명하게 밝히는 것은, 그것이 뒤에 이어지는 이 책의 여러 내용(=일·서술·work)에 앞서 서론(序論·preface)의 임무를 담당하기 때문인데, 그것은 마치 성전에 들어가는 문(門)의 역할을 하기 때문입니다. 따라서 그것은 종합적으로 이 책의 개별적인 내용을 담고 있습니다. 그것을 새로운 천계의 믿음(the faith of the New Heaven·새 하늘)과 새로운 교회의 믿음(the faith of the New Church)이라고 부르는 것은, 천사들의 거처가 천계와 사람들로 이루어진 교회는 속사람(the internal man)과 겉사람(the external man)과 같이, 한 사람처럼 행동하기 때문입니다. 결과적으로 믿음에 속한 진리들에게서 비롯된 사랑에 속한 선 안에 있는, 그리고 사랑에 속한 선에서 비롯된 믿음에 속한 진리들 안에 있는, 교회에 속한 사람은 그의 마음의 내면적인 것들의 측면에서는 천계의 천사이기 때문입니다. 이런 부류의 존재이기 때문에 그는 사후(死後) 천계에 오르고, 그리고 거기에서 그의 사랑과 믿음의 결합의 상태에 비례해서 행복을 향유(享有)합니다. 여기서 주지하여야 할 것은 주님께서 지금 설시하시는 새로운 천계(=새 하늘)에 있는 이 믿음은 그것의 서론이고, 대문(大門)이고, 요체(要諦)라는 것입니다.

2. 그것의 보편적인 형태로 있는 새로운 천계의 믿음과 새로운 교회의 믿음은 아래와 같습니다.
여호와이신 영원부터 계신 주님께서 지옥을 정복(征服)하시기 위하여, 그리고 그분의 인성(人性·His Human)을 영화하시기 위하여, 이 세상에 강림하셨습니다. 이 일이 없으면 살아 있는 인간(人間·mortal)은 누구도 구원받을 수 없지만, 그러나 주님을 믿는 사람들은 구원을 받는다는 것입니다.

[2] 이것을 그것의 보편적인 형체로 믿음이라고 부릅니다. 그것은 이것이 믿음의 보편적인 원칙(the universal principle of faith)이기 때문이고, 그리고 믿음의 보편적인 원칙은 그것에 속한 개별적인 것이나 전체적인 것들 안에 반드시 있어야만 하기 때문입니다. 믿음의 보편적인 원칙은 하나님이 본질(本質·essence)적으로나 인격(人格·person)적으로 한 분이시고, 그분 안에는 신령 삼일성(神靈三一性·a Divine trinity)이 계신다는 것 ; 그리고 그분은 주 하나님 구세주 예수 그리스도(the Lord God the Saviour Jesus Christ)이시라는 것 등입니다. 믿음의 보편적인 원칙은 만약에 주님께서 이 세상에 오시지 않았다면, 유한한 인간은 결코 구원받을 수 없다는 것입니다. 그리고 믿음의 보편적인 원칙은 그분께서는 사람에게서 지옥을 옮기시기 위하여 이 세상에 오셨다는 것 ; 그리고 그분께서는 그것과의 수많은 다툼들(contests)과 그것을 정복한 승리들(勝利·victories)에 의하여 그것을 옮기셨다는 것 ; 그리고 그것을 질서에 맞게 진압(鎭壓)하셨고, 그것을 그분 당신에게 복종(服從)하게 하셨다는 것 등입니다. 그리고 믿음의 보편적인 원칙은, 그분께서 이 세상에서 취하셨던 그분의 인성(=신령인간·His Human)을 영화하시기 위하여 이 세상에 오셨다는 것, 다시 말하면 삼라만상(森羅萬象)의 근원이신 신령존재와 인성을 합일(合一·to unite)하기 위하여 이 세상에 오셨고, 그 합일에 의하여 그분께서는 지옥을 영원히 질서에 두셨고, 그분에게의 복종 하에 두셨다는 것 등입니다. 이 일로 그분의 인성에 허락하신 온갖 시험들에 의하여, 그리고 십자가의 열정(=고통·the passion of the cross)을 가리키는 마지막의 그 시험까지 성취(成就)하셨기 때문에, 그분께서는 그 시험을 참으시고 이기셨습니다. 이런 일련의 것들이 바로 주님과 관계되는 믿음의 보편적인 원칙들입니다.

[3] 사람의 직분(man's part)에서 믿음의 보편적인 원칙은 사람은 반드시 주님을 믿어야 한다는 것입니다. 왜냐하면 그분을 믿는 것에 의하여 그분과의 결합(結合·conjunction)이 있기 때문이고, 그리고 그것에 의하여 구원(救援·salvation)이 있기 때문입니다. 주님을 믿는다는 것은 그분께서 구원하신다는 신뢰(=확신·confidence)를 갖는 이 확신 역시 주

님을 신뢰한다는 말이 뜻하는 것입니다. 이 사실을 주님께서 요한복음서에서 가르치셨습니다. 그 복음서의 말씀입니다.

> 아들을 보고 그를 믿는 사람이면 누구나 영원한 생명을 얻게 하시는 것이 내 아버지의 뜻이다. 나는 마지막 날에 그들을 다시 살릴 것이다(요한 6 : 40).

같은 복음서의 말씀입니다.

> 아들을 믿는 사람에게는 영원한 생명이 있다. 아들에게 순종하지 않는 사람은 생명을 얻지 못한다(요한 3 : 36).

3. 개별적인 형태로 새로운 천계의 믿음과 새로운 교회의 믿음은 아래와 같습니다.
여호와 하나님(Jehovah God)은 사랑 자체이시고, 지혜 자체시라는 것 ; 그리고 선 자체이시고, 진리 자체시라는 것입니다. 성언(聖言·the Word)을 가리키는 신령진리(the Divine Truth)의 측면에서, 하나님과 함께 계신 하나님은 이 세상에 오셨고, 그리고 천계에 있는 것들이나 지옥에 있는 모든 것들을, 그리고 교회에 있는 모든 것들을 질서에 맞게 두시기 위한 목적을 위해 신령인간(神靈人性·인간성정·the Human)을 취하셨습니다. 그것은 그 때 지옥의 능력(=힘·the power of hell)이 천계의 능력(the power of heaven) 보다 우세하였기 때문이고, 이 땅에 있는 악의 능력(=힘·the power of evil)은 선의 능력(the power of good)을 극복, 우세하였기 때문에, 결과적으로 전체적인 파멸(=천벌·a total damnation)이 문 입구에서 협박(脅迫)하고 서 있었기 때문입니다. 이 절박한 영벌(=파멸·impending damnation)을 여호와 하나님께서, 신령진리를 가리키는 그분이 신령인간(=신령인성·His Human)에 의하여 제거하셨는데, 따라서 그분께서는 전사들과 사람들을 속량(贖良·redeem)하셨고, 그리고 그 결과, 그분께서는 그분의 신령인간 안에서 신령선과 신령진리를, 신령사랑과 신령지혜를 합일(合一)하셨습니다. 그러므로 그것으로서 그분의 영화하신 신령인성 안에 존재하는 그분께서, 영원 전부터 그것 안에 계시는 그분의 신령존재에 돌아오셨습니다. 이런 일련의 내용이 요한복음서의 이런 말씀들이 뜻합니다. 그 복음서의 말씀입니다.

> 그 말씀은 하나님과 함께 계셨다. 그 말씀은 하나님이셨다.……말씀이 육신이 되셨다(요한 1 : 1, 14).

같은 책의 말씀입니다.

> 나는 아버지에게서 떠나서 세상에 왔다. 나는 세상을 두고 아버지께로 간다 (요한 16 : 28).

역시 이 말씀들도 같은 내용을 뜻합니다.

> 우리는, 하나님의 아들이 오셔서, 그 참되신 분을 알 수 있도록, 우리에게 이해력을 주신 것을 압니다. 우리는, 그 참되신 분, 곧 하나님의 아들 예수 그리스도 안에 있습니다. 이분은 참 하나님이시요, 영원한 생명이십니다(요한 1서 5 : 20).

이상의 여러 장절들에게서 명확한 것은 이 세상에 주님의 강림이 없었다면, 어느 누구도 구원을 받지 못한다는 것입니다. 이것은 오늘날도 마찬가지입니다. 그러므로 신령진리로 이 세상에 다시 오시는 주님의 강림이 없으면 어느 누구도 구원을 받을 수 없다는 것입니다.
[2] 사람의 직분(man's part)에 대한 믿음에 속한 개별적인 것들입니다.
(1) 하나님은 한 분이시고, 그분 안에 신령 삼일성(神靈三一性·a Divine Trinity)이 있고, 주 하나님 구세주 예수 그리스도가 그분이시다.
(2) 구원하는 믿음(saving faith)은 그분을 믿는다는 것.
(3) 악들은 결코 행하지 않는다는 것 ; 그 이유는 악들은 악마에 속한 것이고, 악마에게서 비롯되기 때문이다.
(4) 선은 반드시 행하여야 한다는 것 ; 그 이유는 선들은 하나님에게 속한 것이고, 하나님에게서 비롯되기 때문이다.
(5) 이런 일들은, 마치 그 자신에 의하여 행해지듯이, 사람에 의하여 행해져야 한다는 것 ; 그러나 반드시 믿어야 할 것은 이런 일들은 사람 안에서(in man), 그리고 사람을 통하여(through man), 주님에 의하여 행해진다는 것이다.

여기서 첫째 두 사안들은 믿음에 속한 사안들이고, 그 다음의 두 사안들은 인애에 속한 사안이고, 다섯째 사안은 인애와 믿음의 결합에 속한 사안이고, 따라서 주님과 사람의 결합에 속한 사안입니다.

제 1 장

하나님 창조주(God the Creator)

4. 주님의 시대로부터 기독교회는, 마치 유아기부터 극단의 노년기에 이르기까지 수많은 단계들(the several stages)을 통과하였습니다. 기독교회의 유아기는 사도들의 시대인데, 이 시기에서 그들은 회개와 주 하나님 구세주를 믿는 믿음을 온 세상에 두루 전파하였습니다. 그들이 전파한 것은 사도들의 행위들(=사도행전·the Acts of the Apostles)의 이런 말씀에서 잘 알 수 있겠습니다. 그 책의 말씀입니다.

> 나(=바울)는 유대 사람에게나 그리스 사람에게나 똑 같이, 회개하고 하나님께로 돌아와야 하고, 우리 주 예수를 믿어야 한다고 증언하였습니다(사도행전 20 : 21).

여기서 주목하여야 할 것은 몇 개월 전 주님께서는, 지금은 천사들이지만, 주님의 열두 제자들을 불러 모으시고, 그리고 영계를 두루 다니며, 거기에서 새로운 복음을 전파할 명령을 주시며, 그들을 파송하셨습니다. 그것은 교회의 남은그루터기(a remnant of the church)까지 거의 잔존(殘存)하지 않을 만큼 극점(極點)에 이르렀기 때문입니다. 이런 일이 생긴 것은 신령삼일성(神靈三一性·the Divine trinity)이 세 인격들(three persons)로 나뉘었기 때문이고, 그리고 그것의 각각이 하나님(God)이고, 주님(the Lord)이 되었기 때문입니다.

[2] 이런 이유 때문에 일종의 광란의 상태(狂亂·a frenzy)는 모든 신학 신학(神學) 뿐만 아니라, 주님의 이름에서 명명(命名)된 기독교회(the christian church)에게까지 내습, 침략(侵略)하였습니다. 그것을 광란의 상태(a frenzy)라고 부르는 것은 사람의 마음이 거기에 한 분 하나님이

존재하느냐, 세 분 하나님이 있느냐에 관해서 알려고 조차 하지 않을 만큼, 그것에 의하여 아주 쓸모없는 정신착란 상태(demented)가 되었기 때문입니다. 입술에는 한 분 하나님(one God)이 존재하였지만, 그러나 마음에 속한 생각에는 세 분 하나님(three Gods)이 계셨습니다. 결과적으로 마음과 입술(the mind and lips), 다시 말하면 생각과 언어(=말・言語・the thought and speech)에는 모순(矛盾)과 불화(不和)가 있었습니다. 그리고 이와 같은 모순이나 불화의 결과는 종국에 전혀 하나님이 존재하지 않았습니다. 오늘날 팽배(澎湃)한 자연주의(自然主義・naturalism)는 이 밖의 다른 근원에서 온 것이 아닙니다. 여러분이 원하신다면, 입술로는 하나(one)를 말하고, 마음으로는 셋을 생각하는 것을 상상해 보십시오. 그들이 안에서(within) 만날 때, 이들 명제(命題)들 하나는 다른 명제를 취소(取消), 말살(抹殺)시키지 않겠습니까? 결과적으로 사람이 하나님에 관해서 생각할 때 만약에 그가 하나님을 전혀 생각하지 않고, 하나님에 관한 지식을 뜻하는 그 이름의 뜻에 의하여 수반(隨伴)하는 것이 전혀 아무것도 없는, 그저 단순한 하나님의 이름으로부터 생각하는 것 이외에 무엇이 있겠습니까?

[3] 하나님의 개념은, 그분의 모든 개념과 함께, 여러 갈래로 나뉘어졌기 때문에, 내가 바라는 목적은 그것들의 순서에 따라서, 하나님 창조(God the Creator)・주님 속량주(the Lord the Redeemer)・성령 조력자(the Holy Spirit the Operator) 그리고 마지막으로 신령삼일성(the Divine trinity)의 개념(=뜻)을 다시 다루고자 하는데, 그것은 여러 갈래로 찢겨진 개념(=뜻)을 다시 전체(whole)로 만드는데, 그 목적이 있습니다. 이와 같은 일은, 사람의 이성(理性)이 성경말씀에 의하여 확신을 가지게 되고, 그리고 그것에서 비롯된 빛에 의하여 거기에 신령삼일성(a divine trinity)이 있다는 것이 확신되고, 그 삼일성(三一性)이 마치 사람 안에서 영혼과 몸, 그리고 그것들—영혼과 몸—에서 나온 활동과 같이 주님 하나님 구세주 예수 그리스도께서 그분 안에 있나는 것입니다. 따라서 이러한 내용은 아타나시우스 신조에서 참이라고 하는 것입니다. 그 신조의 조항에는, 그리스도 안에는 하나님과 사람(God and man)이, 또한 신령존재와 신령인간(the Divine and the Divine Human)이, 둘이 아니고, 한 인격(one person)으로 계신다는 것입니다. 그리고 합리적인 영혼(the rational soul)과 합리적인 육(=몸・the rational flesh)은 한 사람

(one man)이기 때문에, 그러므로 하나님과 사람(God and man)은 한 분 그리스도(one Christ)시라는 것입니다.

하나님의 단일성(單一性·the unity of God)

5. 하나님의 지식(a knowledge of God)에서 하나님의 시인(是認·the acknowledgment of God)이 비롯된다는 것은 신학의 전 내용의 본질 자체이고, 정수(精髓·영혼·soul)이기 때문에, 필연적인 것은, 하나님의 단일성(the unity of God)을 제일 먼저 다룰 수밖에 없겠습니다. 이것은 아래의 순서에 따라서 설명되겠습니다.
(1) 전 성경과 그것에서 비롯된 기독교계의 교회들의 교리들은 하나님은 존재하시고, 그분은 한 분이시라는 것을 가르친다.
(2) 하나님이 계신다 ; 그리고 그분은 한 분이시라고 가르치는 하나님에게서 비롯된 보편적인 입류(a universal influx)가 진리에 속한 사람들의 영혼 안에 있다.
(3) 이런 이유 때문에 이 세상에서 종교를 가지고 있고, 그리고 건전한 이성을 가진 민족들은 하나님의 존재를 시인하고, 그 하나님이 한 분이시라는 것을 시인한다.
(4) 한 분 하나님에 관한 것은 민족들이나 사람들이 수많은 이유 때문에, 서로 다르고, 오늘날까지도 여전히 다르다.
(5) 만약에 그가 원한다면, 인간적인 이성(human reason)은, 이 세상에 있는 수많은 것들로부터, 하나님이 존재한다는 것과 그분은 한 분이시라는 것을 지각하고, 확신을 갖는다.
(6) 만약에 하나님이 한 분이 아니라면, 우주(the universe)는 창조될 수 없고, 보존될 수도 없다.
(7) 하나님을 시인하지 않는 자는 누구나 교회에서 출교(黜敎)되고, 정죄(定罪)된다.
(8) 한 분 대신에 여러 하나님들(Gods)을 시인하는 사람에게는 교회에 관계되는 것들과 결코 어떤 결합도 존재하지 않는다.
이런 명제(命題)들이 하나씩 언급 밝혀질 것입니다.
6. (1) **전 성경과 그것에서 비롯된 기독교계의 교회들의 교리들은 하나**

님은 존재하시고, 그분은 한 분이시라는 것을 가르친다.
전 성경이 가르치는 것은, 하나님이 계신다는 것입니다. 그 이유는 성경의 극내적인 것 안에는 하나님 이외에는 아무것도 없다는 것, 다시 말하면 하나님에게서 발출하는 신령 이외에는 아무것도 없기 때문입니다. 왜냐하면 성경은 하나님에 의하여 구술(口述)되었기 때문입니다. 그리고 하나님에게서는 하나님의 속성이나 신령하다고 부르는 것 이외에는 발출될 수 없기 때문입니다. 이것이 그것의 극내적인 것 안에 있는 성언(聖言)입니다. 그러나 그것 아래에 있고, 그것의 극내적인 것에서 비롯된 것이 성경입니다. 그러나 그것 아래에 있고, 그것의 극내적인 것들에서 비롯된 성언의 파생적인 것들에는, 성경말씀이 천사들이나 사람들의 지각에 적합하도록 되어 있습니다. 신령한 것은, 서로 다른 모양 안에 있지만, 이들 파생적인 것들 안에는 꼭 같은 모양으로 있습니다. 그것 안에 있는 것은 신령 천적·신령 영적·신령 자연적이라고 불리웁니다. 이런 것들은 단순하게 하나님의 외피들(外皮·the draperies of God)입니다. 왜냐하면 당신께서 성경말씀의 극내적인 것에 계시는 존재이시기 때문에, 하나님 당신은 피조물에 의하여 보여 지실 수 없는 존재이시기 때문입니다. 왜냐하면 그분께서는, 모세가 여호와의 광영(the glory of Jehovah)을 보기를 간구하였을 때, 어느 누구도 하나님을 볼 수 없고, 그리고 하나님을 보는 자는 살 수 없다고 모세에게 말씀하셨기 때문입니다. 이러한 사실은 성경말씀의 극내적인 내용에 있어서도 동일하기 때문입니다. 그것은 하나님이 계신 곳이 그분의 존재이고, 본질(His very Being and Essence)이시기 때문입니다.

[2] 그럼에도 불구하고, 극내적인 것을 형성하시고, 그리고 천사들이나 사람들의 지각에 맞게 적응된 것들에 의하여 예쁘게 꾸미시는 신령존재는, 비록 하나님으로 말미암아, 또는 자기 자신으로부터 자신을 위해 사람이 형성한 마음의 상태에 일치하여 각양하게 다르지만, 수정이 형체들을 통해서 나오는 빛깔과 같은 것을 빌립니다. 하나님으로 말미암아 자기 마음의 상태를 형성하는 모든 자들 앞에는 성언은 그 사람이 그것 안에서 하나님을 보는 거울과 같습니다. 그러나 각자는 자기 자신의 식대로 하나님을 봅니다. 이 거울은 사람이 성경말씀(聖言)에서 배운 진리들로, 그리고 그것들에 일치한 삶에 의하여 그가 전유(專有), 터득한 진리들로 만듭니다. 이렇게 볼 때 명확한 것은 제일 첫째로 성경말

씀(聖言)은 하나님으로 충만하다는 것입니다.

[3] 성경말씀은 하나님이 존재하신다는 것뿐만 아니라, 하나님이 한 분이시라는 것을 가르친다는 것은, 이미 앞에서 언급한 것과 같이, 그 거울을 형성하는 진리들로부터 잘 볼 수 있고, 그리고 그 거울 안에 있는 진리들은 시종일관(始終一貫) 하나로서의 전체를 형성하고, 그리고 그것은 사람으로 하여금 하나님에 관해서 한 분 이외의 존재로 생각한다는 것을 불가능하게 만듭니다. 결과적으로 성언으로부터 신성한 것으로 주입, 물든 이성을 가지고 있는 모든 사람은, 마치 자기 자신으로 말미암은 것처럼, 하나님이 한 분이시라는 것 이외에 거기에서 많은 것을 말할 수 있다는 일종의 광기(狂氣)를 느끼기도 합니다. 천사들은 복수 하나님들(Gods)의 낱말을 발설하는 입술조차 열 수 없습니다. 왜냐하면 그들이 그것 안에서 살고 있는 천계적인 영기(靈氣·the heavenly aura)는 그렇게 발설하는 것을 막기 때문입니다. 성경말씀이 가르치는 것은 하나님이 한 분이시라는 것, 따라서 앞에서 언급한 것과 같이 보편적인 장절들뿐만 아니라, 수많은 개별적인 장절들이 이 사실을 가르치고 있습니다. 예를 들면 아래의 장절들이 되겠습니다.

이스라엘아, 들어라. 주는 우리 하나님이시오, 주는 오직 한 분뿐이시다(=주 우리의 하나님, 주님은 한 분이시다)(신명기 6 : 4 ; 마가 12 : 29).
과연 하나님께서 당신과 함께 계십니다.
그 밖에 다른 이가 없습니다.
(이사야 45 : 14)
나는……
주 너희의 하나님이다.……
너희가 아는 하나님은
나 밖에 없고,
나 말고는 다른 구원자가 없었다.
(호세아 13 : 4)
이스라엘의 왕이신 주,
이스라엘의 속량자이신
만군의 주께서 말씀하신다.
"나는 시작이요, 마감이다.
나 밖에 다른 신은 없다."

(이사야 44 : 6)
그 날이 오면,
주께서 온 세상의 왕이 될 것이다.
그 날이 오면……
오직 그분의 이름 하나만으로
간구할 것이다.
(스가랴 14 : 9)

7. 기독교계에 있는 교회들에 속한 교리들이 하나님은 한 분이시라고 가르친다는 것은 주지의 사실입니다. 그 교리들이 이 사실을 가르치는 것은 모든 그들의 교리들이 성경말씀에서 비롯되었기 때문이고, 그리고 입술이나 마음 양자에서 한 분 하나님이 시인되는 것에 비례하여 이들 교리들은 일치하기 때문입니다. 입술로는 한 분 하나님을 고백하지만, 오늘날 기독교 국가의 수많은 사람들처럼 마음으로는 세 분 하나님들을 수용하는 자들에게는 하나님께서는 입술에 담긴 한 낱말 이외에 아무것도 아닙니다. 그리고 모든 그들의 신학은 한 사당(祠堂)에 유폐(幽閉)된 금 우상과 같고, 그리고 사제 홀로 쥐고 있는 그 성전에 들어가는 열쇠와 같습니다. 사람들이 성경말씀을 읽을 때, 그들은 성경말씀 안에 있는, 또는 성경말씀에서 비롯되는 빛을 전혀 지각하지 못하고, 심지어 하나님께서 한 분이시라는 것까지도 알지 못합니다. 이런 부류의 사람들에게 성경말씀은 먹물로 더럽혀진 것처럼 보이고, 하나님의 단일성에 관해서는 그런 것들로 전적으로 가려져 있습니다. 이들이 마태복음서에서 주님에 의하여 기술된 자들입니다. 그 책의 말씀입니다.

너희가 듣기는 들어도 깨닫지 못하고,
보기는 보아도 알아보지 못할 것이다.
이 백성의 마음은 무디어지고,
귀는 듣지 못하고,
눈은 감겼다.
이는 그들이
눈으로 보고 귀로 듣고 마음으로 깨달아
그들이 다시 돌이켜
내게 고침을 받을까 염려된다.
(마태 13 : 14, 15)

이들은 모두 빛을 기피, 멀리하는 사람들과 같고, 창문들이 없는 캄캄한 방에 들어가서, 음식이나 돈을 찾으면서 벽을 더듬는 사람과 같고, 종국에는 짙은 흑암에서 보는, 밤새들(birds of the night)과 같이 환상(vision)을 찾는 사람과 같습니다. 그들은, 정숙한 아내가 아니고, 다만 호색적인 정부(情婦)가 여러 남편을 둔 여인과 같습니다. 그리고 또한 그들은, 여러 구혼자들에게서 혼인 반지들을 받은 처녀들과 같아서, 혼인식 뒤에도 한 남편이 아니고 여러 사내들에게 정을 주는 혼인한 부정한 아내와 같습니다.

8. (2) 하나님이 계신다 ; 그리고 그분은 한 분이시라고 가르치는 하나님에게서 비롯된 보편적인 입류(a universal influx)가 진리에 속한 사람들의 영혼 안에 있다.

하나님으로부터 사람에게 유입한 입류가 있다는 것은, 본질적으로 선을 가리키고, 사람 안에 존재하고, 사람에 의하여 행해지는 모든 선은 하나님에게서 온다는 보편적인 고백에서 명백합니다. 인애에 속한 모든 것이나, 믿음에 속한 모든 것도 마찬가지입니다. 왜냐하면 우리는 성경 말씀에서 이런 말씀을 읽기 때문입니다. 요한복음서의 말씀입니다.

    하늘이 주시지 않으면, 사람은 아무것도 받을 수 없다(요한 3 : 27).

예수님께서 말씀하셨습니다. 같은 책의 말씀입니다.

    너희는 나를 떠나서는 아무것도 할 수 없다(요한 15 : 5).

다시 말하면 인애와 믿음에 속한 어떤 것도 할 수 없다는 것입니다. 영혼이 극내적인 것이기 때문에, 그리고 사람의 가장 높은 부위이기 때문에, 이런 입류는 사람들의 영혼들 안에 오고, 그리고 거기에서부터 그 아래에 있는 것들에 내려오고, 그리고 수용에 일치하여 그것들에게 생기를 줍니다. 신념(=신앙)을 형성하려고 유입하는 진리들은 사실은 들음(=순종·the hearing)을 통해서, 그리고 따라서 마음에, 다시 말하면 아래에 있는 영혼에 활착됩니다. 그러나 이런 진리들에 의하여 사람은 단순하게 하나님에게서 비롯된 입류를 영혼을 통해서 영접, 수용할 준비를 합니다. 이런 것이 준비(preparation)이고, 그리고 이런 것이 자연적인 믿음(natural faith)의 영적인 믿음에의 변형(transformation)입니다.
[2] 하나님에게서 비롯된 진리에 속한 사람들의 영혼들에 유입하는 이런 입류에는 하나님은 한 분이시다 라는 진리에 속한 것이 있습니다. 그 이유는, 가장 개별적인 것과 꼭 같이, 가장 일반적인 측면에서 모든 신령한 것은 하나님을 가리킵니다. 그리고 온전히 신령한 것은 한 몸처럼 결합하기 때문에, 그것은 사람에게서 한 분 하나님의 개념을 일어나지 않게 할 수밖에 없습니다. 그리고 이 개념은, 마치 하나님에 의하여 사람이 천계의 빛에 오르는 것과 같이, 매일매일 강하게 튼튼해집니다. 왜냐하면 그들의 빛 가운데 있는 천사들은 하나님들(Gods)이라는 낱말을 발설할 수 없다는 것을 알고 있기 때문입니다. 심지어 그들의 언어는 음률의 단일성(a oneness of cadence)으로 모든 문장의 끝맺음으로 마감합니다. 그리고 하나님은 한 분이시다 라는 그들의 영혼에 유입한 진리에 속한 입류 이외에 다른 원인은 없습니다.
[3] 하나님은 한 분이시다 라는 사람들의 영혼에 유입된 진리에 속한 입류에도 불구하고, 하나님의 신성(神性·the Divine of God)을 동일한 본질을 가지고 있는 여럿의 존재로 나누어서 생각하는 사람들이 많이 있는데, 이런 이유는 입류가 위에서 내려올 때 그것은 대응적인 형체들 안에 들어오지 않기 때문이고, 그리고 입류는 그것을 수용하는 형체(form)에 의하여 각양으로 변형되기 때문입니다. 그와 같은 일은 자연의 삼계(三界)의 모든 주체들에서 일어나고 있습니다. 사람에게 생기를 주시고, 모든 짐승에게 생기를 주시는 하나님께서도 동일하십니다. 그러나 수용의 형체(the recipient form)는 짐승은 짐승이 되게, 사람은 사람이 되게 하는 원인 그것입니다. 그 원인은 사람에게서도 사실입니다. 사람이 그의 마음에서 짐승의 형체로 바꾸어 입류를 받으면 그런 것으로 변형시킵니다. 모든 나무에 유입하는 태양에서 비롯되는 입류도 마찬가지입니다. 그러나 그 입류는 각각의 형체에 따라서 다릅니다. 포도나무에 오는 입류나 가시나무에 오는 입류는 동일합니다. 그러나 만약에 가시나무가 포도나무에 접목(接木)되었다면 그 입류는 변형될 것이고, 가시나무의 형체에 일치하여 나아갈 것입니다.
[4] 광물계의 주체들에게서도 마찬가지입니다. 동일한 빛이 석회석이나 금강석에 유입하지만, 그러나 금강석에서는 그것대로 변형되고, 이에 반하여 석회석에서는 그 빛을 소멸시킵니다. 사람의 마음에서도 여러

차이들은 마음의 형체들에 일치하는데, 그것은 하나님을 믿는 믿음에 일치해서는, 그리고 하나님에게서 비롯되는 생명과 일치해서는 내적으로 영적인 것이 되고, 이런 형체들은 한 분 하나님을 믿는 믿음에 의해서는 반투명(半透明)한 것이나 천사적인 것이 되지만, 반대로 한 분 하나님보다 많은 것을 믿는 믿음에 의해서는 흑암이 되고, 짐승처럼 야만(野蠻)스럽게 되는데, 그것은 하나님을 전혀 믿지 않는 믿음에서도 전혀 다르지 않습니다.

9. (3) 이런 이유 때문에 이 세상에서 종교를 가지고 있고, 그리고 건전한 이성을 가진 민족들은 하나님의 존재를 시인하고, 그 하나님이 한 분이시라는 것을 시인한다.

앞에서 다룬 것과 같이 사람들의 영혼들에 유입한 신령입류(the Divine influx)에는, 모든 사람 안에 하나님이 존재한다는 내적인 지시(=명령·an internal dictate)가 있다는 것이고, 그리고 그분은 한 분이시라는 것입니다. 그럼에도 불구하고 몇몇은 하나님을 부인하는 자들이 있고, 몇몇은 하나가 아니고 더 많은 신들(gods)이 있다고 시인하는 자들도 있고, 그리고 몇몇은 여러 신들 중의 한 형상들로 예배하는 자들도 있습니다. 이런 것이 가능한 것은, 어떤 부류의 사람들은 세상적인 것들이나 관능적인 것들 때문에, 그들의 이성에 속한 내면적인 것들이나 이해에 속한 그런 것들이 폐쇄(閉鎖)되었기 때문입니다. 이런 것들에 의하여 그들의 처음 것들이나 어린 아이적인 개념은 말살(抹殺)되었기 때문에, 그리고 동시에 그들의 가슴에서 비롯된 종교를 배척하게 되었고, 그리고 그것을 그들의 등 뒤로 내던지게 되었습니다. 기독교인들은 한 분 하나님을 시인하지만, 그러나 어떤 면에서 보면 그들이 가지고 있는 신조(信條·creed)에서 그러한 것뿐입니다. 이러한 사실은 그 내용이 이러합니다.

가톨릭교회의 믿음은 이러합니다: 우리는 삼일성(三一性·trinity)으로 계시는 한 분 하나님을 예배하고, 단일성(單一性·unity)으로 계시는 삼일성을 믿는다; 거기에는 세 신령 인격들(three Divine persons)이 있는데, 곧 아버지(聖父·the Father)·아들(聖子·the Son)·성령(聖靈·the Holy Spirit)이시다; 그러나 거기에는 아버지의 한 인격(one person of the Father·한 위·一位))이 있고, 아들의 한 인격(one person of the Son·한 위·一位)이 있고, 성령의 한 인격(one person of the Holy Spirit·한 위·

一位)이 있는데, 그리고 그들의 신성(Divinity)은 하나이고, 그들의 광영이 동일하고, 그들의 왕권(=주권·majesty)도 영원히 공존(共存·coeternal)한다는 것 등등입니다. 따라서 아버지(聖父·the Father)도 하나님이시고, 아들(聖子·the Son)도 하나님이시고, 성령(聖靈·the Holy Spirit)도 하나님이십니다. 그러나 기독교의 진리(Christian verity)에 의하여 강요받고 있는 것은 각각의 인격이 하나님이시고 주님이시라고 고백하는 것이기 때문에, 그러므로 세 분 하나님들(three Gods)이나 세 분 주님들(three Lords)을 말하는 것이 가톨릭 종교에 의하여 금지되고 있습니다.

이런 사실이 하나님의 단일성(the unity of God)에 관한 기독교인의 믿음(the Christian faith)입니다. 그러나 그 신조에 있는 하나님의 삼일성(the trinity of God)이나 하나님의 단일성(the unity of God)에 관해서 그것들의 각각의 불일치(不一致)에 관해서는 우리의 책 "신령 삼일성"(the Divine Trinity)을 다루는 장에서 잘 보여질 것입니다.

[2] 종교를 가지고 있고, 그리고 건전한 이성을 가지고 있는 이 세상에 살고 있는 여러 다른 민족들도 한 분 하나님이 계신다는 시인에 동의합니다. 여러 나라에 살고 있는 마호메트 교도들, 아프리카 대륙의 수많은 나라에 살고 있는 아프리카 사람들, 그리고 여러 나라에 살고 있는 아세아 사람들, 그리고 오늘날의 유대 사람들도 그와 같은 시인에 동의하고 있습니다. 이른바 황금기의 태고시대 사람들 중에서 종교를 가지고 있었던 사람들은, 그들이 여호와라고 부르는, 한 분 하나님을 예배하였습니다. 군주적 정부들(monarchical governments)이 세워지기까지, 뒤이어진 시대의 고대 사람도 동일하였지만, 그 이후 세속적인 사랑들(worldly loves)이나 관능적인 사랑들(corporeal loves)이, 종전에는 열려있었던, 이해에 속한 보다 높은 종교들을 폐쇄하기 시작할 때, 그리고 한 분 하나님 예배를 위한 성전들(temples)이나 산당(=신당·川堂·神堂·sacred recesses)들도 마찬가지였습니다. 이런 것들이 재차 열리기 위하여, 따라서 한 분 하나님 예배가 회복되기 위하여 주 하나님(the Lord God)은 야곱의 후손들 가운데 한 교회를 설시, 제정하셨고, 그리고 그분께서는 이것을 그들의 한 종교의 모든 계명들 중에 첫째로 세우셨습니다. 출애굽기서의 말씀입니다.

너희는 내 앞에서(=나 밖에는) 다른 신들을 섬기지 못한다(출애굽기 20 : 3).

[3] 더욱이 그 때 그분께서 회복시킨 이름 여호와(the name Jehovah)는 최고 존재(the supreme Being)나 유일존재(the only Being)를 뜻하고, 그리고 우주에 존재하는 삼라만상(森羅萬象)의 모든 것의 근원(the Source of everything)을 뜻합니다. 여호와에서 파생된 이름 요베(Jove)는 고대의 이교(the ancient heathen)에 의하여 최고의 신(a supreme god)으로 예배되었습니다. 그분의 뜰(=궁전·his court)을 구성하는 수많은 다른 신들을 그들은 신성(=신·神性·divinity)으로 옷 입혔습니다. 한편 뒤이어지는 시대에서 현자들(賢者·지혜로운 사람·wise men), 예를 들면 플라톤(Platon)이나 아리스토텔레스 같은 사람들은, 이들이 신들(gods)이 아니고, 오히려 한 분 하나님의 그 많은 특성들(特性·properties)·성품(性稟·qualities)·속성들(屬性·attributes)이라고 고백하였고, 이들이 신들(gods)로 불린 것은, 그것들의 각각에는 그 어떤 신령한 것(something Divine)이 있었기 때문입니다.

10. 그것이 종교적인 것은 아니라고 해도, 모든 건전한 이성(all sound reason)은, 그것이 어떤 것에 의존하고 있지 않다면, 모든 복합적인 것(every composite thing)은 그것 자체가 여러 조각들로 흩어질 것으로 알고 있습니다. 예를 들면 사람의 경우, 사람은 수많은 기관들·내장들·감관이나 운동의 기관들로 구성되어 있는데, 만약에 그것들이 한 영혼(one soul)에 의존하고 있지 않다면, 그리고 몸통(肉身·the body) 자체도 그것이 심장에 의존되어 있지 않다면, 그것들은 산산조각으로 흩어질 것입니다. 한 왕국도, 그것이 한 임금에게 의존되어 있지 않다면, 동일한 일이 일어날 것이고, 한 가정이 한 가장에 의존되어 있지 않다면, 그리고 모든 나라에 속한 수많은 종류의 모든 공직(公職·office)도 한 공직자에게 의존되지 않았다면, 동일한 일이 일어날 것입니다. 만약에 막강한 힘을 가진 지휘관이 없다면 적군과 싸우는 군대가 무슨 소용이 있겠으며, 그 지휘관 휘하에 있는 장교는 무슨 소용이 있겠으며, 그 장교를 따르는 그들 각자에게는 군인들을 위한 특별한 지휘권을 가져야 하지 않겠습니까? 만약에 교회가 한 분 하나님을 시인하지 않는다면, 역시 교회에도 동일한 일이 일어날 것이고, 이 땅의 교회의 머리와 같

은 천사적 천계에도 동일한 일이 일어날 것입니다. 이들 천계나 교회에게는 주님께서 진정한 영혼과 같습니다. 천계나 교회가 한 분 하나님을 시인하지 않을 때 그것들은 죽은 몸과 같고, 그것은 쓸모가 없는 것으로 버려지고, 매장될 것입니다.

11. (4) 한 분 하나님에 관한 것은, 민족들이나 사람들의 수많은 이유 때문에, 서로 다르고, 오늘날까지도 여전히 다르다.
그 원인의 첫째는 하나님의 지식이나, 하나님의 시인은 계시(啓示·revelation)가 없으면 불가능하다는 것입니다. 그리고 또한 주님에 관한 지식이나, 그것에서 생겨지는 "그분 안에는 모든 충만함이 육체로 주님 안에 거한다" 라는 시인은 계시의 면류관을 가리키는, 성언이 없으면 불가능하다는 것입니다. 왜냐하면 사람에게 주어진 계시에 의하여 사람은 하나님에게 가까이 나아갈 수 있고, 입류를 영접, 수용할 수 있고, 그리고 그것에 의하여 자연적인 것에서 영적인 것이 될 수 있기 때문입니다. 원계시(原啓示·the primeval revelation)는 온 세계에 두루 확장되었지만, 그러나 그것은 자연적인 사람에 의하여 여러 갈래로 악용(惡用), 변절(變節)되었는데, 그것은 곧 종교적인 논쟁들·분쟁들·이단사설들·분리들의 근원입니다. 그 원인의 둘째는 자연적인 사람은 하나님에 관한 어떤 지각도 불가능하지만, 그러나 다만 이 세상에 관한 지각이나, 이것을 자기 자신에게 적용하는 것만은 가능하다는 것입니다. 결과적으로, 자연적인 사람은 영적인 사람에게 정반대이고, 대립(對立)한다는 것, 그리고 그들은 서로서로 다툰다는 것 등은 기독교회의 규범들(規範·canons) 가운데 있습니다. 이러한 내용은 성경말씀에서, 하나님이 존재한다는 다른 계시에서 배운 사람들이 하나님의 성품이나 단일성에 관해서 서로 달라졌고, 지금도 여전히 다른 이유를 설명해 주고 있습니다.
[2] 이런 이유 때문에 정신적인 시각(mental sight)이 육체적인 감관들에 의존해 있는 자들은, 그럼에도 불구하고 하나님을 보고자 하는 열망을 가지고 있는 자들은, 가시적인 대상물들 하에서 그들이 하나님을 예배하기 위하여 자기 자신들을 위하여 금과 은, 돌이나 나무의 신상(神像)을 만들었습니다. 다른 한편, 그들의 종교 때문에 우상들(idols)들을 버린 자들은 해·달·별들이나 그 밖의 지상의 대상물들에게서 자신들을 위한 하나님의 표징들(representations of God)을 만들었습니다. 그러나 보통 사람들에 비하여 자신들이 더 현명하다고 생각하는 자들은, 그

럼에도 불구하고 여전히 자연적인 것에 머물러 있는 자들은, 창조된 이 세상에서 하나님에 속한 광대무변(廣大無邊)이나 무소부재(=편재·無所不在·遍在·omnipresence)로 말미암아 자연을 하나님으로 시인하였고, 그들 중 어떤 자들은 그것의 극내적인 것에서, 그리고 어떤 자들은 그것의 극외적인 것들에서 하나님으로 자연을 시인하였습니다. 한편 자연에서 하나님을 분리시킨 다른 자들은, 그들이 우주의 존재(the Being of the universe)라고 부르는, 가장 보편적인 것의 어떤 개념을 고안(考案)하였습니다. 그리고 이런 부류의 작자들이 하나님에 관한 지식을 더 이상 가지고 있지 않기 때문에 이 존재(this Being)는 그들에게 아무런 의미가 없는 단순한 합리적인 추상(rational abstraction)이 되고 말았습니다.

[3] 누구나 밝히 알 수 있는 것은, 사람이 가지고 있는 하나님에 관한 지식은 그 사람의 하나님에 관한 거울(his mirror of God)이라는 것, 그리고 하나님에 관해서 아무것도 알지 못하는 자들은 그것의 전면을 그들에게 향하고 있는 거울에서 하나님을 보지 못하지만, 그러나 그것의 뒷면을 그들에게 향하고 있는 거울에서 하나님을 본다는 것과 같다는 것, 그리고 이것은 수은(水銀)을 가지고, 또는 어두운 페이스트(paste)를 가지고 가린 것 같아서 그 어떤 영상(映像)을 반사(反射)하지 못하고, 오히려 영상을 소멸시킨다는 것 등등입니다. 하나님을 믿는 믿음은, 영혼에서 이해의 보다 높은 영역에 들어오는 것을 가리키는 선재적 방법(先在的 方法·a prior way)을 통해서 사람에 들어오지만, 이에 반하여 하나님에 관한 지식들은 후래적 방법(後來的 方法·a posterior way)을 통해서 사람에게 들어옵니다. 그것은 그것들이 이해에 의하여 육체적인 감각들을 통하여 계시된 성경말씀에서 얻어진 것이기 때문입니다. 이와 같은 입류들은 이해의 중간 영역에서 만나고, 그리고 단순한 종지(宗旨·persuasion)를 가리키는 거기에 있는 자연적인 믿음은 영적인 믿음이 되는데, 이것이 바로 진정한 시인입니다. 따라서 사람의 이해는, 그것 안에서 이런 변화가 일어나는 정화기(a refining vessel)와 같습니다.

12. (5) 만약에 그가 원한다면, 인간적인 이성(human reason)은 이 세상에 있는 수많은 것들부터 하나님이 존재한다는 것과 그분은 한 분이시라는 것을 지각하고, 확신을 갖는다.

이 명제는 가시적인 세상에 있는 수많은 것들에 의하여 능히 확증될 수 있겠습니다. 왜냐하면 우주는 마치 계속해서 드러내 보여 주는 하나님이 존재한다는 것, 그리고 그분은 한 분이시라는 것을 입증하는 무대와 같기 때문입니다. 나는 이것을 예증하기 위하여 영계에서 체험한 "영계체험기"(the Memorial Relation)를 인용하겠습니다.

내가 천사들과 대화를 하고 있을 때 자연계에서 갓 도착한 어떤 영들이 나타났습니다. 그들을 보자마자 나는 그들에게 환영의 인사를 하였고, 그리고 나는 그들에게 그들이 영계에 관해서 전에 알지 못했던 수많은 것들을 이야기해 주었습니다. 이런 일이 있은 뒤 나는 그들에게 하나님에 관한 지식이 무엇인지, 그리고 그들이 이 세상에서 그들이 가지고 온 자연에 관한 지식이 무엇인지 물었습니다. 그들은 "이런 것이죠"라고 대답하였습니다. "자연은 창조된 우주 안에서 행해지는 모든 것들 안에 있는 활동적인 능력(the operative power)이고, 그리고 하나님은 창조 뒤에 자연에게 그 기능과 능력(that capability and power)을 그것 위에 새겨 주신 분이고, 그리고 하나님께서는 지금은 단지 자연이 멸망하지 않도록 그 능력을 계속 유지하시고, 보존하시는 분이시고, 결과적으로 지상에서 생성되고, 생산되고 재생산된 모든 것들은 오늘날 자연에게 그 공을 돌리고 있다" 라는 것 등등을 말하였습니다.

그러나 나는 그들에게, 자연 자체에는 활동적인 능력은 전혀 없고, 그러나 하나님께서는 자연을 통해서 그렇게 활동하시는 것이라고 대답하였습니다. 그 때 그들은 그 사실을 증명할 것을 요청하였습니다. 나는 "자연에 속한 모든 지극히 작은 것 안에 신령활동(=신령역사·神靈活動·神靈役事·the Divine operation)이 있다고 믿는 자들은 그들이 보는 이 세상의 수많은 것들 안에는 자연을 위한 것 보다는 하나님을 위하는 매우 많은 증거를 발견한다" 라고 대답하였습니다.

[2] 자연의 지극히 작은 것 안에는 신령활동(=신령역사)을 지지하는 확신을 알고 있는 자들은 식물들이나 동물들의 생성이나 번식에서 보게 되는 놀라운 것들을 주의 깊게 관찰하기 때문입니다. 식물들의 생성(the Production of Plant)에서 그들은, 땅에 뿌려진 작은 씨에서 뿌리를 내리고, 그 뿌리에서 기둥 되는 줄기를 내고, 그리고 계속해서 가지들·봉오리들·잎들·꽃들·열매들, 그리고 심지어 새로운 씨앗들을 생산하기까지 합니다. 그것은 마치 그 씨앗(=종자·種子)이 그것에 의하여 새로운 종자까지 생산하는 계속적인 순서나 성장의 단계를 알고 있는 것과

같습니다. 합리적인 사람은 순수한 불덩어리인 태양이 이 사실을 알고 있고, 그리고 또한 그것의 볕이나 빛에게 이런 결과를 생성하는 능력을 나누어 줄 수 있다고, 그리고 목적으로 그런 선용들(=쓸쓸이·use)을 가지는 능력을 나누어 줄 수 있다고 상상하는 것 아닙니까? 이성을 가진 사람은 누구나, 위를 쳐다보고, 이런 것들을 보고, 그것들에 관해서 올바르게 숙고(熟考)할 때 그는 반드시 그것들은 무한한 지혜를 가진 존재, 다시 말하면 하나님에게서 온다는 결론을 내릴 것입니다. 이런 결론에서 자연에 속한 모든 개별적인 것들 안에서 신령활동(=신령역사·the Divine operation)을 인지(認知)하는 자들은, 그들이 이런 것들을 관찰할 때 스스로 확증, 다짐합니다. 다른 한편, 자연 안에 있는 이런 활동(=역사)을 인지하지 못하는 자들은 그들의 이성의 눈으로 머리 뒤통수에 있는 것들을 보고, 앞에 있는 것들을 보지 못합니다. 이런 부류의 사람들은 육체적인 감관들에게서 그들의 생각의 개념을 모두 빼앗긴 자들과 같고, 그리고 감관들의 오류들을 확증하는 자들과 같고, 그들이 하는 말은 '그것이 볕과 빛에 의하여 이런 모든 것들을 완성하는 저 태양을 보지 못합니까? 어떤 이유 때문에 당신은 그것을 보지 못하는 것 아닙니까?' 라고 하였습니다.

[3] 신령존재의 지지로 자신을 확증하는 자들은 동물들의 생성(the Production of Animals)에서 보는 놀라운 것들을 조심스럽게 관찰합니다. 이런 것들에 관한 첫 번째 언급은 달걀들(eggs)에 관한 것인데, 생식의 상태에 있는 병아리는 그것의 형성을 위해, 그리고 온전한 그것의 성장을 위해, 필수적인 모든 것들을 자신들 안에 숨겨 두고 있고, 그런 뒤 어미의 형체의 닭이 되기까지 그것은 어미가 품고 있습니다. 더욱이 일반적으로 날짐승들을 관찰할 때 깊이 생각하는 사람에게 놀라운 것들이 잘 드러납니다. 예를 들면, 그것들 중에서 지극히 작은 것들이든 큰 것들이든, 비가시적인 것이든 가시적인 것이든, 다시 말하면 지극히 작은 곤충들이든 큰 새들이든, 짐승들이든, 모두가 감관의 기관들을 지니고 있습니다. 다시 말하면 시각·후각·미각·촉각을 가지고 있다는 것입니다. 그리고 또한 근육들을 가리키는, 운동기관을 지니고 있습니다. 왜냐하면 그것들은 날고, 걷기 때문입니다. 그리고 뇌에 의하여 움직여지는 심장이나 폐장과 연결된 내장들을 지니고 있습니다. 이런 모든 것들을 자연의 공으로 돌리는 자들도 역시 보기는 하지만, 그러나 이런

것들은 그들의 존재에 알려 주고, 그것들이 자연에 속한 사물들이라는 것을 주장합니다. 그들이 이것을 주장하는 것은 그들이 신령존재의 모든 생각들로부터 그들의 마음을 외면, 떠나버리기 때문입니다. 그들이 자연에서 놀라운 것들을 볼 때 이런 외면하는 일을 하는 자들은 그것들에 관해서 합리적으로 생각할 수 없고, 더욱이 영적으로는 생각할 수 없습니다. 그러나 그들은 다만 감관적으로, 또는 물질적으로 생각합니다. 따라서 그들은 자연에서부터 자연으로 생각하고, 자연 이상으로 생각하지 못합니다. 따라서 그들은 합리성을 가지고 있으므로, 그들이 원하기만 하면 이해할 능력을 가지고 있다는 사실에서 짐승들과는 전혀 다릅니다.

[4] 신령한 생각에서 외면하는 자들은, 그리고 그것으로 인하여 관능적 감관적이 된 자들은 그들의 눈이, 시각이 아주 조잡하고, 물질적이기 때문에 그렇게 많은 곤충들을 불영명한 대상물(a simple obscure object)로 보지만, 그럼에도 불구하고 그 곤충들의 각각은 감관과 운동을 위한 유기체이고, 결과적으로 그것은 신경섬유들과 내장들을 부여받았고, 그리고 지극히 작은 심장과 지극히 작은 혈관, 지극히 작은 내장과 두뇌도 부여받았습니다. 그리고 이런 것들은 자연의 가장 순수한 요소들(=원소들·natural purest elements)로 구성되었고, 이것들의 구조들(textures)은, 그것들의 미세한 부위들에 의하여 각자 개별적으로 작동, 움직이는 그것의 지극히 낮은 계도(its lowest degree)에 있는 생명(=삶)에 대응하고 있습니다. 우리의 육신적인 시력의 조잡함을 깊이 생각해 보십시다. 그 각각의 헤아릴 수 없이 많은 부위들을 지닌 그런 수많은 곤충들에 대한 우리의 육신적인 시력에 매우 미세한 불분명한 대상물로 보이지만, 그럼에도 불구하고 이 시력으로부터 감관적인 사람들은 무엇을 생각하고, 결론들을 이끌어 냅니다. 이러한 사실은 그들의 마음이 매우 조잡할 수밖에 없다는 것을 보여 주고 있고, 그 얼마나 어두운 가운데서 영적인 것들에 관해서 생각할 수밖에 없는지를 보여 주고 있습니다.

[5] 사람은 누구나, 그가 원하기만 하면, 자연의 가시적인 것들에서 신령한 것의 측면에서 증거를 찾을 수 있는 존재라는 것, 그리고 이것은 사람이 언제나 우주의 창조에서 하나님과 그분의 전능(全能)에 관해서 증거할 수 있기 때문이고, 그리고 그것의 보존에서 하나님의 편재(=무소

부재·His omnipresence)에 관해서 증거할 수 있기 때문입니다. 예를 들어 보겠습니다. 사람이 하늘의 새들을 볼 때 사람은 그것의 각각의 개체들이 자신의 먹거리를 알고 있고, 그리고 어디에서 그것을 찾는지, 그리고 보는 것이나 듣는 소리에 의하여 자신의 동료들을 인지한다는 것, 그리고 그 밖의 다른 종류의 것들도 그것이 친구인지, 적인지 잘 알고 있습니다. 그리고 그것들이 어떻게 혼인을 하고, 한 쌍이 되는지를 알고 있고, 어떻게 그것들의 둥지를 기술적으로 짓는지를 알고 있고, 그들의 알들을 둥지에 어떻게 두고, 그것들을 어떻게 품고, 또한 부화의 기간을 알고 있습니다. 그것이 어린 것일 때 그들이 그것들을 지극히 사랑하고, 그들의 날개 아래에 그것들을 보호해 주고, 그리고 그것들을 먹이고, 기르고, 이러한 일은, 그것들이 자신들을 지키고, 이와 비슷한 임무들을 수행할 수 있을 때까지, 이어집니다. 만약에 어느 누가 천계를 통해서 자연계에 유입하는 신령입류(a Divine influx)에 관해서 생각하는 것을 원한다면 그 사람은 그것을 자연계의 피 창조물들에게서 볼 수 있을 것입니다. 그리고 또한 원한다면 그는, 마음 속에서부터 태양은 그것의 볕이나 빛을 통해서 이런 부류의 지식의 근원이 될 수 없다는 것을 말할 것입니다. 왜냐하면 자연에서부터 그것의 근원(its rise)이나 본질(essence)을 취하는 태양은 순수한 불덩어리이고, 그리고 결과적으로는 그것의 방출물인 볕(熱)이나 빛(光)은 전적으로 죽은 것이기 때문입니다. 따라서 그 사람은 이런 지식들이 영계를 통해서 자연의 극외적인 것들에 유입한 신령입류에서 비롯된 것이라는 결론에 이르게 될 것입니다.

[6] 사람은 누구나 자연의 가시적인 것들에 있는 신령의 측면에서 그것들의 이 땅의 상태에서 천계의 상태와 비슷한 상태로의 변화를 열망하는 고유의 사랑의 즐거움에 의하여 움직이는 벌레들을 관찰할 때 증거를 찾을 수 있겠습니다. 이런 목적 때문에 그것들은 자신에게 알맞은 장소들에 기어가고, 자신들을 하나의 가리개로 에워싸서 고치가 되고, 따라서 그것에서 다시 태어나고, 자궁에 자신들을 두고, 그리고 그것들은 거기에서 번데기가 되고, 애벌레가 되고, 나중에는 나비들이 됩니다. 이런 일련의 변화가 계속해서 이어지기 때문에, 그리고 그것의 종(種)들에 따라서 예쁜 날개들을 장식하기 때문에, 그것들은 마치 그들의 천계와 같은 창공으로 훨훨 날고, 그리고 거기에서 즐겁게 노닐고, 짝짓기

를 하고, 알을 낳고, 후손을 위한 준비를 하고, 그러는 과정에서 꽃들에서 취한 감미로운 먹거리로 새끼들을 키웁니다. 어느 누가 자연에 속한 가시적인 것들에 있는 신령의 측면에서 사람의 지상적인 상태의 형상이 마치 누에들이 있는 상태들에 있다는 것을 보지 못하겠으며, 그의 천계의 상태의 형상이 마치 나비들이 있는 상태들에 있다는 것을 보지 못하겠습니까? 자연에 지지해서 자신을 굳히는 자들은 이와 같은 것들을 보지만, 그러나 그들이 그들의 생각들로 말미암아 사람의 천계적인 생각을 배척, 거부하고 있기 때문에 그들은 그것을 단순한 자연적인 활동들이라고 부릅니다.

[7] 어느 누구나, 그가 벌들에 관해서 알고 있는 것에, 다시 말하면 장미꽃이나 꽃들에게서 밀랍(wax)을 수집하고, 그리고 그것들에서 꿀을 빨아 모으고, 집들과 같은 작은 방들(cells)을 만들고, 그것들을 마치 도시와 같이, 그들이 들고 나는 길을 내고, 그들이 그것들로부터 그들의 먹거리를 위해 꿀을 수집하고, 그들의 집을 위해 밀랍을 수집하는 멀리 떨어진 꽃들이나 방초(芳草)에서 나오는 향기를 어떻게 아는지, 등등에 생각을 집중한다면, 자연의 가시적인 것들에 있는 신령의 측면에서, 증거를 찾을 것입니다. 따라서 그것들은, 마치 그들이 그것을 예견하고 있는 것 같이, 다가오는 겨울을 위해 먹을거리를 준비합니다. 그것들은 역시 여왕(女王)으로 자신들을 위한 여주인(a mistress)을 지명하고, 그리고 그녀를 통하여 그들은 후손을 번식합니다. 그리고 그녀를 위하여 그들은 자신들에 비하여 월등한 일종의 궁궐을 짓고, 그리고 그 주위에 파수꾼들을 둡니다. 번식의 시기(the time for propagation)가 오면, 수벌이라고 부르는 그녀의 파수꾼들에 옹위(擁衛)되어 이 방(cell)에서 저 방으로 오가며, 그녀는 알들을 낳는데, 그것들이 외부(air)에 의하여 해를 입지 않도록 그녀의 종자(從者)들로 봉인을 합니다. 이와 같이 하여 새로운 세대가 태어납니다. 그리고 이 새로운 세대는 적정한 시기에 이르면, 그 벌통에서 쫓겨나고, 이런 과정은 계속 반복됩니다. 이 새로운 벌떼들은, 처음에는 분리를 막으려고 한 몸에 모여 들다가, 그 뒤에는 그것들은 자신의 집을 찾아서 날아갑니다. 가을철이 다가오면, 수벌들은 밀랍이나 꿀의 수집에 전혀 도움이 되지 않기 때문에, 그것들(=수벌들)은 그것에 대한 노력을 없애기 위하여 그들의 되돌아옴이나 먹거리의 소모를 막기 위하여 그들의 날개들은 모두 빼앗깁니다. 이런 사실이나

그 밖의 것들에서 볼 때 그것들이 인류를 위해 그들이 성취하려는 선용(善用·use) 때문에, 이런 벌들은 영계에서 비롯되는 입류에 의하여 지상의 사람들 가운데, 그리고 심지어 천계에 있는 천사들 가운데 있는, 그것에 비슷한 정부의 형태를 수용한다는 것을 잘 볼 수 있겠습니다.

[8] 건전한 이성을 가진 사람이라면 이런 모든 것들의 근원이 자연계가 될 수 없다는 것을 모르겠습니까? 그것에서 비롯된 자연의 태양은 천계적인 정부와 매우 비슷한 공통의 무엇을 가지고 있습니까? 이런 것들에서, 그리고 동물들 가운데서 드러나는 비슷한 사실에서 자연을 시인하고, 예배하는 사람은 자연에 지지하여 스스로 다짐을 하지만, 한편 하나님을 시인하고, 예배하는 사람은 하나님을 지지하는 동일한 사실들로 말미암아 스스로 다짐을 합니다. 왜냐하면 영적인 사람은 그것들 안에서 영적인 것을 보지만, 자연적인 사람은 그것들 안에서 자연적인 것을 보기 때문입니다. 이와 같이 그들 각각은 그의 성품과 일치하기 때문입니다. 왜냐하면 나 자신의 성품에서 이런 것들은, 영계에서 자연계에 유입하는 입류는 하나님에게서 비롯된 것이라는 것을 증거하기 때문입니다. 만약에 신령존재의 지혜로부터 영계를 통한 신령존재의 입류가 있다는 가정(假定)이 없다면, 여러분께서는 정부의 형태(form of government)에 관해서, 시민법(civil law)에 관해서, 도덕적인 선행(moral virture)에 관해서, 또는 신령적인 진리에 관해서 분석으로 생각할 수 있는지 깊이 생각해 보십시다. 나 자신에 관해서 보면 나는 그렇게 할 수 없고, 결코 그렇게 하지도 못하였는데, 나는 26년 동안 지금까지 계속해서 그 입류를 지각적으로 그리고 감관적으로 관찰하였습니다. 그러므로 나는 내가 알고 있는 것에서 말하는 것입니다.

[9] 자연은 목적으로서 선용을 설득할 수 있고, 그리고 질서나 형체들에서 선용들을 정리 정돈할 수 있을까요? 지혜로운 사람이면 이 일을 할 수 있을 것입니다. 그리고 무한한 지혜이신 하나님께서는 홀로 질서나 우주의 형체에 맞게 그렇게 하실 수 있겠습니다. 어느 누가 들에서 나는 소출에서, 땅의 열매들에게서, 동물들에게서, 사람을 위한 먹거리와 그리고 동일한 근원에서 사람을 위한 입을 거리를 예견하시고 장만하겠습니까? 이런 것들 가운데 매우 놀라운 사실은 이른바 누에라고 부르는 작은 벌레들은 명주로 옷을 입히고, 놀랍게도 여왕들이나 임금들에서부터 남종들이나 여종들에게 이르기까지 여인들이나 남성들을 보다

매력적으로 꾸밉니다. 벌과 같은 작은 예쁜 곤충들은 성전이나 궁전을 밝히는 초들을 위한 밀랍을 공급합니다. 이런 것들이나 그 밖의 다른 많은 것들은, 하나님께서 당신 자신으로부터 천계를 통하여 자연 안에 일어나는 모든 것들을 움직이신다는 것의 확실한 입증들입니다.

[10] "나는 이런 모든 것에다가, 내가 영계나 자연계에 있는 가시적인 것들로 말미암아 그들이 무신론자들이 되기까지 자연의 편에 지지하여 스스로 다짐한 자들로 내가 영계에서 직접 목격한 자들에 관한 것을 부연하고자 합니다. 영적인 빛 가운데서 이런 부류의 자들의 이해는, 위를 향해서는 닫혀 있지만, 아래를 향해서는 열린 모습으로 나타납니다. 이런 이유 때문에 그들은 자신들의 생각에서는 그들은 땅을 향해 아래를 보고 있고, 천계를 향해서는 올려 보지 못합니다. 이해의 가장 낮은 부위를 형성하는 그들의 감관적인 기능을 위에서 보기에는 일종의 지옥의 불이 번쩍이는 것으로 보였는데, 어떤 경우에는 검댕(soot) 같이 보였고, 또 다른 경우에는 시체처럼 검푸른 납빛 같이 보였습니다. 그러므로 여러분께서는 자연의 지지에 의한 확증들이 이러하다는 것을 주지하시기 바랍니다. 그리고 하나님에의 지지로 스스로 확증하십시오. 거기에는 그 방법이 없는 것은 아닙니다."

13. (6) 만약에 하나님이 한 분이 아니시라면, 우주(the universe)는 창조될 수 없고, 보존될 수 없다.

하나님의 단일성(the unity of God)은 우주 창조에서 추측(推測)할 수 있겠습니다. 그것은 우주는 처음 것들에서부터 마지막 것들에게까지 단일체(a unit)처럼 시종일관된 작품(作品·a work coherent)이기 때문이고, 육체가 그의 영혼에 의존하고 있는 것과 같이, 우주는 한 분 하나님에게 의존하고 있기 때문입니다. 그리고 우주는 하나님께서 편재(遍在)하시기 위하여 창조되었고, 그리고 우주의 개별적인 것들이나 전체적인 것들은 하나님의 지시(His direction) 아래 놓여 있고, 그리고 우주를 보존하기 위한 것을 가리키는, 우주의 모든 것들을 한 몸(as one body)처럼 변함없이 간수하십니다. 더욱이 이것 때문에 여호와 하나님께서는 이렇게 선언하십니다. 이사야서의 말씀입니다.

　나는 시작이요, 마감이다.
　나 밖에 다른 신이 없다.

(이사야 44 : 6 ; 묵시록 1 : 8, 17)

또 다른 곳의 말씀입니다.

> 내가 바로 만물을 창조한 주다.
> 나와 함께 한 이가 없이,
> 나 혼자서 하늘을 폈으며, 땅도 넓혔다.
> (이사야 44 : 24)

우주라고 불리우는 이 방대한 시스템은 처음 것들로부터 마지막 것들에 이르기까지 하나의 단일체처럼 통일성적인 작품(a work coherent)입니다. 그 이유는 그것의 창조에서 하나님은, 인류에게서 비롯된 천사적 천계를 가리키는 목적에서 하나님께서는 단 하나의 목적을 가지셨기 때문입니다. 그 세계를 구성하는 모든 것들은 그 목적에 대한 방편들(means)을 가리킵니다. 그것은 목적을 구하는 자는 역시 방편들을 구하기 때문입니다.

[2] 결과적으로 그 목적에 대한 방편들을 내포하고 있는 작품(a work)으로서 세상을 중시하는 자는, 하나의 단일체처럼 일관된 작품으로 창조된 우주를 생각하십시오. 그리고 세상을 그와 같이 본다는 것은, 천사적 천계가 그것에서 비롯되는 그것의 목적으로서 인류를 지켜보는 계속적인 질서 안에 존재하는 선용들의 복합체(a complex of uses)입니다. 신령사랑(the Divine love)은 신령존재 안에서 그것의 근원을 취하는 사람들의 영원한 축복 이외의 다른 목적을 결코 열망할 수 없습니다. 그리고 그것의 신령지혜는 그 목적에 대한 방편들을 가리키는 선용들(善用 · uses) 이외에 아무것도 낳을 수 없습니다. 이와 같은 가장 일반적인 개념에서 세상을 살펴본다면, 모든 현명한 사람은 우주의 창조주(the Creator of the universe)가 한 분이시라는 것 등을 이해할 것입니다. 결과적으로 그것 안에 다소간 떨어져 있다고 해도 사람을 위한 어떤 선용이 거기에 숨겨지지 않은 지극히 작은 개별적인 것도 존재할 수 없다는 것입니다. 사람은 땅의 열매에서, 동물들에게서 먹거리를 얻고, 그리고 동일한 근원에서 몸을 가리는 옷도 얻습니다.

[3] 매우 놀라운 것은 하찮은 누에가 비단으로 옷을 입히고, 그리고 아

주 멋진 것은 여왕이나 임금으로부터 여종과 남종이 이르기까지 여인들이나 남정네들을 멋지게 장식한다는 것입니다. 그리고 벌과 같이 작은 예쁜 곤충들이 성전과 궁전을 밝히는 초들을 위한 밀랍을 공급한다는 것입니다. 이 세상에 적지 않은 것들을 세심하게 연구하는 자들은, 그리고 목적들, 중간 원인들, 결과들을 포함해서 그들의 가장 일반적인 관계들에서 모든 것들은 아니지만, 더욱이 신령사랑으로부터 신령지혜를 통하여 창조를 추론하지 않는 자들은, 우주가 한 분 하나님의 솜씨라는 것을 알지 못할 것이고, 하나님께서는, 그분이 목적 안에 거하시기 때문에, 모든 개별적인 선용 안에 사신다는 것도 알지 못할 것입니다. 왜냐하면 모든 경우, 하나의 목적 안에 존재하는 자는 반드시 역시 방편들 안에 있어야 하기 때문입니다. 그것은 목적(the end)이, 방편들을 움직이고, 지시하기 때문에, 모든 방편들 안에 극내적으로 존재하기 때문입니다.

[4] 우주를 하나님의 솜씨나 그분의 사랑이나 지혜에 속한 거주지로 여기지 않고, 다만 자연의 솜씨나, 태양의 볕과 빛에 속한 거주지로 여기는 자들은 하나님에게 거슬러서 그들의 마음의 높은 영역들을 닫아 버리고, 악마를 위한 그것의 낮은 영역들은 개방, 열어 제칩니다. 결과적으로 그들은 그들의 인간성정(their human nature)은 벗어 버리고, 짐승의 성정(a bestial nature)을 드러냅니다. 그리고 자신들이 짐승들과 같다고 생각하지 않을 뿐만 아니라, 실제적으로 짐승과 같지 않다고 생각합니다. 왜냐하면 교활한 여우가 되었기 때문이고, 그리고 사나운 늑대들이 되었고, 불신(不信)의 표범들이 되었고, 잔인한 호랑이들이 되었고, 그리고 이런 부류의 여러 성질들의 악어들이나 뱀들이나 올빼미들이나 그 밖의 밤새들이 되었기 때문입니다. 더욱이 영계에서 멀리 떨어져서 이런 부류의 작자들은 이들 야생짐승들과 같이 실제적으로 보입니다. 따라서 악에 속한 그들의 애욕(=사랑)은 그것 자체를 묘사하고 있습니다.

14. (7) 하나님을 시인하지 않는 자는 누구나 교회에서 출교되고, 정죄된다.

하나님을 시인하지 않는 자는 누구나 교회로부터 출교(黜敎)됩니다. 그것은 하나님께서 교회의 전부이시기 때문입니다. 이른바 신학적이라고 불리는 신령한 것들은 교회를 구성, 조직하는 것이기 때문입니다. 결과적으로 하나님의 부인(否認·a denial of God)은 곧 교회에 속한 모든 것들의 부인입니다. 그리고 이 부인은 그 사람을 출교하는 것입니다. 따라서 그 사람은 하나님에 의한 출교가 아니라, 오히려 자기 자신에 의한 것입니다. 그는 정죄되는 상태에 있습니다. 그것은 교회에서 출교되는 사람은, 역시 천계에서도 출교되기 때문입니다. 그것은 지상의 교회나 천사적인 천계는 하나(one)를 이루기 때문인데, 그것은 사람 안에 있는 내적인 것과 외적인 것, 즉 영적인 것과 자연적인 것과 같습니다. 그의 내적인 것에 관해서는 그는 영계에 있기 위하여, 그리고 그의 외적인 것에 관해서는 자연계에 있기 위하여, 하나님에 의하여 사람은 그와 같이 창조되었습니다. 결과적으로 천계에 속한 영적인 것은 이 세상에 속한 자연적인 것에 심어지기 위하여, 양계의 태생(a native)으로 창조되었습니다. 그것은 마치 씨가 땅에 심어지는 것과 꼭 같습니다. 그리고 사람은 이와 같이 불변의 존재(fixed)가 되기 위하여, 그리고 영원히 지속하기 위하여 창조되었습니다.

[2] 하나님의 부인에 의하여 자기 자신을 교회에서 출교시키는, 따라서 천계에서 출교시키는 사람은 그의 의지나 그것의 온화한 사랑의 측면에서 자기 자신 안에 있는 그의 속사람을 폐쇄합니다. 왜냐하면 사람의 의지(man's will)는 그의 사랑의 수용그릇(the receptacle of his love)이고, 그것의 거처(居處)가 되기 때문입니다. 그러나 그는 자기 자신의 이해의 측면에서 그의 속사람을 폐쇄할 수 있습니다. 왜냐하면 만약에 그 사람이 이런 일을 할 수 있고, 그리고 그렇게 한다면 그는 더 이상 사람이 아니기 때문입니다. 뿐만 아니라 그의 의지에 속한 사랑은 온갖 거짓들로 그의 이해의 보다 높은 기능들을 얼빠지게 만들고, 결과적으로 이해는 믿음에 속한 진리들이나 인애에 속한 선들에 대하여 밀폐하게 될 것입니다. 따라서 더욱 더 하나님에 대해서, 그리고 교회에 속한 영적인 것들에 대해서 부정, 반대할 것입니다. 따라서 그 사람은 천계의 천사들과의 교제로부터 내쫓길 것이고, 그와 같이 내쫓길 때, 그는 지옥의 사탄들과의 교제에 들어가고, 그는 그것들이 생각하는 것을 생각할 것입니다. 모든 사탄들은 하나님을 부인하고, 하나님에 관해서, 그리고 교회에 속한 영적인 것들에 관해서 바보스럽게 생각하고, 그것들과 결합된 사람도 역시 같은 식으로 생각할 것입니다.

[3] 그의 영에서 이런 부류의 사람이 되었을 때, 그것은 마치 그가 오

직 자기 자신에게만 남아 있을 때인데, 그 사람은 자기 자신 안에 품고, 생겨난 악이나 거짓의 쾌락들에 의하여 인도되는 자신의 생각들을 묵인 (默認), 허용합니다. 그 때 그 사람은, 하나님은 존재하지 않는다고 생각하고, 그러나 다만 사회의 법률들을 가리키는 정의의 법에 보통 사람을 복종 하에 잡아두기 위하여 강단에서 발설하는 단순한 낱말이라고 생각합니다. 그는 역시 성경말씀을 생각하고, 그것으로부터 목회자들은 하나님(=신·a God)을 선포하지만, 성경말씀은 권위에 의하여 거룩하게 만들어낸 환상적인 이야기 덩어리(a mass of visionary tales)이고, 십성언(十聖言·the Decalogue), 즉 교리문답 책(catechism)은, 어린 것들의 손을 잡고 잘 지낼 때의 것으로 어른이 되었을 때에는 돌보지 않은 단순히 작은 책(a little book)이라고 생각합니다. 그 이유는 성경책은 반드시 부모는 공경을 받아야 하고, 그리고 살인·간음·도둑질·거짓증거 등등을 금하고 있기 때문입니다. 그리고 어느 누가 시민법에서 동일한 내용들을 배우지 않겠습니까? 그는 교회를 그들이 보지 못한 것을 보았다고 여기는 단순한 사람·믿기 쉬운 사람·마음이 연약한 사람의 집단으로 생각합니다. 그는 사람이나 자기 자신을, 마치 짐승과 같은 존재로 사람을 생각하고, 그리고 죽은 뒤에 짐승의 생명과 같이, 죽은 뒤의 사람의 생명은 존재하지 않는다고 생각합니다.

[4] 따라서 그의 속사람이 생각하지만, 그러나 그의 겉사람은 다르게 말합니다. 왜냐하면 앞에서 언급한 것과 같이, 모든 사람은 속사람과 겉사람을 가지고 있기 때문입니다. 그 사람을 완성, 만드는 것은 속사람입니다. 다시 말하면 영(靈·the spirit)입니다. 그것은 죽은 뒤에 사는 것입니다. 이에 반하여 그가 위선자처럼 행동하는, 도덕성의 겉모양(外形)이 그것 안에 있는, 겉사람은 사후에 무덤에 매장됩니다. 그의 하나님의 부인 때문에 그 때 사람은 정죄된 존재로 남아 있습니다. 그의 영의 측면에서 볼 때 모든 사람은 영들의 세계에서 그와 비슷한 무리와 제휴(提携)하고, 그는 그들 중의 하나가 됩니다. 나에게는 거기에 있는 사회에서 살아 있는 사람들의 영들을 보는 것이 자주 허락되었는데, 더러는 천사적인 사회들에서 보였고, 더러는 지옥적인 사회들에서 보였습니다. 그리고 또한 여러 날 동안 그들과 대화를 하였습니다. 내가 놀랍고도 이상하게 생각하는 것은, 어떻게 그 사람 자신은 이것에 관해서 아무것도 모르지만, 그가 육신을 입고 살 때 그 사람으로 살고 있느냐

라는 것입니다. 따라서 명확한 사실은 하나님을 부인한 사람은 지금 정죄, 영벌을 받고 있는 자들 가운데 있다는 것이고, 그리고 다른 하나는 죽은 뒤에 자신의 속성에 맞게 모인다는 것입니다.

15. (8) 한 분 대신에 여러 하나님들(Gods)을 시인하는 사람에게는 교회에 관계되는 것들과의 어떤 결합도 결코 존재하지 않는다.
자기 자신의 신념에서 하나님을 시인하고, 자기 마음 속에서 하나님을 예배하는 사람은 땅에 있는 성인들(聖人·the saints)과의 교제 안에 있고, 천계에 있는 천사들과의 교제 안에 있습니다. 이런 것들이 "교제들"(交際·communions)이라고 불리우고, 그것들이 교제들이라는 것은 한 분 하나님 안에 있고, 한 분 하나님은 그것들 안에 계시기 때문입니다. 더욱이 그들은 전체적인 천사적 천계의 결합 안에 있습니다. 그리고 내가 감히 말할 수 있는 것은, 거기의 주민은 전체적인 결합이나 개별적인 결합 안에 있다는 것입니다. 왜냐하면 그들은 한 아버지의 자녀들이나 후손들과 같기 때문이고, 그들의 성품과 자세(manner)나 생김새가 모두 비슷하고, 그리고 그들은 이런 것들에 의하여 서로를 인지하기 때문입니다. 천사적인 천계는 선에 속한 사랑의 모든 다양성에 일치하여 여러 사회들 안에 조화적으로 정리 정돈되었습니다. 그리고 이런 다양성은 하나님사랑(love to God)을 가리키는 하나의 보편적인 사랑의 중심이고, 그리고 그 사랑으로부터 모두는 우주의 창조주·속량주·중생주이신 한 분 하나님을 시인하는 신념 안에, 한 분 하나님을 예배하는 마음 안에, 태어납니다.
[2] 그러나 한 분 대신에 여러 신들(several gods)에 가까이 나아가고, 여러 신들을 예배하는 자들에게서는 전적으로 별개의 문제이고, 그리고 오늘날 교회에 있는 자들이 하는 것과 같이, 하나님 세 분 인격(=삼위·三位·three persons)으로 나누고, 그분 자신에 의하여 각각의 인격(三位)이 하나님이라고 선언하고, 그리고 다른 존재에 속하지 않는 특별한 성품들(qualities)이나 특성들(properties)을 각각의 인격의 공으로 돌리는 사람들과 같이, 입으로는 한 존재(一位·one)를 말하고, 세 존재들(三位·three persons)을 생각하는 자들에게서는 전적으로 별개의 문제입니다. 이런 것들로부터는 하나님의 단일성의 붕괴(崩壞·disintegration) 뿐만 아니라 신학 자체의 붕괴, 더 나아가서는 신학에 속한 사람의 사상(human thought)의 붕괴까지도 야기됩니다. 이와 같은 붕괴에 뒤따르는

제 1 장 · 하나님 창조주 53

것은 교회에 속한 것들 안에 있는 혼란(perplexity)이나 지리멸렬(支離滅裂·incoherency) 이외에 무엇이겠습니까? 오늘날 교회의 상태가 이러하다는 것은 이 책의 부록(the Appendix)에서 입증될 것입니다. 세 분 인격(三位)으로의 하나님의 분할(the division of God), 또는 세 인격(三位)으로의 신령본질의 분할(the division of the Divine essence)과 그리고 그분 자신에 의한 그분의 각각, 또는 그분의 하나하나(single)가 하나님이라는 진리는 하나님의 부인(a denial of God)을 야기 시켰습니다. 이러한 것은 마치 사람이 예배하기 위하여 성전에 들어간 것이고, 그리고 고대 시대의 사람들과 같이, 제단 위에 한 분 하나님이 그려져 있는 액자(the tablet)와, 대제사장으로서의 다른 분과, 제 삼의 바람의 신(Aeolus)이라는 이런 글귀, 즉 "이들 셋은 한 분 하나님이시다" 라는 것을 함께 보는 것과 같습니다. 또는 한 몸(one body)에 머리 셋이 붙어 있는 사람, 또는 한 머리에 세 몸들(three bodies)이 있는 사람처럼 괴물과 같이, 묘사된 단일성(the unity)과 삼일성(the trinity)의 그림을 보는 것과 같습니다. 만약에 누가 이런 개념을 가지고 천계에 들어간다면, 심지어 그가 머리나 머리들은 본질을 뜻하는 것이고, 몸이나 몸들은 그것의 상이한 특성들(properties)이라고 선언해도, 그는 확실히 머리를 아래로 하고 거꾸로 떨어질 것입니다.

16. 여기에 아래의 영계 체험기를 부연하겠습니다. 나는 최근에 자연계에서 영계로 온 자들 몇몇이 영원 전부터 계신 세 신령 인격(三位·three Divine persons)에 관해서 말하는 것을 보았습니다. 그들은 교회의 고위 성직자들(dignitaries)이었고, 그 중에 한 분은 감독(bishop)이었습니다.

그들이 나에게 다가 왔습니다. 그들은 지금까지 전혀 알지 못했던 영적인 세계에 관해서 대화를 가진 뒤, 나는 그들에게 이렇게 말하였습니다. "나는 여러분들이 영원 전부터 계신 세 신령 인격들(three Divine persons)에 관해서 말씀하시는 것을 들었습니다. 내가 원하옵기는 여러분께서 최근에 그 곳을 떠나온 자연계에서 여러분이 그것에 관해서 형성했던 개념에 일치하는 위대한 비의(秘義)를 나에게 밝혀 주시기 바랍니다" 라고 하였습니다.

그 때 나를 쳐다보면서 감독이 말을 하였습니다. 내가 보기에 당신은 평신도(平信徒)인 것 같은데, 내가 가르치고자 하는 이 위대한 신비(this great mystery)에 관한 나의 개념을 설명하겠소. 이 사안에 관한 나의 개념은 이러하였고, 그것도 여전히 변함이 없이 그러하오. 그것은, 하나님 성부(God the Father)·하나님 성자(God the Son)·하나님 성령(God the Holy Spirit)은 천계의 중앙에 있는 장엄하고, 높은 자리들(magnificent and lofty seats), 즉 보좌들에 좌정하고 계십니다. 하나님 아버지께서는 그분의 손에 홀(笏·scepter)을 잡으시고, 순금의 보좌에 앉아 계시고, 하나님 아들(聖子·God the Son)은 머리에 면류관을 쓰시고, 아버지의 우편에 순은으로 만든 보좌에 앉아 계시고, 그리고 하나님 성령(God the Holy Spirit)은, 두 분 옆에 그분의 손에 비둘기가 들려 있고, 반짝이는 수정(水晶)으로 만든 보좌에 앉아 계십니다. 그들 주위에는 보석들로 반짝이는 등들이 세 줄로 걸려 있고, 한편 조금 떨어진 곳에는 수많은 천사들이 원형으로 찬양하고, 예배를 드렸습니다. 더욱이 하나님 아버지(聖父)께서는 의롭다함을 입을 사람들에 관해서 그분의 아드님(聖子)과 계속해서 말씀하고 계십니다. 두 분께서는 이 세상에 있는 자들 중에서 누가 천사들에 의하여 영접, 수용되고, 영원한 생명의 면류관을 쓰기에 합당한가를 결정하시고, 선포하십니다. 하나님 성령(God the Holy Spirit)은 그 사람들의 이름을 듣고, 즉시 지상을 두루 다니면서 그 사람들을 찾아가서 칭의의 선물들(稱義·gifts of righteousness)을 나누어 주는데, 이 칭의의 선물은 의롭다 하심을 받은 자들을 위한 구원의 수많은 증표입니다. 그가 가까이 와서 입기운을 그들 위에 내뿜으면, 마치 부채로 아궁이의 연기를 날려 보내듯이, 그들의 죄가 깨끗하게 날아가 버리지요. 그리고 그분은 그들의 마음에서 돌덩이 같이 굳은 것을 제거, 마치 살 같이 부드럽게 하시지요. 그리고 또한 동시에 그들의 영들, 즉 그들의 마음들을 새롭게 하시고, 그리고 그들을 중생시키시고, 그들에게 젖먹이의 순진한 얼굴을 허락하시고, 종국에 성령은 이마에 십자가의 성호(聖號)를 날인(捺印)하시고, 그들을 "선택된 자"(the elect), "하나님의 자녀들"(sons of God)라고 부르십니다. 이런 일련의 말씀을 그치자, 주교가 "나는 이 세상에서 이와 같은 위대한 비의를 명료하게 밝혔습니다. 그리고 거기에 있었던 우리 교단의 대부분은 내 설명에 박수를 보냈습니다. 나는, 평신도인 여러분께서도 그것에 동의할 것으로 확신합니다" 라고 말하였습니다.

[2] 그 주교가 말하는 것을 마치었을 때 나는 주교와 그 주교와 같이

제 1 장 · 하나님 창조주

있는 원로들을 보았습니다. 그리고 나는, 그가 한 말에 그들이 전적으로 충분하게 동의한다는 것을 알렸습니다. 그러므로 나는 그들에게 이렇게 대답하였습니다. "나는 당신의 신념의 설명을 예의 주시를 하였습니다. 그것으로부터 내가 얻은 결과는, 귀하께서 소중하게 간직하고 있는 삼위 하나님(the triune God)의 개념은 전적으로 자연적이고, 감관적이고, 심지어 물질적입니다. 그리고 그것에서 필연적으로 뒤이어지는 것은 삼 신 하나님들의 개념(the idea of three Gods)이라는 것입니다. 손에 홀을 쥐고서, 보좌에 앉아 계시는 그분에 관해서 품고 있는 생각은 감관적으로 하나님 아버지를 생각하는 것 아닙니까? 그리고 그의 머리에 면류관을 쓰고 그의 보좌에 앉으신 아드님이나, 그의 손에 비둘기를 가지고 그의 보좌에 앉으신 성령의 생각은 곧 감관적으로 생각하는 것 아닙니까? 그리고 그분께서 들으신 것에 따라서 세상을 이리저리 분주하게 다니신다는 것 역시 감관적으로 생각하는 것 아닙니까? 이와 같은 개념(=생각)은 귀하의 설명에서 빚은 결과들이기 때문에, 나는 그런 내용에 동의할 수 없겠습니다. 왜냐하면 나는 어린 아이 때부터 한 분 하나님 보다 많은 다른 개념을 내 마음에 허용할 수 없었기 때문입니다. 그리고 내가 다른 개념을 수용하지 않았고, 간직하지 않았기 때문에 귀하께서 말씀한 모든 내용은 나에게는 무가치한 것입니다. 나는 성경말씀에 언급된 여호와께서 앉으신 "그 보좌"는 그분의 왕국을 뜻한다는 것을 성경말씀에서 알았고, "홀"이나 "면류관"은 그 왕국의 왕권과 통치를 뜻한다는 것을, 그리고 "오른쪽에 좌정하신다"라는 것은 그분의 인성(His Humanity)을 통한 하나님의 전능(God's omnipotence)을, 그리고 성령에게 돌리는 속성(屬性)에 의한 것은 신령편재(the Divine omnipresence)의 활동들을 뜻한다는 것 등등을 알았습니다. "감독님 각하! 원하옵건대, 한 분 하나님의 개념(=신관·神觀)은 당연하게 생각해 주시고, 그리고 그 개념이 귀하의 이성에 올바르게 거하시기를 청하옵는 것이고, 그리고 종국에 이것이 사실이라는 것을 밝히 깨닫고 이해하시옵소서"라고 하였습니다.

[3] 더욱이 귀하께서는 하나님이 한 분이라는 것을 인정하십니다. 그것은 귀하께서 이들 세 인격들(三位)의 본질을 한 분으로, 그리고 분할(分割)할 수 없는 존재로 만드신 것입니다. 한편 그럼에도 불구하고 귀하께서는 하나님은 한 분 인격이라고 말하는 것을 누구에게도 허락하시지

않으셨고, 다만 거기에는 세 인격들(three persons)만 있다고 말하는 것만 허락하셨습니다. 이것은 귀하께서 마음에 품고 있는 세 분 하나님의 개념을 결코 잃어버리지 않기 위한 소치(所致)입니다. 귀하께서는 역시 서로 다른 그분들의 속성(屬性・property)을 각각의 인격(each person)의 것으로 삼고 계십니다. 귀하께서는 귀하가 생각하는 귀하의 신령본질(your Divine essence)을 분리하시는 것 아니십니까? 이것이 사실이기 때문에 귀하께서는 하나님은 한 분이시라는 것을 말씀하시는 것이고, 생각하시는 것 아니십니까? 만약에 신령존재(the Divine)도 한 분이시라고 말씀하신다고 해도 나는 귀하를 용서할 수 있습니다. 어떤 사람이 "아버지(聖父・the Father)도 하나님이시고, 성자(聖子・the Son)도 하나님이시고, 성령(聖靈・the Holy Spirit)도 하나님이시다, 그리고 홀로(single) 각각의 인격(each person)이 하나님이시라는 말을 들었을 때 그가 어떻게 한 분으로 하나님을 생각하는 것이 가능하겠습니까?" 그것은 모순 아닙니까? 그 모순에 동의한다는 것은 전적으로 불가능하지 않습니까? 그들이 한 분 하나님이 계신다는 것이나, 또한 신성(神性・Divinity)도 같다는 것을 말할 수 없다는 것을 이렇게 예증하겠습니다. 원로원(senate)・의회(assembly)・종교회의(council)를 구성하는 사람들의 동아리를 한 사람으로 부를 수는 없습니다. 개별적으로나 전체적으로 동일한 소견을 가질 때 그들은 생각(=사상)으로 한 존재라고 언급될 수는 있습니다. 그것은 마치 본질에서 그것이 하나라고 불리운다고 해도 동일한 본질을 가진 세 개의 금강석들을 하나의 금광석이라고 부를 수 없는 것과 같습니다. 더욱이 각각의 금광석은, 만약에 그것들이 셋을 대신한 하나라고 해도, 그것이 사실이 아니라고 할 수 있는, 그것의 무게에 따라서 가치에서 서로가 다르기 때문입니다.

[4] 그러나 나는, 그것의 각각이 그것 자체에 의하여 하나하나가 하나님이시라는, 세 인격들(=삼위들)이 귀하께서 한 분 하나님이라고 부르는 그 이유를 깨달았고, 교회에 있는 각자가 그렇게 말하는, 다시 말하면 이 세상에서 진정한 이성이나 조요된 이성 때문에 하나님이 한 분이라고 시인하고, 그리고 결과적으로, 만약에 귀하께서도 역시 그런 식으로 말하지 않는다면 귀하께서는 여러 사람에게서 망신을 당할 것이기 때문에 귀하께서 교회의 모두와 같이 동일한 소견을 가지고 있는 이유를, 깨달았습니다. 그리고 귀하께서 "한 분 하나님"(one God)이라는 낱말을

입으로 발설하지만, 다른 한편 귀하의 생각들에는 세 존재가 있고, 그리고 그 수치(=망신·shame)는 이런 개념들에 대한 귀하의 발성을 막지 못한 것입니다" 라고 말하였습니다. 이런 대화를 나눈 뒤, 그는 그의 사제 동료들과 함께 물러났습니다. 그가 떠나면서 뒤를 돌아다 보면서, "한 분 하나님이 계신다"라고 말하려고 했지만, 그러나 그는 그것을 말할 수 없었습니다. 그 이유는 이 생각이 그의 혀를 억제, 억눌렀기 때문이고, 그리고 열린 입으로 그는 "세 분 하나님들!"(Three Gods!)이라고 헐떡이면서 말하였습니다. 옆에 서 있는 자들은 이 이상한 광경을 보고, 비웃었고, 거기를 떠나갔습니다.

17. 이런 일이 있은 뒤 나는 스스로 신령 삼일성(a Divine trinity)을 세 분 인격들(三位·three persons)로 나누어 생각하는 예리한 마음을 지닌 학자들을 어디에서 찾을 수 있을까? 하고 자문하였습니다. 이런 자들 셋이 나타났습니다. 나는 그들에게 "여러분께서는 어떻게 신령삼일성을 세 인격들로 나눌 수 있었습니까? 그리고 그 각각의 인격이 그분 스스로, 즉 그분 홀로, 하나님이시고 주님이시라는 것을 어떻게 주장할 수 있습니까? 하나님이 한 분이시라는 입술의 고백(a confession the mouth)은, 남쪽이 북쪽에서 먼 것과 같이, 생각에서는 멀리 떨어져 있는 것 아닙니까?" 라고 물었습니다.

이 물음에 그들은, "전혀 멀리 떨어진 것 아닙니다. 그것은 세 인격들이 한 본질(one essence)을 가지고 있고, 그리고 신령본질(the Divine essence)은 하나님이시기 때문입니다. 우리들은 이 세상에서 복수 인격의 삼일성을 수호하는 자들이고, 그리고 우리들의 임무 하에 있는 가르침은 곧 우리의 믿음입니다. 그리고 그 믿음 안에서 각각의 신령 인격(each Divine person)은 그의 임무(his office)를 가지지요. 그 임무라는 것은 하나님 아버지께서는 전가(轉嫁·impute)와 시여(施與·bestow)의 일이시고, 하나님 아들(聖子·God the Son)은 조정(調整·intercede)과 중재(仲裁·mediate)의 일이시고, 하나님 성령(God the Holy Spirit)은 전가와 중재의 업적을 성취하는 일입니다" 라고 대답하였습니다.

[2] 그러나 나는, 귀하께서는 "신령본질(神靈本質·the Divine essence)이 무엇을 뜻합니까?" 라고 물었습니다. 그들은, "우리는 그 말이 전능·전지·편재·광대무변(immensity)·영원성·왕권의 동일성(equality of majesty)을 뜻합니다" 라고 대답하였습니다.

나는 다시 물었습니다. "만일 그 본질이 한 분 하나님을 여럿의 신들로 만들 수 있다면, 귀하는 더 많은 신들을 만들 수 있겠습니다. 예를 들면 그 본질은 네 번째 하나님도 만들 수 있겠는데, 그것은 '하나님 샤다이'(=만군의 하나님) 이름 하에 모세·에스겔·욥에 의하여 거명된 전능하신 하나님을 만들어 낼 수 있을 것이기 때문입니다. 이런 일은 고대 그리스 사람이나 로마 사람이 행하였는데, 그들은 동일한 속성들이나 같은 본질을 그들의 신들에게 귀속시켰습니다. 예를 들면 새턴(=로마 농업의 신·Saturn)·요베(Jove)·넵츈(Neptune)·프르토(Pluto)·아폴로(Apollo)·쥬노(Juno)·다이애나(Diana)·미널버(Minerva) 심지어 머큐리(Mercury)·뷔너스(Venus) 등이 되겠습니다. 그렇다고 그들은 역시 이런 존재들이 한 분 하나님이라고 말할 수는 없을 것입니다. 여러분 역시 이와 비슷한 학문을 가지고 있고, 그리고 그런 점에서 비슷한 본질을 가진 세 구별되는 인격들이라고 생각되는데, 그렇다면 여러분들을 한 사람의 학자로 묶을 수는 없겠지요!"

그들은 이 말에 웃으면서 이렇게 말하였습니다. "당신은 농담하고 있습니다. 신령존재는 서로 다릅니다. 그것은 셋으로 나누어지지 않으나, 하나이고, 나누어질 수 있지만, 나누어지지 않습니다. 그것은 구획을 짓거나, 칸막이로 나누어질 수 없습니다."

[3] 이런 말을 듣고 나는 "우리 그것을 기초로 하여, 그 사안을 의논해 보십시다"라고 말을 하였습니다. 나는 다시 "귀하는 인격(person)이 무엇을 뜻합니까? 그리고 그 낱말이 뜻하는 것은 무엇입니까?"라고 질문을 하였습니다.

그들은 대답하였습니다. "낱말 인격(person)은 그것이 지니고 있는 부분이나, 또는 다른 사람에게 있는 성품을 뜻하지 않고, 그러나 그것에 의하여 누가 존재, 존속하는 것을 뜻합니다. 교회의 으뜸 되는 분들 모두는 그와 같이 정의합니다. 그리고 우리는 그들의 가르침에 동의를 합니다"라고 말하였습니다.

나는 "그것이 인격의 정의입니까?"라고 물었습니다.

그들은 "그렇습니다"라고 대답하였습니다.

나는 이 말에 이렇게 대답하였습니다. "거기에는 아들 안에 있는 아버지의 부분(part)도 없고, 그리고 성령 안에 아버지나 아들의 부분도 없지요. 이런 내용에서 뒤이어지는 것은 그 셋이 그분 자신의 재량(裁量·

His own disposal)에서 각각이고, 그리고 그 각각은 그분 자신의 권한이나 능력(His own rights and powers)을 가지고 있습니다. 그러므로 거기에는 의지를 제외하면 그들이 서로 결합하려는 것은 아무것도 없는데, 그것이 각각에게 고유한 것이고, 따라서 즐겁게 왕래합니다. 이것이 바로 세 인격들로 구분되는 세 하나님들(three distinct Gods)을 만드는 것 아닙니까? 잘 들어 보십시오. 귀하께서는 인격(person)을 그것 자체에 의하여 생존, 존속하는 것으로 정의하였습니다. 결과적으로 거기에는 귀하께서 신령본질을 나누는, 세 본질들(three substances)이 있네요. 그럼에도 불구하고 귀하는 그것이 하나(one)이고, 분할될 수 없는 것(indivisible)이기 때문에, 이것은 분할이 불가능하다고 말합니다. 더욱이 그 각각의 본질, 다시 말하면 귀하는 각각의 인격이 다른 것 안에 존재하지 않고, 심지어 다른 것과 내통할 수 없는, 말하자면 전가·중보·역사(役事·operation)를 가리키는 속성들(properties)을 그것의 공로로 돌리고 있습니다. '세 인격들이 세 분 하나님들이라는 것을 제외하면 그것에서 뒤이어지는 것이 무엇이겠습니까?'"라고 말하였습니다. 이 지적에 그들은 퇴장하였습니다. 그리고 하는 말은 "우리는 이 문제에 관해서 계속 토의할 것이고, 그 때 귀하에게 대답하겠습니다"라는 것이었습니다.

[4] 거기에 이런 논쟁을 듣고 있던 현명한 사람이 등장하였습니다. 그는 "나는 아주 좋은 네트워크를 통해서 이 고상한 주제를 살피고 싶지는 않습니다. 그러나 이와 같은 미묘한 사안들에서 떠나서 보고 있기 때문에, 나는 여러분이 세 하나님들의 개념을 가지고 있는 여러분의 생각에서 그것을 명확하게 볼 수 있겠습니다. 그러나 이 세상 모두에게 공개적으로 이 개념이 출판에 의하여 악평을 일으키고 있기 때문에, 한 분 하나님을 여러분의 입술로 고백하는 그 치욕(恥辱)을 피하기 위해서 그와 같이 하는 것이 상책일 것입니다"라고 말하였습니다.

그러니 이들 셋은 자신들의 소견을 고집하였고, 이런 말들에는 관심을 두지 않았습니다. 그들이 떠나면서 형이상학에서 빌려온 몇 마디 용어를 중얼거렸습니다. 내가 그것에서 알 수 있었던 것은 그들이 자신들의 답을 끌어내게 하려는 지혜로운 사람의 책략이었습니다.

여호와가 뜻하는 신령존재(the Divine esse)

18. 먼저 신령존재(神靈存在 · the Divine Esse)에 관해서 고찰하고, 다음에 신령본질(神靈本質 · the Divine essence)에 관해서 고찰하겠습니다. 외견상 이 둘은 하나(one)이고, 동일합니다. 그러나 존재(esse)는 본질(essence)에 비하여 매우 보편적입니다. 왜냐하면 본질은 존재를 내포하고 있고, 그리고 존재에서 유래(由來), 파생되기 때문입니다. 하나님의 존재(the Esse of God), 즉 신령존재(the Divine Esse)는 무엇이라고 정의할 수 없는데, 그것은 그것이 사람의 생각의 모든 개념을 초월하기 때문이고, 그리고 이것은 창조된 것이나 유한한 것 안에서 거론되기 때문입니다. 그러나 신령존재는 비창조나 무한한 것에서 거론될 수 없습니다. 그러므로 신령존재는 그런 것들─창조된 것이나 유한한 것─에서는 다루어질 수 없습니다. 신령존재(the Divine Esse)는 존재 자체를 가리킵니다. 모든 것들은 이것에서 비롯됩니다. 신령존재는 그것들이 존재를 가지기 위해서는 반드시 모든 것들 안에 있어야 합니다. 신령존재의 충분한 개념은 아래의 명제들에 의하여 얻을 수 있겠습니다.

(1) 한 분 하나님은 존재로 말미암아 여호와라고 불리웠다 ; 그것은 그분 홀로 존재하고(Is), 존재하였고(Was), 존재할 것(Is to Be)이기 때문이다 ; 그것은 그분이 처음과 마지막(the First and the Last)이시기 때문이고, 시작이고, 종말(the Beginning and the End)이시기 때문이고, 알파와 오메가(the Alpha and the Omega)이시기 때문이다.

(2) 한 분 하나님은 실체 자체(實體 · Substance itself)이시고, 형상 자체(形狀 · Form itself)이시고, 그리고 천사들이나 사람들은 그분에게서 비롯된 실체들이고, 형상들이고, 그들이 그분 안에, 그리고 그분이 그들 안에 있는 것에 비례하여 그분의 형상들(images)이고, 모양들(likenesses)이다.

(3) 신령존재(the Divine Esse)는 본질적으로 존재(Esse · Being)이고 본질적으로 현현(顯現 · Existere · Manifestation)이다.

(4) 본질적으로 신령존재(the Divine Esse)이고 본질적으로 신령현현(the Divine Existere)인 그 존재나 그 현현을 가리키는 다른 신령한 것들을

생성한다(to product)는 것은 불가능하다 ; 그러므로 동일 본질(the same Essence)의 다른 하나님(another God)은 존재할 수 없다.
(5) 과거 수세기 동안 오늘날 신들의 복수의 교리(the doctrine of a plurality of gods)는 신령존재의 이해의 부족(a failure)에서 생겨났다.
그러나 이런 명제들은 하나하나 반드시 밝히 설명되어야 하겠습니다.
19. (1) **한 분 하나님은 존재로 말미암아 여호와라고 불리웠다 ; 그것은 그분 홀로 존재하고(Is), 존재하였고(Was), 존재할 것(Is to Be)이기 때문이다 ; 그것은 그분이 처음과 마지막(the First and the Last)이시기 때문이고, 시작과 종말(the Beginning and the End)이시기 때문이고, 알파와 오메가(the Alpha and the Omega)이시기 때문이다.**

잘 알고 있는 것은, "여호와"께서 나는 나이고, 나는 존재한다(I Am and to Be (Esse))라는 것이고, 하나님은 태고시대로부터 그와 같이 불리셨다는 것은 창세기의 책, 즉 창생(創生·Genesis)에서부터 명확합니다. 그 책의 첫 장에서 그분은 하나님(God)이라고 불리셨고, 둘째 장과 그 뒤에 이어지는 장에서는 "여호와 하나님"(=야훼 하나님·주 하나님·Jehovah God)이라고 불리셨고, 그 뒤 이집트에서의 긴 여정 동안, 야곱을 통한 아브라함의 자손들이 하나님의 이름을 잊었을 때에는, 그 이름이 그들의 기억에 다시 상기(想起)되었습니다. 그것에 관해서는 이렇습니다. 출애굽기서의 말씀입니다.

> 모세가 하나님께 아뢰었다. "제가 이스라엘 자손에게 가서 '너희 조상의 하나님께서 나를 너희에게 보내셨다' 하고 말하면, 그들이 저에게 '그의 이름이 무엇이냐?' 하고 물을 터인데, 제가 그들에게 무엇이라고 대답해야 합니까?" 하나님이 모세에게 대답하셨다. "나는 '스스로 있는 나다. 너는 이스라엘 자손에게 이르기를 '스스로 계신 분이 나를 너희에게 보내셨다' 하여라." 하나님이 다시 모세에게 말씀하셨다. "너는 이스라엘 자손에게 이르기를 '여호와, 너희 조상의 하나님, 곧 아브라함의 하나님, 이삭의 하나님, 야곱의 하나님이 나를 너희에게 보내셨다' 하여라. 이것이 영원한 나의 이름이며, 이것이 바로 너희가 대대로 기억하여야 할 나의 이름이다"(출애굽기 3 : 13-15).

하나님 홀로 나는 존재(I Am)라는 존재(Esse), 즉 여호와이시기 때문에, 창조된 우주 안에는 그분에게서 그것의 존재가 파생되지 않은 것은 아무것도 없습니다. 이사야서의 말씀입니다.

> 나는 시작이요, 마감이다.
> 나 밖에는 다른 신이 없다.
> (이사야 44 : 6 ; 묵시록 1 : 8, 11 ; 22 : 13).

이 장절도 동일한 뜻을 가지고 있는데, 이 말씀은 그분이 그것 자체이시고(Who is the Itself), 처음 것들로부터 마지막 것들에 이르기까지 모든 것들의 근원인 유일존재(the Only)이십니다.
[2] 하나님은 "알파와 오메가, 시작과 끝"(the Alpha and Omega, the Beginning and the End)이라고 불리셨는데, 그것은 알파(the Alpha)가 그리스어의 철자의 첫째 자(字)이고, 오메가(Omega)는 그것의 마지막 자이기 때문입니다. 그러므로 이 두 글자는 복합적으로 모든 것들을 뜻합니다. 이러한 내용은 영계에 있는 철자의 각각의 글자가 한 사물(a thing)을 뜻하기 때문입니다. 그리고 모음들(母音·the vowels)은 음색이나 음조를 제공하기 때문에, 모음자들은 정동(affection)이나 사랑(love)에 속한 것들을 뜻합니다. 이러한 내용은 영적인 언어, 즉 천사적인 언어의 근원이고, 거기에 있는 저술의 근원을 가리킵니다. 그러나 그것은 지금까지 알려지지 않은 비의(秘義·an arcanum)입니다. 왜냐하면 천사들이나 영들의 언어를 가리키는 보편적인 언어가 있는데, 이 언어는 이 세상에 있는 사람들의 언어와 어떤 공통점도 가지고 있지 않기 때문입니다. 그러나 누구나 죽으면 이 언어에 있게 됩니다. 왜냐하면 그런 일은 그의 창조에서부터 생득(生得)적이기 때문입니다. 결과적으로 영계에서 모두는 그 언어를 서로 간에 사용하는 언어로 이해할 수 있기 때문입니다. 나는 자주 이런 언어에 허락되었고, 그래서 나는 이 세상의 언어와 비교할 수 있었고, 따라서 내가 발견한 것은 지상의 자연적인 언어와 일치하는 것은 아무것도 없다는 것이었습니다. 영계의 언어는 각각의 낱말 안에 있는 각각의 글자(each letter)는 그것 자체의 특별한 뜻을 가지고 있는 것을 가리키는, 그것의 머리글자의 요소(its initial element)에서 그것들과 달랐습니다. 이와 같은 이유로 하나님이 알파와 오메가(Alpha and Omega)라고 불리웠는데, 그것은 그분께서, 처음 것들로부터 마지막 것들에게 이르기까지 모든 것들의 근원인, 존재 자체이

고 유일존재 자체를 뜻하기 때문입니다. 그러나 천사들의 영적인 생각들에서 유입하는 이 언어나 저술의 형체에 관해서는 나의 저서 ≪혼인애≫(Conjugial Love) 326-329항을 참조하시고, 아래에 이어지는 것에서도 볼 수 있겠습니다.

20. (2) 한 분 하나님은 실체(實體·Substance itself)이시고, 형상(形狀·Form itself)이시고, 그리고 천사들이나 사람들은 그분에게서 비롯된 실체들이고, 형상들이고, 그들이 그분 안에, 그리고 그분이 그들 안에 있는 것에 비례하여 그분의 형상들(images)이고, 모양들(likenesses)이다.
하나님은 존재(Esse)이시기 때문에 역시 그분은 실체(Substance)이십니다. 왜냐하면 존재가 실체가 아니면, 그것은 추론의 허구(=허상·虛構·figment of the reason)이기 때문입니다. 왜냐하면 실체는 현존하는 존재(subsistence Being)를 취하기 때문입니다. 더욱이 실체를 가리키는 존재는 역시 형체(form)입니다. 왜냐하면 실체가 형체가 아니라면 그것은 추론의 허구이기 때문입니다. 그러므로 실체와 형체(substance and form) 양자는 하나님에 관해서 단정할 수 있겠는데, 그러나 그 뜻에는 그분은 유일존재이시고, 그리고 참된 실체와 형체이시고, 최초의 실체와 형체(the primal Substance and Form)라는 것을 내포하고 있습니다. 이 형체(Form)가 참된 인간적인 형체(the verily Human Form)입니다. 다시 말하면 하나님께서는 참 사람(verily Man)이시고, 그리고 하나님이 모든 것 안에 있는 무한존재이시라는 것은 1763년 암스텔담에서 출간된 ≪신령사랑과 신령지혜에 관한 천사적 지혜≫(=신령사랑과 신령지혜·Angelic Wisdom concerning the Divine Love and Divine Wisdom)에서 잘 입증되었습니다. 거기에서 입증된 내용은 천사들과 사람들은, 천계를 통해서 그들에게 유입하는 신령입류를 수용하기 위한, 창조된 실체들이고, 조직된 실체들이고 형체들이라는 것입니다. 이런 이유 때문에 그것들은 창세기서(=창생의 책)에서 "하나님의 형상들과 모양들"(창세기 1:26, 27)이라고 불리웠습니다. 그리고 다른 곳에서는 "그분의 아들들"(His sons)이나 "그분의 소생"(born of Him)이라고 하였습니다. 이 책의 진행과정에서는, 사람이 신령지시(the Divine direction) 하에 사는 것에 비례하여, 다시 말하면 스스로 하나님에 의한 인도받기를 자초(自招)하는 것에 비례하여, 더욱 더 내면적으로 그가 하나님의 형상(an image of God)이 된다는 것은 충분하게 설명, 입증될 것입니다. 만약에 하나님으로 말미암아 형성된 개념이 없다면, 그 형상은 곧 제일 실체(the primal Substance)이고 제일 형체(the primal Form)이고, 그리고 참 인간 형체(the verily Human Form)를 가리키는 그분의 형체의 개념이 없다면, 사람의 마음(the human mind)은 하나님 당신에 관해서, 인간의 근원이나 세상의 창조에 관해서 아주 쉽게 기괴한 환상에 빠질 것입니다. 그 때 그들은 하나님의 개념에 관해서 그것의 첫째 원리들에서 우주의 성질, 다시 말하면 그것의 공간이라는 것, 그리고 또한 텅 빈 공간(emptiness)이나 존재하지 않음(=무·無·nothingness) 이외의 하나님의 다른 개념은 결코 가지지 못할 것입니다. 그리고 또 사람의 근원에 관해서는 단순한 우연(偶然·mere chance)에 의하여 그것에 들어온 원수들의 집합체라는 것 이외의 다른 개념을 가지지 못할 것이고, 세상 창조에 관해서도 그것의 실체나 형체는 점들(points)로 시작된 것이고, 그 뒤에는 그것들에 관해서 언급할 것이 아무것도 없기 때문에, 본질적으로는 아무것도 아닌 기하학적인 선들(geometrical lines) 이외의 다른 개념을 가지지 못할 것입니다. 이런 마음에는 그 교회에 속한 모든 것은 저승에 있는 삼도천(三途川·Styx)이나 지옥에 있는 칠흑 같은 무저갱(無底坑·Tartarean)과 같을 것입니다.

21. (3) 신령존재(the Divine Esse)는 본질적으로 존재(Esse·Being)이고, 본질적으로 현현(Existere·Manifestation)이다.

여호와 하나님께서는 본질적으로 존재(存在·Esse)이십니다. 그것은 그분께서 영원 전부터 "나는 나다"(I Am)이시기 때문이고, 유일존재(the Only)이시고, 처음존재(the First)이시기 때문입니다. 그리고 모든 것의 근원이십니다. 그분이 없다면 모든 것은 존재할 수 없기 때문입니다. 이런 식으로, 또는 다르지 않다면, 그분(He)은 시작(the Beginning)과 끝(the End)이시고, 처음과 마지막(the First and the Last)이시고, 알파와 오메가(the Alpha and the Omega)이십니다. 그분의 존재는 그것 자체(Itself)에서 비롯된 것이라고 말할 수밖에 없는데, 그것은 "그것 차체에서 비롯된다"(from itself)라는 표현은 선재하는 것(something prior)을 의미하는 것이기 때문이고, 그러므로 시간(time)을 뜻하기 때문입니다. 그리고 시간은, 이른바 영원 전부터 무한하다는 것을 가리키는, 무한존재(the Infinite)를 뜻하는 것은 아닙니다. 역시 그 표현은 자신 안에 있는 하나님을 가리키는 다른 하나님을 뜻하고, 따라서 그것은 하나님에게서 비롯된 하나님(God from God), 또는 자기 자신을 형성한 하나님을 뜻합니다. 이와 같은 경우 그분은 비창조적이지도 않고, 무한하지도 않습니다. 왜냐하면 그분은 이와 같이 자기 자신을 유한(有限)하게 만드셨기 때문이고, 그리고 자기 자신으로 말미암아, 또는 다른 것으로 말미암아(from another) 만드셨기 때문입니다. 하나님은 본질적으로는 존재(Esse)이시라는 사실에서 뒤이어지는 것은 그분은 본질적으로 사랑이시고, 본질적으로 지혜이시고, 본질적으로 생명이시라는 것입니다. 그리고 그것에서 뒤이어지는 것은 그분은 자체(Itself)시라는 것이고, 모든 것들의 근원이시라는 것입니다. 이것은 어떤 것이 존재하기 위해서 개별적인 것은 관계(relation)를 가져야만 한다는 것입니다. 그분께서 본질적으로 생명이시기 때문에, 하나님께서 하나님이라는 것은 요한복음 5장 26절의 말씀에서 명확하고 그리고 이사야서의 말씀에서 명확합니다. 이사야서의 말씀입니다.

> 너의 구원자,
> 너를 모태에서 만드신 주께서 말씀하신다.
> "내가 바로 만물을 창조한 주다.
> 나와 함께 한 이가 없이,
> 나 혼자서 하늘을 폈으며, 땅도 넓혔다."
> (이사야 44 : 24)

같은 책의 말씀입니다.

> 너에게 기도하는 것처럼 이르기를
> "과연 하나님께서 당신과 함께 계십니다.
> 그 밖에 다른 이가 없습니다.
> 다른 신은 없습니다" 할 것이다.
> (이사야 45 : 14, 15, 22 ; 호세아 13 : 4)

하나님께서는 본질적으로 존재(Esse·Being)이실 뿐만 아니라 본질적으로 현현(顯現·Existere·Manifestation)이십니다. 그것은 현현이 없는 존재는 아무것도 아니기 때문이고, 그리고 현현이 존재에서 비롯된 것이 아니라면 꼭 같이 현현은 아무것도 아니기 때문입니다. 그러므로 전자가 있는 곳에는 반드시 후자가 있어야 합니다. 실체와 형체도 그와 꼭 같습니다. 실체가 형체에서 비롯된 것이 아니라면 그것에 속한 것은 아무것도 뜻하는 것은 없습니다. 이런 이유 때문에 본질적으로 아무것도 아니라면 그 어떤 성품도 가지지 못합니다. 여기에서 낱말 "존재와 현현"(esse and existere)을 사용하면서, 본질과 존재(essence and existence)를 사용하지 않는 것은 존재(esse)와 본질(essence) 사이에 명확한 분별이 있기 때문이고, 현현(existere)과 존재(existence) 사이에 분별이 있기 때문이고, 마찬가지로 선재하는 것(the prior)과 후래하는 것(the posterior) 사이에 분별이 있기 때문입니다. 그리고 선재하는 것은 후래하는 것에 비하여 보다 더 보편적입니다. 신령존재(the Divine Esse)에는 무한(無限)이나 영원(永遠)이 적용되겠습니다. 한편 신령본질(the Divine Essence)이나 신령존재(the Divine Existence)에는 신령사랑이나 신령지혜가 적용되겠고, 그리고 이들을 통해서 전능(omnipotence)과 편재(omnipresence)에 적용되겠는데, 이것들은 순서에 따라서 고찰되겠습니다.

22. 하나님이 존재 자체이시고, 유일존재이시고, 처음존재(the First)이신데, 이것은 본질적으로 존재와 현현(Esse and Existere)이라고 불리웁니다. 그리고 그것은 존재하는 모든 것의 근원입니다. 자연적인 사람은 그의 이성 때문에 무엇을 발견한다는 것은 불가능합니다. 왜냐하면 그의 이성(his own reason)에 의하여 자연에 속한 것만 이해, 파악할 수 있는데, 그것은 그의 이성의 본질적인 성품과 일치하기 때문입니다. 그리고 그것은 젖먹이나 어린 아이 때부터 그의 이성에 들어온 것은 아무것도 없기 때문입니다. 그러나 사람은 자연적인 것과 꼭 같이 영적 존재가 되도록 창조되었기 때문에, 그것은 사람이 죽은 뒤에도 계속해서 살아가야 하기 때문인데, 그리고 그들의 세상에 있는 영적인 자들 가운데서 살아가고 있기 때문에 하나님께서 성경말씀(聖言)을 준비하셨는데, 성경말씀에서 하나님은 당신 자신뿐만 아니라 천계와 지옥이 있다는 것을 계시하셨고, 그리고 천계나 지옥에서 모든 사람은 그의 생명이나 그의 믿음에 일치하여 영원히 산다는 것도 계시하셨습니다. 더욱이 하나님은, 나는 존재한다(the I Am), 또는 존재이시고, 존재 자체이시고, 유일존재시라는 것을 성경말씀에서 계시하셨습니다. 그것은 본질적으로 존재(Is)이시고, 따라서 처음(the First)이고, 시작(the Beginning)이시고,

모든 것들의 근원이시라는 것을 성경말씀에서 계시하셨습니다.

[2] 이 계시에 의하여 자연적인 사람은 자연 이상으로 자기 자신을 일으켜 세울 수 있고, 따라서 자기 자신을 넘어서(above himself) 일으켜 세울 수 있고, 그리고 하나님에 속한 것들을 볼 수 있습니다. 그럼에도 불구하고, 비록 하나님은 모든 사람에게 가까이 계시지만, 마치 멀리 떨어져 있는 것 같습니다. 왜냐하면 하나님의 본질(His essence)에서 그분은 사람 안에(in man) 계시기 때문입니다. 사람 안에 존재하기 때문에, 하나님은 그분을 사랑하는 자들에게 아주 가까이(very nigh) 계십니다. 그리고 그분의 계명들(=명령들)에 일치하여 살고, 그분을 믿는 사람들은 그분을 사랑하는 자들입니다. 이들은 말하자면 그분을 보는 자들입니다. 믿음이라는 것은 계시는 하나님을 영적으로 보는 것 이외에 무엇입니까? 그분의 계명들에 따라서 사는 삶은 구원과 영생이 그분에게서 온다는 것을 행동(in act)으로 시인하는 것 이외에 무엇이겠습니까? 그러나 단순한 지식을 가리키는, 영적인 것이 아니고 자연적인 믿음을 가진 사람들은, 그러므로 그의 생명(=삶)이 자연적인 사람은 다만 하나님을 보지만, 그러나 아주 멀리 떨어져서 보는 것과 같고, 그리고 이것은 마치 그들이 하나님에 관해서 말을 할 때 뿐입니다. 이들 두 종류들 사이에 있는 차이는 마치 밝은 빛 가운데 가까이에서 손으로 만지면서 사람들을 보는 것과, 그리고 사람들, 나무들, 돌멩이들을 분별할 수 없는 짙은 안개 속에서 그것들을 보는 것과의 차이와 같습니다.

[3] 그 차이는 이와 같겠습니다. 높은 산 위에서 그 산 아래에 있는 도시의 사람들이 그 도시의 거리를 걸으면서 거기의 주민들과 서로 대화를 하는 것을 보는 경우와, 그들이 보는 아래에 있는 대상물들이 사람인지 짐승인지, 조각물인지 말할 수 없는 산 꼭대기에서 아래를 내려다 보는 경우와 같다고 하겠습니다. 그리고 그것의 차이는 마치 하늘의 어떤 별에서 그것들에 관해서 살피는 사람과, 또 다른 별에서 망원경을 가지고 보면서, 거기에 있는 사람들을 보면서 말하는 사람과의 차이와 같습니다. 그 때 사실 그들은 달빛과 같은 그 땅의 가장 외적인 윤곽 이외에 아무것도 보지 못하고, 그리고 점들은 마치 물들의 영역으로 밖에 보지 못할 것입니다. 이와 같은 차이는, 믿음과 인애의 삶 안에 있는 자와, 믿음과 인애에 관해서 단순하게 아는 자들이 하나님과 그분에게서 나오는 마음 안에 있는 신령한 것들을 볼 때의 차이와 같다고 하

겠습니다. 결과적으로 그 차이는 자연적인 사람들과 영적인 사람들 사이의 차이와 같습니다. 그러나 성경말씀의 신령한 거룩함은 부인하면서, 그럼에도 불구하고 등에는 그들의 종교적인 것들이 있는 가방을 지고 다니지만, 하나님은 전혀 보지 못하고, 마치 앵무새들처럼 낱말 "하나님"을 지껄이는 것과 같을 뿐입니다.

23. (4) 본질적으로 신령존재(the Divine Esse)이고, 본질적으로 신령현현(the Divine Existere)인 그 존재나 그 현현을 가리키는 다른 신령한 것들을 생성한다는 것은 불가능하다 ; 그러므로 동일 본질(the same Essence)의 다른 하나님(another God)은 존재할 수 없다.

이미 입증된 것은, 우주의 창조주이신 한 분 하나님은 본질적으로 존재(Esse)이고, 현현(Existere)이시라는 것, 다시 말하면 그분 당신이 하나님이시다 라는 것입니다. 이 명제에서 뒤이어지는 것은 하나님으로 말미암아 하나님이 존재한다는 것은 불가능하다는 것입니다. 그 이유는 이런 것 안에 본질적으로 존재와 현현을 가리키는, 진정한 본질적인 신성이 존재한다는 것은 불가능하기 때문입니다. 여러분이 "하나님에 의해 태어났다"(begotten of God) 또는 "하나님에게서 나온다"(proceeding from God)라고 말하든, 그것은 동일한 것입니다. 이들 경우에서 그것은 하나님에 의하여 생성되었다(produced by God)는 것을 뜻하는 것인데, 이 뜻은 창조되었다는 뜻과 거의 차이가 없습니다. 그것의 각각이 따로따로(single) 하나님이시고, 그리고 동일 본질의 하나님이시고, 그분들의 각각은 영원 전부터 태어났고(born from eternity), 그 세 번째(a third)도 영원 전부터 발출한다는 세 신령 인격들(=삼위·三位)인 신념(a belief)이 교회에 소개되었다는 것은 하나님의 단일성의 개념(the idea of God's unity)을 전적으로 파괴하는 것입니다. 그리고 이것과 더불어 신성에 속한 모든 개념(every idea)도 깨져나갔습니다. 따라서 그 신념은 이성에 속한 모든 신성(神性·靈性·the spirituality of reason)이 추방(追放)되는 원인을 제공하였습니다. 그 때 사람은 더 이상 사람이 아닙니다. 그러나 그 때의 그 사람은, 말하는 능력 안에 있는 짐승과 별로 다르지 않은 전적으로 자연적인 존재이고, 그리고 이런 자연적인 사람들에 대하여 어리석음이라고 부르는, 교회에 속한 영적인 것들에 정반대하는 존재입니다. 이것이 근원이고, 그리고 하나님에 관한 괴물 같은 기괴한 이단사설들은 이 근원에서 생겨났습니다. 따라서 인격들에의 신령삼일성의 분열들은 죽음과 꼭 같은 밤을 교회에 소개하였습니다.
[2] 세 신령 본성의 동일성(identity)이 이성에 대한 불법(=위반·offence)이라는 것은 천사들에 의하여 나에게는 명확한데, 천사들은, 심지어 "동등한 세(3) 삼일성들"(three equal divinities)을 발음조차도 할 수 없다고 말하였습니다. 만약에 어느 누가 이런 낱말들을 발설하기를 원하는 그들의 상태(=자리)에 들어오게 되면 그는 스스로 외면할 수밖에 없다는 것이고, 그가 그런 것들을 발설한 뒤에는 그는 나무기둥처럼 되어서, 아래로 던져지게 되고, 그 뒤에는 하나님을 시인하지 않는 지옥에 있는 자들에게 스스로 전력으로 달려갈 것입니다. 세 신령 인격들의 개념이 어린 아이의 마음이나 젊은이의 마음에 그 진리가 심어지고, 불행하게 세 하나님들의 개념에 밀착된 마음은 모든 영적인 우유(all spiritual milk)를 빼앗길 것이고, 그리고 그 때 영적인 먹거리를 빼앗기고, 종국에 영적으로 생각하는 모든 능력까지도 박탈될 것이고, 그런 개념으로 다짐한 자들은 영적인 죽음을 자초하게 될 것입니다. 우주의 창조주로서 믿음에서, 마음 속에서, 한 분 하나님을 예배하는 자들과 동시에 속량주와 중생주로 그분을 예배하는 자들의 차이는 다윗 시대의 시온 성과, 성전이 건축된 뒤 솔로몬 시대의 예루살렘의 성의 차이와 같습니다. 한편 세 분 인격들을 믿고, 그 각각의 존재가 별개의 하나님이라고 믿는 교회는 베스파시언(Vespasian)에 의해 함락(陷落)되고, 성전이 불타 버린 뒤의 시온 성이나 예루살렘 성과 같습니다. 더욱이 그분 안에 신령 삼일성(a Divine trinity)이 존재하는 한 분 하나님을 예배하는 사람은, 따라서 한 인격(一位·one Person)을 예배하는 사람은 더욱 더 살아 있는 사람(a living man)이고 그리고 살아 있는 천사적 사람처럼 됩니다. 이에 반하여 복수 인격의 신념에서 비롯된 하나님들의 복수성의 신념으로 자신을 확증한 사람은 점차적으로 움직이는 관절들(movable joints)로 만들어진 조상(彫像·statue)처럼 되고, 그 조상 안에는 사단이 자리 잡고 있고, 그것의 인조 입(its artificial mouth)을 통해서 말을 하는 조상과 같이 됩니다.
24. (5) 과거 수세기 동안, 오늘날 신들의 복수의 교리(the doctrine of a plurality of gods)는 신령존재의 이해의 부족(a failure)에서 생겨났다. 이미 본서 8항에서 입증된 것은 하나님의 단일성(the unity of God)은 모든 사람의 마음에 각인(刻印)되었다는 것입니다. 그것은 하나님으로부

터 사람의 영혼에 입류하는 모든 것의 중심에 있기 때문입니다. 그럼에도 불구하고 그것은 거기에서 사람의 영혼에는 내려오지 못하고 있습니다. 그 이유는, 사람이 하나님을 만나기 위하여 반드시 그것에 의하여 올라가야 하는 그 지식이 부족하기 때문입니다. 왜냐하면 사람은 누구나 하나님을 만나는 것을 반드시 준비하여야 하는데, 다시 말하면 영접(迎接·reception)을 위하여 반드시 자기 스스로 준비하여야 합니다. 이런 일은 지식들에 의하여 행해집니다. 부족한 지식들, 다시 말하면 하나님이 한 분이시라는 것, 그리고 한 분 신령존재 이외의 여럿은 불가능하다는 것, 자연 안에 존재하는 모든 것은 그분에게서 비롯되었다는 것 등등을 이해가 그것들을 넉넉히 직시(直視)하기 위하여 아래와 같이 설명하겠습니다.

(1) 지금까지 모든 사람이 죽은 뒤에 들어가는, 영들이나 천사들의 거처인, 영계(靈界·the spiritual world)에 관해서 어느 누구도 알지 못한다는 것.

(2) 영계에 태양(sun)이 있는데, 그 태양은 그것의 중앙에 계시는 여호와 하나님에게서 비롯된 순수한 사랑(pure love)이라는 것도 동일하게 알지 못한다는 것.

(3) 이 태양으로부터 별(熱·heat)이 나오는데, 그것의 본질에서 그 별은 사랑이고, 그것의 본질에서 그것에서 나온 빛(光·light)은 지혜라는 것.

(4) 결과적으로 그 세계에 있는 모든 것은 영적이고, 속사람을 감화 감동시키고, 그리고 사람의 의지와 이해를 형성한다는 것.

(5) 여호와 하나님께서는 그분의 태양으로부터 영계뿐만 아니라, 헤아릴 수 없이 많고, 실질적인 것을 가리키는, 영계 안에 있는 영적인 것들을 생산하셨다는 것과 그리고 자연계(the natural world)와 헤아릴 수 없이 많고, 그러나 물질적인 것을 가리키는, 자연계 안에 있는 모든 자연적인 것들을 생산하셨다는 것.

(6) 지금까지는 어느 누구도 영계와 자연계의 구분(=차이·distinction)을 알지 못하였고, 또한 그것의 본질에서 영적인 것이 무엇인지 알지 못하였다는 것.

(7) 또한 영계에는 사랑과 지혜에 속한 세 계도들(階度·three degrees of love and wisdom)이 있고, 그것은 천사적인 천계에 따라서 정돈 정리되었다는 것을 누구도 알지 못하였다는 것.

(8) 사람의 마음은 계도들의 수만큼 나누어진다는 것, 그리고 그것은 사람이 사후 세 천계들(three heavens) 중의 하나에 올리워지기 위한 것으로, 그런 일은 그것의 생명(=삶)과 그것의 믿음 양자에 일치하여 일어난다는 것.
(9) 최종적으로, 본질적으로 신령존재 자체이시고, 따라서 처음(the First)이시고, 시작(the Beginning)이시고, 모든 것들의 근원이신, 신령존재(Divine Esse)에게서 비롯된 것을 제외하면 이런 것들의 지극히 작은 것(片鱗)도 존재하지 않는다는 것 ; 지금까지 이런 지식들은 알지 못하였지만, 그럼에도 불구하고 이런 내용들은, 사람이 그런 것들을 통하여 신령존재에 속한 지식에 이르게 하기 위한 수단들입니다.
[2] 사람이 올라간다(=일으켜 세워진다·to raise)라고 언급하였는데, 그러나 그 뜻은 사람이 하나님에 의하여 그렇게 된다는 것을 뜻합니다. 왜냐하면 자기 자신을 위하여 지식들을 터득한다는 것은 사람이 자신의 선택의 자유(his freedom of choice)를 실천하는 것이기 때문입니다. 그러나 사람이 그의 이해를 통하여 성경말씀에서 자기 자신을 위하여 지식들을 터득하기 때문에, 그는, 그것에 의하여 하나님께서 그를 올리시고, 내리시는 그 길을 준비하여야 합니다. 하나님께서 그분의 손에 그것을 쥐시고서, 인도하시는 인간의 이해에 속한 것에 의하여 올리는 지식들은, 하나님께서 그 위에 서 계시는 동안, 그것에 의하여 천사들이 올라간, 그것의 꼭대기가 천계에 이른, 땅 위에 세워진 야곱이 본 사닥다리의 층계(=계단)에 비교될 수 있겠습니다(창세기 28 : 12, 13). 이런 지식들이 부족할 때와, 사람이 그것들을 경멸(輕蔑)할 때는, 전적으로 사정은 다릅니다. 그것을 경멸하는 경우 이해의 고양(高揚·elevation of the understanding)은, 마치 땅 바닥에서 사람의 거처를 가리키는 웅장한 궁전의 일층에 있는 창문에 이른 사닥다리에 비교될 수 있겠습니다. 그러나 그것은 영들의 거처인 이층의 창문에는 이르지 못한 것이고, 더욱이 천사들의 거치인 삼층의 창문에는 이르지 못한 것입니다. 이것의 결과 사람은 대기(大氣)나 오직 자연에 속한 물질적인 것들에 남아 있습니다. 그리고 사람은 이런 것들에게 그의 눈과 귀와 코를 틀어막고, 그리고 이런 것들로 말미암아 대기나 물질에 속한 것에 비하여 월등한 천계에 관한 다른 개념들이나 하나님의 존재나 본질(the Esse and Essence of God)에 관한 다른 개념들을 터득, 찾지 못합니다. 이런 것들

에서 비롯된 생각은 사람으로 하여금 그분이 존재 하시는가 아닌가, 또는 그분이 한 분이신가 여럿인가, 하나님에 관한 아무런 결론을 내리지 못합니다. 하물며 그분의 존재나 본질에 관해서는 어떠하겠습니까? 이것이 과거 수세기 동안이나, 오늘날까지도, 복수 하나님의 신념의 근원입니다.

25. 이런 내용에 아래의 영계 체험기를 부연하고자 합니다. 언젠가 잠에서 깨어났을 때, 나는 하나님에 관한 깊은 명상(瞑想)에 빠져있었습니다. 위를 보고 있었는데, 나는 내 위에 있는 천계에 있는 달걀 모양의 매우 밝은 빛을 보았습니다. 나는 그것에 나의 시선을 집중하였는데, 양면에서 빛이 움츠리더니, 원형을 형성하였습니다. 보십시오. 천계(heaven)가 열렸는데, 나는 아주 장엄한 광경을 목도(目睹)하였습니다. 남쪽에는 서로 공개적으로 말하는 천사들이 원형으로 서 있었습니다. 나는 그들이 하는 말이 무엇인지 듣기를 열망하였기 때문에 제일 처음에는, 천계적인 사랑으로 충만한 그들의 음성을 듣는 것이 허락되었고, 그리고 그 뒤에는 그 사랑에서 비롯된 지혜가 충만한 그들이 하는 말이 무엇인지 듣는 것이 허락되었습니다.

그들은 서로 한 분 하나님과, 그분과의 결합, 그리고 그것에 의한 구원에 관해서 말하였습니다. 그들은 대부분 이런 것들에 관해서는 자연적인 언어(natural language)로는 표현할 수 없는 놀라운 것들을 말하였습니다. 나는 여러 번 천계의 천사들과 대화하는 일이 있었기 때문에, 그리고 그 때마다 비슷한 그들의 상태나, 그리고 그들의 비슷한 언어에 있었는데, 결과적으로 나는 지금은 그들을 이해할 수 있었고, 그들이 한 말이 무엇인지 자연적인 언어의 낱말로 합리적으로 표현된 것을 선별할 수도 있었습니다.

[2] 그들이 말한 것은, 신령존재는 한 분(one)이시고, 동일존재(the Same)이시고, 존재 자체이시고, 불가분적 존재(the Indivisible)시라는 것입니다. 그들은 이 사실을 영적인 개념들에 의하여 예증하였는데, 그들이 한 말은 신령존재는 그것 자체가 여럿으로 분리될 수 없으며, 그것의 각각은 신령존재를 지니고 있고, 그럼에도 불구하고 그것 자체는 하나(One)이고, 동일하고(the Same), 불가분하시다(the Indivisible)는 것입니다. 그분 자신의 존재(His own Esse)에게서 비롯된 각각은 그 때 그분에게서 비롯되었다고 생각하고, 그분에 의하여 분리되었다고 생각합

니다. 만약에 신령존재가 자체를 그와 같이 분리한다면, 그리고 모든 것들이 다른 것들에게서 비롯되었다고 이의(異議) 없이 생각한다면, 거기에는 한 분 하나님이 아니고, 이의 없는 여럿의 하나님들(=신들·several unanimous Gods)이 있을 뿐입니다. 왜냐하면 여럿의 동의(the agreement of several)를 뜻하는, 자기 자신을 위하고, 자기 자신에 의한 여럿의 만장일치(滿場一致·합의·unanimity)는 단일성(the unity)과 조화롭지 않고, 오히려 오직 복수의 하나님들(=신들)과 조화롭기 때문입니다. 천사들은 "하나님들"(Gods)이라는 낱말들을 말하지 못하고, 그것을 그들이 말할 수 없기 때문입니다. 왜냐하면 이런 표현은, 그들의 생각의 근원을 가리키는, 천계의 빛에 의하여 매우 강하게 방해, 저항을 받기 때문이고, 그리고 그들의 낱말들 안에 있는 영기(靈氣·the aura)에 의해서는 그들이 보호를 받기 때문입니다.

그들이 더 말한 것은, 자신들이 그 각각의 신이 그분 자신이 뜻하는 구분되는 인격의 뜻에서 "신들"(Gods)이라는 낱말을 발음하고자 할 때 그들의 발음 능력이 즉각 "한 분 하나님"(one God), 심지어 "오직 한 분이신 하나님"(one only God)을 발음하도록 혀와 입술이 변형되었다고 하였습니다. 여기에 더 부연하는 것은 신령존재(the Divine Esse)는 스스로 자신 안에 있는 신령존재이시지, 그것 자체에서 비롯된 것이 아니라는 것입니다. 그 이유는 "그것 자체에서 비롯되었다"(from itself)라는 표현은 또 다른 존재에서, 다시 말하면 선행존재(prior Esse)에서 비롯된다는 것이고, 이것은 하나님에게서 한 하나님(a God from God)이 비롯된다는 것을 뜻하기 때문입니다. 이런 일은 불가능한 것입니다. 하나님에게서(from God) 비롯된 것은 하나님이라고 부르지 않고(not called God), 신령한 것(Divine)이라고 부릅니다. 하나님에게서 하나님이 비롯된 것이 무엇입니까? 따라서 영원 전부터 계신 하나님에게서 태어난 하나님, 또는 영원 전부터 하나님에게서 홀로 출생된 한 분 하나님(a God from God)이 무엇이란 것입니까? 천세에는 천계에서 비롯되는 이런 빛은 결코 없습니다.

[3] 그들은 더 자세하게 말하였습니다. 자체 안에 계신 하나님을 가리키는 신령존재는 동일존재(the Same)이십니다. 그분은 단순히 동일존재가 아니고, 무한하게 동일존재이십니다. 다시 말하면 영원 전부터 영원까지 동일존재이십니다. 동일존재는 어디에서나 동일존재이고, 동일존

재는 모든 존재와 함께 계시고, 모든 존재 안에 계십니다. 수용그릇 안에 있는 모든 다양성(all variableness)이나 가변성(change)은 그 수용그릇의 상태에 의해서 기인된 것입니다.

그분 안에 있는 하나님을 가리키는 신령존재가 존재 자체라는 것은 이렇게 예증될 수 있겠습니다. 하나님은 존재 자체이신데, 그것은 하나님께서 사랑 자체이시고, 지혜 자체이시기 때문입니다. 다시 말하면 그분은 선 자체이시고, 진리 자체이시기 때문입니다. 그러므로 생명 자체이시기 때문입니다. 만약에 이런 것들이 하나님 안에 존재하지 않는다면, 다시 말해서 하나님 안에 사랑과 지혜 자체가 없고, 선 자체와 진리 자체가 없다면, 결과적으로 생명 자체가 없다면, 그것들은 천계나 이 세상에 있는 어떤 것도 될 수 없습니다. 그 이유는 그것들 안에는 존재 자체와 관계되는 것은 아무것도 없기 때문입니다. 모든 성질(=특성·every quality)은 그것 안에 그것의 근원하는 존재 자체(the Itself)가 있다는 사실에서 비롯되는 것이고, 그리고 어떤 것이 존재하기 위해서는 반드시 그것과 관계를 가지고 있어야 합니다. 신령존재를 가리키는 이 존재 자체는 장소(=공간·place)에 있지 않고, 오히려 그것에 속한 그것들의 수용그릇과 일치하는 장소(=공간)에 있는 그들과 함께(with those) 현존하고, 그들 안에(in those) 있습니다. 그 이유는 장소(=공간), 또는 한 장소에서 한 장소로의 진전(progress)하는 사랑과 지혜, 또는 선과 진리를, 또한 그것에서 비롯된 생명에 관해서 서술할 수 없기 때문입니다. 그것은 곧 하나님 안에 있는 존재 자체이고, 심지어 하나님 그분이시기 때문입니다. 이것이 그분의 전능(His omnipotence)입니다. 그러므로 주님께서는 "당신께서 사람들 한 가운데 계신다" 또는 "당신은 사람들 안에, 사람들은 그분 안에 계신다" 라고 말씀하십니다.

[4] 그러나 주님께서는 그분께서 그분 안에 계시는 존재로서 모두에 의하여 영접될 수 없었기 때문에 그분의 본질 안에 있는 그분이 무엇인지 천사적 천계 위에 있는 태양으로 드러내셨고, 그리고 지혜의 측면에서는 빛(light)이 그분 자신이신 그 태양에서 나오는 것, 그리고 사랑의 측면에서 별(heat)이 그분 자신이신 그 태양에서 나오는 것으로 명료하게 드러내셨습니다. 그 태양은 하나님 당신은 아닙니다. 그러나 그분 주위에 있는, 그분에게서 발출하는 가장 가까이에 있는 신령사랑과 신령지혜는 천사들에 의하여 마치 태양으로 보여집니다. 그 태양 안에 있

는 그분 당신께서(He Himself)는 사람(原人間·a Man)이십니다. 그분은, 그분에게서 발출한 신령존재(the Divine)와 신령인간(the Divine Human) 양자의 측면에서 우리 주님 예수 그리스도(our Lord Jesus Christ)이십니다. 사랑 자체와 지혜 자체를 가리키는 존재 자체(the Itself)는 아버지(聖父·the Father)에게서 비롯된 그분의 영혼(His Soul)이었습니다. 다시 말하면 신령생명(the Divine life), 즉 그것 자체 안에 있는 생명이십니다. 따라서 그것은 어느 사람에게 있는 것은 아닙니다. 사람 안에 있는 영혼(the soul)은 생명(life)이 아니고, 오히려 생명의 수용그릇(a recipient of life)입니다. 주님께서 이것을 이렇게 가르치셨습니다. 주님께서 요한복음서에서 말씀하십니다.

> 예수께서 대답하셨다. "내가 곧 길이요 진리요 생명이다"(요한 14 : 6).

또 그 책에서 말씀하십니다.

> 아버지께서 자기 안에 생명이 있는 것처럼, 아들에게도 생명을 주셔서, 그 안에 생명이 있게 하여 주셨기 때문입니다(요한 5 : 26).

"그 안에 있는 생명"(=그분 안에 있는 생명·life in Himself)은 하나님(God)을 뜻합니다.
그들은 여기에 이런 것을 부가하였습니다. 영적인 빛 안에 있는 자들은, 신령존재는 한 분(One)이시고, 동일존재(the Same)이시고, 존재 자체(the Itself)이시기 때문에, 여럿으로 존재할 수 없다는 것을 이들 명제에서 지각할 수 있다는 것입니다. 만약에 이런 것에 반대되는 것을 주장한다면 명확한 모순들이 결과로서 생겨났을 것입니다.
26. 내가 이런 말을 듣고 있을 때 천사들은 내 생각 속에 있는 이른바 단일성의 여러 인격들의 삼일성(a trinity of persons)과 삼일성의 여러 인격들의 단일성(a unity of persons)에 관해서, 그리고 또한 영원 전부터 하나님의 아들의 탄생(a birth of the Son of God)에 관한 기독교회에 널리 보급된 하나님의 이런 개념들을 지각하였습니다. 그들은 "귀하의 생각은 무엇입니까? 귀하는, 우리의 영적인 빛과는 전혀 일치하지 않는, 자연적인 빛에서 생각하고 있는 것은 아닌지요? 그러므로 만약에 귀하

께서 이런 개념들을 잊어버리고, 멀리하시지 않는다면, 귀하에게 거스르는 천계를 닫고, 떠나겠습니다" 라고 말하였습니다.

그러나 나는, "간청합니다. 여러분께서 내 생각 속에 더 깊이 들어오십시오. 그러면 여러분은 아마도 우리들 사이에 있는 일치하는 것을 보게 될 것입니다" 라고 말하였습니다. 그들은 이런 일을 하였습니다. 그들은, 내가 세 인격들(三位・three persons)에 의하여 이해하고 있는, 세 신령 속성들(three Divine attributes)에서 나오는 창조(Creation)・속량(Redemption)・중생(Regeneration)을 보았고, 그리고 그들은 이런 것들이 한 분 하나님의 속성들이라는 것, 그리고 또한 영원 전부터의 하나님의 아드님의 출생에 의하여 내가 영원 전부터 예견되고, 시간 안에 준비된 그의 출생(His birth)을 이해하고 있다는 것을 보았고, 그리고 또한 영원 전부터의 하나님의 아드님의 출생에 관해서 생각한다는 것은 적어도 나에게는 자연이나 이성을 초월하지 않고, 오히려 자연과 이성에 반대가 될 것이라는 것을 보고 있었습니다. 이에 반하여 시간 안에서, 처녀 마리아(the virgin Mary)를 통하여, 하나님의 독생자(the only Son of God)나 그의 탄생으로서 탄생한 하나님 아드님에 관해서 생각한다는 것은 전혀 다르다는 것입니다. 그리고 이것 이외에 다른 것을 믿는다는 것은 엄청난 과오가 될 것이라는 것입니다. 그 때 나는 그들에게 인격들의 삼일성(a trinity of persons)이나 인격들의 단일성 (=삼위의 단일성・a unity of persons)에 관한 나의 자연적인 생각의 근원이나, 그리고 영원 전부터 계신 하나님의 아들의 출생에 관한 나의 자연적인 생각의 근원은 아타나시우스(Athanasius)라는 이름에서 명명된 교회 안에 있는 믿음의 교리(the doctrine of faith)라는 것을 말하였습니다.

그 때 천사들은 "아주 좋습니다" 라고 말하였습니다. 그리고 그들은, 천계가 유일 하나님으로 말미암아 천계이기 때문에 천지(天地)의 진정한 하나님에게 가까이 나아가는 자들만이 천계에 들어갈 수 있다는 것들로부터 말한 나에게 물었습니다. 그것은 이 하나님이 예수 그리스도이시고, 그분이, 영원 전부터는 창조주이시고, 시간 안에서는 속량주이시고, 영원까지 중생주이신 주님 여호와이시라는 것, 따라서 그분은 곧 아버지(=성부・聖父・the Father)・아들(聖子・the Son)・성령(聖靈・the Holy Spirit)이십니다. 그들은 이것이 전파되어야 할 복음(福音・the gospel)이라고 말하였습니다.

이런 일이 있은 뒤 전에 보였던 천계의 빛이 다시 돌아왔습니다. 그 빛은 점차적으로 내려 왔고, 나의 마음의 내면적인 것을 채우고, 하나님의 삼일성(the trinity of God)과 하나님의 단일성(the unity of God)에 관한 나의 생각들에 빛을 비추었습니다. 그리고 지극히 자연적이었던 내가 처음 이들 주제들에 관해서 세운 개념들이 그 때 나는 키질에 의하여 알곡에서 쭉정이나 껍데기를 분리시킨 불순물들을 보았습니다. 그리고 그런 불순물들은 바람에 의하여 천계의 북쪽으로 날아갔고, 사라져 버렸습니다.

하나님의 무한성(無限性·the Infinity), 즉 그분의 광대무변성(廣大無邊性·His Immensity)과 영원성(永遠性·His Eternity)

27. 자연계에는 그것의 모든 것들을 유한(有限)하게 하는 두 특성들(two properties)이 있습니다. 하나는 공간(空間·space)이고 다른 하나는 시간(時間·time)입니다. 그리고 자연계가 하나님에 의하여 창조되었기 때문에, 그리고 그것과 함께 공간과 시간도 창조되었기 때문에, 그리고 그것을 유한하게 되게 하였기 때문에, 이들 특성들의 두 근원들은 필연적으로 다루어야 하겠습니다. 말하자면 광대무변성(廣大無邊性·Immensity)과 영원성(永遠性·Eternity)입니다. 왜냐하면 하나님에 속한 광대무변성은 공간들과 관계를 가지고 있고, 하나님에 속한 영원성은 시간들과 관계를 가지고 있기 때문입니다. 그러나 한편 이들 양자, 즉 광대무변성과 영원성은 무한성 안에 포함되기 때문입니다. 그러나 무한성은 유한성을 초월하기 때문에, 그리고 무한성의 지식은 유한한 마음(the finite mind)을 초월하기 때문에 그것에 관해서 어느 정도 이해하기 위하여 아래의 순서에 따라서 조심스럽게 고찰하고자 합니다.

(1) 하나님께서는 그분께서 당신 자신 안에 계신 존재(Being)이시고, 실존(Existence)이시기 때문에, 그리고 우주 안에 있는 삼라만상은 그분에게서(from Him) 그것들의 존재와 실재를 취하였기 때문에, 무한하시다.

(2) 하나님께서는, 그분께서 이 세상이 있기 전에, 그리고 공간들(spaces)과 시간들(times)이 생겨나기 전에 계셨기 때문에, 무한하시다.

(3) 이 세상의 창조 이후로는, 하나님께서는 공간 밖의 공간(space without space)에, 시간 밖의 시간((in time without time)에 계신다.
(4) 공간들과의 관계에서 하나님의 무한성은 광대무변성(Immensity)이라고 부르고, 이에 반하여 시간들과의 관계에서 하나님의 무한성은 영원성(Eternity)이라고 부른다 ; 그러나 비록 그것들이 이렇게 관계되고 있지만, 그분의 광대무변성 안에는 공간에 속한 것은 아무것도 없고, 그분의 영원성 안에는 시간에 속한 것은 아무것도 없다.
(5) 하나님의 무한성은 이 세상의 수많은 것들로부터 조요된 이성(enlightened reason)에 의하여 알 수 있다,
(6) 창조된 모든 것은 유한(有限)하고, 무한성은, 그것의 수요그릇들 안에 있는 유한한 것들 안에 존재한다 ; 그리고 그것은 마치 그것의 형상들 안에 있는 것과 같이, 사람들 안에 있다.
이들 명제들은 하나하나씩 설명되겠습니다.
28. (1) **하나님께서는 그분께서 당신 자신 안에 계신 존재(Being)이시고, 실재(Existere)이시기 때문에, 그리고 우주 안에 있는 삼라만상은 그분에게서(from Him) 그것들의 존재와 실재를 취하였기 때문에, 무한하시다.**
이미 입증된 사실들은, 하나님은 한 분이시다 ; 그분은 존재 자체이시다 ; 그분은 삼라만상의 으뜸존재(the Prime Esse)이시다 ; 존재(being)·실재(existere)·현존(subsistence)을 가지고 있는 우주 안에 있는 삼라만상은 그분에게서 비롯된다는 것, 결과적으로 그분께서 무한하시다는 것 등등입니다. 인간의 이성은 창조된 우주 안에 있는 수많은 것들로 말미암아 이것을 인지할 수 있다는 것은 지금부터 명확하게 입증될 것입니다. 그러나 비록 사람의 마음이, 으뜸존재(the Primal Being)나 으뜸존재(Primal Esse)가 무한하다는 것을 시인하는 이 모든 것에서 가능할지 모르지만, 그럼에도 불구하고 그 존재가 무엇인지 파악, 이해한다는 것은 불가능합니다. 그러므로 우리가 정의할 수 있는 것은, 그것이 무한한 전부요, 그리고 자존적 실재(自存的 實在·the Self-subsistent)이기 때문에, 따라서 참되고 유일한 실체(the very and the only substance)라고 정의할 수밖에 없겠습니다. 만약에 그것이 형체를 갖지 못한다면, 그 어떤 것도 실체에 관해서 서술할 수 없겠습니다. 그러나 이것이 뜻하는 것이 무엇입니까? 그것은 무한한 것이 어떤 것이라고 명

확하게 하지 못할 것입니다. 왜냐하면 비록 사람의 마음 자체가 가장 높은 계도에 있는, 분석적이고, 그리고 높이 있다고 해도, 사람의 마음은 유한하기 때문입니다. 그리고 그것의 유한성(its finiteness)은 그것에서 떨어질 수 없는 것입니다. 이런 이유 때문에 사람의 마음은, 그것이 자체 안에 있는 하나님의 무한성을 전혀 볼 수 없고, 따라서 하나님을 볼 수 없습니다. 비록 그것은 등 뒤에서 하나님을 불영명하게 볼 수밖에 없는데, 이러한 사실은 모세가 하나님 뵙기를 기도하였을 때 모세에게 일러진 것과 같습니다. 출애굽기서의 말씀입니다.

> 그러나 내가 너에게 나의 얼굴을 보이지 않겠다.……나의 영광이 지나갈 때에, 내가 너를 바위 틈에 집어 넣고,……네가 나의 등을 보게 될 것이다. 그러나 나의 얼굴은 볼 수 없을 것이다(출애굽기 33 : 20-23).

"하나님의 등 부분"(the back parts of God)은 이 세상에 있는 가시적인 것을 뜻하고, 특히 성경말씀의 지각될 수 있는 것을 뜻합니다. 이런 모든 것은, 그분의 존재 안에 계시는, 또는 그분의 실재 안에 계시는 하나님이 무엇인지 깨닫기를 원한다는 것이 얼마나 허망한 것인지를 잘 보여 주고 있고, 그리고 유한한 것들로부터 그분을 시인한다는 것, 다시 말하면 그분께서 무한하게 존재하시는 창조된 것들로부터 그분을 시인한다는 것이 충분하다는 것을 잘 보여 주고 있습니다. 이런 것으로 만족하지 못하는 사람은 물 밖에 나온 물고기에 비유될 수 있고, 공기 펌프 밑에 있는 새에게 비교될 수 있겠는데, 그것은 마치 공기가 빠져 나가서, 숨이 차 헐떡거리다가 종국에 죽는 새와 같습니다. 이런 사람은, 폭풍을 이겨내어 배의 키를 복종시키는 일에 실패한 바위들이나 갯벌에 좌초된 배에 비교될 수 있겠습니다. 그러므로 그것은 속에서부터 하나님의 무한성을 이해하기를 열망하지만, 밖에서부디 그것의 명확한 표지들 가운데 그것을 시인할 수 있는 것에 만족하지 않는 자들에 비교되겠습니다. 이것은 마치 고대의 어떤 철학자가 자기 자신의 마음의 빛 가운데, 이 세상의 영원성을 알 수도 없고, 이해할 수도 없어서 스스로 바다에 몸을 던진 사람의 이야기와 같다고 하겠습니다. 어느 누가 하나님의 무한성을 알고, 이해하기를 원한다면 그가 무엇을 하여야 하겠습니까!

29. (2) **하나님께서는, 그분께서 이 세상에 있기 전에, 그리고 공간들(spaces)과 시간들(times)이 생겨나기 전에 계셨기 때문에, 무한하시다.**
자연계에는 공간들과 시간들이 있습니다. 그러나 영계에는 실제적으로 그런 것은 존재하지 않고, 다만 외현적(apparently)으로만 존재합니다. 시간과 공간은 이들 두 세계에서 전래(傳來)되었는데, 그 목적은 서로서로가 분별, 구분하기 위한 것입니다. 작은 것에서 큰 것이, 적은 것에서 많은 것이, 따라서 어떤 질(質·quality)에서 어떤 질(質·quality)을 분별, 구분하기 위해서입니다. 그리고 목적물에 대한 육체적인 감관들과 정신적인 감관들(mental sense) 사이의 분별을 위한 것이고, 그리고 그것에 의하여 감동되고, 생각하고, 선택하는 것의 분별을 위한 것입니다. 자연계에서 시간들은 지구가 축을 중심으로 회전(回轉)하는 것(自轉)에 의하여, 그리고 한 점에서 한 점으로 황도(黃道·zodiac)를 따르는 이들 회전들의 진전에 의하여 제정되고, 그리고 이런 움직임은 겉보기에는 태양에 의하여 만들어지고, 태양으로부터 수륙의 전 천체(the whole terraqueous globe)는 그것의 열기나 빛을 얻습니다. 이런 것으로 말미암아 한 날의 구분인, 아침·낮·저녁·밤이 오고, 한 해의 계절인, 봄·여름·가을·겨울이 생기는데, 한 날의 구분들은 밝음과 어둠(light and darkness)에 일치하여, 한 해의 계절들은 뜨거움과 차가움(heat and cold)에 일치하여 생겨납니다. 자연계의 공간들은 지구의 둥근 모양(球體·globe)의 형체에 의하고, 그리고 온갖 종류의 물질로 채워지는 것에 의하여 이루어집니다. 그리고 서로 구분되는 그것의 부분들로, 그리고 역시 확장된 그것의 부분들로 이루어집니다. 그러나 영계에는 시간들에 대응하는 물질적인 공간들은 없고, 다만 거기에는 시간과 공간의 외현(外現·appearances)들이 있습니다. 그리고 이들 외현들은 거기에 있는 영들이나 천사들의 마음들 안에 있는 상태의 차이들에 따라서 다양하게 바뀝니다. 따라서 거기의 시간들이나 공간들은 그들의 의지의 정동들(affections of their will)과 같은 성질이고, 그리고 결과적으로는 그들의 이해에 속한 생각들과 같은 성질입니다. 그러나 이들 외현들은 실제적으로, 그것 안에는 이런 상태들에 따라서 그들은 변함없이 있습니다.
[2] 사후 영혼들의 상태에 관한 일반적인 견해나, 따라서 천사들과 영들의 상태에 관한 견해는, 그들이 어떤 범위(=넓이·extension)를 차지하지 않으며, 결과적으로 그들은 공간이나 시간 안에 있지 않다는 것입니

다. 이 개념에 따르면 사후 사람의 영혼은 어딘가 분병하지 않은 곳에 있다고 언급되겠는데, 그리고 영들이나 천사들은 단순한 공기의 부풀림(puff of air)이라고 말하겠는데, 그것에 관해서 그것은 다만 에텔·공기·숨결·바람이라고 생각할 수 있겠습니다. 사실은 그 때 그들은 실제적인 사람들(substantial men)이고, 그리고 공간들이나 시간들 안에서 함께 사는 자연계 안에 있는 사람들과 같은데, 그것은, 위에서 언급한 것과 같이, 그들의 마음들의 상태에 일치하여 결정됩니다. 만약에 그렇지 않다면, 다시 말하면 만약에 그들이, 영혼들이 유입하고, 그리고 천사들이나 영들이 사는 우주를 가리키는 공간이나 시간 밖에 있다면, 그들은 바늘귀를 능히 통과할 수 있을 것이고, 한 가닥의 머리카락 끝에도 능히 집결할 수 있겠습니다. 이러한 일은, 만약에 거기에 실제적인 범위(=넓이)가 없다면, 가능할 것입니다. 그러나 사실 거기는 이러합니다. 거기의 천사들은, 물질적인 범위(material extension)에서 사는 사람들과 꼭 같이, 서로 구분되어, 분명하게, 아니 사람들에 비하여 더욱 구분되고 분명하게 함께 삽니다. 그럼에도 불구하고 거기의 사람들은, 날들·주일들·달들·년들로 나누어지지 않습니다. 그것은 거기에 있는 영적인 태양(the spiritual sun)은 뜨고 지는 모양으로 나타나지 않고, 또는 동쪽에서 서쪽으로 움직이는 모습으로 나타나지 않고, 오히려 천정(天頂·zenith)과 지평선(地平線·horizon) 사이의 동쪽의 중간점에 멈추어 있습니다. 거기에는 공간들이 있습니다. 그것은 그 세상에 있는 모든 것들은, 자연계에 있는 것들이 물질적인 것과 같이, 실제적(substantial)이기 때문입니다. 그러나 이러한 것은 창조(創造·Creation)가 다루어지는 장의 단원에서 자세하게 살펴질 것입니다.

[3] 이상의 내용에서 공간들이나 시간들이 유한한 양 세계에 있는 개별적인 것들이나 전체적인 것들을 어떻게 만들었는지 잘 알 수 있겠습니다. 따라서 사람들은 육체뿐만 아니라, 영혼에서도 유한(有限)하다는 것을 알 수 있겠고, 그리고 천사들이나 영들도 그러하다는 것을 잘 알 수 있겠습니다. 이런 모든 것에서 도출되는 결론은, 하나님께서는 무한(無限)하시다는 것, 다시 말하면 유한(有限)하시지 않다는 것입니다. 그것은 우주의 창조자(the Creator)·조성자(the Former)·완성자(the Maker)이신 그분 당신께서 모든 것들에게 유한성(有限性·finiteness)을 주셨기 때문입니다. 이것은 그분께서 그것의 중심에 계시는 그분의 태

양(His sun)에 의하여 행하셨습니다. 그것은 마치 영기(靈氣・sphere)와 같은 그분에게서 나오는 신령본질(the Divine essence)로 이루어졌습니다. 그것에서부터 처음의 유한한 진전(the finiting process)은 비롯되고, 그리고 그것의 진전은 세상의 자연에 속한 극외적인 것들에까지 이르렀습니다. 결과적으로 하나님 당신 안에는, 그분께서 창조된 존재가 아니기 때문에, 무한한 것이 있습니다. 뿐만 아니라, 사람은 유한하기 때문에, 그리고 유한한 것에서 생각하기 때문에, 아무것도 아닌 것이 사람에게는 무한(無限)한 것처럼 보입니다. 그럼에도 불구하고 진리는, 하나님은 무한히 전부(all)이시고, 비교하면 자기 자신에게 속한 사람은 아무것도 아니라는 것 등입니다.

30. (3) **이 세상의 창조 이후로는, 하나님께서는 공간 밖의 공간(in space without space)에, 시간 밖의 시간(in time without time)에 계신다.** 그분에게서 직접 발출하신 신령존재로서의 하나님은, 비록 그분께서 무소부재(=편재・遍在・無所不在・omnipresent)하시고, 이 세상의 모든 사람과 함께 현존하시고, 그리고 천계의 모든 천사들과 천계 아래의 모든 영과 현존하시지만, 공간 안에 계시지 않는다는 것은 단순한 자연적인 생각의 이해력 너머에 있는 것을 가리키지만, 그러나 영적인 생각에 의하여 어느 정도는 이해될 수 있겠지만, 단순한 자연적인 생각에 의해서는 이해될 수 없습니다. 그 이유는 자연적인 생각은 그것 안에, 눈이 머무르는 개별적인 것들이나 전체적인 것들 안에는 이 세상에 있는 것들로 형성된 공간을 가지고 있고, 공간을 품고 있기 때문입니다. 여기서 모든 것이라는 것은, 크고 작은 것을 가리키고, 그리고 여기서 모든 것은 길이・너비・높이를 가지고 있는 것을 가리킵니다. 한마디로 공간에 속한, 면적(dimension)・부피(figure)・형체(form)를 지니고 있는 것을 가리킵니다. 그럼에도 불구하고 만약에 영적인 빛에 속한 것이 그것에 허락된다면, 이런 것은 자연적인 생각에 의하여 어느 정도는 이해될 수 있습니다. 여기서 영적인 생각은 공간에서는 아무것도 빌려오지 않고, 다만 모든 것을 상태에서 끌어옵니다. 그러나 영적인 생각에 관해서 반드시 먼저 언급할 것이 있습니다. 이것은 공간에서 취하는 것은 아무것도 없고, 다만 모든 것을 상태에서 취합니다. 여기서 상태(state)는 사랑의 속성을 뜻하고, 그리고 삶(=생명)・지혜・정동・기쁨에 속한 속성을 뜻하고, 일반적으로는 선과 진리의 속성을 뜻합니다. 이런 것들에 관한

참된 영적인 개념은 그것 안에 공간과 공유하는 것은 아무것도 없습니다. 영적인 개념은 공간의 개념들 위에 있고, 그리고 하늘에서 땅을 내려다 보듯이 영적인 개념은 공간의 개념들을 내려다 보고 있습니다.

[2] 하나님께서는 공간 밖의 공간에 현존하시고, 시간 밖의 시간에 현존하십니다. 그것은 그분께서 영원 전부터 영원히 항상 동일하시기 때문입니다. 따라서 하나님은, 예전과 꼭 같이, 세상 창조 이래에도 동일하십니다. 그리고 창조 전과 꼭 같이, 하나님 안에나 그분의 시각(His sight) 안에는 공간들이나 시간들이 존재하지 않고, 다만 그 이후에도 동일할 뿐입니다. 그분께서는 변함없이 동일하시기 때문에, 그러므로 그분께서는 공간 밖의 공간 안에 계시고, 시간 밖의 시간 안에 계십니다. 결과적으로 자연은 그분에게서 분리, 떨어져 있지만, 그럼에도 불구하고 그분은 자연 안에 편재(遍在)하십니다. 그것은 거의 사람의 생명이 모든 사람의 실질적인 부위나 물질적인 부위에 있지만, 그럼에도 불구하고 그것 자체는 그것과 뒤섞여 있지 않는 것과 같습니다. 또한 그것은 눈 안에 있는 빛, 귀 안에 있는 소리, 혀 안에 있는 맛 등에 비교되고, 그리고 모든 고체의 물질이나 액체의 물질에 퍼져 있는, 지구의 땅덩어리를 잡고 있으면서 운동을 일으키고, 그 밖의 등등의 일을 야기시키는 에텔(ether)에 비교될 수 있겠습니다. 만약에 이런 작용기능들(agencies)이 철회, 박탈된다면, 실제적이고 물질적인 형체들은 즉시 붕괴(崩壞)되고, 산산조각으로 깨어질 것입니다. 만약에 하나님께서 어디에나, 항상 사람의 마음에 계시지 않는다면 사람의 마음은 대기 속의 거품처럼 터져 산산조각이 날 것이고, 첫째 원리들로 말미암아 행동하는 마음이 내재한 두뇌들은 거품처럼 될 것이고, 따라서 사람의 모든 것은 땅 바닥의 티끌처럼 되고, 대기 중에 떠도는 악취처럼 될 것입니다.

[3] 하나님께서 언제나 시간 밖의 시간에 계시듯이 하나님께서는 그분의 말씀에 계시면서, 과거나 미래의 시제(時制)를 현재의 시제에서 말씀하십니다. 이사야서의 말씀입니다.

> 한 아기가 우리에게 태어났다.
> 우리가 한 아기를 얻었다.……
> 그의 이름은 '기묘자, 모사,

전능하신 하나님,
영존하시는 아버지,
평화의 왕'이라고 불릴 것이다.
(이사야 9 : 6)

시편서의 말씀입니다.

나 이제 주께서 내리신 칙령을 선포한다.
주께서 나에게 이르시기를
'너는 내 아들,
내가 오늘 네 아버지가 되었다'(=너를 낳았다).
(시편 2 : 7)

이 장절은 장차 오실 주님에 관해서 언급하고 있습니다. 그러므로 이렇게 언급되었습니다. 같은 책의 말씀입니다.

주님 앞에서는 천 년도
지나간 어제와 같고,
밤의 한 순간과도 같습니다.
(시편 90 : 4)

하나님께서는 온 세상 어디에도 계신다는 것, 그럼에도 불구하고 그분 안에는 세상에 속한 것은 아무것도 없다는 것, 다시 말하면 하나님 안에는 공간이나 시간에 속한 것은 아무것도 없다는 것은 조심스러운 눈을 가지고 읽는 수많은 성경말씀 장절들에게서 명확하게 보여집니다. 예레미야서의 말씀입니다.

"내가 가까운 곳의 하나님이며,
먼 곳의 하나님은 아닌 줄 아느냐?……
사람이
제아무리 은밀한 곳에 숨는다고 하여도,
그는 내 눈에서 벗어날 수 없다.……
내가 하늘과 땅 어디에나 있는 줄을
모르느냐?"

(예레미야 23 : 23, 24)

31. (4) 공간들과의 관계에서 하나님의 무한성(God's infinity)은 광대무변(廣大無邊·Immensity)이라고 부르고, 이에 반하여 시간들과의 관계에서는 하나님의 무한성(無限性)은 영원성(永遠性·Eternity)이라고 부른다 ; 그러나 비록 그것들이 그렇게 관계되고 있지만, 그분의 광대무변성 안에는 공간에 속한 것은 아무것도 없고, 그분의 영원성 안에는 시간에 속한 것은 아무것도 없다.

공간들과의 관계에서 하나님의 무한성은 광대무변(Immensity)이라고 부르는데, 그것은 "광대무변하다"(immense)는 낱말이 거대하다(great), 또는 넓다(large)는 것에 적용되는 것이기 때문이고, 그리고 확장(extension)이나 그것의 넓은 범위(its spaciousness)에 적응되는 낱말이기 때문입니다. 그러나 시간들과의 관계에서 하나님의 무한성(God's infinity)은 영원(=영원성·eternity)이라고 부르는데, 그것은 "영원"(eternity)이라는 낱말이, 시간에 의하여 끝없이(without limit) 측정되는 것을 가리키는, 진전하는 것(progressive)에 적용되는 표현이기 때문입니다. 예를 들어 보겠습니다. 공간에 속한 것들은 지구에 속한 것들을 내포하고 뜻합니다. 이에 반하여 시간에 속한 것들인, 그것의 회전(rotation)이나 진전(progression)은 지구에 속한 것들을 내포하고 뜻합니다. 사실 후자적인 것은 시간들을 만드는 것이고, 전자적인 것은 공간들을 만드는 것입니다. 이런 식으로 그것들은 마음들에 영향을 끼친, 지각(perception)에 대한 감관들을 통해서 자신을 드러냅니다. 그러나 바로 앞에서 입증된 것과 같이 하나님 안에는 공간이나 시간에 속한 것은 아무것도 없지만, 그럼에도 불구하고 이런 것들의 시작들(the beginnings)은 하나님에게서 비롯됩니다. 이 사실에서 뒤이어지는 것은, 공간에 관계되는 하나님의 무한성은 광대무변(immensity)이 뜻합니다. 그리고 영원성은 시간과 관계되는 하나님의 영원성을 뜻합니다.

[2] 그러나 천계에 있는 천사들에게 하나님의 무한성은 그분의 존재의 측면에서 그분의 신성(His Divinity)을 뜻하고, 그분의 영원성은 그분의 현현(His Existere)의 측면에서 그분의 신성을 뜻합니다. 또한 영원성은 사랑의 측면에서 그분의 신성을 뜻하고, 영원성은 지혜의 측면에서 그분의 신성을 뜻합니다. 이것은 천사들이 신성(Divinity)에서 공간과 시간

을 추상하기 때문입니다. 그리고 이런 개념들은 그 때 그것에서 뒤이어지기 때문입니다. 그러나 사람은 공간과 시간에 속한 그런 것들에서 끌어낸 개념들로부터 오로지 생각하기 때문에, 사람은 공간에 선행하는 하나님의 무한성의 개념을 형성할 수 없고, 또한 시간에 선행하는 하나님의 영원성의 개념을 형성할 수 없습니다. 사람은 이렇게 하는 것을 찾을 때 그것은 마치 그의 마음은 기절한 것과 같고, 그리고 그는 거의 바다에서 난파를 만난 사람이나, 지진으로 땅 속에 매몰되는 사람들과 같을 것입니다. 만약에 누가 이러한 주제에 관해서 더 깊이 파고들기를 주장한다면, 그 사람은 아주 쉽게 정신착란(a delirium)에 빠질 것이고, 이런 짓거리로 말미암아 하나님의 부인(a denial of God)에까지 빠질 것입니다.

[3] 나 자신도 한 번 이런 상태에 빠진 적이 있었는데, 그 때 나는 하나님에 관해서 영원 전부터 계셨다고 생각하였고, 그리고 질서에서 찾아내는 창조나 생각에 관해서 깊이 생각할 수 있는지 아닌지 세상 창조 이전의 하나님에 관해서 생각을 하였습니다. 그리고 생각이 진공상태(眞空狀態)에 빠질 것인지 아닌지 깊이 생각하였고, 그리고 그 밖의 부질없는 것들을 깊이 생각하였습니다. 그러나 내가 이런 부류의 심사숙고들에 의하여 정신착란(madness)에 빠지지 않게 하기 위하여 나는 주님에 의하여 내면적인 천사들이 거기에 살고 있는 영기(sphere)와 빛에 올리워졌습니다. 내 생각이 거기에 머물고 있는 공간과 시간의 개념이 얼마만큼 옮겨졌을 때 나에게 이해할 수 있는 것이 허락되었는데, 그것은 하나님의 영원성은 시간의 영원성(an eternity of time)이 아니라는 것, 그리고 세상이 창조되기 전에는 시간이 없었기 때문에, 하나님에 관해서 이런 식으로 생각한다는 것은 전적으로 쓸모없는 무익한 것이라는 것입니다. 더욱이 영원 전부터 계신 신령존재(the Divine)는, 다시 말하면 모든 시간에서 분리, 추상화된 신령존재는 날들·해들·시대들 따위를 내포하지 않지만, 그러나 하나님에게는 이런 모든 것들이 현존하기 때문에, 나는 하나님께서는 시간 안에서 세상을 창조 하지 않았고, 오히려 그 시간들은 창조와 더불어 하나님에 의하여 소개되었다고 결론을 짓겠습니다.

[4] 나는 여기에 영계 체험기를 부연하겠습니다. 영계의 맨 끝단에 흉물스러운 사람 모습의 신상 둘이 보였습니다. 그들의 입과 목구멍은 크

게 벌려 있었습니다. 영원 전부터 계신 하나님에 관해서 헛되고, 분별 없는 어리석은 생각에 빠져 있는 자들에게는 이 벌어진 입과 목구멍을 통해서 꿀꺽 삼켜버릴 것 같이 보였습니다. 그러나 그것들은, 창조 전의 하나님에 관해서 터무니없고, 온당치 않은 생각을 매우 소중히 여기는 자들이 스스로 그 벌어진 입과 목구멍에 내던지는 환상(幻想)들이었습니다.

32. (5) 하나님의 무한성은 이 세상의 수많은 것들로부터 조요된 이성 (enlightened reason)에 의하여 알 수 있다.

아래에 열거된 것들은 그것들에서 사람의 이성(理性)이 하나님의 무한성(無限性)을 알 수 있는 몇몇 예들이 되겠습니다.

(1) 창조된 우주에는 동일한 두 존재가 결코 존재하지 않았습니다. 비록 하나님처럼 보이지만, 우주의 실제적인 것들이나 물질적인 대상물들은 숫자로는 헤아릴 수 없이 많이 있는데, 꼭 같은 둘이 존재하지 않는다는 이와 같은 동일성(identity)은 인간의 학문에 의하여 합리적으로 알 수 있고, 입증됩니다. 그리고 이 세상에 연속적으로 있는 것들 가운데에는 역시 동일한 두 결과들이 없다는 것은 지구의 공전(the earth's revolution)에서 추측할 수 있겠는데, 거기에서 지구의 지축(地軸)의 기울음(the nutation of earth)은 지구가 종전의 위치에 되돌아오는 것(a return)을 막고 있습니다. 이러한 사실은 꼭 같은 동일한 두 동일성이 없다는 사실은 사람의 얼굴 생김새에서도 명확합니다. 온 세상 어디에도 서로서로 꼭 같은 두 얼굴은 없으며, 아마도 동일한 두 얼굴은 영원히 없을 것입니다. 이와 같은 무한한 다양성(variety)은 창조주 하나님 안에 있는 무한성을 제외하면 결코 불가능할 것입니다.

[2] (2) 한 사람의 기질(=특성)은 결코 다른 사람의 그것과 같지 않습니다. 이런 사실에서 "십인십색"(十人十色·many men, many minds)이라는 속담이 나온 것입니다. 그러므로 사람의 마음, 다시 말하면 사람의 의지와 이해 역시 서로서로 꼭 같은 둘이 없다고 하겠습니다 결과적으로 사람 어느 누구의 음색(音色·tone), 그것이 시작되는 생각, 움직임이나 정동에 대한 어떤 행위 등등은 다른 사람의 그것과 결코 꼭 같지 않다고 하겠습니다. 이와 같은 무한한 다양성에서 볼 때 마치 거울에서 보는 것과 같이, 창조주 하나님의 무한성을 재차 잘 알 수 있겠습니다.

[3] (3) 동물이든 식물이든, 모든 씨(種子·seed)에는 천부적으로 이른

바 광대무변성(immensity)과 영원성(eternity)이 존재합니다. 여기서 광대무변성이라는 것은 무한이 번식(繁殖)하는 그것의 능력 안에 있는 광대무변성을 가리키고, 영원성은 세상 창조 이래 지금까지, 끊임없는, 그리고 변함없는 그것의 계속성을 가리키는, 번식의 계속성 안에 있는 광대무변성을 가리킵니다. 동물계에서도 그 예를 볼 수 있겠습니다. 예를 들면 바다의 물고기들이 되겠습니다. 만약에 물고기들이 그것들의 무한한 알들에 일치하여 번식된다면, 그것들은 20, 30년 안에 그 바다가 전부 물고기들로 이루어질 만큼 그 바다를 충분하게 채울 것입니다. 결과적으로 그 바다의 물은 넘쳐나서, 모든 땅을 파괴할 것입니다. 그러나 이런 일은 일어나지 않았습니다. 그것은 하나님께서 물고기가 서로서로의 먹이가 되도록 섭리하신 것입니다. 나무의 씨의 경우도 이와 꼭 같습니다. 만약에 수많은 씨들이 한 나무가 해마다 생성하는 것만큼 나무를 생산한다면, 20, 30년 안에 온 지면뿐만 아니라, 온 땅을 덮어버릴 것입니다. 왜냐하면 땅에는 수많은 나무들이 있고, 그 나무의 씨들은 수천 수만이 넘는 다른 씨들을 생산할 것이기 때문입니다. 이런 것에 관해서 한번 계산해 보십시오. 20년 30년 주기로 이어지는 한 톨의 씨앗의 생산을 전체적으로 계수해 보십시오. 여러분은 그것을 잘 알게 될 것입니다. 이와 같은 여러 예들에서 신령무한(the Divine immensity)이나, 신령영원(the Divine eternity)은 일반적인 현상에서 필연적으로 생겨나는 그것의 형상을 확실하게 알 것입니다.

[4] (4) 조요된 이성(enlightened reason)은 모든 지식에 속한 무한한 증대에서 하나님의 무한성을 볼 수 있습니다. 결과적으로 모두의 총명과 지혜의 무한한 증대에서 하나님의 무한성을 볼 수 있다는 것입니다. 총명과 지혜는 마치 씨에서 나무로 성장하는 것과 같고, 그리고 나무들로 말미암아 숲들이나 정원들로 성장하는 것과 같습니다. 그 성장에는 끝이 없습니다. 총명과 지혜의 토양(soil)은 사람의 기억을 가리키고, 사람의 이해는 그것들이 발육, 성장하는 곳이고, 그리고 그의 의지는 그것들이 열매를 맺는 곳입니다. 이들 두 기능, 즉 이해와 의지는, 이 세상에서 그의 생의 마지막까지 계발(啓發), 완벽해지고, 그 뒤에는 영원까지 그와 같이 이어질 그런 것들입니다.

[5] (5) 창조주 하나님의 무한성은, 무한히 많은 별들과, 그 별들의 수많은 태양들과, 따라서 그것들의 수많은 태양계에서 잘 보여집니다. 사

람들, 짐승들, 새들, 나무들이 있는 하늘의 별들에는 또 다른 지구들(other earths)이 존재한다는 것은 나의 작은 저서, ≪우주 안의 지구들≫에서 입증되고 있습니다.

[6] (6) 하나님의 무한성은 천사적인 천계와 지옥으로부터 나에게는 아주 매우 명확한데, 거기의 이들 두 곳, 즉 천계와 지옥에는 선에 속한 사랑이나 악에 속한 애욕(=사랑)의 다양성에 일치하여 수많은 사회들 안에, 즉 집합된 몸들(bodies)이 수많은 사회들에 질서 정연하게 정돈된 것들에서 잘 볼 수 있겠습니다. 거기의 개별적인 존재는 그의 사랑(his love)에 일치하여 한 장소가 할당, 배정됩니다. 왜냐하면 이 세상의 창조 이래 전 인류는 거기에 모두 함께 모이고, 그리고 이 땅의 인류는 사후 세세토록 거기에 모일 것입니다. 그리고 비록 각자 각자는 자기 자신의 장소, 즉 거기에서 살 장소를 갖는다고 하지만, 그럼에도 불구하고 그들 각자는 한 신령인간(one Divine man)을 표징하는 전 천사적인 천계와 결합되어 있고, 한 괴물 같은 악마를 표징하는 전 지옥과 연결되어 있습니다. 무한히 놀라운 것들을 담고 있는 이들 두 세계는 하나님의 무한성과 전능을 명료하게 잘 드러내고 있습니다.

[7] (7) 만약에 사람의 마음에 속한 합리적인 기능이 조금만 고양(高揚)된다면, 사후 모든 사람의 몫인 영원한 삶이 영원하신 하나님에 의하여 주어진다는 것을 그 누가 이해하지 못하겠습니까?

[8] (8) 이런 모든 것에 부연할 것은, 사람 안에 있는 자연적인 빛과 영적인 빛의 범위(range) 안에 들어온 수많은 것들 안에는 확실한 무한성이 있다는 것입니다. 그의 자연적인 빛의 범위 안에는 무한이 계속되는 기하학적인 여러 계열들이 있습니다. 높이의 세 계도(the three degrees of height)에는 무한에 이르는 진전(progression)이 있는데, 자연적인 계도(the natural degree)라고 부르는 첫째 계도에는, 영적인 계도(the spiritual degree)라고 부르는 둘째 계도의 극치(the perfection of the second)를 완성할 수 없고, 거기에 오를 수도 없습니다. 그리고 또한 이 둘째 계도 역시 천적인 계도(the celestial degree)라고 부르는 셋째 계도의 극치(the perfection of the third)에 오를 수 없습니다. 이것은 목적(end)·원인(cause)·결과(effect)에서도 꼭 같습니다. 다시 말하면 결과(effect)는 원인(the cause)과 꼭 같이 완벽해질 수 없고, 원인(cause)도 역시 그것의 목적(its end)과 꼭 같이, 완벽해질 수 없습니다.

이러한 사실은, 거기에 세 계도들이 있는, 대기권(大氣圈)들에 의하여 예증될 수 있겠습니다. 가장 높은 대기권에는 오러(aura·영기)가 있고, 그 대기권 아래에는 에텔(ether)이 있고, 이 대기권 아래에는 공기(air)가 있습니다. 공기에 속한 성질(quality)은 에텔의 성질에 오를 수 없고, 그리고 에텔의 성질은 오러의 성질에 오를 수 없습니다. 그럼에도 불구하고 이들 각각의 성질에는 무한한 것에 이르는 극치의 오름(a ascent of perfections to infinity)이 있습니다. 사람의 영적인 빛의 범위(=등차)에는, 영적인 사랑에 오를 수 있는 동물적인 사랑(an animal love)을 가리키는, 자연적인 사랑은 존재하지 않는데, 자연적인 사랑은 창조로부터 사람에게 주어진 것입니다. 사람의 영적인 총명과의 관계에서 동물에 속한 자연적인 총명도 꼭 같습니다. 그러나 이런 사실들은 지금까지 알려지지 않았기 때문에 그것들은 적절한 곳에서 상세하게 설명되겠습니다. 이상의 모든 것에서 볼 때 이 세상의 대부분의 자연적인 내용들은 창조주 하나님의 무한에 속한 영속적인 유형들(constant types)이라는 것입니다. 그러나 그것의 개별적인 내용들은 일반적인 것을 어떻게 모방(模倣)하는지, 그리고 하나님의 무한을 어떻게 표징하는지는, 마치 아비소스와 같고, 사람의 마음이 항해하는 대양(大洋)과 같습니다. 그러나 반드시 주지하여야 할 것은, 자연적인 사람에게 야기되는 광풍의 돌개바람인데, 그 돌개바람은 자기 자만이 서 있는 곳인 배의 고물을 공격하는 광풍으로 그 배의 선장과 그 배의 항해를 위해 세워진 돛을 삼켜버린다는 것입니다.

33. (6) 창조된 모든 것은 유한(有限)하고, 무한성은, 그것의 수용그릇들 안에 있는 유한한 것들 안에 존재한다 ; 그리고 그것은, 마치 그것의 형상들(its images) 안에 있는 것과 같이, 사람들 안에 있다.

창조된 모든 것들은 여호와 하나님을 가장 가깝게 에워싸고 있는 영계의 태양을 통하여 그분으로 말미암은 것이기 때문에, 창조된 모든 것들은 유한(有限)합니다. 그 태양은 그분에게서 비롯된 실체(substance)로 구성되었는데, 그것의 본질은 사랑입니다. 그 태양에서 비롯된 그것의 볕(熱)과 빛(光)에 의하여 우주는 그것이 처음 것들로부터 그것의 마지막 것들에 이르기까지 창조되었습니다. 그러나 지금 창조의 과정들 순서에 따라서 설명한다는 것은 적합하지 않으므로, 그것의 대략은 이어지는 여러 페이지에서 주어지겠습니다. 지금 여기서 가장 중요한 것은,

한 사물은 다른 사물에 뒤이어 형성되었다는 것을 아는 것입니다. 따라서 계도들도 그렇게 형성되었습니다. 영계에는 세 계도들(three degrees)이 있고, 자연계에는 그것들에 대응하는 세 계도들이 있습니다. 그리고 지구를 구성하는 수동적인 물질들(the passive material) 안에는 동수의 계도들이 있습니다. 이 계도들의 근원과 성질(the origin and nature)은 1763년 암스텔담에서 출간한 ≪신령사랑과 신령지혜에 관한 천사적인 지혜≫*(the Angelic wisdom concerning the Divine Love and the Divine Wisdom)과 1769년 런던에서 출간된 ≪영혼과 육체의 교류≫** (the Intercourse of the Soul and the Body)에서 충분하게 설명되었습니다. 이들 계도들을 통한 후래적인 모든 것들(all things posterior)은 선재하는 모든 것들의 수용그릇(receptacles of things prior)을 이루었습니다. 이 후래적인 것들은 선재하는 것들의 수용그릇들이고, 그러므로 후래적인 것들은 천사적 천계의 태양을 구성하는 원초적인 요소들(the primitive elements)의 계속되는 수용그릇이 됩니다. 그리고 이와 같이 유한한 것들은 무한자의 수용그릇이 됩니다. 이러한 사실은 개별적인 것들이나 전체적인 것들이 무한하게 나누어진다는 고대 사람들의 지혜와 일치합니다. 이것은 일반적인 개념을 가리키는데, 그 이유는 유한자(the finite)가 무한자(the infinite)를 움켜 붙잡을 수 없고, 따라서 파악할 수 없기 때문이고, 유한한 것들은 무한자(the infinite)의 수용그릇이 될 수 없기 때문입니다. 그러나 창조에 관한 나의 저서에 이미 설명된 것에는, 하나님께서 제일 먼저 당신 자신에게서 분출(噴出), 비롯되는 실체들(substances)에 의하여 당신의 무한(His infinite)을 유한한 것으로 만들었다는 설명이 있었습니다. 그리고 그것에서부터 영계의 태양을 구성하는, 그분의 가장 가까이 에워싸고 있는 영기가 생겨났다는 것입니다. 그 때 그 태양을 통하여 그분께서는 그 밖의 에워싸고 있는 영기를 완성하셨고, 그리고 심지어 수동적인 물질적인 것(passive material)을 형성하는 가장 극외적인 것에 이르기까지 완성하셨습니다. 이런 방법으로 계도들에 의하여 그분께서는 세상을 조금 더 유한하게 창조하셨습니

---

* 이 책은 1999년 ≪신령사랑과 신령지혜≫의 제하로 <예수인>에서 발간하였다(역자 주).
** 이 책은 2015년 ≪스베덴보리 신학 문집≫에 그 제목으로 <예수인>에서 발간되었다(역자 주).

다. 이와 같이 길게 언급된 것은 인간의 이성이 원인을 지각하기 전까지는 결코 쉬지 않는, 인간의 이성을 만족하게 하기 위한 것입니다.

34. 마치 그것의 형상들 안에 있는 것과 같이, 무한 신령존재(the infinite Divine)가 사람 안에 계신다는 것은 성경말씀에서 명확한데, 우리는 성경말씀에서 이렇게 읽습니다. 창세기서의 말씀입니다.

> 하나님이 말씀하시기를 "우리가 우리의 형상을 따라서, 우리의 모양대로 사람을 만들자.……하나님이 당신의 형상대로 사람을 창조하셨으니, 곧 하나님의 형상대로 사람을 창조하셨다"(창세기 1 : 26, 27).

이 말씀에서 뒤이어지는 것은 사람은 하나님의 원초적인 모양의 수용그릇(an organic form recipient of God)이라는 것이고, 이 원초적인 모양(an organic form)은 일종의 수용(受容·the kind of reception)에 일치합니다. 사람을 사람 되게 하고, 그것에 따라서 사람은 사람인, 사람의 마음(=인간적인 마음)은 세 계도들과 일치하는 세 영역(three regions)으로 형성되었습니다. 첫째 계도에는, 최고의 천계의 천사들이 거기에 있는데, 그 마음은 천적입니다. 둘째 계도에는 중간 천계에 천사들이 있는데, 그 마음은 영적입니다. 셋째 계도에는 가장 낮은 천계의 천사들이 있는데, 그 마음은 자연적입니다.

[2] 이런 세 계도들에 따라서 이루어진 사람의 마음은 신령입류(Divine influx)의 수용그릇입니다. 그럼에도 불구하고 신령존재(the Divine)는 사람이 그 길을 준비하고, 그 문을 여는 것을 제외하면 그 어떤 수용그릇에도 입류하지 않습니다. 만약에 사람이 가장 높은 계도, 즉 천적인 계도에 이른 것에 비례하여 그는 하나님의 참된 형상이고, 그리고 사후에는 최고의 천계의 천사가 됩니다. 그러나 중간 계도, 즉 영적 계도에 이르는 길을 준비하고, 그것에 들어가는 문을 열면, 그는 하나님의 형상이 되지만, 그러나 앞서와 꼭 같이 완전한 상태에 있지는 않습니다. 그리고 사후에는 중간 천계의 천사가 됩니다. 그러나 만약에 사람이 가장 낮은 계도, 즉 자연적인 계도에 이르는 길을 준비하고 그 문을 열면, 이 경우에 그가 하나님을 시인하고, 실제적인 경건으로 그분을 예배하면, 그는 가장 낮은 계도의 하나님의 형상이 되고, 사후 가장 낮은 천계의 천사가 됩니다. 그러나 만약에 사람이 하나님을 시인하지 않고,

실제적인 경건(=신앙심)으로 그분을 예배하지 않으면, 그는 하나님의 형상을 벗어버리고, 그리고 이해의 기능을 향유(享有)하는 것, 따라서 언어의 기능을 향유하는 것을 제외하면 거의 짐승과 같이 됩니다. 만약에 그 때 그가, 최고의 천적인 것에 대응하는, 최고의 자연적인 계도를 닫는다면, 그는 그의 사랑들의 측면에서 땅의 짐승 같이 되고, 만약에 그가 중간적인 영적인 계도에 대응하는 중간적인 계도를 닫는다면, 그는 그의 사랑의 측면에서는 여우와 같은 것이 되고, 그의 총명적인 시각의 측면에서는 밤새와 같은 것이 됩니다. 이에 반하여 그가 그의 영적인 것과 관계에서 가장 낮은 자연적인 계도를 닫으면, 그는, 그의 사랑의 측면에서는 야생 짐승 같이 되고, 그의 진리의 이해의 측면에서는 물고기 같은 것이 됩니다.

[3] 천사적인 천계의 태양에서 비롯되는 입류에 의하여 사람 되게 하는 신령생명(the Divine life)은 이 세상의 태양에서 비롯되는 빛에 비교되고, 그리고 투명한 대상물에 유입하는 그것의 입류에 비교되겠습니다. 최고의 계도에서의 생명의 수용은 다이아몬드에 유입하는 빛의 입류에 비교되고, 둘째 계도에서의 생명의 수용은 수정(水晶)에 유입하는 빛의 입류에 비교되고, 가장 낮은 계도의 생명의 수용은 유리에 유입하는 빛의 입류에, 또는 투명한 막(a transparent membrane)에 유입하는 빛의 입류에 비교될 수 있겠습니다. 그러나 그의 영적인 것과의 관계에서 이 계도가 닫히게 되면, 그와 같은 경우는, 하나님이 부인되고, 대신 사탄이 예배되는 때를 가리키는데, 하나님에게서 비롯되는 생명의 수용은, 땅에 속한 불투명한 것들에 유입하는 빛의 입류에 비교될 수 있는데, 그와 같은 불투명한 것들은 썩은 나무, 늪지의 흙, 또는 똥이나 그런 것 등등의 것들입니다. 왜냐하면 그 때 그 사람은 영적으로 죽은 송장이기 때문입니다.

35. 여기에 영계체험기를 부가하겠습니다.

나는 언젠가 창조의 탓으로 돌리는, 결과적으로 태양 아래에 있는 것이나, 태양 위에 있는 것 모두가 자연의 공로로 돌리는 엄청 많은 사람들의 무리가 있는 것을 보고 망연자실(茫然自失·amazement)의 상태에 있은 적이 있습니다. 그들이 어떤 것을 볼 때, 마음에서 우러나는 시인을 가지고 "이것이 어찌 자연에게서 비롯된 것이 아닙니까?" 라고 그들은 말을 합니다. 그들에게 다른 사람들은 공동으로 하나님께서 자연을 창조하셨다고 말하는데, 그리고 그러므로 그들이 보는 것은 자연에게서 비롯된 것과 같이 하나님에게 비롯된 것이라고 말하는데, 그들은 하나님에게서 비롯된 것이 아니고 자연에게서 비롯된 것이라고 말하는 이유가 무엇이냐고 물었을 때 그들은, 모기 소리만큼 작은 소리로 거의 들리지 않게 "자연 이외에 무엇이 하나님인가?"라고 대답하였습니다. 이런 확신에서 비롯된 모든 것들은 자연이 우주를 창조하였다는 것, 그리고 지혜처럼 보이는 이런 어리석음으로 말미암아 하나님에 의한 우주의 창조를 시인하는 사람들은 마치 길을 잃지 않고 땅 바닥을 기어 다니는 개미들을 보듯이, 깔보듯, 그리고 공중을 나는 나비들인 양 높은 자리에 오른 것 같이 여깁니다. 그리고 이런 소견들은 그들이 꿈들이라고 합니다. 그 이유는 그들이 보지 못하는 것을 보기 때문입니다. 그리고 그들은 "누가 하나님을 보았단 말인가?" "누가 자연을 못 보는가?"라고 말합니다.

[2] 한편 내가 이런 부류의 군중들이 너무나도 많은 것을 이상하게 여기는 동안 내 곁에 서 있던 천사가 나에게 "귀하께서 깊이 생각하는 것이 무엇입니까?"라고 물었습니다.

나는 "자연은 스스로 존재한다고 믿는 사람들이, 따라서 우주의 창조자가 자연이라고 믿는 사람이 저렇게 많다는 것에 관한 것입니다"라고 대답하였습니다.

천사가 내게 "모든 지옥은 이런 것들로 이루어졌고, 그리고 거기에 있는 자들은 사탄들이나 악마들이라고 불리우는데, 여기서 사탄은 자기 스스로 자연을 선호해서, 결과적으로 하나님을 부인하는 자들이고, 악마들은 사악하게 살고, 그리고 그들의 마음에서 하나님의 모든 시인을 추방하는 자들입니다. 그러나 이제 나는 귀하를 남서쪽에 있는 학교로 안내하겠는데, 거기에는 아직은 지옥에 있는 자들은 아닙니다"라고 말하였습니다.

그는 손으로 나를 잡고서 나를 안내하였습니다. 나는 학교들이 있는 곳에 있는 작은 집들을 보았습니다. 그것들의 중앙에는 남은 것들의 본부로 사용하는 커다란 건물이 있었습니다. 이 건물은 역청암(pitch-black stones)으로 지어졌고, 그 건물은 투명석이나 운모(=돌비늘 · 雲母 · mica)라고 하는 금빛이나 은빛이 나는 얇은 빛나는 판으로 입혀져 있었고, 그리고 여기저기에는 빛나는 조개껍질로 장식되어 있었습니다.

[3] 우리는 그 건물에 다가가서, 문을 두드렸습니다. 그러자 즉시 어떤 사람이 문을 열고서, "어서 오십시오" 하고 환영을 하였습니다. 그는 책상으로 달려가서 네 권의 책을 가지고 왔습니다. 그리고 "이 책들은 오늘날 수많은 나라들에서 박수갈채를 받는 지혜의 책들입니다. 이 책, 즉 이 책의 지혜는 프랑스의 많은 사람들에게서, 독일에 있는 수많은 사람들에게서, 그리고 네델란드나 영국에서는 몇몇 사람들에게서 환영, 지지를 받고 있습니다" 라고 그는 말하였습니다. 그는 또 "귀하께서 이 책을 보고 싶으시면, 나는 귀하의 안전에서 이 책들이 빛을 나게 하겠습니다" 라고 말하였습니다. 그는 자기의 명성의 광영을 주위에 쏟아내었고, 그러자 즉시 그 책들은 빛을 발하였으나, 우리 눈에서는 즉시 사라졌습니다.

그 때 우리는 그가 집필하고 있는 것이 무엇인지 물었습니다. 그는, 그의 보물창고에서 가장 심오한 지혜에 속한 것들을 끄집어내는 것들이라고 대답하였습니다. 그것들은 대략 이런 것들이었습니다.

(1) 자연이 생명의 특성인가, 생명이 자연의 특성인가?
(2) 원심은 원둘레(圓周 · expanse)에서 생기는가? 원둘레는 원심에서 생기는가?
(3) 원둘레의 원심과 생명의 원심에 관해서.

[4] 이런 일들이 있은 뒤, 그 사람은 책상 옆에 있는 자기 자리에 앉았습니다. 한편 우리는 그 건물 주위를 거닐었는데, 꽤 넓은 곳이었습니다. 그 사람은 그의 책상에 촛불을 켰는데, 그것은 거기에 햇빛이 전혀 없고, 한밤의 달빛만 있었기 때문입니다. 매우 이상하게 여겨진 것은 촛불은 이 방 저 방을 가지고 다니면서, 그 방을 비추었습니다. 심지를 자르지 않았다면 거의 빛은 없었을 것입니다. 그가 글을 쓰고 있는 동안 우리는 책상에서 벽으로 날아가는 여러 모양의 형상들을 보았는데, 그것은 마치 동방의 멋진 새들의 모습이었는데, 한밤의 어스름한 달빛에 나타났습니다. 우리가 문을 열자, 태양의 밝은 빛이 방 안에 가득하였고, 밝은 빛에 나타난 것들은 날개를 지닌 밤새(birds of night)들과 같았습니다. 왜냐하면 그것들은 고집으로 다져진 진리들 같이 보이는 진리에 유사한 거짓들인데, 그는 그것들을 아주 재주 있게 시리즈로 엮어 놓은 것이기 때문입니다.

[5] 이 광경을 본 뒤에 우리는 그 책상으로 다가갔고, 우리는 그에게

그 때 그가 무엇에 관해서 글을 썼는지 물었습니다.

처음 질문에 대한 대답은, 자연이 생명의 특성이냐? 아니면 생명이 자연의 특성이냐? 라는 것이었습니다. 그는 이 쪽이든 저 쪽이든 그것들이 참이라는 것을 증명할 수 있다고 말하였습니다. 그러나 그는 자신을 두렵게 하는 자기 자신 안에 숨겨진 어떤 것이 있기 때문에 그는 다만 자연은 생명의 특성이라고, 다른 말로 하면 자연은 생명에서 비롯된 것이라고 하였고, 그리고 생명은 자연의 특성이 아니라는 것, 다른 말로 하면 생명은 자연에서 비롯된 것이 아니라는 것을 증명하였습니다. 우리는 그가 두려워하는 안에 숨기고 있는 것이 무엇인지를 정중하게 물었습니다.

그는, 그것은 성직자들에 의해서는 자연주의자(naturalist)나 무신론자(atheist)라고 불리우는 것이고, 평신도에 의해서는 불건전한 이성의 사람이라고 불리는 것이라고 하였습니다. 이들 양자들은 맹목적인 믿음(blind faith)에서 믿고, 그리고 그 믿음을 확증하는 자들의 견해에 의하여 모든 것을 보기 때문입니다.

[6] 그 때 진리에 대한 열정적인 관심 때문에 그에게 말을 하였습니다. "친구여, 귀하는 아주 크게 속고 있습니다. 당신의 지혜가 귀하를 잘못 인도하고 있습니다. 그것은 저술에 대한 재능입니다. 귀하의 광영스러운 명성은 귀하가 믿지 않고 있는 것을 입증하려는 것에 안내하였습니다. 귀하는 사람의 마음이 육체적인 감관들로부터 생각 속에 들어가는 감관적인 것들 이상으로 오를 수 있다는 것을 아십니까? 그리고 그 마음이 그것 이상으로 올려졌을 때, 위에서는 생명에서 비롯된 것을 보게 되고, 아래에서는 자연에서 비롯되는 것을 본다는 것을 아십니까? 생명은 사랑이나 지혜 이외에 무엇입니까? 자연은 이런 것들의 수용그릇 이외에 무엇입니까? 그것들은 그 그릇들에 의하여 그들의 결과들이나 선용들을 성취하는 것 아닙니까? 생명이나 자연이 원칙적인 것이나 도구적인 것이 아니라면 할 수 있는 것이 무엇입니까? 눈에는 빛이 있을 수 있고, 귀에는 소리가 있는 것이지요? 이런 것들의 감각들은 생명에게서 비롯된 것 아닙니까? 그리고 그것들의 형체들은 자연에서 비롯된 것 아닙니까? 사람의 몸은 생명의 기관(器官・an organ of life) 이외에 무엇입니까? 전체적인 것들이나 개별적인 것들은 사랑이 뜻하고, 이해가 생각한 것의 생산을 위해 유기적으로 형성된 것들이 아닙니까? 육체적인 기

관들은 자연에서, 사랑이나 생각은 생명에서 비롯된 것 아닙니까? 전자와 후자는 명확하게 분별되지 않습니까? 귀하의 총명의 영민함을 조금만 위로 올리십시오. 귀하께서는 정동에 의한 감동을 볼 것이고, 생명에 속한 것을 생각하는 것을 볼 것입니다. 전자는 사랑에 속해 있고, 후자는 지혜에 속해 있습니다. 사랑과 지혜 양자는 생명에 속해 있습니다. 왜냐하면 앞에서 언급한 것과 같이, 사랑과 지혜(love and wisdom)는 생명이기 때문입니다. 만약에 귀하께서 이해하는 귀하의 능력을 조금만 위로 올린다면 귀하께서는 사랑과 지혜가 어디에선가 하나의 근원을 가지는 것 없이는 결코 존재를 가질 수 없다는 것을 알 것입니다. 그리고 그 근원이 사랑 자체이고, 지혜 자체라는 것도 알 것입니다. 그러므로 그 근원이 생명 자체라는 것도 알 것이고, 그리고 이런 것들의 근원이 하나님이라는 것도 알 것이고, 자연은 하나님에게서 비롯된 것이라는 것도 알 것입니다" 라고 말하였습니다.

[7] 우리는 둘째 관점인 원심(the center)이 원주(the expanse)에서, 원주가 원심에서 비롯된 것인지의 여부를 그와 이야기를 나눈 뒤, 그가 이 문제를 제안, 토의한 이유를 물었습니다. 그는, 자연의 원심과 원주, 그리고 생명의 원심과 원주에 관해서, 그리고 그 각각의 근원에 관해서 결론을 짓기 위해서 그렇게 하였다고 대답하였습니다. 그리고 우리가 그의 소견을 물었을 때 그는, 앞서와 꼭 같이, 그는 양쪽에 관해서 입증할 수 있지만, 그러나 그는 명성의 상실(名聲喪失·loss of reputation)의 두려움 때문에 그는 원주가 원심에 속한다는 것, 다시 말하면 원심에서 원주는 비롯된다는 것을 입증할 것이라고 대답하였습니다. 그는 "내가 알고 있다고 해도, 거기에 태양이 있기 전에 반드시 무엇인가(something)가 있어야 한다는 것, 그리고 이것이 전 공간(=전 원주·the whole expanse)에 두루 퍼져나갔다는 것, 그리고 이런 일은 그 자체에서 질서에 유입한다는 것, 따라서 원심을 향해서 나아갔다" 라고 말하였습니다.

[8] 그 때 우리는 또 다시 분노하는 열정을 그에게 피력하였습니다. "친구여, 당신은 미쳤군요" 라고 말하였습니다. 그는 이 말을 듣자, 그는 책상에서 의자를 제치면서 때 맞추어 우리를 응시, 예의 주시하면서, 웃기까지 했습니다. 우리는 말을 계속하겠습니다. "원심이 원주에서 비롯된다고 말하는 것 이상으로 바보스러운 것이 무엇이겠습니까? 우리는

귀하의 이른바 중심을 태양으로 이해하고, 귀하의 원주는 이른바 우주로 이해합니다. 따라서 우주는 태양이 없이 존재한다고 주장하시는 것은 아니겠지요? 태양이 자연이나 그것에 속한 것들을 생산하는 것 아닙니까? 이런 것들은 태양에서부터 대기권들을 통해서 오는 빛(light)이나 별(heat)에 전적으로 의존해 있는 것 아닙니까? 그 때 이런 것들은 전에 어디에 있을 수 있었습니까? 그러나 우리는 지금부터 이것들의 근원에 관해서 의논하시죠. 대기권이나 땅 위에 있는 모든 것들은 표면들과 같은 것 아닌가요? 그리고 태양은 그것의 원심이 아닌가요? 태양이 없다면 이런 것들은 모두 무엇이란 말입니까? 태양이 없다면 이런 것들은 한 순간이라도 존속할 수 있을까요? 태양이 있기 전에 형성된 것들은 무엇입니까? 영속하는 존재는 현존(subsistence)이 아닌가요? 그 때 자연의 모든 것들의 현존(=실재·subsistence)은 태양에서 비롯되기 때문에, 거기에서 뒤이어지는 것은 그것들의 존재는 동일한 근원(=태양)에서 비롯된다는 것입니다. 이러한 사실은, 누구나 다 보는 것이고, 그리고 자기 자신의 눈에서 비롯된 확신으로 누구나 다 시인하는 것입니다."

[9] "후래하는 것(the posterior)은 선재하는 것(the prior)에서 그것의 존재나 존속을 취하는 것 아닙니까? 만약에 표면이 선재(先在)하는 것이고, 원심이 후래(後來)하는 것이라면 선재하는 것은 후래하는 것으로부터 존속하는 것입니까? 그렇다면 그것의 질서의 법칙에 반대되는 것 아닙니까? 우리는, 비록 올바르게 생각하는 사람은 누구나 이런 확신들 없이 이것을 안다고 해도, 원주는 원심에서 그것의 존재를 취한다는 것을, 그리고 그 반대는 아니라는 것을 입증, 증명하기 위하여 합리적인 분석(rational analysis)에서 여러 확증들을 제시하겠습니다. 여러분께서는 존재 자체의 원주는 모두 원심을 향해서 유입한다고 말하였습니다. 하나가 다른 것을 위해서, 그리고 개별적인 것이나 전체적인 것들이 사람이나 사람의 영생을 위한다는 그런 불가사이 하고 놀라운 질서 가운데 일어나는 것이 우연(偶然·chance)에 의한 것일까요? 어떤 사랑으로부터 어떤 지혜를 통하여 목적들을 미리 생각하고, 원인들을 깊이 관찰하고, 따라서 결과들을 준비한다는 것은 그것들이 질서 안에 존재하기 위한 것이 자연에게서 가능할까요? 자연이 사람들을 천사들로 전환시키고, 천사들의 천계를 만들고, 사람들을 거기에서 영원히 살게 하는 일이 가능할까요? 이런 것들을 함께 깊이 생각하여 보십시오. 자연에서

자연의 존재가 비롯된다는 여러분의 개념은 땅바닥에 떨어질 것입니다" 라고 말하였습니다.
[10] 이런 일이 있은 뒤, 우리는 그에게 세 번째 질문인 "자연이나 생명의 원심과 원주에 관해서" 그가 생각한 것은 무엇이고, 지금까지 생각하고 있는 것은 무엇인지를 물었습니다. 그리고 우리는 그가, 생명의 원심과 원주가 자연의 원심과 원주와 동일한 것이라고 믿고 있는지 여부를 물었습니다.
그가 하는 대답은, 그는 매우 혼란스럽다는 것이고, 그리고 예전에는 생명이 자연의 내면적인 활동(an interior activity)이라고 믿었고, 그리고 본질적으로 사람의 생명(man's life)을 형성하는 사랑과 지혜의 근원이라고 믿었고, 그리고 이 활동은 대기권들에 의하여, 태양의 볕과 빛을 통하여 태양의 불(the sun's fire)에 의하여 생성된다고 믿었다는 것 등등입니다. 그러나 지금 그는 사후 사람의 삶(=생명)에 관해서 들은 것으로 말미암아 의심의 상태에 있다는 것, 그리고 이 의심은 그의 마음을 어떤 때는 위로 올리고, 어떤 때는 아래로 내리기도 하는데, 위에 올리워졌을 때에는 그가 예전에 중심에 관해서 알고 있었던 것은 아무것도 아니라고 시인하게 되고, 아래로 내려졌을 때는, 그가 그것을 오직 하나뿐이라고 생각했던 원심을 알게 되고, 그리고 그는 전에 아무것도 아니다(nothing)라고 알고 있었던 원심에서 생명이 존재한다는 것을 믿는다는 것, 그리고 자연은, 그가 예전에 유일한 존재라고 여겼던 각각의 원심은 그것 주위에 원주를 갖는다는 것을 가리키는, 즉 원심에서 자연이 비롯된다는 것을 믿는다는 것 등등을 말하였습니다.
[11] 우리가 한 말은, 만약에 그가 생명의 원심이나 원주에서 자연의 원심이나 원주를 본다면, 그리고 그 반대는 아니라는 이것이 대답이 되겠다는 것이었습니다. 그리고 우리는 그에게 천사적인 천계 위에 순수한 사랑(pure love)을 가리키는 태양이 있고, 그리고 그것은 겉보기에는 이 세상의 태양과 같다는 것, 그리고 그 태양에서 빛출하는 볕(熱·heat)에서 천사들이나 사람들은 그들의 의지나 사랑을 취하고, 그리고 그 태양의 빛(光·light)에서 그들의 이해나 지혜를 취한다는 것을 알려 주었습니다. 그리고 그 태양에서 비롯된 모든 것을 영적인 것이라고 부른다는 것도 알려 주었습니다. 이에 반하여 이 세상의 태양에서 발출한 것은 생명을 담는 것, 즉 생명의 수용그릇이고, 그리고 그것은 자연적

이라고 불리운다는 것, 따라서 생명의 원심(the center of life)에 속한 원주(the expanse)는 영계라고 불리우고, 그리고 그것은 그것의 실체(its subsistence)를 그것의 태양에서 취한다는 것도 일러주었습니다. 이에 반하여 자연의 원심(the center of nature)은 자연계라고 부르고, 그것의 실체는 그것의 태양에서 취합니다. 그 때 공간들이나 시간들은 사랑이나 지혜를 서술, 단정할 수 없기 때문에, 그리고 상태들은 공간들이나 시간들이 존재하는 거기에서 일어나기 때문에 거기에서 뒤이어지는 것은 천사적 천계의 태양 주위에는 원주 안에 있는 확장(=넓힘·extension)은 결코 존재하지 않는다는 것입니다. 비록 이 넓힘(=공간·원주·expanse)이 자연적인 태양의 확장(=넓힘) 안에 있다고 해도, 그리고 살아 있는 주체들(the living subjects) 안에 그것이 있다고 해도, 그것은 그들의 수용에 일치하고, 이에 반하여 그것들의 수용은 형체들이나 상태들에 일치합니다.

[12] 그 때 그는, "그 세계의 태양의 불, 즉 자연의 불의 근원은 무엇입니까?" 라고 물었습니다.

우리의 대답은 이러했습니다. 불이 아니고, 그 태양의 중앙에 계시는 하나님에게서 거의 대부분 발출하는 신령사랑을 가리키는 천사적인 천계의 태양에서 비롯된 것이라는 것입니다. 그는 이런 설명에 대하여 조금 놀라는 것 같이 보이기 때문에 우리는 이런 식으로 더 부연, 설명하였습니다. "그것의 본질에서 사랑은 영적인 불(spiritual fire)입니다. 이런 이유 때문에 성경말씀에서 영적인 뜻으로 불(fire)은 사랑을 뜻하는 것입니다. 이런 이유 때문에 교회에서 사제들은 그것이 뜻하는 사랑인 천계적인 불(the heavenly fire)이 사람들의 심령에 충만하기를 기도합니다. 이스라엘 민족에게 있었던 성막의 제단이나 촛대의 불은 신령사랑 이외의 아무것도 뜻하지 않습니다. 피의 열기(the heat of the blood), 또는 사람들의 생동적인 열기나 일반적인 동물들의 피의 열기는 그것들의 생명을 구성하는 그 사랑 이외의 다른 근원에서 비롯되지 않습니다. 그러므로 사람의 사랑이 열정에 올려지고, 또는 분노나 열망(passion)에 올려지면, 사람은 불이 나고, 열기로 뜨거워지고, 불꽃이 튑니다. 그 때 사랑을 가리키는 영적인 열기(spiritual heat)가 사람들 안에서 자연적인 열기를 생산하기 때문에, 심지어 그들의 얼굴이나 사지(四肢)에 불을 지피고, 불꽃을 일으키는 것과 같이, 자연적인 태양의 불꽃이, 신령사랑을 가리키는, 영적인 태양의 불꽃 이외의 다른 근원에서 솟아오르지 않는다는 것은 명확합니다."

[13] 더욱이 위에서 언급한 것과 같이, 그 원주(=변방·궁창·the expanse)가 원심에서 시작한다는 것, 그리고 그 반대는 아니라는 것, 그리고 생명의 원심이 천사적인 천계의 태양이라는 것은, 그 태양의 중심에 존재하는 신령사랑이 가장 가깝게 하나님에게서 발출한 것이고, 그리고 영계라고 불리우는 그 원심에 속한 원주가 그 근원에서 비롯된다는 것, 그리고 자연계의 태양이 영계의 태양에서 솟아났다는 것, 그리고 그것에서부터 자연계라고 부르는 그것의 원주(=그것의 궁창)가 솟아나오기 때문에, 우주가 하나님에 의하여 창조되었다는 것은 아주 명확하다는 것, 등등을 말하였습니다. 이런 일이 있은 뒤 우리는 거기를 떠났습니다. 그는 그의 학교의 홀 밖에까지 우리를 배웅하면서 천계와 지옥에 관해서, 그리고 새로운 총명적인 영민함(a new intellectual sagacity)을 가지고 신령후원들(the Divine auspices)에 관해서 우리와 이야기를 나누었습니다.

신령사랑과 신령지혜를 가리키는 신령본질

36. 하나님의 존재(the Esse of God)와 하나님의 본질(the essence of God)을 명확하게 구분, 분별하려는 것은, 하나님의 무한성(the infinity)과 하나님의 사랑(the love of God) 사이에 구분이 있기 때문인데, 여기서 무한성은 하나님의 존재(the Esse of God)에 적용되고, 하나님의 사랑은 하나님의 본질에 적용되기 때문입니다. 바로 위에서 언급한 것과 같이, 하나님의 존재는 그분의 본질에 비하여 보다 더 보편적이기 때문에, 그리고 마찬가지로 하나님의 무한성 역시 그분의 사랑에 비하여 보다 더 보편적입니다. 이런 이유 때문에 낱말 무한성(infinite)은, 이른바 무한이라고 부르는, 하나님의 본질들(the essentials)이나 속성들(attributes)에 적용될 수 있는 형용사나 부수적인 것을 가리킵니다. 우리는 지금 무한(=무한성)을 가리키는, 신령사랑(the Divine love)에 관해서 언급하고 있기 때문에, 그리고 무한(=무한성)을 가리키는 신령지혜(the Divine wisdom)에 관해서 언급하고 있기 때문에, 그리고 또한 신령

능력(the Divine power)에 관해서 언급하고 있기 때문에, 그리고 그것은 하나님의 존재의 선존재(pre-existence of the Esse of God)에 존재하지 않기 때문에, 그러나 그것은 그것에 결합하고, 그것과 일치하기 위해서 본질에 들어와야 하기 때문에, 그것에 결합하고, 그것을 형성하고, 높이 올리워지기 때문입니다. 그러나 우리의 본문장의 각 단원에서는, 앞서와 같이, 아래의 각 명제들이 설명, 제시될 것입니다.
(1) 하나님은 사랑 자체이시고, 지혜 자체이시며, 이 양자는 하나님의 본질(His Essence)을 형성한다.
(2) 하나님은 선 자체시고, 진리 자체시다 ; 그것은 선이 사랑에 속한 것이고, 진리가 지혜에 속한 것이기 때문이다.
(3) 하나님께서 사랑 자체시고, 지혜 자체이시기 때문에, 그분께서는 본질적으로 생명을 가리키는 생명 자체이시다.
(4) 사랑과 지혜는 하나님 안에서 하나(one)를 완성한다.
(5) 사랑의 본질은 자기 이외의 다른 사람들을 사랑하는 것이고, 그들과 하나 되기를 열망하는 것(to desire)이고, 그들이 나 때문에 복 받게 하는 것이다.
(6) 신령사랑에 속한 이런 본질적인 것들은 우주에 속한 창조의 원인 (the cause of creation of the universe)이고, 그것의 보존의 원인이다.
그러나 개별적으로 이것들의 내용은 이렇습니다.

37. (1) 하나님은 사랑 자체이시고, 지혜 자체이시며, 이 양자는 하나님의 본질(His Essence)을 형성한다.

인류 최초의 수세기 동안 잘 볼 수 있었던 사실은, 모든 무한한 것들과 관계되는 두 개의 본질적인 것들로 하나님 안에 있고, 하나님에게서 발출하는 사랑과 지혜라는 것입니다. 그러나 세월이 계속되면서 그들은 자신들의 마음을 천계에서 철수(撤收), 물러나게 하였고, 이 세상적인 것들이 관능적인 것들에게 자신들을 빠져들게 하였기 때문에 그들은 점차적으로 이런 사실을 알지 못하게 되었습니다. 왜냐하면 그들은 사랑이 그것의 본질 안에 있다는 것을 아는 능력이 점차적으로 사라졌기 때문이고, 따라서 지혜가 그것의 본질 안에 있다는 것을 알지 못하게 되었고, 따라서 형체(form)에서 추상화된 사랑이 불가능하다는 것을 몰랐고, 그리고 그 사랑이 형체 안에서, 그리고 형체를 통해서 역사(役事), 작용한다는 것도 몰랐기 때문입니다. 그 때 하나님께서는 존재 자체이시고, 유일존재(the Only)이시기 때문에, 따라서 첫 실체이시고, 형체이시기 때문에, 그것의 본질은 사랑과 지혜이시기 때문에, 만들어진 모든 것들은 그분에게서 비롯된 것들이기 때문에, 뒤이어지는 것은 그분은 사랑으로 말미암아 지혜에 의하여 우주에 속한 모든 개별적인 것들이나 전체적인 것들과 더불어 우주를 창조하셨다는 것입니다. 결과적으로 신령사랑은 신령지혜와 더불어 창조된 모든 개별적인 것들이나 전체적인 것들 안에 있다는 것입니다. 더욱이 사랑은 모든 것들을 형성하는 단순한 본질이 아니고, 그것은 그것들을 합일(合一)하고, 결합하는 것이고, 따라서 그것들이 형성되었을 때 사랑은 그것들을 관계 속에 유지합니다.

[2] 이런 모든 것은 이 세상에 있는 헤아릴 수 없이 많은 것들에 의하여 예증될 수 있겠습니다. 예를 들면 태양에서 비롯되는 별과 빛(heat and light)인데, 그것은 땅 위에 있는 모든 개별적인 것들이나 전체적인 것들이 그것들의 존재나 현존(existence and subsistence)을 그것에 의하여 취하게 하는 두 본질적인 것들이고, 보편적인 것들입니다. 거기에는 별과 빛(heat and light)이 있는데, 그것은 그것들이 신령사랑과 신령지혜에 대응하기 때문입니다. 왜냐하면 영계의 태양에서 나오는 별(the heat)은 그것의 본질에서 사랑이고, 그리고 그것에서 나오는 빛(the light)은 그것의 본질에서 지혜이기 때문입니다. 재차 이것은 두 본질적인 것들이나 두 우주적인 것들에 의하여, 다시 말하면 의지와 이해에 의하여 예증될 수 있겠는데, 사람의 마음은 그것들에 의하여 그것들의 존재나 실재를 가지기 때문입니다. 왜냐하면 모두의 마음은 이 둘로 구성되기 때문이고, 그리고 그것들은 마음에 속한 개별적인 것들이나, 전체적인 것들 안에 존재하고, 그것에서 활동하기 때문입니다. 이것은 의지가 사랑의 수용그릇이고, 사랑의 주거이기 때문입니다. 그것은 이해가 지혜의 수용그릇이고, 지혜의 주거와 꼭 같습니다. 이런 이유 때문에 이들 양자는, 그들이 그것 안에서 시작하는 신령사랑과 신령지혜에 대응합니다. 동일한 진리는, 그것에 의하여 사람의 육체가 그것의 존재나 실재를 취하는, 다시 말하면 심장이나 폐장을 취하는, 또는 심장의 수축(收縮)과 팽창(膨脹·the contraction and dilatation of the heart), 그리고 폐장의 호흡(呼吸·the respiration of the lungs)에 의한 두 본질적인 것들이나, 보편적인 것들에 의하여 더 잘 예증될 수 있겠습니다. 우

리가 잘 알 수 있는 것은, 이들 양자가 인체 안에 있는 모든 개별적인 것들이나 전체적인 것들 안에서 활동, 역사한다는 것입니다. 이런 이유 때문에 심장은 사랑에 대응하고, 폐장은 지혜에 대응합니다. 이와 같은 대응들에 관해서는 암스텔담에서 발간한 ≪신령사랑과 신령지혜에 관한 천사적인 지혜≫(=신령사랑과 신령지혜)라는 제명의 책에서 충분하게 실증되었습니다.

[3] 신랑과 남편으로서의 사랑이나, 신부나 아내로서의 사랑은 모든 형체들을 생산하고, 생기게 한다(=출산한다)라는 것은, 만약에 마음 속의 전 천사적인 천계가 그것의 형체에서 정리 정돈된다는 것과 그리고 신령지혜를 통하여 신령사랑에서 비롯된다는 것을 마음에 간직한다면, 영계나 자연계에 있는 헤아릴 수 없이 수많은 것들에 의하여 입증될 수 있겠습니다. 이들 양자가 신령본질을 형성한다는 것을 모르고, 이성의 시각(reason's sight)에서 눈의 시각에 내려와, 우주의 창조자로서 자연에게 입맞춤을 보내는 자들은 세상 창조를 신령지혜를 통한 신령사랑 이외의 다른 근원에서 추론합니다. 그리고 그것에 의하여 그들은, 그리스 신화에 나오는 키메라들(chimeras)을 잉태하고, 그런 망령들(specters)을 낳을 것입니다. 그들은 온갖 궤변들이 오류들 따위를 고안해 내고, 그런 것들로부터 추론을 합니다. 그들의 결론들은 밤새들(birds of night)이 내재해 있는 알들과 같습니다. 이런 부류의 사람의 마음은 진정한 마음이라고 할 수 없습니다. 이해가 없는 눈이나 귀, 또는 영혼이 없는 생각들이라고 하겠습니다. 그들은, 마치 빛이 없는데도 색깔이 있는 것처럼, 색깔들에 관해서 말을 하였습니다. 그리고 그들은, 씨가 없이도 나무가 있는 것처럼, 또는 해가 없는데도 이 세상의 삼라만상이 있는 것처럼, 말을 하였습니다. 왜냐하면 그들은 파생적인 것들을 제일 원리들로 만들어 놓았고, 원인으로 말미암아 존재하는 것을 원인들이라고 하였습니다. 따라서 그들은 모든 것들을 위와 아래로 뒤바꾸었고, 그들은 그들의 이성을 깊은 잠에 빠지게 하였고, 그리고 그들이 보는 것들은 모두가 일장춘몽(一場春夢)이었습니다.

38. (2) 하나님은 선 자체이시고, 진리 자체이시다 ; 그것은 선이 사랑에 속한 것이고, 진리가 지혜에 속한 것이기 때문이다.

보편적으로 알려진 것은, 삼라만상(森羅萬象)은 선과 진리와 관계를 가지고 있는데, 그와 같은 사실은 삼라만상이 사랑과 지혜에서 생겨나왔다는 것이 그 증거입니다. 왜냐하면 사랑에서 발출한 모든 것은 선이라고 부르기 때문입니다. 왜냐하면 선은 느껴지는 것이고, 기쁨인데, 그것에 의하여 사랑은 모두에게 선이라는 것이 명확하기 때문입니다. 이에 반하여 지혜에서 발출하는 모든 것은 진리라고 부릅니다. 그것은 지혜가 오직 진리들로 이루어지기 때문이고, 그리고 지혜는 빛에 속한 즐거움(pleasantness)으로 모든 대상물을 감동시키기 때문입니다. 그리고 이 즐거움은, 그것이 지각될 때, 선에서 진리로 바뀌기 때문입니다. 그러므로 사랑은 다종다양한 선의 복합체이고, 지혜는 다종다양한 진리의 복합체입니다. 그러나 후자들이나 전자들은 하나님에게서 비롯되는데, 그분은 사랑 자체이시고, 따라서 선 자체이시며, 그리고 그분은 지혜 자체이시고, 따라서 진리 자체이십니다. 이것으로 말미암아 교회 안에는 두 본질적인 것들이 있는데, 곧 인애와 믿음(charity and faith)이라고 부르는 것입니다. 교회에 속한 개별적인 것들이나 전체적인 것들은 이것으로 구성되었습니다. 그리고 이것들은 반드시 교회에 속한 모든 개별적인 것들이나 전체적인 것들 안에 있어야 합니다. 이런 이유 때문에 교회에 속한 선은 인애에 속해 있고, 그리고 인애(仁愛·charity)라고 불리웁니다. 그리고 교회에 속한 모든 진리는 믿음에 속해 있고, 그리고 믿음(faith)이라고 불리웁니다. 인애에 속한 기쁨들은 사랑에 속한 기쁨들인데, 그것은 기쁜 것을 선이라고 부르게 하기 때문입니다. 믿음에 속한 즐거움을 가리키는 지혜에 속한 즐거움도 그러한데, 그것은 참된 것을 진리라고 부르게 하기 때문입니다. 왜냐하면 기쁨들이나 즐거움들(delights and pleasantnesses)은 선이나 진리에게 생명을 주는 존재이기 때문이고, 그리고 이런 것들에게서 생명이 없다면, 선들이나 진리들은 생명이 없는 것이고, 열매를 맺지 못하는 이른바 석녀(石女·barren)이기 때문입니다.

[2] 그러나 사랑에 속한 기쁨들(delights)은 두 종류가 있습니다. 그러므로 역시 지혜에 속한 즐거움들(pleasantness)도 두 종류가 있는데, 다시 말하면 하나는 선에 속한 기쁨들이고, 다른 하나는 악에 속한 애욕(=사랑·the love of evil)의 쾌락들입니다. 결과적으로 참된 것 안에 있는 믿음의 즐거움(the pleasantness of faith)과 거짓된 것 안에 있는 믿음(=고집)의 쾌락들입니다. 그것들이 생산하는 느낌(feeling) 때문에 선들이라고 부르는데, 믿음에 속한 이런 종류에 속한 양자 중에서, 그것들이 일

으킨 지각 때문에 선이라고 부르는 것이 있습니다. 그러나 이런 것들은 이해 가운데 있기 때문에 그것들은 실제 진리들입니다. 그럼에도 불구하고 거기에는 반대되는 두 종류가 있습니다. 진정한 사랑에 속한 선은 선이고, 선이 아닌 다른 것에 속한 선은 악이고, 그리고 진정한 믿음에 속한 진리는 참된 것이고, 진정한 믿음이 아닌 다른 것에 속한 진리는 거짓입니다. 기쁨을 가지고 있는 사랑은 본질적으로 선이고, 이 선은 마치 태양의 볕(the sun's heat)과 같아서, 그것이 하는 일에서 보면, 열매를 맺고, 생기를 주고, 비옥한 땅에 작용하고, 나무들이나 곡식의 밭을 쓸모 있게 합니다. 볕이 역사하는 곳은 마치 여호와의 낙원이나 동산이 되고, 그리고 가나안 땅처럼 됩니다, 이에 반하여 그 사랑에 속한 진리의 즐거움은 봄철의 태양의 빛과 같아서, 또는 멋진 꽃들이 지닌 크리스탈 꽃병에 흘러드는 빛과 같아서, 그것에서는 감미로운 향기가 납니다. 그러나 악에 속한 애욕의 쾌락(the delight of the evil)은 마치 그 볕이 땅을 바싹 마르게 하고, 땅을 파괴할 때의 그 태양의 볕과 같습니다. 그러나 악에 속한 애욕의 쾌락과 같은 그 태양의 볕(=열기)은 불모지에 작용하면 유해한 것들, 예를 들면 가시덤불이나 찔레 같은 잡초들이 자라게 합니다. 그것이 작용하는 곳은 마치 물뱀들이나 독사들이 있는 아라비아 사막 같은 고약한 땅으로 만들어 버리고, 그리고 그것의 거짓에 속한 즐거움(=쾌락)은 한 겨울의 태양 광선과 같고, 변질된 물이 담긴 작은 벌레들이 떠다니는, 그리고 고약한 냄새를 뿜어대는 파충류들이 있는 웅덩이에 흘러든 광선과 같습니다.

[3] 여기서 반드시 이해하여야 할 것은 모든 종류의 선은 진리들에 의하여 스스로 형체를 형성하고, 진리들로 자신을 감싸고, 따라서 다른 선들에게서 스스로 구분, 분별한다는 것입니다. 그리고 또한 이해하여야 하는 것은 같은 훼밀리(=동일 가족)에 속한 다양한 종류의 선들을 여러 묶음들로 결속(結束)하고, 그리고 이것들을 동여매고, 따라서 다른 훼밀리들과 구분, 분별한다는 것입니다. 이런 식으로 형성된 그것들은 마치 인체의 개별적인 것들이나 전체적인 것들에서 잘 드러나고 있고, 그리고 거기에는 인체의 모든 것들과 더불어 마음의 변함없는 대응들이 있기 때문에 사람의 마음은 이런 식으로 명확하게 형성되었습니다. 이런 사실에서 뒤이어지는 것은, 사람의 마음(the human mind)은 내적으로는 영적인 실체들(spiritual substances)로 조직, 구성되어 있고, 종국에

는 물질적인 실체들(material substances)로 조직, 구성되었다는 것입니다. 이에 반하여 선을 가리키는 사랑의 기쁨들(=희열·love's delights)을 지닌 마음은, 천계에 존재하는 것과 같이, 내적으로는 이런 부류의 영적인 실체들로 형성되었습니다. 그러나 이에 반하여 악을 가리키는 사랑의 기쁨들(=애욕의 쾌락들·love's delights)을 지닌 마음은, 지옥에 존재하는 것과 같이, 내적으로는 이런 부류의 영적인 실체들로 형성되었습니다. 그리고 후자의 마음의 악들은 거짓들에 의한 묶음들로 결속되어 있지만, 이에 반하여 전자의 마음에 있는 선들은 진리들에 의한 묶음들로 결속되어 있습니다. 선에 속한 이런 부류의 묶음 때문에 그리고 악에 속한 이런 부류의 묶음 때문에, 주님께서는 이렇게 말씀하셨습니다. 마태복음서의 말씀입니다.

> 거둘 때에, 내가 일꾼에게, 먼저 가라지를 뽑아 단으로 묶어서 불태워 버리고, 밀은 내 곳간에 거두어들이라고 하겠다.……가라지를 모아다가 불에 태워 버리는 것과 같이, 세상 끝 날에도 그렇게 할 것이다(마태 13 : 30, 40 ; 요한 15 : 6).

39. (3) 하나님께서 사랑 자체이시고, 지혜 자체이시기 때문에 그분께서는 본질적으로 생명을 가리키는 생명 자체이시다.

요한복음서에 일러진 말씀입니다.

> 태초에 말씀이 계셨다. 그 말씀은 하나님과 함께 계셨다. 그 말씀은 하나님이셨다.……그의 안에서 생겨난 것은 생명이었으니, 그 생명은 모든 사람의 빛이었다(=그의 안에 생명이 있었다. 그 생명은 사람의 빛이었다)(요한 1 : 1, 4).

여기서 "하나님"은 신령사랑을 뜻하고, "말씀"(聖言·the Word)은 신령지혜를 뜻합니다. 엄밀하게 말하면 "생명"(life)은 신령지혜를 뜻하고, 생명은, 그 태양의 중앙에는 여호와 하나님이 계시는, 영계의 태양에서 나오는 빛을 가리킵니다. 불이 빛을 이루듯이, 신령사랑은 생명을 이룹니다. 불에는 두 속성, 즉 타는 것(燃燒·burning)과 빛남(發光·shinning)이 있습니다. 그것의 타는 속성(its burning property)에서는 별(熱·heat)이 발출하고, 그것의 빛나는 속성에서는 빛(光·light)이 발출합니다. 사랑에도 두 속성이 있는데, 하나는 불의 연소 속성에 대응하는 것으로, 그것은 사람의 의지를 극내적으로 감동시킵니다. 다른 하나는 불의 빛남의 속성에 대응하는 것으로, 그것은 사람의 이해를 극내적으로 감동시킵니다. 이것은 사람의 사랑과 총명의 근원입니다. 왜냐하면 앞에서 반복해서 언급한 것과 같이 영계의 태양에서는, 그것의 본질에서 사랑인 별이 나오고, 그리고 그것의 본질에서 지혜인 빛이 나오기 때문입니다. 이들 양자는 우주에 있는 개별적인 것들이나 전체적인 것들, 즉 삼라만상(森羅萬象)에 입류하고, 그것들을 극내적으로 감동시킵니다. 그리고 이 양자는 사람에게 있는 사람의 의지와 이해에 입류합니다. 왜냐하면 이들 양자는 입류의 수용그릇들(receptacles of influx)이 되기 위하여 창조되었기 때문인데, 의지는 사랑의 수용그릇이고, 이해는 지혜의 수용그릇입니다. 따라서 명확한 사실은, 사람의 생명은 그의 이해에서 살고, 그의 지혜도 그의 이해에 거주한다는 것이고, 따라서 그것은 의지의 사랑에 의하여 조절, 변화된다는 것 등입니다.

40. 우리는 요한복음서에서 이런 말씀을 읽습니다.

> 그것은, 아버지께서 자기 안에 생명이 있는 것처럼, 아들에게도 생명을 주셔서, 그 안에 생명이 있게 하여 주셨기 때문이다(요한 5 : 26).

이 말씀은 영원 전부터 계신 신령존재 자체께서 그것 안에 생명을 가지고 있는 것과 꼭 같이, 그분께서 시간 안에서 입으신 신령인간(神靈人間・the Human・신령인성)께서도 그것 안에 생명을 가지셨다는 것을 뜻합니다. 그것 안에 있는 생명은, 천사들이나 사람들이 그것에서 생명을 취한, 진정한 생명이고, 유일한 생명입니다. 이러한 사실(=내용)은 자연계의 태양에서 나오는 빛으로 말미암아 사람의 이성에 의하여 보여질 수 있는데, 그 빛에는 창조하는 것은 아니고, 창조된 것을 영접, 수용하기 위한 형체들(forms)입니다. 예를 들어 보겠습니다. 눈은 이 빛을 영접, 수용하기 위한 형체들이고, 그 태양에서 입류하는 빛은 그것들이 볼 수 있게 만드는 것입니다. 이것은 위에서 언급한 것과 같이, 생명의 경우도 꼭 같아서, 영계에서 나온 빛은 그 생명인데, 그것 안에는 창조적인 것이 아니고, 오히려 부단히 입류하는 것이 있는데, 그것은 사람의 이해를 비추고, 계몽하며, 그것을 생기발랄하게 합니다. 그러므로 결과적으로는 시각(sight)·생명(life)·지혜(wisdom)는 하나(one)이기 때문에, 지혜도 역시 창조될 수 없습니다. 마찬가지로 믿음(faith)·진리(truth)·사랑(love)·인애(charity)·선(good) 역시 창조된 것이 아니고 오히려 창조되어진 것들을 영접, 수용하기 위한 형체들(forms)입니다. 그리고 이런 것들은 사람의 마음이나 천사적인 마음을 형성합니다. 그러므로 모두가 아래 사실을 확신하는 것에 매우 조심을 하십시오. 그것은 사람이 자기 스스로 산다는 것, 또는 자기 자신으로 말미암아 사람이 현명하고, 진리를 믿고, 진리를 사랑하고, 깨닫는다는 것이고, 그리고 선을 원하고, 행한다는 것 등이 되겠습니다. 왜냐하면 어느 누구나 그것을 자기 자신에게서 비롯된다고 확신하는 것에 비례하여 그 사람은 자신의 마음을 하늘에서 땅으로 내동댕이치는 것이고, 그리고 영적인 것에서 자연적·감관적·현세적으로 만드는 것이기 때문입니다. 왜냐하면 그 사람은 그의 마음의 높은 영역을 닫아버리는 것이기 때문이고, 따라서 그는 하나님·천계·교회와 관계되는 모든 것들에 대하여 자기 자신을 장님으로 만드는 것이기 때문입니다. 그 때 이런 것들에 관해서 생각하고 추론하고 말하는 것에 일어난 모든 것은 흑암 속에서 행한 것이고, 결과적으로 어리석음 속에서 행한 것이기 때문입니다. 그리고 동시에 그 사람은, 모든 것이 지혜에 속한 것이라는 신념을 채택한 것이기 때문입니다. 왜냐하면 생명에 속한 참된 빛이 존재하는 곳인 마음의 높은 영역들이 닫혀지고, 대신 이것들 아래에 있는 마음의 영역들이 열리게 되면, 이 세상의 빛만 거기에 들어오게 되고, 그리고 이 빛이 보다 높은 영역의 빛에서 분리되게 될 때 그것은 한낱 망상적인 빛(a delusive light)인데, 그런 빛 안에서는 거짓스러운 것이 참된 것으로 보이고, 참된 것은 거짓스러운 것으로 보입니다. 그리고 거짓된 것에서 비롯된 추론이 마치 지혜인 것처럼, 지혜로운 것에서 비롯된 것은 바보스러운 것처럼 보입니다. 그 때 사람은, 비록 한 낮에 박쥐가 보는 것 이상으로 더 나쁘게 선에 속한 것을 보겠지만, 그 사람 자신은 독수리의 예리한 통찰력이 주어진 것으로 믿습니다.

41. (4) 사랑과 지혜는 하나님 안에서 하나(one)를 완성한다.
교회에 있는 모든 현명한 사람이 알고 있는 것은 사랑에 속한 선이나 인애에 속한 선은 하나님에게서 비롯된다는 것이고, 지혜에 속한 모든 진리나 믿음에 속한 모든 진리도 하나님에게서 비롯된다는 것입니다.

그리고 인간의 이성은 사람의 이성이, 사랑의 근원이나 지혜의 근원이, 여호와 하나님이 거기의 한가운데 계시는, 영계의 태양이라는 것을 알 때, 또는 동일한 것이지만, 여호와 하나님 주위에 있는 태양을 통해서 여호와 하나님으로부터 온다는 것을 알 때, 이것을 볼 수 있는 것입니다. 왜냐하면 그 태양에서 나오는 볕은, 그것의 본질은 사랑이고, 그 태양에서 나오는 빛은 그 본질에서 지혜이기 때문입니다. 그 근원에서 사랑과 지혜는 하나이고, 결과적으로 그것들은 하나님 안에 있는 하나이고, 그 태양은 그분에게서 그것의 근원을 취한다는 것은 한낮에 공개된 것처럼 명확합니다. 이러한 사실은, 자연계의 태양에 의하여 예증될 수 있겠는데, 그 태양은 순수한 불(pure fire)이고, 그리고 그 불로부터는 볕이 나오고, 그 불의 비춤에서는 빛이 나옵니다. 따라서 그들의 근원에서 양자는 하나입니다.

[2] 그러나 이들 양자가 그들의 발출되어 나가는 과정에서 분리된 것은 그것들의 주체들에게서 명확한데, 그 주체들의 어떤 것은 볕을 많이 수용하고, 어떤 것은 빛을 더 많이 받습니다. 이러한 것은, 특히 사람들의 경우, 그 사람에게서 총명을 가리키는 생명의 빛과 사랑을 가리키는 생명의 볕은 분리되어 있습니다. 이러한 일, 즉 사람이 반드시 개혁되고, 중생되어야 하기 때문에 일어나는데, 만약에 총명을 가리키는 생명의 빛에 의하여 사랑받는 것과 그것을 원하는 것이 무엇인지 가르침을 받지 못한다면, 중생은 불가능합니다. 반드시 우리가 이해하여야 할 것은, 그렇지만 하나님께서는 사람 안에서 사랑과 지혜를 결합하시는 일을 계속해서 하는 것이 됩니다. 이에 반하여 사람이 하나님을 우러르고, 그분을 믿는 일을 하지 않는다면, 사람은 계속해서 사랑과 지혜를 분리시키는 짓을 계속해서 하는 것이 됩니다 그러므로 이들 양자, 즉 사랑에 속한 선, 즉 인애와 지혜에 속한 진리, 즉 믿음이 사람 안에서 결합하는 것에 비례하여 그 사람은 하나님의 형상(an image of God)이 되고, 천사들이 있는 곳인 천계를 향하게 되고, 그리고 천계 안에 올리워집니다. 그러나 다른 한편 이들 양자가 사람에 의하여 분리되는 것에 비례하여 그는 루시퍼의 형상(an image of Lucifer)이나 용의 몰골이 되고, 그리고 천계로부터 땅으로 쫓겨나고, 종국에는 땅 아래 지옥으로 추방됩니다. 이들 양자의 결합으로 말미암아 사람의 상태는 봄철의 나무의 상태와 같이 되고, 그 때 빛과 볕은 꼭 같이 균등하게 결합합니다. 그

리고 그것에 의하여 나무들은 가지와 잎을 내고, 꽃을 피우고, 열매를 맺습니다. 그러나 다른 한편, 이들 양자의 분리에 의하여 사람의 상태는 마치 겨울철의 나무와 같이 되고, 그 때 별은 빛에서 물러나 움추러들고, 그것에 의하여 나무는 잎들을 모두 떨구고, 거무스름하게 변하고, 벌거벗은 가지만 앙상하게 남습니다.

[3] 사랑을 가리키는 영적인 별이 지혜를 가리키는 영적인 빛에서 자신을 분리시켰을 때, 또는 같은 말이지만, 인애가 믿음에서 자신을 분리시켰을 때, 사람은 마치 벌레들이 새끼를 낳는 메마르거나(sour), 썩은 더러운 토양과 같이 됩니다. 만약에 나무에 잎이 자란다고 해도 잎들은 해충으로 뒤덮힐 것이고, 그것들이 모두 갉아 먹을 것입니다. 왜냐하면 자신들 안에 있는 온갖 욕망들(lusts)을 가리키는 악에 속한 애욕의 온갖 유혹들(allurements)은 총명에 의하여 정복되고, 억제되는 것 대신에, 그것에 의하여 사랑받고, 양육되고, 부양(扶養)되는 것을 쏟아낼 것이기 때문입니다. 한마디로 하나님께서 이들 양자를 결합시키기 위하여 끊임없이 애쓰시는 양자, 즉 사랑과 지혜, 또는 인애와 믿음을 분리, 분열시킨다는 것은 얼굴에서 건강미를 빼앗는 것과 같고, 그리고 시체의 얼굴색인 새파랗게 질린 창백한 색과 같고, 또한 횃불이 탈 때, 얼굴의 색조를 띄우는 붉은 색에서 흰 색을 제거할 때의 색조와 같다고 하겠습니다. 그것은 또한 두 사람 사이의 혼인의 결속(結束)을 해제(解除)시키고, 창녀인 아내와 바람둥이 남편을 혼인시키는 것과 같습니다. 왜냐하면 사랑, 또는 인애는 남편과 같고, 지혜 또는 믿음은 아내와 같기 때문입니다. 이들 양자가 분리될 때 영적인 매춘(賣春·spiritual harlotry)과 음란(whoredom)이 일어나고, 그리고 진리의 위화(the falsification of truth)와 선의 섞음질(姦通·the adulteration of good)이 뒤이어지기 때문입니다.

42. 보다 더 이해하여야 할 것은, 사랑과 지혜에 속한 계도(degree of love and wisdom)는 셋이 있다는 것, 결과적으로 생명에 속한 계도들도 셋이 있다는 것입니다. 그리고 사람의 마음도 세 계도의 영역들에서 형성되는데, 말하자면 이들 계도들에 일치하여 형성됩니다. 가장 높은 영역에 있는 생명은 그것의 가장 높은 계도에 있고, 그리고 둘째 영역에 있는 생명은 그보다 낮은 계도에 있고, 가장 외적인 영역에 있는 생명은 가장 낮은 계도에 있습니다. 이들 영역들은 사람들 안에서 계속해서

열려 있는데, 가장 낮은 계도에 있는 생명이 있는 극외적인 영역(the outmost region)은 젖먹이 때부터 어린이 때에 열려 있는데, 이런 일은 지식들에 의하여 열립니다. 그리고 어린 아이 때부터 젊은이 때에 열리는 둘째 영역에는 좀 더 높은 계도에 있는 생명이 있습니다. 이와 같은 일은 온갖 지식들에게서 비롯된 생각들(思想·thought)에 의하여 행해집니다. 가장 높은 계도의 생명이 있는 가장 높은 영역은 젊은이에서부터 초기의 성년기에, 그리고 거기에서 더 나아간 시기에 열리는데, 이런 일은 도덕적인 진리들이나 영적인 진리들의 지각에 의하여 행해집니다. 반드시 여기서 밝히 이해하여야 할 것은 생명에 속한 완성이나 성숙(the perfection of life)은 생각(思想) 안에 존재하지 않고, 오히려 진리의 빛에서 비롯된 진리의 지각(the perception of truth)에 존재한다는 것입니다. 이상에서 우리는 사람들 안에 있는 생명의 차이가 무엇인지 미루어 생각할 수 있겠습니다. 왜냐하면 어떤 사람은 그들이 진리를 듣는 순간 그 즉시 그것이 진리라는 것을 지각하기 때문입니다. 영계에서 이들은 독수리에 의하여 표징됩니다. 진리를 전혀 지각하지 못하고, 다만 외현들(外現·appearances)에게서 비롯된 확증에 의하여 결론에 이르는 자들도 있습니다. 이런 부류는 노래하는 새들(singing birds)이 표징합니다. 또 다른 부류는 권위 있는 사람이 주장하기 때문에 어떤 사물이 진리라고 믿기도 합니다. 이런 부류는 까치들이 표징합니다. 마지막으로 어떤 부류는 참된 것이 무엇인지 알려고 하는 열망도 없고, 능력도 없고, 다만 그릇된 것을 참된 것이라고 믿는데, 이런 이유 때문에 그들은, 거짓이 참된 것으로 보이는, 그리고 머리 위에 있는 것이 짙은 구름에 싸여 있어서 참된 것이 거짓처럼 보이는, 또는 유성(流星)이 진리처럼 보이는, 또는 그 밖의 거짓들이 진리들처럼 보이기도 합니다. 그런 부류의 생각들(思想)은 밤새들에 의하여 표징되고, 그들의 말은 마치 부엉이의 날카로운 울음소리가 표의합니다. 이런 부류의 사람들 중에서 그들의 거짓들을 참된 것이라고 확증한 자들은 진리들을 들을 수조차 없고, 어떤 진리가 그들의 청각을 때려도 그 즉시 그들은, 마치 담즙으로 가득 찬 위장이 메스꺼워서 배 속의 음식물을 토해내는 갓처럼, 혐오감(嫌惡感)을 가지고 멀리 달아나 버립니다.

43. (5) **사랑의 본질은 자기 이외의 다른 사람들을 사랑하는 것이고, 그들과 하나 되기를 열망하는 것이고, 그들이 나 때문에 복 받게 하는**

것이다.
하나님의 본질은 양자로 구성되는데, 곧 사랑과 지혜(love and wisdom)입니다. 다른 한편 그분의 사랑에 속한 본질은 셋으로 이루어지는데, 다시 말하면 자신 밖의 다른 자들을 사랑하는 것이고, 그들과 하나 되기를 열망하는 것이고, 자기 자신으로 말미암아 그들이 복 받게 하는 것 등입니다. 그리고 위에서 언급한 것과 같이, 하나님 안에서 사랑과 지혜는 하나를 이루기 때문에, 꼭 같은 이들 셋은 역시 하나님의 지혜(His wisdom)를 구성합니다. 그리고 사랑도 이들 셋을 열망하고, 그리고 지혜는 그것들을 산출(産出)합니다.

[2] 나 이외의 다른 자들을 사랑한다는 본질적인 첫째 것은, 전 인류를 향한 하나님의 사랑에서 인지(認知)됩니다. 그리고 이런 목적 때문에, 하나님께서는 당신이 지으신 모든 것들을 사랑하시는데, 그것은 그것들이 그 목적들을 위한 수단들이기 때문입니다. 왜냐하면 그 목적이 사랑을 받을 때, 그 수단들 역시 사랑을 받기 때문입니다. 우주 안에 있는 모든 사람들이나 사물들은 하나님 밖에 있는 존재(outside of God)인데, 그것은 그것들이 유한(有限)한 것이지만, 하나님께서는 무한(無限)하시기 때문입니다. 하나님에게 속한 사랑은 선한 사람들이나 선한 사물들에만 나아가고, 뻗칠 뿐만 아니라, 악한 사람들이나 악한 사물들에게도 나아가고, 뻗칩니다. 결론적으로 천계에 있는 사람들이나 사물들뿐만 아니라, 지옥에 있는 그런 것들에게도 그러하고, 따라서 미가엘 천사나 가브리엘 천사뿐만 아니라, 지옥의 악마나 사탄에게도 그러합니다. 왜냐하면 하나님께서는 어디에나(every where) 계시기 때문이고, 영원 전부터 영원까지 꼭 같으신 존재이시기 때문입니다. 주님께서 이렇게 말씀하십니다. 마태복음서의 말씀입니다.

> 아버지께서는, 악한 사람에게나 선한 사람에게나, 똑같이 해를 떠오르게 하시고, 의로운 사람에게나 불의한 사람에게나, 똑같이 비를 내려 주신다(마태 5 : 45).

그러나 악한 사람들이 악하게 되고, 악한 것들이 악하게 되는 이유는 자신들의 주체들(主體・subjects)이나, 객체들(客體・objects) 안에 있습니다. 그들은 자신들의 주체나 객체 가운데서 하나님의 사랑을 그 사랑으로 영접, 수용하지 않고, 그리고 그것 자체를 극내적인 것들 안에 영접, 수용하지 않고, 오히려 그들은 자신들과 같은 것으로 수용하기 때문입니다. 그것은 마치 가시나무나 쐐기풀처럼 태양의 볕이나 하늘의 비를 받는 것과 같습니다.

[3] 자기 이외의 다른 자들과 하나 되기를 열망하는, 하나님에 속한 사랑의 둘째 본질은, 천계적 천계와 이 땅 위의 교회와, 거기에 있는 모든 것이 사람과 교회에 들어오고, 그리고 사람과 교회를 만들고 세우는, 모든 선한 것과 참된 것은 하나님과의 결합에서 인지됩니다. 더욱이 본질에서 볼 때 사랑은 그 결합을 향한 애씀 이외에 아무것도 아닙니다. 그러므로 사랑의 본질에 속한 이 목적은, 하나님의 모양과 형상으로 하나님께서 사람을 창조하신 것은 사랑으로 하여금 알고, 그 사실을 인지하기 위한 것입니다. 그것은 이 결합으로 가능합니다. 신령사랑이 계속해서 이 결합을 추구하고 애쓴다는 것은 주님께서 친히 하신 말씀에서 명확합니다. 요한복음서의 말씀입니다.

> 아버지, 아버지께서 내 안에 계시고, 내가 아버지 안에 있는 것과 같이, 그들도 하나가 되어서 우리 안에 있게 하여 주십시오.……우리가 하나인 것과 같이, 그들도 하나가 되게 하려는 것입니다. 내가 그들 안에 있고 아버지께서 내 안에 계신 것은, 그들이 완전히 하나 되게 하려는 것입니다.……아버지께서 나를 사랑하신 그 사랑이 그들 안에 있게 하고, 또한 나를 그들 안에 있게 하려는 것입니다(요한 17 : 21-23, 26).

[4] 하나님 당신으로 말미암아 다른 사람들이 복 받게 하려는 하나님에 속한 사랑의 셋째 본질은, 하나님의 사랑을 그들 자신들에게 수용한 사람들에게 하나님께서 주시는 끝없는 축복·행복·경사(慶事)를 가리키는, 영생(永生·eternal life)에서 인지됩니다. 왜냐하면 하나님께서 사랑 자체이시듯이, 그분께서는 축복 자체이시기 때문입니다. 왜냐하면 모든 사랑은 자체에서 기쁨을 내뿜기 때문이고, 그리고 신령사랑은 영원까지 축복 자체를, 그리고 행복과 경사 자체를 발출하기 때문입니다. 따라서 하나님께서는 당신 자신으로 말미암아 천사들이 축복 받게, 그리고 사후 사람들이 복 받게 하려는 것입니다. 이런 일은 하나님께서 그들과의 결합에 의하여 행해집니다.

44. 신령사랑의 성질(=속성)이 이런 것이라는 것은 그것의 영기(its sphere)에서 알 수 있는데, 그 영기는 우주에 가득 차 있고, 그의 상태에 일치하여 모두를 감화 감동시킵니다. 특히 신령사랑은, 자신들 이외의 다른 자들을 가리키는 그들의 자녀들을 위한 그의 애정 어린 사랑(their tender love)의 근원인 부모들을 감동시킵니다. 그 애정 어린 사랑은 곧 그들과 하나 되겠다는 열망이고, 그들이 자신들로 말미암아 복 받기를 열망하는 것입니다. 신령사랑에 속한 이 영기는 선한 사람뿐만 아니라, 악한 사람도 감화 감동시키고, 그리고 사람들뿐만 아니라 온갖 종류의 새들이나 짐승들도 감화 감동시킵니다. 어머니가 자녀를 낳았을 때, 그녀가 그 자녀와 하나 되는 것 이외에 그 어머니가 생각하는 것이 무엇이 있겠습니까? 말하자면 자녀들을 위하여 선을 준비하는 것 이외에 무엇이 있겠습니까? 어미 새가 알에서 새끼를 부화하였을 때 그것들을 날개 아래에 품고, 새끼들의 여린 목구멍을 통할 먹이를 그것들의 주둥이에 넣어 주는 것 이외에 그 어미 새의 관심이 무엇이겠습니까? 심지어 뱀들이나 독사들까지도 그것들의 새끼들을 사랑한다는 것은 주지의 일입니다. 특히 이 우주적인 영기(this universal sphere)는 자신 안에 하나님의 이 사랑을 영접, 수용하는 모든 자들을 감화 감동시킵니다. 그리고 하나님을 믿고, 자신들의 이웃을 사랑하는 자들을 감화 감동시킵니다. 이런 부류에게 있는 인애는 그 사랑의 형상(an image)입니다. 선하지 않은 자들에게서 우정이나 친목 따위는 그 사랑을 모방(模倣), 흉내를 냅니다. 왜냐하면 밥상에서 사람은 친구에게 보다 좋은 것을 제공하고, 때로는 입을 맞추고, 애무하고, 포옹하고, 그에게 쓸모 있는 임무를 제안하기도 합니다. 이 사랑은 역시, 동정이나 비슷한 자들의 연합을 위해 애쓰는 동정이나 노력의 유일한 근원입니다. 이것은 신령영기와 꼭 같이, 초목에게 역사하듯이 무생물적인 것들에서도 역사하지만, 그러나 이 세상의 태양을 통해서, 그것의 별이나 빛에 의하여 작용합니다. 왜냐하면 이 세상의 태양의 별은 밖에서부터 그것들 속으로 들어가고, 그것들을 결합시키고, 그리고 그것들로 하여금 싹이 돋게 하고, 꽃을 피우고 열매를 맺게 합니다. 이런 것들은 살아 있는 것들에게 있는 축복과 닮은 것입니다. 그것이 사랑을 가리키는 영적인 별에 대응하기 때문에 태양의 별은 이 일을 행하는 것입니다. 이 사랑에 속한 활동의 대응들은 광물계의 다양한 주체들에 기초하고 있습니다. 이런 것

의 모양들이나 형체들은 이런 것들의 선용의 고양(高揚)에서 잘 드러나고 있습니다.

45. 신령사랑의 본질에 관한 이런 내용에서 지옥적인 사랑(=애욕)의 본질적인 성질(=특성)을 잘 엿볼 수 있겠습니다. 이 성질은 그것의 반대적인 것으로 보여집니다. 지옥적인 애욕(=사랑・diabolical love)은 곧 자기사랑(自我愛・the love of self)입니다. 비록 그 본질에서 살펴보면 그것은 증오(=미움・憎惡・hatred)이지만, 사랑(=애욕・love)이라고 불리운 것입니다. 왜냐하면 그런 사랑은 자기 이외의 어떤 것도 사랑하지 않기 때문입니다. 그리고 또한 그것은 그것들에게 도움이 되기 위하여 다른 것들과 결합하는 것을 열망하지 않기 때문이고, 다만 자기 자신에게만 오직 유익하기를 열망하기 때문입니다. 그것의 극내적인 것에서 비롯되는 그와 같은 사랑(=탐욕)은 모든 것들을 지배하기를 갈망하고, 모든 것에 속한 재물을 소유하기를 갈망하며, 종국에는 하나님처럼 예배받기를 열망합니다. 이러한 것이 바로 지옥에 있는 자들이 하나님을 시인하지 않는 이유이고, 오히려 능력 면에서 다른 자들에 비하여 뛰어난 자를 신들로 시인하는 이유입니다. 따라서 그들은 그것들의 능력의 정도에 따라서 낮고 높은 신들로, 또는 작고 큰 신들로 시인합니다. 이것이 각자가 마음에 가지고 있는 것이기 때문에 모두는 자기 자신의 신에 대한 증오심으로 불태우기 때문에, 그가 섬기는 신은 자기 통치 아래에 있는 자들에게 거슬러 다투고, 그들을 마치 하찮은 노예들로 여깁니다. 그들이 자신을 예배한다면 그는 예배하는 자들에게 공손하게 말을 하지만, 그러나 그는 내적으로나 마음 속으로는 자기 자신의 노예들에게 하듯이, 모든 다른 자들에게는 불이 일고 있는 것처럼 매우 흥분, 격노합니다. 왜냐하면 자기사랑(自我愛)은 마치 강도들이 지니고 있는 욕망 같아서, 무엇인가를 훔치고 빼앗으려고 할 때에는 그에게 입을 맞추지만, 종국에는 그 장물(贓物)을 가져가기 위해서는 다른 자들을 살해하기를 열망하는 불꽃으로 불을 태웁니다. 자기사랑이 지배하는 지옥에서 그 사랑은 멀리 떨어진 곳에서는 온갖 종류의 들짐승들처럼 그것의 탐욕을 드러내는데, 어떤 것은 여우들이나 표범들처럼 나타나고, 어떤 것은 늑대들이나 호랑이 같이, 어떤 것은 악어들이나 독사들같이 나타납니다. 자기사랑은, 개구리들이 우글거리는 습지들이나, 돌무더기나 불모의 돌짝밭으로 이루어진 황무지를 만듭니다. 자기사랑은 둥지 위로 비명 같

은 괴성(怪聲)을 내면서 나는 음울한 새들이 있게 합니다. 이런 것들은 성경말씀의 예언서에서 "음울한 피조물들"(ochim・the doleful creatures), "사막의 야생 짐승들"(tziim・the wild beasts of the desert), "섬의 야생 짐승들"(the wild beasts of the islands) 등으로 언급되었는데. 거기에는 자기사랑에서 비롯된 지배애(the love of rule)가 다루어졌습니다(이사야 13 : 21 ; 예레미야 50 : 39 ; 시편 74 : 14).

46. (6) **신령사랑에 속한 이런 본질적인 것들은 우주에 속한 창조의 원인(the cause of creation of the universe)이고, 그것의 보존의 원인(the cause of its preservation)이다.**
이들 세 본질적인 것들이 창조의 원인들이라는 것은 그것들에 관한 세심한 조사나 연구에 의하여 명료하게 알 수 있겠습니다. 첫째로, 자기 이외의 다른 자들을 사랑한다는 것이 원인이라는 것은, 이 세상이 태양 밖에 있는 것과 같이, 그리고 우주 안에서 하나님은 당신의 사랑을 그것에 확장할 수 있고, 그리고 당신의 사랑을 그것에게 실천할 수 있고, 그리고 그것에서 친히 쉬신, 하나님 밖에 있는 우주에서 잘 볼 수 있습니다. 그러므로 우리는, 하나님께서 하늘과 땅을 지으신 뒤에 그분께서 쉬셨다는 것, 그리고 이 쉬셨다는 것이 안식일이 제정된 이유이다(창세기 2 : 2, 3)라는 것을 성경말씀에서 읽습니다. 두 번째 본질적인 것은, 다른 자들과 하나가 되기를 열망한다는 원인이라는 것인데, 그것은 하나님의 형상(the image)과 모양(the likeness)으로 된 사람의 창조에서 잘 알 수 있는데, 그 뜻은 사람이 하나님에게서 비롯되는 사랑과 지혜의 수용을 위한 형체(a form)로 만들어졌다는 것을 뜻합니다. 따라서 하나님께서는 당신 자신과 그를 합일하실 수 있었고, 그리고 또한 우주 안에 있는 개별적인 것들이나 전체적인 것들은 사람의 그 목적을 위한 수단들 이외에 아무것도 아니라고 하겠습니다. 왜냐하면 마지막 원인과의 결합은 역시 중간적인 원인과의 결합이기 때문입니다. 창조된 모든 것들이 사람의 목적을 위한 것이라는 것은 창세기서에서, 그리고 특히 창세기 1장 28-30절에서 아주 명확합니다. 자기 자신으로 말미암아 다른 자들이 복 받기를 원한다는 것이 원인을 가리킨다는 세 번째 본질이라는 것은 천계가 하나님의 사랑을 영접하는 모든 사람을 위해 준비되었다는 천사적인 천계에서 명확합니다. 천계에 있는 모두의 축복은 오직 하나님에게서 옵니다. 하나님에게 속한 사랑의 이들 세 본질적인 것은 역시 우주 보존의 원인이기도 합니다. 그것은 보존(preservation)이 변함없는 창조(perpetual creation)이기 때문인데, 이것은 마치 실체가 변함없는 존재와 같습니다. 그리고 신령사랑은 영원 전부터 영원까지 동일하시기 때문입니다. 다시 말하면 이 세상 창조에 있는 것들은 이 세상이 창조될 때 존재하는 것을 가리키고, 이 세상에 계속해서 있는 것을 가리키기 때문입니다.

47. 이런 것들로 말미암아 올바르게 이해될 때 밝히 보여지는 것은 우주는 처음부터 마지막까지 결합하는 일(a coherent work)이라는 것입니다. 그것은 이 일이 불변의 관계에 있는 목적들·원인들·결과들을 내포하고 있기 때문입니다. 그리고 모든 사랑 안에는 목적이 있기 때문에, 그리고 모든 지혜 안에는 중간적인 원인들에 의한 목적의 촉진(a promotion of an end)이 있고, 이런 원인들을 통하여 결과들이 있는데, 그것을 가리켜 선용들(uses)이라고 하는데, 그 결과들은 이런 원인들을 통해서 성취합니다. 여기서 뒤이어지는 것은 우주는 신령사랑·신령지혜·선용들을 내포하고 있는 하나의 작품(a work)이라고 하겠고, 그리고 따라서 하나의 작품에 관해서 모든 것 안에는 처음 것들에서부터 마지막 것에 이르기까지 결합이 있다는 것입니다. 우주는 지혜에 의하여 배태(胚胎)되었고, 사랑에 의하여 시작된 변함없는 선용들로 구성되었다는 것은, 어느 누구나 우주의 창조에 속한 일반적인 개념을 터득하는 순간, 그리고 그것의 일반적인 개념을 터득하는 순간, 모든 지혜로운 사람은, 마치 거울에서 보듯이, 잘 인지할 것입니다. 왜냐하면 개별적인 것은 그들의 개별적인 것들을 예의 관찰하는 것에서 그것의 일반적인 것에 적응시키고, 그리고 일반적인 것은 그것들을 그들이 조화롭게 있는 하나의 형체에 정리정돈, 배열하기 때문입니다. 이런 사실은 아래에서 수많은 방법으로 예증될 것입니다.

48. 나는 이상 언급된 것에 "영계 체험기"를 부연하겠습니다.
나는 한 번 두 천사들과 함께 대화를 한 적이 있습니다. 그 천사 중 한 천사는 동녘 천계에서 왔고, 다른 천사는 남녘 천계에서 왔습니다. 내가 사랑에 관해서 지혜의 비의(秘義)를 명상하고 있다는 것을 그들이 지각하였을 때, 그들은, "귀하는 우리의 세상에 있는 지혜의 학교(the school of wisdom)에 관해서 무엇을 알고 계십니까?" 라고 말하였습니다. 나는 "알고 있는 것이 없습니다" 라고 대답하였습니다.

그들은, 거기에는 수많은 것들이 있다는 것, 그리고 영적인 정동으로 말미암아 진리들을 애지중지하는 자들이 있다는 것을 말하였고, 그리고 또한 그것들이 진리들이기 때문에, 그리고 그 진리들에 의하여 지혜를 터득하였기 때문에 주어진 표지(標識·signal)에 따라서 거기에 모여서, 깊은 이해에서 생겨난 여러 의문들에 관해서 토의하고, 그 의문들을 해결한다고 말하였습니다.

그 때 그들은 내 손을 잡아끌면서, "우리 함께 가실까요. 귀하께서는 여러 가지 것들에 관해서 보고, 듣는 것이 많을 것입니다. 이 표지는 오늘 모임이 있다는 것입니다" 라고 말하였습니다.

나는 평원을 지나, 언덕에 안내되었습니다. 보십시오. 언덕 아래서부터 그 꼭대기에 이르기까지 종려나무들이 줄지어 있었습니다. 우리는 종려나무 길을 따라서 위로 올라갔습니다. 그 꼭대기, 즉 언덕의 정상에는 우거진 숲이 있었습니다. 그 나무들 한가운데에는 일종의 극장 같은 것이 세워진 높다란 언덕이 있었습니다. 그 안쪽에는 각종 색깔의 작은 돌들로 포장된 평평한 공간이 있었습니다. 이 광장 주위에는 의자들이 있었는데, 그 의자에는 지혜를 사랑하는 자들이 앉아 있었습니다. 극장 중앙에는 책상이 있었는데, 그 위에는 도장이 찍힌 종이 한 장이 있었습니다.

[2] 의자에 앉아 있던 자들이 우리를 빈자리로 안내하였습니다. 그러나 "나는 무엇인가를 보고 듣기 위하여 두 천사들에 의하여 여기에 온 것이니 자리에 앉지 않겠다" 라고 나는 말하였습니다.

그 때 그 두 천사들이 그 공간의 중앙에 있는 책상으로 나아가서, 거기에 놓인 봉인된 봉투를 개봉하고, 그 자리에 앉아 있는 사람들에게 그 종이에 쓰여진 지혜의 비의(the arcana of wisdom)를 읽었습니다. 그리고 곧 그것에 관해서 의논, 각자의 소견을 말하였습니다. 여기의 비의들은 삼층천(the third heaven)의 천사들에 의하여 기술된 것으로, 그 책상에 내려 보내진 것이있습니다. 거기에 크게 세 가지가 기술되었습니다. 그 첫째는 그런 식으로 사람이 창조되었다는 "하나님의 형상"(the image of God)은 무엇이고, "하나님의 모양"(the likeness of God)은 무엇인가? 였습니다. 그 둘째는, 짐승들이나 새들이 태어날 때, 성품이 고상하든 비천하든, 그들은 자신들의 사랑에 속한 적합한 지식들 가운데 태어났는데, 사람은 그 어떤 사랑에 속한 적합한 지식들 가운데 태어나지 않는 이유가 무엇인가? 였습니다. 그 셋째는, "생명의 나무"(the tree of life)가 뜻하는 것은 무엇이고, "선과 악을 아는 지식의 나무"(the tree of knowledge of good and evil)가 뜻하는 것은 무엇이고, 그 나무의 열매를 "먹는다"라는 것이 뜻하는 것은 무엇인가? 였습니다.

그 종이 아래에는 이들 세 질문에 대한 답들을 하나의 의견으로 모으시고, 여기 빈 종이에 그 답을 기록하시고, 그 답안지를 책상에 두십시오. 우리가 그 답안지를 보겠습니다. 만약에 그 의견이 균형이 잡힌 것이고, 맞는 것으로 여겨지면, 여러분 각자 각자는 지혜에 대한 상을 받을 것입니다. 이런 내용을 읽은 뒤, 두 천사들은 퇴장하였고, 삼층천으로 올라갔습니다.

그 때 자리에 앉아 있던 자들이 의논하기 시작하였고, 그들에게 제안된 그 비의를 찾아내었습니다. 이런 순서로 그들은 말하였습니다. 첫 번째는 북쪽에 앉아 있는 자들이고, 그 다음은 서쪽에 앉아 있는 자들이고, 다음은 남쪽에 앉아 있는 자들이고, 마지막으로는 동쪽에 앉아 있는 자들이었습니다. 그들은 첫 번째 토의 주제를 의논하였습니다. 그 주제는 사람이 이런 식으로 창조되었다는 "하나님의 형상"은 무엇이고, "하나님의 모양"은 무엇인가? 였습니다. 제일 먼저 창세기서에서 이런 말씀들을 모두에게 읽었습니다.

> 하나님이 말씀하시기를 "우리가 우리의 형상을 따라서, 우리의 모양대로 사람을 만들자.······하나님이 당신의 형상대로 사람을 창조하셨으니, 곧 하나님의 형상대로 사람을 창조하셨다"(창세기 1 : 26, 27).
> 하나님이 사람을 창조하실 때에, 하나님의 형상대로 사람을 만드셨다(창세기 5 : 1).

[3] 북쪽에 앉아 있던 자들이 제일 먼저 말하였습니다. 그들은 이렇게 말하였습니다. 하나님의 형상(an image of God)과 하나님의 모양(the likeness of God)은 하나님에 의하여 사람에게 불어넣어진 두 생명들(the two lives)을 가리키는데, 하나는 의지에 속한 생명(the life of the will)이고, 다른 하나는 이해에 속한 생명(the life of the understanding)입니다. 왜냐하면 우리는 성경말씀에서 이렇게 읽기 때문입니다. 창세기서의 말씀입니다.

"주 하나님이 땅의 흙으로 사람(=아담)을 지으시고, 그의 코(=아담의 코)에 생명의 기운을 불어넣으시니, 사람이 생명체가 되었다"(창세기 2 : 7).

이 장절은 마치 사람에게 선에 속한 뜻(the will of good)과 진리에 속한 지각(the perception of truth)을, 따라서 생명들의 영혼(the soul of lives)을 불어넣으신 것처럼 보입니다. 그리고 생명은 하나님으로부터 사람에게 불어넣어진 것이기 때문에, 형상과 모양(image and likeness)은 사랑과 자혜로 말미암아 사람 안에 있는 완전무결(完全無缺·integrity)을 뜻하고, 그리고 정의와 공의(righteousness and judgment)를 뜻합니다 라고 하였습니다.

서쪽에 앉아 있던 자들이 이에 대하여 동의하고 부연하였습니다. 어쨌든 하나님으로부터 아담에게 불어넣어진 완전무결은 그 뒤에도 모든 사람에게 지속적으로 불어넣어지고 있지만, 그러나 사람 안에서 그것은 마치 수용그릇에 넣어지는 것과 같습니다. 사람은 그가 수용그릇이 되는 것에 비례하여 하나님의 형상이고 모양입니다.

[4] 그 뒤에 세 번째 순서는 남쪽에 앉아 있던 자들인데, 그들은 "하나님의 형상과 하나님의 모양은 엄연히 구분되는 둘입니다. 그러나 사람 안에서 이들 양자는 창조에 의하여 합일되었습니다. 우리는 그것들을 내면적인 빛으로 말미암아 봅니다. 그러나 하나님의 형상은 사람에 의하여 파괴될 수 있지만, 하나님의 모양은 그럴 수 없습니다. 우리는 그것을 마치 그물 조직(network)을 통해서 보는 것과 같은데, 아담은, 그가 하나님의 형상을 잃어버린 뒤, 그 네트워크 안에 하나님의 모양을 간수하였습니다. 왜냐하면 아담이 저주를 받은 뒤 우리는 이렇게 읽기 때문입니다. 창세기서의 말씀입니다.

　보아라, 이 사람이 우리 가운데 하나처럼, 신과 악을 알게 되었다(창세기 3 : 22).

이 일이 있은 뒤 아담은 하나님의 모양(a likeness of God)으로 불리웠지만, 그러나 하나님의 형상(an image of God)이라고는 불리우지 않았습니다(창세기 5 : 1). 그러나 우리의 이 자리는 동쪽에 앉아 있는 우리의 벗들에게 넘기겠습니다. 그들은 매우 밝은 빛 가운데 있기 때문에 정확하게 하나님의 형상이 무엇인지, 그리고 하나님의 모양이 무엇인지 말씀해 주실 것입니다" 라고 말하였습니다.
[5] 그 때 잠시 침묵의 순간이 지난 뒤, 동쪽에 앉아 있던 자들이 그들의 자리에서 일어나서, 주님을 우러러 보았습니다. 그리고 다시 그들의 자리에 앉았습니다. 그리고 이렇게 말하였습니다. 하나님의 형상은 하나님의 수용그릇(a receptacle of God)입니다. 하나님께서는 사랑 자체이시고, 지혜 자체이시기 때문에, 하나님의 형상은 하나님에게서 비롯된 사랑의 수용그릇 안에, 그리고 지혜의 수용그릇 안에 있는 수용(reception)입니다. 이에 반하여 하나님의 모양은, 사람 안에 있는 사랑과 지혜의 완전한 모양이고, 충분한 외현(a full appearance)입니다. 그러므로 그것은 전적으로 마치 그의 것과 같습니다. 왜냐하면 사람은 그가 자신으로 말미암아 사랑하는 것이나 자신으로 말미암아 지혜스럽다는 것 이외의 다른 느낌은 결코 가지고 있지 않기 때문입니다. 다시 말하면 그는 자신으로 말미암아 비롯된 선한 것을 뜻하고, 참된 것을 이해하는 것 이외에는 다른 느낌을 전혀 가지고 있지 않습니다. 그럼에도 불구하고, 이것은 가장 낮은 정도로도 자기 자신에게서 비롯된 것이 아니고, 하나님에게서 비롯된 것입니다. 하나님께서는 홀로 당신 자신으로 말미암아 사랑하시고, 당신 자신으로 말미암아 슬기롭습니다. 그것은 그분께서 사랑 자체이시고, 지혜 자체이시기 때문입니다. 마치 자기 자신의 것인 양, 사람 안에 있는, 사랑과 지혜, 또는 선과 진리의 모양, 즉 외현(appearance)이 사람을 사람 되게 하는 것을 가리키고, 그리고 그 사람으로 하여금 하나님과 결합을 가능하게 만들고, 그리고 따라서 영원까지 살아가게 합니다. 여기에서 뒤이어지는 것은, 이것이 마치 자기 자신에게서 비롯된 것처럼, 전적으로 자기 자신으로 말미암아 선한 것을 원하고, 진리를 이해할 수 있다는 것으로 말미암아 사람은 사람이 됩니다. 그럼에도 불구하고 그가 그와 같이 할 수 있는 능력은 자기 자신에게서 비롯된 것이 아니고, 하나님에게서 비롯된 것이라는 것을 알고 믿어야 한다는 것입니다. 왜냐하면 사람이 이것을 알고, 믿기 때문에 하나님께서는 당신의 형상을 사람 안에 두시기 때문입니다. 그러나 만약에 사람이 자기 자신으로 말미암아 이것을 행하는 것이지, 결코 하나님으로 말미암은 것이 아니라고 믿는다면 사정은 전혀 다릅니다.

[6] 이런 내용을 언급할 때 그들에게 진리에 대한 사랑에서 그들에게 열정이 일어났고, 그 열정으로부터 그들은 아래와 같은 내용을 말하였습니다. "만약에 사람이 그것이 자신의 것이라고 느끼지 않는다면 사람이 어떻게 사랑이나 지혜에 속한 것을 영접할 수 있고, 그것을 보존할 수 있고, 그것을 재생산할 수 있겠습니까? 그리고 만약에, 그것에 의하여 사람의 쌍방이 결합할 수 있는 무엇이 사람에게 주어지지 않는다면, 사랑과 지혜에 의하여 어떻게 하나님과의 결합이 가능하겠습니까? 왜냐하면 쌍방의 상호적인 것이 없다면 결합은 불가능하기 때문입니다. 그리고 결합에 속한 상호적인 것은 사람의 것은 하나님을 사랑하는 것이고, 그리고 마치 자기 자신에게서 비롯된 것처럼 하나님에 속한 것을 행하는 것입니다. 그럼에도 불구하고 필수적인 것은 사람은 그것이 하나님에게서 발출된 것이라고 믿는 것입니다. 더욱이 만약에 사람이 영원하신 하나님과의 결합이 없다면, 어떻게 사람은 영원까지 살 수 있는 것일까요? 결과적으로 사람 안에 그와 같은 모양이 없다면 사람이 어떻게 사람이 될 수 있겠습니까?" 라고 하였습니다.

[7] 이와 같은 소견들은 모두가 승인하였습니다. 그리고 그들은 "지금까지의 이런 모든 것들에서 하나의 결론을 도출해 봅시다" 라고 말하였습니다. 이 일은 아래와 같이 행해졌습니다. "사람은 하나님에 속한 수용그릇이고, 그리고 하나님에 속한 수용그릇은 하나님의 형상이라는 것입니다. 그리고 하나님께서는 사랑 자체이시고, 지혜 자체이시기 때문에, 사람은 이런 것들의 그릇이라는 것입니다. 그리고 그 수용그릇은, 그것 안에 그것을 영접, 수용하는 것에 어느 정도 하나님의 형상이 됩니다. 그리고 사람은, 마치 하나님에게서 비롯된 것들이 마치 자기 자신의 것처럼, 그의 이 느낌으로 말미암아 하나님의 모양이 됩니다. 그리고 그럼에도 불구하고 그 사람 안에 있는 사랑과 지혜, 선과 진리가 자기 자신의 것이 아니고, 그리고 자신에게서 비롯된 것도 아니고, 오직 하나님 안에 있는 것이고, 결과적으로 하나님에게서 비롯된 것이라고 그가 시인하는 것에 비례하여 그 모양으로 말미암아 그는 하나님의 형상일 뿐입니다."

[8] 이런 일이 있은 뒤 그들은 토의의 두 번째 주제를 다루었습니다. 그 주제는 비록 짐승들이나 새들은, 그것이 고상하든 천박하든, 그 어떤 사랑에 적합한 지식들 가운데 태어나지만, 사람은 그런 지식들 가운

데 태어나지 않는 이유였습니다. 그들은 제일 먼저 사람이 어떤 지식 가운데 태어나는 것이 아니고, 심지어 혼인애(婚姻愛·marriage love)의 지식 가운데 태어나는 것이 아니기 때문에, 제일 먼저 그들은 다양한 논쟁들을 통하여 그 주제에 속한 사실을 확정하였습니다. 그들은 거기에 있는 연구자들(investigators)에게 묻고, 배운 사실은, 젖먹이는 선천적인 지식으로부터 어머니의 젖가슴을 알지 못하지만, 그러나 어머니나 유모에게서 그의 입에 젖을 넣는 것을 통해서 젖 먹는 것을 배운다는 것, 그리고 어머니의 태에 있을 때의 계속적인 젖을 빠는 것을 이미 알고 있었다는 것, 그리고 그 이후에도 다른 동물들은 어떻게 하는지를 다 알고 있지만, 어린 아이는 어떻게 걷는지, 사람의 말로 어떻게 소리를 내는지, 심지어 사랑의 애정을 소리를 통하여 어떻게 표현하는지, 등등을 알지 못하였습니다. 더욱이 그 젖먹이는 동물들이 하는 것처럼, 먹거리로 무엇이 적합한 것인지를 알지 못하였지만, 그러나 그의 입에 들어온 것은, 그것이 깨끗하든 불결하든, 무엇이든지 움켜쥐었습니다. 그 연구자들은, 교육이 없으면 사람은 처녀와 총각의 성관계도 알지 못하고, 심지어 다른 사람을 통해서 배우기 전까지는 그것에 관해서 아무것도 알지 못한다고 말하였습니다. 한마디로 사람은, 벌레와 다르지 않는 그저 단순한 형체적인 것(a purely corporeal thing)으로 태어났습니다. 그러므로 만약에 사람이 다른 사람들에게서 지식을 터득하지 않는다면, 그리고 이해나 지혜를 터득하지 않는다면 사람은 단순한 형체적인 존재로 계속 살 것입니다.

[9] 이 뒤에도 그들이 터득, 확증한 사실은, 그것들이 고상한 것이든 천박한 것이든, 땅 위의 짐승들이나, 공중의 새들이나, 파충류의 동물이나, 물고기나, 곤충이라고 부르는 작은 피조물들은 자신들의 삶의 온갖 사랑들에 적합한 모든 지식들 가운데 태어난다는 것이고, 그리고 새끼들을 키우고, 집을 짓고, 짝짓기를 하고, 새끼들을 키우는 것에 속한 모든 지식들 가운데 태어난다는 것, 등등입니다. 그들이 확증한 이런 것은 그들이 전에 살았던, 그리고 표징적인 것이 아니고 실제적인 동물들이 있었던 우리의 자연계에서 그들이 보고, 듣고, 읽었던 것에서 기억한 것을 되살리는 놀라운 사실에 의하여 확증된 것입니다. 제안된 주제의 진리가 이와 같이 정립(定立)되었을 때 그들은, 이 비의(秘義)를 찾아내고, 명확하게 하기 위한 방법들에 의하여 이유들을 조사, 연구하고

제 1 장 · 하나님 창조주 125

찾아본 것에, 자신들의 마음을 적용하였습니다. 그리고 그들 모두가 한 말은, 이런 일들은 모두 사람은 사람이 되고, 짐승은 짐승이 되기 위하여 오직 신령지혜에서만 생길 수 있는 것들이라고 말하였습니다. 따라서 선천적인 사람의 불완전성(man's imperfection)은 그의 완전성이 되고, 선천적인 짐승의 완전성은 그것의 불완전성으로 남아 있다는 것입니다.

[10] 그 때 북쪽에 앉아 있던 자들이 그들의 소견을 표현하기 시작하였습니다. 그들은 이렇게 말하였습니다. 사람은 그가 모든 지식들을 수용하기 위하여 지식들이 없이 태어났다는 것, 그리고 이에 반하여 만약에 사람이 지식들 가운데 태어났다면, 그는 그가 태어난 지식들 너머에 있는 다른 지식들을 영접, 수용할 수 없을 것이고, 또한 그는 그 어떤 지식도 자신의 것으로 만들지 못할 것이라는 것입니다. 그들은 이 사실을 사람은 마치 선천적으로 씨가 뿌려지지 않은 밭이지만, 그러나 그럼에도 불구하고 그는 모든 씨앗을 영접, 수용할 수 있고, 그것을 키울 수 있고, 열매를 맺을 수 있는 사람의 비교에 의하여 예증하였습니다. 다른 한편, 짐승은 이미 씨가 파종(播種)되었고, 그리고 풀과 나무가 무성하게 자라서, 그 밭은 이미 파종된 씨앗들 이외에는 다른 종자들을 받을 수 없으며, 또는 만약에 다른 종자가 뿌려진다면, 다른 것들을 질식(窒息)시키는 그런 밭과 같다고 예증하겠습니다. 그런 이유 때문에 사람은 수년 동안에 완숙(完熟)에 이르게 되고, 그 기간 동안 사람은 옥토(沃土)와 같이, 계발(啓發)되어, 말하자면 온갖 종류의 곡식들이나, 나무들과 같이, 열매를 맺을 수 있다는 것입니다. 이에 반하여 짐승들은 몇 년 안에 성숙하게 자라는데, 그 기간 동안 그것들은 그가 태어난 것들에 한정해서 개량(改良), 진보(進步)할 수 있을 뿐입니다.

[11] 그런 뒤에 서쪽에 앉아 있던 자들은 이렇게 말하였습니다. "사람은, 짐승들과 같이, 지식을 가지고 태어나지 않고, 다만 기능(faculty)이나 성향(性向·inclination)을 가지고 태어납니다. 그 기능은 앎(knowing)에 대한 것이고, 성향은 사랑하는 것(loving)에 대한 것입니다. 더욱이 사람은 자기 자신이나 세상에 속한 양자를 사랑하는 기능을 가지고 태어나고, 그리고 하나님이나 천계에 속한 것을 사랑하는 기능을 가지고 태어납니다. 결과적으로 사람은, 선천적으로 그의 삶이 한 계단씩 발전하기 위하여, 그리고 처음에는 자연적인 사람이 되었다가 그 다음에는

합리적인 사람이 되고, 마지막에는 영적인 사람이 되기 위하여, 내적인 감관은 전혀 없이, 외적인 감관들을 통하여 다만 불영명한 삶을 사는 (an obscure life) 한낱 한 기관(器官·an organ)에 지나지 않습니다. 그리고 만약에 사람이 짐승들과 같이, 선천적인 지식들 가운데 태어나고, 사랑한다면, 사람은 그와 같은 존재가 될 수는 없습니다. 왜냐하면 그와 같은 개량이나 진보는 선천적인 지식이나 사랑에 속한 애정에 의하여 제한되기 때문입니다. 이에 반하여 단순한 선천적인 기능들이나 성향들은 그것을 제한하지 않기 때문입니다. 이것이 사람이 지식들이나 총명·지혜 가운데 영원까지 완벽해지는 능력을 사람에게 주어진 것입니다."

[12] 남쪽에 앉았던 자들이 그 뒤를 이어서, 자신들의 소견을 말하였습니다. 그들이 한 말은 이렇습니다. 사람이 자기 자신에게서 어떤 지식을 끌어낸다는 것은 불가능합니다. 그 이유는 사람은 다른 자들에게서 지식을 얻을 수 있는, 이른바 선천적인 지식(a connate knowledge)을 전혀 가지고 있지 않기 때문입니다. "사람이 자기 자신으로부터 전혀 지식을 취할 수 없는 것과 같이, 그는 어떤 사랑도 취할 수 없고, 따라서 지식이 없는 곳에는 사랑 역시 없습니다. 마치 의지와 이해가 뗄 수 없는 것과 같이, 또한 정동과 사상(affection and thought)이나, 본질과 형체(essence and form)가 그러하듯이, 지식과 사랑은 뗄 수 없는 동반자입니다. 그러므로 사람은 다른 자들에게서 지식을 취하고, 사랑은, 마치 동반자로서 그것과 결합합니다. 그것 가체와 결합한 대부분의 일반적인 사랑은 앎에 속한 사랑(the love of knowing)이고, 그 뒤에는 이해에 속한 사랑(the love of understanding)이고, 지혜로운 것에 속한 사랑입니다. 짐승은 결코 이런 사랑들을 지닐 수 없고, 다만 사람만이 그것을 지닙니다. 그리고 그 사랑들은 하나님에게서 유입합니다.

[13] 우리는, 사람이 어떤 사랑에 태어나는 것이 아니라, 결과적으로 어떤 지식에 태어나는 것이 아니고, 다만 사랑하기 위한 경향성이나, 그리고 자기 자신에게서가 아니라, 다른 자들에게서, 다시 말하면 다른 자들을 통해서 지식을 수용하려는 능력 가운데 태어난다는 서쪽에 앉아 있는 우리 동료들의 소견에 전적으로 동의하는 바입니다. 우리가 다른 자들을 통한다고 말하였는데, 그것은 자기 자신에게서 비롯된 것을 수용한 자들을 통한다는 것이 아니고, 원래부터 하나님에게서 비롯된 것

을 수용한다는 것을 뜻하기 때문입니다. 우리는 또한 사람은 선천적으로 씨가 파종되지 않은 옥토와 같지만, 그러나 고상한 것이든 천박한 것이든 관계없이 거기에 모든 씨가 뿌려지면 그것이 자랄 수 있다는 옥토와 같다고 한 북쪽의 동료들에게 동의합니다. 이것이 바로 토양(humus)으로 말미암아 사람(homo)이라고 불리운 이유이고, 그리고 토양(=옥토·soil)을 뜻하는 아다마(adamah)로 말미암아 아담(=사람을 위한다·Hebr)이라고 불리운 이유입니다. 여기에다 우리는 짐승들은 자연적인 사랑들 가운데 태어나지만, 그리고 그것들에 대응하는 지식들 가운데 태어나지만, 그럼에도 불구하고 그들은 배우고, 생각하고, 이해하고, 그리고 그 지식들로 말미암아 현명하게 된다는 능력을 전혀 가지지 못하였다는 것을, 그러나 그들의 사랑들에 의하여 이런 것들에 인도되는데, 그것은 마치 장님이 안내견에 의하여 길을 걷는 것과 같고, 이해의 기능이 장님이거나, 자면서 걷는 몽유병 환자와 매우 같다는 것을 부가합니다. 왜냐하면 짐승들은 이해에 관해서는 장님과 같기 때문이고, 아니 그보다는, 잠에 빠져서 길을 걷는 사람들과 같고, 맹목적인 지식이나 잠 속에 빠진 그들의 이해로 말미암아 그들이 행한 그 어떤 것과 같기 때문입니다"라고 말하였습니다.

[14] 마지막으로 동쪽에 있던 자들이 말하였습니다. "우리는 우리의 형제들이 말한 것에 전적으로 동의합니다. 그들이 한 말은, 사람은 자기 자신에게서 그 어떤 지식도 얻지 못하고, 다른 자들에게서, 또는 다른 자들을 통하여 지식을 취하는데, 그것은 자신의 모든 지식, 이해, 지혜 등등이 하나님에게서 비롯된다는 것을 인지하고, 시인하기 위한 것입니다. 그리고 그런 방법이 아니고서는 사람이 하나님으로 말미암아 태어날 수도 없고, 생겨날 수도 없고, 그분의 형상이나 모양도 될 수 없습니다. 왜냐하면 사람은, 인애에 속한 모든 선이나 지혜나 믿음에 속한 모든 진리가 하나님으로부터 계속해서 영접, 수용되고, 그리고 수용된다는 것을 시인하고 믿는 것에 의하여, 그리고 자기 자신으로 말미암아서는 아무것도 아니라는 것을 시인하고 믿는 것에 의하여 하나님의 형상이 되기 때문입니다. 이에 반하여 사람이 하나님의 모양이 되는 것은, 자기 자신 안에 있는 선들이나 진리들이 마치 자기 자신에게서 비롯된 것처럼 자기 자신의 느낌에 의하여 되기 때문입니다. 사람이 그와 같이 느끼는 것은 그가 지식들 가운데 태어난 것이 아니고, 지식들을 터득하

기 때문입니다. 그리고 자기가 터득한 것은 그에게는 마치 자기 자신에게서 비롯된 것처럼 보이기 때문입니다. 더욱이 사람이 그와 같이 느끼는 것은 사람이 짐승이 아니고, 사람이 되기 위하여 하나님에 의하여 사람에게 부여(賦與), 하사(下賜)된 것입니다. 이것은, 마치 자기 자신에게서 비롯된 것처럼 사람의 뜻하는 것(man's willing), 생각하는 것, 사랑하는 것, 이해하는 것, 슬기롭게 되는 것 등등을 통하여 사람이 지식들을 수용하고, 그리고 지식들을 총명 위로 높이고, 그리고 그것들의 씀씀이에 의하여 지혜 위로 올리고, 따라서 하나님께서는 사람을 당신에게 결합시키고, 사람은 자기 자신을 하나님에게 결합시킵니다. 이런 일련의 모든 것은, 만약에 하나님께서 사람이 총체적인 무지(無知・total ignorance)에 태어나도록 미리 준비하시지 않는다면, 전혀 일어날 수 없습니다" 라고 말하였습니다.

[15] 이와 같은 난상토의(爛商討議)가 있은 뒤 모두의 바람은 토의된 주된 것들에서 결론을 도출(導出)하는 것이었고, 그 결론은 아래와 같이 이루어졌습니다. "사람은, 모든 지식에 들어가고, 그리고 총명으로 진전하고, 그리고 이것을 통하여 지혜에 들어갈 수 있는 지식 가운데 태어나지 않는다는 것, 그리고 또한 사람은, 결코 총명에서 비롯된 지식들의 적용에 의하여 모든 사랑에 들어갈 수 있도록, 그리고 이웃사랑을 통해서 하나님사랑에 들어가고, 그리고 하나님과의 결합을 통해서, 그리고 그것에 의하여 사람이 되고, 영원히 사는 사람이 결코 되지 못한다" 라는 것입니다.

[16] 그 뒤 그들은 종이를 들고, 토의의 셋째 주제를 읽었습니다. 그 주제는 "생명의 나무는 무엇을 뜻하는가?" 그리고 "선과 악의 지식의 나무(=선악을 알게 하는 나무)는 무엇을 뜻하는가?" 그리고 그것을 "먹는다"라는 말의 뜻은 무엇인가? 였습니다. 그들 모두가 동쪽에서 온 자들이 이 비의를 밝혀 줄 수 있을 것이라고 하였습니다. 그것은 그것이 보다 심오한 이해의 사안이기 때문이고, 그리고 동쪽에서 온 자들은 타오르는 불빛 가운데 있었기 때문인데, 다시 말하면 사랑에 속한 지혜 가운데 있었기 때문입니다. 그리고 이 지혜는, 그 두 나무가 거기에 있는, "에덴 동산"이 뜻하기 때문입니다.

그들은 이렇게 대답하였습니다. "우리가 대답하겠습니다. 그러나 사람은 자기 자신으로 말미암아서는 아무것도 취할 것이 없고, 다만 모든 것은 하나님으로 말미암은 것이기 때문에, 우리는 마치 우리 자신에게서 비롯된 것처럼 하지만, 모든 것은 하나님에게서 비롯된 것을 말하는 것뿐입니다"라고 말하였습니다. 그들은 이어서 "여기서 나무(a tree)는 사람을 뜻하고, 그것의 열매는 선한 삶(the good of life)을 뜻합니다. 따라서 생명나무(the tree of life)는 하나님으로 말미암아 살아 있는 사람을 뜻합니다. 그리고 사랑과 지혜, 또는 인애와 믿음, 또는 선과 진리는 사람 안에서 하나님에 속한 생명을 이루기 때문에 생명나무는 하나님으로부터 그 사람 안에 그것들을 간직하고 있는 사람을 뜻하고, 결과적으로는 영원한 생명(eternal life)을 뜻합니다. 그 생명나무에 관해서 묵시록서 2장 7절과 22장 2, 14절에 언급된 먹을 것을 줄 것이라는 생명나무는 역시 동일한 뜻을 가지고 있습니다."

[17] "선과 악의 지식의 나무"(=선악과 나무)는, 하나님으로 말미암은 것이 아니고, 자기 자신으로 말미암아 그가 살아간다고 믿는 사람을 뜻합니다. 따라서 사랑과 지혜, 또는 인애와 믿음, 다시 말하면 선과 진리는 사람 안에 있는 하나님의 것이 아니고, 자기 자신의 것이라는 것, 그리고 이와 같은 이유는 사람이 마치 자기 자신에게서 비롯된 것과 같은 모든 모양과 외현에서 생각하고, 뜻하고, 말하고, 행동하기 때문입니다. 그리고 그것에 의하여 사람은 그 사람 자신이 하나님(神·a god)이라고 자기 자신을 설득하기 때문에 그 뱀은 이렇게 말하였습니다. 창세기서의 말씀입니다.

> 하나님은, 너희가 그 나무 열매를 먹으면, 너희의 눈이 밝아지고, 하나님처럼 되어서, 선과 악을 알게 된다는 것을 아시고, 그렇게 말씀하신 것이다(창세기 3:5).

[18] 여기서 이들 나무의 열매를 "먹는다"(eating)라는 것은 수용(受容·reception)과 전유(專有·appropriation)를 뜻합니다. 그리고 "생명나무를 먹는다"(eating of tree of life)라는 것은 영원한 생명의 수용을 뜻하고, "선과 악의 지식의 나무를 먹는다"(eating of the tree of the knowledge of good and evil)라는 것은 저주(=영벌)의 수용(the reception of damnation)을 뜻합니다. 그리고 여기서 "뱀"(the serpent)은 자기사랑의 측면에서 악마(the devil)를 뜻하고, 그리고 자기 자신의 총명의 자만

(自慢・the conceit of one's own intelligence)을 뜻합니다. 자기사랑(自我愛)은 그 나무의 소유자를 가리키고, 그 사랑에서 취한 이런 자만에 빠져 있는 사람들은 그런 부류의 나무들을 가리킵니다. 그러므로 아담이 현명한 사람이고, 자기 스스로 선을 행하고, 그리고 이것이 그의 완전무결한 상태라고 믿는 것은 아주 매우 큰 오류(誤謬)입니다. 사실은 그 때 아담은 그와 같은 신념(=신앙) 때문에 스스로 영벌을 자초(自招)한 것입니다. 왜냐하면 이러한 사실이나 내용이 "선과 악의 지식의 나무열매를 먹는다" 라는 말씀이 뜻하는 것이기 때문입니다. 그리고 이러한 뜻은, 그 때 그가 자기 자신의 완전무결의 상태로 말미암아 타락한 이유입니다. 여기서 완전무결의 상태는 곧 사람이 하나님으로 말미암아 현명하고, 선을 행한다는 그의 신념 때문에 가지는 자신의 홀림(誘惑・his possession)을 가리킵니다. 그리고 "그가 생명나무의 열매를 먹는다"라는 말씀이 뜻하는 것은 아무리 보아도 자기 자신으로 말미암아서는 아무것도 아니라는 것을 뜻합니다. 주님께서 이 세상에 계실 때 그분 홀로 자기 자신으로 말미암아 현명하셨고, 자기 자신으로 말미암아 선을 행하셨습니다. 그분 안에 신령존재 자체가 계시기 때문에, 그리고 그것은 출생에서부터 그분의 것이기 때문에, 그러므로 주님께서는 당신 자신의 능력에 의하여 구속주(the Redeemer)가 되셨고, 구세주(the Savior)가 되셨습니다.

[19] 이런 모든 내용에서 그들은 이런 결론을 도출하였습니다. "생명나무" "선과 악의 지식의 나무" 그리고 "그것들의 열매를 먹는다" 라는 것 등등은 사람의 생명은 그 사람 안에 있는 하나님이라는 것, 그리고 하나님께서 그 사람 안에 있을 때 그는 천계를 소유하고, 영원한 생명을 수유한다는 것을 가리킵니다. 이에 반하여 사람의 죽음(the death of man)은, 사람의 생명이 하나님이 아니고 자기 자신이라는 종지(宗旨・persuasion)이고, 신념(belief)이라는 것, 그리고 이 신념은 저주나 영벌을 가리키는 지옥이나 영원한 죽음(eternal death)으로 끌고 갑니다 라는 것이었습니다.

[20] 이런 일이 있은 뒤 그들은 천사들이 책상 위에 남겨둔 그 종이를 살펴보았습니다. 거기에는 이런 글이 쓰여 있는 것을 보았습니다. "이들 셋을 하나의 의견으로 합치시오" 라는 글귀였습니다. 그래서 그들은 다시 모였고, 그리고 그들은 이들 세 의견들이 하나의 시종일관된 시리

즈를 형성한다는 것을 알았고, 그리고 그 시종일관된 시리즈, 즉 의견은 아래와 같았습니다. "사람은 하나님으로부터 사랑과 지혜를 수용할 수 있는 것이 되기 위하여 창조되었다는 것, 그럼에도 불구하고 자기 자신에서 비롯된 것과 같이 보이는 모든 모양 속에 있다는 것, 그리고 이것은 수용과 결합(reception and conjunction)이 목적이라는 것이었습니다. 그리고 이러한 사실은 사람이 그 어떤 사랑이나 지식 가운데 태어나지 않은 이유이고, 더욱이 자기 자신으로 말미암아 사랑하고, 슬기롭게 될 수 있는 어떤 능력 가운데 태어나지 않은 이유입니다. 그러므로 사람이 사랑에 속한 선이나 믿음에 속한 진리를 주님의 공로로 돌릴 때, 그는 살아 있는 사람(a living man)이 됩니다. 그러나 그것들을 자기 자신의 공로로 돌릴 때 그는 죽은 사람(a dead man)이 됩니다" 라는 내용이었습니다.

그들은 이런 내용을 깨끗한 새 종이에 기록을 하고, 그것을 책상 위에 놓았습니다. 보십시오. 갑자기 천사들이 밝은 구름에 싸여서 오더니, 그 종이를 가지고 천계로 올라가 버렸습니다.

그리고 거기에서 그 내용이 읽혀질 때 자리에 앉아 있던 자들은 천계로부터 이런 말을 들었습니다. "아주 잘 하였습니다. 정말 아주 잘 하였습니다." 그리고 그런 일이 있은 뒤, 즉시 천계로부터 어떤 자가, 마치 그의 두 발과 두 관자놀이에 있는 것 같이 보이는 두 날개로 날았는데, 그는 상품들을 가지고 왔으며, 그 상품들은 옷가지·모자들·월계관 등이었습니다. 그는 위에서 내려와서, 북쪽에 앉아 있는 자들에게는 우유빛 색깔의 관복들을 주었고, 서쪽에 앉아 있는 자들에게는 자주 색의 관복들을 주었고, 남쪽에 앉아 있는 자들에게는 모자들을 주었는데, 그 모자들은 금과 진주로 된 끈으로 장식되었고, 그리고 모자 왼쪽의 우뚝 솟은 곳에는 다이아몬드로 만들어진 꽃 모양의 장식품이 붙어 있었습니다. 다른 한편 동쪽에 앉아 있는 자들에게는 루비와 사파이어로 꾸며진 월계관이 주어졌습니다. 그들은 모두 이런 상품들을 받아가지고 지혜의 학교로부터 기쁨 가운데 집으로 돌아왔습니다.

하나님의 전능 · 전지 · 편재

49. 우리는 신령사랑(the Divine love)과 신령진리(the Divine truth)를 다루었고, 그리고 이들 양자가 신령본질(神靈本質 · the Divine essential)이라는 것도 입증하였습니다. 하나님의 전능(全能 · the omnipotence God) · 하나님의 전지(全知 · the omniscience of God) · 하나님의 편재(遍在 · 無所不在 · the omnipresence of God)는 지금 고찰하고자 합니다. 그 이유는 이들 삼자(三者)는, 이 세상에 현존하는, 그리고 거기의 개별적인 것들이나 전체적인 것들은, 이 세상에 있는 태양의 볕(熱 · heat)과 빛(光 · light)에 의하여 발출된 방법과 꼭 같이, 그 태양의 능력과 현존(the power and presence of the sun)을 가리키는 신령사랑(the Divine love)과 신령지혜(the Divine wisdom)에서 발출하였기 때문입니다. 더욱이 그것의 중앙에 여호와 하나님께서 계시는 영계의 태양에서 비롯되는 볕(heat)은 그것의 본질에서 신령사랑(the Divine love)이고, 그 태양에서 비롯되는 빛(light)은 그것의 본질에서 신령지혜(the Divine wisdom)입니다. 이 때 명료한 것은, 무한성(無限性 · infinity) · 광대성(廣大性 · immensity) · 영원성(永遠性 · eternity)이 신령존재(the Divine esse)에 속한 것과 같이, 전능 · 전지 · 편재는 신령본질(the Divine essence)에 속해 있습니다. 그러나 신령본질을 서술하는 가장 일반적인 이들 삼자들은 지금까지 밝히 이해하지 않고 있기 때문에, 그리고 그것들의 진행과정(progression)은, 질서의 법칙(the law of order)을 가리키는 그것들의 양식들(modes)에 일치하기 때문에 알려지지 않았는데, 그러므로 그것들은 아래와 같이 분리된 단락들에서, 반드시 밝히 설명, 입증되겠습니다.

(1) 전능 · 전지 · 편재는 신령사랑에서 비롯된 신령지혜에 속해 있다.
(2) 하나님에 속한 전능 · 전지 · 편재는, 질서가 무엇인지 밝히 알게 될 때, 그리고 하나님께서 질서이시라는 것을 알게 될 때, 그리고 하나님께서는 그것들의 창조 때에, 우주와 그리고 그것의 개별적인 것이나, 전체적인 것들에게 질서를 주입(注入), 전래(傳來)시키셨다.
(3) 우주나, 그것의 개별적인 것이나 전체적인 것들 안에 있는 하나님의 전능(God's omnipotence)은 그분의 질서의 법칙들에 일치하여 발출하고, 역사(役事)하고, 활동(活動)한다.

(4) 하나님께서는 전지(全知)하시다 ; 다시 말하면 하나님께서는 질서에 일치하여 일어나는, 그리고 질서에 반대하여 일어난 것들에서 비롯된 지극히 작은 것에 이르기까지, 개별적인 것이나 전체적인 것들을 지각하시고, 보시고, 아신다.
(5) 하나님께서는 당신의 질서에 속한 첫째 것들로부터 마지막 것들에 이르기까지 편재하신다.
(6) 사람은 신령질서(the Divine order)에 속한 한 형체로 창조되었다.
(7) 사람은 신령전능으로 말미암아 악이나 거짓을 다스리는 능력을 가지고 있고, 신령전지로 말미암아 선한 것이나 참된 것이 무엇인지에 관한 지혜를 가지고 있고, 신령편재로 말미암아 사람이 신령질서에 일치하여 사는 그 범위까지 하나님 안에 있다.
그러나 이들 명제들(命題·propositions)은 하나씩 밝혀지겠습니다.

50. (1) 전능(全能)·전지(全知)·편재(遍在)는 신령사랑에서 비롯된 신령지혜에 속해 있다.

전능·전지·편재가 신령사랑에서 비롯된 신령지혜에 속해 있지만, 신령지혜를 통하여 신령사랑에 속해 있지 않다는 것은, 지금까지 어느 누구의 이해에도 알려지지 않은 천계에서 비롯된 비의입니다. 그 이유는 지금까지 그것의 본질에서 사랑이 무엇인지 알려지지 않았기 때문이고, 그리고 그것에서 비롯된 지혜가 그것의 본질에서 무엇인지 모르기 때문이고, 더욱이 그 하나에서 다른 하나에로 어떻게 입류하는지, 다시 말하면 마치 한 임금이 그의 나라에서, 또는 한 가정의 주인이 그의 집안에서 정의의 모든 운영을 지혜의 판단에 일임(一任)하는 것과 같이, 사랑은, 사랑에 속한 개별적인 것이나 전체적인 것들과 함께, 지혜에 입류하고, 그리고 그 지혜에서 산다는 것을 아직까지 모르기 때문입니다. 그리고 마치 정의가 사랑에 속하고, 판단(judgement)이 지혜에 속한 것과 같이, 사랑은 사랑의 모든 운영(all the administration of love)을 그것의 지혜에 일임한 것과 같습니다. 그러니 이 비의(秘義)는 아래에 이어지는 것에서 비롯된 빛을 받아들이게 될 것이지만, 그러는 동안 그것이 하나의 규범(canon)으로서 일하게 되겠습니다. 하나님께서 당신의 사랑에 속한 지혜를 통한 전능·전지·편재이시라는 것은 요한복음서의 아래 장절의 말씀이 뜻합니다.

태초에 말씀이 계셨다. 그 말씀은 하나님과 함께 계셨다. 그 말씀은 하나님이 셨다.……모든 것이 그로 말미암아 생겨났으니, 그가 없이 생겨난 것은 하나도 없다. 그의 안에서 생겨난 것은 생명이었으니, 그 생명은 모든 사람의 빛이었다.……그는 세상에 계셨다. 세상이 그로 말미암아 생겨났는데도, 세상은 그를 알지 못하였다.……말씀이 육신이 되었습니다(요한 1 : 1, 3, 4, 10, 14).

여기서 "말씀"(聖言·the Word)은 신령진리를 뜻하고, 또는 동일한 것이지만 신령지혜를 뜻합니다. 이런 이유 때문에 그것(=말씀)은 "생명"(life)이나 "빛"(light)이라고 불리웠습니다. 여기서 "생명"이나 "빛"은 지혜 이외의 다른 것이 아닙니다.

51. 성경말씀에서 정의(正義·justice·올바름·righteousness)는 사랑에 관해서 뜻하고, 그리고 지혜의 공평(=심판·公評·judgment)을 뜻하기 때문에, 하나님의 통치(God's government)가 이 두 수단들에 의하여 이 세상에서 운영, 유지되고 있다는 것을 입증하기 위하여 성경말씀의 몇몇 장절들을 인용하겠습니다.

    정의와 공정이 주의 보좌를 받들고,
    사랑과 신실이 주의 기둥을 인도합니다.
    (시편 89 : 14)
    오직 자랑하고 싶은 사람은,
    이것을 자랑하여라.
    나를 아는 것과,
    나 주가 긍휼과 공평과 공의를
    세상에 실현하는 하나님인 것과,
    내가 이런 일 하기를 좋아한다는 것을,
    깨달아 알 만한 지혜를 가지게 되었음을,
    자랑하여라.
    (예레미야 9 : 24)
    주님은 참으로 위대하시다!
    저 높은 곳에 계시면서도,
    시온을 공평과 의로 충만하게 하실 것이다.
    (이사야 33 : 5)
    너희는, 다만 공의가 물처럼 흐르게 하고,

정의가 마르지 않는 강처럼 흐르게 하여라.
(아모스 5 : 24)
주의 의로우심은 우람한 산줄기와 같고,
주의 공평하심은
깊고 깊은 심연과도 같습니다.
(시편 36 : 6)
너의 의를 빛과 같이,
너의 공의를
한낮의 햇살처럼 빛나게 하실 것이다.
(시편 37 : 6)
왕이 주의 백성을
의로 판결할 수 있게 하시고,
불쌍한 백성을
공의로 판결할 수 있게 해주십시오.
(시편 72 : 2)
내가 주의 의로운 판단을 배울 때에,
정직한 마음으로 주님께 감사하겠습니다.……
주의 공의로 규례를 생각하면서,
내가
하루에도 일곱 번씩 주님을 찬양합니다.
(시편 119 : 7, 164)
그 때에
내가 너를 영원히 아내로 맞아들이고,
너에게 정의와 공평으로 대하고,
너에게 변함없는 사랑과 긍휼을 보여 주고,
너를 아내로 삼겠다.
(호세아 2 : 19)
시온은 정의로 구속함을 받고,
회개한 백성은
공의로 구속함을 받을 것이다.
(이사야 1 : 27)
그가 다윗의 보좌와 왕국 위에 앉아서,
이제부터 영원히,
공평과 정의로 그 나라를 크게 세울 것이다.
(이사야 9 : 7)

내가 다윗에게서 의로운 가지가 하나 돋아나게 할 그 날이 오고 있다.……그는 왕이 되어 슬기롭게 통치하면서, 세상에 공평과 정의를 실현할 것이다.
(예레미야 23 : 5)

이외의 다른 장절에서도 반드시 공평과 정의가 행해져야 할 것을 언급하고 있습니다. 예를 들면, 이사야 1 : 21 ; 5 : 16 ; 58 : 2 ; 예레미야 4 : 2 ; 22 : 3, 13 , 15 ; 에스겔 18 : 5 ; 33 : 14, 16, 19 ; 아모스 6 : 12 ; 미가 7 : 9 ; 신명기 33 : 21 ; 요한 16 : 8, 10 , 11 등이 되겠습니다.

52. (2) 하나님에 속한 전능·전지·편재는, 질서가 무엇인지 밝히 알게 될 때, 그리고 하나님께서 질서이시라는 것을 알게 될 때, 그리고 하나님께서는 그것들의 창조 때에, 우주와 그리고 그것의 개별적인 것이나, 전체적인 것들에게 질서를 주입(注入), 전래(傳來)시키셨다.

하나님께서 우주와, 그리고 그것 안에 있는 개별적인 것들이나 전체적인 것들을 그 질서 가운데 창조하셨다는 그들의 잘못된 이해로 말미암아, 그 얼마나 많은, 그 얼마나 큰 불합리들(不合理·absurdities)이 사람들의 마음들 속에 기어들어 왔는지, 그리고 개혁자들의 지도자들(the heads of reformers)을 통해서 교회 안에 기어들어 왔는지는 아래에 이어지는 여러 페이지의 그것들에 관해서 언급되는 것들에게서 잘 볼 수 있을 것입니다. 그러나 지금 우리는, 아래와 같이 질서의 일반적인 정의(定義)를 가지고 질서에 관해서 설명을 시작하고자 합니다. 질서는, 하나의 형체(a form)를 구성하는 부분들(parts), 실체들(substances), 요소들(elements)의 배열(排列·arrangement)과 결정(決定·determination)과 활동(活動·activity)의 성질이고, 그리고 그것에서 비롯된 그것의 상태이고, 그리고 그것의 사랑에서 비롯된 지혜에 의하여 생성된 그것의 완전함(perfection)이나 또는 온갖 탐욕에서 비롯된 불건전한 이성(理性)의 결과를 가리키는 그것의 불완전함(imperfection)입니다. 이 정의에 언급된 실체(實體·substance)·형체(form)·상태(state)라는 낱말이 있는데, 여기서 실체는 형체를 뜻합니다. 그 이유는 모든 실체는 하나의 형체(a form)이기 때문이고, 그리고 그 형체의 성질(=속성)은 그것의 상태이기 때문입니다. 그러나 이에 반하여 상태의 완전함(perfection)이나 불완전함(imperfection)은 그 질서의 끝맺음(結果·result)이기 때문입니다. 그러나 이러한 모든 것은, 그것이 형이상학적(=추상적·metaphysical)이기 때문에, 불영명(不英明)할 수밖에 없습니다. 그러나 그 불영명(obscurity)은, 그 주제를 예증하는 예들에 의하여 아래에서 이와 같이 일소(一掃)될 것입니다.

53. 하나님께서는 당신이 실체 자체이시고, 형체 자체이시기 때문에, 질서이십니다. 그분께서 실체이신 것은, 생존해 있는 모든 것들은 하나님 그분에게서 나오는 것이 계속되기 때문입니다. 그분께서 형체(form)이신데, 그것은 실체들에 속한 모든 성질(=특성·quality)은 그분에게서 나왔기 때문이고, 그리고 그분에게서 솟아나오는 것이 계속되기 때문이고, 그리고 형체 이외의 다른 근원에서 취하지 않는 성질(=속성)이기 때문입니다.

따라서 이제는 하나님께서 진정하고, 유일하신 존재이시기 때문에, 그리고 첫째 실체이시고 형체이시기 때문에, 그리고 동시에 진정 사랑이시고 유일 사랑이시고, 그리고 유일 지혜이시기 때문에, 그리고 사랑에서 비롯된 지혜는 형체를 형성하는 것이고, 그리고 그것의 상태나 성질(=속성)은 그것 안에 있는 질서와 일치하기 때문에, 여기서 뒤이어지는 것은 하나님께서는 질서 자체이시라는 것입니다. 결론적으로 하나님께서 당신 자신으로 말미암아 온 우주와 그리고 우주 안에 있는 전체적인 것들이나 개별적인 것들에 질서를 주입, 전래시키셨다는 것입니다. 그리고 또한 우리가 창조의 책(the Book of Creation)에서 읽고 있는 것과 같이, 그분께서 창조하신 모든 것은 선하기 때문에, 가장 완전한 질서(a most perfect order)를 그것들 속에 주입, 전래시키셨습니다. 그러나 적절한 곳에서, 악한 것들은 지옥과 더불어 솟아난 것이고, 따라서 창조 뒤에 솟아난 것이라는 사실을 입증할 것입니다. 그러나 보다 더 기꺼이 이해에 들어가고, 보다 더 그것을 명료하게 조요(照耀)할 것이고, 보다 더 부드럽게 그것을 감동시킨다는 것들을 모두 함께 고찰(高察)히겠습니다.

54. 창조된 우주에 주입된 질서의 본성(本性·nature)을 설명하려면 많은 지면들이 요구될 것입니다. 그것의 대략적인 내용은 우리의 책 "창조"에 관한 아래의 단원에서 일러지겠습니다(본서 75항 참조). 우리가 반드시 마음에 간직하여야 할 것은, 그것들이 자기 자신에 의하여 보존, 유지되기 위해서, 우주 안에 있는 개별적인 것들이나 전체적인 것들은

각자 자기 자신의 질서 가운데 창조되었다는 것, 그리고 시초부터, 각각의 개별적인 질서가 우주 전체에 있는 생존을 취하기 위하여, 전 우주의 질서와 함께 결합하기 위하여 창조되었다는 것 등등입니다. 그러나 몇 가지 예를 들어 보겠습니다. 사람은 자기 자신의 질서 가운데 창조되었다는 것, 그리고 사람의 모든 부분도 자기 자신의 질서 가운데 창조되었다는 것 등입니다. 이것은 마치 머리가 그것의 질서 가운데, 몸통(body)이 그것의 질서 가운데, 그리고 심장·폐장·간장·췌장·밥통 등등이 각각의 그것의 질서 가운데 창조되었다는 것입니다. 그리고 근육이라고 부르는 운동에 속한 모든 기관도 그것의 질서 가운데, 예컨대 눈·귀·혀와 같은 감관의 모든 기관은 그것의 질서 가운데 창조되었습니다. 자신들의 질서를 가지고 있지 않은 지극히 작은 동맥 핏줄이나, 또는 섬유까지도 존재하는 것은 아무것도 없습니다. 그럼에도 불구하고 헤아릴 수 없이 수많은 부분 부분들도 공통의 몸(the common body)과 결합되어 있고, 그러므로 그것 안에 자기 자신을 삽입시켜서 모든 것들과 함께 한 몸을 이룹니다. 이와 같은 사실은 다른 것들의 경우에서도 꼭 같습니다. 그것에 관한 언급은 이상의 예들로서 충분할 것입니다. 땅 위에 있는 모든 짐승, 하늘의 모든 새, 바다의 모든 물고기, 모든 파충류, 모든 벌레, 심지어 좀(moth)에 이르기까지, 그것의 각각의 질서 가운데 창조되었습니다. 그러므로 숲을 이루는 모든 나무나 과일나무, 모든 관목이나 초목은 꼭 같이 자신의 질서 가운데 창조되었습니다. 뿐만 아니라 더욱이 모든 돌(石), 모든 광물 그리고 그 아래의 먼지의 알갱이에 이르기까지 그것의 질서 가운데 창조되었습니다.

55. 그것의 질서나, 따라서 그것의 통치의 형태가 법률에 의하여 세워지지 않는다면, 제국(帝國)·왕국·군주국·공화국·연방국, 심지어 한 가정도 세워질 수 없다는 것을 어느 누가 모르겠습니까? 그것들의 각각에는 정의의 법률들(the laws of justice)이 가장 높은 곳에 자리 잡고 있고, 그 다음 단계는 정치적인 법률들(the political laws)이, 그리고 셋째 단계에는 경제적인 법률들(the economical laws)이 자리를 잡고 있습니다. 이것을 사람에게 비교, 비유한다면, 정의의 법률들은 머리를 형성하고, 정치적인 법률들은 몸통을 형성하고, 경제적인 법률들은 몸을 감싸는 의류들을 형성한다고 하겠습니다. 따라서 의류들과 같은, 마지막 법률들은 가변(可變)적입니다. 그러나 하나님에 의하여 세워진 교회가

있는 질서에 관해서 보면 이러하다고 하겠습니다. 하나님께서는 반드시 교회에 속한 개별적인 것이나, 전체적인 것들 안에 내재, 존재하신다는 것, 그리고 하나님은 질서로 하여금 그것이 향해 있는 이웃에게 반드시 실천되게 하신다는 것 등입니다. 그 질서의 법률들(=법칙들)은 성경말씀의 질서만큼 매우 많고, 그리고 하나님과 관계된 법들은 그것의 머리를 형성하고, 이웃에 관계되는 법들은 그것의 몸통을 형성하고, 의식(儀式)들이나 예전들에 관계되는 법률들은 그것의 의류들을 형성합니다. 왜냐하면 만약에 그것들의 질서에서 전자가 결합시키는 마지막의 것들이 없다면, 그것은 마치 한 여름의 폭염(暴炎)에, 한 겨울의 혹한(酷寒)에, 벌거벗은 몸으로 노출되는 꼴과 같기 때문입니다. 그리고 마치 성전의 벽들이나 천정들이 제거된 것과 같고, 그리고 성전의 지성소·제단·설교대가 어떤 가리개가 없이 노출된 채 서 있는 것과 같기 때문입니다.

56. (3) 우주나, 그것의 개별적인 것들이나 전체적인 것들 안에 있는 하나님의 전능(God's omnipotence)은 그분의 질서의 법칙들에 일치하여 발출(發出)하고, 역사(役事)하고, 활동(活動)하신다.

하나님께서 전능하시다는 것은 그분께서 당신 자신으로 말미암아 모든 능력을 가지고 계시기 때문입니다. 이에 반하여 모든 다른 종자들은 그분에게서 비롯된 능력만을 가지고 있습니다. 그분의 능력과 그분의 뜻(His power and His will)이 하나님입니다. 그리고 그분께서는 오직 선한 것만을 원하시기 때문이고, 그분께서는 선한 것 이외에는 아무것도 하실 수 없기 때문입니다. 영계에는 자기 의지에 반대되는 것을 할 수 있는 존재는 전혀 없는데, 그리고 이것은 하나님에게서만 유래되는데, 그것은 그분의 능력과 뜻이 하나이기 때문입니다. 더욱이 하나님께서 선 자체이시고, 따라서 그분께서 선을 행하시는 경우 그분께서는 당신 자신 안에 계시고, 그리고 당신 자신에게서 나아가신다는 것은 불가능합니다. 그 때 명확한 것은 하나님의 전능은 반드시 선에 속한 확장의 영기(靈氣·sphere)에 나오고, 그것 안에서 활동, 역사(役事)한다는 것입니다. 그리고 이 영기는 무한하다는 것입니다. 왜냐하면 극내적인 것에서 발출한 이 영기는 그것 안에 있는 우주적인 개별적인 것이나, 전체적인 것들을 채우기 때문이고, 그리고 극내적인 것에 발출한 영기는 그것 자신의 질서의 법칙에 따라서 그것들이 그것과 결합하는 것에 비례하여 밖에 있는 것들을 다스립니다. 그리고 만약에 그것들이 자신의 질서의 법칙에 따라서 일치하지 않는다면, 그럼에도 불구하고 그것은 여전히 그것을 떠받치고 있습니다. 그리고 우주적인 질서와 조화하는 질서에 자신들을 회복하기 위하여 애쓰는 모든 노력들에 의하여 하나님 당신께서는 당신의 전능 안에 계시고, 그것에 일치하여 활동하십니다. 그리고 이런 일이 이루어지지 않았을 때 그들은 하나님에게서 쫓겨나지만, 그러나 그럼에도 불구하고 하나님께서는 극내적인 것에서 비롯된 것들을 계속해서 유지, 보존하십니다. 이상의 내용에서 볼 때 명확한 것은 신령전능(the Divine omnipotence)은 자기 자신에게 발출한 수단에 의하여 악한 것에 접촉할 수 없고, 또한 자신으로 말미암아 아무리 악한 것이라고 해도 조장(助長), 증진할 수 없다는 것입니다. 왜냐하면 악은 스스로 등을 돌리고, 그리고 결과적으로 악은 하나님에게서 전적으로 분리되고, 지옥으로 떨어지기 때문입니다. 그리고 지옥과 하나님이 계시는 천계 사이에는 큰 심연(深淵·a great gulf)이 있습니다. 이와 같은 몇몇 명제들이나 내용들에게서 볼 때, 하나님께서 어떤 영혼은 영원한 죽음에 가도록 예정하고, 영벌을 내리시고, 고약한 것들로 보복하고, 어느 누구에게는 배고프게 하고, 형벌을 준다고 생각하고, 믿고, 더욱이 가르치기까지 하는 자들이 얼마나 스스로를 속이는지를 잘 볼 수 있겠습니다. 하나님께서는 결코 사람에게서 외면하실 수 없으시며, 또한 근엄한 표정으로 사람을 보실 수도 없으십니다. 이런 것들이나 이와 비슷한 것들은 하나님의 본질에 정반대되는 것들이고, 그리고 그분의 본질에 반대되는 것은 그분 당신에게 반대되는 것입니다.

57. 오늘날 하나님의 전능에 관한 지배적인 견해는 마치 이 세상의 어느 왕이 가지고 있는 절대적인 능력(the absolute power)과 같다는 것입니다. 그 능력을 가진 그 왕은 자기가 원하는 것은 무엇이든 자기가 좋아하는 대로 할 수 있으며, 큰 범죄행위를 순진무구(純眞無垢·innocence)로 만드셔서, 그가 원하시는 사람은 죄를 용서하시거나, 또는 벌을 주시기도 하며, 신앙심이 없는 자를 신앙심이 돈독(敦篤)한 사람으로 선언하시고, 가치 없는 자(the unworthy)나 자격이 없는 자(the undeserving)를 가치 있고, 상 받을 자격이 있는 사람으로 높이 세우시고, 어떤 구실이나 평계 하에 자신의 추종자(追從者)의 재산을 빼앗고, 때로는 그들에게 죽음에 이르는 벌까지 유죄판결을 하고, 그 밖에 이와 비슷한 일들을 하는 것으로 알려져 있습니다. 신령전능(the Divine

omnipotence)에 관한 이와 같은 불합리한 견해(absurd opinion) · 신념 · 교리에서 비롯된 수많은 거짓들이나 오류들이나 망상들이 교회에 범람(汎濫)하고 있는데, 이것을 마치 교회 안에 있는 변화들, 차별화들(distinction)이나, 믿음의 일반적인 것들로 여겼습니다. 그리고 그것은 큰 호수의 물로 수많은 항아리들을 채우는 것처럼, 수많은 뱀들이 그들의 구멍에서 기어 나와 아라비아의 사막에서 햇볕을 쬐는 것과 같은, 꼴이 되었습니다. 이 두 낱말, 전능(omnipotence)과 믿음(faith)을 발설하는 것이나 그 때 보통 사람들 사이에서 육체적인 감관들에 호소하는 것이나 억측들, 날조들(捏造), 허튼 말들을 퍼뜨리는 것 따위를 제거하는 것 이외에 무엇이 필요하겠습니까? 왜냐하면 이들 두 낱말은 이성을 추방하기 때문이고, 그리고 이성이 추방되었을 때 사람의 머리 위를 날고 있는 새들의 이성에 비하여 뛰어난 더 좋은 사람의 생각이 무엇이겠습니까? 또는 그 때 사람이 가지고 짐승들에 비하여 뛰어나다고 여기는 이른바 영성(靈性)이나 영적 권위라는 것은, 사람이 짐승들과 같지 않다면 사람에게는 필요치 않고, 다만 짐승들에게 유쾌하게 하는데 필요한 짐승들의 굴 속에서 나는 악취와 같은 것 아니겠습니까? 만약에 신령전능이, 선을 행하는 것과 꼭 같이, 악을 행하는 것으로 확대한다면, 하나님과 악마 사이에 구분되는 것은 무엇이겠습니까? 두 군주가 있는데, 그중 하나는 왕이고, 하나는 폭군이지만, 그러나 후자가 왕이라고 부를 수 없을 만큼 막강한 힘을 휘두른다면 그는 폭군이 아니겠습니까? 그리고 또한 양을 인도하도록 허락된 목자가 양이 아니고, 이리처럼 행동하는 것이 허락된 목자 사이의 차이가 무엇입니까? 어느 누가 선과 악이 서로 상반된다는 것을 모르겠습니까? 만약에 하나님께서 당신의 전능으로 말미암아 양쪽을 원하는 능력을 가지셨다면, 그리고 원하는 것으로 말미암아 양자에게 서로 상반되는 것을 행한다면, 그는 원하는 것을 행할 수 있지만, 그러나 전혀 아무것도 할 수 없다는 것을 어느 누가 모르겠습니까? 따라서 하나님께서 능력을 가지신 것이 아니고, 더욱이 전능 따위는 가지신 것이 아닙니다. 그것은 마치 두 바퀴가 있는데, 하나는 이쪽 방향으로, 다른 하나는 반대 방향으로 도는 형상이고, 그리고 반대 방향에 의하여 두 바퀴는 멈추어 설 것이고, 전혀 움직이지 못하고 있을 것입니다. 또는 물줄기를 거슬러 올라가는 배의 경우 닻을 내리지 못한다면 그 배가 떠내려가거나, 파선되는 것과 같을 것입니다.

그리고 서로 상반되는 두 의지를 가지고 있는 사람과 같아서 다른 쪽이 활동을 하면, 다른 한쪽은 필히 움직이지 못하고 있는 경우와 같습니다. 왜냐하면 이들 양자가 동시에 활동한다면 정신착란증(精神錯亂症)이나, 현기증(眩氣症)이 그의 마음에 침입, 사로잡을 것입니다.

58. 만약에 하나님의 전능(God's omnipotence)이, 지금 언급하는 신념(信念)과 같이, 악도 행하고 선도 행하는 절대적인 것이라면, 하나님께서는 지옥에 있는 모두를 천계에 올리고, 악마들이나 사탄들을 천사들로 바꾸어 버리고, 땅 위에 있는 모든 불경건한 사람을 일순간에 죄에서 깨끗하게 씻어 준다는 것, 그리고 진노의 자식(a child of wrath)을 은혜의 자식(a child of grace)으로, 다시 말하면 성자(聖子·His Son)의 의의 공로(the righteousness)를 그 사람에게 단순하게 그의 공로로 삼고, 전가(轉嫁)하는 것에 의하여 행해지는 등등의 일이 가능하고, 심지어 아주 쉽지 않겠습니까? 그러나 하나님의 전능은 그분께서 이런 일을 하게 하는 것은 아닙니다. 그 이유는 그렇게 하는 것이 우주 안에 있는 하나님의 질서의 법칙에 정반대가 될 것이기 때문이고, 동시에 모든 사람과 결합하는 질서의 법칙에 정반대이기 때문인데, 이들 법칙들은 하나님과 사람 사이의 결합을 상호(相互)적이라는 것을 규정, 요구하고 있기 때문입니다. 이러한 내용은 이 책의 아래의 여러 페이지에서 명료하게 될 것입니다. 하나님의 전능에 관한 이와 같은 터무니없는 소견이나 신념 따위에서 뒤이어지는 것은, 하나님께서는 모든 사람들에게 있는 염소의 성품을 양의 성품으로 바꾸실 것이고, 그리고 하나님께서 자기 하시고 싶은 대로 사람들을 그분의 왼쪽에서 오른쪽으로 능히 옮길 것이고, 그리고 당신 마음대로 용에 속한 사자들을 미카엘 천사들로 바꿀 수 있을 것이고, 그리고 두더지와 같은 이해를 지닌 사람들에게 독수리의 시각을 주실 수 있다는 궤변(詭辯) 따위입니다. 한마디로 하나님께서는 올빼미 같은 사람을 비둘기 같은 사람으로 만들 수 있을 것입니다. 그러나 하나님께서는 이런 일을 결코 하실 수 없습니다. 그 이유는 그런 일들은 모두가 하나님의 질서의 법칙에 맞지 않는 정반대되는 것이기 때문입니다. 그럼에도 불구하고 하나님께서는 사람들을 감화시키기를 그침이 없이 원하시고, 애쓰십니다. 만약에 하나님께서 이런 일들을 하실 수 있다면 하나님께서는 아담에게 뱀의 말을 듣는 것을 허락하시지 않았을 것이고, 선과 악을 아는 지식의 나무의 열매를 따는 것을 허

락하시지 않았을 것이고, 그것을 그의 입에 넣는 것을 허락하시지 않았을 것입니다. 만약에 하나님께서 이런 일을 하실 수 있다면 그분께서는 가인에게 그의 동생을 살해하게 허락하시지 않았을 것이고, 그리고 또한 다윗에게 그의 백성의 인구조사를 허락하시지 않으시고, 솔로몬에게 우상들을 위한 성전 건축도 허락하시지 않았을 것이고, 유다나 이스라엘의 여러 왕들에게 그들이 그런 것을 자주 저질렀던 성전을 더럽히는 것을 허락하시지 않았을 것입니다. 사실, 만약에 하나님께서 이런 일을 하실 수 있었다면, 하나님께서는 당신의 아드님께서 이루신 구속(救贖)을 통해서 예외 없이 전 인류를 구원하실 수 있었을 것이고, 그리고 전 지옥을 멸망시킬 수 있었을 것입니다. 고대의 이교도들은 이런 전능을 그들의 남신(男神)들이나 여신(女神)들에게 그 공을 돌렸습니다. 이러한 일은 곧 그들의 신화나 설화 따위를 야기 시켰는데, 예를 들면 듀케이런(Deucalion)이나 피러(Pyrrha)가 그들 등 뒤로 던진 돌이 사람들이 되었다는 것이나, 아폴로(Apollo)가 대프니(Daphne)를 월계관으로 변화시켰다는 것, 다이애나(Diana)가 사냥꾼을 수사슴으로 바꾸고, 그 밖의 그들의 다른 신들은 파르내서스(Parnassus)의 처녀들을 까치들로 만들었다는 것 등등입니다. 오늘날에도 신령전능(the Divine omnipotence)에 관한 이와 비슷한 신념이 있는데, 그리고 이런 신념은 수많은 미신이나 사교(邪敎)적인 신앙의 근원이 되었고, 결과적으로 온갖 이단사설들은 종교가 있는 나라면 어디에나 소개된 근원이 되었습니다.

59. (4) 하나님께서는 전지(全知)하시다 ; 다시 말하면 하나님께서는 질서에 일치하여 일어나는, 그리고 질서에 반대하여 일어나는 것들에서 비롯된 지극히 작은 것에 이르기까지, 개별적인 것들이나 전체적인 것들을 지각하시고, 보시고, 아신다.

하나님께서는 전지(全知)하십니다, 다시 말하면 모든 것들을 지각하시고, 보시고 아십니다. 그것은 그분께서 지혜 자체이시고, 빛 자체이시기 때문입니디. 그리고 지혜 자체는 모든 것들을 지각하시기 때문이고, 빛 자체는 모든 것들을 보시기 때문입니다. 하나님께서 지혜 자체이시라는 것은 앞에서 이미 입증되었습니다. 그분께서 빛 자체시라는 것은, 그분께서 천사들이나 사람들 양자의 이해를 조요(照耀)하시는, 천사적 천계의 태양이시기 때문입니다. 바로 이런 이유 때문에, 눈이 자연적인 태양에 의하여 빛을 받듯이, 이해는 영적인 태양에 의하여 조요됩니다.

그리고 빛으로 조요되는 것뿐만 아니라, 그 빛의 수용에 따라서 총명으로 채워지기도 합니다. 왜냐하면 그것의 본질에서 그 빛은 지혜이기 때문입니다. 그러므로 다윗은 이렇게 언급, 선언하였습니다. 시편서의 말씀입니다.

> (주, 나의 하나님은)
> 빛으로 휘감으셨습니다.
> (시편 104 : 2)

묵시록서의 말씀입니다.

> (새 예루살렘에는)
> 등불이나 햇빛이 필요 없습니다. 그것은 주 하나님께서 그들을 비추시기 때문입니다(묵시록 22 : 5).

요한복음서의 말씀입니다.

> 태초에 말씀이 계셨다. 그 말씀은 하나님과 함께 계셨다. 그 말씀은 하나님이셨다.……그 빛이 세상에 오셨으니, 모든 사람을 비추는 참 빛이시다(요한 1 : 1, 9).

여기서 "말씀"(聖言·the Word)은 신령지혜(the Divine wisdom)를 뜻합니다. 이런 이유 때문에 천사들이 지혜 가운데 있는 것에 비례하여 그들은 빛에 속한 광명(光明) 가운데 있고, 그리고 동일한 이유 때문에 성경말씀에 언급된 빛은 언제나 지혜를 뜻합니다.

60. 하나님께서는 질서에 따라서 일어나는 모든 것들을, 심지어 가장 작은 미세한 것까지도, 지각하시고, 보시고, 아십니다. 그 이유는 가장 작은 각별한 것들로부터 비롯된 질서가 보편적이기 때문입니다. 왜냐하면 가장 작은 각별한 것들이 합쳐진 것을 보편적인 것(the universal)이라고 부르기 때문인데, 그것은 마치 개별적인 것들이 합쳐진 것을 일반적(the general)이라고 부르는 것과 같습니다. 그것의 지극히 작은 각별한 것들을 포함하고 있는 보편적인 것은, 마치 한 단위(單位·a unit)처럼 밀착된 작품(a work coherent)과 같은데, 나머지 모든 것에게 유입

하는 어떤 감관이 없이는 그것의 한계에 접촉할 수 있는 것이나 영향을 끼치는 것은 아무것도 없습니다. 그런 것은 우주의 질서에 속한 성질과 같아서, 그것에 속한 유사함은 이 세상의 모든 창조된 것들 안에 있습니다. 그러나 이것에 관해서는 가시적인 것들에게서 취한 비교들에 의하여 예증되겠습니다. 사람을 예로 들어서 말하면 사람 안에는 일반적인 것들이나 각별한 것들이 있는데, 전자 일반적인 것들은 후자 각별한 것들을 내포하고 있고, 후자의 것들에게 속한 각각의 관계에서 조화롭게 정리 정돈되어 있습니다. 이러한 일은 인체의 일부 기관을 감싸고 있는 일반적인 방법에 의하여 이루어지고 있는데, 그것은 그것 안에 있는 모든 각별한 것들에게 자기 자체를 주입시키는 것에 의해 행해집니다. 그러므로 그것들은 모든 기능이나 용도(用度·use)에서 하나를 이룹니다. 예를 들면 이렇습니다. 근육을 감싸고 있는 것(外皮)은 개별적인 운동섬유(the particular motor fibers) 속에 들어와, 그것 자체로부터 그것들을 옷 입힙니다. 그러므로 간장·췌장·비장의 외피는 그런 조직의 내면적인 부위들에 들어오고, 그리고 늑막(肋膜)이라고 부르는, 폐장(lungs)의 외피(=덮개)들은 그것들이 내면적인 것들 속에 들어옵니다. 이와 마찬가지로 심막(心膜·pericardium)은 심장에 속한 개별적인 부위나 전체적인 부위에 들어오고, 일반적으로 복막(腹膜·peritoneum)은 모든 내장의 외피들과의 접합에 의하여 모든 부위들에 들어오고 있습니다. 다시 말하면, 그것들에서 갈라져 나온 섬유들에 의하여 두뇌의 뇌막(腦膜)들에 의하여 그 아래에 있는 선(腺)들에게 들어가고, 그것들을 통해서 모든 섬유에 들어가고, 이것들을 통해서 다시 인체의 모든 부위에 들어갑니다. 이러한 일련의 작용이 두뇌에 의하여 머리가 몸에 예속되어 있는 개별적인 것이나 전체적인 것들을 지배하는 방법입니다. 이런 사실들은, 하나님께서 질서에 일치하여 일어나는 모든 것들, 심지어 지극히 작은 것에 이르기까지, 지각하시고, 보시고, 아신다는 개념들이 어떻게 형성되는지를 가시적인 것들에 의하여 설명하기 위하여 단순하게 인용된 것입니다.

61. 하나님께서, 질서에 일치하는 이런 것들로 말미암아 질서에 반대되어 일어나는 개별적인 것이나 전체적인 것들, 심지어 지극히 작은 것에 이르기까지 지각하시고, 아시고, 보신다는 것은, 하나님께서 사람을 악 가운데 두시려는 것이 아니고, 오히려 사람을 악에서부터 멀리 물러나

게 하시려는 것 때문입니다. 따라서 하나님께서 사람을 악에게로 인도 하시지 않고, 오히려 사람과 함께 악과 싸우십니다. 이런 일련의 사실에서 당신의 선이나 진리에 거스르는, 따라서 당신 자신에게 대항하는 악과 거짓에 속한 지속적인 공격·다툼·저항·혐오감·반동 등등의 것들의 양(量)이나 질(質) 모두를 깨닫습니다. 이러한 사실은 그분의 질서에 속한 전체적인 것들이나 개별적인 것 안에 있는 하나님의 편재(God's omnipresence)에서 비롯된 것이고, 그리고 또한 그것에 속한 개별적인 것이나 전체적인 것들에 관한 하나님의 확실한 지식(His perfect knowledge)에서 비롯된 것입니다. 비교해서 설명하면 그것은 마치 음(音)의 조화나 화음(和音)에 예민한 귀를 가진 사람은 불협화음이나 부조화의 소리를 정확하게 알아내고, 그것의 불협화음이나 부조화의 질과 양을 정확하게 아는 것과 같습니다. 그리고 또한 온갖 정상적인 감관들을 지닌 사람이 유쾌한 상태에 있을 때 불쾌한 것의 침입을 감지(感知), 간파(看破)하는 것과 같습니다. 그것은 마치 온전한 시각의 눈을 가진 사람이 멋진 광경을 보는 경우 그 곁에 있는 추한 것을 보는 경우, 추한 것을 아주 정교하게 식별하는 것과 같습니다. 이런 이유 때문에 화가들은 상대적으로 추한 것을 아름다운 것 곁에 두고 그림을 그리는 관습과 같습니다. 악이나 거짓이 선이나 진리에 거슬러 공격할 때에도 꼭 같습니다. 그것은 선이나 진리로 말미암아 악이나 거짓은 아주 명료하게 지각되기 때문입니다. 왜냐하면 선 안에 있는 사람은 누구나 모두 악을 지각할 수 있기 때문이고, 그리고 역시 진리 안에 있는 사람도 거짓을 알 수 있기 때문입니다. 다른 한편 악은 지옥의 한기(寒氣)에 있고, 거짓은 지옥의 어둠에 있습니다. 이러한 사실은 천계의 천사들은 지옥에서 행해지는 것을 잘 보고, 알 수 있고, 그리고 거기에 있는 온갖 종류의 괴물들이 어떤 것인지 보고, 알 수 있는 것과 같고, 다른 한편, 지옥에 있는 영들은 천계에서 계속되는 것이 무엇인지 전혀 아무것도 볼 수 없고, 그들은, 마치 그들이 장님인 것처럼, 진공 상태나 에텔을 응시하는 것 이상으로 더욱이 천사들까지도 볼 수 없는 것과 같습니다. 지혜에서 비롯된 빛 가운데서 이해를 가지고 있는 사람들은 한낮에 높은 산에서 그 아래에 있는 것들을 똑똑히 보는 사람들과 같습니다. 한편 보다 광도가 높은 빛 가운데 있는 자들이, 마치 그들이 가까이에 있지만, 외진 곳에 있거나, 덜 밝은 명도의 대상물들을 망원경을 통해서 보는 자들에게 비교될 수 있겠습니다. 그러나 지옥의 가장 낮은 광도의 빛 가운데 있는 자들은 거짓들에 속한 온갖 확증들을 통해서, 그들의 손에 있는 손전등을 가지고 한밤중에 같은 산에 서 있는 자들과 같아서, 그들은 그들에게 가장 가까이 있는 대상물들을 보지만, 이들은 불명확한 형체들만을 보고, 그리고 혼란스러운 색깔들을 볼 뿐입니다. 비록 악에 속한 삶 안에 있지만, 어떤 진리의 빛 가운데 있는 사람은, 그가 악에 속한 자신의 사랑에서 쾌락을 찾는 동안에는, 박쥐가 정원에 걸려 있는 세마포 휘장을 보는 것과 같이 박쥐가 그것이 피난처인 것처럼 처음에는 많은 진리들을 보지만, 그것은 그 휘장에 날아드는 것과 같습니다. 그 뒤에 그는 밤새와 같이 되고, 나중에는 부엉이가 됩니다. 그 때 그는 굴뚝 속으로 기어들어간 굴뚝 쑤시는 사람처럼 되어 위를 향해 볼 때는 연기를 통해서 하늘을 보는 것과 같고, 아래를 볼 때는 연기를 내뿜는 불길만 보는 것과 같습니다.

62. 여기서 반드시 기억하여야 할 것은, 반대적인 것들의 지각은 상대적인 것들의 지각과는 차이가 있다는 것입니다. 왜냐하면 반대적인 것들은 밖에 있는 것들을 가리키고, 그리고 안에 있는 것들에 정반대이기 때문입니다. 반대적인 것은, 어떤 것이 하나의 사물이라는 것을 전적으로 소멸시키는 곳에서 그것의 시작을 취하고, 그리고 그 때 또다른 하나는 전자에 거슬러 행동하는 애씀과 함께 야기 됩니다. 그것은 마치 하나의 바퀴가 다른 바퀴에 거슬러서 움직이는 것과 같고, 또 하나의 시냇물이 다른 시냇물에 거슬러 흐르는 것과 같다고 하겠습니다. 그러나 상대적인 것들은, 마치 여왕의 의상의 가슴받이(stomacher)의 다양한 색깔의 보석들과 같이, 그리고 시각에 기쁨을 제공하는 화환에 잘 어울리게 꾸민 다양한 색깔의 꽃들과 같이, 조화롭게 질서에 맞게 다종다양하게 꾸민 수종의 많은 꽃들의 배치에 속해 있습니다. 그러므로 반대되는 것들과 상대적인 것들 양자에는, 다시 말하면 악한 것에 있는 것과 꼭 같이 선한 것에 있는 것이니, 거짓된 것에 있는 것과 꼭 같이 참된 것에 있는 것은, 따라서 양자는 천계에 있고, 지옥에도 있는데, 지옥에 있는 모든 상대적인 것들은 천계에 있는 상대적인 것들의 반대적인 것들과 꼭 같습니다. 그 때 하나님께서 계시는 질서로부터 하나님께서는 천계에 있는 상대적인 것들을 지각하시고 보시기 때문에, 그리고 그것들을 모두 인식하고 있기 때문에, 그리고 그것에 의하여 하나님께서는

지옥에 있는 반대적인 것들을 지각하시고, 보시고, 인식하시며, 그리고 지옥에 있는 상대적인 것들을 역시 지각하시고 보시고, 인식하십니다. 이러한 것은 이미 언급된 것에서 뒤이어집니다. 명확한 사실은 하나님께서 천계에 있는 것과 꼭 같이 지옥에 있는 것을 전부 아시고, 그리고 마찬가지로 세상에 있는 사람들에게서도 꼭 같다는 것입니다. 따라서 하나님께서는, 당신 자신이 계시는 선이나 진리로 말미암아 그들의 악들이나 거짓들을 지각하시고, 보시고 인식하십니다. 그리고 그것들의 본질에는 당신께서 계십니다. 왜냐하면 성경에서 우리는 이렇게 읽기 때문입니다. 시편서의 말씀입니다.

> 내가 하늘로 올라가더라도
> 주께서는 거기에 계시고,
> 스올에다 자리를 펴더라도
> 주님은 거기에도 계십니다.
> (시편 139 : 8)

아모스서의 말씀입니다.

> 비록 그들이
> 땅(=스올) 속으로 뚫고 들어가더라도,
> 거기에서 내가 그들을 붙잡아 올리고,
> 비록 그들이 하늘로 올라가더라도,
> 거기에서 내가 그들을 끌어내리겠다.
> (아모스 9 : 2)

63. (5) 하나님께서는 당신의 질서에 속한 첫째 것들로부터 마지막 것들에 이르기까지 편재(遍在)하신다.

하나님께서는, 그분께서 한가운데 계시는 영적인 태양에 속한 볕이나 빛에 의하여 그분의 질서에 속한 처음 것들에서부터 마지막 것들에 이르기까지 편재하십니다. 그 태양에 의하여 그 질서가 생성되었고, 그리고 그것에서부터 하나님께서는 처음 것들에서부터 마지막 것들에 이르기까지 우주에 널리 펼치신 것에 볕과 빛을 보내셨고, 그리고 사람이나 동물 안에 있는 생명을 생성하셨고, 그리고 또한 땅에 있는 모든 싹틈

(發芽)의 식물적인 생기도 생산하셨습니다. 그리고 이들 양자—별과 빛—는 개별적인 것이나 전체적인 것들에 유입하고, 그리고 창조에 의하여 그것 안에 활착(活着)된 질서에 따라서 모든 것을 생명에 종속하게 하셨고, 성장하게 하셨습니다. 하나님께서는 비록 확장하시는 것은 아니지만, 우주에 있는 모든 광범위한 것들을 채우시기 때문에 하나님께서 편재하십니다. 우리는 이미 다른 곳에서 입증한 것은, 하나님께서는 공간(空間·space) 밖의 모든 공간 안에 계시고, 시간(時間·time) 밖의 시간 안에 계신다는 것, 결과적으로 그 본질에서나 질서에서 우주는 하나님의 절정(絶頂·충만·plenitude)이라는 것 등입니다. 이것이 사실이기 때문에, 당신의 편재에 의하여 하나님께서는 모든 것들을 지각하시고, 당신의 전지에 의하여 그분께서는 모든 것들을 장만하시고, 당신의 전능에 의하여 그분께서는 모든 것들을 이루십니다. 이런 사실에서 명확한 것은, 편재·전지·전능은 하나(one)를 완성하신다는 것이고, 또한 하나는 다른 것들을 포함하고, 따라서 그것들은 분리될 수 없다는 것 등입니다.

64. 신령편재(the Divine omnipresence)는 영계에서 천사들이나 영들이 각자에게 자신을 나타내는 놀라운 방법에 의하여 예증되겠습니다. 영계에는 공간이 없고, 다만 공간의 외현(an appearance)만 있기 때문에, 천사나 영은 그 즉시 다른 자에게 자신을 드러내고, 언제든지 그는 동일한 정동이나 동일한 생각(=사상)에 들어갑니다. 왜냐하면 이들 둘은 공간의 외현(the appearance of space)을 이루기 때문입니다. 이러한 것이 거기에 있는 모든 것들이 지니고 있는 현존(=임재)의 성질이라는 것은, 비록 지구에서 아주 멀리 떨어져 있지만, 아프리카 사람들과 아시아 사람들이 아주 가까이 있는 것으로 보인 광경에 의하여 나에게는 명확합니다. 그리고 심지어 나는 우리 태양계의 다른 지구에 있는 자들과 함께 현존한다는 것에 의하여, 그리고 또한 다른 태양계에 속한 지구 위에 있는 자들과 함께 현존한다는 것에 의하여 명확합니다. 공간에 있는 것이 아니고, 공간의 외현에 있는 이와 같은 현존 때문에 이 세상을 떠난 사도들이나 교황들과 그리고 황제들이나 왕들과 대화를 가질 수 있었고, 그리고 교회의 현대 종교 개혁자들—루터·칼뱅·멜랑히톤—과도 대화를 하였고, 그 밖에 멀리 떨어진 여러 나라들에서 온 다른 많은 자들과 대화를 할 수 있었습니다. 이와 같은 천사들이나 영들의 현존(=임

재・presence)이 있었기 때문에 우주에서 무한을 가리키는, 신령현존(=임재・the Divine presence)에 대한 제한이 무엇이겠습니까? 따라서 천사들이나 영들은 현존하는데, 그것은 사랑에 속한 모든 정동은, 그리고 결과적으로 이해에 속한 모든 생각(思想)은 공간 밖의 공간(space without space)에, 그리고 시간 밖의 시간(time without time)에 존재하기 때문입니다. 왜냐하면 어느 누구나 인도에 있는 형제・친척・친구를 생각할 수 있기 때문이고, 그 때 그 사람은 마치 현존해 있는 것처럼 그들과 함께 있기 때문입니다. 이와 마찬가지로 그는 기억에 의하여 그리고 그들의 사랑에 의하여 감동될 수 있습니다. 이런 여러 사실들에게서 볼 때 그들이 어떤 사람에게 인지(認知)되듯이, 신령편재(the Divine omnipresence)도 어느 정도는 명확하게 되었습니다. 그러므로 역시 어느 누가 여러 곳들을 여행할 때 그가 보았던 것을 마음에 상기(想起)하는 것과 같이, 사람의 생각으로부터 그가 마치 다시 그 장소들에 현존하는 것과 꼭 같습니다. 심지어 육신적인 상상력은 동일한 종류의 현존을 흉내 냅니다. 그것은 중간적인 것들에 의하여 다만 거리를 알려줍니다. 말하자면 그것에 의하여 거리가 측정됩니다. 태양 자체는, 마치 눈 안에 태양이 있는 것처럼, 눈에 가까이 있을 수 있지만, 만약에 중간적인 대상물들이 보이지 않는다면, 그것 존재의 사실은 아주 요원(遙遠)한 것입니다. 이것이 사실이라는 것은 광학에 관한 저술가들이 그들의 많은 저서들에서 잘 지적하고 있습니다. 현존의 종류는 사람의 총명적인 시각이나 그의 육체적인 시각 양자에 속해 있습니다. 그것은 무엇을 본다는 것은 그의 눈들을 통해서 보는 그의 영이기 때문입니다. 그러나 동물의 경우는 전혀 다릅니다. 그것은 동물들이 영적인 시각을 결코 가지고 있지 않기 때문입니다. 이런 모든 사실들은, 우리로 하여금 하나님께서 당신의 질서에 속한 첫째 것들에서부터 마지막 것들에 이르기까지 편재하신다는 것을 알게 합니다. 그분께서 지옥에도 편재하신다는 것은 앞 단락에서 이미 입증되었습니다.

65. (6) 사람은 신령질서(the Divine order)에 속한 한 형체로 창조되었다.

사람은, 그가 하나님의 형상과 모양(an image and likeness)으로 창조되었기 때문에 신령질서에 속한 형체로 창조되었습니다. 그리고 하나님께서 질서 자체이시기 때문에 사람은 질서의 형상과 모양(an image and likeness of God)으로 창조되었습니다. 거기에는 질서의 근원을 가리키는, 그리고 그것이 변함없이 존재하게 하는, 두 가지 것들이 있는데 그것은 곧 신령사랑(the Divine love)과 신령지혜(the Divine wisdom)입니다. 그리고 사람은 이런 것들의 수용그릇(a receptacle)으로 창조되었고, 그러므로 사람은 우주 안에서 이들 양자가 활동하는 것과 일치하는 질서 가운데 창조되었고, 특히 천사적인 천계에서 그 양자들이 활동하는 것과 일치하는 질서 가운데 창조되었습니다. 결과적으로 전 천계는, 그것의 가장 큰 초상(肯像·effigy) 안에 있는 신령질서의 형체입니다. 그리고 그것은 하나님의 시각에서는 마치 한 사람과 같습니다. 더욱이 그 천계와 사람 사이에는 너무나 많은 대응(對應·correspondence)이 있습니다. 왜냐하면 천계에는, 사람 안에 있는 기관들·내장들·조직체들의 어떤 것에 대응하지 않는 사회는 결코 존재하지 않기 때문입니다. 그러므로 거기에서 언급된 것은 어떤 사회는 간(肝)의 영역에 있다고 하겠고, 그리고 어떤 사회는 췌장의 영역에 있고, 어떤 사회는 비장의 영역에, 어떤 사회는 위의 영역, 그리고 어떤 사회는 눈과 귀, 또는 혀나 그 밖의 등등의 영역에 있다고 하겠습니다. 더욱이 천사들 자신들은 그들이 살고 있는 사람의 어떤 부위의 영역이 무엇인지 잘 알고 있습니다. 이런 일련의 것이 사실이라는 것은, 살아 있는 경험에 의하여 그것을 배우는 일이 나에게 허락되었습니다. 나는 수천의 천사들로 이루어진 한 사회를 마치 한 사람으로 목격하였고, 따라서 명확한 사실은, 그것의 복합체로서 천계는 하나님의 형상(an image)이고, 하나님의 형상은 신령질서의 형체라는 것입니다.

66. 여기서 반드시 이해하여야 할 사실은 여호와께서 그것의 중앙에 계시는 영계의 태양에서 발출하는 모든 것들은 사람과 관계를 가지고 있다는 것입니다. 그러므로 그 세상에 있는 것들은 무엇이나 인간적인 형체(the human form)와 협력한다는 것이고, 그리고 그것들의 극내적인 깃들 인에 있는 그 형체를 드러낸다는 섯입니다. 따라서 시각에 드러난 거기에 있는 모든 대상물들은 사람에 속한 표징(reprentative of man)이라는 것입니다. 그리고 거기에서 온갖 종류의 동물들이 보여졌고, 그리고 그것들은 천사들의 사랑에 속한 정동들의 모양(likenesses)이고, 결과적으로는 천사들의 생각들이라는 것입니다. 그리고 거기에 있는 나무들·꽃들· 푸른 들판도 그와 꼭 같습니다. 이런 것이나 저런 것의

대상물이 표징하는 것은 정동(情動 · affection)이 무엇인지 천사들에게 알게 하기 위하여 허락된 것입니다. 놀라운 일은, 그들의 극내적인 시각이 열렸을 때, 그들은 그것들 안에 내재한 그들 자신의 형상(image)을 인지한다는 것입니다. 그리고 이와 같은 일은, 모든 사람은 곧 그 자신의 사랑이고, 그리고 그것에서 비롯된 그 자신의 생각이기 때문에 일어납니다. 그리고 모든 사람 안에는 정동들이나 그것에서 비롯된 생각들은 다종다양하기 때문에, 그리고 정동에 속한 어떤 것은 어떤 동물의 정동과 관계를 가지고 있고 어떤 것은 다른 동물의 어떤 것과 관계를 가지고 있기 때문에, 이들 정동들의 형상들은 이런 식으로 드러납니다. 그러나 이것에 관한 자세한 것은 본서 우주의 창조(創造 · Creation) 78항을 참조하십시오. 이상의 모든 것에서 볼 때 진리는, 창조의 목적이 인류에게서 비롯된 천사적 천계라는 것이고, 하나님께서는 그분의 수용그릇 안에 있는 것과 같이, 하나님은 사람 안에 사신다는 것이고, 그리고 이런 사실이 사람이, 신령질서의 형체로서, 창조된 이유라는 것입니다.

67. 창조에 앞서 하나님께서는 사랑 자체이시고, 지혜 자체이시라는 것, 그리고 이들 양자의 합일(合一 · union)은 선용들(善用 · uses)을 성취하기 위한 노력 안에 있습니다. 왜냐하면 선용에서 떠난 사랑과 지혜는 추론에 속한 덧없는 사안일 뿐이고, 만약에 선용에 적용시키지 않는다면, 그것은 스치는 바람결에 지나지 않습니다. 셋째에 분리된 앞서의 양자는 큰 바다 위를 나는 새들과 같고, 그것들은 종국에 날다가 지쳐서, 아래로 떨어져 물에 빠져 죽는 새들과 같습니다. 그러므로 확실한 것은 우주는 하나님에 의하여 선용들에게 존재를 주기 위하여 창조된 것입니다. 이런 이유 때문에 우주는 선용들의 전시장(a theater of uses)이라고 불리워지는 것입니다. 그리고 사람은 창조의 주된 목적이기 때문에 여기서 뒤이어지는 것은 개별적인 것들이나 전체적인 것들은 사람을 위해서 창조되었다는 것입니다. 그러므로 질서에 속한 개별적인 것들이나 전체적인 것들은, 하나님께서 사람을 통하여 일차적인 선용들을 성취하기 위하여 사람 안에 모은 것이고, 응집된 것입니다. 그것들의 선용을 가리키는 셋째에서 분리된 사랑이나 지혜는 태양의 볕과 같아서, 만약에 그것들이 사람들이나, 동물들, 식물들에 작용하지 못한다면 그것은 아무 쓸모없는 것이 될 것입니다. 그러나 이런 것들에의 입류나

활동(=역사)에 의하여 그것들은 살아 있는 실제적인 것이 됩니다. 왜냐하면 질서 가운데 각자 각자가 서로서로에 뒤이어지는 삼자(三者)가 있는데, 다시 말하면 목적(end) · 원인(cause) · 결과(effect)가 있기 때문입니다. 그리고 이것은 학계에 잘 알려져 있는데, 그것은 곧 목적은 원인이라는 결과가 없으면 아무 쓸모가 없고, 그리고 이 목적과 원인은 결과를 맺지 못하면 역시 무용지물(無用之物)이라는 것입니다. 목적과 원인은 사실 마음에서 추상적으로 심사숙고(深思熟考)가 될 것이지만, 그럼에도 불구하고 그것은 목적이 의도하는 어떤 결과 때문이고, 그리고 원인은 그 결과 때문에 지켜지는 것입니다. 이런 관계는 사랑 · 지혜 · 선용에서도 마찬가지 입니다. 선용은 사랑이 의도하는 목적이고, 그리고 원인을 통해서 그것을 성취합니다. 그리고 선용이 성취될 때 사랑과 지혜로 그것의 진정한 존재나 의미를 갖습니다. 그리고 그것들은 자기들의 가정에서 쉬는 장소와 같은 주거나 근거를 선용에서 자기 자신을 위하여 장만합니다. 이와 같은 것은 사람이 선용을 성취할 때, 그 사람 안에 하나님의 사랑이나 지혜를 가지고 있는 경우와 꼭 같습니다. 그리고 신령선용들을 성취할 수 있도록 사람은 하나님의 형상과 모양으로, 다시 말하면 신령질서의 형체로 창조되었습니다.

68. (7) 사람은 신령전능으로 말미암아 악이나 거짓을 다스리는 능력을 가지고 있고, 그리고 신령전지로 말미암아 선한 것이나 참된 것이 무엇인지에 관한 지혜를 가지고 있고, 그리고 신령편재로 말미암아서는 사람이 신령질서에 일치하여 사는 그 범위까지 하나님 안에 있다.

신령전능(the Divine omnipotence)으로 말미암아 사람이 신령질서에 따라서 사는 한도까지 악이나 거짓에 대항하는 능력이나, 그것들의 거짓들에 저항하는 능력을 가지고 있습니다. 그 이유는 하나님을 제외하면 어느 누구도 악이나, 그것들의 거짓들에 저항할 수 없기 때문입니다. 왜냐하면 모든 악들이나 그것들의 거짓들은 지옥에서 오기 때문입니다. 그리고 모든 선들과 그것들의 진리들이 천계에서 그러한 것과 같이 지옥에서 그것들은 마치 한 사람처럼 밀착되어 있기 때문입니다. 왜냐하면 앞에서 언급한 것과 같이, 하나님 안전(眼前)에서 모든 천계는 한 사람과 같기 때문이고, 다른 한편 모든 지옥 역시 단 하나의 기대한 괴물과 같기 때문입니다. 결과적으로 단 하나의 악이나 그것의 거짓에 대항하여 행동한다는 것은 곧 거대한 괴물 즉 지옥에 대항하여 행동하는 것이고, 그리고 이런 일은 하나님 외에는 어느 누구도 할 수 없기 때문입니다. 그것은 그분께서 전능하시기 때문입니다. 이상에서 볼 때 명확한 사실은, 만약에 사람이 전능하신 하나님에게 가까이 나아가지 않는다면 사람은 자기 자신으로 말미암아 마치 한 마리의 물고기가 큰 대양(大洋)을 거스르는 것 이상으로, 그리고 한 마리의 벼룩이 큰 고래에게 저항하는 것이나, 또는 먼지의 작은 알갱이가 큰 산 위에 떨어지는 것뿐만 아니라 메뚜기가 코끼리에게, 또한 파리가 낙타에게 저항, 거스르는 것 이상으로 악이나 그것의 거짓에 저항, 거스르는 힘을 전혀 가질 수 없다는 것입니다. 더욱이 사람은 악 가운데 태어났기 때문에, 그는 악이나 그것의 거짓에 대항하는 힘을 거의 가지지 못하였고, 그리고 악은 그 악 자체에 거슬러 행동할 수 없습니다. 이런 일련의 사실에서 뒤이어지는 것은 만약에 사람이 질서에 일치하여 살지 않는다면, 다시 말하여 사람이 하나님이나 그분의 전능을 시인하지 않는다면, 결과적으로 질서는 이런 것들을 요구하고 있기 때문에 지옥에 대한 보호가 없다면, 그리고 자신의 직분은 자기 자신에 있는 악과 투쟁하는 것인데, 이런 것들이 없다면, 사람은 지옥에 매몰(埋沒)되거나 압사(壓死)될 수밖에 없을 것입니다. 그리고 사람은, 편주(扁舟)처럼 폭풍에 휩쓸리듯이, 온갖 악들에 의하여 끌려 다닐 것입니다.

69. 사람은 신령전지(the Divine omniscience)로부터 신령질서에 일치하여 사는 정도에까지 이르는 선한 것이 무엇이고, 참된 것이 무엇인지에 관한 지혜를 취합니다. 그 이유는 선에 속한 모든 사랑이나 진리에 속한 모든 지혜, 또는 사랑에 속한 모든 선이나 지혜에 속한 모든 진리는 하나님에게서 비롯되기 때문입니다. 이것이 사실이라는 것은 기독교계의 수많은 교회들의 고백(告白 · the confession)에 일치합니다. 이런 일련의 것에서 뒤이어지는 것은 사람은 하나님에게서 비롯되는 것을 제외하면 내면적으로 그 어떤 지혜의 진리 안에 있을 수 없다는 것인데, 그 이유는 하나님께서는, 무한한 지혜를 가리키는 전지전능의 능력을 가지시고 계시기 때문입니다. 천사적인 천계를 닮은 사람의 마음은 세 계도들(three degrees)로 나뉘어지고, 그러므로 사람의 마음은 높은 계도나 더 높은 계도에 올리워질 수 있고, 그리고 또한 낮은 계도나 더 낮은 계도에 내리워질 수도 있습니다. 그러나 그 마음이 높은 계도들에 올리워지는 것에 비례하여 그것은 지혜에 올리워지는데, 그것은 천계의 빛

에 올리워지기 때문입니다. 그리고 이와 같은 일은 하나님께서만 오직 가능합니다. 더욱이 사람의 마음이 이와 같이 올리워지는 것에 비례하여 사람은 진정한 사람이 됩니다. 다른 한편 사람의 마음이 낮은 계도들에 내려가는 것에 비례하여 그 마음은 지옥에 속한 망상적인 빛(the delusive of light of hell)에 빠지고, 그리고 그는 사람이 아니라 짐승이 됩니다. 이것이 바로 사람이 그의 발로 곤추서는 이유이고, 그리고 그의 얼굴을 천계를 향해서 드는 이유이고, 그리고 몸을 천정(天頂 · zenith)을 향해 세우는 이유입니다. 이에 반하여 짐승을 땅과 수평의 위치에서 발로 서고, 따라서 자신 얼굴 전체를 그 방향으로 돌리는 이유이고, 결코 고통이 없이는 그것의 얼굴은 하늘을 향해 들지 못하는 이유입니다.

[2] 자신의 마음을 하나님을 향해 들어올리고, 지혜에 속한 모든 진리가 하나님에게서 비롯된다고 시인하고, 동시에 질서에 따라서 사는 사람은 마치 높은 탑 위에 서서 사람이 많이 살고, 그리고 그 도시의 거리에서 일어나고 있는 모든 일을 내려다보는 사람과 같습니다. 그러나 지혜에 속한 모든 진리가 자신 안에 있는 자연적인 빛(the natural light)에서 비롯된다는 신념으로 스스로 다짐하는 사람은, 다시 말하면 그것이 자기 자신에게서 비롯된다고 다짐을 하는 사람은, 마치 그 도시에 있는 단 한 채의 벽을 제외하면, 그리고 그 벽의 벽돌들이 어떻게 짜여져 있는지를 제외하면 아무것도 보지 못하기 때문에 그 탑 아래에 있는 구멍들에 머물러 살고, 그 성벽의 틈새를 통해서 도회지의 광경을 보는 사람과 같습니다. 다시 말하면, 하나님으로부터 지혜를 얻는 사람은, 하늘 높이 나는 새와 같아서, 주위에 있는 정원들 · 나무숲들 · 들판, 나는 새들과 같고 그리고 자신에게 쓸모 있는 것들에게로 날아가는 새들과 같습니다. 이에 반하여 그것들이 하나님에게서 비롯된 것이라는 신념은 전혀 없이, 자기 자신에게서 비롯된 지혜에 속한 그런 부류의 것들을 잊는 사람은, 마치 시먼 가까이를 날시반, 똥너미를 보기 때문에, 그 더미에 정착, 그것에서 풍기는 악취를 즐기는 말벌(a hornet)과 같습니다. 이 세상을 사는 동안 모든 사람은 천계와 지옥 사이를 살면서, 양자의 균형 상태에 있고, 따라서 모든 사람은 하나님을 우리러 보든가, 지옥을 내려다보는, 양자의 선택의 자유 가운데 있습니다. 만약에 그가 하나님을 우러러 본다면 그는 모든 지혜가 하나님에게서 비롯된다는 것

을 시인하고, 그리고 영으로 그는 천계에 있는 천사들과 실제적으로 함께 있지만, 이에 반하여, 악에서 비롯된 거짓들 안에 있는 자가 하는 것과 같이, 아래를 내려다보고 사는 사람은, 영으로는 지옥에 있고 실제적으로는 악마들과 함께 있습니다.

70. 신령전지로 말미암아 사람은, 그가 질서에 일치하여 사는 정도만큼, 하나님 안에 있습니다. 그것은 하나님께서 편재(遍在)하시기 때문입니다. 하나님께서 계시는 곳은 그분의 신령질서 안에 있는데, 위에서 언급한 것과 같이, 하나님께서는 질서이시기 때문에 그분께서는 마치 당신 자신 안에 있는 것처럼 거기에 계십니다. 그 때 사람은 신령질서에 속한 형체로 창조되었기 때문에, 하나님께서 사람 안에 계시는데, 하나님께서는 사람이 신령질서에 일치하여 사는 것만큼 사람 안에 충분하게 계십니다. 그럼에도 불구하고 만약에 사람이 신경질서에 일치하여 살지 않는다고 해도, 하나님께서는 그 사람 안에 있는 가장 높은 영역에 계실 뿐만 아니라, 그것에 의하여 하나님께서는 그 사람에게 참된 것이 무엇인지 이해하는 능력과 선한 것이 무엇인지 원하는 능력을 주십니다. 다시 말하면 그 사람에게 이해에 속한 기능(機能 · faculty of understanding)과 사랑에 대한 경향성(傾向性 · the inclination to love)을 주십니다. 그러나 사람이 질서에 반대해서 사는 정도만큼, 그는 그의 마음의 낮은 영역, 또는 영의 가장 낮은 영역을 폐쇄(閉鎖)합니다. 따라서 하나님의 내려오심(下降 · God's descending)을 막는 것이고, 그리고 하나님의 현존(=임재 · His presence)으로 이런 낮은 영역을 채우는 것(充滿)을 막는 것입니다. 결과적으로 하나님께서 사람 안에 계시는 동안, 그는 하나님 안에 있지 않습니다. 이것은, 악한 사람이나 선한 사람이나 꼭 같이, 모든 사람 안에 계신다는 천계에 있는 일반적인 규범(a general canon)입니다. 그러나 만약에 사람이 질서에 일치하여 살지 않는다면 사람은 하나님 안에 있지 않다는 것을 주님께서는 이렇게 말씀하셨기 때문입니다. 요한복음서의 말씀입니다.

> 언제나 내 안에 머물러 있어라. 그러면 나도 너희 안에 머물러 있겠다(요한 15 : 4).

[2] 사람은 질서에 일치하는 삶에 의하여 하나님 안에 있습니다. 그것

은 하나님께서 우주에 편재하시기 때문이고, 그리고 그것들의 극내적인 것 안에 있는 개별적인 것들이나 전체적인 것들에 편재하시기 때문입니다. 왜냐하면 이와 같은 극내적인 것들은 질서 안에 있기 때문입니다. 그러나 극내적인 것 밖에 있는 것을 가리키는 오로지 홀로 있는 것들을 가리키는, 질서에 반대되는 것들 안에 하나님께서는 그것들과의 부단한 다툼에 의하여 편재하시며, 그리고 그것들을 질서에 회복시키려는 계속적인 애씀에 의하여 편재하십니다.

따라서 사람이 스스로 질서의 회복을 허용하는 것에 비례하여 하나님께서는 그 사람 전체 안에 편재하시고, 결과적으로 그 정도만큼 하나님께서는 그 사람 안에, 그 사람은 하나님 안에 있습니다. 사람에게서 하나님의 부재(不在)는, 태양의 볕이나 빛을 통한 땅으로부터의 태양의 부재 이상으로 매우 불가능합니다. 그러나 땅에 있는 대상물들은, 마치 봄철이나 여름철과 같이, 그 태양에서 나오는 볕과 빛을 그것들이 수용하는 것에 비례하여 오직 태양의 능력(=힘·power)에 의하여 영향을 받습니다.

[3] 이러한 사실은 이런 식으로 신령편재에 적용되겠습니다. 즉 사람이 질서 안에 있는 것에 비례하여 그는 영적인 볕과 영적인 빛에 있습니다. 다시 말하면 사람은 사랑에 속한 선이나 지혜에 속한 진리 안에 있습니다. 그러나 영적인 볕이나 빛은 자연적인 볕이나 빛과 같지 않고, 그리고 자연적인 볕 안에는 땅에서 멀리 떨어져 있고, 그리고 땅의 대상물들은, 겨울철에 있는 것과 같이, 볕에서 떨어져 있고, 그리고 밤에 자연적인 빛에 있는 것과 흡사합니다. 이와 같은 일이 일어나는 것은 땅(=지구)이 하루(晝間)나 한해(年間)의 주기적인 움직임에 의하여 기간들을 생산하기 때문입니다. 그러나 영적인 볕이나 빛의 경우에는 그와 다릅니다. 그것은 마치 이 세상의 태양이 외현적으로 행하는 것과 같이, 하나님께서 당신의 태양(His sun)을 통해서 볕이나 빛과 함께 현존(=임재)하시기 때문에, 그리고 어떤 변화들 아래에 현존하시지 않기 때문입니다. 마치 지구가 태양에서 외면, 떠나듯이, 상대적으로 사람은 자기 자신을 외면합니다. 그리고 사람이 지혜에 속한 진리에서 외면할 때, 그는, 마치 밤에 지구의 태양에서 외면하는 지구와 같습니다. 그리고 사람이 사랑에 속한 선들에게서 외면할 때 그는 마치 겨울철에 태양에서 외면하는 땅과 같습니다. 이런 일련의 일들은 영계의 태양에서 비롯

된 결과들(the effects)이나 선용들(uses) 사이에 있는 대응을 가리키고, 그리고 자연계의 태양에서 비롯된 결과들이나 선용들 사이의 대응을 가리킵니다.

71. 여기에 아래와 같이 세 "영계 체험기"를 부언하겠습니다. 그것의 첫째입니다.

나는 언제가 마치 바다가 울부짖는 것과 같은 소리가 내 바로 아래에서 들려오는 소리를 들었습니다. 그래서 나는 그것이 무엇인지 알아보았습니다. 어떤 이가 나에게, 그것은 지옥 바로 위에 있는 낮은 땅에 있는 군중 사이에서 일어나는 소동(騷動·tumult)이라고 일러 주었습니다. 그리고 즉시 그들을 덮고 있었던 지붕 모양의 땅이 열렸습니다. 내가 보니, 열린 곳을 통해서 무리들 가운데 있었던 밤새(夜鳥)들이 날라 올랐고, 그것들은 왼쪽을 향해 흩어졌습니다. 그리고 즉 그것들 뒤를 이어서 메뚜기 떼가 나타났는데, 그 떼는 풀밭을 뛰어 다니고, 그것들은 모든 곳을 마치 불모(不毛)의 땅으로 만들었습니다. 잠시 뒤, 나는 밤새들의 비명소리 같은 울음소리를 들었고, 그리고 다른 쪽에서는 마치 숲속에 있는 유령들에게서 나는 것과 같은 와자지껄 떠드는 소리가 들렸습니다. 이런 일이 있은 뒤 천계에서 온 아름다운 새들을 보았는데, 그것들은 오른쪽을 향해 펼쳐 있었습니다. 이 새들은 은빛 줄무늬에 작은 점들이 박힌 금빛 날개들에 의하여 식별되었습니다. 그리고 그것들의 어떤 것의 머리에는 왕관 모양의 벼슬들을 지니고 있었습니다.

내가 이런 광경을 보고, 이상하다고 생각하고 있을 때 갑자기 소동이 있었던, 낮은 땅(the lower earth)에서 빛의 천사(an angel of light)의 형체를 취한 한 영이 올라왔는데, 그 영은 "전능존재께서 사람에 관해서 당신을 사람과 동여맨 질서에 관해서 말을 하고, 글을 쓴 자가 어디에 있소? 이것은 지붕을 통해서 아래로 내려올 때 우리가 들은 것입니다"라고 외쳤습니다.

곧 그가 땅 위에 올라와서, 포장된 길을 달려오더니, 나에게로 왔습니다. 그는 즉시 하늘의 천사처럼 자신을 꾸몄습니다. 본래의 그의 목소리가 아닌 음성으로 말을 하기를, "귀하께서 질서에 관해서 생각하고 말씀하신 분이십니까? 나에게 질서가 무엇인지 간추려서 말씀해 주십시오. 그것에 속한 것들은 어떤 것들이 있습니까?" 하고 말하였습니다.

[2] 나는, "내가 질서에 관해서 비록 질서의 특별한 것들은 아니지만,

질서의 요약들을 말해주겠는데, 그 이유는 귀하께서 그것들을 이해하지 못할 것이기 때문입니다" 라고 대답하였습니다. 그리고 나는 이렇게 말하였습니다. "(1) 하나님께서는 질서 자체시다. (2) 하나님께서는 사람을 질서로부터(from order) 질서 안에(in order), 그리고 질서 속으로(into order) 창조하셨다. (3) 하나님께서는 온 영계의 질서와 일치하여 사람의 합리적인 마음(man's rational mind)을 창조하셨고, 그리고 사람의 몸은 온 자연계의 질서와 일치하여 창조하셨고, 그리고 이러한 것은 옛날 사람들이 사람을 작은 하늘(a little heaven)이나 작은 우주(a little cosmos)라고 부른 이유이다. (4) 그러므로 질서의 법칙(a law of order)은 이런 것인데, 사람은 그의 작은 하늘이나 작은 영계로 말미암아 사람은 그의 작은 우주나 작은 자연계를, 마치 하나님께서 그분의 큰 하늘이나 큰 영계로 말미암아 그것에 속한 개별적인 것이나 전체적인 것들을 다스리는 것과 같이, 다스린다는 것이다. (5) 그 질서의 법칙의 결과는, 성경말씀에서 비롯된 진리들에 의하여 믿음에게로 사람 자신을 인도하기 위하여, 그리고 또한 선한 일들에 의하여 인애로 사람 자신을 인도하기 위하여, 따라서 사람 자신이 바로잡고(改革), 거듭나기(重生)하기 위하여 그것은 사람을 위하여 절대적으로 필요하다는 것이다. (6) 질서의 법칙은, 사람이 자신의 전적인 노력(exertion)과 힘(power)에 의하여 자기 자신의 죄악에서부터 깨끗하게 하여야 하고, 거기에 머물러 있지 말아야 한다는 것이고, 그리고 사람은 자신의 죄악들을 일순간에 씻기는 것이 우리 자신의 능력도 아니고, 하나님에 대한 기대라고 믿는 것도 아니라는 것이다. (7) 질서의 법칙은, 사람은 자신의 온 영혼과 온 마음을 가지고 하나님을 사랑하여야 한다는 것, 그리고 자기 자신과 같이 이웃을 사랑하여야 한다는 것, 그리고 마치 빵 굽는 자에게서 비롯된 빵이 사람의 입에 들어오는 것과 같이, 이들 두 사랑들-하나님사랑과 이웃사랑-이 사람의 마음이나 심령에서 조금도 쉼이 없이 하나님께서 넣어 주실 것이라는 기다림이나 기대를 하지 말아야 한다는 것이다"는 등등을 말하였습니다.

[3] 이런 내용의 말을 듣자, 사탄은, 온갖 간계(奸計)가 가득 찬 부드러운 목소리로 다시 술책을 부리기 시작하였습니다. "무슨 말씀을 하십니까? 사람은 반드시 자기 자신의 힘에 의하여 질서에 속한 여러 법칙들을 지키는 것에 의하여 자기 자신을 질서 가운데 인도해야 하는 것 아

닙니까? 귀하께서는 사람이 율법 아래에 있지 않고, 은혜 아래에 있다는 것을 아시고 계시지 않습니까? 그리고 모든 것들이 자유스럽게 사람에게 주어졌다는 것, 그리고 사람은 다만 천계로부터 그에게 준 것만을 수용할 수 있다는 것, 그리고 영적인 문제들에서는 사람은, 롯의 아내의 소금 기둥 이상으로 에크론에 있는 블레셋 신상 다곤(Dagon) 이상으로 자기 자신으로 말미암아서 행동하는 힘은 더 이상 아무것도 가지고 있지 않다는 것들을 잘 알고 있지 않습니까? 그러므로 사람이 자신을 정화하는 일이 불가능하다는 것, 이와 같은 정화(淨化)는 반드시 믿음과 인애(faith and charity)에 의하여 행해진다는 것도 알고 있지 않습니까?"라고 말하였습니다.

이런 말에 나는 단순하게 이렇게 대답하였습니다. "질서의 법칙은, 사람이 자기 자신의 노력이나 능력에 의하여 성경말씀에서 비롯된 진리들에 의하여 믿음을 얻어야 한다는 것, 그럼에도 불구하고 사람은 진리에 속한 열매는 자기 자신에게서 비롯되는 것이 아니고, 다만 오직 하나님에게서 온다는 것을 믿어야 한다는 것이지요. 더욱이 사람은 자기 자신의 노력이나 능력에 의하여 자신을 정화하여야 하지만, 그럼에도 불구하고 사람이 반드시 믿어야 하는 것은, 의롭다는 칭의(稱義)의 한 점까지도 자기 자신에게서 비롯된 것이 아니고, 오직 하나님에게서 온다는 것을 믿어야 한다는 것이 질서의 법칙이 아닙니까? 그리고 사람에게 명령된 것은, 사람이 온 힘을 다해서 하나님을 믿고, 하나님을 사랑하여야 한다는 것, 그리고 자기 자신처럼 그의 이웃을 사랑하여야 한다는 것 등등이 아닙니까? 만약에 사람이 이 명령에 복종하고, 그리고 그것을 지키는 능력을 가지고 있지 않다면, 하나님에 의하여 명령된 이것을 어떻게 지킬 수 있는지 깊이 생각하시고, 말씀해 보십시오.

[4] 사탄이 이 말을 들었을 때 그의 얼굴은 처음에는 빛나더니, 차츰 송장의 색깔로, 나중에는 검은 색으로 바뀌었고, 그리고 그는 자신의 입으로 이와 같이 말을 하였습니다. "귀하께서는 모순에 모순을 더해서 말씀하였소." 그 때 갑자기 그는 그의 동료들에게로 가라앉아서 더 이상 보이지 않았습니다. 그리고 왼쪽에 있는 새들도 유령들과 함께, 괴상한 소리를 질렀고, 그리고 이른바 섭(Suph)이라고 부르는 바다에 자신들을 던졌습니다. 그리고 그들의 뒤를 따라서 메뚜기들도 뛰어들었습니다. 대기는 깨끗해졌습니다. 그리고 땅에서는 야생동물들도 모두 깨

끝이 없어졌습니다. 그 소동도 그대로 소멸되었고, 모든 것들은 평온과 고요한 상태가 되었습니다.
72. 두 번째 영계 체험기입니다.
나는 언제가 한번은 좀 떨어진 곳에서 물이 흐르는 것 같은 이상한 소리를 들은 적이 있었습니다. 그래서 영의 상태로 그 소리가 들리는 쪽으로 가까이 가보았습니다. 내가 그 소리의 근원지에 이르렀을 때, 보십시오, 전가(轉嫁 · Imputation)와 예정(豫定 · Predestination)에 관해 영들의 큰 무리가 서로 논쟁을 하고 있었습니다. 그들은 주로 네덜란드 사람과 영국 사람들이었고, 그리고 그 밖의 몇몇 나라에서 온 사람들이 뒤섞여 있었습니다. 그 각각의 토론의 결론이 나올 때마다 "야 멋지다! 훌륭합니다!" 라고 외쳤습니다. 토의된 주제는 이런 내용이었습니다. "왜 하나님께서는 그분께서 창조하신 모든 사람이나 모든 사람들에게 그분의 아드님의 공로(merit)와 의(righteousness)를 전가시키지 않고, 그 뒤에 가서 속량(贖良)시키셨는가? 하나님께서는 전능하지 않으신가? 하나님께서는 원하시기만 하면, 모든 용이나 염소들을 루시퍼의 대천사들로 만드실 수는 없는가? 하나님께서는 전능하신 분이 아닌가? 왜 하나님께서 그분의 아드님의 의(義)가 승리하기 위하여, 그리고 하나님을 예배하는 자들의 경건(敬虔)이 이기기 위하여 악마에게 불의(不義)와 불경건(不敬虔)을 잠시 허용하신 건가? 하나님에게는 믿음에 속한 모든 가치나, 따라서 구원에 속한 가치를 생각하는 것에 비하여 더 쉬운 것은 무엇인가? 이것을 행하여라는 몇 마디보다 더 필요한 것은 무엇인가? 그리고 만약에 하나님께서 원하시는 것이 아니라면, 하나님께서 모두의 구원을 열망하시지만, 어느 누구의 죽음을 원하시지 않는다는 당신의 말씀에 그분께서는 못미처 행하시는 것은 아닙니까? 그렇다면 잃어버린 자들의 저주나 멸망의 원인이 누구에게서 비롯된 것이고, 누구에게 있다는 것인지 말씀해 보시지요?" 라는 것들입니다.
그 때 네덜란드에서 온 최상의 예정론자 한 사람이 말하였습니다. "이것은 절대자(the Almighty)의 선한 기쁨에 속한 것이 아닙니까? 진흙이 그것을 만든 토기장이에게 불명예스러운 그릇을 불평할 수 있겠습니까?" 그리고 또 다른 자는 "모두의 구원은, 손 안에 있는 저울이 무게의 경중(輕重)을 재는 것과 같이, 그분의 손(His hand) 안에 있는 것입니다" 라고 말하였습니다.

[2] 믿음으로 소박(素朴)하고, 마음으로 정직한 자들 곁에 서 있는 사람들 중에서 불타는 눈을 지녔고, 마취상태로 보이고, 마치 술 취한 것처럼, 질식상태처럼 보이는 몇몇 다른 자에게 중얼거리는 소리로 "이런 헛소리들이 우리에게 무슨 소용이 있습니까? 이런 사람들은 자신들의 믿음에 의하여 바보스럽게 된 자들입니다. 다시 말하면 하나님 아버지께서는 당신의 아들의 의(義)를 그분께서 원하시는 자에게, 그리고 그분께서 원하실 때 전가(轉嫁)시키셨고, 그리고 그 의의 보증(保證)을 주시기 위하여 그분의 성령을 보내십니다. 그것은 사람 누구도 자기 자신의 구원의 대업(大業)에서 지극히 작은 몫(the least share)도 자기 자신을 위한 것으로 요구하지 못하게, 그 사람은 반드시 칭의(稱義)의 사안에 관해서는 전적으로 돌(石)과 같아야 하고, 영적인 것들에 관해서는 나무등걸과 같아야 합니다"라고 말하였습니다. 그 때 그들 중의 하나는 그 무리에 끼어들면서, 큰 소리로 말하였습니다. "미친 사람아! 그대는 염소의 털에 관해서 논쟁을 하고 있군요. 당신은 전능하신 하나님께서 질서 자체시라는 것을 전혀 알지 못하고, 그리고 질서의 법칙, 마치 성경말씀에 있는 진리들과 같이, 헤아릴 수 없다는 것도 모르고, 하나님께서 이런 수많은 법칙들에 위배(違背)해서 행동하실 수 없다는 것, 그 이유는 그것들에 반대되게 행동한다는 것은 당신 자신에게 반대되게 행동하시는 것이기 때문이라는 것, 따라서 의에 정반대될 뿐만 아니라, 당신 자신의 전능에 반대되기 때문이다"라고 하였습니다.

[3] 이런 말을 하면서 그는 좀 떨어진 오른쪽에 있는 양·어린양·하늘을 나는 비둘기의 모양들을 보았고, 왼쪽에서는 염소·늑대·독수리의 모양들을 보았습니다. 그는 이렇게 말하였습니다. "그대는 하나님께서 당신의 전능에 의하여 염소를 양으로 변화시킬 수 있다는 것을 믿습니까? 그리고 또 늑대를 어린 양으로, 독수리를 비둘기로 바꿀 수 있으시고, 그리고 또한 그 반대로 바꿀 수 있다는 것을 믿습니까? 결코 그럴 수는 없습니다. 왜냐하면 그와 같은 일은, 그분의 말씀에 따르면, 그중에 어느 것도 땅에 떨어지게 할 수 없다는 그분의 질서의 법칙들에 반대되는 것이기 때문입니다. 따라서 하나님께서 어떻게 그의 아들의 속량의 의(義)를 그분의 의의 법칙(the laws of His righteousness)을 반대하는 자에게 나누어줄 수 있겠습니까? 의(義) 자체가 어떻게 불의(不義)한 것을 행할 수 있으며, 어떻게 어느 누구는 지옥에 가도록 예정,

그를 불구덩이에 던질 수 있습니까? 뿐만 아니라 그 불이 꺼지지 않고 계속 타도록 손에 횃불을 들고 있는 악마에게 던질 수 있다는 것입니까? 미친 사람들이여, 영이 없는 자여! 보십시오. 당신들의 믿음이 당신들을 타락(墮落)시켰소! 비둘기를 잡는 올가미나 덫 같은 그 믿음이 그대들의 손에 있지 않습니까?" 이런 말을 듣자, 한 마술쟁이가 그 믿음을 일종의 올가미로 만들어서, 그것을 나무에 매달면서, "당신은 내가 이것으로 비둘기를 잡는 것을 보게 될 것입니다" 라고 말하였습니다. 그러자 어디선가 매 한 마리가 그 올가미에 날아와서 그 올가미에 그것의 목을 쑤셔박더니만, 그 올가미에 걸렸습니다. 다른 한편 이 매를 본 비둘기는 멀리 날아가 버렸습니다. 이 광경을 보고 있던 옆에 있던 자들은 모두 놀라서, "이런 촌극(寸劇)까지도 공의(公義)를 입증합니다" 라고 외쳤습니다.

73. 다음날 예정론과 전가교리를 믿었던 그 군중으로부터 몇몇이 나를 찾아왔습니다. 그들은, "우리들은 마치 술에 취한 것이 아니고, 그 사람이 한 말에 취한 느낌입니다" 라고 말하였습니다. 그는 전능에 관해서, 그리고 질서에 관해서 말을 하였습니다. 그리고 그가 결론을 맺었는데, 전능이 신령하듯이 역시 질서도 신령하다는 것, 그리고 하나님 당신께서 질서이시다는 것 등입니다. 그리고 그는, "수천이 아니라, 수억의 진리가 성경말씀에 있는 것과 같이, 질서의 법칙들도 헤아릴 수 없이 많이 있다는 것을 역설하였고, 그리고 하나님께서는 성경말씀에 있는 당신의 율법들에 매여 있고, 그리고 사람도 사람 자신의 법칙에 매여 있습니다. 그 때 그것이 법칙들에 매여 있다면, 신령전능은 도대체 무엇입니까? 왜냐하면 이와 같은 모든 절대적인 것은 전능에서 물러나야 하기 때문입니다. 따라서 하나님께서는 절대 독재자와 같은 세상의 임금에 비하여 더 힘이 없는 것은 아닌지요? 그리고 그의 손을 마구 뒤집듯이, 정의의 법칙을 쉽게 바꿀 수 있는, 그리고 저 옥타비우스 아우구스투스(Octavius Augustus)나 네로(Nero)같이, 아무런 제한 따위가 없이 행동하는 그런 임금에 비하여 힘이 없는 것은 아닙니까? 우리가 율법들이나 어떤 법률에 매여 있다는 전능에 관해서 생각할 때, 우리는 마치 술 취한 것처럼 느끼고, 또한 우리가 빨리 치료를 받지 않는다면, 이미 졸도(卒倒)했을 것이라는 느낌입니다. 왜냐하면 우리의 믿음에 따라서 우리는 하나님 아버지에게 그분의 아드님의 공로로 말미암아 우리에게

자비를 베풀어 주시기를 기도하는 것이 거의 습관화되었기 때문이고, 그리고 우리는, 하나님께서는 그분께서 선택하신 자들에게는 자비를 베푸시고, 그리고 그분께서 좋아하는 자들에게는 죄를 용서하시고, 그들을 구원하실 수 있다는 것을 믿고 있기 때문입니다. 그리고 또한 우리는 그분의 전능에서 지극히 작은 점 하나까지도 떼어낼 수 없기 때문입니다. 그러므로 하나님께서 당신 자신의 율법의 쇠사슬로 묶는다는 것은, 하나님의 전능에 전적으로 모순되는 것이기 때문에, 불신앙적인 사악한 것으로 생각합니다" 라고 말하셨습니다.

[2] 이런 말을 하면서 그들은 나를 쳐다보고, 나는 그들을 쳐다보았습니다. 나는 그들이 매우 당황해 하는 것을 알았습니다. 그래서 나는 "나는 주님에게 기도할 것입니다. 그러면 이 주제에 관한 빛의 입류에 의하여 치료될 것입니다. 그러나 지금은 예들을 보여 주겠습니다" 라고 말하였습니다. 그리고 나는 "전능하신 하나님께서는 그분 안에 있는 질서로 말미암아 세상을 창조하셨습니다. 다시 말하면 그분께서 계시는 질서에로 창조하셨고, 그리고 그분께서 다스리시는 질서에 일치하여 창조하셨습니다. 그리고 그분께서는 그분의 질서를 우주에 각인(刻印)시키셨고, 그리고 우주의 개별적인 것이나 전체적인 것들에 질서를 각인시키셨고, 그리고 사람에게는 사람의 질서로, 짐승에게는 짐승의 질서를, 그리고 새·물고기·벌레에도 각각의 그것의 질서를 각인시키셨고, 그리고 또한 모든 나무나 온갖 종류의 풀에는 그것의 질서를 각각 각인시키셨습니다. 그러나 그 내용을 예를 들어서 설명하기 위해 나는 간략하게 아래의 내용을 언급하고자 합니다. 사람에게 요구된 질서의 법칙들은, 사람이 자기 자신을 위하여 성경말씀으로부터 진리들을 반드시 터득하여야 한다는 것이고, 그리고 자연적으로는 그것을 깊이 생각하는 것이고, 그리고 가능한한 그것들에 관해서 합리적으로 생각하고, 따라서 자신을 위해 자연적인 믿음을 얻어야 한다는 것입니다. 그 때 하나님 측면에서의 질서의 법칙은, 하나님께서는 사람에게 가까이 오시고, 이런 진리들을 그분의 신령 빛으로 채우시고, 그리고 단순한 지식이나 종지(宗旨)를 가리키는 사람의 자연적인 믿음(the man's natural faith)을 신령본질(a Divine essence)로 채우시는 것 등입니다. 다른 방법으로는 안 되지만, 오직 이 방법으로 구원에 이르는 믿음이 될 수 있습니다. 인애의 경우도 마찬가지입니다. 그러나 인애에 관해서는 몇몇 개별적인

것들에 관해서 간략하게 언급하겠습니다. 그분의 율법에 따라서, 사람이 자기 자신의 질서의 법칙에 일치하는 것에 비례하여 하나님께서는 어느 누구에게나 죄들을 용서하실 수 있고, 그리고 그것들을 억제하실 수 있습니다. 하나님께서는, 사람이 자신의 질서의 법칙에 따라서 자연적으로 중생하는 것에 비례하여, 사람을 영적으로 중생시키십니다. 하나님께서는 사람을 중생시키기 위하여, 따라서 사람을 구원하시기 위하여, 부단히 애씀 가운데 계시지만, 그러나 이것은 그분께서 사람이 그릇으로서 자신을 위하여 준비하는 것을 제외하면, 따라서 하나님을 위하여 길을 잘 고르고, 문을 여는 것을 제외하면 이런 것을 성취한다는 것은 불가능하기 때문입니다. 그것은 마치 신랑은, 그녀가 그의 신부가 되기 전에는, 처녀와 침실에 들어갈 수 없는 것과 같습니다. 왜냐하면 그녀는 문을 잠그고 있고, 그 안에 있는 그녀에게 들어오는 문의 열쇠를 간직하고 있기 때문입니다. 그러나 처녀가 신부가 되었을 때 그녀는 신랑에게 그 열쇠를 줍니다.

[3] 하나님께서는, 그분께서 사람(原人間 · Man)이 되시지 않고서는, 그분의 전능에 의하여 사람들을 속량(贖良)하실 수 없으셨습니다. 그리고 또한 하나님께서는, 그 인성(that Human)이 처음에는 아기의 인성(the human of a babe)과 같이, 다음에는 소년의 인성과 같이, 그 다음에는 인성 자체는, 그의 아버지(its Father)께서 그것 안에 들어가시기 위한, 수용그릇(a receptacle)이나 주거(habitation)로 형성하시지 않고서는 그분의 인성을 신령하게 완성하실 수 없으셨을 것입니다. 이와 같은 일련의 일은, 성경말씀의 모든 것들을 완성하는 그분의 성취(His fulfilling)에 의하여, 다시 말하면 거기에 있는 질서의 모든 것들을 완성하는 것에 의하여 행해졌습니다. 그리고 그분께서 이 일을 완성하는 것에 비례하여 그분께서는 당신 자신을 아버지(the Father)에게 합일(合一)하셨고, 아버지(the Father)께서는 당신 자신을 그분에게 합일하셨습니다. 설명된 몇몇 내용은 예증(例證)이 목적을 위해 제시된 것이고, 그리고 신령 전능이 질서 안에 있다는 것, 그리고 섭리(攝理 · Providence)라고 부르는 그것의 통치(its government)가 질서와 일치한다는 것, 그리고 그것의 통치는 그것의 질서에 따라서 계속적으로, 그리고 영원까지 역사(役事 · 活動)하신다는 것을 여러분께서 이해하기 위한 것입니다. 그리고 또한 질서가, 그것들의 모든 법칙과 함께, 그분 자신(Himself) 안에 존

재하기 때문에, 질서는 그것들에 거슬러 역사할 수도 없고, 그것들을 일점일획(one iota)도 변화시킬 수 없습니다" 는 것을 설명하였습니다.
[4] 이런 내용이 언급, 설명되었을 때 금빛 찬란한 빛이 지붕을 통해서 유입하였고, 공중을 나르는 게르빔(flying cherubs)을 형성하였습니다. 그것에서 비롯된 광채가 머리 뒤쪽에 있는 성전에는 비추었지만, 앞쪽은 비추지 않았습니다. 왜냐하면 그들이 "우리는 아직까지 전능이 무엇인지 모르겠다"고 중얼거렸기 때문입니다. 그리고 나는 "지금까지 당신들에게 언급된 것이 명료하게 될 때 전능이 무엇인지 밝히 계시될 것입니다" 라고 말하였습니다.

74. 셋째 영계 체험기입니다.
나는 먼 거리에 모자를 쓰고 있는 수많은 사람들을 보았는데, 그 중 어떤 이들은 명주실이 묶여 있는 모자를 썼는데, 이들은 성직자에 속한 무리이고, 어떤 이들은 금실로 장식한 테를 두른 모자들을 썼는데 이들은 평신도의 무리였습니다. 그들은 모두가 학식이 있고, 교양이 있는 세련된 자들입니다. 나는 또 터번(turban)을 쓴 무리도 보았는데, 이들은 학식이 없는 자들이었습니다. 나는 그들에게 가까이 갔는데, 그들은 끝없는, 신령능력(the Divine power)에 관해서 서로 이야기하는 것을 들을 수 있었습니다. 그들이 하는 말은 이러했습니다. 만약에 신령능력이 이미 세워진 질서의 법칙에 따라서 발출한다면 그것은 무한(無限)이 아니고 유한(有限)한 것이라고 하겠으며, 따라서 능력(power)이라고는 할 수 있겠지만, 그렇다고 전능(全能)은 아닐 것입니다. 그들은 또 "전능을 억제하는 것을 가리키는 법칙의 억압(coercion of law)이 없다면, 그와 같이 행해질 것이고, 달리 행해지지 않을 것이라는 것을 누구가 모르겠습니까? 틀림없이 우리가 전능에 관해서 생각할 때, 그리고 동시에 진행되는 것에 반드시 따라야 한다는 질서의 법칙들을 생각할 때 우리의 지각된 전능의 개념들은 부러진 지팡이를 손에 쥐고 있는 것과 같다고 하겠습니다" 라고 말하였습니다.
[2] 그들이 나를 보자, 내게, 어떤 이들은 달려 왔고, 그리고 어떤 이들은 열정을 가지고 말하였습니다. "귀하께서는, 마치 끈으로 묶는 것처럼, 율법들에 의하여 하나님을 속박(束縛)하는 그런 사람입니까? 만약에 그렇다면, 얼마나 거만하고 무례한 사람입니까! 귀하는 역시, 우리는 속량자의 의(the righteousness of the Redeemer)를 그것의 중심에 놓았고,

그리고 그 위에 하나님 아버지의 전능을 놓았고, 그리고 성령의 역사(the operation of Holy Spirit)를 하나의 부록으로 부가하였습니다. 그리고 그와 같은 그것의 효력(效力 · efficacy)은 영적인 것들에 대해서 사람의 절대무능(the absolute impotence of man)에 의존하는 것으로 여깁니다. 그러므로 사람은 하나님의 전능의 은덕에 의하여 그 믿음 안에 있는 칭의의 충만함(the fulness of justification)을 말하는 것만 필요할 뿐입니다. 그러나 우리가, 귀하께서 우리의 믿음을 보시고, 텅빈 것을 제외하면 아무것도 아니라고 말씀하시는 것을 들었을 때, 그것은 귀하께서 사람의 영역에서의 신령질서에 속한 것을 전혀 보시지 못하였기 때문입니다" 라고 역설하였습니다.

이런 말을 들었을 때 나는 큰소리로 말을 하였습니다. 신령 질서의 법칙들을 배워, 익히십시오. 그러면 "그 때 그 믿음이 열릴 것이고, 그리고 여러분은 광활한 사막을 볼 것이고, 그리고 그 사막에는, 똬리를 틀고 있는 아주 크고 긴 뱀 리바이어던(Leviathan)을 볼 것이고, 그리고 그것의 주위에는 풀 수 없는 매듭들로 엉켜 있는 그물들을 볼 것입니다. 그러나 알렉산더에 관해 언급된 것을 보면, 그가 고디안 매듭(the Gordian knot)을 보았을 때 그는 칼을 뽑아서 그것을 잘라버려서, 그것의 얽힘을 단숨에 풀었고, 그것을 땅에 던져서 발로 짓밟았다"는 것입니다.

[3] 이 말에 대해서 거기에 운집한 자들은 그들의 혀를 깨물고, 그리고 욕지거리를 하려고 했지만, 그들은 그 일을 감행하지는 못했습니다. 왜냐하면 그들은 내 위에 열려 있는 천계를 보았고, 그리고 천계에서 오는 음성을 들었기 때문인데, 그 음성은 "제일 먼저 전능하신 하나님께서 그것에 따라서 행하시는 질서가 무엇인지 스스로 마음을 다스리고, 들으십시오." 라는 것이었습니다. 그리고 그 음성은 "하나님께서는 당신 자신의 질서로 말미암아 질서 가운데 있는 질서를 위해서 우주를 창조하셨습니다." 이와 마찬가지로 하나님께서는 사람을 창조하셨고, 그리고 하나님께서는 그 사람 안에 그분의 질서의 법칙들을 세우셨고, 그 법칙들에 의하여 사람은 하나님의 형상과 모양으로 완성되었습니다. 간략하게 그 법칙들은, 사람은 반드시 하나님을 믿어야 한다는 것, 그리고 이웃을 사랑하여야 한다는 것, 사람이 자신의 자연적인 능력으로부터 이 두 사랑을 행하는 것만큼 사람은 자기 자신을 신령능력의 수용그

룻으로 완성하는 것이고, 하나님께서는 당신 자신을 사람과 결합시키고, 사람은 하나님에게 결합시킵니다. 이것으로 말미암아 사람의 신념(man's belief)은 살아 있는 신념이 되고, 구원하는 신념이 되고, 그리고 사람의 행함(his doing)은, 역시 살아 있고, 구원하는 것을 가리키는 인애(charity)가 됩니다. 그러나 반드시 이해하고, 밝히 알아야 할 것은, 하나님께서는 멈춤 없이 현존, 임재하시고, 계속해서 사람 안에서 악하고 거짓된 것들과 싸우시고, 역사, 활동하신다는 것입니다. 심지어 사람의 의지에 속한 자유에 미치지만, 결코 그것을 방해하거나 침해하지는 않는다는 것입니다. 왜냐하면 만약에 하나님께서 의지에 속한 사람의 자유를 침해한다면 하나님 안에 있는 사람의 거처는 파괴될 것이기 때문이고, 그리고 또한 사람 안에 있는 하나님의 거처만 유일하게 남을 것이기 때문입니다. 이 거처는 이 땅이나 천계에 있는 모두에게 있고, 심지어 지옥에 있는 자들에게도 있습니다. 그리고 이것은 그들의 능력, 그들의 의지, 그들의 이해의 근원입니다. 그러나 성경말씀에 언급된 질서의 법칙들에 따라서 사는 자들 안에 있는 것을 제외하면 하나님 안에 있는 사람에게 속한 상호적인 거처는 결코 존재하지 않습니다. 그리고 이런 것이 하나님의 형상과 모양이 되고, 그리고 그것은 그들에게는 소유물로 주어진 낙원이고, 먹거리를 위한 생명의 나무의 열매입니다. 이에 반하여 그렇지 못한 나머지 자들은 선과 악의 지식의 나무 주위에 모이고, 거기서 뱀과 대화하지만, 그러나 얼마 뒤에 이들은 거기에서 쫓겨납니다. 그럼에도 불구하고 하나님께서는 그들을 버리시지 않으시지만, 그러나 그들은 하나님을 버립니다"라고 말하였습니다.

[4] 모자를 쓴 자들은 이 말을 이해하였고, 그 말에 동의하였습니다. 그러나 터반을 쓴 자들은 이 말을 부인하였고 "전능은 제한이 없는 것 아닙니까? 한계가 있는 전능은 모순(矛盾)이지요"라고 말하였습니다. 그러나 나는 이렇게 대답하였습니다. "공평과 함께 공의의 법률에 일치하는 전능스러운 행동에는 결코 모순 따위는 없는 것이고, 또한 지혜에서 비롯된 사랑에 각인된 율법에 일치하는 행위에는 역시 결코 모순은 없습니다. 그러나 공평이나 지혜가 아닌 것에서 비롯된 행동을 가리키는, 하나님의 공의나 사랑의 율법에 거슬러서 하나님께서 무엇을 행할 수 있다고 주장하는 것은 모순일 뿐입니다. 이런 부류의 모순은 여러분의 신앙에 내포되어 있는데, 그것은 단순히 은총으로 말미암아 하나님

께서는 불의한 사람을 의로운 사람으로 여길 수 있고, 그 사람에게 구원의 선물들이나 생명의 상급을 주실 수 있다는 것입니다. 그러나 나는 하나님의 전능이 무엇인지 간략하게 천명(闡明)하겠습니다. 하나님께서는 당신의 전능으로 우주를 창조하셨고, 동시에 그것 안에 있는 개별적인 것이나 전체적인 것들에게 질서를 전래(傳來), 이입(移入)시키셨습니다. 역시 하나님께서는 당신의 전능으로 말미암아 우주를 본존하시고, 멈춤 없이 질서의 법칙들과 함께 그것에 속한 질서를 지키시고 보살피십니다. 그 어떤 것이 질서에서 이탈(離脫)할 때, 하나님께서는 질서에 돌아오게 하시고, 그것을 온전하게 회복시키십니다. 더욱이 하나님께서는 당신의 전능으로 말미암아 교회를 제정(制定), 실시하셨고, 그리고 성경말씀에서 질서의 법칙들을 밝히 드러내셨습니다. 그리고 교회가 질서에서 이탈했을 때, 하나님께서는 다시 회복시키셨습니다. 그리고 교회가 깡그리 이탈하였을 때, 하나님 당신께서는 이 세상에 강림하셨고, 그리고 그 때 입으신 인성에 속한 방법에 의하여 전능을 입으셨고 그리고 하나님께서는 교회를 다시 세우셨습니다.

[5] 하나님께서는 당신의 전능과 전지(全知)로 말미암아 사후(死後) 모든 사람을 살피시고, 그리고 의인, 즉 양을 위하여 천계에 있는 그들의 처소를 준비하시고, 그리고 그들로부터 천계를 세우십니다. 다른 한편 하나님께서는 당신의 전능과 전지로 말미암아 불의한 자, 즉 염소들을 위하여 지옥에서 그들의 거처를 준비하시고, 그들로 지옥을 세우십니다. 이들 양자―불의한 자 · 의로운 자―로 주님 하나님께서는 그들의 사랑에 속한 다양성들에 따라서 사회들에 맞게 배치, 정리하시고, 몸들을 집합시키십니다. 천계에는 자연계의 창공의 별들이 많이 있는 것과 같이 여러 사회들이 있습니다. 그리고 하나님께서는, 그것들이 하나님 앞에서 한 사람으로 있게 하기 위하여, 천계의 여러 사회들을 하나로 결합시키십니다. 이런 식으로 하나님께서는, 그들이 하나의 악마와 같이 있게 하기 위하여 지옥에 있는 모두를 힌데 불리 모으시고, 공동제를 만드십니다. 그리고 하나님께서는 전지와 후자 사이에 있는 심연(深淵 · gulf)에 의하여 분리하시는데, 그것은 지옥이 천계를 공격, 해치지 못하게 하기 위한 것이고, 그리고 천계가 지옥에게 고통을 주지 못하게 하기 위한 것입니다. 왜냐하면 지옥에 있는 자들은 천계에서 유입하는 정도에 따라서 고통을 받기 때문입니다. 만약에 하나님께서 당신의 전

능으로 말미암아 즉시 이 일을 하시지 않는다면 야만인의 기질(a savage nature)은, 그들이 질서의 법칙에 의하여 더 이상 제약을 받지 않을 정도까지, 사람들 속에 파고들 것입니다. 따라서 인류는 멸망할 것입니다. 만약에 하나님께서 질서도 아니시고, 질서 안에 전능도 있지 않다면, 이와 같은 이런저런 일들이 일어날 것입니다"고 말하였습니다. 이 말을 듣자, 모자를 쓴 자들은 모자를 벗어서 겨드랑이에 끼고, 하나님을 찬양하면서 돌아갔습니다. 왜냐하면 그 세상에서는 총명한 자는 모자를 쓰기 때문입니다. 그러나 터번을 쓴 자들은 그렇지 않았습니다. 왜냐하면 이런 부류는 대머리이기 때문이고, 그리고 대머리는 어리석음을 뜻하기 때문입니다. 후자는 왼쪽으로 떠났고, 전자는 오른쪽으로 떠났습니다.

우주의 창조(the creation of the universal)

75. 제1장의 주제가 하나님 창조주(God the Creator)이기 때문에, 그분에 의한 우주의 창조는 역시 반드시 깊이 있게 다루어져야 하겠습니다. 그리고 다음 장에서는 주님 속량주(the Lord the Redeemer)에 관한 것이기 때문에 속량(贖良 · redemption)이 다루어질 것입니다. 그러나 사람의 이해가 그전에 인지하고 있었던 대부분의 일반적인 지식에 의하여 지각의 상태에 들어올 때까지는, 어느 누구도 우주창조에 속한 올바른 개념을 터득, 지닐 수 없습니다. 그 내용은 아래와 같습니다.
[2] (i) 두 세계가 있는데, 하나는 천사들이나 영들이 있는 영계(a spiritual world)이고, 다른 하나는 사람들이 있는 자연계(a natural world)입니다.
(ii) 각각의 세계에는 태양(sun)이 있습니다. 영계의 태양은 그 태양의 중앙에 계시는 여호와 하나님에게서 비롯되는 사랑 이외에 아무것도 아닙니다. 그 태양에서는 볕(heat)과 빛(light)이 나오고, 거기에서 나오는 볕은 그것의 본질에서 사랑이고, 그것에서 나오는 빛은 그것의 본질에서 지혜입니다. 그리고 이들 양자는 사람의 의지와 이해(the will and understanding)에 영향을 주는데, 볕은 의지에, 빛은 이해에 감동을 줍니다. 그러나 자연계의 태양은 불(火) 이외에 아무것도 아니기 때문에, 그

제 1 장 · 하나님 창조주 171

러므로 그것에서 비롯되는 별이나 빛은 죽은 것입니다. 다만 이런 것들은, 그것들이 사람을 통과하기 위하여 영적인 별이나 빛에 대한 가리개(a covering)나 보조자(auxiliary)로서 봉사합니다.

[3] (iii) 이들 양자는 영계의 태양에서 나오고, 그리고 결과적으로 그것들에 의하여 그 세계에서 존재를 가지는 모든 것들은 실제적(substantial)이고, 그리고 영적이라고 합니다. 이에 반하여 자연계의 태양에서도 동일한 양자들이 나오는데, 결과적으로 그것들에 의하여 여기서 존재를 가지는 모든 것은 물질적이고, 자연적이라고 합니다.

[4] (iv) 각각의 세계에는 높이의 계도들(degrees of height · 수직적 계도)이라고 부르는 세 계도들이 있습니다. 결과적으로는 세 지역들(three regions)이 있습니다. 그리고 이들 세 직역에 따라서 천사적인 천계가 정돈되어 있고, 그리고 그 세 지역에 따라서 사람의 마음(human minds)도 정돈되어 있는데, 따라서 그것은 세 천사적인 천계에 대응합니다. 그리고 각각의 세계에 있는 것은 무엇이나 비슷한 방법으로 정돈되어 있습니다.

[5] (v) 영계에 있는 것들과 자연계에 있는 것들 사이에는 대응(對應 · correspondence)이 있습니다.

[6] (vi) 창조된 양계에 속한 개별적인 것이나 전체적인 것들 안에는 질서가 있습니다.

[7] (vii) 이런 것들에 속한 개념이 먼저 터득되어야 한다는 것은 필수적입니다. 왜냐하면 이와 같은 개념의 터득이 없다면 이런 것들의 무지(無知)에서 비롯된 사람의 마음은 아주 쉽게 자연에 의한 우주 창조의 어리석은 생각에 빠지기 때문입니다. 이에 반하여 교회의 권위에 의존해서 자연은 하나님에 의하여 창조되었다는 것을 주장하지만, 그럼에도 불구하고 그 창조가 어떻게 이루어졌는지 알지 못하기 때문에 내면적으로 그 문제에 대해서 살피기 시작하면 즉시 하나님을 부인하는 자연주의(the naturalism)에 머리를 쑤셔박게 될 것입니다. 그러나 여기에 언급된 명제들을 하나씩 정확하게 설명하고, 입증하기 위해서는 아마도 큰 책의 작업이 있어야 할 것입니다. 여기서 다루고 있는 사안은, 주제나 논쟁으로서 이 책의 신학적인 체계에 적합하지 않기 때문에, 그러므로 나는 여기에 하나님의 우주 창조의 개념에서 터득한 몇몇 영계 체험을 언급하고자 합니다. 제시하고자 하는 이런 개념들로부터 좋은 결과가

있기를 기대합니다.

76. 첫 번째 영계 체험기입니다.

어느 날 나는 우주 창조에 관해서 명상을 한 적이 있습니다. 이 내용은 내 위 오른쪽에 있는 천사들에 의하여 지각된 것인데, 거기에는 가끔 이 주제에 관해서 명상도 하고, 추론도 하는 자들이 있는데, 그들 중 하나가 내려와서, 그들과 합류하기 위해 나를 초대하였습니다. 나는 영의 상태가 되어 그와 함께 가서, 그들과 합류, 나는 황태자에게 안내되었고, 나는 그의 궁전에 운집한 수백의 사람들을 보았는데, 그 황태자는 그들의 중앙에 자리 잡고 있었습니다.

그 때 그들 중 하나가 "우리는 지금 여기서 귀하께서 우주 창조에 관해서 명상하고 있다는 것을 깨달았습니다. 그리고 우리들도 역시 가끔 동일한 명상에 빠지곤 하였습니다. 그러나 우리는 결코 결론에 이르지 못하였습니다. 그것은 우리들의 생각이, 우주의 개별적인 것이나 전체적인 것들은, 말하자면, 그것들의 질서 가운데서 부화(孵化)되었다는 이른바 큰 알(the great egg)을 깨고 나왔다는 혼돈의 개념(混沌 · the idea of a chaos)에 잡혀 있기 때문입니다. 이에 반하여 지금 우리가 깨달은 것은 이와 같은 매우 큰 그런 식으로는 생겨날 수 없다는 것입니다. 그 때 우리의 생각은 또 다른 개념에 사로잡혔습니다. 말하자면 모든 것은 하나님에 의하여 아무것도 없는 것에서 나왔다는, 즉 무의 개념에 사로잡혔습니다.

그러나 우리가 지금 밝히 알 수 있는 것은 무(無 · nothing)에서는 무(無 · nothing) 밖에 나올 수 없다는 것입니다. 우리는 우리의 마음이 이들 두 개념(=생각)들에게서 결코 벗어날 수가 없었고, 그리고 또한 우리는 창조가 어떻게 완성되었는지 명료한 등차를 가지고 볼 수도 없었습니다. 그래서 우리는 귀하께서 이 주제에 관한 명상의 결과를 우리에게 설명, 알려 줄 수 있도록 귀하께서 있던 곳에서 귀하를 초청한 것입니다" 라고 말하였습니다.

[2] 나는 이 말을 듣고, 이렇게 대답하였습니다. "그렇게 하지요. 나는 이 주제에 관해서 긴 시간 명상을 하였지만 그 목적은 이루지 못하였습니다. 그러나 나는 주님에 의하여 여러분의 세계에 안내되었기 때문에 내가 깨달은 것은, 우주 창조에 관해서 제일 먼저 알아야 할 것은 두 세계가 있다는 것이고, 그 중 하나는 천사들이 있는 세계이고, 다른 하

나는 사람들이 있는 세계가 있다는 것을 알지 못하면, 그것의 결론을 얻으려고 애쓰는 노력이 너무나 쓸모없다는 것이고, 그리고 사람은 죽음을 통해서 자신들의 세상에서 천사들의 세상에 간다는 것 등입니다. 그 때 내가 본 사실은 그 세계에는 두 태양이 있는데, 하나는 영적인 것들이 그것에서 유입하는 것이고, 다른 하나는 자연적인 것들이 그것에서 유입하는 것이고, 그리고 영적인 것들이 그것에서 유입하는 그 태양은, 그것의 중앙에 계시는 여호와 하나님에게서 비롯되는 사랑 이외에 아무것도 아니라는 것과, 그리고 자연적인 것들이 그것에서 비롯되는 태양은 불(fire) 이외에 아무것도 아니라는 것 등등입니다. 이런 사실들을 알게 되었을 때 한 때 나는 조요의 상태(照耀狀態 · a state of enlightenment)에 있게 되었는데, 내게 깨달음이 허락된 것은, 그 중앙에 계시는 여호와 하나님께서 그 태양에 의하여 우주를 창조하셨다는 것이고, 그리고 사랑은 지혜를 떠나서는 있을 수 없기 때문에, 우주 창조는 그분의 사랑으로 말미암아 그분의 지혜에 의하여 여호와 하나님께서 창조하셨다는 것 등등입니다. 이런 것에 관한 진리는, 여러분이 있는 그 세상에서 내가 본 전체적인 것들이나 개별적인 것들에 의하여, 그리고 내가 육신을 입고 있는 이 세상에 있는 그런 것들에 의하여, 분명하게 입증되겠습니다."

[3] 창조가 최초의 상태로부터 어떻게 진행되었는지를 설명한다는 것은 너무나 넓은 공간을 차지할 것이지만, 그러나 내가 조요의 상태에 있었을 때 내가 깨달은 것은, 본질적으로 실질적인 것을 가리키는, 영적인 대기(spiritual atmospheres)인 여러분 세상의 태양에서 비롯되는 별과 빛에 의하여 차례로 창조되었다는 것입니다. 그 대기에는 세 종류가 있는데, 결과적으로 대기들에 속한 세 계도들에게서 세 천계는 이루어집니다. 하나는 가장 높은 사랑과 지혜의 계도에 있는 천사들을 위한 것이고, 그 둘째는 둘째 계도에 있는 자들을 위한 것이고, 그 셋째는 가장 낮은 계도에 있는 자들을 위한 것입니다. 그러나 영적인 우주는 그것에서 그것의 결과들이나 선용들(uses)을 생기게 하는 자연적인 우주(a natural universe) 없이 존재할 수 없기 때문에, 그러므로 동시에 모든 자연적인 것들이 그것에서 발출하는 태양이 창조되었고, 그리고 마찬 가지로 그것을 통하여 별과 빛에 의하여 세 대기들이 창조되었습니다. 그것은 마치 전자 셋(3)은 조개껍데기가 조갯살을 감싸고 있듯이,

나무껍데기가 나무를 감싸고 있는 것과 같습니다. 마지막으로 이들 대기들에 의하여 사람들 · 짐승들 · 물고기들 · 관목(灌木)들 · 수풀들이 있는 토양 · 돌 · 광물에 의하여 이 세상적인 물질로 형성된 수륙(水陸)의 지구가 창조되었습니다.

[4] 이러한 내용은 창조와 그것의 진행과정의 일반적인 개설(槪說)에 불과합니다. 아마도 창조에 관해서 개별적인 것들이나 더 상세한 것들을 설명하기에는 여러 권의 책들이 필요할 것입니다. 그럼에도 불구하고 이런 여러 가지 것들은 하나님께서 무(無)에서 우주를 창조하지 않았다고 결론을 지적하고 있습니다. 왜냐하면 여러분께서 말씀하셨듯이, 없는 것(無 · nothing)에서는 아무것도 나오는 것이 없기 때문입니다. 그러나 하나님께서는 그분의 존재 자체(His very Esse)에서 비롯된, 따라서 지혜와 결합된 사랑 이외에 아무것도 아닌 것을 가리키는, 천사적 천계의 태양에 의하여 우주를 창조하셨다는 결론을 지적하고 있습니다. 영계와 자연계를 뜻하는 우주는, 그것 안에 있는 개별적인 것이나 전체적인 것들에 의하여 입증되고, 증명된 신령지혜에 의하여 신령사랑으로 말미암아 창조되었습니다. 그리고 만약에 여러분이 이런 모든 것들을 그것들의 질서나 관계에서 깊이 숙고한다면, 여러분은 여러분의 이해에 속한 지각들을 밝게 비추는 빛 가운데서 명료하게 능히 볼 수 있을 것입니다. 그러나 반드시 마음에 간직하여야 할 것은 하나님 안에서 하나(one)를 이루는 사랑과 지혜는 추상적인 뜻으로 사랑과 지혜가 아니라는 것이지만, 그러나 그것은 그분 안에서 본질(substance)로서 존재한다는 것입니다. 왜냐하면 하나님께서는 자체(the Very)시고, 유일존재(the Only)이시고, 따라서 본질적으로 존재(Being)와 생존(Subsistence)을 가지고 있는, 근본적인 본질이고 실체(the primal Substance and Essence)이시기 때문입니다.

[5] 창조된 개별적인 것이나 전체적인 것들이 신령사랑과 신령지혜에서 비롯된 것이라는 것은 요한복음서의 이런 말씀이 뜻합니다. 그 책의 말씀입니다.

> 태초에 말씀이 계셨다. 그 말씀은 하나님과 함께 계셨다. 그 말씀은 하나님이셨다. …… 모든 것이 그로 말미암아 생겨났으니, 그가 없이 생겨난 것은 하나도 없다. …… 세상이 그로 말미암아 생겨났는데도, 세상은 그를 알지 못하

였다(요한 1 : 1, 3, 10).

여기서 '하나님'(God)은 신령사랑을 뜻하고, '말씀'(the Word)은 진리, 즉 신령지혜를 뜻합니다. 그러므로 같은 절에서 말씀은 '빛'(Light)이라고 불리웠고, 그리고 하나님과의 관계에서 '빛'은 신령지혜를 뜻합니다"라고 말하였습니다. 내가 이런 말을 마치고, 떠날 채비를 하고 있을 때, 천사적인 천계를 통해서 내려온 거기의 태양에서 비롯된 빛의 광채가 그들의 눈들에 비치었고, 그것을 통해서 그들의 마음에 속한 거처들 속에 들어왔습니다. 이와 같이 빛이 비치었을 때, 그들은 내가 한 말에 동의를 하였고, 그 뒤에는 나를 따라서 집회장에 들어왔습니다. 나의 예전 동료는 그가 나를 찾았던 그 집으로 나를 데리고 갔습니다. 그리고 그는 거기에서 자신의 사회로 다시 올라갔습니다.

77. 두 번째 영계 체험기입니다.

어느 날 아침잠에서 막 깨어나, 비몽사몽(非夢似夢) 중에 화창한 아침 햇살 가운데서 명상에 빠져 있을 때였습니다. 나는 번개 불빛 같은 것이 창문을 통해서 들어오는 것을 보았습니다. 그리고 뒤이어 천둥소리 같은 요란한 소리도 들었습니다. 내가 이런 것들이 어디에서 오나 하고 이상하게 생각하고 있을 때, 나는, 하나님과 자연에 관해서 날카롭게 논쟁을 하는 소리를 영들이 있는 하늘에서 들었습니다. 번개불과 같은 섬광(閃光)이나 천둥과 같은 소리는 대응들을 가리키는데, 결과적으로 한쪽은 하나님 편이고 다른 한쪽은 자연 편인, 양자들이 서로 논쟁하는 다툼이나, 충돌(collision)의 표시들이었습니다. 이 영적인 논쟁의 근원은 이렇습니다. 지옥에 있는 몇몇 사탄들이 다른 사탄들에게 이렇게 말하였습니다. "천계에 있는 천사들과 대화하는 일이 허락된다면 얼마나 좋을까! 우리는 모든 것들의 근원이라고 그들이 부르는 하나님이 자연(自然)이라는 것을 완벽하게, 그리고 충분하게 입증할 것입니다. 그러므로 자연은 그것이 뜻하는 것이 아니라면, 하나님은 단순한 낱말에 불과한 것입니다" 라고 말하였습니다. 이들 사탄들은 그들의 마음과 영혼으로 이 말을 믿고 있었기 때문에, 그리고 천계의 천사들과 대화하기를 열망하였기 때문에, 그들은 칠흑같은 지옥에서 위로 올리워지는 것이 허락되었고, 그 때 하늘에서 내려온 두 천사들과 대화를 하였습니다.

[2] 이들은 천계와 지옥 사이에 있는 영들의 세계(the World of Spirits)

에 있었습니다. 거기에서 천사들을 대면한 사탄들은 그들에게 빨리 달려가서, 화가 난 목소리로 소리를 질렀습니다. "여러분은 하나님과 자연에 관한 논쟁에서 우리와 만나도록 우리에게 허용된 천계의 천사들입니까? 여러분께서는, 여러분이 하나님을 시인하기 때문에, 현명한 자라고 불리운다지만, 너무나 단순합니다! 어느 누구가 하나님을 보았습니까? 어느 누구가 하나님이 누구신지 이해합니까? 어느 누구가, 우주와 그리고 그것 안에 있는 개별적인 것이나 전체적인 것들을 하나님께서 다스린다는 것, 그리고 다스릴 수 있다는 것을 깨닫고 파악합니까? 군중이나 오합지졸(烏合之卒)을 제외하면 그들이 보지도 못하고, 이해하지도 못한 것을 소유한다는 것이 누구입니까? 자연이 모든 것의 모든 것 (the all-in-all)이라는 것 이상으로 더 명백한 것이 무엇입니까? 어느 누구가 자기 눈으로 자연 이외에 무엇을 봅니까? 어느 누구가 자기 귀로 자연 이외에 무엇을 듣습니까? 어느 누구가 자신의 코로 자연 이외에 무엇을 냄새맡습니까? 어느 누구가 자신의 혀로 자연 이외에 무엇을 맛봅니까? 어느 누구가 손이나 몸의 촉각으로 자연 이외에 무엇을 느낍니까? 우리 몸의 감관들이 참된 것의 증인 아닙니까? 자신들의 이런 확신들로부터 한 사물이 그러하다는 것을 어느 누구가 맹세하지 않을 수 있습니까? 자연 이외에 우리가 숨 쉬게 하는 것이 무엇입니까? 우리의 머리나 여러분의 머리도 자연 안에 있지 않습니까? 만약에 자연에서 비롯된 것이 아니라면 머리에 속한 생각들에 들어온 입류는 어디에서 온 것입니까? 만약에 자연이 제거된다면 여러분은 무엇을 생각할 수 있겠습니까?"라고 소리쳤습니다. 이와 비슷한 수많은 것들을 따져 물었습니다.

[3] 천사들이 이런 말을 들었을 때 그들은 이렇게 대답하였습니다. "여러분은 여러분이 지극히 감관적이기 때문에 이런 식으로 말하는 것입니다. 왜냐하면 지옥에 있는 자들은 모두 육체적인 감관들에 빠져 있는 그들의 생각들에 속한 개념들을 가지고 있기 때문이고, 그리고 그것을 그들의 마음을 감관들 위로 올릴 수 없기 때문입니다. 그러므로 우리는 여러분을 용서합니다. 악한 삶이나 그릇된 것을 믿는 신념 따위는, 만약에 여러분이 삶에 속한 악들이나 신념에 속한 거짓들에서 떨어진 상태에 있지 않다면 여러분에게는 감관적인 것들 이상으로 올리는 것이 가능한 마음들의 내면적인 것들을 굳게 닫아버린 마음이 여러분에게 있

는 것입니다. 왜냐하면 비록 사탄이 진리를 들을 때 천사와 꼭 같이 진리를 이해할 수 있다고 할지라도 사탄은 그것을 계속해서 지닐 수 없기 때문입니다. 왜냐하면 악은 진리를 지워 없애 버리고, 대신 거짓을 끌어들이기 때문입니다. 그러나 우리가 깨달은 것은 여러분은 지금 악에서 멀리 떨어진 상태에 있고, 그러므로 우리들이 제시하는 진리를 이해할 수 있는 상태에 있습니다. 그러므로 여러분은 우리가 말하는 것에 주의하시고, 귀를 기울여 주십시오" 라고 말하였습니다. 그들은 이렇게 말하였습니다. "귀하는 자연계에 있었고, 그러나 귀하께서는 거기에서 이미 죽었고, 지금은 영계에 있습니다. 그러나 지금 사후의 삶에 관해서 지금 알고 있는 것이 무엇입니까? 당신은 이전에는 그것들을 부인하지 않았으므로, 그러니 당신들을 짐승들과 꼭 같이 만든 것 아닙니까? 당신은 이전에는 천계나 지옥에 관해서, 그리고 이 세상의 빛에 관해서 무엇을 알고 있었습니까? 그리고 또한 당신이 알고 있는 것은 당신이 더 이상에 자연에 속한 분위기에 있지 않고, 다만 그것 위에 있다는 것 아닙니까? 왜냐하면 이 세상이나 이 세상에 속한 것들은 영적이기 때문이고, 그리고 영적인 것들은, 지금 당신이 있는, 자연계의 지극히 작은 것까지도 영계에 유입할 수 없을 만큼 자연적인 것들에 비하여 아주 높이 위에 있기 때문입니다. 그러나 당신은 자연을 신(god)이나 여신(女神, goddess)이라고 믿기 때문에 당신은 역시 이 세상의 빛이나 별도 자연계의 빛이나 별이라고 믿습니다. 그럼에도 불구하고 그것은 전혀 아닙니다. 왜냐하면 여기서 자연적인 빛은 흑암이고, 자연적인 별은 냉기(冷氣)이기 때문입니다. 당신은 이 세상의 태양에 관해서 무엇을 알고 있고, 그 태양에서 발출하는 우리의 빛과 우리의 별에 관해서 무엇을 알고 있습니까? 당신은 이 태양이 사랑 이외에 아무것도 아니라는 것을 알고 있습니까? 이에 반하여 자연계의 태양이 불 이외에 아무것도 아니라는 것을, 그리고 그런 태양에서 자연은 그것의 존재나 현존을 취한다는 것을 알고 있습니까? 이에 반하여 천계의 태양은 이렇습니다. 그것은 사랑 이외에 아무것도 아니고, 지혜와 결합된 사랑을 가리키는, 사랑 자체에서 그것의 존재나 현존을 취하고, 따라서 당신이 하나님(god)이고, 여신(女神)이라고 만드는 자연은 명확하게 죽은 것입니다."

[4] "만약에 당신에게 우리에게 주어진 보호자가 허락된다면, 우리는 당신과 함께 천계에 올라갈 수 있고, 만약에 우리에게 보호자가 허락된

다면 우리는 당신과 함께 지옥에 내려갈 수 있습니다. 천계에서 당신은 매우 웅장한 것들이나 찬란한 것들을 보겠지만, 이에 반하여 지옥에서 당신은 천하고, 불결한 것들을 볼 것입니다. 이런 차이들이 있는 이유는 천계에 있는 모두는 하나님을 예배하지만, 지옥에 있는 모두는 자연을 숭배하기 때문입니다. 천계에 있는 웅장한 것들이나 찬란한 것들은, 선한 것이나 참된 것에 속한 사랑의 정동들에 속한 대응들이기 때문이고, 이에 반하여 지옥에 있는 천한 것들이나 불결한 것들은 악한 것이나 거짓된 것에 속한 사랑(=애욕)의 정동들에 속한 대응들이기 때문입니다. 지금 이런 모든 사실로부터 하나님이, 또는 자연이 모든 것의 모든 것(the all-in-all)인지 결정하십시오" 라고 말하였습니다.

[5] 나는 두 천사들과 두 사탄들을 보았는데, 그들은 그들이 하는 말을 들었습니다. 그것은 그들이 나에게 멀리 떨어지지 않은 곳에 있었기 때문입니다. 놀라운 것은, 나는 그들 주위에 있는 많은 무리를 보았는데, 그들은 자연계에서 유식한 것 때문에 많은 사람에게서 칭송을 받았다는 것입니다. 나는 유식한 사람이 어떤 때는 천사들 곁에, 어떤 때는 사탄들 곁에 있는 이유를 알 수가 없었습니다. 그 이유는 그들이 가까이 곁에 서 있는 자들을 보호하기 때문입니다. 내게 일러진 것은 "그들의 위치의 변경들은 곧 그들의 마음의 상태의 변화들을 가리키는데, 선호하는 것에 따라서 처음에는 이쪽에 있고, 그리고 때로는 반대쪽에 있다는 것입니다. 왜냐하면 믿음의 측면에서는 그들은 베르툼니(Vertumni ; 변화의 에트루·아인의 신 · the Etruscan god of change)와 같기 때문입니다. 이제 우리는 당신에게 비밀을 말하겠습니다. 우리는 땅에서 학식 때문에 칭송을 받고 있는 자들을 내려다 보고 있습니다. 우리는 자연을 선호하는 사람들이 천 명 중 육백 명쯤 된다는 것을 알았습니다. 하나님을 선호하는 자들은 그런 문제에 대한 이해로 말미암아 그와 같이 선호한 것은 아니고, 오히려 그들은 자연이 하나님으로 말미암은 것이라고 들었고, 그리고 그것에 관해서 자주 의논하였기 때문입니다. 그들은 그 사안에 관해서 기억이나 회상에서 자주 말을 하였기 때문이지만, 그 때에도 그것은 사상이나 이해에 속한 사안이 아니고 일종의 신념에서 생겨난 것입니다"고 말하였습니다.

[6] 이런 일이 있은 뒤 사탄들에게 보호자가 허락되었고, 그들은 천사들과 함께 천계로 올라갔고, 그리고 웅장한 것들과 찬란한 것들을 보았

습니다. 그리고 그 때 그들은 천계의 빛에서 비롯된 조요의 상태(a state of enlightenment)에 있었기 때문에 그들은 거기에 하나님(a God)이 있다는 것, 그리고 자연은 하나님에게서 비롯된 생명에게 도움이 되기 위하여 창조되었다는 것, 그리고 자연은 본질적으로 죽은 것, 따라서 생명에 속한 것은 아무것도 할 수 없고, 다만 생명에 의하여 활동한다는 것 등등을 시인하였습니다. 그들이 이런 것들을 보았고, 지각하였기 때문에 그들은 천계에서 내려 왔습니다. 그리고 그들은 다시 돌아온 악에 속한 사랑에 내려왔고, 그리고 위로는 그들의 이해가 닫히고, 아래로는 그들의 이해가 열렸습니다. 그 때 그들 위에는 지옥의 불로 빛나는 일종의 음영(陰影 · kind of shadow)이 나타났습니다. 그들의 발이 지면에 닿는 순간, 그들 아래에 있는 땅은 갈라졌고, 그들은 다시 자신들의 곳으로 내려앉았습니다.

78. 세 번째 영계 체험기입니다.

다음 날 천사 하나가 다른 사회로부터 내게 왔으며, 말하였습니다. "우리가 우리 사회에서 들은 것은, 귀하께서 우주의 창조에 관하여 명상 가운데 있었기 때문에, 우리 사회에 가까이 있는 사회에 초대되었고, 그 때 그 사회는 창조에 관해서 언급된 것들에 대하여 찬성하였고, 그 뒤 즐거움으로 기억하였습니다. 나는 지금 귀하에게 각종 동물들이나 식물들이 하나님에 의하여 어떻게 생성되었는지를 보여 드리겠습니다"라고 말하였습니다.

그는 나를 넓은 초원으로 데리고 가서, 나에게 "주위를 한번 둘러보십시오" 라고 말하였습니다. 그래서 나는 주위를 둘러보았습니다. 나는 아주 멋진 색깔의 새들을 보았는데, 어떤 것들은 날아 다녔고, 어떤 것들은 나무들 가지 위에 앉아 있었고, 어떤 것들은 들판에 흩어져서 장미의 어린 잎들을 부리로 쪼기도 하였습니다. 이런 새들 가운데는 비둘기들과 백조들이 있었습니다. 이런 일들이 내 시야에서 사라진 뒤에 나는 내게서 멀리 떨어지지 않은 데 있는 어린 양들을 포함한 양의 무리, 어린 염소들과 어미 염소들을 보았습니다. 그리고 이들 무리들 주위에서 어리고, 늙은 소 떼를 보았고, 그리고 낙타들과 노새들, 그리고 큰 뿔을 가지고 있는 사슴들이나 외뿔소들을 보았습니다. 내가 이런 것들은 보고 있을 때 그 천사는 "얼굴을 돌려, 동쪽을 보십시오" 라고 말하였습니다. 나는 과일 나무들이 우거진 정원을 보았는데, 거기에는 예를 들면 귤나무들, 레몬 나무들, 포도나무들, 무화과 나무들, 석류 나무들, 그리고 딸기가 달려 있는 관목들 등등이 있었습니다.
그 때 천사가 "남쪽을 보십시오"라고 말하였습니다. 그리고 나는 온갖 종류의 곡식들, 예를 들면 밀·귀리·보리·콩이 있는 밭을 보았고, 그리고 그 주위에는 다양한 색깔의 멋진 장미꽃으로 이루어진 화단을 보았습니다. 그러나 북쪽을 보니까 밤나무들·야자나무들·보리수들·버즙나무들과 그 밖의 잎이 무성한 다른 나무들로 우거진 숲을 보았습니다.
[2] 내가 이런 것들을 보고 있을 때, 그 천사가 "지금 귀하께서 보신 것들은 모두 가까이 있는 천사들의 사랑의 정동들에 속한 대응들입니다"라고 말하였습니다. 그는 개별적인 것들이 대응하는 정동이 무엇인지 나에게 일러주었습니다. 더욱이 이런 것들뿐만 아니라, 그들의 시각에 보여 지는 것들의 대응들도 말해주었습니다. 예를 들면 그 집들과 그것 안에 있는 가구들, 식탁들과 음식물, 입는 옷가지, 심지어 금화들이나 은화들의 대응들도 말하였고, 그리고 또한 천계에 있는 부인들이나 처녀들의 장식물에 쓰여진 금강석들이나 기타 여러 보석들의 대응들도 일러 주었습니다. 그는 "우리는 이런 것들에게서 사랑과 지혜의 측면에서 각자의 성품을 지각할 수 있습니다"고 말하였습니다. 선용을 가리키는 우리의 집 안에 있는 것들은 예외 없이 거기에 남아 있습니다. 이에 반하여 한 사회에서 다른 사회로 왔다 갔다 방황하는 자들에게는 그들의 무리의 변화와 같은 이런 것들의 변화를 가리킵니다.
[3] 보여진 이런 것들은 창조에 관해서 특별한 예로서 여러분이 보게 하려는 것입니다. 왜냐하면 하나님께서는 사랑 자체시고, 지혜 자체이시기 때문이고, 그리고 그분의 사랑에 속한 정동들은 무한하기 때문이고, 또한 그분의 지혜에 속한 지각들도 무한하기 때문입니다. 그리고 땅에 보이는 개별적인 것들이나 전체적인 것들은 그것들에 속한 대응들을 가리킵니다. 이것이 바로 새들·짐승들·나무들의 숲·과일나무들·알곡과 추수물들·야채나 풀들의 근원입니다. 왜냐하면 하나님께서는 연장되거나 확장되지는 않지만, 그것에도 불구하고 모든 확장(all extension)에 두루 현존하시고, 따라서 그것의 처음 것들에서부터 마지막 것들에 이르기까지 우주에 두루 현존하기 때문입니다. 하나님께서는 이와 같이 편재(遍在)하시기 때문에, 전 자연계에 있는 모든 것에는 그

분의 사랑과 그분의 지혜에 속한 대응들이 있습니다. 이에 반하여 영계라고 부르는, 우리의 세계에는 하나님에게서 비롯되는 정동들이나 지각들을 영접, 수용한 자들에게는 대응들과 같은 것들이 있습니다. 우리의 세계에 있는 대응과 당신의 세계에 있는 것들의 대응과 차이는 전자는 하나님에 의하여 일순간에 천사들의 정동들에 일치하여 창조되었지만, 후자는 처음에는 이와 같이 창조되었지만, 다른 것으로 말미암아 번식하는 것에 의해서 무단히 쇄신(刷新)되어지는, 그런 창조가 계속되도록 정해졌다는 것입니다.

[4] 우리 세계의 창조는 일순간에 이루어졌지만, 당신 세계의 창조는 번식에 의하여 계속하여 이루어집니다. 그 이유는 우리 세계의 대기와 땅은 영적이지만, 당신의 세계의 대기와 땅은 자연적이기 때문입니다. 자연적인 것들은, 마치 살갗이 사람들이나 동물들의 몸을 감싸고 있는 것과 같이, 또는 외피나 내피가 줄기들이나 가지들을 감싸고 있는 것과 같이, 그리고 여러 세포막들이 뇌·신경의 피막이나 신경 섬유의 내막이나, 그 밖의 등등에서와 같이, 영적인 것들을 감싸기 위하여 창조되었습니다. 이런 일련의 것은 당신 세계의 모든 것들은 변치 않고 일정하고, 그리고 해마다 계속해서 새롭게 갱생되는 이유입니다" 라고 말하였습니다.

그 천사는 여기에 부가해서 "가셔서 귀하의 세계의 주민들에게 귀하가 보고, 들은 것을 말씀해 주십시오. 왜냐하면 지금까지 그들은 영계에 관해서 전적으로 무지(無知)한 상태에 있었기 때문입니다. 그리고 영계에 관한 약간의 지식도 없이는, 어느 누구도 창조가 당신들의 세상에서 하나님에 의하여 우주가 창조된 것과 같이, 우리의 세계에도 창조가 계속된다는 것을 알 수도 없고, 추측할 수도 없기 때문입니다" 라고 말하였습니다.

[5] 이런 일이 있은 뒤, 우리는 다양한 사안들에 관해서 대화를 하였고, 종국에는 지옥에 관해서 대화를 하였는데, 지우에는 천계에서 보는 것과 같은 것들은 아무것도 없고, 다만 거기에 있는 것은 오직 그것들의 반대되는 것들이라는 것을 말하였습니다. 거기에 있는 자들의 사랑에 속한 정동들은 악에 속한 탐욕들에 속한 것이기 때문에 천계의 천사들이 있는 사랑에 속한 정동들과는 정반대입니다. 따라서 지옥에 있는 자들에게는, 그리고 일반적으로 그들의 사막에는 밤새들이 있는데, 예

를 들면 그런 것들은 박쥐들이나 올빼미들이 되겠습니다. 그리고 또한 늑대들·표범들·호랑이들·쥐들이나 생쥐들이고, 그리고 여러 종류의 독사들·용들·악어들이 되겠습니다. 식물이 있는 곳에는 찔레·쐐기풀·가시나무·엉겅퀴 따위들이 자라고 있는데, 이런 것들은 때로는 사라져 보이지 않는데, 그때 아무것도 보이지 않고, 다만 보이는 것은 돌무더기나, 시끄럽게 울어대는 개구리들이 있는 습지가 보입니다. 이런 모든 것들은 모두가 대응들을 가리킵니다. 그러나 앞에서 언급한 것과 같이 그것들은 모두가 지옥에 있는 자들의 애욕에 속한 탐욕들의 대응들인데, 그 정동들은 악에 속한 탐욕들이나 정욕들입니다. 그럼에도 불구하고 거기에 있는 이런 것들은 하나님께서 창조하신 것은 아닙니다. 그리고 또한 그와 비슷한 것들이 존재하는 자연계에 있는 것들도 하나님에 의하여 창조된 것은 아닙니다. 왜냐하면 하나님께서 창조하신 것들이나, 하나님께서 창조하시는 것들은 선한 것들이었고, 선한 것이기 때문입니다. 이에 반하여 땅 위에 있는 이런 것들은 지옥에서 솟아난 것이고, 그리고 하나님을 외면한 것 때문에 사후 사탄들이나 악마들이 된 사람들 안에 생겨진 지옥에서 솟아난 것입니다. 그러나 이런 소름끼치는 것들이 우리의 귀들에게 고통스러운 것이 되기 시작했기 때문에 우리들은 우리의 생각들을 그런 것들에게서 외면하였고, 그리고 우리는 천계에서 본 것을 마음에 상기시켰습니다.

79. 네번째 영계 체험기입니다.

나는 언젠가 우주의 창조에 관해서 깊이 생각하고 있을 때, 기독교계에서 온 몇몇 영들이 나에게 다가왔는데, 그들은 그들의 시대에 가장 존경받았던 철학자들이었고, 그리고 모든 다른 자들에게서도 보다 현명한 철학자로 존경을 받았던 자들입니다. 그들은 "우리는 귀하께서 창조에 관해서 생각하고 있다는 것을 지각하였습니다. 그것에 관해서 귀하의 개념이 무엇인지 말씀해 주십시오"라고 말하였습니다. 그러나 나는 "먼저 여러분의 것을 말씀하시죠"라고 대답하였습니다. 그들 중 하나가 "내 소견은, 창조가 자연에게서 말미암은 것이고, 따라서 자연은 자신을 창조하였고, 그리고 자연은 영원 전부터 존재하였다는 것입니다. 왜냐하면 거기에는 진공(眞空·vacuum)이라는 것은 결코 없었고, 그리고 거기에는 아무것도 있을 수 없기 때문입니다. 사실 우리가 우리의 눈으로 보는 것이나 우리의 귀로 듣는 것, 코로 냄새를 맡는 것, 가슴으로 숨을 쉬는 것은, 자연을 제외하면 우리 밖에 있는 것은 반드시 우리 안에 역시 있어야 되는 것 아닙니까?" 라고 말하였습니다.
[2] 다른 자가 이 말을 듣고서 "그대는 자연에 관해서 언급하였는데, 자연을 우주의 창조자로 여기시는군요. 그러나 당신은 우주의 생성에서 자연이 어떻게 활동하였는지를 모르기 때문에 내가 그것을 당신에게 말하겠습니다. 마치 구름들이 돌진 하듯이, 그리고 지진에 의하여 파괴될 때의 가옥들과 같이, 회오리바람으로 자신을 형성하였습니다. 그리고 이런 부류의 충돌(衝突 · collision)에 의하여 보다 조악한 것들은 땅을 형성하는 하나의 덩어리(one mass)에 결집되었습니다. 그리고 보다 유동적인 부분들은 이런 것들에게서 분리되었고, 그리고 바다를 형성하는 한 몸으로 결집하였습니다. 다시 이런 것들에서 분리된 아주 가벼운 부분들은 에델이나 공기를 형성하였고, 최종적으로 이런 가장 가벼운 것들에서 분리된 것들이 태양을 형성한 것입니다. 여러분께서는, 기름 · 물 · 땅의 먼지가 서로 뒤섞일 때 그것들이 자유스럽게 분리되고, 다른 것 위에 하나가 있듯이, 질서 가운데 스스로 정리되는 것을 보지 못하였습니까?" 라고 말하였습니다.
[3] 그 때 다른 이가 이 말을 듣고서 "여러분은 지극히 환상에서 말씀하시는군요. 어느 누구가, 모든 것들의 첫째 근원이, 우주의 사분의 일을 채우고 있는 거대함 가운데 있는 혼돈(混沌 · chaos)이라는 것을 모르시는군요? 그것의 중앙에는 불(fire)이 있고, 이것의 주변에는 에델(ether)이 있고, 이것의 주변에는 물질(matter)이 있습니다. 이 혼돈은 깨어져서 열려 있는데, 깨어진 틈새들을 통해서 불길이 솟아 나오는데, 그것은 마치 에트나(Ætna) 산이나 또는 베스비오 화산에서 솟아나오는 것과 같이 폭발해서 태양을 만들었습니다. 이런 일이 있은 뒤에는 에델이 솟아났고, 그리고 계속해서 솟아나와 대기를 형성하였습니다. 마지막으로 남겨진 물질들이 둥근 형체로 응집, 결정(結晶)되어 지구가 형성되었다는 것을 누구가 모르겠습니까? 별들에 관해서 언급하면 그것들은 우주의 공간에 있는 다만 발광체들이고, 그것은 태양에서 나오는 것이고, 그리고 그것의 별과 빛이 그것에서 나옵니다. 왜냐하면 처음에 태양은 불타는 바다(a fiery ocean)와 같았기 때문입니다. 그러나 그것은 땅을 태우지 않도록 스스로 작은 빛나는 작은 알갱이들로 분리되었고, 그리고 그것들은 주위의 공간에 자리를 잡았고, 우주의 공간을 형성,

우주를 완성시켰습니다" 라고 말하였습니다.
[4] 그러나 그들 곁에 서 있던 한 사람은 "당신들은 큰 과오를 범하였습니다. 여러분은 스스로 지혜로운 사람이라고 여기지만, 내가 보기에는 여러분은 단순한 사람같이 보입니다. 그럼에도 불구하고 나의 단순한 생각에서 지금까지 내가 믿고, 그리고 앞으로도 계속 믿어야 하는 것은, 우주는 하나님께서 창조하셨다는 것이고, 그리고 자연은 우주에 속한 것이기 때문에 우주적 자연(universal nature)은 그 때 동시적으로 창조되었다는 것입니다. 만약에 자연이 자기 스스로 창조되었다면 자연은 영원 전부터 존재하지 않았겠지요? 이 얼마나 어리석은 것인지요!" 라고 말하였습니다.
그 때 소위 현명한 사람들 중 한 사람이 그렇게 말하고 있는 사람에게 점점 가까이 달려가서, 그의 왼쪽 귀를 말하는 사람의 입에 가까이 대었는데, 그것은 그의 오른쪽 귀는 솜 같은 것으로 꽉 차 있기 때문인데, 그리고 그에게 그가 한 말이 무엇인지 물었습니다. 그러자 앞서 언급된 내용이 반복되었습니다. 그 때 말을 하던 자는, 사제가 있는지, 주위를 둘러보았습니다. 말하던 자는 곁에 있었던 사제를 보았습니다. 그는 대답하였습니다. "나 역시 보편적인 자연은 하나님으로 말미암아 있다고 고백합니다. 그러나……" 라고 말하였습니다. 그 때 그는 떠나면서 그의 동료들에게 속삭였습니다. "내가 이렇게 말한 것은 곁에 사제가 있었기 때문입니다" 라고 말하였습니다. "여러분이나 내가 알고 있는 것은 자연은 자연으로부터 온 것입니다. 그러나 이 말은 자연을 하나님으로 만드는 것이기 때문에 내가 말하는 것은 보편적인 자연은 하나님에게서 온 것이지. 그러나……"라고 말하였습니다.
[5] 그들의 귓속말을 들은 사제는 "아주 순수한 철학적인 여러분의 지혜는 여러분을 속이고 있네요. 그리고 여러분은, 하나님으로부터, 그리고 하나님의 천계로부터 여러분을 조요하도록 빛이 유입할 수 없게, 여러분의 마음의 내면적인 것을 굳게 닫아 버렸습니다. 여러분이 이 빛을 소멸시킨 것입니다" 라고 말하였습니다. 그리고 그는 "그러니 곰곰이 생각해 보십시오. 불멸의 여러분의 영혼이 자연 안에 있는지, 아니면 매우 큰 혼돈에서 생성된 것인지 결정하십시오" 라고 말하였습니다.
이 말을 듣고서 전자가 그의 동료들에게 와서, 이와 같은 해결하기 어려운 문제의 해결을 위해 그들이 그에게 같이 하기를 요청하였습니다.

그리고 그들은 결론에 이르렀는데, 그것은 사람의 영혼을 에텔 이외에 아무것도 아니라는 것이고, 그리고 생각은 태양의 빛에 의한 에텔의 변형(a modification of ether) 이외에 아무것도 아니고, 그리고 에텔은 자연의 속성(a property of nature)이라는 것 등입니다. 그리고 그들은 "우리가 공기에 의하여 말한다는 것을 누가 모르겠습니까? 그리고 생각은, 에텔이라고 하는 순수한 공기(a purer air) 안에 있는 말(speech) 이외에 무엇입니까? 그러므로 생각(thought)과 말(speech)은 하나를 이룹니다. 어느 누구가 그의 유아기에는 사람 안에 있는 이것을 볼 수 있겠습니까? 사람은 처음에는 말하는 것을 배우고, 그리고 그는 점차적으로 스스로 말하는 것을 배우고, 그리고 생각하는 것을 배웁니다. 그 때 생각하는 것은 에텔의 변형 이외에 무엇입니까? 음성의 소리(the sound of the voice)는 에텔의 변형 이외에 무엇입니까? 이런 것들에게서 얻는 결론은 생각하는 영혼은 자연에 속한 속성(a property of nature)이라는 것입니다" 라고 말하였습니다.

[6] 그러나 그들 중 몇몇은, 명확하게 반대하는 것은 아니지만, 그러나 문제를 명확하게 하기 위하여, 영혼들은, 에텔이 큰 혼돈(great chaos)에서 자체를 분리시킬 때, 존재하게 되었고, 그 때 에텔은 높은 영역에서 자기 자체를 수없이 많은 개별적인 형체들로 나누었고, 그리고 그것은 수많은 개별적인 것들이 순수한 공기로부터 생각하기 시작할 때, 사람들 속에 스스로 다량으로 유입되었는데, 그 때 이것들은 영혼들이라고 불리웠습니다.

이런 말을 듣고서 또 다른 사람이 "내가 인정하는 것은, 높은 영역에 에텔에서 형성된 수많은 개별적인 형체들이 있다는 것입니다. 그럼에도 불구하고 거기에는 세상 창조 이래 태어난 매우 수많은 사람들이 있다는 것도 인정합니다. 어떻게 에텔적인 형체들이 넉넉하게 있을 수 있겠습니까? 그러므로 내 생각에는, 그들이 죽을 때, 사람들의 입에서 떠나온 영혼들은 수천 년 뒤에도 다시 그것들에게 되돌아온다는 깃이고, 그리고 그들의 예전의 생명에 유사한 생명을 통해서 들어오고, 지나간다는 것입니다. 현명한 수많은 사람들이 이와 같은 것이나 소위 윤회전생(輪廻轉生 · metempsychosis)을 믿는다는 것은 잘 알려진 것입니다" 라고 말하였습니다.

이외에도 다른 추측들이 나머지 여러 사람들에 의하여 난무(亂舞)하였지만, 그러나 그들이 시끄럽게 떠들어댔기 때문에 나는 그것들을 묵과(默過), 묵살하였습니다.
[7] 잠깐 뒤에 그 사제가 돌아왔습니다. 그리고 앞에서 하나님에 의한 우주의 창조에 관해서 말했던 그는 영혼(the soul)에 관한 그들의 결론을 피력(披瀝)하였는데 그 사제가 그들에게 하는 말을 듣고서 "여러분께서, 영계라고 부르는 저 세상에서가 아니면, 여러분이 저 세상에 있지 않고서는 알지 못하는, 여러분께서 그 세상에서 생각했던 것을 아주 정확하게 말씀하셨습니다. 자연의 편에서 자신들을 확증하는 것에 의하여 관능적 감관적(corporeal sensual)이 된 모두는, 그들이 태어나고, 성장한 꼭 같은 세상에 있지 않다는 것을 모릅니다. 이것은 그들이 거기에서 물질적인 몸들(material bodies)을 가지고 있지만, 이에 반하여 여기서는 지금 실제적인 몸들(substantial bodies)을 가지고 있기 때문이고, 그리고 실제적인 사람(a substantial man)은, 물질적인 사람(material man)이 자기 자신이나 그의 동료들을 모든 것과 같이, 자기 자신을 보고, 그의 주위의 동료들을 정확하게 보기 때문입니다. 왜냐하면 실제적인 것은 물질적인 것의 근원이기 때문입니다. 여러분은 꼭 같은 자연이 여기에 존재한다고 믿습니다. 그 이유는 여러분이, 여러분께서 자연계에서 하는 것과 꼭 같은 방법으로 생각하고, 보고, 냄새 맡고, 맛보고, 말하기 때문입니다. 그 때 사실은 이 세상의 자연은, 마치 실제적인 것이 물질적인 것과 다른 것처럼, 그리고 또한 영적인 것이 자연적인 것과 다르듯이, 또는 선재(先在)하는 것이 후래(後來)하는 것과 다르듯이 저 세상의 자연과는 전혀 다릅니다. 그리고 여러분이 전에 살았던 그 세상의 자연은 상대적으로 죽은 것이기 때문에, 그러므로 여러분께서도 그것의 선호(選好)의 확증에 의하여 그와 같은 것입니다. 다시 말하면 하나님에 속한 것, 그리고 천계나 교회에 속한 것, 그리고 또한 여러분의 영혼과 관계되는 이런 사안에 관해서도 그와 같은 것은 죽은 것입니다. 그럼에도 불구하고 모든 사람은, 악한 사람이든 선한 사람이든, 이해의 측면에서는 천계의 천사들이 있는 빛의 상태에까지 고양(高揚)될 수 있지만, 그 때 그들이 볼 수 있는 것은 한 분 하나님이 계신다는 것, 그리고 사후 생명이 있다는 것이고, 그리고 사람의 영혼은 에텔이 아니라는 것 등등입니다. 그러므로 그 세상의 자연도 에텔이 아니라는 것을 알게 되고, 다만 그 세계의 자연도 영적이라는 것을 알게 되고, 그러므

로 영원히 살 것이라는 것도 알게 될 것입니다. 이해는 천사적인 빛의 상태에 있을 수 있는데, 그것은 만약에 자연적인 사랑들이, 그 세상에서 비롯된 것에서 외면한다면, 그리고 그것을 선호하는 것이나 그것의 자연에 외면한다면, 그리고 육체에서 비롯된 것이나 그것의 선호나, 그것에 속한 것을 선호한다면 그런 상태에 있을 수 있습니다" 라고 말하였습니다.

[8] 그 때 즉시 이런 사랑들이 주님에 의하여 제거되었습니다. 그리고 그들에게는 천사들과 대화하는 것이 허락되어졌습니다. 그들의 대화에서 보면, 그들이 그 상태에서 지각된 것은, 한 분 하나님이 계신다는 것, 그들이 사후 다른 세상에서 계속해서 산다는 것, 그러므로 그들은 수치심이 그들을 덮었고, 그래서 그들은 "우리가 미쳤어! 우리가 미쳤지!" 하고 외쳤습니다. 그러나 이러한 것은 그들의 본래의 상태가 아니었기 때문에, 그리고 몇 분이 지난 뒤 그것은 싫증이 나고, 불쾌하게 되었기 때문에 그들은 그 사제에게서 외면, 더 이상 그의 말을 들으려고 않았습니다. 그러므로 그들은, 순전히 자연적이고, 이 세상적이고, 관능적인 그들의 예전의 사랑들에게 되돌아갔고, 그리고 그들은 왼쪽을 향해 떠났고, 이런 저런 사회를 지나서, 종국에 그들은 오솔길 같은 좁은 길에 이르렀는데, 거기에는 그들의 사랑에 속한 쾌락이 그들에게 뿜어졌습니다. 그리고 그들은 "이리로 가자"고 말을 하면서, 그들은 그리로 갔습니다. 더 아래로 내려와서, 그들은 종국에 그들과 유사한 사랑의 쾌락들 안에 있는 자들에게 이르렀고, 그들은 거기에 계속해서 있었습니다. 그리고 그들의 쾌락은 악을 행하는 것에 있는 쾌락이기 때문에, 그리고 그들이 그 길에서 수많은 사람들에게 악을 행하였기 때문에 그들은 감옥에 갇혔고, 악마들이 되었습니다. 그 때 그들의 쾌락도 불쾌한 것으로 바뀌었고, 그리고 온갖 형벌들이나 그 형벌에 대한 두려움 때문에, 그들은 그것에 구속되었고, 그리고 그들의 성품을 형성한 그들의 예전의 쾌락에서 억제되었습니다. 그들은 같은 감옥에 있는 자들에게 이런 식으로 영원히 살아야 하는지를 물었더니, 어떤 사람이 "우리는 지금까지 여기서 꽤 오랜 세월을 살았는데, 앞으로도 여러 세월 동안 남아 있을 것입니다. 그 이유는, 우리가 이 세상에서 친교를 맺은 우리의 성품이 바뀔 수가 없기 때문에, 그리고 형벌들에 의하여 그 성품이 지워질 수 없기 때문입니다. 왜냐하면 그 형벌이 언젠가 지워진다

고 해도 얼마 안가서 그 형벌이 되돌아오기 때문입니다"고 말하였습니다.

80. 다섯번째 영계 체험기입니다.
언젠가 허용에 의하여 사탄과 그와 함께 한 여인이 지옥에서 올라와 내가 있었던 집에 왔습니다. 나는 그들을 보자, 창문을 닫았지만, 그러나 닫힌 창문을 통해서 그들과 말을 하였습니다. 나는 사탄에게 그가 어디에서 왔는지를 물었습니다. 그는 자기의 동료들에게서 왔다고 대답하였습니다.

나는 여인에게 그녀가 어디서 왔는지를 물었습니다. 그는 동일한 대답을 하였습니다. 그녀는 요부(妖婦)들의 무리에서 왔는데 그들은 모든 양식들이나 모양들을 멋지게 꾸미고, 그리고 여러 장식품들로 단장하는 환상적인 겉꾸미는 방법으로 수련된 그런 성품의 무리였습니다. 지금은 비너스(Venus)의 아름다움을 드러내고 있는데, 다른 때에는 파나서스의 요정들의 우아한 용모를 나타내기도 하였습니다. 어떤 때는 왕관과 궁중의 복장으로 장식을 하고, 은 지팡이를 짚고, 위엄 있는 걸음걸이를 보이기도 합니다. 영들의 세계에서 이런 부류의 무리는 대개 창녀들을 가리키고, 그리고 이들은 기괴한 환상적인 것들을 연구합니다. 이런 기괴한 환상은, 어떤 내면적인 생각에서 솟아나는 개념들이 용납되지 않고, 배척될 때, 감관적인 생각에서 일어납니다.

나는 사탄에게 그녀가 그의 아내인지 물었습니다. 그는 "아내가 무엇입니까? 나는 아내를 모르고, 우리 사회도 그것을 모릅니다. 그녀는 나의 창부(娼婦)입니다"라고 대답하였습니다. 그 때 그녀는 음탕한 욕망을 가지고 그를 유혹하였는데, 그것은 요부들처럼 아주 숙련된 자태로 하였습니다. 그가 그 욕망을 접하자 그는 그녀에게 입을 맞추고, "오, 나의 연인이여!" 라고 하였습니다.

[2] 그러나 더 중대한 것들을 알기 위해서 나는 그 사탄에게 직업이 무엇인지 물었습니다. 그는 "내 직업은 학문을 연구하는 일이요. 당신은 내 머리 위에 있는 월계관을 보지 못하십니까?" 라고 대답하였습니다. 이것은 그의 연인이 그녀의 마술로 만들어낸 것이고, 그리고 뒤에서 그에게 보여 준 것입니다. 그 때 나는, "귀하께서는 학문이 널리 보급된 사회에서 오셨군요. 귀하나 귀하의 동료들이 하나님에 관해서 믿는 것을 나에게 말씀해 주시지요" 라고 말하였습니다.

그는 이렇게 대답하였다. "우리에게서 하나님은 우주지요. 우리는 역시 그것을 자연이라고 부르오. 그리고 우리들 중에서 단순한 자들은 이것을 대기(大氣 · atmosphere)라고 부르는데, 그들은 그것을 공기를 뜻하지요. 그러나 현명한 사람은 그것도 에텔(ether)을 뜻합니다. 하나님 · 천계 · 천사들이나 그 밖의 이와 비슷한 말들이 많지만, 이 세상에 있는 그런 수많은 것들에 관해서 할 말은 많이 있지만, 그것은 모두가 공허한 낱말들(empty terms)이고, 그리고 여기서는 수많은 사람들 앞에 전개된 연극무대의 별똥별들에게서 비롯된 꾸며낸 이야기들입니다. 지구에서 보이는 모든 것들은 태양에 의하여 창조된 것 아닙니까? 봄이 가까이 오면 날개가 없는 것이든 있는 것이든, 기어 다니는 곤충들이 생겨나오지 않습니까? 새들도 태양의 열기에 의하여 움직이고, 서로 사랑하고, 그리고 그것들의 종(種)을 번식하지 않습니까? 태양의 볕에 의하여 따뜻해진 땅은 씨의 눈을 틔우고, 종국에 후손(offspring)을 가리키는 열매를 맺지 않습니까? 그 때 우주는 하나님(god)이고 자연은 여신(a goddess)이 아닙니까? 자연은 우주의 배필(配匹)로서 후손을 잉태하고, 생산하고, 기르고, 이들 새끼들을 먹이는 것 아닙니까?"라고 말하였습니다.

[3] 내가 더 나아가서 그와 그의 사회가 종교에 관해서 믿는 것이 무엇인지 질문을 하였습니다. 그는 이렇게 대답하였습니다. "일반 대중에서 많은 것을 배운 우리에게 종교는 보통 사람들을 미혹하는 것 이외에 아무것도 아닙니다. 종교는, 일종의 마술사의 영기(靈氣 · aura)와 같아서, 그들의 마음에 속한 감수성이 예민하고, 상상력이 풍부한 능력들을 감싸고 있는데, 그 영기에는 공중을 나는 나비들처럼 경건에 속한 어리석은 생각들(notions of piety)이 주위를 맴돌고 있지요. 그리고 이런 개념들과 연결하고 있는, 말하자면 고리들로 연결된 그들의 믿음은, 고치 속에 있는 번데기처럼, 그 고치에서 나비들의 왕처럼 나오겠지요. 왜냐하면 불학무식한 대중들은 날고 싶어 하는 욕망으로 인하여 그들의 육신적인 감관들이나, 그것에서 비롯된 그들의 생각을 초원한 상상적인 것들을 사랑하기 때문입니다. 그리고 이런 무리는 이런 식으로 자기 자신들을 위하여 날개들을 만들고, 그들은 그것을 가지고 마치 독수리들처럼 아주 높이 날아오를 수 있고, 그리고 땅에 있는 것들을 향하여 오만방자(傲慢放恣)하게 '날 좀 보아라'라고 소리를 치지요. 그러나 우리

는 우리가 보는 것, 우리가 사랑하는 것, 우리가 손으로 만지는 것을 믿습니다" 라고 하였습니다. 그는 자신의 창녀를 어루만지면서, "이것이 바로 내가 보고, 그리고 그것을 만지기 때문에 내가 믿는 것이라오" 라고 말하였습니다. 그러나 "우리는 그 밖의 다른 무의미한 것들을 창문을 통해서 던져버리고, 콧방귀로 그것을 날려 보냈습니다" 라고 말하였습니다.

[4] 그 때 나는 그와 그의 동료들이 천계와 지옥에 관해서 믿는 것이 무엇인지를 물었습니다. 그는 크게 웃으면서 이렇게 대답하였습니다. "천계는 에텔의 창공 위에 있는 것 이외에 무엇이겠습니까? 천사들은 태양 주위를 떠도는 반점들(spots) 외에 무엇이겠습니까? 천사장은 그들의 무리에 속해 있는 꼬리가 긴 혜성(彗星 · comet) 이외에 무엇이겠습니까? 지옥은 사람들의 상상 속에 마귀들이 있는 곳인데, 사실은 개구리들이나 악어들이 있는 늪지가 아니고 무엇이겠습니까? 이런 것 외에 천계나 지옥의 개념들의 모든 것들은 무지한 대중들에게서 광영을 얻기 위해 주교가 창안한 그런 보잘 것 없는 것들입니다" 라고 말하였습니다.

그가 지금 말한 것들은 모두가, 그가 지금 사후의 생활을 하고 있다는 것을 알지 못하고, 또한 그가 처음 영계에 들어왔을 때 들은 모든 것들을 잊어버리고서, 단지 이 세상에서 살 때 이 주제들에 관해서 생각한 것들을 단순하게 말한 것들에 불과했습니다. 그래서 나는 사후의 삶에 관해서 다시 그에게 물었습니다. 그는 그것은 모두가 공상(空想)에 속한 것이고, 특히 죽은 뒤 매장된 송장에게서부터 발산하는 사람의 모양을 한 악취(effluvium)이거나, 또는 소위 유령(a ghost)이 그런 것에 관해서 말한 이야기들의 하나로 사람들의 공상들 가운데 있는 어리석은 생각이 소개된 것입니다.

나는 이런 말을 듣고 있을 때 더 이상 웃음을 참을 수가 없었습니다. 그래서 나는, "이 사탄아! 미친 헛소리를 하는구만. 당신 정말 무엇입니까? 너는 지금 사람의 모습을 하고 있는 것이지? 너는 지금 말하고, 보고, 듣고, 걷는 것이지? 당신은 지금 잊고 있는 것 같은데, 그리고 지금은 다른 세상에 살고 있다는 것을 모르고 있는 것 같은데, 죽기 전에, 지금처럼 말하면서 살았다는 것을 회상해 보시오" 라고 말하였습니다. 그에게 기억력이 되살아났고, 그리고 이런 저런 것들이 되살아나자, 부끄러워서 외쳤습니다. "내가 미쳤구먼! 나는 위에 있는 천계를 보았고, 그리고 말로 형언할 수 없는 것들을 말하는 천사들이 하는 말을 들었소. 그러나 그런 것은 내가 여기에 처음 왔을 때의 일입니다. 나는 지금 마음 속에 이런 것을 간직할 것이고, 그것을 내가 떠나온 내 동료들에게 일러줄 것이요. 아마도 그들도 역시 나처럼 몹시 부끄러워 할 것이요"라고 하였습니다.

그는 그들을 미친놈이라고 부를 것이라고 반복해서 중얼거렸습니다. 그러나 그가 그의 동료들이 있는 데에 내려갔을 때 망각은 기억을 억제하였습니다. 그리고 그가 그의 동료들에게 이르렀을 때 그는 그들과 꼭같이 미친 자가 되었고, 그리고 내게서 들은 것은 미친 짓이라고 말하였습니다.

이런 식으로 사탄들은 사후에 관해서 생각하고, 말합니다. 그들이 그런 것들을 믿을 때까지, 스스로 온갖 거짓들을 확증하는 자들을 가리켜 사탄들이라고 불리우고, 그리고 그들의 삶에 의하여 스스로 악을 확증하는 자들을 가리켜 악마들이라고 부릅니다.

제 2 장

주님 속량주

81. 앞장에서는, 창조(創造 · creation)와 함께, 하나님 창조주(God the Creator)을 다루었습니다. 우리의 본문장에서는 속량(贖良 · Redemption)과 함께, 주님 속량주(the Lord the Redeemer)를 다루겠습니다. 그리고 다음 장에서는 신령역사(神靈活動 · 神靈 · Divine speration)와 함께 성령(聖靈 · the Holy Spirit)을 다루겠습니다. 주님 속량주는 인성(人性 · the Human · 神靈人間)으로 계시는 여호와를 뜻합니다. 왜냐하면 아래 언급되는 것에서 입증되겠지만, 여호와 당신께서 당신이 속량(贖良 · redemption)을 성취하시기 위하여 인성을 입으시고 강림하셨기 때문입니다. 이름 주님(the name Lord)은 사용하고, 여호와를 사용하지 않은 것은, 구약의 여호와가 신약에서 주님이라고 불리셨기 때문인데, 이러한 내용은 아래의 장절들에게서 잘 입증되고 있습니다. 신명기서의 말씀입니다.

> 이스라엘아, 들어라. 주는 우리의 하나님이시요, 주는 오직 한 분뿐이시다. 너희는 마음을 다하고 뜻을 다하고 힘을 다하여, 주 너희의 하나님을 사랑하여라(신명기 6 : 4, 5).

마가복음서의 말씀입니다.

> 예수께서 대답하셨다. "첫째는 이것이다. '이스라엘아, 들어라. 주, 곧 우리 하나님은 오직 한 분이신 주님이시다. 마음을 다하고, 네 목숨을 다하고, 네 뜻을 다하고, 네 힘을 다하여, 주 너의 하나님을 사랑하여라'"(마가 12 : 29, 30).

이사야서의 말씀입니다.

  한 소리가 외친다.
  "광야에 주께서 오실 길을 닦아라.
  사막에 우리의 하나님께서 오실 큰길을
  곧게 내어라."
  (이사야 40 : 3)

누가복음서의 말씀입니다.

  아기야, 너는
  가장 높으신 분의 예언자라 불릴 것이니,
  주님보다 먼저 가서 그의 길을 예배하고.
  (누가 1 : 76)

이밖에도 여러 장절들이 있습니다. 더욱이 주님께서는 당신의 제자들에게 당신을 주님이라고 부를 것을 명령하셨는데, 이것은 당신께서 그들의 서간문에 사도들에 의하여 당신께서 그렇게 불리셨기 때문이고, 그리고 그 뒤 사도교회(the Apostolic Church)는, 사도신경이라고 불리우는 그 신경에 나타난 것과 같이, 그렇게 불렸기 때문입니다. 이런 이유는 유대 사람이 그 이름의 거룩함 때문에, 이름 여호와를 감히 발설하지 못한 것이고, 그리고 또한 "여호와"는 영원부터 계신 신령존재(神靈存在 · the Divine Esse)를 뜻하기 때문입니다. 시간 안에서 입으신 인성(人性 · 신령인간 · the Human)은 그 존재는 아닙니다. 신령존재, 즉 여호와가 무엇인지는 전장 18-26 · 27-35항에 잘 입증되었습니다. 이런 이유 때문에, 여기서나 다음 단락에서 주님은 그분의 인성(His Human)으로 계시는 여호와를 뜻합니다. 주님에 속한 지식은 교회 안에 있는 모든 지식들에 비하여, 심지어 천계에 있는 지식들에 비하여 그 우월성에서 매우 뛰어나기 때문에, 이 주제는 보다 밝은 빛에서 이 지식이 분명하게 밝히기 위하여 이렇게 정리되겠습니다. 그 내용은 아래의 순서로 고찰되겠습니다.
(1) 우주의 창조주 여호와 하나님께서는, 그분께서 사람들을 속량하시

고, 그들을 구원하시기 위하여 이 세상에 강림하셨고, 인성(a Human)을 입으셨다.
(2) 그분께서는 성언을 가리키는 신령진리로서 강림하셨지만, 그렇다고 그분께서는 신령진리를 신령선에서 분리하시지 않았다.
(3) 하나님께서는 당신의 신령질서에 일치하여 인성(=신령인간 · the Human)을 입으셨다.
(4) 하나님께서 그것에 의하여 당신을 이 세상에 보내신 인성(人性 · 신령인간 · the Human)이 하나님의 아들(聖子 · the Son of God)이라고 불리운다.
(5) 속량의 대업(the acts of Redemption)을 통하여 주님께서는 당신을 의(義 · Righteousness)로 완성하셨다.
(6) 그 대업을 통하여 주님께서는 아버지(聖父)와 당신을 합일(合一)하셨고, 그리고 아버지는 당신 자신을 주님에게 합일하셨는데, 이 합일은 신령질서에 일치한다.
(7) 따라서 한 인격 안에서 하나님은 사람(Man)이 되셨고, 사람(Man)은 하나님이 되셨다.
(8) 합일(合一)에 이르는 과정은 겸비에 속한 그분의 상태(His state of Exinanition)이고, 그리고 합일(合一 · union) 자체는 영광에 속한 그분의 상태(His state of Glorification)이다.
(9) 이후부터 기독교인들 가운데 어느 누구도, 주님을 하나님 구주로 믿고, 오직 그분에게 나아가지 않는다면, 천계에 들어가지 못한다.
(10) 주님의 강림 전 교회의 상태와 강림 뒤 교회의 상태에 관한 여적(餘滴 · a corollary).
그러나 이런 명제(命題)들은 따로따로 설명되겠습니다.

82. (1) 우주의 창조주 여호와 하나님께서는, 그분께서 사람들을 속량하시고, 그들을 구원하시기 위하여 이 세상에 강림하셨고, 인성(人性 · 신령인간 · the Human)을 입으셨다.
오늘날 기독교회들에는 우주의 창조주 하나님께서 영원부터 한 아들(a Son)을 낳으셨다는 것, 그리고 이 아들이 사람들을 속량하시고, 구원하시기 위하여 강림하셨고, 인성을 입으셨다는 것 등을 믿고 있습니다. 그러나 이것은 큰 오류입니다. 그리고 하나님은 한 분이시다는 것을 고찰하는 순간 그것에 속한 오류는 땅에 떨어진다는 것, 그리고 이성의 시각에서 한 분 하나님께서 영원부터 한 아들을 낳으셨다고 말하는 것 이상 믿을 수 없는 더 나쁜 것은 없다는 것, 그리고 아들과 성령과 더불어, 그분 각각 홀로 하나님이신 하나님 아버지께서는 한 분 하나님이십니다. 이 믿을 수 없는 개념(incredible notion)은, 성경말씀에서 여호와 하나님 그분께서는 강림하셔서, 사람이 되셨고, 또한 속량주(the Redeemer)가 되셨다는 것이 입증될 때, 마치 하늘에서 떨어지는 별과 같이, 전적으로 일소(一掃)될 것입니다.

(2) 여호와 하나님 당신께서 강림하셔서, 사람이 되셨다는 제일 첫째 명제는 아래의 장절들에게서 명료합니다. 구약의 말씀입니다.

> 보십시오, 처녀가 잉태하여 아들을 낳을 것이며, 그가 그의 이름을 임마누엘(=하나님이 우리와 함께 계신다)이라고 할 것이다(이사야 7 : 14 ; 마태 1 : 22, 23).
> 한 아기가 우리에게서 태어났다.
> 우리가 한 아들을 얻었다.
> 그는 우리의 통치자가 될 것이다.
> 그의 이름은 '기묘자, 모사,
> 전능하신 하나님,
> 영존하시는 아버지,
> 평화의 왕'이라고 불릴 것이다.
> (이사야 9 : 6)
> 그 날이 오면,
> 사람들은 이런 말을 할 것이다.
> 바로 이분이 우리의 하나님이시다.
> 우리가 하나님을 의지하였으니,
> 하나님께서 우리를 구원하신다.
> 바로 이분이 주님이시다.
> 우리가 주님을 의지한다.
> 우리를 구원하여 주셨으니
> 기뻐하며 즐거워하라
> (이사야 25 : 9)
> 한 소리가 외친다.
> "광야에 주께서 오실 길을 닦아라.
> 사막에 우리의 하나님께서 오실 큰길을

곧게 내어라. ……
주의 영광이 나타날 것이니,
모든 사람이 그것을 함께 볼 것이다.
이것은 주께서 친히 약속하신 것이다."
(이사야 40 : 3, 5)
만군의 주 하나님께서 오신다.
그가 권세를 잡고 친히 다스릴 것이다.
보아라, 그가
백성에게 주실 상급을 가지고 오신다.
백성에게 주실 보상을 가지고 오신다.
그는 목자와 같이 그의 양떼를 먹이시며,
어린 양들을 팔로 모으시고 품에 안으시며,
젖을 먹이는 어미 양들을
조심스럽게 이끄신다.
(이사야 40 : 10, 11)
"도성 시온아, 기뻐하며 노래를 불러라.
내가 간다.
내가 네 안에 머무르면서 살겠다" ……
그 날에, 많은 이방 백성들이 주께 와서
그의 백성이 될 것이며,
주께서 예루살렘에 머무르시면서,
너희와 함께 사실 것이다.
(스가랴 2 : 10, 11)
주 하나님께서 이렇게 말씀하신다.
"나 주가 의를 이루려고 너를 불렀다.
내가 너의 손을 붙들어 주고,
너를 지켜 주어서,
너를 백성의 언약과 이방의 빛이
되게 할 것이니,
네가 눈먼 사람의 눈을 뜨게 하고,
감옥에 갇힌 사람을 이끌어 내고,
어두운 영창에 갇힌 이를 풀어 줄 것이다.
나는 주다. 이것이 나의 이름이다.
나는, 내가 받을 영광을
절대로 다른 사람에게 넘겨 주지 않고

내가 받을 찬양을
절대로 우상들에게 양보하지 않겠다.
(이사야 42 : 6-8)
내가 다윗에게서 의로운 가지가 하나 돋아나게 할 그 날이 오고 있다. ……
그는 왕이 되어 슬기롭게 통치하면서, 세상에 공평과 정의를 실현할 것이다.
그 때가 오면 유다가 구원을 받을 것이며, 이스라엘이 안전한 거처가 될 것
이다. 사람들이 그 이름을 '우리를 공의로 다스리시는 주'라고 부를 것이다
(예레미야 23 : 5, 6 ; 33 : 15, 16).

다른 여러 곳들에서 주님의 강림을 "여호와의 날"이라고 부른 것을 참
조하십시오(이사야 13 : 6, 9, 13, 22 ; 에스겔 31 : 15 ; 요엘 1 : 15 ; 2 :
1, 2, 11 ; 3 : 1, 14, 18 ; 아모스 5 : 13, 18, 20 ; 스바냐 1 : 7-18 ; 스가
랴 14 : 1, 4-21 ; 그 밖의 여러 곳).
[3] 강림하셔서 인성을 입으신 분이 여호와 당신이라는 것은 특히 누
가복음서에서 명확한데, 거기에 이렇게 언급되었습니다.

> 마리아가 천사에게 말하기를 "나는 남자를 알지 못하는데, 어떻게 이런 일이
> 있겠습니까?" 하였다. 천사가 마리아에게 대답하였다. "성령이 네게 임하시
> 고, 가장 높으신 분의 능력이 너를 감싸 줄 것이다. 그러므로 태어날 아기는
> 거룩한 분이요, 하나님의 아들이라고 불릴 것이다"(누가   1 : 34, 35).

마태복음서의 말씀입니다.

> 주의 천사가 꿈에 그에게 나타나서 말하였다. "다윗의 자손 요셉아, 두려워하
> 지 말고, 마리아를 네 아내로 맞아들여라. 그 몸에 잉태된 아기는 성령으로
> 말미암은 것이다. …… 그러나 아들을 낳을 때까지, 아내와 잠자리를 같이 하
> 지 않았다. 아들이 태어나니, 요셉은 그 이름을 예수라고 하였다(마태 1 : 20,
> 25).

우리의 책 제 3장에서는 여호와 하나님에게서 발출하는 신령존재(神靈
存在 · the Divine)가 성령(聖靈 · the Holy Spirit)이 뜻하는 것이라는 것
이 입증되겠습니다. 자식(offspring)이 아버지에게서 그것의 영혼이나 생명
(its soul and life)을 취한다는 것, 그리고 육신은 영혼에게서 취한다는

것을 누구가 모르겠습니까? 그 때 보다 더 명료하게 선언할 수 있는 것은, 주님께서 그의 영혼과 생명을 여호와 하나님에게서 취하셨다는 것 아니겠습니까? 그리고 신령존재는 나뉠 수 없기 때문에, 아버지에 속한 진정한 신령존재가 주님의 영혼이고 생명이 아니겠습니까? 이러한 내용은 주님께서 여호와 하나님을 당신의 아버지시라고 자주 부르신 이유입니다. 주님의 영혼이 그분의 어머니 마리아에게 비롯된 것이라고 말하는 것 이상으로 더 어리석은 것이 무엇이 있겠습니까? 오늘날 가톨릭 교도들이나 개혁교회 교도들이 꿈을 꾸고 있는 것과 같이, 그들은 아직까지 성언에 의하여 잠에서 깨어나지 못하고 있습니다.

83. 영원부터 태어나신 한 아들(聖子 · a Son born)이 강림하셔서, 인성을 입으셨다는 것은 지극히 잘못된 오류이고, 따라서 땅에 떨어져 버려져야 하고, 여호와 당신께서 그분께서는 구세주(the Saviour)이시고 속량주(the Redeemer)이시라고 말씀하신 아래의 장절의 성경말씀의 여러 장절들에 속한 빛 가운데서 소멸되어야 하겠습니다. 구약의 말씀입니다.

"나 주가 아니고 누구냐?
나 밖에 다른 신은 없다.
나는 공의와 구원을 베푸는 하나님이니,
나 밖에 다른 신은 없다."
땅 끝까지 흩어져 있는 사람들아!
모두 나에게 돌아와서 구원을 받아라.
"내가 하나님이며,
나 밖에 다른 신은 없기 때문이다."
(이사야 45 : 21, 22)
나, 곧 내가 주이니,
나 말고는 어떤 구원자도 없다.
(이사야 43 : 11)
나는,
너희가 이집트 땅에서 살 때부터
주 너희의 하나님이다.
그 때에 너희가 아는 하나님은
나 밖에 없고,
나 말고는 다른 구원자가 없었다.

(호세아 13 : 4)
모든 사람이
나 주가 네 구원자요,
네 속량자요,
야곱의 전능자임을 알게 될 것이다.
(이사야 49 : 26 ; 60 : 16)
우리의 속량자는
그 이름이 만군의 주님,
이스라엘의 거룩하신 하나님이시다.
(이사야 47 : 4)
그들의 구원자는 강하니,
그 이름은 '만군의 주'다.
(예레미야 50 : 34)
나의 반석이시요 구원자이신 주님,
나의 말과 나의 생각이
언제나 주의 마음에 들기를 바랍니다.
(시편 19 : 14)
주, 너의 속량자,
이스라엘의 거룩하신 분께서 이르시기를
'나는 주, 네 하나님이다.
네게 유익하도록 너를 가르치며,
네가 마땅히 걸어야 할 길로
너를 인도하는 하나님이다' 하셨다.
(이사야 48 : 17 ; 43 : 14 ; 49 : 7)
너의 구원자,
너를 모태에서 만드신 주께서 말씀하신다.
"내가 바로 만물을 창조한 주다.
나와 함께 한 이가 없이,
나 혼자서 하늘을 폈으며, 땅도 넓혔다."
(이사야 44 : 24)
이스라엘의 왕이신 주,
이스라엘의 속량자이신
만군의 주께서 말씀하신다.
"나는 시작이요, 마감이다.
나 밖에 다른 신이 없다."

(이사야 44 : 6)
오직 주 하나님은
우리의 아버지이십니다.
옛적부터 주의 이름은
'우리의 속량자'이십니다.
(이사야 63 : 16)
나의 영원한 사랑으로
너에게 긍휼을 베풀겠다.
너의 속량자인 나 주의 말이다.
(이사야 54 : 8)
주의 손에 나의 영을 맡깁니다.
진리의 하나님이신 주님,
나를 속량하여 주실 줄 믿습니다.
(시편 31 : 5)
이스라엘아,
주님만을 의지하여라.
주님께만 인자하심이 있고,
속량하시는 큰 능력은 그에게만 있다.
오직, 주님만이 이스라엘을
모든 죄에서 속량하신다.
(시편 130 : 7, 8)
그분의 이름은 만군의 주님이시다.
너를 구원하신 분은
이스라엘의 거룩하신 하나님이시다.
그분은 온 세상의 하나님으로 불릴 것이다.
(이사야 54 : 5)

이상의 여러 장절들이나, 그 밖의 다른 장절들에게서 볼 때, 눈을 가지고 있는 사람이나, 그것들에 의하여 열린 마음을 가지고 있는 사람은, 한 분이신 하나님께서 속량을 성취하시기 위하여 이 세상에 강림하셨고 사람이 되셨다는 것을 밝히 알 수 있겠습니다. 이미 밝히 드러낸 것과 같이 신령 선언들(these Divine declarations)에 예의 주의하신다면, 아침 햇살에서 보는 것처럼 이것을 누가가 보지 못하겠습니까? 그러나 영원부터 또 다른 하나님(another God)의 탄생을 굳게 믿는 신념 때문에 밤의 어둠에 있는 자들은, 그분의 강림과 속량에 관해 선포된 신령선언들에 대하여 그들의 눈을 감아 버리고, 그들 자신의 거짓들이나 그것들을 왜곡시킨 것에 그것들을 어떻게 적용시킬 것인가의 상태에 빠져 있습니다.

84. 하나님께서 사람들을 속량하신 데는 수많은 이유가 있습니다. 다시 말하면 오직 인성을 입으시는 수단에 의하여 영벌이나 지옥에서 그들을 구출하실 수 있었던 이유는 많이 있습니다. 그 많은 이유들을 아래의 여러 페이지에서 밝히고자 합니다. 속량(贖良 · redemption)은 지옥을 정복하는 것에, 천계를 질서에 맞게 회복하는 것에 존재하고, 그리고 이런 것이 이루어진 뒤에는 교회를 세우는데 존재합니다. 이 속량은 하나님께서 당신의 전능과 함께 오직 인성(人性 · 神靈人間 · the Human)에 의하여 성취하셨습니다. 인성은 마치 이사야서의 말씀에서(이사야 40：10；53：1) 주님의 인성(Human of the Lord)을 "여호와의 팔"(the arm of Jehovah)이라고 부른 것과 같이, 어느 누구가 일을 할 수 있는 팔이 뜻하는 것이고, 또한 그것은 요새화된 성읍을 공격하여, 그것 안에 있는 우상들의 사당(祠堂)을 공격하는 무리들에 의하여 파괴하는 것과 같습니다. 하나님께서 이와 같은 신령과업(this Divine work) 수행에서 전능을 지니신 그분의 인성(His Human)에 의한 것을 가리킨다는 것은 역시 성경말씀에서 명확합니다. 왜냐하면 이 밖의 다른 방법으로는 극내적인 것(the inmost)이나, 따라서 가장 순수한 것들(the purest things) 안에 계시는 하나님에게서는 불가능하였기 때문이고, 지옥이 그것들 안에 있는, 그리고 그 때의 사람들이 있는, 극외적인 것들(outmost things)을 통과하는 것이 불가능하였기 때문입니다. 이런 일은 마치 영혼이 육신이 없으면 아무런 일을 할 수 없는 것과 같고, 또한 어느 누구도 시각에 들어오는 것이 없으면 적군을 정복할 수 없는 것과 같고, 또한 예를 들면 창늘 · 방패들 · 총들과 같은, 적절한 무기를 가지고 적군에게 가까이 다가가는 것 없이 적군을 정복할 수 없는 것과 같습니다. 인성(人性 · 神靈人間 · the Human) 없이 속량을 완수한다는 것은 하나님에게 불가능하다는 것은 마치 많은 배들에 의한 군인들을 운송하는 것 없이 멀리 떨어진 인도를 정복한다는 것이 사람들에게 불가능한 것과 같고, 또한 만약에 그것을 통해서 이런 것들이 통과하는 공기나, 또는 그것에서 나무의 씨가 발아(發芽)하는 토양이 창조되는 것

없이 별이나 빛에 의하여 나무의 성장이 불가능한 것과 같습니다. 사실 불가능한 것은, 마치 강물에 그물을 치는 것 대신에 공기 중에 그물을 치는 것에 의하여 물고기를 잡는 것과 같이, 불가능합니다. 왜냐하면, 만약에 그분께서 처음 것들 안에 있는 것과 같이, 마지막 것들 안에 계시지 않는다면, 그분의 전능에 의하여 지옥에 있는 어떤 악마와 접촉한다는 것이나, 땅 위에 있는 어떤 악마와 접촉할 수 없으며, 그리고 그분이나, 그분의 분노를 억제할 수 없고, 그의 폭행을 제압, 무기력하게 할 수 없다는 것은 스스로 계시는 그분이신 그런 존재이신 여호와에게는 불가능하기 때문입니다. 그분께서는 그분의 인성 안에 있는 마지막 것들 안에 계시기 때문에, 그분은 성령말씀에서 "처음과 나중"(the First and the Last), "알파와 오메가"(the Alpha and the Omega), "시작과 마감"(the Beginning and the End)이라고 불리셨습니다.

85. (2) 그분께서는 성언을 가리키는 신령진리로서 강림하셨지만, 그렇다고 그분께서는 신령진리를 선령선에서 분리하시지 않았다.
하나님의 본질(the essence of God)을 형성하는 것은 둘(2)이 있는데, 하나는 신령사랑(the Divine love)이고 다른 하나는 신령지혜(the Divine wisdom)입니다. 역시 동일한 것이지만, 신령선(the Divine good)과 신령진리(the Divine truth)입니다. 이들 양자가 하나님의 본질이라는 것은 이미 앞에서 입증하였습니다(본서 36-48항 참조). 더욱이 이들 양자는 성경말씀에서 이름 "여호와 하나님"(Jehovah God)이 뜻하는 것인데, 여기서 "여호와"는 신령사랑이나 신령선을 뜻하고, "하나님"은 신령지혜나 신령진리를 뜻합니다. 이런 이유 때문에 이들 두 이름들은 성경말씀에서 다종다양한 방법으로 구분, 분별되고 있습니다. 어떤 때는 이름 "여호와"라는 낱말이 사용되고 있고, 어떤 때는 이름 "하나님"이라는 낱말이 사용되었습니다. 신령선이 다루어질 때에는 이름 "여호와"가 사용되었고, 신령진리가 다루어질 때에는 이름 "하나님"이 사용되었고, 이름 "여호와 하나님"은 이들 양자가 함께 다루어질 때 사용되었습니다. 여호와 하나님께서, 성언을 가리키는 신령진리로서, 강림하셨다는 것은 요한복음서의 아래 장절에서 명확합니다. 그 책의 말씀입니다.

> 태초에 말씀이 계셨다. 그 말씀은 하나님과 함께 계셨다. 그 말씀은 하나님이셨다. …… 모든 것이 그로 말미암아 생겨났으니, 그가 없이 생겨난 것은 하

나도 없다. …… 말씀이 육신이 되어 우리 가운데 사셨다(요한 1 : 1, 3, 14).

여기서 "말씀"(聖言 · the Word)은 신령진리를 뜻하는데, 그것은 교회 안에 있는 말씀(the Word)이 신령진리 자체이기 때문입니다. 왜냐하면 여호와 당신에 의하여 구술(口述 · dictated)되었기 때문이고, 그리고 여호와에 의하여 구술된 것은 신령진리 이외에 아무것도 아니고, 그 밖에 다른 것이 될 수 없기 때문입니다.
[2] 그러나 신령진리가 천계를 통해서 이 세상에 강림하셨기 때문에 신령진리는 천계에 있는 천사들에게, 그리고 이 땅에 있는 사람들에게 적용하는 것이 되었습니다. 이런 이유 때문에, 성경말씀에는 밝은 빛 가운데서 보여 지는 신령진리가 그것 가운데 있는, 영적인 뜻이 있고, 그리고 그것에서는 불영명하게 보여 지는 자연적인 뜻이 있습니다. 따라서 여기 요한복음서에서 뜻하는 우리의 성경말씀에는 신령진리가 있습니다. 이러한 사실은 주님께서 성경말씀의 모든 것들을 이루시기 위하여 이 세상에 강림하셨다는 사실에 의하여 더욱 더 명확합니다. 그리고 이것은 "성경말씀이 충분하게 이루시기 위하여" 주님 그분에게 이런 일, 저런 일이 행해졌다고 자주 언급된 이유입니다. 또는 "메시야" "그리스도" "사람의 아들"(the Son of man · 人子), 또는 그분의 승천(昇天) 이후 주님께서 보내신 "성령 보혜사"(the Holy Spirit the Comforter) 등이 뜻하는 것이 신령진리 이외에 아무것도 아닙니다. 이런 내용은 그 성경(聖經 · the Sacred Scripture)의 장에서 다룬 변화 산에서 세 제자들 앞에서 변화신 현성용(顯聖容 · His transfiguration)(마태 17장 · 마가 9장 · 누가 9장)에서, 그리고 또한 요한 앞에서 보여진 것(묵시록 1 : 12-16)에서 주님께서 그 말씀으로서 당신을 드러내셨다는 것에 의하여 잘 입증될 것입니다.
[3] 주님께서 이 세상에 계실 때 신령진리이시라는 것은 그분께서 친히 하신 말씀들에서 명확합니다. 요한복음서의 말씀입니다.

예수께서 대답하셨다. "내가 곧 길이요 진리요 생명이다"(요한 14 : 6).

요한 1서의 말씀입니다.

우리는, 하나님의 아들이 오셔서, 그 참되신 분을 알 수 있도록, 우리에게 이해력을 주신 것을 우리는 압니다. 우리는, 그 참되신 분, 곧 하나님의 아들 예수 그리스도 안에 있습니다. 이분이 참 하나님이시요, 영원한 생명이십니다 (요한 1서 5 : 20)

더욱이 아래 장절들에서와 같이, 그분의 존재는 "빛"(the Light)이라고 불리웠습니다. 복음서의 말씀입니다.

> 그의 안에서 생겨난 것은 생명이었으니, 그 생명은 모든 사람의 빛이었다. …… 그 빛이 세상에 오셨으니, 모든 사람을 비추는 참 빛이시다(요한 1 : 4, 9).
> 예수께서 그들에게 대답하셨다. "아직 얼마 동안은 빛이 너희 가운데 있을 것이다. 빛이 있는 동안에 다녀라. 어둠이 너희를 이기지 못하게 하여라. …… 너희는 빛이 있는 동안에 그 빛을 믿어서, 빛의 자녀가 되어라"(요한 12 : 35, 36, 46).
> 나는 세상의 빛이다(요한 9 : 5).
> 내 눈이 주의 구원을 보았습니다.
> 주께서 이것을
> 모든 백성 앞에 마련하셨으니,
> 이것은
> 이방 사람들에게는 계시하시는 빛이요,
> 주의 백성 이스라엘에게는 영광입니다.
> (누가 2 : 30-32)
> 심판을 받았다는 것은, 빛이 세상에 들어왔지만, 사람들이 자기들의 행위가 악하므로, 빛보다 어둠을 더 좋아하였다는 것을 뜻한다. …… 진리를 따르는 사람은 빛으로 나아간다(요한 3 : 19, 21).

이 밖에도 여러 장절들이 있습니다. "빛"은 신령진리를 뜻합니다.

86. 여호와 하나님께서는, 그분께서 속량의 대업을 이루시기 위하여, 신령진리로서 이 세상에 강림하셨습니다. 그리고 속량은 지옥을 정복하는데, 그리고 천계를 질서에 맞게 회복하는데 존재하고, 이 일이 있은 뒤에는 교회를 세우시는데 존재합니다. 이러한 일을 성취하는 것에는 신령선은 적합하지 않고, 오히려 신령선에서 비롯된 신령진리에 의하여 오직 이루어질 수 있었습니다. 그것 자체에서 보면, 신령선은, 칼의 둥

근 모양의 자루와 같고, 나무의 날이 없이 둥근 조각과 같고, 또한 화살이 없는 활과 같습니다. 이에 반하여 신령선에서 비롯된 신령진리는 예리한 칼과 같고, 창(槍) 모양의 예리한 나무와 같고, 화살을 메운 활과 같아서, 이런 것들은 모두 적군에 대하여 매우 쓸모가 있습니다. 성경말씀의 영적인 뜻에서 "창들"(spears)이나 "활들"은 투쟁하는 진리들(combating truths)을 뜻하는데, 이러한 내용은 ≪묵시록 계현≫(the Apocalypse Revealed) 52 · 299 · 436항에 입증된 것을 참조 하십시오. 지옥에 있었고, 그리고 항상 있을 그것 안에 있는 거짓들이나 악들은 성경말씀에서 비롯된 신령진리를 제외하면, 그 어떤 다른 방법으로는 결코 공격할 수도 없고, 이길 수도 없고, 그것들이 정복되지도 않습니다. 그리고 또한 그 때 세워지는 새 하늘(the new heaven)도 세워질 수 없고, 형성될 수도 없고, 그 어떤 다른 방법에 의하여 천계가 질서에 맞게 정돈될 수도 없습니다. 그리고 또한 그 밖의 어떤 방법에 의하여 이 땅 위에 새로운 교회(a new church)가 세워질 수도 없습니다. 더욱이 하나님의 모든 힘 · 에너지 · 능력은 신령선에게서 비롯된 신령진리에 속해 있습니다. 이것이 여호와 하나님께서, 성언을 가리키는, 신령진리로서 강림하셨다고 설명하는 이유입니다. 그러므로 다윗의 시편서에는 이렇게 언급되었습니다. 시편서의 말씀입니다.

> 용사이신 임금님,
> 칼을 허리에 차고,
> 위엄과 영광을 보여 주십시오.
> 영광스러운 승리를 거두어 주십시오.
> 진리와 겸손과 정의를 세우셔야 하니,
> 전차에 오르십시오.
> 임금님의 오른손이
> 놀라운 일들을 임금님께 가르칠 것입니다.
> 임금님의 화살이 날카로워서,
> 원수들의 심장을 꿰뚫으니,
> 만민이 임금님의 발 아래에 엎드립니다.
> (시편 45 : 3-5)

이 장절은 주님에 관해서 언급하고 있고, 그리고 지옥과의 그분의 다툼

(His conflict)에 관해서, 그리고 지옥을 정복하신 그분의 승리들에 관해서 언급하고 있습니다.

87. 진리에서 분리된 선이 무엇이고, 선에서 분리된 진리가 무엇인지는 사람 안에서 명료하게 보입니다. 사람 안에 있는 모든 선은 그것의 자리를 그의 의지에서 차지하고, 그리고 모든 진리는 그것의 자리를 그의 이해에서 차지합니다. 그리고 그것의 선에서 비롯된 의지는 이해에 의한 것을 제외하면 아무것도 아닙니다. 그것은 일을 할 수 없고, 그것은 말도 할 수 없고, 느낄 수도 없습니다. 의지의 모든 가치나 능력은 이해에 의하여 존재합니다. 결과적으로 진리에 의하여 존재합니다. 왜냐하면 이해는 진리의 그릇이고, 거처(居處)이기 때문입니다. 이것의 관계는 인체 안에 있는 심장과 폐장의 움직임과 꼭 같습니다. 폐장의 호흡이 없다면 심장에 의하여 생겨나는 움직임이나 감각은 있을 수 없습니다. 그러나 양자의 움직임이나 감각은 폐장의 호흡에 의하여 심장에서 생성되는데, 이러한 것은 질식(窒息)된 사람들의 졸도(卒倒)에서, 또는 물에 빠진 사람들의 기절상태에서 명확합니다. 이런 상태에 있는 사람들의 호흡은, 비록 심장의 수축작용은 아직 계속되지만, 멈추어 있는 경우와 같습니다. 이런 사람들이 움직임이나 감각을 전혀 가지고 있지 않다는 것은 잘 알려져 있습니다. 그것은 어머니의 자궁 안에 있는 태아(胎兒)의 경우와 꼭 같습니다. 이것은 심장이 의지에 대응하고, 의지의 다종의 선에 대응하기 때문이고 그리고 폐장은 이해에 대응하고, 이해의 진리들에 대응하기 때문입니다. 특히 영계에서 진리의 능력이 눈에 잘 띄는 것과 같습니다. 비록 육체적으로는 젖먹이와 같이 나약(懦弱)하지만, 주님에게서 비롯된 신령진리들 안에 있는 천사는, 아나킴(Anakim)이나 네피림(Nephilim)처럼 보이는, 다시 말하면 거인들처럼 보이는, 지옥적인 영들의 무리를 상대로 하여 싸울 뿐만 아니라, 그들을 지옥에까지 추격하고, 그리고 그들을 거기에 있는 그들의 동굴 속으로 밀어 넣는데, 그 때 그 무리들이 거기에 나타날 때 그들은 감히 그 천사에게 가까이 갈 수도 없습니다. 주님에게서 비롯된 신령진리들 안에 있는 자들은, 비록 그들이 육신적으로는 양(羊)에 비하여 더 보잘것없는 힘을 가지고 있지만, 그 세상에서는 사자들과 같습니다. 주님에게서 비롯한 신령진리들 안에 있는 사람들은 온갖 악들이나 거짓들에 대항하여 싸우는 능력이나 힘을 가지고 있고, 결과적으로는 악마들의 무리들에

대항하여 싸우는 능력을 가지고 있는데, 이들 악마의 무리는, 그들의 본질에서 보면, 온갖 악들이나 거짓들 이외에 아무것도 아닙니다. 신령진리에 이와 같은 능력이나 힘이 있다는 것은, 하나님께서 선 자체이시고, 진리 자체이시기 때문입니다. 그리고 그것은 하나님께서 신령진리에 의하여 우주를 창조하신 그 진리이시기 때문입니다. 그리고 하나님께서는 그것에 의하여 우주를 보존하시는 질서의 모든 법칙들은 곧 진리들입니다. 그러므로 요한복음서에 이렇게 언급되었습니다. 그 책의 말씀입니다.

> 모든 것이 그로 말미암아 생겨났으니, 그가 없이 생겨난 것은 하나도 없다(요한 1:3, 10).

시편서의 말씀입니다.

> 주님은 말씀으로 하늘을 지으시고,
> 입김으로 모든 별을 만드셨다.
> (시편 33:6)

88. 그분께서 비록 신령진리로서 강림하셨지만, 하나님께서는 신령진리를 신령선에서 분리하시지 않았다는 것은, 그 개념에서 명확한데, 그것에 관해서는 이렇게 언급되었습니다. 누가복음서의 말씀입니다.

> 성령이 네게 임하시고, 가장 높으신 분의 능력이 너(=마리아)를 감싸줄 것이다(누가 1:35).

여기서 "가장 높으신 분의 능력"은 신령선을 뜻합니다. 이러한 내용은 그분께서 아버지(聖父)께서 그분 안에 계시고, 그분께서 아버지 안에 계신다고 말씀하신 여러 장절들에게서 명확하고, 그리고 아버지께서 가지신 모든 것들은 그분의 것이라고, 그리고 아버지와 그분은 하나(one)이시다고 말씀하신 장절들에게서 명확합니다. 그리고 또한 그 밖의 여러 장절들에게도 명확합니다. 여기서 "아버지"(聖父 · the Father)는 신령선을 뜻합니다.

89. (3) 하나님께서는 당신의 신령질서에 일치하여 인성(=신령인간 · the Human)을 입으셨다.

이 단락에서는 신령전능(神靈全能 · the Divine omnipotence)과 신령전지(神靈全知)를 다루고 있는데, 그것은 이미 하나님께서 우주에 질서를 이입(移入), 전래(傳來)시키셨고, 그리고 그것에 속한 모든 개별적인 것이나 전체적인 것들에 그것들의 창조 때에 이입, 전래시키셨다는 것을 입증하였습니다. 그러므로 우주 안에 있는, 그리고 우주에 속한 개별적인 것이나 모든 전체적인 것들 안에 있는, 하나님의 전능은 그분의 질서의 법칙에 일치하여 발출하고, 역사(役事)합니다. 이러한 내용은 이미 시종일관(始終一貫)되게 다루었습니다(본서 49-74항 참조). 그 때 강림하신 분이 하나님이시기 때문에, 그리고 이미 거기에서 입증된 것과 같이, 하나님께서는 질서 자체이시기 때문에, 필연적인 것은, 만약에 그분께서 실제적으로 사람이 되셔야 한다면, 즉, 그분께서는 수태되셔야 했고, 자궁에 옮겨졌고, 그리고 출생하시고, 교육을 받으시고, 그리고 점차적으로 지식들을 터득하셔야 했다는 것, 그리고 그것에 의하여 총명과 지혜에 소개, 안내되었다는 것 등입니다. 그분의 인성(His Human)에 관해서 보면, 이런 이유 때문에 그분께서는 다른 젖먹이들과 꼭 같은 젖먹이이셨고, 다른 소년들과 꼭 같이 소년이셨고, 그 밖의 모든 것들도 그와 같았습니다. 그럼에도 불구하고, 단지 차이가 있다면, 이와 같은 성장과정은 다른 아이들에 비하여 그분에게서는 빠르고, 매우 충분하였고, 보다 더 완벽하였습니다. 이와 같은 성장이 질서에 일치한다는 것은 누가복음서의 이런 말씀에서 명확하였습니다. 누가복음서의 말씀입니다.

> 아기는 자라며 튼튼해지고, 지혜로 가득 찼고, 하나님의 은총을 받고 있었다. …… 예수는 지혜와 키가 자라며, 하나님과 사람에게 더욱 사랑을 받았다(누가 2 : 40, 52).

이와 같은 일이 다른 이들에게 있는 것에 비하여, 보다 빠르고, 보다 충분하고, 보다 완벽하게 행해졌다는 것은 그분에 관해서 같은 복음서에 언급된 말씀들에게서 명확합니다. 누가복음서의 말씀입니다.

> (예수께서 열두 살이 되었을 때), 예수께서는 선생들 가운데 앉아서, 그들의

말을 듣기도 하고, 그들에게 묻기도 하고 있었다. 그의 말을 듣고 있는 사람들은, 모두 그의 슬기와 대답에 경탄하였다(누가 2 : 46, 47 ; 그 뒤 4 : 16-22, 32)

이러한 일이 일어난 것은, 신령질서가 사람은 반드시 하나님의 영접(the reception of God)을 위하여 스스로 준비를 하여야 한다는 것을 요구하고 있기 때문입니다. 그리고 사람이 자기 자신을 위한 준비에 비례하여 하나님께서는, 당신의 거처나 집에 들어가시는 것과 같이, 그 사람 안에 들어가십니다. 그리고 이와 같은 준비는 하나님에 관한, 그리고 교회에 속한 영적인 것들에 관한 지식들에 의하여 성취, 이루어집니다. 따라서 총명(intelligence)이나 지혜(wisdom)에 의하여 이루어집니다. 왜냐하면 이것은 곧 사람이 하나님에게 가까이 나아가고, 하나님에게 가까이 있는, 그것에 비례하여 하나님께서 사람에게 가까이 오시고, 사람에게 가까이 하시고, 하나님께서는 당신을 사람의 내면적인 것들에서 사람과 결합하는 것이 질서의 법칙인데, 이런 일은 마치 사람 자신이 스스로 하는 것과 같이 그가 전적으로 반드시 스스로 하여야 합니다. 그것은, 아래에서 더 상세하게 입증하겠지만, 주님께서 그분의 아버지(His Father)와 하나됨(一者 · oneness)에까지 진전하는 것은 이 질서에 일치합니다.

90. 신령전능(the Divine omnipotence)이 질서에 일치하여 발출하고, 역사한다는 것을 알지 못하는 자들은, 건전한 이성에 반대되고, 그리고 그것에 상충(相衝)되고, 다툼 가운데 있는 수많은 그들의 환상들(幻想 · their fancies)을 꾀할 수 있습니다. 예를 들면, 하나님께서는 성장과정의 단계가 없이 직접적으로 왜 인성(the Human)을 입으셨는가? 왜 하나님께서는 당신 자신을 위하여 세계 사방에서 원자들을 모아서 한 몸(a body)을 창조하시고, 구성하셔서 유대 사람들 뿐만 아니라 전 세계에 당신 자신을 하나님 사람(the God-Man)으로 드러내시지 않으셨을까? 만약 하나님께서 출생하기를 원하신다면 왜 당신의 신성 자체(His entire Divinity)를 태아 자체에, 또는 젖먹이에 주입시키시지 않으셨을까? 또는 주님께서는 출생 뒤 왜 즉시 성인이 되시지 않으시고, 그리고 신령지혜로부터 왜 말씀하시지 않는 것일까? 등등의 것들이 되겠습니다. 이런 것들이 신령전능을 질서에서 분리하여 생각하는 사람들이 생

각하는 것들이고, 그리고 교회는, 실제적으로 행했던 것처럼 어리석은 것이나, 하찮은 것으로, 채워져 있습니다. 예를 들면 하나님께서는 영원부터 아드님을 두실 수 있다든지, 셋째 하나님(a third God)이 당신 자신이나 아드님으로부터 발출할 수 있다든지, 또한 하나님께서는 인류에 대하여 분노하실 수 있다든지, 또는 인류를 파괴할 수 있다든지, 당신의 아드님에 의하여 자비로 되돌리시기를 원하신다든지, 이러한 일은 중재(仲裁)에 의하여, 그리고 당신의 십자가의 회상(回想)에 의하여 가능하다든지, 이런 것들입니다. 더욱이 하나님께서는 당신의 아들의 의(義 · the righteousness of His Son)를 사람에 전가시킬 수 있다고 말하고, 그 의를 사람의 심중에 주입시킬 수 있다고 말하는데, 그것은 마치 볼프(Wolff)의 "단순실체"(單純實體 · the simple substance)처럼, 저자 볼프는, 나뉘어질 수 없는 그 아드님의 공로에 속한 모든 것들은, 그 실체들을 내포한다고 말하고 있습니다. 왜냐하면 만약에 그것이 분할된다면 그것은 무(無 · naught)가 될 것이기 때문입니다. 더욱이 하나님께서는, 마치 교황이 사람의 시커먼 악들로 말미암아 가장 불신앙적인 사악함을 용서하고, 정결케 하듯이, 당신이 원하시는 사람에게 죄들을 용서하실 수 있는 분으로, 따라서 악마처럼 새까만 것을 빛의 천사처럼 하얗게 하실 수 있다고 생각합니다. 아직도 여전히 우상이나 신상을 믿고 있는 것이 바위나 망부석 같이 요지부동이라고 해도 그 사람 자신의 움직이려는 노력 없이도 그렇게 할 수 있다고 믿고 있다는 것입니다. 이러한 주장이나 견해는, 신령능력이 절대적이라는 것을 계속해서 옹호하려는 자들이 날조(捏造)한 수많은 미치광스러운 소견이라는 것은 굳이 더 말할 필요도 없지만, 그럼에도 불구하고 이런 것들이 교계에 두루 퍼져있다는 것은 팔랑개비로 겨를 공중에 날려 보내듯이, 풍미해 있습니다. 천계나 교회에 속한, 따라서 영원한 생명에 속한 이른바 영적인 사안들에서 이런 것들은, 숲속에 있는 장님과 같이, 돌부리에 걸려 넘어지고, 나무에 머리를 구워박고, 머리카락이 나뭇가지에 쥐어 박히는 몰골이라고 하겠습니다.

91. 더욱이 신령기적들(神靈奇蹟 · the Divine miracles)은 신령질서에 일치하여 행해지지만, 그러나 그 일들은 자연계에 유입하는 영계의 입류의 질서(the order of an influx)에 일치합니다. 그럼에도 불구하고 그 질서에 관해서는 지금까지 아무것도 알려지지 않았는데, 그 이유는 지금

까지 어느 누구도 영계에 관해서 아무것도 알지 못하였기 때문입니다. 그러나 그 질서가 무엇인지는, 우리가 신령기적들(Divine Miracles)과 마술적 기적들(Magical Miracles)을 다루게 되는 그 때에 명확하게 설명되겠습니다.

92. (4) 하나님께서 그것에 의하여 당신을 이 세상에 보내신 인성(人性 · 신령인간 · the Human)이 하나님의 아들(聖子 · the Son of God)이라고 불리운다.

주님께서는 이렇게 자주 말씀하셨는데, 그것은 아버지(the Father)께서 그분을 보내셨다는 것, 그리고 그분께서는 아버지에 의하여 보내졌다는 것입니다(마태 10 : 40 ; 15 : 24 ; 요한 3 : 17, 34 ; 5 : 23, 24, 36-38 ; 6 : 29, 39, 40, 44, 57 ; 7 : 16, 18, 28, 29 ; 8 : 16, 18, 29, 42 ; 9 : 4 ; 이 밖의 수많은 곳). 그리고 주님께서 이것을 말씀하신 것은, "이 세상에 보내졌다"(being sent into the world)는 말씀이 강림하셨다는 것이나 사람들 가운데 있다는 것을 뜻하기 때문이고, 그리고 이런 일은 처녀 마리아를 통해서 그분께서 취하신 인성(=인간 · a human)에 의하여 행해졌기 때문입니다. 더욱이 인성(the Human)은 실제적으로 하나님의 아드님(the Son of God)이십니다. 왜냐하면 그분은, 누가복음서에서와 같이(누가 1 : 32, 35), 그분의 아버지이신 여호와 하나님으로 말미암아 잉태되었기 때문입니다. 그분께서는 "하나님의 아들"(聖子 · the Son of God), "사람의 아들"(人子 · the Son of man), "마리아의 아들"(the Son of Mary)이라고 불리셨습니다. 여기서 "하나님의 아들"(聖子)은 그분의 인성 안에 계신 여호와 하나님을 뜻하고, "사람의 아들"(人子)은 말씀의 측면에서 주님을 뜻합니다. 이에 반하여 "마리아의 아들"은 그분께서 취하신 인간성 정(the human), 즉 모계적인 인간(the maternal man)을 뜻합니다. "하나님의 아들"이나 "사람의 아들"의 뜻이 이러하다는 것은 아래에 이어지는 것에서 입증될 것입니다. 그리고 "마리아의 아들"이 단순한 인간성 정을 뜻한다는 것은, 영혼은 아버지에게서, 몸은 어머니에게서 비롯된다는 것인, 사람의 일족의 출생(the generation of man)에서 명료하게 알 수 있겠습니다. 왜냐하면 영혼(the soul)은 그 아버지의 정액(精液 · semen)에 내포되어 있고, 그리고 어머니 안에 있는 몸(a body)으로 입혀져 있기 때문입니다. 그리고 같은 뜻이지만, 사람이 가지고 있는 모든 영적인 것은 아버지에게서 비롯되고, 사람이 지닌 모든 물질적인 것은 어머니에게서 비롯되기 때문입니다. 주님에게서 그분께서 지니고 있는 신령존재(神靈存在 · the Divine)는 여호와 아버지에게서 비롯되었고, 그분의 인간성정(the human)은 어머니에게서 비롯되었습니다. 이들 양자가 합일(合一)된 존재가 하나님의 아들(the Son of God)이십니다. 이러한 뜻은 주님께서 친히 하신 말씀에서 명확합니다. 누가복음에 주어진 말씀입니다.

> 천사가 마리아에 말하였다. "성령이 네게 임하시고, 가장 높으신 분의 능력이 너를 감싸 줄 것이다(=당신을 덮을 것이다). 그러므로 태어날 아기는 거룩한 분이요, 하나님의 아들이라고 불릴 것이다(누가 1 : 35).

주님께서 당신 자신을 "아버지에 의하여 보내진 자"(one sent by the Father)라고 부르셨습니다. 이런 이유 때문에 "보내진 자"(the sent)나 천사(天使, angel)는 동일한 뜻을 가지고 있는데, 여기서 "천사"는 어원에서는 "보내진 자"(one sent)라는 뜻입니다. 왜냐하면 이사야서에 그렇게 언급되었기 때문입니다.

> 주께서는, 그들이 고난을 받을 때에
> 사자나 천사를 보내셔서
> 그들을 구하게 하시지 않고,
> 주께서 친히 사랑과 긍휼로
> 그들을 구하여 주시고,
> 옛적 오랜 세월 동안
> 그들을 치켜들고 안아 주셨습니다(=그들이 온갖 고통을 당할 때에 그분도 고통스러워 하셨다. 그래서 그분이 친히 보내신 사자가 그들을 구원했다. 그분은 사랑과 동정심으로 그들을 도로 사시고, 지난 모든 세월 동안 그들을 들어 올리시고, 안아 주셨다)
> (이사야 63 : 9).

말라기서의 말씀입니다.

> 너희가 오랫동안 기다린 주가,
> 문득 자기의 궁궐에 이를 것이다.
> 너희가 오랫동안 기다린,
> 그 언약의 특사가 이를 것이다.

(말라기 3 : 1)

하나님 아버지 · 아들 · 성령을 뜻하는 신령 삼일성(神靈三一性 · the Divine Trinity)이 주님 안에 계신다는 것, 그리고 그분 안에 계신 아버지께서는 그것에서 비롯된 신령존재(the Divine)이시고, 아들(the Son)은 신령인성(神靈人性 · 神靈人間 · the Divine Human)이시고, 성령(聖靈 · the Holy Spirit)은 신령발출(神靈發出 · the Divine going forth)이라는 것 등등은 신령삼일성(the Divine Trinity)이 다루어지는 이 책의 제 3장에서 잘 알 수 있겠습니다.

93. 천사 가브리엘이 마리아에게 "그녀에게서 태어나실 거룩한 것(the Holy thing)이 하나님의 아들이라고 불리울 것"이라고 언급되었기 때문에, 그분의 인성(His Human)의 측면에서 주님께서는 "이스라엘의 거룩하신 분"(the Holy One of Israel)이라는 것은 성경말씀에서 인용된 아래의 장절들에게서 명확하게 입증될 것입니다. 구약의 말씀들입니다.

내가 침대 위에서 나의 머리 속에 나타난 환상을 또 보니, 거룩한 감시자가 하늘로부터 내려와서, ……
(다니엘 4 : 13, 23).
하나님이 데만에서 오신다.
거룩하신 분께서
바란 산에서 오신다.
(하박국 3 : 3)
너희들의 속량자요,
이스라엘의 '거룩하신 분'이신 주께서……
"나는 주, 너희의 거룩한 하나님이며,
이스라엘의 창조자요, 너희의 왕이다."
(이사야 43 · 14, 15)
이스라엘의 속량자, 거룩하신 분이신 여호와께서 말씀하신다(=이스라엘의 속량자, 거룩하신 주께서 말씀하신다)(이사야 49 : 7).
이스라엘아,
너를 지으신 주께서 말씀하신다.
"내가 너를 속량하였으니….
나는 주, 너의 하나님이다.
이스라엘의 거룩한 하나님이다.

너의 구원자다."
(이사야 43 : 1, 3)
우리의 속량자는
그 이름이 만군의 주님,
이스라엘의 거룩하신 하나님이시다.
(이사야 47 : 4)
너희들의 속량자요,
이스라엘의 '거룩하신 분'이신 주께서
이렇게 말씀하셨다.
(이사야 43 : 14 ; 48 : 17)
그분의 이름은 만군의 주님이시다.
너를 구속하신 분은
이스라엘의 거룩하신 하나님이시다.
(이사야 54 : 5)
그들은 하나님을 거듭거듭 시험하고,
이스라엘의 거룩하신 분의 마음을
상하게 하였다.
(시편 78 : 41)
이스라엘의 거룩하신 분을 업신여겨서,
등을 돌리고 말았구나.
(이사야 1 : 4)
(그들은 말한다.)
"이스라엘의 거룩하신 분의 이야기를
우리 앞에서 그쳐라" 하고 말한다.
그러므로 이스라엘의 거룩하신 분께서
이렇게 말씀하신다.
(이사야 30 : 11, 12)
기껏 한다는 말이
"하나님더러 서두르시라고 하여라.
그분이 하고자 하시는 일을
빨리 하시라고 하여라.
그래야 우리가 볼 게 아니냐.
계획을 빨리 이루시라고 하여라.
이스라엘의 거룩하신 분께서 세우신 계획이
빨리 이루어져야

우리가 그것을 알 게 아니냐"
하는구나.
(이사야 5 : 19)
그 날이 오면……
오직 '이스라엘의 거룩하신 분'인 주님만을
진심으로 의지할 것이다.
(이사야 10 : 20)
"시온의 주민아!
소리를 높여서 노래하여라.
너희 가운데 계시는
이스라엘의 거룩하신 분은
참으로 위대하시다."
(이사야 12 : 6)
주 이스라엘의 하나님께서 하신 말씀이다.
"그 날이 오면, 사람들은
자기들을 지으신 분에게 눈길을 돌리고
'이스라엘의 거룩하신 분'을 바라볼 것이다."
(이사야 17 : 6, 7)
천한 사람들이 주 안에서 더없이 기뻐하며
사람들 가운데 가난한 사람들이
이스라엘의 거룩하신 분 안에서
즐거워할 것이다.
(이사야 29 : 19 ; 41 : 16)
이스라엘의 거룩하신 분을 거역해서,
그들의 땅(=바빌로니아 사람의 땅)에 죄가 가득 찼으나, …….
(예레미야 51 : 5)

이 밖에도 이사야 55 : 5 ; 60 : 9이 있고 그 밖에 여러 장절이 있습니다. 따라서 "이스라엘의 거룩하신 분"께서 그분의 신령인성(His Divine Human)의 측면에서 주님을 뜻한다는 것은 천사가 마리아에게 말씀하셨기 때문입니다. 누가복음서의 말씀입니다.

천사가 마리아에게 말하였다. "성령이 네게 임하시고, 가장 높으신 분의 능력이 너를 감싸 줄 것이다. 그러므로 태어날 아기는 거룩한 분이요, 하나님의

아들이라고 불릴 것이다" (누가 1 : 35)

비록 이름들은 다르지만, 여호와와 이스라엘의 거룩하신 분이 한 존재이시라는 것은, 여호와께서 이스라엘의 거룩한 분이시라고 선언된, 여기에 인용된 장절들이 명확하게 합니다. 그리고 주님께서 이스라엘의 하나님이시라고 불리신 수많은 장절들에게서 명확합니다. 예를 들어 보겠습니다. 이사야 17 : 6 ; 21 : 10, 17 ; 24 : 15 ; 29 : 23 ; 예레미야 7 : 3 ; 9 : 15 ; 11 : 3 ; 13 : 12 ; 16 : 9 ; 19 : 3, 15 ; 23 : 2 ; 24 : 5 ; 25 : 15, 27 ; 29 : 4, 8, 21, 25 ; 30 : 2 ; 31 : 23 ; 32 : 14, 15, 36 ; 33 : 4 ; 34 : 2, 13 ; 35 : 13, 17, 18, 19 ; 37 : 7 ; 38 : 17 ; 39 : 16 ; 42 : 9, 15, 18 ; 43 : 10 ; 44 : 2, 7, 11, 25 ; 48 : 1 ; 50 : 18 ; 51 : 33 ; 에스겔 8 : 4 ; 9 : 3 ; 10 : 19, 20 ; 11 : 22 ; 43 : 2 ; 44 : 2 ; 스바냐 2 : 9 ; 시편 41 : 13 ; 59 : 5 ; 68 : 8 등입니다.

94. 오늘의 수많은 교회들에서는 주님 우리 구주께서 마리아의 아들(the son of Mary)로 부르는 것이 관습이 되었습니다. 그리고 영원부터 출생하신 하나님의 아들을 뜻하는 경우를 제외하면 "하나님의 아들"라고 부르는 것도 매우 드문 실정입니다. 그 이유는 로마 가톨릭 교도들이 마리아를 모든 다른 어미들에 비하여 매우 거룩한 어머니로 만들었기 때문이고, 그리고 마리아를 다른 모든 성인들(saints)에 비하여 뛰어난 여신(goddess)이나 여왕으로 신분을 격상(格上)시켰기 때문입니다. 하지만, 주님께서 당신의 인성 (=신령인간 · His Human)을 영화하셨을 때 주님께서는 당신의 어머니에게 속한 모든 것을 벗으셨고, 당신의 아버지(聖父 · His Father)에게 속한 모든 것을 입으셨습니다. 이러한 내용이나 사실은 뒤이어지는 이 책의 여러 페이지에서 충분하게 입증될 것입니다. 이른바 대부분의 사람들이 주님께서 마리아의 아들이라고 말하는 것에서 극악의 큰 범죄들이 교회에 유입되었는데, 특히 성경말씀에서 주님에 관해 언급된 것에 대해서 깊이 숙고하지 않은 자들에게서 이런 극악의 큰 범죄들은 생겨났습니다. 주님에 관해서 언급된 말씀은 예를 들면, 아버지와 그분(Him)은 하나이다 ; 그분은 아버지 안에 있고, 아버지는 그분 안에 있다 ; 아버지의 것들은 모두 그분의 것(His)이다 ; 그분은 여호와 그분의 아버지라고 불리웠다 ; 아버지가 그분을 그분의 아들(His Son)이라고 부르셨다는 것 등등입니다. 그분을 하나님의 아들

이라고 부르지 않고, 마리아의 아들이라 부른 결과들인 교회에 유입된 극악의 큰 범죄들은, 주님에 관한 신성의 개념(the idea of Divinity)을 파괴하였고, 그리고 그것과 함께 성경말씀에 그분에 관해서 언급된 모든 것, 예를 들면 하나님의 아들이라는 것까지도 파괴, 소멸되었습니다. 그리고 이런 것을 통해서 또한 유대교주의(Judaism) · 그리스도의 신성을 부인하는 아리우스파의 학설(Arianism) · 소시니안주의(Socinianism) · 칼빈주의(Calvinism) 등을 통해서 그것들이 마치 시초에서부터 있었던 것처럼 교회 안에 들어 왔고, 그리고 종국에는 자연주의(Naturalism)까지 침입하였습니다. 그리고 이것과 더불어 그분께서 요셉에 의한 마리아의 아들이라는 미친 소견(the insane notion)과, 그리고 그분의 영혼(His soul)은 그 어머니에게서 왔다는 망칙한 소견도 교회 안에 들어왔습니다. 그러므로 비록 그분이 그렇게 불리우지만, 그분이 하나님의 아들이 아니라는 것입니다. 여러분께서 성직자이든, 평신도이든 우리 모두 스스로 자문해 보십시다.

다시 말하면 주님에 관해서, 그분은 단순한 사람(merely man) 이상의 마리아의 아들로서 주님의 또다른 개념을 품고 있었는지, 그리고 소중히 생각하였는지 자문해 보십시다. 이런 부류의 개념은 아리우스파의 학설이 일어난 제 3세기에 기독교인들 사이에 널리 만연되었기 때문에, 주님의 신성(the Divinity of the Lord)을 계속 유지할 목적으로 니케아 종교회의(the Nicene Council)가 열렸는데, 그 회의는 영원부터 태어난 하나님의 아들(a Son of God)을 날조(捏造)하였습니다. 이와 같이 날조된 소설에 의하여 주님의 인성(=신령인간 · the Human of the Lord)은 그 때 고임을 받게 되었고, 그리고 신성(神性)에 이르기까지 수많은 사람들에게 여전히 찬양을 받았습니다. 그러나 그것은 본질적인 합일(the hypostatic union)에 의한 양자 사이에서 시작한 합일로 이해하지 못한 자들에게 있었던 높인이었습니다. 다시 말하면 그 중의 하나는 원등한 존재이고, 나른 하나는 열등하다는 합일이있습니다. 그림에도 불구하고 이런 불일치라는 합일에서 야기된 결과는 전 기독교회의 파괴 이외에 다른 것이 아니었는데, 사실 기독교회는 인성(人性 · 신령인간 · the Human) 안에 계신 여호와의 예배(the worship of Jehovah in the Human) 위에, 결과적으로 하나님-사람(the God-Man) 위에 세워진 교회였습니다. 이것은 바로, 주님께서 성경의 수많은 장절들에서 선포하신 것과 같이 그분의 인성(His Human)을 통하지 않고서는, 어느 누구도 아버지를 볼 수 없고, 그분을 알 수 없고, 그분에게 가까이 나아갈 수 없고, 그분을 믿을 수 없다는 주님의 선포입니다. 만약에 그와 같이 그분에게 가까이 가지 못한다면, 교회에 속한 고귀한 씨앗은 전혀 값이 없는 비천한 씨앗으로 바뀔 것이고, 올리브 씨앗은 소나무의 씨가 되고, 오렌지·레몬·사과·배 따위의 씨앗은 버드나무·느릅나무·참피나무·떡갈나무 따위의 씨로 바뀔 것이고, 그리고 포도나무는 숲지의 갈대로 바뀌고, 밀이나 보리는 여물로 바뀔 것입니다. 사실 모든 영적인 먹거리는 뱀들이 먹는 티끌(dust) 같이 될 것입니다. 왜냐하면 사람 안에 있는 영적인 빛은 그 때 자연적인 것이 되고, 그리고 종국에는 본질적으로 망상적인 빛을 가리키는 감관적-현세적인 것이 되기 때문입니다. 그 때 사람은 공중을 나는 새가 되지만, 사실은 날개가 잘려서 땅에 떨어지는 새가 되고, 그것은 땅에서 주변을 보겠지만, 그저 발로 서 있는 존재일 뿐입니다. 그 때 그 사람은, 영원한 생명을 이루는 교회에 속한 영적인 것들에 관해서 생각하지만, 점쟁이가 생각하는 것 이외에는 아무것도 생각하지 못할 것입니다. 이런 것들은, 사람이 주님을 하나님, 속량주와 구세주를 단순히 마리아의 아들, 다시 말하면 단순한 인간(a mere man)으로 여길 때, 그것에서 빚는 결과들입니다.

95. (5) 속량의 대업(the acts of Redemption)을 통해서 주님께서는 당신을 의(義·Righteousness)로 완성하셨다.

오늘의 교회들에게서 고백하고 믿는 것은 주님께서 홀로, 이 세상에 계실 때, 하나님 아버지에게 바치셨던 순종(順從)을 통하여, 특히 십자가의 고통(the passion of the cross)을 통하여 공로(merit)와 의(義)를 성취하셨다는 것입니다. 그러나 주장, 옹호되고 있는 것은 속량의 본질적인 대업(the essential act of redemption)은 십자가의 고통(the passion of the cross)이라고 합니다. 그러나 이것은 속량의 대업이 아니고, 오히려 그분의 인성의 영광화의 대업(an act of the glorification of His Human)입니다. 이 주제는 속량(贖良·Redemption)에 관해서 다루고 있는 장에서 고찰되겠습니다. 주님께서 그것에 의하여 당신을 의로 이루신 속량에 속한 대업들은 아래와 같습니다. 주님께서는 영계에서 일어나는 최후의 심판(the final judgment)을 단행하셨다는 것입니다. 그 때 주님께서는 악한 사람을 선한 사람에게서 분별, 갈라놓는 것이고, 양들에게서 염소들을 갈라놓는 것입니다. 그리고 주님께서는 용에 속한 짐승들과 하나가 된 자들을 천계에서 추방(追放)하는 것입니다. 주님께서는 인격자로는 새로운 천계(a new heaven)를 형성하고, 비인격자로는 지옥을 형성하는 것입니다. 이 천계와 지옥 양자에 있는 모든 것을 주님께서는 점차적으로 질서에 맞게 회복하셨다는 것입니다. 그리고 주님께서는, 모두에게 면류관을 씌우시기 위하여, 새로운 교회(a new church)를 세우셨습니다. 이런 모든 행위들이 속량의 대업들인데, 주님께서 이것들에 의하여 당신 스스로 의(義 · righteousness)를 완성하셨습니다. 왜냐하면 의(義)는 신령질서에 일치하여 모든 것을 행하는 것이고, 그리고 질서에서 떨어져나간 것을 질서에 맞게 회복시키는 것이기 때문입니다. 그것은 의(義)가 신령질서 자체이기 때문입니다. 이러한 내용은 주님의 이런 말씀들이 뜻합니다. 마태복음서의 말씀입니다.

> 예수께서 대답하셨다. …… "이렇게 하여, 우리가 모든 의를 이루는 것이 옳다"(=이렇게 하여 우리가 의로운 일을 모두 이루는 것이 합당합니다)(마태 3 : 15).

구약의 말씀입니다.

> 내가 다윗에게서 의로운 가지가 하나 돋아나게 할 그 날이 오고 있다. ……
> 그는 왕이 되어 슬기롭게 통치하면서, 세상에 공평과 정의를 실현할 것이다.
> …… 사람들이 그 이름을 '우리를 공의로 다스리시는 주'라고 부를 것이다(예레미야 23 : 5, 6 ; 33 : 15, 16).
> 그는 바로 나다.
> 의를 말하는 지요,
> 구원의 권능을 가진 자다.
> (이사야 63 : 1)
> 그가 다윗의 보좌와 왕국 위에 앉아서,
> 이제부터 영원히,
> 공평과 정의로 그 나라를 굳게 세울 것이다.
> (이사야 9 : 7)
> 시온은 정의로 구속함을 받고,
> 회개한 백성은
> 공의로 구속함을 받을 것이다.

(이사야 1 : 27)

96. 그러나 이와 아주 다르게 우리 시대의 교회에서 다스리는 자들은 주님의 의(義 · 공의 · righteousness)를 기술하고 있습니다. 그들은 또한 사람에게 그분의 의(義)를 각인(刻印)시키는 것에 의하여 그들의 믿음을 구원하는 믿음으로 만들고 있습니다. 그 진리가 주님의 의가 되었을 때, 그것은 그 성질이나 기원에서, 그리고 그 본질에서 순수하고 신령(Divine)이기 때문에, 어떤 사람과도 결합될 수 없습니다. 따라서 신령사랑과 신령지혜를 가리키는 신령생명이 할 수 있는 것 이상으로 어떤 구원을 이룰 수는 없습니다. 주님께서 모든 사람에게 들어가시지만, 그러나 비록 그것이 그 사람 안에 있다고 해도, 만약에 사람이 질서에 일치하여 살지 않는다면, 그것은 그의 구원에 아무것도 공헌(貢獻)하는 것이 없습니다. 주님의 의는 오직 진리를 이해하기 위한, 선을 행하기 위한 능력을 공급, 전하여 줍니다. 질서에 따라서 산다는 것은 하나님의 계명들(=명령들)에 따라서 사는 것입니다. 그리고 사람이 그와 같이 살고, 그와 같이 행할 때 사람은 자신을 위한 의(義)를 터득하지만, 그러나 그것은 주님의 속량에 속한 의가 아니고, 다만 의(義)이신 주님 당신을 얻는 것입니다. 이런 일련의 것들이 이런 말씀들로 기술되었습니다. 마태복음서의 말씀입니다.

> 너희의 의로운 행실이 율법학자들과 바리새파 사람들의 의로운 행실보다 낫지 않으면, 너희는 하늘 나라에 들어가지 못할 것이다(마태 5 : 20).
> 의를 위하여 박해를 받은 사람은 복이 있다.
> 하늘 나라가 그들의 것이다.
> (마태 5 : 10)
> 세상 끝 날에도 이렇게 할 것이다. 천사들이 와서, 의인들 사이에서 악한 자들을 가려내서……. (마태 13 : 49).

이밖에도 여러 장절들이 있습니다. 성경말씀에 "의로운 사람"(the righteous)은 신령질서에 따라서 사는 자들을 뜻하는데, 그것은 신령질서가 곧 의(義 · righteousness)이기 때문입니다. 주님께서 속량의 대업을 통해서 이루신 의(義) 자체는 사람에게 공을 돌릴 수도 있고, 사람에게 각인될 수도 있고, 그리고 사람에게 적용시킬 수도 있고, 사람에게 결합시킬 수도 있습니다. 그것은 오직 마치 빛이 눈에 적용, 결합하는 것과 같고, 그리고 소리가 귀에, 원하는 것이 행동으로 근육에, 생각이 말하는 입술에, 공기가 숨 쉬는 폐장에, 볕(=열기 · heat)이 피(blood)에, 적용, 결합하는 것과 같습니다. 모든 사람은, 이런 것들이 유입하고, 그것들과 가까이 있고, 그리고 그것들과 결합하는 것을, 스스로 지각하는 것입니다. 의(義)는 사람이 의(義)를 실천하는 것에 비례하여 터득합니다. 사람은 올바르고 참된 것에 속한 사랑으로 말미암아 이웃을 향해 행동하는 것에 비례하여 의를 실천하는 것입니다. 그리고 의(義)는 선 자체 안에 자신의 거처를 잡고, 또는 그가 성취하는 선용 자체 안에 자신 거처를 취합니다. 왜냐하면 주님께서는 모든 나무는 그 열매로 안다고 말씀하셨기 때문입니다. 만약에 어떤 사람이 그의 의지에 속한 목적이나 목표에 관심을 가지고 그것들에 대하여 주시한다면 어느 누구가 그의 일들이나 행동들로부터 모르는 것이 무엇이 있겠으며, 그들이 무엇 때문에 행하려는지 그 의도나 목적을 모르겠습니까? 모든 천사들은, 우리의 세상에서 현명한 사람들이 하는 것과 꼭 같이, 이런 것들에 그들의 주의를 집중합니다. 일반적으로 땅에서의 모든 소산(所産)이나 성장(成長)은 그것들의 꽃들이나 열매에 의하여 알고, 그리고 그것의 씀씀이에 의하여 압니다. 그리고 모든 금속은 그것의 장점에 의하여 알고, 모든 돌(石)은 그것의 성질(its character)에 의하여 알고, 모든 옥토는 온갖 종류의 먹거리에 의하여, 그리고 땅의 모든 짐승이나 공중의 모든 새는 그것의 각각의 성질에 의해서 압니다. 사람은 왜 아니겠습니까? 그러나 우리의 책 믿음에 관한 장에서 사람의 행위들의 성질의 근원에 관해서는 상세하게 설명되겠습니다.

97. (6) 그 대업을 통하여 주님께서는 아버지(聖父)와 당신을 합일(合一)하셨고, 그리고 아버지는 당신 자신을 주님에게 합일하셨는데, 이 합일은 신령질서에 일치한다.

이 합일은 속량의 대업들(the acts redemption)에 의하여 성취되었는데, 그것은 주님께서 그분의 인성(神靈人性 · His Human)으로 말미암아 이런 대업들을 이루었기 때문입니다. 그리고 주님께서 이 일을 하셨기 때문에 아버지(聖父, the Father)가 뜻하는 신령존재(神靈存在 · the Divine)는 그에게 가까이 가셨고, 그리고 도울 수 있었고, 협력하였고, 종국에는 그들은 마치 둘(two)이 아니고 하나(one)처럼, 결합되었습니다. 이 합일(合一 · union)이 바로 아래에서 다루어질 영광화(榮光化 · 榮化 · glorification)입니다.

98. 아버지(聖父 · the Father)와 아들(聖子 · the Son), 다시 말하면 신령존재(the Divine)와 신령인간(the Human)은, 마치 영혼과 몸(the soul and body)과 같이, 주님 안에서 합일된 존재가 되었다는 것은 오늘의 교회에 속한 신념(belief)이나 성경말씀과 전적으로 일치합니다. 그럼에도 불구하고 거의 백 명 중에 다섯 명이, 또는 천 명 중에 오십 명이 그것을 알 정도입니다. 이런 현상은 오직 믿음만에 의한 칭의의 교리(依唯信得義 · the doctrine of justification) 때문입니다. 이 교리에 대해서 대부분의 성직자는 박학(博學)하다는 평판과 명예와 부(富)를 보장받기 위하여 열을 올리고, 헌신하며 그들의 마음이 그 독단의 교리에 사로잡히고, 들씌우게 되었기 때문입니다. 그리고 마치 알코올이라고 부르는 주정(酒精)과 같은 그 교리는 그들의 생각들을 취하게 하기 때문에, 만취한 사람들처럼, 그들은, 하나님께서 이 세상에 강림하셔서, 사람의 성정을 입으셨다는 교회에 속한 가장 본질적인 진리를 보는 것에 실패하였습니다. 그럼에도 불구하고 하나님과 사람의 결합은 이 합일에 의하여 가능하였고, 그리고 그 결합에 의하여 구원 또한 가능하였습니다. 구원이 하나님에 속한 지식이나 시인에 의존한다는 것은, 하나님께서 천계의 모든 것들의 전부(the All in all things)이시고, 그러므로 하나님께서는 교회의 모든 것들의 전부이시라는 것, 결과적으로 신학에 속한 모든 것들의 전부라는 것은 깊이 숙고하는 자들에 의하여 알 수 있습니다. 그러나 제일 먼저 여기서 입증되어야 할 것은 아버지(聖父)와 아들(聖子)의 합일, 다시 말하면 주님 안에서의 신령존재와 신령인간의 합일은 마치 영혼과 육신의 합일과 같다는 것이고, 그리고 그 뒤에는 이 합일은 서로 상호적(相互的 · reciprocal)이라는 것입니다. 영혼과 육신의 합일과 같은 합일은 아타나시우스 신경(信經 · the Athanasian Creed)에서 정립되었는데, 그 신경은 하나님에 관한 교리로서 전 기독교계에 수용, 신봉(信奉)되고 있습니다. 우리는 그 신경에서 "우리 주님, 예수 그리스도는 하나님이시며 사람이시다. 그리고 비록 그분께서 하나님이시고, 사람이시지만, 그럼에도 불구하고 그들은 두 분이 아니고, 한 분 그리스도 이시다. 그분께서 한 분이신 것은 신령존재께서 그것 자체

에 인성(=인간성정 · a Human)을 취하셨기 때문이다. 그분께서는 사실 전적으로 한 분이시고, 그리고 한 분 인격(one person)이시다. 왜냐하면 영혼과 몸은 한 사람(one person)이듯이, 하나님과 사람(God and Man)은 한 분 그리스도이시다"고 읽습니다. 그들이 이 명제에 의하여 이해하는 것은, 영원부터 계신 하나님의 한 아들(a Son of God)과 시간 안에 출생한 한 아들 사이의 이런 합일이 있었다는 것입니다. 그러나 하나님께서는 세 분이 아니시고, 한 분이시기 때문에, 우리가 영원부터 계신 한 분 하나님과 시간 안에 출생한 아들 사이의 합일을 이해할 때, 이 교리는 성경말씀과 일치합니다. 성경말씀에서 우리는 이런 장절들을 읽습니다. 누가복음서의 말씀입니다.

   그분은 여호와 아버지로 말미암아 잉태되었다(누가 1 : 34, 35).

이 말씀은 그분의 영혼과 생명(His soul and life)의 근원을 가리킵니다. 그러므로 그분께서 이런 말씀들을 하셨습니다. 신약의 말씀입니다.

   나와 아버지는 하나다(요한 10 : 30).
   나를 본 사람은 아버지를 본 사람이다(요한 14 : 9).
   너희가 나를 알았더라면, 나의 아버지도 알았을 것이다(요한 8 : 19).
   나를 영접하는 사람은 나를 보내신 분을 영접하는 사람이다(요한 13 : 20).
   아버지의 품속에 계시는 독생자이신 하나님이 그분을 나타내 보이셨다(요한 1 : 18).
   아버지께서 가지신 것은 다 내 것이다(요한 16 : 15).
   모든 사람을 다스리는 권세를 아들에게 주셨습니다(요한 17 : 2).
   나는 하늘과 땅의 모든 권세를 받았다(마태 28 : 18).

이사야서의 말씀입니다.

   그의 이름은
   영존하시는 아버지(=영원한 아버지).
   (이사야 9 : 6)

이상의 장절들이나 성경말씀의 수많은 다른 장절들에게서 볼 때 우리가 명확하게 알 수 있는 것은 아버지와 그분 자신의 합일은 영혼과 육신의 합일과 같다는 것입니다. 그러므로 구약에서는 그분께서 자주 "여호와" "만군의 여호와"(Jehovah of Hosts) 그리고 "속량주 여호와"(Jehovah the Redeemer)라고 불리셨습니다(본서 83항 참조).

99. 이 합일(合一)이 상호적이라는 것은 성경말씀의 아래의 장절들에게서 명확합니다. 요한복음서의 말씀입니다.

> 내가 아버지 안에 있고 아버지께서 내 안에 계심을, 네가 믿지 않느냐? …… 내가 아버지 안에 있고, 아버지께서 내 안에 계심을 믿어라(요한 14 : 10, 11).
> 너희는, 아버지께서 내 안에 계시고, 또 내가 아버지 안에 있다는 것을, 깨달아 알게 될 것이다(요한 10 : 38).
> 아버지, 아버지께서 내 안에 계시고, 내가 아버지 안에 있는 것과 같이, 그들도 하나가 되어서 우리 안에 있게 하여 주십시오(요한 17 : 21).
> 나의 것은 모두 아버지의 것이고, 아버지의 것은 모두 나의 것입니다(요한 17 : 10).

만약에 양자가 서로 번갈아 접근하지 않는다면, 두 인격들 사이의 합일이나 결합은 결코 불가능하기 때문에, 합일은 상호적입니다. 전 천계나 온 세상이나, 사람 전체 안에서, 모든 결합은 하나가 다른 것에 상호적인 접근 안에서 그것의 근원을 가지고, 그리고 그 때 각각이 서로 하나 되고자 하는 바람에서 그것의 근원을 취합니다. 각각에 속한 모든 개별적인 것 안에는 동질성(同質性 · homogeneity) · 동정(同情 · sympathy)이나 또는 합의성(合意性 · unanimity) · 일치성(一致性 · concord)은 모두가 이것에서 옵니다. 모든 사람 안에는 이와 같은 영혼과 육신의 상호적인 결합이 있습니다. 그리고 이와 같은 결합은 모든 사람의 영혼과 몸의 감관과 운동기관에게 있는 사람의 영혼의 결합이고, 그리고 이런 결합은 그것의 심장과 폐장의 결합이고, 그리고 이 결합은 의지와 이해의 결합이고, 그리고 이런 결합은 그것들 자신 안에 있는, 그리고 각자 각자 사람 안에 있는 모든 기관들이나 내장들의 결합입니다. 내면적으로 서로서로 사랑하는 모두의 마음들은 그와 같이 결합합니다. 이런 이유 때문에 결합은, 사람은 사랑하고, 사랑받기를 열망하기 때문에, 모든 사랑이나 우정에 각인(刻印)됩니다. 이 세상의 모든 것들은 완전하고 충만하게 합일되는, 상호적인 합일이 존재합니다. 그 합일에는 나무나 광물의 별과 태양의 별과의 유사한 결합이 있고, 살아 있는 것들의 모든 섬유의 별과 생기 있는 별(vital heat)과의 결합이 있고, 뿌리와 토양의 합일이 있습니다. 나무와 뿌리의 결합을 통해서, 그리고 열매와 나무의 결합을 통해서 그런 유사한 결합들이 있습니다. 이와 유사한 결합은 쇠붙이와 자석(磁石)의 결합과 같습니다. 이밖에도 이와 비슷한 것들의 결합이 있습니다. 만약에 서로 각자각자의 상호적이고, 교호적인 근접(mutual approach)에 의한 결합이 이루어지지 않는다면, 내적인 결합뿐만 아니라, 외적인 결합까지도 이루어지지 않습니다. 이러한 결합이 시간의 경과에 따라서 교호적인 동의(同意)에 의하여 소멸되고, 때로는 그것들은 더 이상 서로서로 인지하지 못하기까지 되었습니다.

100. 만약에 결합이 상호적으로, 교호적으로 이루어지지 않는다면, 그때 결합을 가리키는 그와 같은 결합이 결코 불가능하기 때문에, 그러므로 주님과 사람의 결합도 이런 부류의 것의 것이라는 것은 아래의 장절들에게서 잘 볼 수 있겠습니다. 요한복음서의 말씀입니다.

> 내 살을 먹고 내 피를 마시는 사람은 내 안에 있고, 나도 그 사람 안에 있다(요한 6 : 56).
> 언제나 내 안에 머물러 있어라. 그러면 나도 너희 안에 머물러 있겠다. ……사람이 내 안에 머물러 있고, 내가 그 사람 안에 머물러 있으면, 그는 많은 열매를 맺는다(요한 15 : 4, 5).

묵시록서의 말씀입니다.

> 내가 문 밖에 서서, 문을 두드리고 있다. 누구든지 내 음성을 듣고 문을 열면, 나는 그에게로 들어가서 그와 함께 먹고, 그는 나와 함께 먹을 것이다(묵시록 3 : 20).

이밖에도 여러 장절이 있습니다. 이와 같은 결합은 주님에게 가까이 나아가는 사람의 접근(man's approaching)에 의하여, 그리고 사람에게 나아가는 주님의 접근(the Lord's approaching)에 의하여, 이루어집니다.

왜냐하면 그와 같은 접근은 진정한 율법이고, 불변의 율법이기 때문이고, 그리고 사람이 주님에게 가까이 나아가는 것에 비례하여 주님께서 사람에게 가까이 나아가시기 때문입니다. 그러나 이 주제에 관한 더 많은 내용은 인애와 믿음(Charity and Faith)의 장에서 잘 볼 수 있겠습니다.

101. (7) 따라서 한 인격 안에서 하나님은 사람(Man)이 되셨고, 사람(Man)은 하나님이 되셨다.

한 인격 안에서 여호와 하나님은 사람(Man)이 되셨고, 사람(Man)은 하나님이 되셨다는 것은 우리의 본문장의 앞선 설명, 진술된 모든 것들에게서 얻어지는 결론이라는 것, 특히 이들 둘(2)의 단원에서, 즉 우주의 여호와 창조주, 그분께서 사람들을 속량하시고, 구원하시기 위하여 강림하셨고, 인성(=신령인간・인간성정・the Human)을 입으셨다는 것(본서 82-84항 참조)과 그리고 주님께서는 속량의 대업에 의하여 아버지(聖父・the Father)에게 당신 자신을, 그리고 당신에게 하나님 아버지 자신을 합일하셨다는 것, 따라서 상호적이고 교호적으로 결합하셨다는 것(본서 97-100항 참조)에서 얻어지는 결론이 되겠습니다. 그 상호적인 합일에서 명확한 것은 한 인격 안에서 하나님께서 사람(Man)이 되셨고, 사람(Man)이 되셨다는 것입니다. 그리고 마치 영혼과 육신의 합일과 같은, 양자의 합일에서 동일한 결론이 뒤이어집니다. 이것은, 아타나시우스 신경에서 유래된 것과 같이, 오늘의 교회에 속한 믿음과 일치한다는 것은 위에서 설명된 것(본서 98항 참조)에서 잘 볼 수 있겠습니다. 그리고 그것이 역시 복음주의적인 교회들에 속한 믿음에 일치한다는 것은, 이른바 일치신조(一致信條・the Formular Concordiae)라고 부르는, 그들의 정통주의적인 책의 주요부분에서 잘 볼 수 있는데, 거기에는 성경책(Sacred Scripture)이나 교부들(the Fathers)로부터 확고하게 세워져 있습니다. 그것은 또한 그리스도의 인간적인 성품(the human nature of Christ)은 신령권위(Divine majesty)와 전능이나 편재를 뛰어넘는다는 것, 그리고 그리스도 안에는 사람(Man)이 하나님이다, 하나님이 사람(Man)이다는 것이 있다는 것(일치신조 607・765쪽 참조)은 합리적인 논쟁들에 의하여 확고하게 세워졌습니다. 더욱이 이 장에서 입증된 것은, 성경말씀에서 그분의 신령인간의 측면에서 여호와 하나님께서 "여호와"・"여호와 하나님"・"만군의 여호와"・"이스라엘의 하나님"이라고 불리셨다는 것입니다. 그러므로 바울 사도는 이렇게 말하였습니다. 골로 새서의 말씀입니다.

> 그리스도 안에서는 하나님의 모든 신성이 몸이 되어서, 충만하게 머물러 있습니다(골로새 2 : 9).

요한 서신서의 말씀입니다.

> 우리는, 그 참되신 분, 곧 하나님의 아들 예수 그리스도 안에 있습니다. 이분이 하나님이시요, 영원한 생명이십니다(요한 1서 5 : 20).

"하나님의 아들"(the Son of God)이 확실하게 그분의 인성(His Human)을 뜻한다는 것은 본서 92항과 아래의 설명들에게서 잘 알 수 있겠습니다. 더욱이 여호와 하나님께서 당신 자신(Himself)이나 그분(Him)을 주(Lord)라고 부르셨습니다. 왜냐하면 우리는 이렇게 읽기 때문입니다. 시편서의 말씀입니다.

> 주께서 내 주께 말씀하시기를
> "내가 네 원수를
> 네 발판이 되게 하기까지,
> 너는 내 오른쪽에 앉아 있어라" 하셨습니다.
> (시편 110 : 1)

이사야서의 말씀입니다.

> 한 아기가 우리에게 태어났다.
> 우리가 한 아들을 얻었다. ……
> 그의 이름은 ……
> "전능하신 하나님,
> 영존하시는 아버지" ……
> 라고 불릴 것이다.
> (이사야 9 : 6)

그분의 인성의 측면에서 주님께서는 시편서에서 "아들"(the Son)이 뜻합니다. 시편서의 말씀입니다.

"나 이제 주께서 내리신 칙령을 선포한다.
주께서 나에게 이르시기를
'너는 내 아들,
내가 오늘 네 아버지가 되었다'"(=너를 낳았다).
(시편 2:7)

여기서는 영원부터 계신 아들(Son from eternity)을 뜻하지 않고, 오히려 이 세상에 태어난 아들(the Son born)을 뜻합니다. 왜냐하면 이것은 오시기로 한 주님에 관한 예언이기 때문이고, 그리고 결과적으로 그것은, 여호와께서 다윗에게 선포하신, "칙령"(a decree)이라고 불리웠기 때문이고, 그리고 시편서의 동일한 장에서 미리 언급되었기 때문입니다.

"내가 거룩한 산 시온 위에
'나의 왕'을 세웠다" 하신다.
(시편 2:6)

더 이렇게 언급되었습니다.

내게 청하여라.
뭇 나라를 유산으로 주겠다.
땅 이 끝에서 저 끝까지
네 것이 되게 하겠다.
(시편 2:8)

그러므로 "오늘"(this day)은 영원을 뜻하지 않고, 오히려 시간 안에(in time) 있다는 것을 뜻합니다. 왜냐하면 여호와에게는 미래가 현재이시기 때문입니다.

102. 일반적으로 오늘의 교회가 믿고 있는 것은, 주님께서는 그분의 인성(His Human)의 측면에서 뿐만 아니라, 지금도 여전히 마리아의 아들이라는 것입니다. 그러나 이렇게 믿고 있는 것은 기독교계가 망상(妄想

· delusion)에 사로잡혀 있기 때문입니다. 사실은 그분께서는 마리아의 아들이셨지만, 그러나 지금도 그분이 마리아의 아들이라는 것은 크게 잘못된 것입니다. 왜냐하면 속량의 대업에 의하여 그분께서는 어머니에게서 비롯된 인간성정(the human)을 벗어버렸고, 그리고 아버지(聖父 · the Father)에게서 비롯된 인간성정(=신령인성 · the Human)을 입으셨기 때문입니다. 이것이 주님의 신령인성은 신령하다는 이유이고, 그리고 그분 안에(in Him)는 하나님이 사람(Man)이시고, 사람(Man)이 하나님이시다는 존재가 계신다는 이유입니다. 그분께서 어머니에게서 비롯된 인간성정을 벗으시고, 신령인성(the Divine Human)을 가리키는, 아버지(the Father)에게서 비롯된 인간성정(a Human)을 입으셨다는 것은, 그분 당신께서는 결코 마리아를 어머니라고 부르시지 않으셨다는 사실이 잘 입증하고 있습니다. 이러한 사실은 아래의 인용 장절들에게서 잘 볼 수 있겠습니다. 요한복음서의 말씀입니다.

> 그런데 포도주가 떨어지니, 예수의 어머니가 예수에게 말하기를 "포도주가 떨어졌다" 하였다. 예수께서 어머니에게 말씀하셨다. "여자여, 그것이 나에게 무슨 상관이 있습니까? 아직도 나의 때가 오지 않았습니다"(요한 2 : 3, 4).

또 다른 곳의 말씀입니다.

> 예수께서는(십자가 위에서) 자기 어머니를 보시고, 또 그 곁에 자기가 사랑하는 제자가 서 있는 것을 보시고, 어머니에게 "여자여, 이 사람이 어머니의 아들입니다" 하고 말씀하시고, 그 다음에 제자에게는 "자, 이 분이 네 어머니시다" 하고 말씀하셨다(요한 19 : 26, 27).

그리고 그분께서 그녀를 인정하시지 않은 또다른 경우입니다.

> 사람들이 그에게 "선생님의 어머니와 형제들이 밖에 서서, 선생님을 만나고 싶어합니다" 하고 전하였다. 예수께서 그들에게 말씀하셨다. "하나님의 말씀을 듣고 행하는 이 사람들이 나의 어머니요, 나의 형제다"(누가 8 : 20, 21 ; 마태 12 : 46-50 ; 마가 8 : 31-35).

따라서 주님께서는 그녀를 어머니로 부르시지 않으시고, "여인"(woman)

으로 부르셨고, 그녀를 어머니로서 요한에게 맡기셨습니다. 다른 상절에서 그녀는 그분의 어머니로 불리셨는데, 그것은 그분 자신의 입에 의한 것은 아닙니다.

[2] 이러한 내용은, 당신께서는 당신 자신을 다윗의 아들이라고 시인하시지 않았다는 사실에 의하여 더욱 굳게 확증되고 있습니다. 왜냐하면 우리는 복음서들에서 이렇게 읽기 때문입니다.

> 바리새파 사람들이 모였을 때에, 예수께서 그들에게 물으셨다. "너희는 그리스도(=메시아)를 어떻게 생각하느냐? 그는 누구의 자손이냐?" 그들이 예수께 말하기를 "다윗의 자손입니다" 하였다. 예수께서 그들에게 말씀하셨다. "그러면 다윗이 성령의 감동을 받아, 그리스도를 주라고 부르면서 말하기를
> '주께서 내 주께 말씀하셨다.
> 「내가 네 원수를 네 발 아래에 굴복시킬 때까지,
> 너는 내 오른쪽에 앉아 있어라」'
> 하셨으니, 이것이 어찌 된 일이냐? 다윗이 그를 주라고 불렀는데, 어떻게 그가 다윗의 자손이 되겠느냐?" 그러자 아무도 예수께 한마디도 대답하지 못했으며, 그 날로부터는 그에게 감히 묻는 사람도 없었다(마태 22 : 41-46 ; 마가 12 : 35-37 ; 누가 20 : 41-44 ; 시편 110 : 1).

[3] 이 장절들에다가 나는 이 새로운 것을 더 부연하겠습니다. 한번은 그분의 어머니 마리아와 이야기하는 것이 나에게 허락되었습니다. 그 때 그녀는 내 머리 위에 있는 천계를 지나고 계셨고, 그리고 명주와 같은 흰 옷을 입고 나타나셨습니다. 그 때 잠깐 멈추시고, 그녀가 말한 것은 그녀는, 그녀가 낳은, 주님의 어머니(the mother of the Lord)셨지만, 그러나 하나님이 되신 그분은, 그가 어머니에게서 취하신 모든 인간적인 것을 벗으셨다는 것, 그리고 그러므로 그녀는 그녀의 하나님으로서 그분을 예배한다는 것, 그리고 어느 누구도 그녀의 아들로서 그분을 시인하는 것을 원하지 않는데, 그것은 그분 안에 있는 모든 것이 신령하기 때문이다는 것 등등입니다. 이상의 모든 것에서부터 지금 이 진리가 밝게 드러나는데, 따라서 여호와께서는 처음 것들에서와 같이, 마지막 것들에서도 아래의 장절들에게 일치하여, 사람(Man)이시다는 것입니다. 묵시록서의 말씀입니다.

지금도 계시고 전에도 계셨고 앞으로 오실 전능하신 주 하나님께서 "나는 알파요 오메가다" 하고 말씀하십니다 (묵시록 1 : 8).
(내가 돌아서서 보니) 그 촛대 한가운데 '인자와 같은 이'가 계셨습니다. 그는 발에 끌리는 긴 옷을 입고, 가슴에는 금띠를 띠고 계셨습니다. …… 내가 그의 발 앞에 엎어져서 죽은 사람과 같이 되니, 그가 내게 오른손을 얹고 말씀하셨습니다. "두려워하지 말아라. 나는 처음이며 마지막이요, 살아 있는 자다"(묵시록 1 : 13, 17, 18 ; 21 : 6).
"보아라, 내가 곧 가겠다. 나는 너희 각 사람에게 그 행위대로 갚아 주려고 상을 가지고 가겠다. 나는 알파와 오메가, 처음과 마지막이며, 시작과 끝이다 (묵시록 22 : 12, 13).

이사야서의 말씀입니다.

이스라엘의 왕이신 주,
이스라엘의 속량자이신
만군의 주께서 말씀하신다.
"나는 시작이요, 마감이다."
(이사야 44 : 6 ; 48 : 12)

103. 여기에다 아래의 비의(秘義)를 더 부연하겠습니다. 아버지에게서 비롯되는 영혼(soul)은 그 사람 자신입니다. 어머니에게서 비롯된 온 몸은, 그 본질에서, 그 사람은 아니고, 그것은 다만 사람에게서 비롯된 것입니다. 그 몸은, 자연계에서 비롯된 그런 것들로 짜서 만든, 영혼의 가리개(the soul's clothing · 被覆)입니다. 이에 반하여 영혼(the soul)은 영계에 존재하는 것들로 만들어진 것입니다. 모든 사람은 죽은 뒤에 어머니에게서 취한 자연적인 것은 매장하고, 아버지에게서 비롯된 영적인 것은 유지(維持), 존속시키는데, 그것 주위에 있는 자연에 속한 가장 순수한 것들로부터 일종의 경계선 쪽으로 모읍니다. 천계에 들어온 자들에게서 이 경계는 아래에 있고, 영적인 것은 위에 있습니다. 그러나 지옥에 들어온 자들에게서 이 경계는 위에 있고 영적인 것은 아래에 있습니다. 이것의 결과로 천사적인 사람(an angel-man)은 천계로 말미암아 말을 합니다. 다시 말하면 선한 것이나 참된 것으로부터 말을 합니다. 이에 반하여 악마적인 사람(a devil-man)은 그가 그의 심중에서부터 말

을 할 때, 그는 지옥으로부터 말을 하지만, 그러나 그가 그의 입술로부터 말을 할 때는 그는 마치 천계로부터 하는 것처럼 말을 합니다. 후자는 마치 타국에서 하듯 하지만, 전자는 집에서 하듯이 합니다.

[2] 사람의 영혼은 그 사람 자신이기 때문에, 그리고 그것의 근원은 영적이기 때문에, 이러한 사실은 아버지의 사랑에 속한 마음・성품・성질・성향 따위가 뒤에 이어지는 자손에게 남아 있는 이유나 그것들이 대대로 이어져 드러나는 이유를 명확하게 합니다. 이런 이유 때문에, 수많은 가족들이나, 심지어 민족들까지도 그들의 첫째 조상에서부터 인지되고 있습니다. 여기서 일반적으로 공통적인 것은 각각의 후예의 얼굴에 그것 자체를 드러내 보여준다는 것입니다. 그리고 교회에 속한 영적인 것들에 의해서만 그것의 모양은 변한다는 것입니다. 야곱이나 유다의 공통적인 닮음은 여전히 그들의 후손에 남아 있는데, 그것에 의하여 그들은 서로서로 분별, 구분됩니다. 그리고 이런 이유 때문에 그들은 지금까지 그들의 종교에 굳세게도 밀착(密着), 지지하고 있는 것입니다. 왜냐하면 모든 사람이 그것에서 수태된 근원인, 정액(semen) 안에는 아버지의 접붙임(a graft)이, 다시 말하면 그것의 충만한 상태로 아버지의 영혼에 속한 가지(graft) 즉 방계자손(offshoot)이 남아 존재하고, 그리고 그것은 자연에서 비롯되는 모두 구성요소들로 형성된 일종의 가리개(=피복) 안에 싸여 있기 때문입니다. 그리고 이것에 의하여 사람의 육체는 어머니의 자궁 안에서 형성되는데, 그 몸은 그 아버지나 그 어머니의 모양과 같이 됩니다. 그리고 아버지의 형상(the image of the father)은 여전히 그것 안에 남아 있고, 그리고 계속해서 변함없이 그것 자체에 드러내도록 노력, 애쓰고 있습니다. 결과적으로 만약에 그 일이 그것의 첫 번째 자녀에게서 성취되지 않는다면, 그 일은 뒤에 이어지는 후손에게서도 이루어지지 않습니다.

[3] 그것의 "충만함으로 있는 아버지의 모양"(a likeness of the father)은, 그 이유 때문에 정액 안에 존재하는데, 그리고 앞에서 언급한 것과 같이 그것의 근원에서 비롯된 영혼은 영적이고, 그리고 그 영적인 것은 공간과 동일한 것은 아무것도 가지고 있지 않습니다. 그러므로 그것은 아주 작은 것이라고 해도 그것 자체와 동일해서 큰 것 안에서와 같이 동일하게 남아 계속해서 이어지고 있습니다. 주님에 관해서는 이러합니다. 주님께서는 이 세상에 계시는 동안 주님께서는 속량의 대업에 의하

여 어머니에게서 비롯된 인간성정에 속한 모든 것을 벗어버리고, 신령인성을 가리키는 아버지(聖父)에게서 비롯된, 신령인간(the Human)을 입으셨습니다. 이것이 바로 그분 안에 사람이 하나님으로, 하나님이 사람으로 계신다는 이유입니다.

104. (8) 합일(合一)에 이르는 과정은 겸비에 속한 그분의 상태(His state of Exinanition)이고, 그리고 그 합일(合一 · union) 자체는 영광에 속한 그분의 상태(His state of Glorification)이다.

교회에서 시인되고 있는 사실은, 주님께서 이 세상에 계실 때, 두 상태에 계셨다는 것인데, 하나는 겸비의 상태(the state of exinanition)이고, 다른 하나는 영광의 상태(the state of glorification)입니다. 이른바 겸비의 상태라고 하는 선재의 상태는 성경말씀의 여러 장절들에 기술되고 있는데, 특히 다윗의 시편서와 예언서 중에서는 이사야가 되겠습니다. 이사야서 53장에는 이런 말씀이 언급되었습니다.

> 그는 죽는 데까지
> 자기의 영혼을 서슴없이 내맡기고……
> (=그가 자기 생명을 내주어 죽음에 이르렀고).
> (이사야 53 : 12)

이 동일한 상태가 아버지(the Father) 앞에서의 겸비의 상태(His state of humiliation)입니다. 왜냐하면 그 상태에서 그분께서는 아버지에게 기도하였기 때문이고, 그리고 그분은 그분께서 아버지의 뜻을 행한다고 기도하였기 때문입니다. 그리고 그분께서 행하고 말씀하신 모든 것을 아버지에게 돌리셨기 때문입니다.

그가 아버지에게 기도드렸다는 것은 신약의 이런 장절들에게서 명확합니다. 예를 들면, 마태 26 : 39, 44 ; 마가 1 : 35 ; 6 : 46 ; 14 : 32, 39 ; 누가 5 : 16 ; 6 : 12 ; 22 : 41-44 ; 요한 17 : 9, 15, 20입니다. 특히 그분께서 아버지의 뜻을 행하신다는 것은 요한 4 : 34 ; 5 : 30이고, 그분께서 행하시고 말씀하신 모든 것을 아버지에게 돌린다는 것은 요한 8 : 26-28 ; 12 : 49, 50 ; 14 : 10입니다. 심지어 그 분께서는 십자가 상에서는 울부짖으셨습니다. 마태복음서의 말씀입니다.

세 시쯤에 예수께서 큰소리로 부르짖어 말씀하시기를 "엘리 엘리 라마 사박다니?" 하셨다. 그것은 "나의 하나님, 나의 하나님, 어찌하여 나를 버리셨습니까?" 하는 뜻이다(마태 27 : 46 ; 마가 15 : 34).

더욱이 이런 상태를 제외하면 그분께서는 십자가에 처형되실 수 없으셨습니다. 그러나 영광의 상태(the state of glorification)는 또한 합일의 상태(the state of union)입니다. 주님께서는 그분께서 그의 세 제자들 앞에서 현성용(顯聖容)하셨을 때, 그리고 주님께서 기적들을 행하셨을 그 상태에 있으셨습니다. 그리고 그 때에는 언제나 주님께서는, 아버지와 주님은 하나(one)이다고 말씀하셨고, 그리고 아버지(the Father)는 그분 안에, 그분은 아버지 안에 있다고, 그리고 아버지의 모든 것들은 그분의 것이라는 것을 말씀하셨습니다. 그리고 합일이 완전이, 완전히 이루어졌을 때, 주님은 "모든 사람을 다스리는 권세를 가지셨다"(요한 17 : 2)고, 그리고 "하늘과 땅의 모든 권세를 가지셨다"(마태 28 : 18)고 말씀하셨습니다. 이밖에도 여러 장절들이 있습니다.

105. 주님에게 속한 겸비와 영광의 두 상태들에 이르는 길은, 변함이 없는 것을 가리키는 신령질서에 일치하는 것 이외에 별다른 길이 없기 때문입니다. 신령질서(the Divine order)는 사람이 하나님을 영접하기 위하여 스스로 마음을 쏟아야 하고, 하나의 수용그릇이 되기 위하여 준비하여야 하고, 그리고 마치 하나님께서 당신의 성전에 사시는 것처럼, 하나님께서 그 안에 들어오셔서 그것에서 사시도록 준비하여야 합니다. 사람은 스스로 이 일을 반드시 하여야 하지만, 그럼에도 불구하고 그와 같이 하는 것까지도 하나님에게서 비롯되는 것이라고 반드시 시인하여야 합니다. 사람이 이것을 반드시 시인하여야 한다는 것은, 비록 하나님께서는 밀접한 현존 가운데 사람 안에서 사랑에 속한 모든 선과 믿음에 속한 모든 진리를 역사, 운영하시고 계시지만, 사람은 하나님의 현존이나 역사(役事)를 전혀 느끼지 못하기 때문입니다. 만약에 자연적인 존재에서 영적인 것이 되기 위해서는 사람은 모두 이 질서에 따라서 진전하고, 그리고 반드시 이 질서에 따라서 진전하여야만 합니다. 이와 같은 방법으로 주님께서 신령한 것을 그분의 자연적인 인성(His natural human)을 완성하시기 위하여 주님에게서 그것은 필수적이었습니다. 이것이 바로 주님께서 아버지(the Father)에 기도하신 이유이고, 아버지의

뜻을 행하신 이유이고, 그리고 주님께서 행하시고, 말씀하신 모든 것을 그분의 공으로 돌리신 이유입니다. 그리고 주님께서 십자가 상에서 큰 소리로 "나의 하나님! 나의 하나님! 당신께서는 왜 나를 버리십니까?" 라고 외치신 이유입니다. 왜냐하면 이 상태에는 하나님께서 마치 안 계시는 것처럼 보였지만, 그러나 이 상태에 뒤이어서 또 다른 상태가 이어졌는데, 그 상태가 바로 하나님과의 결합의 상태이기 때문입니다. 이 상태에서 사람은 앞서와 같이 하나님이 없는 것 같이 행동하지만, 그러나 지금은 하나님으로 말미암아 행동합니다. 그러나 지금은, 앞서와 같이, 그가 원하고, 행한 모든 선이나, 그가 생각하고 말한 모든 진리는 주님의 공으로 돌릴 필요가 없는데, 그 이유는 이것이 그의 마음에 새겨져 있기 때문이고, 그리고 따라서 이것은 그의 모든 행위들이나 말들 안에 내적으로 존재하기 때문입니다. 마찬가지로 주님께서는 그분의 아버지(His Father)에게 자신을 합일하셨고, 그리고 아버지를 당신 자신에게 합일하셨습니다. 한마디로 주님께서는 당신의 인성을 영화하셨습니다. 다시 말하면 당신의 인성을 신령하게 완성하셨습니다. 꼭 같은 방법으로 주님께서는 사람을 중생시키십니다. 다시 말하면 사람을 영적인 존재로 완성하십니다.

자연적인 것에서 영적인 것이 된 모든 사람이 두 상태들을 거쳐야 하는데, 그것은 첫째 상태에서 둘째 상태로 들어가는 것, 따라서 이 세상에서 천계에 들어간다는 것은 우리의 책의 "선택의 자유" "인애와 믿음" "개혁과 중생"(Reformation and Regeneration)의 장들에서 충분하게 설명, 입증되겠습니다. 다만 여기서 주지시키고자 하는 것은, 개혁의 상태(the state of reformation)라고 부르는 처음 상태에서 사람은 그의 이해에 속한 합리성(合理性・the rationality)에 따라서 행동하는 완전한 자유를 가져야 한다는 것입니다. 그리고 중생의 상태(the state of regeneration)를 가리키는 둘째 상태에서는 사람은 동일한 자유를 갖습니다. 그러나 이 때 그 사람은 주님에게서 비롯된 새로운 사랑(a new love)과 새로운 총명(a new intelligence)로 말미암아, 뜻하는 것을 행하고, 생각하는 것을 말합니다. 왜냐하면 처음 상태에서 이해는 첫째 임무를 담당하고, 의지는 둘째 임무를 담당하지만, 이에 반하며 뒤에 이어지는 상태에서는 의지는 첫째 임무를 담당하고, 그리고 이해는 둘째 임무를 담당하기 때문입니다. 그럼에도 불구하고 이 때에 이해는 의지로 말미암아 행동하고, 그리고 이 때에 의지는 이해를 통해서 하는 것은 아닙니다. 선과 진리의 결합, 인애와 믿음의 결합, 내적인 것과 외적인 것의 결합도 동일한 방법으로 이루어집니다.

106. 이들 두 상태들은 우주에 있는 다종다양한 것들에 의하여 드러나고 있습니다. 그리고 이런 이유 때문에, 그 상태들은 신령질서와 일치하고, 그리고 신령질서는 우주 안에 있는 전체적인 것들이나 개별적인 것을 충만하게 채우고 있고, 심지어 극단의 개별적인 것에까지 채우고 있습니다. 모든 사람에게서 처음 상태는, 유아기나 소년기에서 사춘기(思春期)·청년기·초기 장년기에 이르기까지 그의 상태에 의하여 드러나고 있습니다. 그리고 이 시기는 그의 부모님들 앞에서의 겸비의 상태이고, 주인님들이나 선생님들에 대한 복종의 상태이고, 배움의 상태입니다. 이에 반하여 둘째 상태는, 그가 자기 자신이 주인이나 선택자(chooser)가 되었을 때, 또는 자기 자신의 의지나 이해를 자유롭게 실천할 때, 그리고 자기 집에서와 같은 다스림을 가지고 있을 때와 같은 동일한 사람의 상태에서 드러납니다. 그러므로 처음 상태는, 그가 임금이나 공작(公爵·duke)이 되기 전, 황태자나 임금의 아들, 또는 공작의 아들에 의하여 드러나고, 마찬가지로 고관 대작의 자리에 취임하기 전 보통 시민의 상태에 의하여, 그리고 어떤 주요 직책에 있기 전 어떤 수하(手下)의 상태에 의하여, 또는 목회자가 되기 전 사제를 위해 준비하는 어느 학생의 상태에 의하여, 그리고 대주교가 되기 전 목회자의 상태에 의하여, 부인이 되기 전 처녀의 상태에 의하여, 마님이 되기 전 여종의 상태에 의하여 잘 드러나고 있습니다. 일반적으로는 상점 주인이 되기 전 점원이나, 장교가 되기 전 사병(士兵)이나, 주인 어르신이 되기 전 종의 상태에 의하여 잘 드러나고 있습니다. 첫째 상태는 예속의 상태나 노예의 상태이고, 둘째 상태는 자기 자신의 의지를 실현, 실천하는 상태이고, 그리고 이것으로 말미암아 자기 자신의 이해를 실천하는 상태를 가리킵니다. 또 다른 말로 하면, 이들 두 상태는 동물계의 다양한 것들에 의하여 잘 드러나고 있는데, 처음 상태는, 그것들이 어미들과 함께 있고, 어미를 계속해서 따르고, 어미들에 의하여 키워지고, 보호되는 짐승들이나 새들에 의하여 드러납니다. 둘째 상태는 어미들을 떠나서 스스로 자신을 돌보는 상태입니다. 유충(幼蟲)들에 의해서도 마찬가지입니다. 처음 상태는 그것들이 꾸물꾸물 움직이고, 나뭇잎을 갉

아먹는 때이고, 둘째 상태는 그것들이 각질(角質)을 벗어버리고, 성충(成蟲)이 되는 때입니다. 재차 계속해서 더 언급하겠습니다. 이들 두 상태는 식물계의 주체들에 의하여 드러나고 있습니다. 처음 상태는 씨에서 묘목(苗木)이 발아(發芽)해서, 가지들이나, 어린 가지들이나, 잎들을 내는 때이고, 둘째 상태는 열매를 맺고, 새로운 종자를 생산하는 때입니다. 이 상태도 역시 진리와 선의 결합에 비유되는데, 그것은 나무에 속한 모든 것들이 진리들에 대응하기 때문이고, 이에 반하여 열매들은 다양한 종류의 선에 대응하기 때문입니다. 그러나 처음 상태에 머물러 있고, 둘째 상태에 들어가지 못한 사람은, 마치 나무가 잎들만 내고, 열매를 맺지 못한 것에 비유되겠는데, 이런 것에 관해서 성경말씀에는 이렇게 언급되었습니다. 복음서의 말씀입니다.

좋은 열매를 맺지 않는 나무는, 찍어서 불 속에 던진다(마태 7 : 19 ; 21 : 19 ; 누가 3 : 9 ; 13 : 6-9 ; 요한 15 : 5, 6).

그 사람은 마치 자유롭기를 원하지 않는 종과 같은데, 그 사람에 관해서 언급된 명령입니다. 출애굽기서의 말씀입니다.

주인은 그를 하나님(=제사장) 앞으로 데리고 가서, 그의 귀를 문이나 문설주에 대고 송곳으로 뚫는다. 그러면 그는 영원히 주인의 종이 된다(출애굽 21 : 6).

종들은, 곧 주님에게 결합되지 않은 자들을 가리킵니다. 이에 반하여 자유로운 자는 주님에게 결합된 자들입니다. 왜냐하면 주님께서 이렇게 말씀하셨기 때문입니다. 요한복음서의 말씀입니다.

그러므로 아들이 너희를 자유롭게 하면, 너희는 참으로 자유롭게 될 것이다 (요한 8 : 36).

107. (9) **이후부터 기독교인들 가운데 어느 누구도, 주님을 하나님 구주로 믿고, 오직 그분에게 나아가지 않는다면, 천계에 들어가지 못한다.** 우리는 이사야서에서 이렇게 읽습니다. 이사야서의 말씀입니다.

> 내가 새 하늘과 새 땅을 창조할 것이니,
> 이전 것들은
> 기억되거나 마음에 떠오르거나
> 하지 않을 것이다.
> 그러니 너희는 내가 창조하는 것을
> 길이길이 기뻐하고 즐거워하여라.
> 내가 예루살렘을
> 기쁨이 가득 찬 도성으로 창조하고
> 그 주민을
> 행복을 누리는 백성으로 창조하겠다.
> (이사야 65 : 17, 18)

묵시록서의 말씀입니다.

> 나는 새 하늘과 새 땅을 보았습니다. 이전의 하늘과 이전의 땅이 사라지고, 바다도 없어졌습니다. 나는 또, 거룩한 도시 새 예루살렘이 남편을 위하여 단장한 신부와 같이 차리고, 하나님께로부터 하늘에서 내려오는 것을 보았습니다.…… 그 때에 보좌에 앉으신 분이 말씀하셨습니다. "보아라, 내가 모든 것을 새롭게 한다"(묵시록 21 : 1, 2, 5).

그 책의 다른 곳의 말씀입니다.

> 창세 때부터 죽임을 당한 그 어린 양의 생명책에 기록되어 있지 않은 사람은 누구도 하늘나라에 들어가지 못한다(묵시록 13 : 8 ; 17 : 8 ; 20 : 12, 15 ; 21 : 27).

여기에 언급된 "하늘"(heaven)은 우리의 눈의 가시적인 하늘을 뜻하지 않고, 천사적인 천계를 뜻하고, "예루살렘"은 공중에서 내려오는 성읍을 뜻하지 않고, 주님으로부터 천사적인 천계를 거쳐 내려오는 교회를 뜻하고, "어린 양의 생명책"은 장차 열려질 천계에서 기술된 어떤 책을 뜻하지 않고, 주님에게서 비롯되고, 그리고 주님에 관해서 다루고 있는 성경말씀(聖言 · the Word)을 뜻합니다. 우리의 본문장의 앞 단락에서 입증되고, 인증되고, 정립된 것은, 창조주와 아버지로 불리신 여호와 하나님께서 사람에게 가까이 가시고, 그리고 사람과 결합하시기 위하여 이 세상에 강림하시고, 그리고 인간성정을 입으셨다는 것입니다. 왜냐하면 어느 누구가 그의 영혼에 가까이 하는 것에 의하여 사람에게 가까이 하는 자가 누구이고, 누구가 그렇게 할 수 있겠습니까? 가까이 하고, 대면(對面)해서 볼 수 있고, 그리고 서로 입으로 말하는 자는 그 사람 자신입니다. 그것은 하나님 아버지와 그 아들의 경우와 꼭 같습니다. 그 이유는 하나님 아버지께서는, 마치 영혼이 그것의 몸(its body) 안에 있는 것과 같이, 아들 안에 존재하기 때문입니다.

[2] 사람들이 반드시 믿어야 할 것은 그분 안에는 주님 하나님 구세주(the Lord God the Saviour)가 계신다는 것은 성경말씀의 아래 장절에서 명확합니다. 요한복음서의 말씀들입니다.

(모세가 광야에서 뱀을 든 것과 같이, 인자도 들려야 한다.) 그것은 그를 믿는 사람마다 영원한 생명을 얻게 하려고 하는 것이다. 하나님이 세상을 이처럼 사랑하셔서 독생자를 주셨으니, 누구든지 그를 믿으면 멸망하지 않고 영생을 얻을 것이다(요한 3 : 15, 16).

아들을 믿는 사람은 심판을 받지 않는다. 그러나 믿지 않는 사람은 이미 심판을 받았다. 그것은 하나님의 독생자의 이름을 믿지 않았기 때문이다(요한 3 : 18).

아들을 믿는 사람에게는 영원한 생명이 있다. 아들에게 순종하지 않는 사람은 생명을 얻지 못한다. 그는 도리어 하나님의 분노를 산다(요한 3 : 36).

하나님의 빵은 하늘로부터 내려오는 것인데, 그것은 세상에 생명을 준다.…… 예수께서 그들에게 말씀하셨다. "나는 생명의 빵이다. 내게 오는 사람은 결코 주리지 않을 것이요, 나를 믿는 사람은 다시는 목마르지 않을 것이다"(요한 6 : 33, 35).

아들을 보고 그를 믿는 사람이면 누구니 영원한 생명을 얻게 하시는 것이 내 아버지의 뜻이다. 나는 마지막 날에 그들을 다시 살릴 것이다(요한 6 : 40).

그들이 예수께 물었다. "우리가 무엇을 하여야 하나님의 일을 하는 것이 됩니까?" 예수께서 그들에게 대답하셨다. "하나님께서 보내신 이를 믿는 것이 곧 하나님의 일이다"(요한 6 : 28, 29).

내가 진정으로 진정으로 너희에게 말한다. 믿는 사람에게는 영생이 있다(요한 6 : 47).

예수께서 일어서서 큰소리로 말씀하셨다. "목마른 사람은 다 내게로 와서 마서라. 나를 믿는 사람은, 성경에 이른 것과 같이, 그의 배에서 생수가 강처럼 흘러나올 것이다"(요한 7:37, 38).
내가 그이라는 것을 너희가 믿지 않으면, 너희는 너희의 죄 가운데서 죽을 것이다(요한 8:24).
예수께서 말씀하셨다. "나는 부활이요 생명이니, 나를 믿는 사람은 죽어도 살고, 살아서 나를 믿는 사람은 영원히 죽지 않을 것이다"(요한 11:25, 26).
나는 빛으로 세상에 왔다. 그것은 나를 믿는 사람이면, 누구든지 어둠 속에 머무르지 않게 하려는 것이다(요한 12:46 ; 8:12).
너희는 빛이 있는 동안에 그 빛을 믿어서, 빛의 자녀가 되어라(요한 12:36).
그 날에 너희는, 내가 내 아버지 안에 있고, 너희가 내 안에 있고, 또 내가 너희 안에 있음을 알게 될 것이다(요한 14:20 ; 15:1-5 ; 17: 23).

이것은 믿음에 의하여 행해지는 것입니다. 사도행전의 말씀입니다.

나(=바울)는 유대 사람에게나 그리스 사람에게나 똑같이, 회개하고 하나님께로 돌아와야 하고, 우리 주 예수를 믿어야 한다고 증언하였습니다(사도행전 20:21).

요한복음서의 말씀입니다.

예수께서 대답하셨다. "내가 곧 길이요 진리요 생명이다. 나로 말미암지 않고서는, 아무도 아버지께로 올 사람이 없다(요한 14:6).

[3] 아들(聖子 · the Son)을 믿는 사람은 누구나 아버지(聖父 · the Father)를 믿는다는 것은, 앞에서 언급한 것과 같이, 그것은 마치 영혼이 몸 안에 있는 것과 같이, 아버지께서 그분 안에 계시기 때문이라는 것은 아래의 여러 장절들에게서 명확합니다. 먼저 요한복음서의 말씀입니다.

예수께서 대답하셨다. "너희가 나를 알았더라면, 나의 아버지도 알았을 것이다"(요한 8:19 ; 14:7).
나를 보는 사람은 나를 보내신 분을 보는 것이다(요한 12:45).
나를 영접하는 사람은 나를 보내신 분을 영접하는 사람이다(요한 13:20).

출애굽기서의 말씀입니다.

> 그러나 내가 너에게 나의 얼굴은 보이지 않겠다. 나를 본 사람은 아무도 살 수 없기 때문이다(출애굽 33 : 20).

그러므로 주님께서 이렇게 말씀하셨습니다. 요한복음서의 말씀입니다.

> 일찍이 하나님을 본 사람이 없으나, 아버지의 품 속에 계시는 독생자이신 하나님이 그분을 나타내 보이셨다(요한 1 : 18).
> 하나님께로부터 온 사람 외에는 아무도 아버지를 본 사람이 없다는 뜻이다. 하나님께로부터 온 사람만이 아버지를 보았다(요한 6 : 46).
> 너희는 그의 음성을 들은 일도 없고, 그의 모습을 본 일도 없다(요한 5 : 37).

그러나 인도에 있는 자들을 포함해서 아세아나 아프리카라고 불리우는 지구의 두 구역들에 살고 있는 대부분의 사람들과 같이 주님에 관해서 아무것도 알지 못한다고 해도, 만약에 그들이 한 분 하나님을 믿고, 그리고 그들의 종교에 속한 계율들(the precepts)에 따라서 산다면, 그들은 그들의 믿음이나 삶에 의하여 구원을 받습니다. 왜냐하면 전가의 교리(轉嫁 · imputation)는, 그것을 아는 사람과는 관계를 가지고 있지만, 그것을 알지 못하는 사람과는 관계를 가지고 있지 않다는 것 때문입니다. 이러한 소견은 마치 장님이 돌부리에 걸려 넘어질 때 그것은 그것들에게 책임이 전가되지 않는다는 것과 같습니다. 왜냐하면 주님께서 이렇게 말씀하셨기 때문입니다. 요한복음서의 말씀입니다.

> 너희가 눈이 먼 사람들이라면, 도리어 죄가 없었을 것이다. 그러나 너희가 지금 본다고 말하니, 너희의 죄가 그대로 남아 있다(요한 9 : 41).

108. 이러한 내용을 더 밝히 화증하기 위하여 내가 알고 있는 것을 언급, 설명하고자 합니다. 그 이유는 내가 그것을 보았기 때문이고, 그러므로 나는 그것에 대하여 증거할 수 있기 때문입니다. 다시 말하면, 오늘날 주님께서는 새로운 천사적 천계(a new angelic heaven)를 형성하고 계신다는 것, 그리고 그 천계는 주님을 하나님 구세주로 믿고, 그리고

그분에게 직접적으로 가까이 나아가는 자들로 형성된다는 것, 그리고 그 밖의 다른 자들은 모두 주님을 배척한다는 것을 언급하고자 합니다. 그러므로 이제부터는 어떤 자가 기독교 국가에서, 누구나 죽으면 여기에 오는, 영계에 들어왔을 때, 그리고 그들이 주님을 믿지 않고, 오직 그분에게만 나아가고, 그리고 그 때 그가 악하게 살았고, 그리고 자기 자신을 온갖 거짓들로 확증하기 때문에, 이 믿음을 수용할 수 없는 자는 천계를 향한 그것의 첫 번째 접근에서 거절되고, 그리고 그는 천계로부터는 얼굴을 돌리고, 낮은 땅을 향해서 얼굴을 향합니다. 이렇게 해서 그는 앞으로 나아가고, 거기에 있는 자들과 결합합니다. 묵시록에서는 이들이 "용"(the dragon)이나 "거짓 예언자"(false prophet)가 뜻하는 자입니다. 더욱이 만약에 주님을 믿지 않는다면, 기독교인의 땅에서 왔다고 해도 어느 누구도 관심을 받지 못합니다. 천계에서의 그의 기도들은 마치 고약한 악취가 되고, 그리고 부패한 폐장에서 나오는 악취 나는 트림들과 같습니다. 심지어 만약에 그의 간청(懇請)이 향을 태우는 방향(芳香)과 같은 생각이라면 그 기도가 천사적인 천계를 향해 올라오게 되면 거센 바람에 의하여 그의 눈 속에 들어온 큰 불길의 연기와 같거나, 또는 수도승의 겉옷 자락에 숨겨져 있는 향노(香爐)에서 나오는 냄새와 같을 것입니다. 이와 같은 경우는 여러 갈래로 쪼개진 삼일성(三一性 · a divided trinity)을 향해 달려온 모든 경건한 자들의 처지와 같다고 하겠는데, 분할되지 않은 합일의 삼일성(a united trinity)을 향해 산 사람들의 경우는 이와 같지 않습니다. 주님 안에서 합일된 신령 삼일성(the Divine trinity)을 보여 주는 것이 이 단락의 주목적입니다. 나는 여기에다 아래의 새로운 사실(a new information)을 부연하고자 합니다. 몇 개월 전에 주님께서 열두 사도들을 불러 모으셨고, 그리고 주님께서 세상에 계실 때 이 복음을 전파하기 위한 명령을 가지고 온 자연계에 두루 파송되었던 것과 같이, 그들은 온 영계에 두루 파송(派送)되었습니다. 그리고 각각의 사도에게는 개별적인 지역이 선정, 배당되었습니다. 그리고 그들은 이 명령을 모든 열정과 근면(勤勉)으로 수행하였습니다. 그러나 이런 주제들에 관한 상세한 내용은 이 책의 마지막 장에서 언급될 것인데, 거기에서는 시대의 종말(the Consummation of the Age)과 주님의 강림(the Lord's Coming) · 새로운 교회(the New Church)가 특별하게 다루어질 것입니다.

여적(餘滴 · a corollary)

109. 주님의 초림 이전에 있었던 모든 교회들은 표징적 교회(表徵的 敎會 · the representative church)였습니다. 그들은 마치 그늘에서 신령진리들을 보는 것처럼 신령진리들을 볼 수 있었습니다. 그러나 주님께서 이 세상에 강림하신 뒤, 주님께서 교회를 세우셨는데, 그 교회에서는 빛 가운데서 신령진리들을 보았고(saw), 볼 수 있었습니다.

이 양자의 차이는 마치 저녁(evening)과 아침(morning)의 차이 같았습니다. 이와 마찬 가지로 주님의 강림 전의 교회의 상태는 성경말씀에서 저녁(evening)이라고 불리웠고, 주님의 강림 뒤의 교회의 상태는 아침(morning)이라고 불리웠습니다. 주님께서 이 세상에 강림하시기 전, 주님께서는 교회에 속한 사람들과 함께 임재하셨지만, 그러나 그 임재는 간접적이었고, 그분을 대표하는 천사들을 통한 임재였습니다. 그러나 그분의 강림 이후 주님께서는 직접적으로 교회에 속한 사람들에게 임재하셨습니다. 이런 이유 때문에 이 세상에서 주님께서는, 그분께서 그것 안에 사람들과 함께 임재하신 신령 자연적인 것(a Divine Natural)을 역시 입으셨습니다. 주님의 영광화(the glorification of the Lord)는, 그분께서 이 세상에서 입으셨던 그분의 신령인성의 영광화(the glorification of His Human)였습니다. 그리고 주님의 영광화된 인성(Human)은 신령 자연적인 것(the Divine Natural)입니다. 이것에 관한 진리는, 그분께서 이 세상에서 취하셨던 온 육신의 것을 무덤에 아무것도 남기시는 것이 없이, 무덤에서 다시 사셨다는 사실에서, 아주 명확합니다. 그러므로 주님께서는 그것의 처음부터 마지막까지 무덤으로부터는 자연적인 인성 자체(the Natural Human)를 당신 자신에게 취하셨습니다. 따라서 부활하신 뒤, 그분의 제자들은 그들이 본 주님을 유령(幽靈 · a ghost)으로, 생각하였을 때 주님께서는 그들에게 이렇게 말씀하셨습니다. 누가복음시의 말씀입니다.

> 그들은 놀라고, 무서움에 사로잡혀서, 유령을 보고 있는 줄로 생각하였다. …… "내 손과 내 발을 보아라. 바로 나다. 나를 만져 보아라. 유령은 살과 뼈가 없지만, 너희가 보다시피, 나는 살과 뼈가 있지 않느냐?"(누가 24 : 37,

39).

이 말씀은, 주님의 자연적인 몸(His natural body)이 영광화에 의하여 신령하게 되었다는 것을 명확하게 합니다. 그러므로 바울은 이렇게 말하였습니다. 골로새서의 말씀입니다.

> 그리스도 안에서는 하나님의 모든 신성이 몸이 되어서, 충만하게 머물러 있습니다(=하나님의 특성의 모든 충만함이 그리스도 안에 분명히 나타나 있기 때문입니다)(골로새 2 : 9).

요한 서신서의 말씀입니다.

> 이분(=예수 그리스도)은 참 하나님이시요, 영원한 생명이십니다(요한 1서 5 : 20).

이상의 모든 것에서 볼 때, 천사들이 주지한 것은, 온 영계에서 주님께서는 홀로 완전한 사람(complete Man)이시라는 것입니다.
[2] 교회에 잘 알려진 사실은, 이스라엘 민족이나 유대 민족에게 있던 모든 예배는 순전히 외적인 것이고, 그리고 그것은 주님께서 활짝 여신 내적인 예배의 그림자에 불과한 것입니다. 따라서 주님의 강림 전의 예배는 모형들(types)이나, 모습들(figures)에 존재한 것으로, 그 예배는 그것의 믿을 수 있는 형상(its faithful imagery) 안에 있는 참된 예배를 표징하였습니다. 주님 당신께서는 고대 사람들에게 이렇게 보이셨습니다. 왜냐하면 주님께서 유대 사람들에게 이렇게 말씀하셨기 때문입니다. 요한복음서의 말씀입니다.

> "너희의 조상 아브라함은 나의 날을 보게 될 것을 즐거워하였고, 마침내 보고서 기뻐하였다.…… 내가 진정으로 진정으로 너희에게 말한다. 아브라함이 있기 전부터 내가 있었다"(요한 8 : 56, 59).

그러나 주님께서는, 천사들에 의하여 그 일을 행하시는, 이른바 그들의 때에는 표징되었기 때문에, 그러므로 그들에게 있었던 교회에 속한 모든 것들은 표징적이었습니다. 그러나 주님께서 이 세상에 강림하신 뒤에는 이런 표징들은 모두 소멸되었습니다. 표징들이 소멸된 내면적인 이유는 주님께서 이 세상에 계시는 동안 주님께서는 역시 신령 자연적인 것(a Divine natural)을 입으셨고, 그것에서부터 내적 영적 사람(the internal spiritual man)만 조요된 것이 아니라, 외적 자연적인 사람(the external natural man)도 조요되었기 때문입니다. 만약에 이 두 사람들이 동시에 조요되지 않았다면, 말하자면 사람은 그늘 가운데 있었을 것입니다. 그러나 이들 양자가 조요되었을 그 사람은 한 낮의 빛 가운데 있었습니다. 왜냐하면 속사람만 홀로 조요되었고, 겉사람이 조요되지 않았다면, 또는 겉사람은 조요되었고, 속사람이 조요되지 않았다면, 그것은 마치 하나는 잠을 자고 있고, 그리고 꿈을 꾸는 것과 같습니다. 그리고 그가 꿈에서 깨어나자 즉시 그는 그의 꿈을 기억하고, 그리고 꿈의 기억에서부터 다양한 결론들을 도출하는 것과 같습니다. 그러나 그것은 모두가 상상적(imaginary)입니다. 또는 그는 잠에서 걷는 사람(夢中行步)과 같아서, 그가 지금 보고 있는 대상물들은 그가 마치 한낮에 보는 것들로 상상하는 것과 같습니다.

[3] 재차 말씀드리면, 주님의 강림 전의 교회의 상태와 강림 뒤의 교회의 상태의 차이는 한밤 중에 달빛이나 별빛에 책을 읽는 때와 한낮 태양의 밝은 빛에서 책을 읽는 때의 차이와 같습니다. 명확한 것은, 단순히 흰 빛(a purely white light)을 가리키는 전자의 빛에서 사람의 눈은 잘못된 것들을 보지만, 이에 반하여 불꽃과 같은 맑은 햇살을 가리키는 후자의 빛에서는 잘못된 것들을 보지 않습니다. 그러므로 우리는 주님에 관해서 이런 말씀을 읽습니다. 사무엘 하서의 말씀입니다.

 이스라엘의 하나님이 말씀하셨다.
 이스라엘의 반석께서 나에게 이르셨다.
 모든 사람을 공의로 다스리는 왕은,
 하나님을 두려워하면서 다스리는 왕은,
 구름이 끼지 않은 아침에 떠오르는
 맑은 아침 햇살과 같다고 하시고,
 비가 온 뒤에 땅에서 새싹을 돋게 하는
 햇빛과도 같다고 하셨다.

(사무엘 하 23 : 3, 4)

여기서 "이스라엘의 하나님"이나 "이스라엘의 반석"(the Rock of Israel)은 주님을 뜻합니다. 이사야서의 말씀입니다.

> 주께서 백성의 상처를 싸매어 주시고,
> 매 맞아 생긴 그들의 상처를 고치시는 날에,
> 달빛은 마치 햇빛처럼 밝아지고,
> 햇빛은 일곱 배나 밝아져서
> 마치 일곱 날을 한데 모아 놓은 것 같이
> 밝아질 것이다.
> (이사야 30 : 26)

이 말씀은 모두가 주님의 강림 뒤의 교회의 상태에 관해서 언급하고 있습니다. 한마디로, 주님의 강림 전의 교회의 상태는 노파(老婆)가 자기 얼굴에 화장을 하고, 그 화장의 때깔 때문에 자기 스스로 미인이라 여기는 노파에 비유되겠습니다. 이에 반하여 주님 강림 뒤의 교회의 상태는 마치 그녀의 선천적인 얼굴의 피부의 윤기(潤氣) 때문에 아름다운 처녀에 비유되겠습니다. 또 한편 주님의 강림 전의 교회의 상태는, 예를 들면 오렌지·사과·배·포도와 같은, 어떤 과일의 껍질이나, 그 껍질의 맛에 비교할 수 있겠는데, 이에 반하여 주님의 강림 뒤의 교회의 상태는 이들 과일의 속살이나 그것들의 맛에 비교될 수 있겠습니다. 이 밖에도 여럿이 있습니다. 이런 이유 때문에 주님께서는 신령 자연적인 것(the Divine natural)을 입으셨고, 그리고 주님께서는 내적 영적인 사람(the internal spiritual man)과 외적 자연적인 사람(the external natural man) 양자에게 빛을 비추십니다. 왜냐하면 속사람 홀로 빛을 받고, 꼭 같이 겉사람이 빛을 받지 못할 때 거기에 그림자가 있기 때문입니다. 그리고 그것과 반대로 겉사람은 빛을 받지만, 속사람이 빛을 받지 못할 때에도 꼭 같이 그림자가 생깁니다.

110. 여기에 영계 체험기 몇몇을 부연하겠습니다. 그 첫째입니다.
내가 한번은 영계에서 땅으로 떨어지는 도깨비불(ignis fatuus)을 보았는데 공중에서 그 꼬리는 빛을 내었습니다. 그것은 보통 사람들이 용(龍

· dragon)이라고 부르는, 일종의 별똥별(meteor)입니다. 나는 그것이 떨어진 곳을 살펴보았는데, 그것은, 모든 도깨비불이 그러하듯이, 해뜨기 전 여명(黎明)에 사라져버렸습니다.
해가 뜬 뒤에, 내가 밤에 그것이 떨어지는 것을 본, 그 곳에 찾아 갔습니다. 보십시오. 그 곳의 지면은 유황과 쇠붙이들과 진흙이 뒤섞인 혼합물이 있었습니다. 갑자기 거기에 천막 두 개가 보였는데, 하나는 그 곳을 직접 덮고 있었고, 다른 하나는 남쪽을 향해 있었습니다. 내가 위를 쳐다보았는데, 나는, 마치 하늘에게서 번개불이 떨어지듯이, 한 영이 떨어지는 것을 보았습니다. 그 영은 별똥별이 떨어진 곳을 가리고 있는 그 천막 안을 공격하였습니다. 나 자신은 남쪽을 향해 가까이 있는 그것에 가까이 있었습니다. 그리고 내가 문에 서 있었기 때문에 나는 다른 천막의 입구에 서 있는 그 영을 보았습니다.
그러므로 나는 그 영에게 그가 하늘에서 그와 같이 떨어진 이유를 물었습니다. 그가 대답하기를, 그는 미카엘의 천사들에 의하여 쫓겨난 용의 사자(使者)와 같이 쫓겨났다고 하였습니다. 그 이유는 그가 그 세상에 있을 때 자기 스스로 확증한 믿음에 관해서 몇 가지 말과, 그 밖의 몇 가지를 말하였기 때문인데, 그것들 중에는 하나님 아버지와 하나님 아들은 한 존재가 아니고 두 존재라고 말하였다는 것입니다. 왜냐하면 오늘날 천계에 있는 모두가 믿는 것은 이들 두 존재는, 마치 영혼과 몸(soul and body)이 하나이 듯이, 한 존재라고 믿기 때문이고, 그리고 이것에 반대되는 것들은 마치 그들의 콧구멍을 찌르는 자극적인 매운 향내음이나, 송곳으로 그들의 귓불에 구멍을 내는 것과 같이, 고통이나 소란을 일으키는 것과 같기 때문입니다. 그러므로 어느 누구가 그와 같이 반대하는 일은 거기를 떠날 것을 명령받게 되고, 그리고 만약에 그것에 반대하거나 거역하면 거기에서 쫓겨나기 때문입니다.
[2] 이 말을 듣고 나는 그에게 "당신은, 왜 그들이 하는 것과 같이, 믿지 않았습니까?" 라고 물었습니다.
그가 대답한 것은, 이 세상을 떠난 뒤에는 어느 누구도 그전에 자기 스스로 확증에 의하여 각인된 것에서 다르게 믿을 수 없기 때문이라는 것과, 그리고 이것은 그 사람 안에 뒤섞인 것으로 남아 있기 때문이고, 그리고 그것이 제기될 수 없는데, 특히 하나님에 관해서 자기 스스로 확증한 것은 제기될 수 없기 때문인데, 그 이유는 천계에 있는 모두는

하나님에 관한 그의 신념에 따라서 자기의 장소를 지정받기 때문이다는 것 등등입니다.

나는 그에게 한걸음 더 나가서, 그가 하나님과 아들이 한 존재가 아니고 둘이라는 명제는 무엇에 의하여 확증된 것인지를 물었습니다.

그는 이렇게 대답하였습니다. "성경말씀에 언급, 표현된 것들에 의하면, 그 아들(聖子)은, 십자가 앞에서나, 십자가의 고통 가운데서, 아버지에게 기도하였기 때문이고, 그리고 그분께서는 역시 그분의 아버지 앞에서 자기 자신을 낮추시었기 때문입니다. 그 때, 그들은, 마치 영혼과 몸이 하나인 것 같이, 어떻게 사람 안에서 한 존재일 수가 있습니까? 자신을 자기 자신이 아닌 타인이라고 하면서 남에게 기도하듯 하며, 자신을 남에게 비하(卑下)하듯, 그 누구가 그것을 할 수 있겠습니까? 아무도 그렇게 할 수 없는데, 하물며 하나님의 아들께서는 더욱 그렇게 하지 못합니다. 더욱이 내가 살았던 그 시기의 전 기독교회는 신성(the Godhead)을 여러 인격들로 분할하였습니다. 그리고 그 각각이 스스로 하나의 존재이고, 그리고 스스로 생존하는 존재라고 정의하였습니다" 라고 말하였습니다.

[3] 이 말을 듣고서 나는 이렇게 대답하였습니다. "당신이 지금 말한 내용에서 내가 깨달은 것은 당신은 하나님 아버지와 아드님이 어떻게 한 분 존재이라는 것인지를 전혀 모르고 있다는 것입니다. 그리고 이 사실을 알지 못하기 때문에 당신은 당신 스스로 교회가 지금까지 취한 하나님에 관한 온갖 거짓들로 다짐, 확증을 하였습니다. 주님께서 이 세상에 계실 때 그분께서 다른 사람들과 꼭같이 영혼을 가지셨다는 것을 당신은 알고 있습니까? 그분께서는 그 영혼을 하나님 아버지가 아니라면, 그 누구에게서 그것을 가지셨겠습니까? 이것에 관한 진리는 복음서들의 말씀들에게서 충분하게 명확합니다. 그 때 아버지에 속한 신령 존재로 잉태되었고, 처녀 마리아에게서 탄생하신 인성(a Human) 이외에 아들(the Son)이라고 불리운 것이 무엇이겠습니까? 어머니는 영혼을 잉태할 수 없습니다. 어머니가 영혼을 잉태한다는 것은 모든 사람이 그것에 일치하여 태어나는 질서에 정반대가 되는 것입니다. 그리고 그렇게 하는 것은 하나님 아버지께서 당신 자신으로부터 영혼을 나눌 수 없는 것과 같고, 그리고 그 때 그것에서 물러날 수도 없는 것과 같습니다. 그 이유는 하나님께서는 당신의 신령본질이시기 때문이고, 이 본질은

하나(one)이고, 나뉠 수 없는 것(indivisible)이고, 나뉠 수 없는 것은 그분이 당신 자신이시기 때문입니다. 이것이 주님께서 아버지와 당신은 하나(one)라고 선언하신 이유이고, 그리고 아버지께서는 그분 안에, 그분께서는 아버지 안에 있다고 선언하신 이유입니다. 그 밖의 다른 것들도 같은 내용이 되겠습니다. 아타나시우스 신경을 만든 자들에게서 멀리서나마 이것을 보았으며, 그리고 그러므로 하나님을 세 분 인격들로 나눈 뒤에도 그들은 여전히 그리스도 안에 하나님과 사람(God and Man)이 있다는 것, 다시 말하면 신령존재와 신령인간(the Divine and the Human)이 두 존재가 아니고 한 존재이다는 것을 계속해서 옹호, 지지하였습니다. 그것은 마치 사람 안에 있는 영혼과 몸과 같습니다.

[4] 주님께서 이 세상에 계실 때 다른 사람에게 하듯이 하신 아버지(the Father)에게 올린 주님의 기도나, 그리고 다른 사람 앞에서 하듯이 아버지(the Father) 앞에서 자기 자신을 낮추신 주님의 겸비(His humiliating)는 창조 때에 세워진 질서와 일치합니다. 이 질서는 불변의 것이고, 그리고 이것에 따라서 사람은 반드시 하나님과의 결합을 위해 나아가야 한다는 것입니다. 이 질서는, 하나님의 명령들을 가리키는, 질서의 법칙들과 일치하는 삶에 의하여 사람은 자기 자신을 하나님에게 결합하는 것에 비례하며, 하나님께서는 당신 자신을 사람에게 결합하시고, 그리고 사람을 자연적인 것에서 영적인 것으로 만드신다는 것입니다. 이 방법으로 주님께서 당신 자신을 그의 아버지(His Father)와 한 존재를 완성하셨고, 그리고 하나님 아버지께서는 당신 자신을 그분(Him)과 한 존재를 완성하셨습니다. 주님께서 젖먹이였을 때, 그분께서는 다른 젖먹이와 다르셨고, 소년이셨을 때, 다른 소년과 같지 않았습니까? 우리는, 그분께서 지혜와 총애(wisdom and favor)가 증대하셨고 그리고 그 뒤에는 그분께서는 아버지(the Father)께 그의 이름이, 다시 말하면 그분의 신령인성(His Human)이 영광스럽게 되기를, 기도하셨다는 것을, 읽지 않습니까? 영광스럽게 된다는 것은 그분(Himself)과의 하나됨(oneness)에 의하여 신령하게 만드는 것을 가리킵니다. 이러한 사실은 주님께서는, 합일을 향한 그분의 진전의 상태(the state of His progress towards)를 가리키는, 겸비의 그분의 상태에서 그분의 아버지(His Father)께 기도하셨다는 이유를 명료하게 합니다.

[5] 이와 동일한 질서는 그의 창조에 의하여 각 사람에게 각인되었습

니다. 이 정확한 계도 안에는, 사람이, 하나님으로부터 믿음을 영접, 수용하기 위하여 그가 그의 이해에 적용하는 것을 실천하는, 성경말씀에서 비롯된 진리들에 의하여 그의 이해를 준비하여야 한다는 것이 있습니다. 그리고 명확하게는 사람이 자신의 의지를 인애에 속한 일들(=선행들)에 의하여 그가 하나님에게서 비롯되는 사랑의 영접을 위해 그의 의지를 알맞게 그의 의지를 준비하여야 하기 때문에, 그것은 마치 다이아몬드를 깎는 장인(匠人)이 그것의 빛의 광채를 수용하고, 그리고 그것을 발산(發散)하도록 그것을 맞게 하고 적응시키는 것과 같습니다. 이밖에도 비슷한 것은 여럿이 있습니다. 사람이 누구나 하나님을 영접하기 위하여 스스로 준비하는 것이나, 그분(Himself)과 결합한다는 것은 신령질서에 일치하는 삶에 의한 것입니다. 그리고 질서의 법칙들은 하나님이 모든 명령들이고, 계명들입니다. 주님께서는 그것들을 모든 것들, 즉 일점일획(every tittle)까지 이루셨고, 그러므로 주님께서는 자기 자신을, 모든 충만함 가운데, 신성의 수용그릇(a receptacle of Divinity)으로 완성하셨습니다. 따라서 바울 사도께서는 이렇게 말씀하십니다. 골로새서의 말씀입니다.

그리스도 안에서는 하나님의 모든 신성이 몸이 되어서, 충만하게 머물러 있습니다(골로새 2 : 9).

주님께서는 친히 요한복음서에서 이렇게 말씀하셨습니다.

아버지께서 가지신 것은 다 내 것이다(요한 16 : 15).

[6] "더욱이 마음에 선천적으로 간직하여야 할 것은, 사람 안에서는 주님께서 홀로 능동적(active)이고, 그 사람 자신은 단순히 수동적(passive)이어야 한다는 것이고, 그리고 그 사람 자신은 하나님에게서 비롯되는 생명의 입류(入流 · the influx of life from God)에 의하여 능동적이라는 것입니다. 하나님에게서 비롯되는 입류는 멈춤이 없이 부단(不斷)하기 때문에 그것은 사람에게는, 마치 자기 자신으로 말미암아 능동적인 것처럼, 보입니다. 이 외현(外現) 때문에 사람은 자유의지(=선택의 자유)를 가진 것처럼 보입니다. 이 선택의 자유가 사람에게 주어진

것은, 사람이 주님의 영접을 위해 스스로 준비하기 위한 것이고, 따라서 그분과의 결합을 위해 사람 스스로 준비하기 위한 것입니다. 그리고 그 결합의 행위가 교호적이 아니라면, 그 결합은 불가능합니다. 사람이 자신의 선택의 자유로 말미암아 행동할 때 그럼에도 불구하고 사람 자신의 모든 활동을 주님의 공으로 돌릴 때 그 결합은 교호적이 됩니다.

[7] 이런 일이 있은 뒤 나는 그에게, 그들의 동료들이 하는 것과 같이, 하나님은 한 분이시다는 것을 고백하는지를 물었습니다. 그가 대답한 것은, 그도 그렇게 한다는 것이었습니다. 그 때 나는 그에게 "그러나 나는, 당신의 마음에 속한 고백이 하나님은 존재하지 않는다는 것일까 봐 두렵습니다. 입에서 발설되는 모든 낱말은 마음에 속한 생각에서 나오는 것은 아니지요? 그 때 반드시 있어야 하는 것은, 하나님의 한 분이라는 입술의 고백은 하나님이 셋(3)이라는 생각을 마음에서 완전히 추방하여야 하는 것 아닙니까? 그리고 다른 한편, 마음에 속한 이 생각은 반드시 그분께서 한 분이시라는 고백을 입술에서 지워버리고, 추방하는 것 아닙니까? 이런 것에서 빚어지는 결과는 하나님이 계시지 않는다는 것 이외에 무엇이겠습니까? 생각에서 입술로, 그리고 다시 입술에서 생각으로 옮겨지는 전 기간은 공허한 것을 만드는 것이 아니겠습니까? 그 때 하나님에 관해서 마음이 형성하는 결론은 자연(自然)이 하나님이다는 것 이외에 무엇이겠습니까? 그리고 주님에 관한 결론 역시 그분의 영혼 (His soul)은 어머니나 요셉에게서 비롯된 것이다는 결론 이외에 무엇이겠습니까? 천계의 모든 천사들은, 마치 모골이 송연해지는 것이나, 혐오스러운 것에서 외면하는 것처럼, 이런 두 개념들에게서 외면해 버립니다" 라고 말하였습니다.

이런 내용이 오고 간 뒤에 그 영은 묵시록서 9장 2절과 그 아래에서 언급된 아비소스에 보내졌는데, 그 곳은 용의 사자들(使者)이 그들의 믿음의 신비들에 관해서 토론하는 곳입니다.

[8] 다음 날 내가 같은 상소를 쳐다보고 있었는데, 나는 그 천막들 대신에 사람의 형상인 두 신상(神像)들을 보았는데, 그것들은 유황·철·진흙으로 뒤섞인 혼합물을 가리키는 땅의 먼지로 만든 것이었습니다. 그 신상 중 하나는, 왼손에는 홀(笏)이, 머리에는 왕관이, 오른손에는 책이, 가슴에는 보석들로 장식된 견대(肩帶)가 비스듬히 걸쳐서 띠고 있고, 그리고 다른 신상을 향해 흘러내리는 관복을 걸치고 있는 것으로

보였습니다. 그러나 그 신상의 장신구들은 환상에 의하여 그렇게 보여진 것입니다. 그 때 몇몇 용의 신봉자의 영들에게서 나오는 소리가 들렸는데, 그 소리는 "이 신상은 여왕으로서 우리의 믿음을 표징하고, 그리고 그것 뒤에 있는 신상은 그녀의 여종으로서 인애를 표징합니다" 라는 것이었습니다. 후자는 먼지와 같은 혼합물로 만들어졌는데, 여왕 뒤에 흘러내리는 관복의 옷자락에 서 있었는데, 그의 손에는 종이쪽지가 들려 있었습니다. 그 쪽지에는 "이 옷에 닿을 만큼 가까이 오지 않도록 조심하시오" 라는 글귀가 적혀 있었습니다. 그 때 갑자기 소나기가 하늘에서 쏟아졌는데, 소나기 빗물이 두 신상들에게 스며들었습니다. 그 신상들이 유황·철·진흙으로 만들어졌기 때문에, 소나기 빗물이 그것 위에 쏟아지자, 그것의 혼합물에서 일종의 거품이 일기 시작하였고, 안에서 타오르는 불길에 의하여 그것들은 퇴적 더미로 분해되었는데, 그 뒤 그것들은 무덤의 봉분처럼 그 땅 위의 무덤이 되었습니다.

111. 두 번째 영계 체험기입니다.

자연계에 있는 사람의 언어는 이중적인데, 그것은 사람의 생각이 이른바 외적인 것과 내적인 것으로, 이중이기 때문입니다. 왜냐하면 사람은 내적인 생각이나, 외적인 생각에서, 동시에 말을 할 수 있기 때문입니다. 그리고 사람은 외적인 생각으로 말미암아 말을 하고, 내적인 생각으로 말미암아서는 말을 하지 않을 수 있고, 그리고 심지어 어떤 때는 내적인 생각에 정반대로 말할 수 있기 때문입니다. 이런 경우 그것은 핑계들·아첨·위선(僞善) 따위의 근원입니다. 그러나 이와 같은 이중적인 언어를 가지고 있는 사람이지만, 영계에서는 가지지 못하고, 사람의 언어는 획일적입니다. 그 때 사람은 그가 생각한 것을 말합니다. 만약에 그렇지 않다면, 그의 목소리의 울림은 귀에 몹시 거슬리고, 불쾌하고, 고통을 줍니다. 그럼에도 불구하고 사람은 침묵을 할 수 있고, 그리고 그의 마음의 생각들을 발설하지 않을 수도 있습니다. 그러므로 위선자들이 현자들 사이에 있게 되면, 그는 그 자리를 떠나든가, 아니면 구석으로 물러나서 자신을 숨기고, 침묵을 하고 있어야 합니다.

[2] 한 번은 영들의 세계에 큰 무리가 운집(雲集)하였습니다. 그들은 이 사안에 관해서 서로 토론을 하였습니다. 그들이 하는 말은, 누구나 생각한 것을 말할 수 있지만, 그들이 선한 사람들과 함께 있을 때에 하나님이나 주님에 관해서 올바르게 생각하지 못하는 자들에게는 생각한 것

을 말한다는 것이 여간 괴로운 일이 아니라는 것입니다. 그 모임 자리에 개혁교도(the Reformed)들도 있었고, 몇몇은 그들의 교직자들도 있었고, 그 주위에는 가톨릭교도들이 그들의 수도승들과 함께 있었습니다. 그 교직자들과 수도승들이 제일 먼저 말을 하였습니다. 그들은, "이것은 힘든 일은 아닙니다. 어떻게 자기가 생각한 것을 다르게 말할 필요가 있겠습니까? 만일 아주 우연히 올바르게 생각하지 않았다면 우리는 입술을 깨물고, 침묵을 지켜야 할 수 밖에 없단 말입니까?" 라고 말하였습니다. 그리고 교직자 하나가, "누구가 하나님이나 주님에 관해서 올바르게 생각하지 못한다는 것입니까?" 라고 말하였습니다.

그러나 군중들에서 몇몇은 "그러면 우리 다 같이 그것을 해보십시다"고 말하였습니다. 그리고 그들은 그들의 신관에 복수 인격의 삼일성(三一性)의 신념을 굳게 믿는 자들에게, 그들의 생각에서 한 분 하나님(one God)이라는 말을 하도록 부탁하였습니다. 그러나 그들은 그렇게 말할 수 없었습니다. 그들은 자신들의 입술을 비비 꼬고, 이상하게 일그러트리기는 해도, 아무 말을 하지는 못하였습니다. 그러나 다만 자기들의 생각과 일치하고 있는 것들, 다시 말하면 세 인격들과 그리고 그것에 의하여 지니게 되는 세 신들에 관한 것은 능히 발설할 수 있었습니다.

[3] 또 다시 인애에서 분리된 믿음으로 스스로 다짐한 자들에게 이름 예수(the name Jesus)를 발음할 것이 요구되었습니다. 그러나 그들은 그것을 발설할 수 없었습니다. 비록 그들은 모두 그리스도(Christ)나 하나님 아버지(God the Father)는 발설할 수 있었습니다.

그들은 이 일을 이상하게 생각하고, 그 원인을 따져 물었습니다. 그리고 그들이 찾아낸 것은, 그들은 하나님 아버지에게 아들(the Son)을 위해서 기도는 했지만, 그러나 구세주 그분에게는 기도하지 않았다는 것입니다. 예수는 구세주를 뜻합니다.

[4] 그리고 또다시 주님의 인성(the Lord's Human)에 속한 그들의 생각에서 신령인성(Divine Human)을 발음하는 것이 그들에게 요구되었습니다. 그러나 거기에 있었던 사제 중에 어느 누구도 발음할 수 없었지만, 비록 평신도 중 몇몇은 그 낱말을 발음하였습니다. 그러므로 이 사실은 그 토의의 주제가 매우 의미 있는 것이라는 것을 입증하였습니다.

제일 먼저, 복음서에서 발췌한 아래의 장절들이 그들에게 낭독되었습니다.

아버지는 아들을 사랑하여, 모든 것을 아들의 손에 맡기셨다(요한 3 : 35).
아버지께서는 아들에게 주신 모든 사람에게 영생을 주게 하시려고, 모든 사람을 다스리는 권세를 아들에게 주셨습니다(요한 17 : 2).
내 아버지께서 모든 것을 내가 맡겨 주셨습니다(마태 11 : 27).
예수께서 다가와서, 그들에게 말씀하셨다. "나는 하늘과 땅의 모든 권세를 받았다"(마태 28 : 18).

그리고 그분의 신성(His Divine)의 측면과 그분의 인성(His Human)의 측면에서 그리스도께서는 천지(天地)의 하나님이시라는 것을 이런 장절로부터 그들의 생각에 깊이 간직할 것과 그리고 그 때 낱말 신령인성(Divine Human)을 발음할 것이 요구되었지만, 그러나 여전히 그들은 그것을 발음할 수 없었습니다. 그들은, 비록 그들이 이런 장절들로부터 그 사안에 관한 어떤 생각을 이해로부터 잊지 않고 간직할 수 있지만, 그들은 여전히 그것에 속한 시인을 전혀 가질 수 없다는 것과, 따라서 그들이 그것을 말(speech)에 전혀 옮길 수 없다는 것을 토로(吐露)하였습니다.

[5] (ii) 그런 뒤에 누가복음서 1장 32, 34, 35절의 말씀이 그들에게 읽혀졌습니다. 그 내용은, 주님께서는 그분의 인성(His Human)의 측면에서 여호와 하나님의 아들이시고, 그리고 거기에서 "지극히 높으신 이의 아들"(the Son of the Most High)이라고 불리셨고, 수많은 다른 곳에서는 "하나님의 아들"(the Son of God)이나 "외아들"(獨生子 · the Only-begotten)이라고 불리셨습니다. 그리고 그들의 생각에는 이것을 간직할 것이 요구되었습니다. 예를 들면 그것은 이 세상에 탄생하신 하나님의 독생자(the only-begotten Son of God)가 하나님 이외에 다른 존재가 될 수 없다는 것, 그리고 아버지께서 하나님이시기 때문에 그 때 낱말 신령인성(Divine Human)을 발음할 것이 요구되었지만, 그러나 그들이 하는 말은, "우리는 그것을 발설할 수 없습니다. 그 이유는 우리들의 영적인 생각, 다시 말하면 우리의 보다 깊은 내적인 생각은, 내적인 생각과 조화를 이루는 것들을 제외하면, 그 어떤 다른 개념들을 말한다는 것이 가장 가까운 거짓을 말하는 생각에 들이오는 것이 허용되지 않는다"는 것이었습니다. 이런 것에서 우리가 깨닫는 것은, 우리가 자연

적인 세상에 있기 때문에, 우리의 생각들을 여럿으로 나누는 것이 지금은 허락되지 않는다는 것입니다.
[6] (iii) 그러므로 빌립에게 하신 주님의 말씀이 그들에게 낭독되었습니다. 요한복음서의 말씀입니다.

> 빌립이 예수께 말하였다. "주님, 우리에게 아버지를 보여 주십시오. 그러면 좋겠습니다." 예수께서 대답하셨다. "빌립아, 내가 이렇게 오랫동안 너희와 함께 지냈는데도, 너는 나를 알지 못하느냐? 나를 본 사람은 아버지를 본 사람이다.…… 내가 아버지 안에 있고, 아버지께서 내 안에 계심을 믿어라. 믿지 못하겠거든, 내가 하는 그 일들을 보아서라도 믿어라"(요한 14 : 8-11).

다른 곳의 구절도 마찬가지입니다.

> 나와 아버지는 하나다(요한 10 : 30).

그들은 그들의 생각에 이 개념을 간직할 것과, 그리고 그 때, 신령인성(Divine Human)을 발설할 것이 요구되었습니다. 그러나, 주님께서 신령인성(the Human)의 측면에서 하나님이시라는 시인에 그 생각이 뿌리를 내리지 못하였기 때문에, 그들은 이 낱말들을 발음하려고 그들의 입에 힘을 주었기 때문에 그들이 화가 치밀 때까지 그들은 자신들의 입술을 몇 겹으로 배배 꼬았습니다. 그러나 그들은 그 짓도 계속 하지 못하였습니다. 그 이유는 영계에 있는 자들에게는 어떤 시인에서 비롯되는 생각의 개념들은 언어의 낱말들과 하나(one)을 이루기 때문입니다. 그리고 이런 개념들이 존재할 수 없는 곳에는 그 낱말 역시 이미 존재할 수 없기 때문입니다. 왜냐하면 말하는 것에서 개념들은 낱말들이 되기 때문입니다.
[7] (iv) 또 다시 계속해서 기독교계에 두루 수용된 교리들에게서 비롯된 것들이 그들에게 낭독되었습니다. 그 내용인즉슨, 주님 안에 있는 신령존재와 신령인성은 둘(2)이 아니고 하나인데, 그리고 사람 안에서 영혼과 육신과 같이 합일된 한 인격입니다. 이 말은 아타나시우스 신경에서 비롯된 것이고, 그리고 누차의 종교회의에서 인지된 것입니다. 그리고 그들에게 일러진 것은 "명확하게 이것에서 여러분은 주님의 인성

이 신령하다는 시인 가운데 기초하여 세워진 한 개념을 얻을 수 있다는 것입니다. 왜냐하면 그분의 영혼은 신령하기 때문입니다. 이 명제(命題)는 이 세상에 있는 동안 여러분이 영접, 수용한 여러분의 교회의 교리에서 온 것이기 때문입니다. 더욱이 영혼은 사람의 진정한 본질(essence)이고, 몸은 이 본질에 속한 형체(form)이기 때문입니다. 본질과 형체(essence and form)는 마치 존재(esse)와 실재(=현현 · existere)와 같이 한 존재이고, 그리고 또한 결과의 원인과 그 결과 자체가 목적을 달성하는 것과 같습니다" 라는 것입니다. 그들은 이런 개념을 간직하였고, 그리고 그것으로 말미암아 낱말 신령인성(Divine Human)을 발설하기를 원하였습니다. 그러나 그들은 그것을 발설할 수 없었습니다. 왜냐하면 주님의 인성에 속한 그들의 더 내적인 개념은, 그들이 이렇게 부르는 소위 이 새로운 부가적인 개념(this new adscititious idea)을 추방하였고, 말살시켰기 때문입니다.

[8] (v) 또다시 요한복음서의 이 장절이 그들에게 낭독되었습니다. 그 책의 말씀입니다.

> 태초에 말씀이 계셨다. 그 말씀은 하나님과 함께 계셨다. 그 말씀은 하나님이셨다.…… 말씀이 육신이 되어 우리 가운데 사셨다(요한 1 : 1, 14).

그리고 이 말씀도 낭독되었습니다. 요한 서신의 말씀입니다.

> 이분(=예수 그리스도)이 참 하나님이시오, 영원한 생명이십니다(요한 1서 5 : 20).

바울 서신 골로새서의 말씀입니다.

> 예수 그리스도 안에서는 하나님의 모든 신성이 몸이 되어서, 충만하게 머물러 있습니다(골로새 2 : 9).

그리고 그들에게는 이 말씀에 따라서 생각할 것이 요구되었습니다. 다시 말하면 말씀(聖言 · the Word)이셨던 하나님께서 사람(Man)이 되셨다는 것, 그분은 참 하나님(the true God)이시다는 것, 그리고 그 분 안에는 신성의 충만함이 육체로 거하신다는 것 등등에 따라서 생각할 것이 요청되었습니다. 그들은 이것을 외적인 생각 가운데서 실행하였습니다. 그리고 그러므로 내적인 생각의 저항 때문에, 그들은 낱말 신령인성(Divine Human)을 발음할 수는 없었습니다. 그리고 그들은 솔직하게 이렇게 말하였습니다. "우리는, 하나님께서는 하나님이시고, 사람은 사람이고, 하나님께서는 영(a Spirit)이시기 때문에, 그리고 우리는 항상 영에 대해 바람이나 에델로 생각하기 때문에, 신령인성(a Divine Human)의 개념을 결코 형성할 수 없습니다" 라고 하였습니다.

[9] (vi) 마지막으로 그들에게 이렇게 일러졌는데, 여러분은 주님께서 하신 말씀을 아십시오. 요한복음서의 말씀입니다.

> 언제나 내 안에 머물러 있어라. 그러면 나도 너희 안에 머물러 있겠다. …… 나는 포도나무요, 너희는 가지다. 사람이 내 안에 머물러 있고, 내가 그 사람 안에 머물러 있으면, 그는 많은 열매를 맺는다. 너희는 나를 떠나서는 아무것도 할 수 없다(요한 15 : 4, 5).

거기에 영국 사람 교직자 몇몇이 참석해 있었기 때문에 성만찬 예배에서 그들의 권면의 말씀의 한 구절을 그들에게 낭독하였습니다. 즉 "왜냐하면 우리가 영적으로 그리스도의 살을 먹고, 피를 마실 때, 그 때 우리는 그리스도 안에 머물러 있고 그리스도는 우리 안에 머물러 있다"는 말씀을 낭독하였습니다. 그리고 이어서 이런 말이 언급되었습니다, "만약에, 주님의 인성이 신령하고, 그리고 낱말 신령인성(Divine Human)이, 생각 가운데 있는 시인으로 말미암아, 발음할 수 있는 것이라면, 지금의 당신 생각은 이것을 발음한다는 것이 불가능할 것입니다" 라는 말이었습니다. 그러나 그들은 아직까지도 그 낱말을 발음할 수 없었습니다. 그것은 그들의 마음에 깊이 각인된 것은, 신령존재는 인간적인 것이 될 수도 없고, 또한 인성은 신령한 것이 될 수 없고, 그리고 주님의 신성은 영원부터 탄생한 아드님의 신성에서 비롯된다는 것이나, 그리고 그분의 인성(His Human)이 다른 사람과 같다는 것 등등이기 때문입니다. 그들에게 질문된 것은 "어떻게 여러분은 그와 같은 것을 생각할 수 있습니까? 합리적인 마음이 어떻게 영원부터 하나님에게서 출생된 아들의 개념을 가질 수 있습니까?" 라는 것 등이었습니다.

[10] (vii) 그 때 질문자들이 개신교도들을 향하여 말하였습니다. 그 내용인즉슨 아우구스부르그의 고백(the Augsburg confession)이나 루터는 하나님의 아들(the Son of God)이나 사람의 아들(the Son of man)은 그리스도 안에서 한 인격(one Person)이라고 가르치셨고, 그리고 그분의 인간성정(His Human nature)의 측면에서 그분은 전능하고 편재한다는 것, 그리고 그 성정의 측면에서 그분께서는 하나님 아버지의 우편에 앉으신다는 것, 그리고 그분께서는 하늘과 땅의 모든 것들을 다스리시고, 그리고 모든 것들을 채우시고, 그리고 우리와 함께 현존하시고, 그리고 우리 안에 거하시고 역사, 활동하신다는 것 등을 가르치셨습니다. 그리고 거기에서는 경배(adoration)에는 아무런 차이가 없는데, 그것은 분할될 수 없는 신성(神性 · the Divinity)은 분할되는 본성을 통하여 예배받기 때문이라는 것과, 그리고 그리스도 안에는 하나님께서 사람(Man)으로, 사람(Man)이 하나님으로 계시기 때문이라는 것을 말하였습니다. 이런 말들을 듣고, 그들은 "정말 그렇습니까?"라고 말하였습니다. 그들은 주위를 둘러 본 다음 즉시 "우리는 전에는 이 사실을 알지 못하였습니다. 그러므로 '신령인성'(Divine Human)을 말한다는 것은 불가능하였습니다"라고 말하였습니다. 처음 사람은 이런 말을 하였고, 그 다음 사람은 "우리는 이런 것을 읽었고, 그리고 우리는 그것을 기록하였습니다. 그럼에도 불구하고 우리가 우리의 마음에서 그것에 관해서 생각할 때, 우리는 그것에 속한 내면적인 개념을 전혀 가지지 못한 그저 단순한 낱말들뿐이었습니다"라고 말하였습니다.

[11] (viii) 마지막으로 그들은 가톨릭교도들을 향해서 이렇게 말하였습니다. "여러분은 여러분의 성찬에서 그리스도께서 빵과 포도주에 전적으로 임재하시고, 그리고 그것들의 각각의 것에도 임재하신다고 믿기 때문에, 아마도 여러분은 '신령인성'(Divine Human)을 발설할 수 있을 것입니다. 그리고 또 여러분들은 거룩한 떡(聖餠 · the Host)을 모실 때 가장 거룩하신 하나님으로 그분을 예배하기 때문이고, 또한 여러분은 마리아를 데이파라(Deipara), 다시 말하면 '하나님의 어머니'(Mother of God)라고 부르기 때문입니다. 결과적으로 여러분은 그녀가 하나님을 낳았다, 다시 말하면 신령인성(the Divine Human)을 낳았다는 것을 시인하기 때문입니다"고 말하였습니다. 그 때 그들은 그 낱말을 발음하려고 하였지만, 그들은 발음을 할 수 없었습니다. 그것은 그 때 그들이 마음

속에서 생각한 것은 그리스도의 몸이나 피를 물질적인 개념으로 생각하였기 때문이고, 그리고 또한 그분의 인성(His Human)을 신성존재(the Divine)에게서 분리한 신념(belief)을 생각하였기 때문인데, 이러한 생각은 교황도 실제적으로 분리된 것으로 믿었기 때문입니다. 그 이유는 교황 자신에게도 인간적인 능력(the human power)만 전가되었다고 믿었지, 신령존재(the Divine)가 전가된 것은 아니었기 때문입니다. 그 때 수도승 중에서 한 명이 일어나서, 그는 가장 거룩하신 처녀 마리아와, 그리고 그의 수도원의 성인(聖人)과의 관계에서 신령인성(a Divine Human)을 생각할 수 있겠습니다 라고 말하였습니다. 다른 수도승이 앞으로 나오더니, 이렇게 말하였습니다. "내가 지금 간직하고 있는 나의 생각의 개념으로 나는 능히 '신령인성'의 낱말을 발음할 수 있겠소. 그러나 그것은 그리스도와의 관계보다는 교황님의 거룩함과의 관계에서입니다" 라고 하였다. 그러나 가톨릭교도 중 하나가 그를 잡아끌면서 "창피합니다" 라고 말하였습니다.

[12] 이런 일이 있은 뒤, 하늘이 열렸고, 그리고 불꽃같은 혀가 하늘에서 내려와, 어떤 이에게 머물렀습니다. 그 때 그들은 주님의 신령인성을 찬양하면서, 말하였습니다. "세 분 하나님들의 개념을 버리십시오. 그리고 믿어야 할 것은, 주님 안에는 모든 신성의 충만함(all the fulness of Divinity)이 육신으로 거한다는 것과, 그리고 영혼과 몸이 하나인 것과 같이, 아버지(the Father)와 주님(He)은 한 분이라는 것과, 그리고 하나님께서는 바람이나 에텔이 아니고 사람(a Man)이시다는 것 등입니다. 그것들을 믿을 때 여러분은 천계와 결합할 것이고, 그리고 주님으로 말미암아 여러분은 이름 '예수'(Jesus)를 말할 수 있을 것이고, 그리고 '신령인성'(Divine Human)을 말할 수 있을 것입니다" 라고 하였습니다.

112. 세 번째 영계 체험기입니다.

한번은 이른 새벽에 잠에서 깨어서, 내 집 앞에 있는 정원으로 나갔습니다. 나는 찬란하게 떠오르는 태양을 보았습니다. 태양 주위에는 후광(後光·halo)이 있었는데, 그것은 처음에는 빛이 희미하였지만, 그 뒤에 점점 뚜렷하더니, 그리고 마치 금빛과 같은 빛을 발하였습니다. 그 테두리 아래에는 구름이 일고 있었는데, 그것은 홍옥(紅玉)처럼 빛나는 태양 광선에서 생긴 것입니다. 그 때 나는 은빛 날개들과 금빛 용모로 묘사된 여명(黎明)의 여신 오로라(Aurora)라는 태고시대 사람들의 우화에 관한 깊은 생각에 빠져 있었습니다.
내 마음은 이런 명상의 기쁨들에 잠겨 있었는데, 나는 영의 상태에 들어갔습니다. 그리고 나는 어떤 영들이 하는 말을 들었습니다. 그들은 "우리가 교회의 지도자들 중에서 불화를 일으키는 싸움의 원인(apple of discord)을 제공하는 개혁자와 이야기하는 기회가 있다면 얼마나 좋겠소. 수많은 평신도들이 그를 추종하였고, 그들은 그를 선발, 우리로 하여금 살펴보기를 청하였습니다" 라고 말하였다. 그 원인이라는 것은 작은 책을 뜻하는데, 그 제목은 "새로운 교회의 교리에 관한 간략적인 해설"(A Brief Exposition of the Doctrine of the New Church)입니다. 그리고 그들은 "그것은 확실하게 분리주의적인 내용으로 아직까지 어느 누구도 생각한 적이 없는 그런 내용입니다" 라고 말하였습니다. 그 때 나는 그들 중의 하나가 "얼마나 분리주의적인 것인지! 그것은 완전히 이단이지요" 라고 비난하는 말을 들었습니다. 그러나 그 사람 이외의 사람들은 "쉬! 조용히 하세요. 그것은 결코 이단이 아닙니다. 그는 성경 말씀에서 아주 많은 것을 인용, 제공하고 있습니다. 그들이 비록 평신도이기는 하지만 우리들의 신참자들 중 아주 많은 자들이 그것에 관심을 가지고 있고, 동의를 하고 있습니다" 라고 하였습니다.

[2] 이 말을 듣고 나는, 영의 상태로 있었기 때문에, 앞으로 나아서, 나는 "내가 그이요. 내가 여기 있습니다. 무엇이 문제입니까?" 라고 말하였습니다.

즉시, 그들 중 독일 사람 하나가, 사실 나중에 그가 독일 색소니(Saxony) 지방 출신인 것을 알았지만, 권위 있는 어투로 이렇게 말하였습니다. 그는 "당신은 어째서 수세기 동안 기독교계에 정립된 예배를 뒤엎으려고 합니까? 기독교계의 예배는 하나님 아버지께서는 우주의 창조주로서 예배 받으시고, 그분의 아드님은 중재자(the Mediator)로서, 성령은 운영자(the Operator)로서 역사하신다고 가르치지 않습니까? 더욱이 비록 주님 당신께서 '너희는 기도할 때에 이렇게 기도하여라. 하늘에 계신 우리 아버지 당신의 이름이 거룩하게 하옵시고, 당신의 나라가 임하시고' 라고 말씀하셨지만, 당신은, 우리가 그들에게 공을 돌리는 인격의 하나님을 처음부터 마지막까지 모든 것을 박탈하였습니다. 그러므로 우리는 우리 하나님에게 기도해야 하는 것 아닙니까?" 라고 말하였습니다.

이런 일이 있은 뒤 잠깐 침묵이 있었습니다. 그리고 그 발언자에게 동의하는 자는, 마치 군함을 타고 적군의 함대를 보고, '자, 지금은 나아가 싸워야 할 때다! 승리는 우리의 것이다' 라고 고함을 지르면서 세차게 나오는 태세였습니다.

[3] 그 때 나는 일갈하려고 일어났습니다. 그리고 "여러분 중에서 누구가 하나님께서 하늘에서 내려와 사람(Man)이 되셨다는 것을 모르십니까?" 라고 말하였습니다. 왜냐하면 우리는 "말씀(聖言)이 하나님과 함께 계셨고, 그리고 하나님은 말씀이시고, 그리고 말씀이 육신이 되었다"라고 읽기 때문입니다. 그 때 나는, 거기에 내게 바로 말을 한 구술자(口述者)도 있었지만, 기독교도를 향해 보면서, 나는 "여러분 가운데 어느 분이 처녀 마리아의 몸에서 나신 그리스도 안에 하나님이 사람(Man)이시고, 사람(Man)이 하나님이신 분이 계신다는 것을 모르시겠습니까?" 이렇게 말하였습니다. 이 때 그 무리들 가운데 큰 소리가 일어났습니다. 그러므로 나는 "여러분께서는 이것을 모르신단 말이요? 그 말은 이른바 ≪일치신조≫(一致信條・the Formula Concordiae)라고 하는 여러분의 고백의 교리와 일치하는데, 그 고백문에는 이 교리가 증명되었고, 확증되었습니다" 라고 말하였습니다.

그 때 그 구술자는 군중을 향해서 그들이 이 사실을 아는지, 모르는지를 물었습니다. 그리고 그들은, "그리스도의 인격에 관해서 우리는 그 책에서 아주 약간 배웠습니다. 그러나 우리는 오직 믿음에 의해서 의롭게 된다는 칭의의 교리(稱義)에 관해서 열심히 공부를 하였습니다. 그러나 만약에 그 책에 기술된 내용과 같다면 우리는 그대로 따르겠습니다" 라고 대답하였습니다. 그 때 그들 중의 하나가 이런 사실을 회상하면서, "그 책은 우리가 읽는 대로 그렇게 기록되어 있습니다. 그 책이 더 자세하게 언급하고 있는 사실은, 그리스도의 인성(人性・the Human nature)은 신령권위(Divine majesty)나, 그것의 모든 속성(its attributes)을 초월한다는 것과 그리고 그 본성 가운데 그리스도께서는 아버지의 오른쪽에 앉아 계신다"고 말하고 있다고 말하였습니다.

[4] 이 말을 듣고, 그들은 잠잠하였습니다. 이 논쟁이 일단락된 뒤에 나는 재차 말을 하였습니다. 나는 "만일 그것이 사실이면, 그 때 아버지는 아들이 아니고 무엇이고, 그리고 아들이 아버지가 아니고 무엇이겠습니까?"라고 말하였습니다. 그러나 이 말은 그들의 귀에 거슬렸기

때문에, 나는 계속해서 "주님께서 친히 하신 말씀을 잘 들으십시오. 만약에 여러분이 이 말이 전에 들은 적이 없는 말씀이라면, 지금 이 말씀에 경청하십시오. 왜냐하면 주님께서 '나와 아버지(I and the Father)는 하나다'고 말씀하셨고, 그리고 '나는 아버지 안에, 아버지는 내 안에 있다' 그리고 '아버지, 나의 모든 것은 당신의 것이고, 당신의 것은 모두 내 것이다' '나를 본 사람은 아버지를 보았다'고 말씀하셨기 때문입니다. 그러면 이런 말씀의 뜻이 무엇이겠습니까? 아버지는 아들 안에 있고, 아들은 아버지 안에 있다는 것, 그리고 사람에게서 영혼과 몸이 하나인 것과 같이 그들이 하나(one)이고, 따라서 그들이 한 인격(one person)이라는 말은 무슨 뜻입니까? 만약에 여러분이 아타나시우스 신경을 믿는다면, 그 신경에 이와 같은 것이 서술되었으니, 이러한 내용이나 사실이 여러분의 신념이겠지요? 그러나 여기에 인용된 여러 말씀들 중에서 주님께서 하신 말씀, 즉 '아버지, 나의 것은 모두 당신의 것이고, 당신 것은 내 것입니다' 라는 말씀을 살펴보겠습니다. 이 말씀은 곧, 아버지의 신성(神性 · the Divine of the Father)은 아들의 인성(人性 · the Human of the Son)에 속한 것이고, 그리고 아들의 인성은 아버지의 신성에 속한 것이라는 뜻 이외에 무엇이겠습니까? 결과적으로 그리스도 안에서 하나님은 사람(Man)이시고, 사람(Man)이 하나님이시다는 것, 따라서 그들은, 마치 영혼과 몸이 하나인 것과 같이, 한 존재(one)이라는 것 이외에 뜻하는 것이 무엇이겠습니까?

[5] 모든 사람은 누구나 자신의 영혼과 몸에 관해서 이와 꼭 같이 말할 수 있습니다. 다시 말하면 '모든 나의 것은 너의 것이고, 너의 모든 것은 내 것이다', 또는 '당신은 내 안에 있고, 나는 당신 안에 있다', 또는 '나를 본 자는 당신을 보았다' 그리고 '우리는 인격이나 생명에서 하나이다' 라고 말할 수 있습니다. 이렇게 말할 수 있는 것은, 영혼이, 그 사람의 전체나 모든 부분에서 그 사람 안에 있기 때문입니다. 왜냐하면 영혼에 속한 생명(the life of the soul)은 몸에 속한 생명(the life of the body)이기 때문이고, 그리고 이들 양자 사이에는 상호의존성(相互依存性 · mutuality)이 있기 때문입니다. 이런 모든 사실은 아버지의 신성(神性 · the Divine of the Father)이 아들의 영혼(the soul of the Son)이고, 그리고 아들의 인성(人性 · the human of the Son)이 아버지의 몸(the body of the Father)이라는 것을 아주 명확하게 합니다. 자녀의 영혼은 그의

아버지 이외에 어디에서 얻겠습니까? 그리고 자녀의 몸은 그의 어머니 이외에 어디에서 얻겠습니까? 이러한 표현은 아버지의 신성(the Divine of the Father)에 관한 것입니다. 그러나 이것은 아버지 당신을 뜻합니다. 그 이유는 그분(He)과 그분의 신성(His Divine)은 동일하기 때문입니다. 그리고 이 신성은 하나(one)이고, 분할할 수 없는 것(indivisible)이기 때문입니다. 이것이 사실이고, 참된 것이라는 것은 천사 가브리엘이 마리아에게 한 말씀에서 명확합니다. 가브리엘 천사는 그녀에게 '성령이 네게 임하시고, 가장 높으신 분의 능력이 너를 감싸 줄 것이다. 그러므로 너에게 태어날 아기는 거룩한 분이요, 하나님의 아들이라고 불릴 것이다'라고 말하였습니다. 바로 앞에서 그분은 '가장 높으신 분의 아들'이라고 불리셨고, 다른 곳에서는 '독생자'(the only-begotten Son)라고 불리웠습니다. 그러나 단순하게 그분을 마리아의 아들(the Son of Mary)이라고 부르는 여러분은 그분의 신성의 개념(the idea of His Divinity)을 파괴하는 것입니다. 그러나 이런 개념을 파괴하는 자들은 성직자 가운데 있는 유식한 자이고, 그리고 평신도 가운데 있는 학자들입니다. 왜냐하면, 그들이 그들의 육신들에 속한 감관적인 것들 위에 그들의 생각을 올리려고 할 때, 이들은 자신들의 명성에 속한 영광을 생각하기 때문이고, 그리고 이것은 그것에 의하여 하나님의 영광에 들어오는 빛을 불영명하게 하고, 소멸시키기 때문입니다.

[6] 그러나 우리는 주님의 기도문에로 가보실까요. 그 기도문에는, '하늘에 계신 우리 아버지, 이름을 거룩하게 하시오며, 나라가 임하게 하시오며'라는 말씀이 있습니다. 지금 여기에 계시는 여러분은 그분의 신성 안에 계시는 아버지를 이해하시지만, 그러나 나는 그분의 인성(His Human) 안에 계시는 아버지만을 이해합니다. 더욱이 이 인성(this Human)은 아버지의 이름입니다. 왜냐하면 주님께서 '아버지, 당신의 이름(Thy name)을 영광스럽게 하시옵소서' 다시 말하면 당신의 인성(Thy Human)을 영광스럽게 하시옵소서 라고 말씀하셨기 때문입니다. 그리고 이 일이 행해지는 때 하나님의 나라는 도래(到來)하기 때문입니다. 이 기도문이 앞날을 위해서 드려지도록 명령된 이유는 아주 명백합니다. 다시 말하면 이렇게 기도드리도록 명령된 것은 그분의 인성을 통하여 하나님 아버지에게 근접하게 하기 위한 것입니다. 또한 주님께는 '나로 말미암지 않고서는 아무도 아버지에게 올 자가 없다'고 말씀하셨습니다.

그리고 예언서에는 '한 아기가 우리에게 태어났다. 우리가 한 아들을 얻었다. 그는 우리의 통치자가 될 것이다. 그의 이름은 하나님, 전능하신 분, 영존하시는 아버지'라고 하였고, 그리고 다른 곳에서는 '당신께서는, 여호와시요, 우리의 아버지시고, 우리의 속량주이시고, 당신의 이름은 영원하시리라'고 말씀하셨습니다. 이 밖에도 수많은 곳에서 우리의 구세주 주님께서는 여호와로 불리셨습니다. 이러한 내용이나 뜻이 주님의 기도문의 진정한 해석입니다" 라고 하였습니다.

[7] 내가 이 말을 모두 말하였을 때, 나는 그들을 유심히 살펴보았고, 그리고 명확하게 지적할 수 있는 것은, 그들의 마음의 변화들에 일치하여 그들의 얼굴에 변화가 생긴다는 것입니다. 그들 중 몇몇은 나에게 호의를 보였고, 몇몇은 나를 주목하였고, 몇몇은 좋게 보지 않았고, 몇몇은 외면을 하였습니다. 그 때 내 오른쪽에서 유백색의 구름(a cloud of opal color)이 일어나는 것을 보았고, 왼쪽에서는 검으스레한 구름이 일어나는 것을 보았습니다. 그 구름의 각각 아래에는 소낙비의 모습이 보였습니다. 그리고 검으스레한 구름 아래에는 늦가을의 가을비 같은 것이 보였고, 유백색 구름 아래의 비는 이른 봄의 이슬이 내리는 것 같았습니다.

그 때 나는 영의 상태에서 육의 상태로 되돌아왔습니다. 따라서 나는 영계에서 자연계로 복귀하였습니다.

113. 네 번째 영계 체험기입니다.

내가 영들의 세계를 주시하고 있었는데, 그 때 나는 붉은 말들이나 검은 말들(red and black horses)을 탄 군대를 보았습니다. 그 말을 탄 자들은 마치 원숭이들 같이 보였는데, 그들의 얼굴과 가슴은 그 말의 꼬리를 향해 있었고, 머리의 뒷 부위와 등판은 말의 목과 머리를 향해 있었고, 그리고 말의 고삐는 그들의 목을 감고 있었습니다. 그들은 백마(白馬 · white horse)를 탄 다른 기수(騎手)를 향해 소리를 지르고 있었습니다. 그리고 그들은 그들의 양손에 잡혀 있는 고삐를 홱 당기었고, 따라서 그들의 말들은 전장에서 뒤로 후퇴시켰습니다. 그리고 그들은 그 일을 계속하였습니다.

그 때 두 천사들이 하늘에서 내려왔는데, 내게 다가와서 말하기를 "귀하는 지금 무엇을 보았습니까?" 라고 물었습니다.

나는 내가 본 우스꽝스러운 기수들의 무리에 관해서 말하였고, 그리고 그들이 누구이고, 그것이 뜻하는 것이 무엇인지를 물었습니다.
천사들은 이렇게 대답하였습니다. "그들은 아마겟돈(Armageddon)이라고 부르는 곳에서 왔는데(묵시록 16 : 16), 거기에는 새 예루살렘이라고 부르는, 주님의 새로운 교회(the Lord's New Church)에 속한 자들에 대항하여 싸우기 위해, 수천의 무리가 모여있다"고 말하였습니다. 그들은 거기에서 교회와 종교에 관해서 토의하고 있는데, 그럼에도 불구하고 아직까지 그들 가운데 있는 교회에 관해서 아무것도 취한 것이 없는데, 그것은 그들이 영적인 선을 전혀 가지고 있지 않기 때문에, 그들이 영적인 진리에 관해서, 그리고 종교에 관해서 아무것도 취한 것이 없기 때문입니다. 이들 양자들, 즉 영적인 진리나 종교에 관해서, 그들은 그들의 입과 입술로는 여러 것들을 말하고 있지만, 그러나 그들의 주된 목적은 그것들에 의하여 통치권(dominion)을 잡으려는 것입니다.
[2] 그들은 젊은 시절 오직 믿음만의 교리를 굳게 확신 하는 것을 배웠고, 그리고 하나님에 관한 어떤 것을 확증하는 것을 배웠습니다. 그리고 그들이 교회의 높은 직위에 승진하게 되면, 그들은 잠시 동안 이런 것들에 대한 가르침을 간직하고 있지만, 그러나 하나님이나 천계에 관해서 더 이상 생각하는 것을 멈추고, 오히려 자기 자신들이나 이 세상에 관해서, 따라서 영원한 지복이나 행복에 관해서 생각하지 않고, 오히려 한시적인 고위직위나 재물에 관해서 생각합니다. 그래서 그들은 청년시절에, 천계와 교류하고, 그들이 천계의 빛 가운데 있었던, 합리적인 마음에 속한 내면적인 것들에서 흡수, 터득한 교리적인 원칙들은, 이 세상과 교류하고, 그러므로 이 세상의 빛 가운데 있는 합리적인 마음의 외면적인 것들에게로 내던져 버렸고, 종국에는 이런 원칙들까지도 자연적인 감관의 영역으로 밀려났습니다. 결과적으로 교회의 교리들은 그들로서는 단순한 낱말의 사안이 되어 버렸습니다. 그런 것들은 더 이상 이성에서 비롯된 생각은 아니었고, 더욱이 사랑에서 비롯된 정동은 디디옥 아니었습니다. 그리고 그것들은 이런 것들이 되어 버렸기 때문에 그들은 교회를 형성하는 신령진리를 받아드리지 않았고, 또한 종교를 형성하는 근본적인 선도 전혀 받아들이지 않았습니다. 그들의 마음의 내면적인 것들은, 철 조각이나 유황 따위의 혼합물로 가득 채워진 병과 같았는데, 만약에 그 병에 물이 투입된다면 처음에는 열이 나고 다음에는 불꽃이 일어나고, 그리고 그것에 의하여 그 병이 폭발하는 것

과 같이, 깨져버릴 것입니다. 그러므로 그들이, 성경말씀에서 비롯된 순수한 진리를 가리키는 생명수(生命水 · the living water)에 관해서 무엇인가를 듣게 되면, 그 진리들은 처음에는 귀에 들어가는 입구를 찾겠지만, 그들은 앞서의 혼합물이 들어 있는 병과 같이, 몹시 열을 내고, 불꽃을 일으켜서, 그들의 머리를 박살내는 그런 어떤 것처럼, 그 진리들을 배척할 것입니다.

[3] 이들이 바로 여러분에게 붉은 말이나 검은 말을 타고, 그리고 목에는 고삐를 감고서, 몸은 꼬리 쪽을 향해 있는, 원숭이들 같이 보였던 자들입니다. 성경말씀에서 취한 교회의 진리나 선을 사랑하지 않는 사람들은 말의 앞쪽을 향해 보기를 원하지 않고, 대신 말의 뒤쪽을 보려고만 합니다. 왜냐하면 성경말씀에서 말은 성경말씀의 이해(understanding of the Word)를 뜻하기 때문인데, 여기서 붉은 말(a red horse)은 선에 관련해서 파괴된 이해를 뜻하고, 검은 말(a black horse)은 진리와 관련해서 파괴된 이해를 뜻합니다. 이들은 백마(白馬)들을 탄 자들에게 대항하여 싸우는 전쟁을 위해 소리를 지르고 있는데, 그것도 흰 말이 진리와 선에 관련해서 성경말씀의 이해를 뜻하기 때문입니다. 그들은 목에 고삐를 매고 말의 뒤쪽을 향해 끄는 것처럼 보였는데, 그것은 그들이 그 전쟁을 두려워하였기 때문이고, 그리고 성경말씀의 진리가 수많은 자들에게 두루 퍼져나가고, 따라서 수많은 자들이 빛으로 나오는 것이 무서웠기 때문입니다. 이것이 환상의 해석입니다" 라고 말하였습니다.

[4] 천사들은 말을 더 이어갔습니다. "우리들은 미카엘이라고 부르는 천계의 사회에서 왔습니다. 우리가 주님에서 명령을 받은 것은, 여러분이 그 곳에서 기수(騎手)들이 밀려나오는 것을 본, 아마겟돈이라는 곳으로 주님께서 내려오신다는 것입니다. 천계에 있는 우리들에게서 아마겟돈은 위화된 진리들로부터 싸우려는 마음의 상태나, 지배애에 그리고 다른 자들을 지배하려는 욕망에서 비롯된 기질의 상태를 뜻합니다. 우리는 여러분에게서 일종의 전쟁에 관해서 알려고 하는 욕망을 깨달았기 때문에 우리는 여러분에게 그 사안을 말해 주려고 합니다. 우리가 천계에서 아마겟돈이라고 부르는 그 곳에 내려올 때 거기에 수천의 무리가 모여 있는 것을 보았습니다. 우리는 그 군중으로 들어가지 않고 우리는 그들의 선생들과 함께 어린 것들과 여러 필의 말들이 있는 그 곳의 남

쪽으로 갔습니다. 우리들은 그들에게 들어갔는데, 그들은 우리를 친절하게 맞아 주었습니다. 우리는 그들의 동료들과 더불어 즐거웠습니다. 그들의 눈매에 있는 그들의 생기로, 그리고 그들의 대화에서 드러나는 열망으로 말미암아 그들의 얼굴은 매우 아름다웠습니다. 그들의 눈에서는 참된 것을 깨달으려는 생기가 넘쳤고, 그들의 대화에는 선한 것에 대한 정동에서 비롯된 열망이 넘쳤습니다. 이런 것을 보았기 때문에 우리는 그들에게 모자들(caps)을 선물하였습니다. 그 모자는 둘레를 진주들이 박힌 실로 짜고, 금띠로 장식된 모자였습니다. 그리고 우리는 그들에게 흰색과 청색으로 섞어서 짠 것으로 만든 외투들을 선물하였습니다.

우리들은 혹시 그들 가까이에 있는 아마겟돈이라고 불리는 곳을 본 적이 있는지를 그들에게 물었습니다. 그들이 대답한 것은, 그들이 지붕 아래에 있는 창문을 통해서 본 적이 있는데, 그 때 그들은 큰 무리를 보았는데, 그 백성의 모습은 가변적(changeable)이었습니다. 그들은 어떤 때는 용모가 출중한 사람들 같았고, 어떤 때는 사람들 같지 않고, 그들 주위에는 무릎을 꾼 군중과 함께 마치 신상이나 조각한 우상들처럼 보였습니다. 우리들 보이기에 그들은 매우 다양한 형체의 모습으로 보였습니다. 어떤 이들은 사람들 같았고, 어떤 이들은 표범들 같았고, 또 어떤 이들은 마치 자신들의 뿔을 앞으로 내밀고, 땅을 파젰기는 염소들 같았습니다. 우리들은 이런 저런 모형들의 뜻을 해석하였고, 그리고 그것들이 표징하는 어떤 등급들이나, 그리고 그것들이 뜻하는 것을 보여 준다고 해석하였습니다" 라고 말하였습니다.

[5] 다시 말하면 내용은 이러합니다. "우리가 그 집에 들어왔다는 것을 그들이 들었을 때, 그들은 서로서로 이야기를 하였습니다. '저들은 어린 아이들 틈에서 무얼 하는 거야? 우리 중에서 몇을 보내서 저들을 쫓아내자'고 말하였습니다. 그들은 몇 사람들을 보냈고, 그들이 와서 '당신들은 왜 이 집에 들어왔소? 어디서 왔습니까? 우리는 우리의 권한에 의하여 여러분들이 이 곳을 떠날 것을 명령하오' 라고 말하였습니다."

"그러나 우리의 대답은 이러했습니다. '여러분은 어떤 권위를 가지고서도 그런 명령을 내릴 수 없소. 당신들은 당신들의 눈으로 보기에는 마치 아나킴(Anakim)처럼 보이겠지만, 우리가 보기에는 난쟁이들 같소. 뿐만 아니라 당신들은 교활함을 제외하면 능력이나 권위 따위는 전혀 가지고 있지 않고, 따라서 우리를 제압하지 못할 것 같소. 그러니 돌아가셔서 여러분의 동료들에게, 여러분이 종교를 가지고 있는지, 전혀 가지고 있지 않는지를 알아보려고 우리가 하늘에서 여기에 파송되었다고 이르시오. 그리고 만약에 종교를 가지고 있지 않다면, 여러분은 이 곳에서 쫓겨날 것이라는 것도 전하시오. 따라서 우리는 여러분에게 교회나 종교의 진정한 본질을 담고 있는 이런 질문들을 그들에게 제시하였습니다. 그 질문의 내용은, 주님의 기도문에서 '하늘에 계신 우리 아버지, 이름이 거룩히 여김을 받으시오며, 나라가 임하시오며,……'라는 말씀이 뜻하는 것이 무엇입니까? 라고 말하였습니다."

이 말을 듣자, "그들은 제일 먼저 '이게 뭐야?' 라고 말하였습니다. 그리고 그 때 그들은 대답하겠다고 말하고, 어디론가 가버렸습니다. 그리고 그들은 그들의 동료들에게 자신들이 질문받은 것을 말하였습니다. 그러나 그 문제 너머의 무엇인가를 상상했습니다. 다시 말하면 그들은 하나님 아버지에게 가까이 가는 방법에 관해서 가르치는 그들의 믿음이 무엇인지를 찾으려고 숨어서 애쓴 노력을 잘 알고 있다는 것이 분명합니다. 그래서 그들은 이렇게 말하였습니다. '이 말씀은, 우리가 하나님 아버지에게 반드시 기도하여야 한다는 것과, 그리고 그리스도께서는 우리의 중보자(仲保者・Mediator)이시기 때문에 우리는 반드시 아드님(the Son)의 목적을 하나님 아버지에게 기도하여야 한다는 것을 뜻한다는 것은 명확합니다' 라고 대답하였습니다."

그리고 그들은 화가 나서 우리에게 오더니, 우리의 면전에다 이렇게 말하고는, 더 부연해서 그들이 우리의 귀를 뽑아 버리겠다고 하였습니다. 그러므로 그들은 그 장소를 떠났고, 그리고 그들은 아이들과 그들의 선생들이 있는 집들 근처에 있는 숲 속으로 갔습니다. 이 집 중앙에는 경기들을 위해 준비한, 약간 높은 무대 같은 것이 있었습니다. 그들은 손에 손을 잡고서 거기로 왔습니다. 우리도 역시 거기에 가서 그들을 기다리고 있었습니다. 그 숲 속에는 그들이 자리 잡고 앉은 푸른 풀이 덮힌 흙 무더기가 있었습니다. 말하자면 그들은 그것에 기대어 앉았습니다. 그리고 서로서로 말하였습니다. "우리는 그들 앞에 서지는 않을 것입니다. 자, 앉으십시다" 라고 하였습니다.

그 때 빛의 천사와 같이 자신을 꾸밀 수 있는 그들 중의 하나가, 우리와 말하기 위하여 다른 자들에 의하여 대표자로 임명되었습니다. 그는 이렇게 말하였습니다.
"여러분께서는 주님의 기도문의 앞부분의 말씀에 관한 우리의 이해에 관해서 우리가 우리의 마음을 열어 보여 줄 것을 제의하였습니다. 그러므로 나는 여러분에게 그 말씀에 관한 우리의 이해를 말하겠습니다. 그것은 우리가 아버지에 기도하여야 한다는 것입니다. 그리고 그리스도께서 우리의 중보자(仲保者)이시기 때문에, 그리고 그분의 공로(His merit)를 통해서 우리가 구원을 받기 때문에, 우리는 그리스도의 공로(Christ's merit)를 믿는 믿음에서 반드시 하나님 아버지에게 기도하여야 한다는 것 등입니다" 라고 말하였습니다.
[6] 그러나 그 때 우리는 그들에게 이렇게 말하였습니다. "우리는 미카엘이라고 불리우는 천계의 사회에서 왔는데, 여기에 모여 있는 여러분들이 종교를 가지고 있는지, 아닌지, 알아보기 위하여 우리가 파견되었습니다. 왜냐하면 하나님에 속한 개념, 즉 신관(神觀)은 종교에 속한 모든 것에 들어 있기 때문이고, 그리고 그 개념에 의하여 사람은 하나님과 결합하기 때문이고, 그리고 그 결합에 의하여 사람도 구원을 받기 때문입니다. 천계에서 우리는, 사람들이 이 땅에서 하듯이, 꼭 같은 방법으로 매일 매일 그 기도문을 고백합니다. 이와 같이 그 기도문을 기도할 때 우리는, 그분께서 보이시지 않기 때문에, 하나님 아버지를 생각하지 않고, 오히려 우리는 구분의 신령인성(His Divine Human) 안에 계신 그분을 생각하는데, 그것은 이 신령인성 안에서 그분께서 보이시기 때문이고, 그 신령인성 안에 여러분이 그리스도라고 부르는 그분이 계시기 때문입니다. 그러나 우리는 그분을 주님(the Lord)이라고 부릅니다. 우리에게는 이런 식으로 주님(the Lord)께서 천계에 계신 아버지(the Father)이십니다. 더욱이 주님께서는 일찍이 당신과 아버지는 하나(one)이시라고 가르치셨습니다. 그리고 또한 아버지께서 그분 안에, 그분께서 아버지 안에 계신다고 가르치셨습니다. 그리고 그분을 본 자는 누구나 아버지를 보았다고 가르치셨습니다. 그리고 재차 그분을 통하지 않고서는 아버지에게 올 자가 아무도 없다는 것도 가르치셨습니다. 그리고 또한 사람들이 아들(the Son)을 믿는 것이 아버지의 뜻(the will of the Father)이라는 것, 그리고 아들(the Son)을 믿지 않는 자는 누구도 영생(永生)을 보지 못한다는 것도, 그리고 심지어 하나님의 진노가 믿지 않는 자에게 머문다는 것도 가르치셨습니다. 이와 같은 일련의 내용은

아버지(the Father)에게 가까이 나아가는 것은 아들(the Son)을 통한다는 것과 아들 안에 있다는 것을 명확하게 합니다. 그리고 이것이 진정한 것이기 때문에, 그분께서 일찍이 하늘과 땅 위에 있는 모든 권세가 그분에게 주어졌다고 가르치셨습니다. 그 기도문에는 '당신의 이름이 거룩히 여김을 받으시옵시며, 당신의 나라가 임하옵소서'라고 언급되어 있습니다. 우리가 성경말씀에서 명확하게 입증할 수 있는 것은 아버지의 이름(the Father's name)은 주님의 신령인성(the Divine Human of the Lord)을 가리킨다는 것, 그리고 아버지의 나라(the kingdom of the Father)는, 주님에게 직접 가까이 나아갈 때, 온다는 것입니다. 그리고 아버지의 나라는 하나님 아버지에게 직접 나아갈 때, 결코 오지 않는다는 것입니다. 이런 이유 때문에 역시 주님께서는 당신의 제자들에게 하나님의 나라를 전파할 것을 엄명하셨고, 그리고 이것이 하나님의 나라라는 것도 가르치셨습니다"라고 말하였습니다.

[7] 이 말을 듣자 우리의 적대자들은 이렇게 말하였습니다. "여러분은 성경말씀에서 여러 장절들을 인용하였습니다. 우리들도 역시 그것들을 읽었겠지만, 기억을 못할 뿐입니다. 그러므로 여기 우리들 앞에서 성경말씀을 펼치시고, 성경말씀에서 그것들을 읽으십시오. 특히 주님의 나라(the Lord's kingdom)가 올 때, 하나님의 나라(the Father's kingdom)가 온다는 그 장절을 읽어 주시겠습니까"라고 하였습니다. 그들은 어린 아이들에게 "성경책을 가져오라"고 말하였습니다. 어린 아이들은 그것을 가져왔고, 우리는 그것에서 아래의 장절들을 낭독하였습니다. 복음서의 말씀입니다.

> 예수께서 갈릴리에 오셔서, 하나님의 복음을 선포하셨다. "때가 찼다. 하나님의 나라가 가까이 왔다. 회개하여라. 복음을 믿어라"(마가 1 : 14, 15 ; 마태 3 : 2).
> 그 때부터 예수께서는 "회개하여라. 하늘 나라가 가까이 왔다" 하고 선포하기 시작하셨다(마태 4 : 17, 23 ; 9 : 35).
> 예수께서 그들에게 말씀하셨다. "너희는 온 세상에 나가서, 만민에게 복음을 전파하여라"(마가 16 : 15 ; 누가 8 : 1 ; 9 : 60).
> "하나님의 나라가 너희에게 가까이 왔다" 하고 그들에게 말하여라(누가 10 : 9, 11).

이 밖에도 여러 곳이 있습니다. 예를 들면, 마태 11 : 5 ; 16 : 27, 28 ; 마가 8 : 35 ; 9 : 1, 47 ; 10 : 29, 30 ; 11 : 10 ; 누가 1 : 19 ; 2 : 10, 11 ; 4 : 43 ; 7 : 22 ; 17 : 20, 21 ; 21 : 31 ; 22 : 18 등입니다.

전파된 하나님의 나라와 그 나라의 좋은 소식은 주님의 나라(the kingdom of the Lord)와 따라서 아버지의 나라(the kingdom of the Father)입니다. 이러한 내용은 아래에 장절들에게서 명확합니다. 복음서의 말씀입니다.

> 아버지는 아들을 사랑하여, 모든 것을 아들의 손에 맡기셨다(요한 3 : 35).
> 모든 사람을 다스리는 권세를 아들에게 주셨습니다(요한 17 : 2).
> 내 아버지께서 모든 것을 내게 맡겨 주셨습니다(마태 11 : 27).
> 나는 하늘과 땅의 모든 권세를 받았다(마태 28 : 18).

이런 말씀에서도 명확합니다. 구약의 말씀입니다.

> 그분의 이름은 만군의 주님이시다.
> 너를 구속하신 분은
> 이스라엘의 거룩하신 하나님이시다.
> 그분은 온 세상의 하나님으로 불릴 것이다.
> (이사야 54 : 5)
> 내가 밤에 이러한 환상을 보고 있을 때에
> 인자 같은 이가 오는데,
> 하늘 구름을 타고 와서,
> 옛적부터 계신 분에게로 나아가,
> 그 앞에 섰다.
> 예부터 계신 분이
> 그에게 권세와 영광의 나라를 주셔서,
> 민족과 언어가 다른 뭇 백성이
> 그를 경배하게 하셨다.
> 그 권세는 영원한 권세여서,
> 옮겨 가지 않을 것이며,
> 그 나라가 멸망하지 않을 것이다.

(다니엘 7 : 13, 14)

묵시록서의 말씀입니다.

> 일곱째 천사가 나팔을 불었습니다. 그 때 하늘에서 큰소리가 났습니다.
> "세상 나라는
> 우리 주님의 것이 되고,
> 그리스도의 것이 되었다.
> 주께서 영원히 다스리실 것이다."
> (묵시록 11 : 15 ; 12 : 10)

[8] 우리는 성경말씀에서 주님께서는 천사들이나 사람들을 속량하시기 위해서 이 세상에 강림하신 것뿐만 아니라, 그분을 통해서, 그리고 그분 안에서 그들이 하나님 아버지와 하나(one)되게 하시려고 이 세상에 강림하셨다는 것을 그들에게 더 상세하게 입증하였습니다. 왜냐하면 주님께서는 이렇게 가르치셨기 때문입니다. 요한복음서의 말씀입니다.

> 내 살을 먹고 내 피를 마시는 사람은 내 안에 있고, 나도 그 사람 안에 있다
> (요한 6 : 56 ; 14 : 20 ; 15 : 4, 5).

이런 내용을 듣자, 그들은 이렇게 질문하였습니다. "그런데 어떻게 당신네의 주님이 아버지(the Father)라고 불리울 수 있습니까?" 우리는 "우리가 지금 막 낭독한 말씀 때문이지요. 그리고 이런 장절들이 있기 때문입니다"라고 대답하였습니다. 이사야서의 말씀을 낭독하였습니다.

> 한 아기가 우리에게서 태어났다.
> 우리가 한 아들을 얻었다.
> 그는 우리의 통치자가 될 것이다.
> 그의 이름은 '기묘자, 모사,
> 전능하신 하나님,
> 영존하시는 아버지,
> 평화의 왕'이라고 불릴 것이다.
> (이사야 9 : 6)

주께서는 우리의 아버지이십니다.
아브라함은 우리를 모르고,
이스라엘은 우리를
인정하지 않는다 하여도,
오직 주 하나님은
우리의 아버지이십니다.
옛적부터 주의 이름은
'우리의 속량자'이십니다.
(이사야 63 : 16)

주님께서는 아버지 보기를 원하는 빌립에게 이렇게 말씀하시지 않았습니까? 요한복음서의 말씀입니다.

예수께서 대답하셨다. "빌립아, 내가 이렇게 오랫동안 너희와 함께 지냈는데도, 너는 나를 알지 못하였느냐? 나를 본 사람은 아버지를 본 사람이다. 그런데 네가 어떻게 '우리에게 아버지를 보여 주십시오' 한다는 말이냐?"(요한 14 : 9 ; 12 : 45).

빌립이 그의 눈으로 본 그분 이외에 다른 아버지는 무엇입니까?
이 말에 우리는 이런 내용을 부가하였습니다. "'기독교계에 알려진 것은, 교회를 형성하는 자들이 그리스도의 몸(the body of Christ)을 형성하고, 그분의 몸 안에 있다는 것입니다. 따라서 교회에 속한 사람이 그 때 어떻게 그리스도를 통하지 않고 하나님 아버지에게 가까이 나올 수 있으며, 그리고 그분의 몸 안에 있지 않으면서 어떻게 하나님 아버지에게 가까이 나올 수 있겠습니까? 만약에 그렇지 않다면 사람은 누구나 아버지에게 가까이 나아가기 위하여 그 몸에서 전적으로 밖으로 나가야 하지 않겠습니까?' 우리가 결론으로 그들에게 일러 준 것은 오늘날 주님께서는 새로운 교회(a New Church)를 세우시는데, 그 교회가 묵시록서의 새 예루살렘(the New Jerusalem)이 뜻한다는 것, 그리고 그 교회에서는 천계에서와 같이, 홀로 주님만을 예배하는 주님의 예배(the Worship of the Lord)가 있을 것이고, 따라서 주님의 기도문에 내포된 모든 것들이 처음부터 마지막까지 채워질 것이라는 것을 그들에게 알려 주었습니다."

우리가 입증, 확증한 모든 것이 성경말씀에서, 다시 말하면 복음서들과 예언서들에서, 그리고 묵시록서에서 매우 풍부하게 입증한 것들입니다. 거기에는 처음부터 마지막까지 그 교회에 관해서 다루어졌다는 것을 입증하였습니다. 그들은 우리의 상세한 설명을 듣는 것에 지쳐 버렸습니다.

[9] 아마겟돈 사람들이 이 말을 듣자, 화가 났습니다. 그리고 계속해서 우리의 이야기를 중단시키려고 가로막았으며, 마침내 큰소리를 지르며, 대들었습니다.

"당신네들은 우리 교회의 교리에 정반대되는 것을 말하였습니다. 우리 교회가 가르치는 것은, 사람은 반드시 하나님 아버지에게 직접 나아가야 하고, 그리고 반드시 그분을 믿어야 한다는 것입니다. 따라서 여러분은 우리의 믿음에 폭행을 가하는 범죄를 저질렀습니다. 그러나 여러분은 여기서 빨리 떠나시오. 그러므로 여러분께서 그렇게 하지 않는다면, 힘에 의하여 쫓겨날 것입니다" 라고 소리를 질렀습니다. 그리고 그들의 노여움이 솟구치자, 그들은 협박을 시도하려고 하였습니다. 그러나 우리에게 주어진 힘에 의하여 우리는 그들을 쳐서 보지 못하게 만들었습니다. 그래서 그들은 우리를 볼 수 없게 되었고, 모든 방향을 향해 이리 뛰고, 저리 뛰고, 혼란에 빠졌습니다. 몇몇은 묵시록서에 언급된(9 : 2) 아비소스에 떨어졌는데 그 곳은 지금 동쪽을 향한 남녘에 있습니다. 그 곳은 오직 믿음에 의하여 의롭게 된다는 이른바 의유신득의(依唯信得義)만을 믿는 자들에 의하여, 점령되었습니다. 성언에 의하여 그 교리를 고집, 확증하는 자들은 사막으로 사라지고, 그리고 그들은 거기에서 기독교 세계의 변방으로 추방, 이방 사람들과 뒤섞여 지내고 있습니다' 라고 하였습니다.

속량의 대업(贖良大業·Redemption)

114. 교회에 두루 주지된 주님에 속한 두 직분이 있는데, 하나는 사제의 직분이고, 다른 하나는 왕의 직분입니다. 그러나 이들 각각의 직분이 존재한다는 것을 거의 알지 못하기 때문에, 그것에 관해서 설명 드리고자 합니다. 그분의 사제적인 직분(His priestly office)으로 말미암아

주님께서는 예수(Jesus)라고 불리셨고, 그리고 그분의 왕의 직분(His kingly office)으로 말미암아 그리스도(Christ)라고 불리셨습니다. 그리고 또한 그분의 사제적인 직분으로 말미암아 그분께서는 성경말씀에서 "여호와"나 주(Lord)라고 불리셨고, 그리고 또한 그분의 왕의 직분으로 말미암아 그분은 하나님(God)이나 왕의 뜻과 꼭 같은 이스라엘의 거룩하신 분(the Holy One of Israel)이라고 불리셨습니다.

이들 두 직분은 서로 명료하게 분별, 구분되는데, 그것은 마치 사랑과 지혜가 분별, 구분되는 것과 같고, 동일한 것이지만, 선과 진리가 그렇게 되는 것과 같습니다. 결과적으로 주님께서 신령사랑이나, 신령선으로 말미암아 행하시고, 이루신 것은 무엇이나, 그분의 사제의 직분에서 행하신 것이고, 이루신 것입니다. 그러나 주님께서 신령지혜나 신령진리로 말미암아 행하시고 이루신 것은 그분의 왕의 직분에서 행하시고 이루신 것입니다. 더욱이 성경말씀에서 사제(司祭 · priest)나 사제직분(司祭職分 · priesthood)은 신령선을 뜻하고, 이에 반하여 왕(king)이나 왕의 직분(royalty)은 신령진리를 뜻합니다. 그리고 이들 양자는 이스라엘 교회(the Israelitish church)에서 사제나 임금 등이 표징합니다. 속량(贖良 · redemption)은 이 두 직분에 속해 있습니다. 그리고 전자에 속한 것이나 후자에 속한 것이 어떤 것인지는 아래의 설명에서 밝히겠습니다. 그리고 이 주제의 개별적인 것들에 명료하게 알기 위해서 아래의 주제들이 단원들과 같이 세분하여 설명되겠습니다.

(1) 속량(贖良 · redemption) 자체는 지옥의 정복이고, 천계의 질서회복(回復 · restoration of order in heavens)이고, 이런 것들에 의한 새로운 영적인 교회의 준비이다.

(2) 이 속량이 없으면, 사람은 누구도 근원을 받을 수 없고, 천사들도 완전무결(完全無缺 · integrity)의 상태에 계속해서 있을 수 없다.

(3) 이와 같이 사람들뿐만 아니라, 천사들까지도 주님에 의히여 속량되었다.

(4) 속량은 순수한 신령역사(a work purely Divine)이다.

(5) 이 속량은 하나님의 성육신(成肉身 · God incarnated)에 의하지 않고서는 성취될 수 없다.

(6) 십자가의 고난(the passion of the cross)은 대선지자(the greatest Prophet)이신 주님께서 겪으신 최후시험이고, 또한 이 시험은 주님의

인성(His Human)의 영광화의 수단들, 다시 말하면 주님의 인성과 아버지의 신성(the Divine of the Father)의 합일(合一 · uniting)이지만, 그러나 그것은 속량은 아니다.
(7) 십자가의 고난이 속량 자체라고 하는 신념(信念 · belief)은 교회의 근본적인 오류(the fundamental error of the church)이고, 이 오류는 영원부터 있었다는 세 신령삼위(three Divine Persons)에 관한 오류와 더불어, 영적인 것이 그것 안에 어느 것 하나 남아 있지 않게 하는 정도까지, 온 교회(the whole church)를 타락시켰다.
이 명제들은 하나하나 밝혀지겠습니다.
115. (1) 속량(贖良 · redemption) 자체는 지옥의 정복(a subjugation of the hells)이고, 천계의 질서회복(回復 · a restoration of order in heavens)이고, 이런 것들에 의한 새로운 영적 교회(a new spiritual church)의 준비이다.
나는 속량을 이 세 가지 사실로 확실하게 긍정, 단언할 수 있습니다. 그것은 주님께서 1757년에 단행하신 최후심판과 함께 시작하신 속량을 현재도 성취하시기 때문입니다. 이 속량의 대업을 지금까지 계속되고 있다는 것, 그리고 그 이유는 지금이 주님의 둘째 강림(降臨 · the second coming of the Lord)의 때이기 때문이고, 그리고 새로운 교회(a new church)가 지금 세워지고 있기 때문입니다. 그리고 새로운 교회의 설시는 지옥의 사전의 정복이 없이, 그리고 천계에서의 사전의 질서의 회복이 없이 불가능하기 때문입니다. 나에게는 이런 모든 것들이 내가 직접 목도(目睹)하는 일이 허용되었기 때문에, 나는 지옥이 어떻게 정복되는지, 그리고 새로운 천계가 어떻게 설시되고, 정돈되는지를 기술할 수 있겠습니다. 그러나 이런 일에 관해서 기술한다면 충분히 한 권의 책이 필요할 것으로 생각됩니다. 그러나 최후심판(the final judgement)이 어떻게 단행되었는지는 1758년 런던에서 출판된 작은 책자에서 잘 알 수 있겠습니다. 속량의 대업이 지옥의 정복이고, 천계의 질서의 회복이고, 새로운 교회의 설시를 가리키는데, 그것은 만약에 이런 일들이 없다면 어느 누구도 구원받을 수 없기 때문입니다. 더욱이 그런 일은 그 순서에 따라서 일어났습니다. 왜냐하면 지옥(=지옥계)은, 새로운 천사적 천계(a new angelic heaven)가 형성되기 전에, 반드시 정복되어야 하기 때문입니다. 그리고 이 지옥의 정복은, 새로운 교회가 이 땅에 설시되기 전에, 반드시 이루어져야 했습니다. 그 이유는 이 땅에 있는 사람들은, 그들의 마음에 속한 내면적인 것들에 그들과 하나가 된다는 양쪽의 측면에서, 천계의 천사들이나, 지옥의 영들과 아주 밀접하게 관계를 가지고 있기 때문입니다. 그러나 이 주제에 관해서는 우리의 책 마지막 장에서 설명되겠는데, 그 장에는 시대의 종말(the Consummation of the Age) · 주님의 강림(the Coming of the Lord) · 새로운 교회(the New Church) 등이 구체적으로 설명될 것입니다.

116. 주님께서 이 세상에 계실 때, 그분께서 지옥과 싸우셨고, 그 싸움을 이기셨고, 지옥을 정복하셨고, 그러므로 지옥을 복종의 상태에 두셨다는 것은 성경말씀의 수많은 장절들에서 명확합니다. 나는 그 많은 장절들에게서 아래의 장절들 몇을 제시하고자 합니다. 이사야서의 말씀입니다.

> 에돔에서 오시는 이분은 누구신가?
> 붉게 물든 옷을 입고 보스라에서 오시는
> 이분은 누구신가?
> 화려한 옷차림으로
> 권세 당당하게 걸어오시는 이분은
> 누구신가?
> 그는 바로 나다.
> 의를 말하는 자요,
> 구원의 권능을 가진 자다.
> 어찌하여 네 옷이 붉으며,
> 어찌하여 포도주 틀을 밟는 사람의
> 옷과 같으냐?
> 나는 혼자서
> 포도주 틀을 밟듯이 민족들을 짓밟았다.
> 민족들 가운데서
> 나를 도와 함께 일한 자가 아무도 없었다.
> 내가 분내어 민족들을 짓밟았고,
> 내가 격하여 그들을 짓밟았다.
> 그들의 피가 내 옷에 튀어
> 내 옷이 온통 피로 물들었다.
> 복수할 날이 다가왔고,

구원의 해가 이르렀다는 생각이 들었으나,
아무리 살펴보아도
나를 도와서 나와 함께 일할 사람이 없었다.
나를 거들어 주는 사람이 없다니,
놀라운 일이었다.
그러나 분노가 나를 강하게 하였고,
나 혼자서 승리를 쟁취하였다.
내가 분노하여 민족들을 짓밟았으며,
내가 진노하여
그들이 취하여 비틀거리게 하였고,
그들의 피가 땅에 쏟아지게 하였다.
나는 주께서 베풀어 주신
변함없는 사랑을 말하고,
주께서 우리에게 하여 주신 일로
주를 찬양하였습니다.
주께서 우리 모두에게 베푸신 은혜,
그의 긍휼과 그의 풍성한 자비를 따라서
이스라엘 집에 베푸신
크신 은총을 내가 전하렵니다.
주께서 이르시기를
"그들은 나의 백성이며,
그들은 나를 속이지 않는 자녀들이다."
하셨습니다. 그런 다음에,
그들의 구원자가 되어 주셨습니다.
주께서는, 그들이 고난을 받을 때에
사자나 천사를 보내셔서
그들을 구하게 하시지 않고
주께서 친히 사랑과 긍휼로
그들을 구하여 주시고,
옛적 오랜 세월 동안
그들을 치켜들고 안아 주셨습니다.
(이사야 63 : 1-9)

이 말씀은 지옥계를 대항해서 싸우는 주님의 싸움과 관계를 가지고 있습니다. 주님께서 입으신, 붉게 물든 화려한 "옷차림"은, 유대 사람들이 그것에 폭행을 행한, 성경말씀(聖言 · the Word)을 뜻합니다. 지옥을 대항한 그분의 싸움이나 그것들을 제압하신 그분의 승리 등은, "내가 분내어 민족들을 짓밟았고, 내가 격하여 그들을 짓밟았다"는 말씀에 의하여 기술되었고, 그분께서 혼자서 그분 자신의 능력으로 싸우셨다는 것은 "민족들 가운데서 나를 도와 함께 일할 자가 아무도 없었다. 나 혼자서 승리를 쟁취하였다(=내 팔이 내게 구원을 가져오게 하고), 그들의 피가 땅에 쏟아지게 하였다"는 말씀에 의하여 기술되었습니다. 주님께서 그것에 의하여 구원과 속량을 행하신 것은 "주께서 그들을 구하여 주시고, 주께서 친히 사랑과 긍휼로 그들을 구하여 주셨다"(=그들을 도로 사셨다)는 말씀에 의하여 기술되었습니다. 이것이 그분의 강림의 이유를 가리킨다는 것은 이런 말씀들, 즉 "복수할 날이 다가왔고, 구원의 해가 이르렀다"는 말씀이 뜻합니다.

[2] 다시 이사야서의 말씀입니다.

> 압박받는 사람을 도우려는 사람이
> 없음을 보시고,
> 중재자가 없음을 보시고,
> 주께서는 놀라셨다.
> 주께서는 직접,
> 억압받는 사람들을 구원하시려고,
> 반드시 공의를 이루시려고,
> 당신의 능력을 친히 발휘하실 것이다.
> 주께서 공의의 갑옷을 입으시고,
> 구원의 투구를 머리에 쓰셨다.
> 응징을 속옷으로 입으셨다.
> 열심을 겉옷으로 입으셨다.……
> 주께서 시온에 속량자로 오시고,
> 야곱의 자손 가운데서
> 죄를 회개한 사람들에게 오신다.
> (이사야 59 : 16, 17, 20)

예레미야서의 말씀입니다.

주께서 말씀하신다.
"내가 보고 있는 것이 무엇이냐?
그들이 모두 놀라서 뒤로 도망하고 있구나.
그들의 용사들마저도 격파되어,
겁에 질려서,
뒤도 돌아보지 않고,
정신없이 도망한다."……
오늘은 만군의 주 하나님께서 원수들에게 복수하시는 날이다. 오늘은 주께서 원수를 갚으시는 날이다. 주의 칼이 그들을 삼켜서 배부를 것이며, 그들의 피로 흠뻑 젖을 것이다(예레미야 46 : 5, 10).

이들 장절들은 지옥과 싸우시는 주님의 싸움과 그리고 그것들을 정복하는 주님의 승리와 관계를 가지고 있습니다. 시편서의 말씀입니다.

용사이신 임금님,
칼을 허리에 차고,
위엄과 영광을 보여주십시오.……
임금님의 화살이 날카로워서,
원수들의 심장을 꿰뚫으니,
만민이 임금님의 발 아래에 엎드립니다.
하나님께서 임금님을
영원토록 보좌에 앉히셨으니,
임금님의 왕권의 홀은 정의의 홀입니다.
임금님은 정의를 사랑하고,
악을 미워하시니,
그러므로 하나님,
임금님의 하나님께서 기쁨의 기름으로,
다른 동료보다는 임금님에게
기름 부어 주셨습니다.
(시편 45 : 3-7)

이 밖에도 여러 장절들이 있습니다.
[3] 주님께 홀로, 어느 천사의 도움이 없이, 지옥을 정복하셨기 때문에 주님께서는 이렇게 언급되었습니다. 이사야서의 말씀입니다.

주께서 용사처럼 나서시고,
전사처럼 용맹을 떨치신다.
전쟁의 함성을 드높이 올리시며,
대적들을 물리치신다.
(이사야 42 : 13 ; 9 : 6).

시편서의 말씀입니다.

영광의 왕이 뉘시냐?
힘이 세고 용맹하신 주님이시다.
전쟁의 용사이신 주님이시다.
문들아, 너희 머리를 들어라.
영원한 문들아, 활짝 열려라.
영광의 왕께서 들어가신다.
영광의 왕이 뉘시냐?
만군의 주님,
그분이야말로 영광의 왕이시다.
(시편 24 : 8-10)
다윗이 주님께 맹세하고,
야곱의 전능하신 분께 서약하셨다.
(시편 132 : 2)

성경말씀의 수많은 장절에서 "만군의 여호와"(=여호와 제바오드), 즉 만군의 여호와라고 불리셨습니다. 그리고 그분의 강림(His coming)을 여호와의 날 · 두렵고 떨리는 날 · 분노하시고 진노하시는 날 · 보수하시며 파괴하시는 날 · 전쟁과 나팔과 소란과 소동의 날이라고 불리셨습니다. 그리고 우리는 복음서에서 이렇게 읽습니다.

지금은 이 세상이 심판받을 때이다. 이제는 이 세상의 통치자가 쫓겨날 것이다(요한 12 : 31).
세상 통치자가 심판을 받았기 때문에 심판 받을 자가 누구인지를 말씀해 주실 것이다(요한 16 : 11).
그러나 용기를 내어라. 내가 세상을 이겼다(요한 16 : 33).

예수께서 그들에게 말씀하셨다. "사탄이 하늘에서 번갯불처럼 떨어지는 것을 내가 보았다"(누가 10 : 18).

이 말씀들에서 "세상"(the world) · "이 세상의 통치자" · "사탄" · "악마" 등은 지옥을 뜻합니다.

[4] 더욱이 묵시록에서는 처음부터 마지막까지 기독교회의 작금의 상태를 언급, 선언하고 있고, 그리고 주님께서 재림하실 것을 언급하고 있고, 그리고 주님께서 지옥을 정복하신다는 것, 그리고 새로운 천사적 천계를 이루신다는 것, 그리고 마지막으로 이 땅 위에 새로운 교회(a new church)를 설시하신다는 것 등을 선언하고 있습니다. 이런 모든 것들이 거기에 언급, 서술되고 있지만, 그러나 아직까지는 그 내용이 밝혀지지 않았습니다. 그 이유는 묵시록이 성경말씀의 예언서들과 같이 전적으로 대응들 가운데 기술되었기 때문입니다. 그리고 만약에 이것들이 주님에 의하여 어느 누구에게 밝혀지지 않는다면 누구도 그 책의 한 구절도 올바르게 이해할 수 없을 것입니다. 그러므로 새로운 교회(a new church) 때문에 이 모든 내용들이나 사실들이 1766년 암스테르담에서 출간된 책 ≪묵시록계현≫*(the Apocalypse Revealed)에 풀이, 해설되었습니다. 그리고 마태복음 24장의 주님의 말씀을 믿는 사람들은 오늘의 교회의 상태와 주님의 강림(=재림)에 관한 것을 잘 알 수 있을 것입니다. 그럼에도 불구하고, 그들 마음 속에 각인(刻印)된, 영원 전부터 복수 신령 인격의 삼위일체(三位一體) 신관을 믿는 사람들이나, 그리스도의 고난(Christ's passion)이 속량 자체로 굳게 믿는 오늘의 교회의 믿음이 깊이 뿌리를 박고 있고, 그것의 뿌리가 뽑혀질 수 없기 때문에, 마태복음서 24장에나, 묵시록서의 주님의 재림이나 새로운 교회에 관한 내용이나 뜻을 선뜻 받아드리지 못하고 머뭇거리는 것이 실상입니다. 그러나 본서 113항, "영계 체험기"에 언급된 내용들과 같이, 쇠붙이들이나 유황으로 가득 채운 병들과 같아서, 만약에 거기에 물이 들어온다면 처음에는 열이 나고, 다음에는 불꽃이 일고, 다음에는 폭발, 그 병이 산산조각이 나는 것과 같다고 하겠습니다. 그러므로 이들이, 성경말씀에서 비롯된 순수한 진리를 가리키는, 생명수(生命水 · the living water)

---

* 이 책은 ≪묵시록계현≫이라는 책명으로 총 5권으로 <예수인>에서 2009-2010년에 발간하였다(역자주).

에 관해서 어떤 내용을 듣거나, 또는 그 진리가 눈이나 귀를 통하여 그들의 마음에 들어오게 되면, 그들은 난폭하게 흥분하고, 그들의 머리를 박살내는 그런 것처럼, 그 권리를 배척합니다.

117. 지옥의 정복(the subjugation of the hells), 천계의 질서의 회복(the restoration of order in the heavens), 그리고 그 뒤의 교회의 설시(the instruction of a church) 등은 다양한 비유들에 의하여 예증될 수 있는 일입니다. 예를 들면 지옥은, 나라나 도시를 침략하고, 집들을 불 지르고, 주민들의 재산을 약탈하고, 약탈한 물건들을 나누어 가지고, 그러면서 기뻐 날뛰는, 도둑의 무리나 역도(逆徒)들에 의하여 비유되겠습니다. 이에 반하여 속량(贖良)은 자기 군대를 이끌고, 그런 무리들이나 역도들과 싸우고, 그들을 제압, 물리치는 의로운 왕에 비유되겠습니다. 이 때, 그 왕은 어떤 자들에게는 칼로 제압하고, 어떤 자들에게는 감옥에 쳐넣고, 그리고 그들에게서 약탈물(掠奪物)들을 빼앗고, 그것들을 주인들에게 돌려주고, 자기 나라를 법으로 잘 다스리고, 그리고 그런 무리들부터 자기 백성을 지키는 태평성대(太平聖代)를 누리며, 나라의 질서를 세우고 백성을 평안하게 살게 하는 임금에 비유되겠습니다. 그리고 또한 지옥은 숲에서 뛰쳐나와 소 떼나 양 떼를, 또는 사람들을 공격, 죽이고 잡아먹는 야수(野獸)들에게 비유될 수 있겠습니다. 그러므로 사람들은 누구도 밭을 경작(耕作)하기 위해 도성 밖으로 나갈 엄두도 내지 못하고, 따라서 옥토(沃土)는 사막처럼 되고, 그러므로 도시의 주민들은 기근(飢饉)으로 파멸될 처지에 놓이게 되는 것에 비유되겠습니다. 이에 반하여 속량은 들짐승들의 살육(殺戮)이나 분산(分散)에서부터 옥토를 지키고, 보호하는 것에 비유되겠습니다. 지옥은 초장의 푸른 식물들을 먹어치우는 메뚜기 떼의 공격을 방어하고, 식물들이 잘 성장하도록 방어하는 것에 비유되겠습니다. 그리고 지옥은 초여름에 나뭇잎을 갉아먹고, 마침내 열매가 자라지 못하여 고사(枯死)되는, 한 겨울에 나뭇가지만 앙상하게 남도록 발가벗기는, 송충이나 온갖 해충에 비유되겠습니다. 그러나 속량은 그런 해충 따위를 박멸(撲滅)하고, 대신에 꽃을 피우고, 열매를 맺게 하는 동산의 상태의 회복에 비유되겠습니다. 그러므로 만약에 주님께서 악한 자에게서 선한 자를 분리시키시고, 악한 자를 지옥에 던지시고, 선한 자를 천계에 올리시지 않으면, 교회의 상태는 이런 상태가 되고 말 것입니다. 만약에 정의와 심판에 의한 선한 자에게서 악

한 자의 분리가 없다면, 그리고 선한 사람이 온갖 폭행이나 공격으로부터 지켜지고, 보호되는 일이 없다면, 그래서 마치 자신의 집에서 안전하고 편안하게 살 수 없다면, 그리고 성경말씀에 언급된 것 같이, 포도원이나 무화과 정원에서 평화롭게 살 수 없다면 한 나라나 제국이 무엇이 되겠습니까?

118. (2) 이 속량이 없으면, 사람은 누구도 구원을 받을 수 없고, 천사들도 완전무결(完全無缺 · integrity)의 상태에 계속해서 있을 수 없다.

제일 먼저 속량(贖良 · redemption)이 무엇인지 설명되어야 하겠습니다. 속량한다(to redeem)는 것은 저주(=영벌 · damnation)에서 자유하게 되는 것을 뜻하고, 영원한 죽음(eternal death)에서 구출되는 것을 뜻하고, 지옥에서 구조, 보호되는 것을 뜻하고, 악마의 손에 구속된 자나 묶여 있는 자를 풀어주는 것을 뜻합니다. 주님께서는 이와 같은 일을 지옥을 정복하시고, 새로운 천계를 형성하시는 일에 의하여 행하셨습니다. 사람은 이 일 이외의 다른 방법으로는 구원될 수 없습니다. 그 이유는 영계와 자연계가 아주 밀접하게 연결 결합되어 있었기 때문입니다. 그래서 사람은 그 어떤 방법에 의해서도 분리될 수 없습니다. 이 연결관계는 특히 사람들의 영혼들이나 마음들이라고 부르는 사람들의 내면적인 것들 안에서 이루어졌는데, 선한 사람의 내면적인 것들은 천사들의 영혼들이나 마음들과 연결되어 있고, 악한 사람의 내면적인 것들은 지옥적인 영들의 영혼들이나 마음들과 연결되어 있습니다. 이와 같은 연결은, 만약에 천사들이나 영들이 사람에게서 제거, 물러나게 되면, 사람은 마치 통나무처럼 죽은 존재가 될 것입니다. 그리고 마찬가지로 만약에 사람들이 그들 아래에서 물러나게 되면 천사들이나 영들은 계속해서 존재할 수 없을 것입니다. 이러한 내용이나 사실은 속량이 영계에서 행해지는 이유를 명확하게 하고, 그리고 이 땅 위에 교회가 세워질 수 있기 전에 천계와 지옥이 질서에 맞게 왜 먼저 회복되어야 하는지 그 이유를 명확하게 합니다. 그리고 이런 내용이 사실이라는 것은 묵시록서에서 잘 알 수 있는데, 그 책에는 새 하늘(the new heaven)이 형성된 뒤에, 새로운 교회(the New church)를 가리키는 새 예루살렘(the New Jerusalem)이 새 하늘로부터 내려온다고 언급되어 있습니다(묵시록 21 : 1, 2).

119. 만약에 주님께서 속량의 대업을 이루시지 않았다면, 천사들은 완

전무결(完全無缺)의 상태에 존재하는 것이 계속될 수 없을 것입니다. 그 이유 때문에 온 천사적인 천계는 지상의 교회와 더불어 주님의 안전(眼前)에서 마치 한 사람처럼 존재하는데, 천사적 천계(the angelic heaven)는 사람의 내적인 것을 형성하고, 교회는 사람의 외적인 것을 형성하기 때문입니다. 보다 더 상세하게 말하면, 가장 높은 천계(the highest heaven)는 사람의 머리를 형성하고, 둘째 천계(the second heaven)나 가장 낮은 천계(the lowest heaven)는 그의 가슴 부위나 인체의 중간 영역(the middle region)을 형성하고, 그리고 이 땅의 교회는 사람의 허리 영역이나 발들(feet)을 형성합니다. 이에 반하여 주님 당신께서는 온 사람(the whole man)의 영혼이고, 생명이십니다. 그러므로 만약에 주님께서 속량의 대업을 이루시지 않았다면, 사람은 파멸되었을 것입니다. 사람의 허리 영역이나 발들은 지상 교회의 쇠퇴(=몰락 · 衰退 · 沒落 · decline)에 의하여 파멸되었을 것이고, 복부 부위는 가장 낮은 천계의 쇠퇴에 의하여 파멸되었을 것이고, 가슴 부위는 둘째 천계의 쇠퇴에 의하여 파멸되었을 것이고, 그리고 그 때 몸통과의 왕래가 전혀 없는 머리는 기절(氣絶)상태에 빠져 있을 것입니다.

[2] 그러나 이러한 쇠퇴의 과정은 비교에 의하여 예증되겠습니다. 발을 공격하는 괴저병(壞疽病 · mortification)이 발생하였을 때, 점차적으로 위로 올라오면서, 처음에는 허리 부위를 공격하고, 다음에는 복부의 내장들을 공격하고, 마지막에는 심장 근처의 부위들을 공격, 그 때 사람이 죽는다는 것은 잘 알려져 있습니다. 왜냐하면 이런 부위들이 쇠약해지면, 심장은 뛰기 시작하고, 폐장은 숨이 막혀 심하게 헐떡거리기 시작하고, 나중에는 심장과 폐장 양자의 활동은 멈추게 되기 때문입니다. 이런 현상은 속사람과 겉사람의 비교에 의하여서도 예증될 수 있겠습니다. 그 경우 겉사람이 속사람에게 전적으로 복종하여 자신의 기능들을 이행하고 있는 동안, 속사람은 건전, 온전합니다. 그러니 만약에 겉사람이 속사람에게 불순종하고 저항한다면, 그리고 더욱이 만약에 겉사람이 속사람을 공격한다면, 속사람은 쇠약해지고, 종국에는 겉사람의 쾌락에 끌려서, 그것을 선호하고, 그것에 굴복하게 될 것입니다. 이것은 또한 높은 곳에 우뚝 서 있는 사람과의 비교에 의하여 예증될 수 있겠습니다. 점차적으로 물이 불어나서 홍수가 일어나는 자기 아래에 있는 어느 시골을 보는 사람에게 비교되겠습니다. 그리고 홍수가 그 사람의 키 높

이까지 이르렀을 때, 어느 누구가 배를 가지고 와서 그 물결에서 그를 구하지 않는다면, 그가 역시 홍수에 가라앉는 것에 비교될 수 있겠습니다. 그리고 또한 어떤 사람이 산 정상에서, 아래에서 차츰 올라오는 짙은 안개가 들과 마을과 도회지를 덮어버리고, 종국에 그가 서 있는 정상에까지 이르면, 아무것도 볼 수 없는 것에 비교될 수 있겠습니다.

[3] 지상의 교회가 멸망할 때 천사들의 형편도 이와 꼭 같습니다, 왜냐하면 그 때 낮은 천계는 없어지기 때문입니다. 왜냐하면 천계는 지상에서 온 사람들로 이루어지기 때문입니다. 사람들 마음에 더 이상 선한 것이 존재하지 않고, 성경말씀에서 비롯된 진리가 사람들 가운데 더 이상 남아있지 않다면, 천계는 밀려오는 악들의 홍수에 의하여 범람(汎濫)될 것이고, 마치 삼도천(三途川 · stygian water)의 물에 의한 것처럼 홍수에 수몰(水沒)될 것입니다. 그러나 거기에 있는 자들은, 최후 심판의 날까지 주님에 의하여 어떤 곳에 숨겨지고, 보호되었다가 그리고 그 때 새로운 천계에 올리워집니다. 이러한 일련의 내용이 묵시록서에 언급된 말씀의 뜻입니다. 묵시록서의 말씀입니다.

> 그 어린 양이 다섯째 봉인을 뗄 때에, 나는 제단 아래에서, 하나님의 말씀 때문에, 또 그들이 말한 증언 때문에, 죽임을 당한 사람들의 영혼을 보았습니다. 그들은 큰소리로 "거룩하고 거룩하신 통치자님, 우리가 얼마나 더 오래 기다려야 땅 위에 사는 자들을 심판하시고 또 우리가 흘린 피의 원수를 갚아 주시겠습니까?" 하고 부르짖었습니다. 그리고 그들은 흰 두루마기를 한 벌씩 받아가지고 있었고, 그들은 그들과 같은 동료 종들과 그들의 형제자매들 가운데서, 그들과 같이 죽임을 당하기로 되어 있는 사람의 수가 차기까지, 아직도 더 쉬어야 한다는 말씀을 들었습니다(묵시록 6 : 9-11).

120. 주님에 의한 속량이 없었다면 부정(iniquity)과 사악(wickedness)이 자연계나 영계의 모든 기독교계로 널리 퍼져나갈 것이라는 데는 몇 가지 이유가 있습니다. 그것들의 하나는, 사후 모든 사람이 영들의 세계(the world of spirits)에 들어가고, 그리고 그 사람은 이 세상에 있었던 사람과 꼭 같이 거기에 있기 때문입니다. 그 세계에 들어갔을 때 이 세상을 떠난 부모들 · 형제들 · 친척들 · 지인들과 대면, 대화를 나누는데, 어느 누구도 방해를 받지 않습니다. 그 때 모든 남편은 제일 먼저

자기 아내를 찾고, 모든 아내는 자기 남편을 찾는데, 이런 상봉들에 의하여 그들은 겉보기에는 어린 양 같이 순하지만, 속으로는 늑대들과 같은, 다양한 동료들에게 안내, 소개됩니다. 심지어 이런 부류의 사람들에 의하여 생전에 경건하게 살았던 자들도 부패, 타락하게 됩니다. 이런 결과나, 자연계에는 알려지지 않은 극악한 술책들 때문에, 그 영들의 세계는, 마치 고인 물이 있는 푸른 숲지에 개구리들의 알들이 가득 차 있는 것과 같이, 사악한 인물들로 채워질 것입니다.

[2] 이런 일이 거기에 있는 악한 자와의 교제의 결과라는 것은, 마치 어떤 사람이 한 동안 도둑들이나 해적들과 함께 산다면 종국에 그가 그들과 같이 된다는 사실에 의하여 명확합니다. 또는 어떤 사람이 바람꾼이나 창녀들과 함께 산다면, 그는 곧 음란 따위는 전혀 생각하지 않는 것과 같이, 또는 무법자들과 뒤섞여 지낸다면 그는 다른 자에게 악행을 저지르는 것에 대해서는 아무것도 생각하지 않는 것과 같겠습니다. 왜냐하면 모든 악들은 전염적이고, 그리고 단순한 숨결이나 인체의 악취에 의하여 전염되는, 괴질(怪疾)에 비교되기 때문입니다. 그리고 또한 온 몸이 파괴될 때까지, 주변의 조직이나 기관들에 퍼져 뻗치는 암이나 탄저병(炭疽病)에 비교되겠습니다. 모든 사람이 선천적으로 지니게 되는 악에 속한 쾌락은 이것이 곧 그 원인들입니다.

[3] 이런 모든 것들에서 밝히 알 수 있는 것은, 주님에 의한 속량이 없다면 사람은 어느 누구도 구원을 받을 수 없다는 것이고, 천사들도 역시 완전무결의 상태에 계속 있을 수 없다는 것입니다. 어느 누구나 온갖 파멸에서 피할 수 있는 유일한 피난처는 주님이시라는 것입니다. 그래서 주님께서는 이렇게 말씀하셨습니다. 요한복음서의 말씀입니다.

> 언제나 내 안에 머물러 있어라. 그러면 나도 너희 안에 머물러 있겠다. 가지가 포도나무에 붙어 있지 않으면, 스스로 열매를 맺을 수 없는 것과 같이, 너희도 내 안에 머물러 있지 않으면, 열매를 맺을 수 없다. 나는 포도나무요, 너희는 가지다. 사람이 내 안에 머물러 있고, 내가 그 사람 안에 머물러 있으면, 그는 많은 열매를 맺는다. 너희는 나를 떠나서는 아무것도 할 수 없다. 사람이 내 안에 머물러 있지 않으면, 그는 쓸모 없는 가지처럼, 버림을 받아서 말라 버린다. 사람들이 그것을 모아다가, 불에 던져서 태워 버린다(요한 15:4-6).

121. (3) **이와 같이 사람들뿐만 아니라, 천사들까지도 주님에 의하여 속량되었다.**
이 명제는, 주님께서 성취하신 속량이 없으면, 천사들도 계속해서 존재할 수 없다는 전 단락에 언급된 명제에 뒤이어 집니다. 위에 언급된 이유들에게 이런 내용들이 더 부가되겠습니다.

(1) 주님의 초림 때에는 지옥이, 천계와 지옥 중간에 있는 영들의 세계 전체가 가득 채울 만큼 증대되었기 때문에, 그리고 따라서 가장 낮은 천계(the lowest heaven)라고 하는 천계도 무질서의 상태에 빠져 있을 뿐만 아니라, 중간 천계도 수천의 방법으로 공격을 받았습니다. 그리고 만약에 주님께서 지켜 주시지 않았다면, 그 천계도 파괴되었을 것입니다. 이와 같은 지옥의 폭동(uprising)은, 곧 그것의 꼭대기가 하늘에 닿게 한, 시날 땅 한 들판에 세운 탑(=바벨탑)이 뜻합니다(창세기 11 : 1-9). 그 탑이나, 언어의 혼란이 뜻하는 것이 무엇인지는 런던에서 출간된 ≪천계비의≫(天界秘義, Arcana Caelestia)에 잘 설명되었습니다.

[2] 지옥이 그 높이까지 증대한 것은, 주님께서 이 세상에 강림하셨을 때 온 세상이 우상숭배자들과 마술자들에 의하여 하나님에게서부터 완전히 이간(離間)되었기 때문이고 그리고 이스라엘 자손들 가운데 존재했던 교회나, 그 뒤 유대 민족에게 있었던 교회는 성경말씀의 위화(僞化 · falsification)나, 섞음질(adulteration)에 의하여 전적으로 파괴되었기 때문입니다. 유대 사람이나 이방 사람들 모두가 사후 영들의 세계에 유입되었는데, 그 때 거기에는 주님 당신의 강림에 의하지 않으면, 또 주님 당신의 신령한 팔의 능력에 의하지 않으면, 그들을 내쫓을 수 없을 정도까지 증대하였습니다. 이들의 추방(追放)이 어떠하였는지는 1758년 런던에서 출간된 ≪최후심판≫(the Last Judgment) 저서에 기술되었습니다. 그리고 이 일, 즉 "최후심판"은, 주님께서 이 세상에 강림하셨을 때 주님에 의하여 단행되었습니다. 꼭 같은 일이 오늘날 주님에 의하여 행해졌는데, 그것은, 앞에서 언급한 것과 같이, 주님의 재림(His second coming)이 묵시록에 두루 예언되었기 때문이고, 그리고 마태복음서에(24 : 3, 30), 마가복음서에(13 : 26), 누가복음서에(21 : 27), 사도행전에(1 : 11), 그리고 다른 여러 곳에 예언되었기 때문입니다. 여기의 차이는, 주님의 초림 때에는 지옥의 증대가 우상숭배자들이나, 마술쟁이들, 그리

고 성경말씀의 위화자들에 의한 것이지만, 이에 반하여 주님의 재림 때에는, 자연주의에 물든 자들이나 그리고 영원부터 신령 삼위들을 믿는 황당한 믿음의 확증에 의하여 성경말씀을 위화하는 자들이나, 주님의 십자가의 고통이 속량 자체를 이룬다는, 소위 기독교인들의 믿음이라는 행위 때문입니다. 왜냐하면 이들이 바로 "용과 용의 두 짐승들"(묵시록 12 · 13장)이 뜻하는 자들이기 때문입니다.

[3] (2) 주님께서 천사들을 속량하신 두 번째 이유는 모든 사람뿐만 아니라 모든 천사도 주님에 의하여 악에서 물러나야 하고, 그리고 선 가운데 간수(看守)되어야 하기 때문입니다. 왜냐하면 천사든 사람이든, 어느 누구도 자기 자신의 힘으로 선 안에 있지 못하기 때문이고, 그럼에도 불구하고 모든 선은 주님에게서 비롯되기 때문입니다. 그러므로, 그들이 영들의 세계에서 지니는, 천사들의 발판이 제거되었을 때 그들은 마치 그것들의 다리가 제거된 보좌에 앉아 있는 자의 모습이 되기 때문입니다. 하나님의 안전(眼前)에서 천사가 순수한 존재가 아니라는 것은 선지자들이나, 특히 욥기서에서 명확합니다. 그리고 예전에 사람이 아니었던 자가 천사로 결코 있을 수 없기 때문입니다. 이러한 사실은, 이 책의 서론에 언급한 것과 같이, 그것의 보편적인 형체나 개별적인 형체에서 새로운 천계나 새로운 교회의 믿음(the Faith of the New Heaven and the New Church)이 무엇인지를 설명한 것이 잘 입증하고 있습니다. 다시 말하면, "주님께서는 사람에게서 지옥을 멀리 옮기시기 위하여 이 세상에 강림하셨다는 것, 그리고 주님께서는 지옥의 정복과 그리고 지옥을 주님에게 복종시키는 것을 가리키는 그것과의 싸움에 의하여, 그리고 그것을 정복한 승리들에 의하여 지옥을 사람에게서 멀리 옮기셨다는 것" 등을 입증하고 있습니다. 여기서 더 상세하게 언급한다면, "여호와 하나님께서는 천계와 교회에 있는 모든 것들을 질서에 맞게 회복시킬 목적 때문에 이 세상에 강림하였고, 그분에게 인성(人性 · 人間性情 · the Human)을 입히셨다"는 것입니다. 그 이유는 그 때 악마의 세력(the power of the devil), 다시 말하면 지옥이 천계의 세력보다 우세하였고, 땅에서는 악의 세력이 선의 세력을 억누르고 있었고, 결과적으로 전적인 영벌(=천벌 · 파멸 · damnation)이 문밖에서 위협, 도사리고 있었기 때문입니다. 이와 같은 절박한 영벌이나 파멸을 여호와 하나님께서는 당신의 인간성정(=신령인성 · His Human)에 의하여, 다시 말하면 천

사들이나 사람들을 속량하시는 것에 의하여, 멀리 옮기시고, 제거하셨습니다. 이상에서 볼 때, 명확한 것은, 만약에 주님의 세상 강림(the Lord's coming)이 없었다면 인류는 누구도 구원받을 수 없었다는 것입니다. 이 사실은 앞날도 꼭 같습니다. 그러므로 주님의 다시 오시는 강림(=재림)이 없다면 어느 누구도 구원 받을 수 없다는 것입니다(본서의 2・3항 참조).

122. 주님께서 영계를 구출하셨고, 그리고 그 구출을 통해서 보편적 천벌(=파멸・universal damnation)에서 교회를 구출하실 것이라는 것 등은, 한 임금이 그의 적군들을 정복, 승리하셔서 그의 적군을 생포(生捕)하고, 감옥에 쳐넣고, 족쇄(足鎖)로 묶어두고, 그의 백성들이나 왕자들을 자유롭게 해방시키고, 그의 왕궁에 다시 환궁시키는, 임금에 비유, 예증할 수 있겠습니다. 그리고 삼손(Samson)이나 다윗(David)과 같이 사자와 곰의 입에서 자신의 양들을 구출하는 선한 목자에 비유될 수 있겠고, 그리고 또한 숲에서 뛰쳐나와 자신의 울타리 안에 있는 양 떼를 습지나 사막으로 강제로 몰고 간 그 양 떼를 그 사나운 들짐승들에게서 구출, 안전하게 먹이를 주고, 맑은 샘물을 마시게 하는 선한 목자에 비유, 예증될 수 있겠습니다. 그리고 또한 길가에서 똬리를 틀고 숨어 있다가 지나가는 사람의 발꿈치를 물려고 하는 뱀을 보고, 그 뱀의 머리를 박살을 내고, 몸통은 토막을 내고, 그것을 불 속에 쳐넣는 것에 비유, 예증할 수 있겠습니다. 그리고 또한 자기 신부나 부인에게 폭행하려고 달려드는 불량배를 보고, 있는 힘을 다해서 그 불량배를 제압, 자신의 신부나 부인을 구하는 선량한 신랑이나 남편에게 비유, 예증할 수 있겠습니다. 한마디로 여기서 "신부"나 "아내"는 주님의 교회를 뜻하고, 불량배(=간통자)는 교회에 대하여 폭행을 저지르고, 주님의 말씀(聖言)을 더럽히는 자들을 뜻합니다. 이런 짓거리는 유대 사람들이 교회나 성언에 대하여 한 짓거리로, 주님께서 유대 사람들을 가리켜 "음란한 세대"(an adulterous generation)이라고 부르신 이유입니다.

123. (4) 속량은 순수한 신령역사(役事・a work purely Divine)이다.
지옥이 무엇인지 아는 사람이나, 그리고 주님의 이 세상 강림 때 지옥이 어느 높이까지 창궐(猖獗)하였는지, 그리고 지옥이 영들의 세계를 어느 정도까지 범람(氾濫)하였는지 아는 사람이나, 그리고 주님께서 무슨 능력이나 힘으로 지옥을 때려눕히시고, 지옥을 흩으신 것을, 그리고 그 뒤에 지옥과 천계를 질서에 맞게 회복시키셨다는 것을 아는 사람은 놀라지 않을 수 없고, 그리고 이런 모든 일이 순수한 신령역사(a purely Divine work)라는 것을 감탄하지 않을 수 없겠습니다. 그런 것들에 관한 그 첫째는 지옥의 본성(本性 · the nature of hell)에 관한 것입니다. 지옥은 수천 수억의 사람들로 이루어졌습니다. 그 이유는 지옥이 삶에 속한 악들이나, 믿음에 속한 거짓들에 의하여 자기 자신을 스스로 하나님에게서 멀리 떠난 모든 자들로 이루어졌기 때문입니다. 그 둘째는 주님께서 이 세상에 강림하셨을 때 지옥이 어느 높이까지 창궐하였다는 것과 지옥이 영들의 세계를 전적으로 범람시켰다는 것인데, 이러한 내용은 이미 앞 절들에서 어느 정도 설명하였습니다. 주님의 초림 때의 경우가 어떤 것인지에 관해서는 어느 누구도 알지 못합니다. 그 이유는 성경말씀의 문자적인 뜻으로는 계시되지 않고 있기 때문이지만, 그러나 주님의 재림(the Lord's second coming) 때의 상태에 관해서는 내 자신의 눈으로 보는 것이 허락되었습니다. 이미 1758년 런던에서 출간된 ≪최후심판≫*(the Last Judgment)에서 예전의 상태에 관한 것으로 "주님께서 무슨 능력으로 그 때 지옥을 파멸하시고, 모두 흩으셨는가?" 라는 몇몇 결론들입니다. 그러나 지금 여기서 그 책에서 내가 설명, 입증한 것을 다시 기술할 필요는 없겠습니다. 그 이유는 그 책은 지금 현존해 있고, 그것의 다량의 인쇄본들이 런던의 출판업자에게 있기 때문입니다. 그 책을 읽으시는 독자들께서는 누구나 이 일이 전능하신 하나님의 역사라는 것을 필히 이해하실 것입니다.

(2) 그 넷째입니다. 주님께서 그 뒤 천계와 지옥의 모든 것들을 질서에 맞게 어떻게 회복시키셨는지 아직까지 나도 기술하지 못하였습니다. 그것은 천계와 지옥의 질서의 회복은 최후심판의 때부터 지금까지 계속되고 있고, 그리고 이후에도 계속될 것이기 때문입니다. 그러나 이 책이 출판된 뒤, 그것에 관해서 알기를 원하신다면, 이것에 관한 내용이니 정보는 계속해서 일반사회에 주어질 것입니다. 왜냐하면 이 일과 관련해서 내 역할은, 내가 매일매일 변함없이 이른바 서로 대면하여, 주님의 신령전능(the Lord's Divine omnipotence)에서 그것을 보았고, 그리고

---

* ＜예수인＞에서 ≪최후심판과 말세≫라는 제목으로 2010년에 출간하였다(역자 주).

보고 있기 때문입니다. 후자의 일은 본래 속량의 대업(the work of redemption)을 가리키고, 이에 반하여 전자의 일은 본래 최후심판의 대업을 가리킵니다.

이들 두 대업을 구분하여 살펴본다면, 그것들에 관해서 수많은 것들이 성경말씀의 예언서들 가운데 어떤 형태들이나 기술된 것에 숨겨져 있다는 것을 알게 될 것이고, 그리고 대응(對應·the correspondence)에 관한 설명에 의하여 이런 것들이 이해의 빛에 유입하면 그 즉시 잘 알 수 있을 것입니다.

[3] 이들 양자의 신령역사(these two Divine operations)에 관해서는 비교들에 의한 것을 제외하면 명료하게 예증될 수 없겠지만, 그러나 그것마저도 어렴풋할 정도입니다. 후자, 즉 속량의 신령역사는, 숙련되고, 영리한 장군들이나 장교들에 의하여 작전이 수행되는, 창과 방패, 칼, 총포로 무장한 전 세계의 여러 민족들로 구성된 군대와 맞서 싸우는 전쟁에 비교 되겠습니다. 이와 같이 언급한 것은, 지옥에 있는 수많은 자들은 우리의 이 세상에 알려지지 않은 술책들에게서 그 기량이 뛰어나기 때문이고, 그리고 천계에 있는 자들에 대하여 어떻게 공격하고, 어떻게 함정에 몰아넣고, 포위하고, 습격하는 전술을 연구, 스스로 그런 것들에 대하여, 연마, 훈련을 쌓았기 때문입니다.

[4] 지옥에 대항하여 싸우시는 주님의 싸움은, 비록 불충분하지만, 이 땅의 모든 야생 짐승들과의 싸움에 비교될 수 있겠고, 그리고 그것들 중에 어느 한 놈도 감히 그들의 소굴에서 나와서 주님 안에 있는 사람 어느 누구에게도 공격할 수 없을 때까지, 그것들의 살육이나 정복에 비교될 수 있겠습니다. 그러므로 사람이 그의 적군에게 험상궂은 모습을 보이기만 해도, 마치 독수리가 자신의 심장을 공격, 갈기갈기 찢은 것 같은 느낌 때문에, 그 즉시 움츠리고, 뒤로 도망치는 것에 비교될 수 있겠습니다. 더욱이 지옥적인 영들은 성경말씀에서 야생 짐승들에 비유되고 있는데, 이런 부류의 무리는, 주님께서 40주야 광야에서 시험을 겪으실 때, 주님과 함께 있던 들짐승들이 뜻합니다(마가 1:13).

[5] 그것은 제방(堤防)이 붕괴되어, 나라들이나 성읍들에게 닥쳐오는 대양의 세찬 물결에 저항하는 것에 비교될 수 있겠습니다. 우리 주님의 지옥의 정복은 주님께서 한마디 말씀으로 바다를 평온하게 하신 일이 뜻합니다. 복음서의 말씀입니다.

예수께서 깨어나셔서 바람을 꾸짖으시고, 바다더러 "고요하고, 잠잠해져라" 하고 말씀하시니, 바람이 그치고, 아주 고요해졌다(마가 4 : 39 ; 마태 8 : 26 ; 누가 8 : 23, 24).

왜냐하면, 다른 여러 곳에서와 같이, 여기서 "바다"는 지옥을 뜻하기 때문입니다.

[6] 꼭 같은 신령능력(the Divine power)에 의하여 오늘날도 주님께서는 중생과정 중에 있는 모든 사람 안에 있는 지옥을 대항해서 싸우십니다. 왜냐하면 지옥은 악마적인 분노를 가지고 이런 부류의 사람들을 공격하기 때문이고, 그리고 만약에 주님께서 이런 공격을 막아주시고, 그런 공격들을 물리쳐 주시지 않는다면 사람은 모두 패망할 수밖에 없기 때문입니다. 왜냐하면 지옥은 마치 거대한 괴물 같은 사람이기 때문이고, 사실 성경말씀에 비유된 것은 매우 큰 사자에 비유되었기 때문입니다. 그러므로 주님께서 사람을 그 사자나 괴물의 속박이나 족쇄의 굴레에서 지켜 주시지 않는다면, 비록 사람이 스스로 악에서 구출된다고 해도, 자기 스스로는 또 다른 악에 떨어지거나, 더 큰 악 속에 계속해서 빠질 수밖에 없습니다.

124. (5) 이 속량은 하나님의 성육신(成肉身 · God incarnated)에 의하지 않고서는 성취할 수 없다.

앞 단락에서 입증된 것은, 속량이 순수한 신령역사(=신령일 · a purely Divine work)라는 것, 결과적으로 그것은 전능하신 하나님에 의하여 이루어질 수 있었다는 것이었습니다. 속량의 대업은 성육신 하나님(God incarnated)에 의하여, 다시 말하면, 사람이 되신 하나님에 의하여 성취될 수 있었다는 것을 입증하였습니다. 그 이유는 여호와 하나님께서는 그분의 무한본질(His infinite essence)에 존재하시기 때문에 그분께서는 지옥에 가까이 가실 수 없고, 더욱이 그것 안에 들어가실 수 없기 때문입니다. 왜냐하면 그분은 가장 순수한 것들이나 최초의 것들 안에 존재하시기 때문입니다. 그러므로 만약에 여호와께서 당신의 본질 안에 계신다면 그분께서는 지옥에 있는 자들에게 숨결을 내쉬는 것만으로도 그 즉시 그들을 파멸하실 것이기 때문입니다. 왜냐하면 모세가 그분 뵙기를 열망하셨을 때 그분께서는 모세에게 이렇게 말씀하셨기 때문입니다.

출애굽기서의 말씀입니다.

> 주께서 다시 말씀하셨다. "그러나 내가 너에게 나의 얼굴은 보이지 않겠다. 나를 본 사람은 아무도 살 수 없기 때문이다"(출애굽기 33 : 20).

그러므로 그 때 모세는 하나님을 볼 수 없었습니다. 그런데 하물며 가장 마지막의 것들(the last things)이나 가장 조악한 것들(the grossest things) 안에 있는 자들이, 따라서 가장 멀리 떨어진 자들이 존재하는 지옥에 있는 자들이 어떻게 그분을 뵐 수 있겠습니까! 이런 이유 때문에, 만약에 여호와 하나님께서 인간성정(=인성 · 人間性情 · a Human)을 취하시지 않았다면, 따라서 가장 낮은 것들(the lowest things)에 속한 몸(body)으로 당신 자신을 가리시지 않았다면, 그분께서 아무런 보람 없이 속량의 대업만 맡으셨을 것입니다. 왜냐하면 어느 누구가 적군에게 가까이 가는 일 없이 적군을 공격할 수 없으며, 또한 전쟁을 위하여 무장을 갖추는 일 없이 적군을 공격, 격파할 수 있겠습니까? 그리고 또한 어느 누구가 그의 몸을 갑옷으로 감싸지 않고, 머리에 투구를 쓰지 않고, 손에 창을 들지 않고, 광야에 있는 용들, 구두사(九頭蛇)들, 괴사(怪蛇 · basilisks)를 물리치고, 멸망시킬 수 있습니까? 또한 어느 누구가 배를 타지 않고, 적절한 도구도 없이 바다의 고래를 포획할 수 있습니까? 이러한 비교, 예들은, 만약에 그분께서 제일 먼저 인간성정(a Human)을 취하시지 않았다면, 그분께서 직접 들어가실 수 없는, 전능하신 하나님께서 지옥을 대항해서서 싸우시는 그분의 전쟁은, 비록 충분한 비교가 아니라고 해도, 이런 예들이나 그와 비슷한 것들에 의하여, 예증되었을 것입니다.

[2] 그러나 여기서 반드시 이해하여야 할 것은, 지옥을 대항해서서 싸우는 주님의 전투(the Lord's combat)는 추론자들(reasoners)이나 논쟁자들(disputants) 사이에 있는 말싸움(舌戰 · an oral combat) 따위는 결코 아닙니다. 이런 부류의 싸움이라면 거기에 무슨 특별한 결과가 있겠습니까? 그 싸움은 영적인 싸움(a spiritual combat)으로, 이것은 신령선에서 비롯된 신령진리에 속한 싸움입니다. 이 신령진리는 주님의 진정한 생명(the Lord's very life)이고, 그리고 시각의 중간 매체를 통한 이 진리의 입류는 지옥에 있는 어떤 존재도 결코 저항할 수 없는 그런 진리

입니다. 그 입류에는 그것의 단순한 지각에서도 지옥의 악귀들은 혼비백산(魂飛魄散) 도망하여 스스로 아비소스에 자신을 내동댕이치는 능력이 있고, 깊은 무저갱 속으로 숨어야 하는 능력이 내재해 있습니다. 이런 내용이 이사야서에 이렇게 기술되었습니다. 그 책의 말씀입니다.

그 때에 사람들이,
땅을 뒤흔들며 일어나시는 주님의
그 두렵고 찬란한 영광 앞에서 피하며,
바위 동굴과 땅굴로 들어갈 것이다.
(이사야 2 : 19)

묵시록서의 말씀입니다.

그러자 땅의 왕들과 고관들과 장군들과 부자들과 세도가들과 노예와 자유인과, 모두가 동굴과 산의 바위들 틈에 숨어서, 산과 바위를 바라보고 말하였습니다. "우리 위에 무너져 내려서, 보좌에 앉으신 분의 얼굴과 어린 양의 진노에서 우리를 숨겨다오. 그들의 큰 진노의 날이 이르렀다. 누가 이것을 버티어 낼 수 있겠느냐?"(묵시록 6 : 15-17)

[3] 주님께서 1757년 최후심판을 단행하실 때, 주님께서 신령선에서 취하신 온갖 능력은, 최후심판에 관해서 저술한 작은 책에 기술된 것들에서 잘 볼 수 있겠습니다. 그 능력은 주님께서 영들의 세계에서 언덕들이나 산에서 지옥적인 것들이 차지, 점유했던 그들의 처소에서 갈기갈기 찢고, 뿌리까지 뽑으시고, 그들을 소멸시키고, 그들의 어떤 것들을 땅 속으로 가라앉게 한 그 능력을 가리킵니다. 그분께서는 그 능력으로 또한 홍수로서 그들의 마을들, 가옥들, 온토들을 범람, 침수시키고, 그리고 그들의 땅을 그것들의 기초에서부터 뿌리 채 뽑아버리고, 거기의 주민들과 함께 그들을 소용돌이 속으로, 수렁이나 늪 속으로 쳐 넣고, 추방시키셨습니다. 이밖에 수많은 것들 모두는 신령선에게서 비롯된 신령진리에 속한 능력에 의하여 주님께서 홀로 행하셨습니다.

125. 여호와 하나님께서 그분의 인성(=신령인간 · His Human)에 들어오실 수 있으셨고, 그리고 그분께서 들어가신 그분의 인성에 의하여 이 일, 즉 속량을 이루실 수 있다는 것은 다종다양한 비교와 비유에 의하

여 예증, 입증될 수 있겠습니다. 예를 들면 이렇습니다. 비가시적인 존재는, 그가 가시적인 존재가 되기까지는, 다른 존재와 악수를 할 수 없고, 그리고 대화도 할 수 없습니다. 따라서 천사나 영은, 비록 그의 몸과 가까이 있고, 면전에 있다고 해도, 사람과 교류나 교제를 결코 가질 수 없습니다. 그리고 또한 어느 누구의 영혼도 그의 몸에 속한 것을 제외하면, 다른 자와 대화하거나 행동할 수도 없습니다. 그것의 별과 빛과 더불어 태양은 먼저 공기에 들어오는 것에 의하여, 그리고 그것을 통한 작용에 의하여 사람·짐승·나무에 들어올 수 있습니다. 그리고 또한 물에 의하여 물고기 속에 들어올 수 있습니다. 그 이유는 태양은 반드시 그 주체(the subject)가 그 속에 사는 그 원소(元素·element)를 통해서 행동하기 때문입니다. 어느 누구도 칼이 없이는 물고기의 비늘을 벗길 수 없고, 손가락들이 없이 땅 속에 깊이 박힌 쇠지레를 뽑을 수 없고, 잠수구(潛水具·divingbell) 없이 호수의 밑바닥에 내려갈 수 없기 때문입니다. 한마디로 말하면 어떤 것도, 다른 것과 교류하기 전에, 또는 함께 작용하거나 반대로 거슬러 작용하기 전에, 반드시 다른 것에 적응하여야 한다고 하겠습니다.

126. (6) **십자가의 고난**(the passion of the cross)**은 대선지자**(the greatest Prophet)**이신 주님께서 겪으신, 최후시험이고, 또한 이 시험은 주님의 인성**(His Human)**의 영광화의 수단들, 다시 말하면 주님의 인성과 아버지의 신성**(the Divine of the Father)**의 합일**(合一·uniting)**이지만, 그러나 그것은 속량은 아니다.**

주님께서 이 세상에 강림하신 것은 이들 둘이 목적들인데, 주님께서는 그것들에 의하여 사람들과 천사들을 구원하셨습니다. 다시 말하면 속량과 그분의 인성의 영광화(the glorification of His Human)에 의하여 사람들과 천사들을 구원하셨습니다. 이들 양자, 즉 속량과 영광화(redemption and glorification)는 서로 엄연히 다릅니다. 그럼에도 불구하고 구원과의 관계에서 이들 양자는 한 몸(one)을 이룹니다. 이러한 내용은 속량의 대업이 무엇인지 설명된 앞 단락에서 입증하였습니다. 그러나 영광화(榮光化·榮化·glorification)는 곧 그분의 아버지의 신성(神性·신령존재·the Divine of His Father)과 주님의 인성(the Lord's Human)의 합일(合一·the uniting)입니다. 이 결과는 점진적으로 행해졌고, 그리고 십자가의 고통을 통하여 완결되었습니다. 왜냐하면 사람의 측면에서 사람이 반드시 해야 할 일은 하나님에게 더 가까이 나아가는 것이고, 그리고 사람이 하나님에게 가까이 나아가는 것에 비례하여 하나님의 측면에서는 그 사람에게 들어오시기 때문입니다. 이것은 성전의 경우와도 꼭 같습니다. 성전은 제일 먼저 건축, 세워져야 하는데 이 성전의 건축은 사람들의 손들에 의하여 행해집니다. 성전이 건축된 뒤 성전은 주님에게 봉헌(奉獻)됩니다. 그리고 마지막으로 기도하는 사람이 반드시 거기에 있기 위하여 하나님 앞에 나아가야 하고, 그리고 하나님께서는 교회와 당신을 합일시키십니다. 이 합일 자체는 십자가의 고통 (the passion of the cross)을 통해서 완전히 이루어지는데, 그것은 그것이 주님께서 재세시 겪으신 최후의 시험이기 때문입니다. 그리고 시험들에 의하여 이와 같은 결합은 이루어집니다. 왜냐하면 시험들에 빠져 있을 때, 겉보기에 사람은, 사실 전적으로 그렇지 않지만, 내버려진 것 같이 사람 홀로 남아 있기 때문입니다. 왜냐하면 그 때 하나님께서는 가장 가까이 그 사람의 극내적인 것 안에 임재해 계시고, 그리고 그 사람을 격려하시고, 기운 나게 하시기 때문입니다. 그러므로 사람이 시험에서 승리하게 되면 그 사람은 가장 지심하게 하나님과 결합합니다. 예를 들면 시험들을 겪으실 때 주님께서는 그분의 아버지 하나님에게 가장 내적으로 합일(合一)하셨습니다. 주님께서 십자가의 고통을 겪으실 때, 주님께서는 홀로 내버려진 바 되었다는 것은 십자가 상에서의 주님의 절규(絶叫・His exclamation)에서 아주 명확합니다. 마태복음서의 말씀입니다.

> 예수께서 큰소리로 부르짖어 말씀하시기를 "엘리엘리 레마 사박다니?" 하셨다. 그것은 "나의 하나님, 나의 하나님, 어찌하여 나를 버리셨습니까?" 하는 뜻이다(마태 27 : 46).

그리고 주님의 이런 말씀에서도 명확합니다. 요한복음서의 말씀입니다.

> 아무도 내게서 내 목숨을 빼앗아 가지 못한다. 내가 스스로 원해서 내 목숨을 버린다. 나는 목숨을 버릴 권세도 있고, 다시 얻을 권세도 있다. 이것은 내가 아버지께로부터 받은 명령이다(요한 10 : 18).

이상의 장절들에게서 밝히 알 수 있는 사실은, 주님께서 겪으신 고통은 그분의 신령존재에 관한 것이 아니고, 그분의 인성(=인간성정 · His Human)에 관한 것이라는 것입니다. 그리고 그것을 통해서 극내적인 합일(an inmost union), 따라서 완전한 합일(a complete union)은 성취되었습니다. 이러한 내용은 사람이 육신 가운데 고통을 겪을 때 그의 영혼은 고통을 겪지 않고, 다만 슬퍼한다(grieve)는 사실에 의하여 예증될 수 있겠습니다. 그리고 승리하신 뒤 하나님께서는 이 슬픔을 제거하시고, 그리고 눈에서 눈물을 닦아내듯이, 그 슬픔을 닦아주십니다.

127. 이 두 사건들, 곧 속량과 십자가의 고통은 명료하게 분별, 구분되어야 합니다. 그렇지 않다면 사람의 마음은, 마치 모래턱이나 바위 위에 좌초(坐礁)해서, 배에 실린 모든 것들과 선원과 선장이 함께 침몰(沈沒)하는 한 척의 배와 같습니다. 그러므로 그것은 곧 주님에 의한 구원에 속한 모든 것들에서 오류를 범합니다. 왜냐하면, 이와 같이 명확하게 구분, 분별되는 이런 두 사건들의 개념이 없다면, 마치 꿈을 꾸고 있는 사람과 같아서, 그 사람은 공상적인 것들을 보게 되고, 그리고 이런 것들로부터, 그것들이 모두 실재하지 않는 것을 실재하는 것들로 생각하여, 황당무계(荒唐無稽)한 결론들을 도출(導出)합니다. 또는 그 사람은 칠흑 같은 밤중에 길을 걷는 사람과 같아서, 어떤 나무의 잎들을 잡고서 사람의 머리카락이라고 상상하다가 자기 자신의 머리카락을 나뭇가지에 뒤엉키게 하는 사람과 같습니다. 그러나 속량과 십자가의 고통은 반드시 분별되어야 하는 두 사건이지만, 그럼에도 불구하고 그것들은 구원과의 관계에서는 하나(one)입니다. 그 이유는 십자가의 고통을 통하여 완전히 이루어진 그분의 아버지와의 합일에 의하여, 주님께서 영원히 속량주(the Redeemer)가 되셨기 때문입니다.

128. 십자가의 고통을 통하여 완전하게 성취된 아버지의 신성(神性 · 神靈存在 · the Divine of the Father)과 주님의 신령인성(the Lord's Divine Human)의 합일을 뜻하는 영광화(榮光化 · glorification)에 관해서 주님께서 친히 복음서들에서 이렇게 말씀하셨습니다.

> 유다가 나간 뒤에, 예수께서 말씀하셨다. "이제는 인자가 영광을 받았고, 하나님께서도 인자로 말미암아 영광을 받으셨다. 하나님께서 인자로 말미암아 영광을 받으셨으면, 하나님께서도 몸소 인자를 영광되게 하실 것이다"(요한

13 : 31, 32).

여기서 영화(=영광화 · glorification)는 아버지 하나님과 아드님(the Son) 양자에 관해서 언급하고 있습니다. 왜냐하면 "하나님께서 인자로 말미암아 영광을 받으셨고, 하나님께서도 몸소 인자를 영광되게 하실 것이다"고 언급되었기 때문입니다. 따라서 이것은 명확하게 합일되는 것을 뜻합니다. 같은 책의 말씀입니다.

"아버지, 때가 왔습니다. 아들을 영광되게 하셔서, 아들이 아버지께 영광을 돌리게 하여 주십시오.…… 아버지, 창세 전에 내가 아버지와 함께 누리던 그 영광으로, 나를 아버지 앞에서 영광되게 하여 주십시오"(요한 17 : 1, 5).

이 말씀이 이렇게 언급된 것은, 앞에서 이미 언급한 것과 같이, 합일(合一 · the uniting)은 상호적(相互的 · reciprocal)이기 때문이고, 그래서 아버지(the Father)께서는 구분(Him) 안에, 그분은 아버지 안에 계신다고 언급되었습니다. 역시 같은 책의 말씀입니다.

"지금 내 마음이 괴로우니, 내가 무슨 말을 하여야 할까? '아버지, 이 때를 벗어나게 하여 주십시오' 하고 말할까? 아니다. 내가 바로 이 일을 위하여 이 때에 왔다. '아버지, 아버지의 이름을 영광되게 하여 주십시오.'" 그 때에 하늘에서 소리가 들려 왔다. "내가 이미 영광되게 하였고, 앞으로도 영광되게 하겠다"(요한 12 : 27, 28).

그 합일이 점진적이고, 단계적으로 이루어지기 때문에 이 말씀이 언급되었습니다. 누가복음서의 말씀입니다.

그리스도가 반드시 이런 고난을 겪고서, 자기 영광에 들어가야 하지 않겠습니까?(누가 24 : 26).

성경말씀에서 "영광"(榮光 · glory)이 주님에 관해서 서술, 언급되었을 때, 그것은 신령선에 합일된 신령진리를 뜻합니다. 이상의 모든 것에서 볼 때 명확한 것은 주님의 인성(the Lord's Human)은 신령하다(Divine)는 것입니다.

129. 주님께서 십자가의 고통에 이르기까지 시험을 겪으시기를 원하셨다는 것은 그분께서 본질적으로 예언자(the essential Prophet)이시기 때문입니다. 예전에는 예언자들이 성경말씀에서 비롯된 교회의 교리를 뜻하였기 때문입니다. 그러므로 교회의 상태들은 다양한 방법으로 그들에 의하여 표징되었습니다. 그러므로 그 교회의 상태들은 어떤 때는 불의(不義)스러웠고, 어떤 때는 극악하였고, 혐오스러웠습니다. 그리고 이런 표징들은 하나님께서 그들에게 요구, 명령된 것입니다. 그러나 주님께서 성언(聖言 · the Word) 자체이시기 때문에, 그리고 본질적인 예언자이신 그분께서는 십자가의 고통으로 유대교회가 수많은 방법으로 성언을 모독(冒瀆)하고 있다는 것을 표징합니다. 이런 이유에 또 다른 이유를 부연하면, 주님께서 양계, 즉 천계와 자연계에서 그것에 의하여 구세주(the Saviour)로서 시인되어야 하기 때문입니다. 왜냐하면 그분의 고통에 속한 모든 것들은 성언의 모독(the profanation of the Word)에 속한 것들을 뜻하기 때문입니다. 이에 반하여 교회에 속한 사람들은 이런 것들을 자연적으로 이해하고, 천사들은 그것들을 영적으로 이해합니다. 주님께서 본질적인 예언자라는 것은 아래의 장절들에게서 명확합니다. 복음서의 말씀입니다.

> 예수께서 그들에게 말씀하셨다. "예언자는 자기 고향과 자기 집 밖에서는 존경을 받지 않는 법이 없다"(마태 13：57 ; 마가 6：4 ; 누가 4：24).
> 예언자가 예루살렘이 아닌 다른 곳에서는, 죽을 수 없기 때문이다(누가 13：33).
> 모두 두려움에 사로잡혀서, 하나님께 영광을 돌리며 말하기를 "우리에게 큰 예언자가 나타났다" 하고, 또 "하나님께서 자기 백성을 돌보아 주셨다" 하였다(누가 7：16).
> 사람들은 그가 갈릴리의 나사렛에서 나신 예언자, 예수라고 말하였다(마태 21：11 ; 요한 7：40, 41).

신명기서의 말씀입니다.

> 주 너희의 하나님은 너희의 동족 가운데서 나와 같은 예언자 하나를 일으켜 세워 주실 것이니, 너희는 그의 말을 들어야 한다.…… 나는 그들의 동족 가운데서 너와 같은 예언자 하나를 일으켜 세워, 나의 말을 그의 입에 담아 줄

것이다(신명기 18 : 15-19).

130. 예언자들이 성경말씀에서 비롯된 교리에 관해서 그들의 교회의 상태와, 그것에 일치하는 삶에 관한 그들의 교회의 상태를 표징하였다는 것은 아래의 장절들에서 명확합니다. 이사야서의 말씀입니다.

> 주께서 이사야에게 말씀하시기를, 허리에 두른 베옷을 벗고, 발에서 신을 벗으라고 하셨다. 그래서 이사야는, 말씀대로, 옷을 벗고 맨발로 다녔다.
> 그 때에 주께서 말씀하셨다.
> "나의 종 이사야가
> 삼 년 동안 벗은 몸과 맨발로 다니면서,"…….
> (이사야 20 : 2, 30).

선지자 에스겔은 교회의 상태를 표징할 것을 이렇게 명령을 받았습니다.

> 그러므로 너 사람아, 그들이 보는 앞에서 포로로 끌려가는 사람처럼, …… 네가 살고 있는 그 곳에서 다른 곳으로 떠나가거라. 그들이 반항하는 백성이기는 하지만, 혹시 그것을 보고서 깨달을 수도 있을 것이다. 또 너는, 그들이 보는 앞에서, 네 짐은 포로로 끌려가는 사람의 짐처럼 대낮에 내다 놓고, 너는 저녁때에 그들이 보는 앞에서 포로로 끌려가듯 나가거라. 너는, 그들이 보는 앞에서 성벽에 구멍을 뚫고, 네 짐을 그 곳으로 내다 놓아라.…… 너는 얼굴을 가리고, 다시는 더 그 땅을 보지 말아라. 내가 너를 이스라엘 백성에게 주는 징조로 삼았기 때문이다.…… 너는 또 그들에게, 네가 그들의 징조라고, 네가 하는 일과 똑같은 일을 그들이 하게 될 것이다(에스겔 12 : 3-7, 11).

선지자 호세아는 교회의 상태를 표징하기 위하여 이렇게 명령을 받았습니다. 호세아서의 말씀입니다.

> "너는 가서 음란한 여인과 결혼하여,
> 음란한 자식들을 낳아라!
> 이 나라가 주를 버리고 떠나서,
> 음란하게 살고 있기 때문이다."
> 주께서 호세아에게 말씀하셨다.

"그의 이름은 이스르엘이라고 하여라."……
조루하마가 젖을 뗄 때에, 고멜이 다시 임신하의 아들을 낳았다. 주께서 말씀하셨다.
"그의 이름을 로암미라고 하여라.
너희가 나의 백성이 아니며,
나도 너희의 하나님이 아니기 때문이다."
(호세아 1 : 2-9)

어떤 예언자에게는 심지어 이런 명령도 하였습니다. 그 어떤 예언자에게는 눈에 재를 뿌리고, 매를 맞을 것이 명령되기도 하였고, 심한 상처도 입었습니다(열왕기 상 22 : 35-38). 교회의 상태를 드러내기 위하여 선지자 에스겔에게는 이런 명령이 주어졌습니다. 에스겔서의 말씀입니다.

"너 사람아 너는 이제 흙벽돌을 한 장 가져다가 네 앞에 놓고, 한 성읍 곧 예루살렘을 그 위에 새겨라. 그 다음에 그 성읍에 포위망을 쳐라. 그 성읍을 공격하는 높은 사다리를 세우고, 흙 언덕을 쌓고, 진을 치고, 성벽을 허무는 쇠망치를 성 둘레에 설치하여라.…… 너는 또 왼쪽으로 누워서, 이스라엘 족속의 죄악을 네 몸에 지니고 있거라. 옆으로 누워있는 날 수만큼, 너는 그들의 죄악을 떠맡아라.…… 이 기간을 다 채운 다음에는, 네가 다시 오른쪽으로 누워서, 유다 족속의 죄악을 사십 일 동안 떠맡고 있거라.…… 너는 밀과 보리와 콩과 팥과 조와 귀리를 준비하여 한 그릇에 담고, 그것으로 빵을 만들어 네가 옆으로 누워 있는 삼백 구십일 동안 내내 먹어라.…… 너는 그것을 보리빵처럼 구워서 먹되, 그들이 보는 앞에서, 인분으로 불을 피워서 빵을 구워라.…… 그러자 주께서 나에게 말씀하셨다. "좋다! 그렇다면, 인분 대신에 쇠똥을 쓰도록 허락해 준다. 너는 쇠똥으로 불을 피워 빵을 구워라"(에스겔 4 : 1-15).

[2] 그 예언자는 이런 것들에 의하여 이스라엘 집과 유다 집의 죄악을 담당하였으나, 그것들을 떼어버리거나, 그들을 없애, 속죄하지는 못하였습니다. 이런 사실은 그 장의 이런 구절에서 잘 알 수 있겠습니다.

주께서 또 말씀하셨다. "내가 이스라엘 자손을 다른 민족들 속으로 내쫓으면, 그들이 거기에서 이와 같이 더러운 빵을 먹을 것이다.…… 사람아, 내가 예루살렘에서 사람들이 의지하는 빵을 끊어 버리겠다. 그들이 빵을 달아서 걱정에 싸인 채 먹고, 물을 되어서 벌벌 떨며 마실 것이다. 그들은 빵과 물이 부족하여 누구나 절망에 빠질 것이며, 마침내 자기들의 죄악 속에서 말라 죽을 것이다"(에스겔 4 : 13, 16, 17).

주님에 관해서 언급된 곳의 말씀은 동일한 내용을 뜻합니다. 이사야서의 말씀입니다.

그는 실로
우리가 받아야 할 고통을 대신 받고,
우리가 겪어야 할 슬픔을 대신 겪었다.……
우리는 모든 양처럼 길을 잃고,
각기 제 갈 길로 흩어졌으나,
주께서 우리 모두의 죄악을
그에게 지우셨다.……
나의 의로운 종이 자기의 지식으로
많은 사람을 의롭게 할 것이다.
그는 다른 사람들이 받아야 할 형벌을
자기가 짊어질 것이다.
(이사야 53 : 4, 6, 11)

우리의 본문장 전체는 주님의 고통에 관해서 다루고 있습니다.
[3] 본질적인 예언자로서의 주님께서 성경말씀에 대하여 유대교회의 상태를 드러내 보이셨다는 것은 주님께서 겪으신 개별적인 고난에서 밝히 알 수 있겠습니다. 예를 들면, 그분께서 유다에 의하여 배반당하셨고, 대제사장들과 장로들에 의하여 결박(結縛)되고, 정죄(定罪)되고, 그리고 그들은 그분을 구타(毆打)하였고, 갈대로 그분의 머리를 때렸고, 머리에 가시관을 씌웠고, 그분의 겉옷을 찢어 나누었고, 그분의 속옷은 제비를 뽑아서 가졌고, 그분을 십자가에 못 박았고, 식초가 된 포도주를 마시게 하였고, 그분의 옆구리를 창으로 찔렀고, 그분을 무덤에 매장하였고, 그러나 그분께서는 사흘째 되는 날 다시 살아나셨다는 것들입니다. 유다가 저지른 그분의 배반은, 유다가 그 민족을 표징하기 때문에, 그 때 성경말씀을 가지고 있는 유대 민족에 의하여 그분께서 배반되었다는 것을 뜻합니다. 대제사장들과 장로들에 의한 그분의 강점

(强占 · His seizure)이나 정죄는 이런 일이 유대교회 전체가 저질렀다는 것을 뜻하고, 그분에게 행한 그들의 구타, 얼굴을 때리고, 그분에게 채찍질하고, 갈대로 그분의 머리를 때렸다는 등등의 짓거리들은 그들이 성언의 신령진리의 측면에서 성경말씀에 그와 같은 것들을 행하였다는 것을 뜻합니다. 그분의 머리에 가시관을 씌웠다는 것은 그들이 이런 진리들을 위화하고 모독(冒瀆)하였다는 것을 뜻하고, 그분의 겉옷을 찢어 나누고, 그분의 속옷을 제비를 뽑았다는 것은 그들이 성언에 속한 모든 진리들을 찢어발겼으나, 그러나 성언의 영적인 뜻은 그렇게 하지 못하였다는 것을 뜻하는데, 그것은 주님의 속옷이 영적인 뜻(靈意)을 뜻하기 때문입니다. 그들이 그분을 십자가에 매단 그분의 십자가의 처형은 그들이 성언 전체를 파괴하고 모독하였다는 것을 뜻하고, 그들이 주님에게 식초를 마시도록 그분에게 식초를 드렸다는 것은 그들이 가지고 있었던 진리들이 모두 전적으로 위화되었다는 것을 뜻하고, 그러므로 그분께서는 식초를 마시지 않으셨습니다. 그분의 옆구리를 창으로 찔렀다는 것은 그들이 성경말씀 안에 있는 모든 진리와 모든 선을 전부 소멸시켰다는 것을 뜻하고, 그분을 무덤에 매장(埋葬)하였다는 것은 어머니에게서 비롯된 그분 안에 남아 있는 모든 것의 배척(排斥)을 뜻하고, 셋째 날에 그분이 다시 사신 그분의 부활은 그분의 영광화(榮光化 · 榮化 · glorification)를 뜻하고, 또한 아버지의 신성(神靈存在)와 그분의 신령인성(神靈人間)의 합일을 뜻합니다. 여기에서 명확한 것은, 그 때 "죄악을 담당하셨다"(bearing iniquities)는 것이 온갖 죄악들을 제거하셨다는 것을 뜻하지 않고, 성언에 속한 모든 진리들의 모독을 표징한다는 것입니다.

131. 역시 이러한 내용이나 뜻은 여러 비유들에 의하여 예증될 수 있겠습니다. 그리고 이와 같은 비유는 순진한 사람을 위하여 행해진 것인데, 여기서 순진한 사람은, 성경말씀에서 그리고 추론에서 분석적으로 연역(演繹)에 의한 결론을 만드는 자들에 비하여 비유들에 의하여 더 잘 깨닫고, 이해하는 자들입니다. 모든 시민들이나 신하들은 왕의 명령들이나 훈령(訓令)들의 복종을 통하여 그의 왕과 결합, 합일합니다. 더욱이 만약에 그가 그분을 위한 고난이나 고통 따위를 참고, 감내(堪耐)한다면 더욱 그러합니다. 하물며 만약에 그를 위하여 죽음을 자초(自招)한다면 그것이 어떠하겠습니까! 이런 일은 사람들이 전쟁터에서 능히

그러합니다. 이와 같은 방법으로 친구는 친구에게 결합하고, 아들은 아버지에게, 하인은 상전(上典)에게, 그들의 바람(所願)에 따라서 행동하는 것에 의하여 결합, 합일합니다. 더욱이 적군들에 대하여 그들을 방어(防禦)하는 것에 의하여 더욱 그러합니다. 뿐만 아니라 자신들의 명예를 위하여 싸우는 것에 의하여 더더욱 그러합니다. 어느 누구가 싫어하는 처녀와 혼인하기를 원하겠으며, 자기를 비방하고, 또는 경쟁하려고 하는 사람과 혼인하려고 하겠습니까? 그들이 이런 부류의 방법들에 의하여 결합, 합일한다는 것은 자연에 속한 선천적인 법칙일 뿐입니다. 주님께서 이렇게 말씀하셨습니다. 요한복음서의 말씀입니다.

> 나는 선한 목자다. 선한 목자는 양을 위하여 자기 목숨을 버린다.⋯⋯ 아버지께서 나를 사랑하신다. 그것은 내가 목숨을 다시 얻으려고 내 목숨을 버리기 때문이다(요한 10 : 11, 17).

132. (7) 십자가의 고난이 속량 자체라고 하는 신념(信念 · belief)은 교회의 근본적인 오류(the fundamental error of the church)이고, 이 오류는, 영원부터 있었다는 세 신령삼위(three Divine Persons)에 관한 오류와 더불어, 영적인 것이 안에 어느 것 하나 남아 있지 않게 하는 정도까지, 온 교회를 타락시켰다.

오늘날 이른바 정통주의(正統主義 · the orthodox)에 속한 책들을 가득 채우고, 주입시키려는 것, 또는 학교에서 열광적으로 가르치고, 주입, 설득시키려는 것, 또는 강대상에서 아주 자주 설교되고, 증명, 선포되는 것은 인류에 대하여 가지고 있는 하나님 아버지께서 당신 자신에게서 그것을 떼어, 격리하셨을 뿐만 아니라, 보편적인 저주(a universal damnation) 아래 그것을 두셨다는 것, 따라서 파문(破門), 축출(逐出)하였다는 것 이외에 그 무엇이 있습니까! 그러나 이러한 일은 너무나 호의적이고, 자비로운 것이어서, 하나님 아버지께서 당신의 아드님(His Son)으로 하여금, 이 세상에 하강(下降)해서, 이렇게 정해진 영벌이나 저주(damnation)를 그분 스스로 떠맡도록 설득하셨고, 주입, 고취시키셨다는 것, 따라서 그분의 아버지의 분노(忿怒)를 가라앉히셨다는 것이고, 그리고 그 밖의 많은 조건들 하에서 아버지께서는 인류에 대하여 호의(好意)를 가지고 살피신다는 것 이외에 무엇이 있습니까! 한 걸음 더 나아가

이 일을 아드님(聖子 · the Son)에 의하여 실제적으로 행하셨다는 것, 그리고 그 일이 인류의 영벌이나 저주를 그분께서 담당하시는 것으로 그분께서는 그분 스스로 자신에게 채찍질을 당하셨고, 얼굴에는 침이 뱉어졌고, 그리고 종국에는, 신명기서에 언급된 것과 같이(신명기 21 : 23) "하나님께 저주를 받은 사람"처럼, 유대 사람들에 의한 십자가의 처형을 허용하셨습니다. 그리고 이 일이 있은 뒤 아버지(聖父)께서는 화를 푸시고, 화해하셨고, 그리고 그분의 아드님(His Son)에 대한 사랑으로 말미암아 그 아드님이 중재(仲裁)하는 자들을 대신해서 아버지께서는 영벌이나 저주를 상쇄(相殺), 취소(取消)하셨고, 그리고 이와 같이 그 아드님께서는 그분의 아버지(聖父) 앞에서 영원하게 중재자(仲裁者 · a Mediator)가 되셨다는 것입니다.

[2] 오늘날의 교회들에는 이런 주장들이나 교리들 또는 그와 비슷한 개념들이 자자하게 울려 퍼지고 있습니다. 그리고 그것들은 마치 숲에서 일어나는 산울림처럼 교회의 벽면에서 반사되어, 거기에 있는 모든 의 귀에 차고 넘치고, 크게 울립니다. 그러나 건전한 이성을 가지고 있고, 성경말씀에 의하여 조요(照耀)되고, 분별이 있는 사람은 누구가 하나님께서 자비(慈悲 · mercy) 자체시고, 긍휼(矜恤 · pity)이신 것을 보지 못하겠습니까? 그 이유는 그분께서 사랑 자체이시고, 선 자체이시고, 그리고 이런 것들이 그분의 본질(His essence)이시기 때문입니다. 그러므로 본질적인 자비 자체나, 선 자체가 분노로 사람을 주시하고, 그리고 사람의 영벌이나 저주를 결심하고, 그러면서 그것이 자신의 신령본질이라고 계속 유지된다고 말하는 것은 큰 모순(矛盾 · a contradiction)이 아닐 수 없습니다. 이러한 것들은 선한 사람의 탓으로 돌릴 수 없고, 다만 악한 사람의 탓에 돌릴 수 있는 것이고, 또한 천계의 천사들의 탓으로 돌릴 수 없고, 다만 지옥의 영의 탓으로 돌릴 수 있는 것입니다. 그러므로 그런 것들을 하나님의 탓으로 돌린다는 것은 매우 혐오스러운 일입니다.

[3] 그러나 만약에 이런 일이 일어나는 이유를 묻는다면 그 대답은 이러합니다. 즉 그것은 십자가의 고난(=고통 · the passion)이 속량 자체라고 잘못 생각하였다는 것이고, 그리고 이런 그릇된 생각에서 그와 같은 여러 개념들이 흘러나온 것입니다. 그런 일은 마치 하나의 거짓에서 여러 거짓들이나 오류들이 계속해서 시리즈로 흘러나오는 것과 같고, 그

리고 그것은 마치 식초 단지에서 식초 외에는 아무것도 나오지 않는 것과 같고, 그리고 또한 마치 미친 사람의 마음에서는 광기(狂氣) 외에는 아무것도 나오지 않는 것과 같습니다. 왜냐하면 하나의 결론에서는 여러 유사한 원칙들이 나오기 때문이고, 그리고 결론에 숨겨져 있는 이런 것들은 하나에 이어서 뒤이어 나오듯이, 계속해서 생겨나오기 때문입니다. 그리고 십자가의 고통이 속량이라는 교리에서는 하나님에게 매우 수치스럽고, 불명예스러운 그 밖의 수많은 다른 것들이 발출하고, 생겨나오고 있습니다. 그것은 이사야서의 말씀에 이르기까지 실현되었습니다. 그 책의 말씀입니다.

> 제사장과 예언자가
> 독한 술에 취하여 휘청거리니,
> 환상을 제대로 못 보며,
> 판결을 올바로 하지 못한다.
> 술상마다 토한 것이 가득하여
> 더럽지 않은 곳이 없다.
> (이사야 28 : 7, 8)

133. 하나님에 속한 이런 개념이나 속량의 개념에서 영적인 것에서 비롯된 모든 신학적인 것은 가장 낮은 자연적인 계도에까지 이르게 되었고, 그리고 이러한 일은 지극히 단순한 자연적인 속성들(merely natural properties)을 하나님의 탓으로 돌리기 때문이고, 그럼에도 불구하고 구원과 더불어 한 몸을 이루는, 하나님의 개념이나, 속량의 개념에 관한 교회에 속한 모든 것은 그 개념에 의존하고 있습니다. 왜냐하면 이 개념은 육체에 속한 모든 부위가 발출하는 근원인 머리와 같기 때문입니다. 결과적으로 하나님의 개념이나 속량의 개념은 단순한 자연적인 것이 되기 때문에, 다시 말하면 그런 개념들은 감관적이고, 현세적인 것이기 때문에, 그러므로 그늘의 교리적인 신학(dogmatic theology)에서 그 교회의 우두머리들이나, 지도자들에 의하여 가르쳐졌고, 가르치고 있는 모든 것들은 순수한 자연적인 것입니다. 그리고 이 신학에서는 거짓들 이외에 아무것도 나오는 것이 없습니다. 이런 이유 때문에 자연적인 사람은 변함없이 영적인 사람에게 반항, 거스르는 행동을 합니다.

그러므로 자연적인 사람은 영적인 것을 마치 유령적인 것들로 여기고, 또는 허공의 유령 따위로 여깁니다. 결과적으로 속량에 속한 감관적인 개념 때문에, 하나님에 관한 감관적인 개념 때문에, 주님 하나님 구세주에게 이르는 길들을 가리키는, 천계에 오르는 길들도 마치 요한복음서에 언급된 것과 같이(요한 10:1, 8, 9), 도둑들이나 강도들에 의하여 포위(包圍)되어 있는 꼴입니다. 그리고 교회의 문들은 그들에 의하여 넘나들고 있습니다. 그리고 교회의 출입구는 용들이나, 올빼미들에게, 또는 사막이나 섬들의 야생짐승들에게 개방(開放), 내주어졌고, 따라서 그런 짐승들은 무시무시한 혼란들 속에 뒤엉켜서 함께 노래를 부르고 있습니다. 오늘날 속량의 개념이나 하나님에 관한 개념이 오늘날의 이른바 믿음에 파고들어서, 그 믿음을 지배하고 있다는 것은 주지의 사실입니다. 다시 말하면 오늘날의 믿음은, 사람들이 하나님 아버지에게 그분의 아드님(聖子)의 십자가와 흘리신 보혈(寶血) 때문에 그들의 온갖 죄악을 용서하여 줄 것을 간구하여야 한다는 것이고, 아들 하나님에게 그들을 위하여 중재하시고 기도하여 주실 것을 간구하여야 한다는 것, 그리고 성령 하나님께서 그들을 의롭다고 인(印)치시고, 그들을 죄에서 씻어주기를 간구하여야 한다는 것 등등입니다. 이러한 일련의 내용은 세 분 하나님들에게 그들의 순서에 따라서 기도한다는 것 이외에 무엇이겠습니까? 신령정부(the Divine government)의 이 개념 안에 있는 것은, 귀족의 정부(the Divine government of an aristocracy)나 성직자 정치(hierarchy)와 다른 것이 무엇입니까? 그리고 또한 로마시대 이래 존재했던 삼두정치(三頭政治 · a triumvirate)와 다른 것이 무엇인가? 삼두정치라는 말 대신에 삼위격성(三位格性 · tripersonality)이라고 부르는 것 이외에 무엇이 다른 것인가? 격언에 있는 말처럼, "나누고, 지배하라"(to divide and rule)는 것이 악마에게 더 쉬운 것이 무엇이겠습니까? 다시 말하면 그것은 사람들의 마음을 미혹케 하고, 혼란케 하는 것이고, 그리고 반항적인 운동들을 자극하는 것이지만, 지금 여기서는 한 분 하나님에게 거스르는 것이고, 그리고 아리우스 시대부터 지금에 이르기까지 행해졌던 것과 꼭 같이 또 다른 것에 저항하는 것 아닙니까? 이와 같은 일은, 하늘과 땅의 모든 권세를 가지신(마태 28:18), 주님 하나님 구세주를 그분의 보좌에서 끌어내리는 것과 같은 꼴이고, 그리고 악마의 앞잡이 몇몇을 그 보좌에 앉히고, 그리고 그에게 경배하는 꼴입니다.

그리고 또한 주님 당신에게서 예배를 빼앗는 것과 같이 그 사람에게서 예배를 빼앗기 때문입니다.

134. 여기에 아래와 같은 "영계 체험기들"을 부과하겠습니다. 그 첫째 "영계 체험기"입니다.

나는 한번 영들의 세계에 있는 성전에 들어간 적이 있는데 그 성전에는 수많은 영들이 운집해 있었습니다. 설교가 시작되기 전에, 그들은 "속량에 속한 주제"에 관해서 서로 토의를 하였습니다. 그 성전은 네모가 반듯하였고, 벽은 창문이 없었고, 지붕 한 가운데 큰 구멍이 나 있어서 오히려 옆면에 창문들이 있어서 햇빛이 비춰어지는 것에 비하여 더 많은 빛이 들어와 더 밝았습니다.

그런데 속량에 관해서 이야기하고 있을 때 갑자기 검은 구름이 북쪽에서부터 와서 지붕의 뚫린 구멍을 가려서 어둡게 되었고, 그들이 서로 알아보지 못하게 되었습니다. 심지어 그들 자신의 손들까지도 거의 알아보지 못하게 되었습니다.

그들이 놀라서 어쩔 줄을 모르고, 서성거리고 있을 때 그 구름이 중간에 갈라졌고, 그 갈라진 틈을 통해서 천사들이 하늘에서 내려오는 것이 보였습니다. 그들은 구름을 제쳐 놓았고, 그러자 성전은 다시 빛이 가득 찼고, 밝게 되었습니다. 하늘에서 내려온 천사들 중 하나가 성전 안에 들여보내졌고, 그들의 이름으로 회중에게 그들 위에 짙은 구름이 덮쳐서 빛을 잃고, 어두움을 가져오게 한 토의한 그 주제에 관해서 물었습니다.

그들은 속량에 관한 것이었다고 대답하였습니다. 그 속량의 뜻은 하나님의 아드님(聖子)께서 십자가의 고통을 통하여 그 일을 행하셨는데, 그 일을 통하여 영벌과 영원한 죽음(eternal death)에서 인류를 구출, 죄의 용서를 그분께서 이루셨다는 것이었습니다.

그들의 이런 대답에 의하여 하늘에서 내려온 천사는, "십자가의 고통을 통해서 속량이 이루어진 이유와 그것을 통한 이유를 설명하라"고 밀하였습니다.

[2] 그 때 사제 한 분이 앞으로 나와서 말하였습니다. "나는 우리가 알고 있고, 믿고 있는 것을 순서에 따라서 설명하겠습니다. 그것은, 하나님 아버지께서 인류에게 진노하셔서, 인류를 정죄하셨고, 그리고 그분의 관용(寬容)에서 그것을 차단(遮斷)하셨고, 모든 인류를 저주하였고,

그들을 지옥으로 보낼 것을 선언하셨습니다. 하나님께서는 당신의 아드님(聖子)께서 그 정죄를 담당하기를 원하였고, 아드님께서는 그것에 동의를 하였습니다. 그래서 그 목적을 이루시기 위하여 아드님께서는 이 세상에 오셨고, 그리고 인성을 입으셨고, 십자가의 처형도 자신에게 허용, 자기 자신을 내주셨고, 따라서 인류의 저주와 영벌을 당신 자신에게 전가(轉嫁)시키셨습니다. 왜냐하면 우리는 성경말씀에서 "나무에 달린 사람은 하나님께 저주를 받은 사람이다"(신명기 21 : 23)고 읽기 때문입니다. 이와 같이 아드님께서 아버지의 노여움을, 이른바 중재와 조정에 의하여 푸셨고, 그리고 아버지께서는 그분의 아드님에 대한 사랑에 의하여 감동되셨고, 그리고 아버지께서는 인류를 용서하시기를 결심하셨습니다. 그럼에도 불구하고 인류의 용서는 다만 아버지에 의하여 아드님의 의(義 · righteousness)를 전가 받은 사람만이 용서되는 것입니다. 전에는 진노와 저주의 자녀들이었던 자들을 아버지께서는 은혜와 축복의 자녀로 만드시고, 의롭게 하시고, 구원하시고자 하십니다. 이 이외의 사람들은, 앞서 선고된 것과 같이, 진노의 자식으로 남아 있어야만 합니다.

이것이 우리의 믿음이고, 그리고 이것이 하나님께서 우리 믿음 안에 심어주신 의(義)이고, 이것이 곧 우리를 의롭다고 하시는 구원입니다" 라고 설명, 대답하였습니다.

[3] 그 천사는 이 설명을 들었을 때 한 동안 침묵하셨고, 그리고 너무나 놀라서 움직이지도 않았습니다. 그러나 그 뒤 천사는 침묵을 깨시고 이렇게 말씀하였습니다. "기독교계가 이렇게 심하게 미칠 수 있습니까? 건전한 이성을 떠나서 이렇게 광기(狂氣)에 빠질 수 있고, 구원에 대한 근본적인 교리를 그렇게 모순 속에서 결론을 지을 수가 있습니까? 어느 누구가 이런 내용들이 진정한 신령본질(神靈本質 · the very Divine essence)에, 다시 말하면 하나님의 신령사랑과 신령지혜(God's Divine love and Divine wisdom)에, 그리고 동시에 하나님의 전능과 전지에 정면으로 반대가 된다는 것을 알지 못하겠습니까? 선한 주인은 자기의 남종이나 여종에게 그렇게 할 수는 결코 없습니다. 심지어 들짐승들도 제 새끼에게 그렇게 하지 않으며, 맹금류도 제 새끼에게 그렇게 하지 않습니다. 그것은 매우 끔찍스럽고 잔혹한 것입니다. 전 인류에게, 그리고 각자 각자 개인에게 부여되는 소명(召命 · call)을 무효(無效)로 하고, 취

소(取消)한다는 것은 하나님의 신령본질(God's Divine essence)에 정반대 되는 것 아닙니까? 영원부터 세워져 있는 질서를 바꾼다는 것, 다시 말하면 모든 사람은 자기 자신의 삶에 의하여 심판받아야 한다는 질서를 변경하는 것은 신령본질(the Divine essence)에 정반대되는 것 아닙니까? 어느 누구에게서 신령존재의 사랑이나 자비를 회수(回收)한다는 것은 더욱이 온 인류에게서 그것들을 취소한다는 것은 신령본질에 정반대되는 것 아닙니까? 자비가 진정한 하나님의 본질이기 때문에 취소, 회수되었던 것을 다시 되돌린다는 것은 신령본질에 정반대되는 것 아닙니까? 그리고 자비가 하나님의 진정한 본질이기 때문에, 그리고 그 아드님의 고통을 직접 목격하였다는 것에 의하여, 그와 같은 회수나 취소가 재차 신령본질 자체에 되돌려진다는 것은 신령본질에 정반대되는 것 아닙니까? 그리고 그 본질이 영원부터 영원까지 하나님 자신을 가리키기 때문에, 하나님께서 언젠가 그 본질에서 이탈(離脫)하실 것이라고 상상하는 것 자체가 혐오(嫌惡)스러운 것 아닙니까?

[4] 더욱이 본질적으로 신령전능에 속한 속량의 공의(the righteousness of redemption)를 여러분의 믿음이라는 것에 이입(移入), 소개시킨다는 것은 불가능한 것 아닙니까? 그리고 속량의 공의를 사람에게 전가시키고, 그리고 사람의 공으로 돌린다는 것이 불가능한 것 아닙니까? 그리고 별다른 그 어떤 의미가 없이 사람이 의롭고, 순수하고, 거룩하다고 선언한다는 것은 전혀 불가능한 것 아닙니까? 지극히 단순한 이른바 전가(轉嫁·imputation)에 의하여 어느 누구에게 죄가 용서되고, 새롭게 태어나고, 중생하고, 그 사람이 구원받는다는 것은 전혀 불가능한 일 아닙니까? 그리고 전가에 의하여 불의(不義)가 의(義)로 바뀌고, 저주(curse)가 축복(blessing)으로 바뀐다는 일 역시 불가능한 것 아닙니까? 이런 식으로 지옥이 천계로, 천계가 지옥으로 바뀌고, 또한 용이 미가엘 천사로, 미가엘 천사가 용으로, 종국에는 그들 사이에 싸움만 있을 것이라는 일은 가능하지 않겠지요? 사실 이느 누구에게시 여리분의 믿음에 속한 전가를 빼앗아서, 그것을 다른 누구에게 부여(附與)한다는 일이 있을 수 있을까요? 이런 일이 있을 수 있다면, 여러분은 천계에 있는 우리로 하여금 변함없는 두려움의 상태에서 영원히 살 것을 강압적으로 끌어내릴 것입니다. 정의나 공의는, 어떤 사람에 대하여 다른 사람의 범죄를 그 사람에게 떠맡기는 것이나, 그리고 따라서 이와 같이

범죄를 순진무구(innocence)하게 만드는 것이나, 그의 범죄를 깨끗이 하는 것과 일치하는 것은 결코 아닙니다. 이러한 것은 신령정의나 인간공평에도 서로 상반되는 것 아닙니까? 그럼에도 불구하고 아직까지 기독교계는 이와 같은 하나의 엄연한 질서가 있다는 것을 알지 못하는데, 하물며 하나님께서 세상을 창조하셨을 때, 동시에 이 세상에 그 질서를 소개하셨고, 세우셨다는 것을 어떻게 알겠습니까? 또한 하나님께서는, 그 질서에 정반대되는 것을 행하실 수 없는데, 그것은 그 때 그분께서 당신 자신에게 반대되는 일을 하는 것이기 때문입니다. 왜냐하면 하나님께서는 질서 자체이시기 때문입니다" 라고 설명하였습니다.

[5] 그 사제는 천사가 말한 것을 이해하였는데, 그것은 천사들이 천계에서 비롯된 빛 위에 있기 때문입니다. 그리고 그는 이내 한숨을 쉬면서 말을 하였습니다. "어떻게 하여야겠습니까? 오늘날 모든 사람들은 그렇게 설교하고, 그리고 그렇게 기도하고, 그렇게 믿고 있습니다. 이구동성(異口同聲)으로 하는 말은, '선하신 하나님, 우리에게 자비를 베푸시고, 당신의 아들이 우리를 위해 십자가 위에서 흘리신 아드님의 피의 공로로 우리의 죄를 용서하여 주십시오'라는 기도입니다. 그리고 그들은 그리스도에게는 '주님, 우리를 위해 중재(仲裁)하여 주십시오' 라고 기도합니다. 이런 기도에 부연하여 우리 사제들은 '우리에게 성령을 보내 주십시오' 라고 기도합니다" 라고 하였습니다.

그 때 천사가 이렇게 말하였습니다. "내가 관찰한 바로는, 내면적으로 이해하지 못하고 있는 성경말씀으로 말미암아 사제들은, 그들의 믿음에 의하여 장님이 된 그 눈에 바를 안약(眼藥・eyesalve)을 준비하는 격이고, 또한 그들은 그들의 교리들에 의하여 상처를 입은 상처들에 그들이 쳐바르는 일종의 연고(軟膏)를 잘못 이해된 성경말씀에서 만드는 격입니다. 그래서 그들은 그 상처들을 치료해도 낫지가 않습니다. 그 이유는 그것들이 아주 오래된 만성(慢性)적인 상처들이기 때문입니다. 그러니 저기 서 있는 분에게 가십시오" 라고 말하면서 나를 손가락으로 가리켰습니다. "그리고 십자가의 고난이 속량은 아니지만 그러나 아버지의 신령존재와 주님의 신령인간의 합일이라는 것을 주님의 말씀에서 그는 여러분에게 가르치실 것입니다. 이에 반하여 속량은 지옥의 정복이고, 천계에서 실서의 회복입니다. 그리고 주님께서 이 세상에 계실 때 주님께서 이 속량의 대업을 행하시지 않았다면 지상에 있는 사람이나,

영계에 있는 그 누구도 구원은 없었을 것입니다. 저분은 여러분에게 창조로 말미암아 세워진 질서를 가르쳐 줄 것이고, 그리고 사람이 구원받기 위해서는 그 질서에 따라서 살아야 할 것과, 그리고 그 질서에 따라서 살아야 할 것과, 그리고 그 질서에 따라서 사는 자들은 속량된 자들 가운데서 헤아려지고 있고, 그리고 선택된 자(the elect)라고 불리웁니다" 라고 말하였습니다.

이런 모든 말이 언급되었을 때 성전의 벽에 창문들이 형성, 나타났고, 그 창문을 통하여 그 세상의 네 방위로부터 찬란한 빛이 들어왔고, 그리고 게르빔들이 그 밝은 빛 가운데 날아다니는 모습이 보여졌습니다. 그리고 그 천사는 열려 있는 곳 위에 있는 그의 동료들에게 돌아갔고, 우리는 기쁜 상태로 돌아왔습니다.

135. 두 번째 영계 체험기입니다.

어느 날 아침 내가 잠에서 깨었을 때, 영계의 태양이 찬란하게 나에게 나타난 적이 있습니다. 우리의 지구가 태양 아래에 있는 것과 같이, 천계가 그 태양 훨씬 아래에 있는 것을 보았습니다. 그 때 무엇이라고 형언할 수 없는 말들이 천계에서 들렸습니다. 그 말의 개략적인 내용은 이런 식의 표현이었습니다. 즉, "하나님은 한 분이시고, 사람(Man)이시고, 그분의 주거는 그 태양 안에 있다"는 것입니다. 이런 내용의 발설이 중간 천계를 통해서 가장 낮은 천계에까지 내려왔고, 그리고 그 천계에서 지금 내가 있는 영들의 세계에까지 내려왔습니다. 그리고 내가 지각한 것은, 한 분 하나님의 천사들의 개념이 계도들을 통해서 내려오는 과정에서 세 분 하나님의 개념(the idea of three of Gods)으로 바뀌었다는 것입니다. 내가 이것을 주목, 관찰하고 있을 때, 나는 세 분 하나님들의 신관(神觀)을 지니고 있는 자들과 대화를 하게 되었습니다. 나는 그 때 "정말 터무니없는 생각입니다! 그대들은 어디에서 그런 신관을 가지게 되었습니까?" 라고 말하였습니다.

그들은 이렇게 대답하였습니다. "우리가 세 분으로 생각한 것은 이른바 삼위 하나님(the Triune God)의 착상(着想 · conceiving)이라는 우리의 방법에서 비롯된 것입니다. 그럼에도 불구하고 우리는 이런 개념이나 생각을 입 밖으로 발설하지는 않습니다. 우리가 이런 것에 관해서 말을 할 경우 우리는 언제나 하나님은 한 분이시다고 강조해서 분명하게 말하지요. 만약에 우리의 마음에 서로 상이한 개념이 있게 된다면, 그렇다고 하더라도 우리의 말(言語) 안에는 하나님의 단일성의 개념(the idea of the unity of God)이 발설되지 않도록, 그리고 나뉘어지지 않도록 무척 조심을 합니다. 그럼에도 불구하고 때때로 그런 개념은 튀어나오지요. 그 이유는 그런 생각이 안에 자리 잡고 있기 때문입니다. 만약에 우리가 그럴 때마다, 솔직하게 말한다면, 우리는 세 분 하나님들(three Gods)을 말할 수밖에 없겠지요. 그러나 우리의 이런 말을 듣는 사람들이 우리를 비웃는 것을 막기 위하여 우리는 이것에 대한 파수꾼을 두지요" 라고 말하였습니다.

[2] 그 때 그들은 그들의 생각을 공개적으로 말하였습니다. "세 분 하나님은 존재하지 않지요. 다만 세 신령 인격들(three Divine persons)이 있는 것이고, 그분의 각각이 하나님 아닙니까? 우리는 이와 달리 생각할 수가 없습니다. 그 이유는 우리의 교회의 지도자가 거룩한 교리에 속한 그분의 공통적인 저장품(his collection)에서 말씀하는 것은, 한 분은 창조의 공으로 돌리고, 다른 한분은 속량의 공으로 돌리고, 그리고 또 다른 셋째 분은 성화(聖化)의 공으로 돌려서 말하기 때문입니다. 그리고 더욱이 각자 각자 그분의 속성의 공으로 돌리는, 그 지도자가 주장하는 것들은 무엇이라고 말로 표현할 수 없는 것들입니다. 이러한 것들은 창조 · 속량 · 성화뿐만 아니라, 전가 · 중보(仲保 · 중재 · mediation) · 역사(役事 · operation)도 포함합니다. 그 때 거기에는 우리를 창조하신 분이 있고, 그리고 그분이 전가하시는 것 아닙니까? 그리고 우리를 속량하신 다른 분이 있고, 그분이 중보하시는 것 아닙니까? 세 번째 분은 중재된 전가를 이루시는 분이시고, 그분께서 성화하시는 것 아닙니까? 어느 누구가 하나님의 아들(the Son of God)이 하나님 아버지에 의하여 인류를 속량하시기 위하여 이 세상에 보내졌다는 것을 모르겠습니까? 따라서 그 아드님께서 속죄자(贖罪者 · the Expiator) · 조정자(調停者 · the Mediator) · 화해자(和解者 · the Propitiator) · 알선자(斡旋者 · the Intercessor)가 되셨다는 것을 누구가 모르겠습니까? 그리고 그분께서는 영원부터 하나님의 아들과 함께 계시기 때문에 아버지와 아들은 엄연히 다른 존재들(=인격들 · persons)이 아닙니까? 그리고 이들 두 존재께서는 하늘에 계시며, 한 분께서는 다른 분의 오른쪽에 앉아 계시기 때문에, 천계에 공포된 것을 이 세상에서 실행, 실시하기 위해서는 제 삼의 인격이 계셔야 하는 것 아닙니까?" 라고 말하였습니

다.

[3] 이런 말을 듣고서 나는 아무 말을 하지 않았지만, 내가 마음 속으로 생각한 것은 이런 바보 멍청이들 같으니라구! 그들은 성경말씀에서 조정(調停 · 仲裁 · mediation)이 뜻하는 것이 무엇인지 아무런 개념을 가지고 있지 않구먼! 그 때 주님의 명령에 따라서 천계로부터 세 천사들이 내려와 나와 함께 있었습니다. 그것은 내가 세 분 하나님의 개념들을 가지고 있는 사람들, 특히 중보 · 알선 · 화해 · 속죄에 관해서 생각하는 사람들과 내면적인 지각으로 말미암아 서로 이야기하기 위한 것입니다. 그들은 이런 일들을 둘째 인격(the second person), 다시 말하면 그 아드님(the Son)의 공으로 돌렸으나, 그러나 그분께서 사람(Man)되신 뒤까지만 그분의 공으로 여겼습니다. 그리고 그분께서는 창조 이래 수세기 동안 사람이 되셨고, 그리고 이 기간 동안 구원의 세 방법들은 존재하지 않았습니다. 따라서 하나님 아버지께서는 화해하시도 못하였고, 그리고 인류를 위한 속죄도 이루시지 못하였고, 그리고 하나님께서는 알선하고, 조정하기 위하여 어느 누구도 천계에서 파견하시지 못하였습니다.

[4] 그 때 나에게 생긴 영감(靈感 · an inspiration)으로 말미암아 나는 그들과 이런 말을 하였습니다. 즉 "여러분께서는 가능한한 많은 분들이 내게 가까이 오셔서, 성경말씀에서 조정 · 알선 · 속죄 · 화해가 뜻하는 것이 무엇인지 잘 들으십시오. 이런 것들은 그분의 인성(His Human)안에 계시는 한 분 하나님의 은혜에 관해서 뜻하고 있습니다. 하나님 아버지께서는, 그분께서 무한존재(無限存在 · 無限者 · the Infinite)이시기 때문에, 어떤 방법으로도 사람에게 가까이 가실 수도 없으셨고, 또한 가까이 가시지도 않으셨습니다. 그리고 하나님 아버지께서는, 여호와를 가리키는, 그분 자신의 존재(His own Esse) 안에 계십니다. 그리고 만약에 그분의 존재로 말미암아 그분께서 사람에게 가까이 접근하신다면, 마치 불이 나무를 태워서 그것을 재로 만들어 버리듯이, 그분은 사람을 불살라 버리고 말 것입니다. 이러한 사실은, 모세가 하나님 보기를 원하였을 때, 하나님께서 모세에게 말씀하신 것에서 명확합니다. 출애굽기서의 말씀입니다.

주께서 다시 말씀하셨다. "그러나 내가 너에게 나의 얼굴을 보이지 않겠다.

나를 본 사람은 아무도 살 수 없기 때문이다"(출애굽기 33 : 20).

그리고 주님께서 이렇게 말씀하셨습니다.

일찍이 하나님을 본 사람이 없으나, 아버지의 품 속에 계시는 독생자이신 하나님이 그분을 나타내 보이셨다(요한 1 : 18 ; 마태 11 : 27).

요한복음서의 말씀입니다.

너희는 그의 음성을 들은 일도 없고, 그의 모습을 본 일도 없다(요한 5 : 37).

사실 우리는, 모세가 여호와를 상면하였다는 것을 성경말씀에서 읽고, 그리고 그분과 상면하여 말하였다는 것을 읽습니다. 그러나 이러한 일은 천사를 통해서 행해진 것입니다. 그리고 이러한 것은 아브라함이나 기드온의 경우에서도 마찬가지입니다. 그 때 그런 것이 당신 자신 안에 계시는 하나님 아버지의 본성이시기 때문에 그분께서 인간성정(人間性情 · 人性 · a Human)을 입으시기를 기뻐하셨습니다. 인성을 입으셨을 때 그분께서 사람에게 가시기 쉬우셨고, 따라서 사람들의 말을 들으실 수 있으셨고, 그들과 말씀하실 수 있으셨습니다. 우리는 그 인성(人性 · 신령인간 · Human)을 하나님의 아들(the Son of God)이라고 부르는 것입니다. 그 존재는 중재, 조정하시고, 알선하시고, 화해하시고, 속죄하십니다. 그러므로 나는 하나님 아버지의 인성(the Human of God the Father)이 뜻하는 이들 네 가지 내용을 설명하겠습니다.

[5] "중재"(조성 · Mediation)의 뜻입니다. 신령인성(=신령인간 · the Human)은 사람이 하나님 아버지에게 가까이 갈 수 있도록, 그리고 그것을 통해서 하나님 아버지께서 사람에게 가까이 가실 수 있도록 하신 중간 매체(中間媒體 · medium)입니다. 그래서 하나님 아버지께서는 사람을 구원하시기 위하여 사람을 가르칠 수 있고, 인도하시기 위하여 사람에게 가실 수 있으셨습니다. 그러므로 하나님 아버지의 신령인성(the Human of God the Father)을 뜻하는, 하나님의 아들(the Son of God)은 구세주(the Saviour)라고 불리셨고, 세상에 계실 때에는 예수(Jesus), 나시 말하면 구원(salvation)이라고 불리셨습니다.

알선(斡旋 · Intercession)의 뜻입니다. 이 낱말의 개념은 끊임없는 중재(unceasing mediation)를 뜻합니다. 왜냐하면 자비의 근원(the source of mercy)이나, 관대(clemency) · 은총(grace) 그리고 끊임없는 조정들(unceasing intercedes)의 근원을 가리키는 사랑 자체를 뜻하기 때문입니다. 다시 말하면 그분께서 사랑하시는 자들인, 그분의 계명들을 지키는 자들을 위한 계속적인 중재를 뜻합니다.

속죄(贖罪 · Exipiation)의 뜻입니다. 이것은 죄들의 옮김(除去 · the removal of the sins)을 뜻하는데, 만약에 아무것도 가리시지 않은 여호와(Jehovah unclothed)께서 접근하신다면, 사람은 그것에 거꾸로 쑤셔박을 수밖에 없는 죄들의 제거를 뜻합니다.

화해(和解 · Propitiation)의 뜻입니다. 이 말의 뜻은 사람이 죄에 의하여 지옥으로 돌진해 가는 것을 예방하고, 그리고 그 사람이 거룩한 것을 모독하지 않도록 지키고자 하는 관용(clemency)과 은혜(grace)의 운영(operation)을 뜻합니다. 이러한 뜻은 성막 안에 있는 언약궤(the ark)를 덮고 있는 하나님의 시은좌(=자비의 보좌 · the mercy-seat)의 뜻을 가리킵니다.

[6] 주지하여야 할 것은, 성경 말씀에서 하나님께서는 외현(外現 · appearances)들에 일치하여 말씀하신다는 것입니다. 예를 들면 하나님께서 진노하시고, 복수하시고, 유혹, 시험하시고, 형벌을 주시고, 종국에는 지옥에 쳐넣고, 저주한다는 것 등이고, 심지어 하나님께서 악을 행한다는 것입니다. 그 때 사실 하나님께서는 어느 누구에게 노하시지 않으시고, 복수하시지 않으시며, 유혹, 시험하시지 않고, 벌을 주거나, 지옥에 보내시는 일이나 저주하시는 일은 없으십니다. 이런 것들은, 지옥이 천계에서 아주 멀리 떨어져 있는 것과 같이, 하나님에게서 아주 아주 멀리, 다시 말하면, 무한히 떨어진 것들입니다. 결과적으로 그와 같은 것들은 보이는 외현적인 현상에 따라서 표현된 언어의 형체들입니다. 속죄 · 화해 · 알선 · 중재 등등은 다른 뜻의 외현을 표현하기 위한 언어의 형체들입니다. 그것은 이런 표현들이나 용어들(=낱말들)은 하나님에의 근접(近接)이나, 하나님에게서 비롯된 은혜를 그분의 인성을 통해서 영접하는 것을 예언들로서 이해하기 위한 것입니다. 그러나 이런 낱말들이나 용어들이 바르게 이해되지 않았기 때문에, 사람들은 한 분 하나님을 세 하나님으로 나누었고, 그리고 이 세 분 신관(神觀) 위에 교

회의 교리 전체를 정립하였고, 그리고 따라서 사람들은 성경말씀을 위화(僞化)하였습니다. 이런 것에서, 다니엘서나 마태복음서 24장에 주님께서 예언하신, "멸망의 가증한 것"(the abomination of desolation)은 비롯되었습니다.

내가 한 이런 말들을 영들의 무리가 들었을 때 그들은 내게서 떠나갔습니다. 그리고 내가 그들에게 알려 준 것은, 실제적으로 세 분 하나님들(三神)의 생각을 지지하고 있는 자들은 지옥을 우러르고 있지만, 이에 반하여 신령 삼일성(神靈三一性 · a Divine trinity) 안에 계시는, 그리고 이 삼일성이 주님 안에 있는 하나님 구세주라는 것을 가리키는 한 분 하나님의 생각을 지니고 있는 자들은 천계를 향해 우러른다는 것, 그리고 이들은, 그분의 인성 안에 있는 하나님께서 사시는, 천계의 태양을 본다는 것 등입니다.

136. 세 번째 영계 체험기입니다.

나는 좀 떨어진 곳에 있는 학교 다섯을 보았는데, 그것의 각각은 천계에서 온 빛으로 에워싸여 있었습니다. 첫 번째 것은 해가 뜨기 직전, 아침 구름 속에서 빛나는 것과 같은, 자주 빛(a purple light)으로 에워싸여 있었고, 둘째 것은, 해가 뜬 뒤, 아침 햇살과 같은 노란 빛으로 에워싸여 있었고, 셋째 것은, 이 세상의 한낮의 빛과 같은, 하얀 빛으로 에워싸여 있었고, 넷째 것은, 저녁노을로 물들기 시작하는 것 같은, 온화한 빛으로 에워싸여 있었습니다. 다섯 째 것은 저녁의 어스름 가운데 있었습니다. 영계에 있는 학교들은 넓은 홀들을 가지고 있었는데, 그 홀에서는 유식한 사람들이 모여서 자신들의 지식 · 총명 · 지혜에 쓸모가 있는 다종다양한 비의(秘義)들을 서로 토론하였습니다.

이런 학교들을 보고 있을 때 나는 그것들 하나하나를 직접 가서 살펴보고 싶다는 강한 열망을 느꼈습니다. 그래서 나는 영의 상태로 저녁 노을의 온화한 빛으로 물든 학교에로 갔습니다. 그리고 그 학교 안으로 들어갔습니다. 나는 유식한 사람들의 무리를 보았습니다. 그들은, 주님께서 하늘에 올리우시고, 하나님 우편에 앉아 계신다(마가 16 : 19)는 말씀이 뜻하고 있는 내용을 서로 토의하고 있었습니다.

[2] 그 무리의 대부분이 주장한 것은, 그렇게 기술된 장절의 문자에 따라서, 그 아드님께서 아버지 옆에 계신다고 이해하여야 한다는 것이었습니다. 그러나 그 아드님이 왜 그와 같이 있어야 하는지 질문을 받았

습니다.

그들 중 몇몇은, 그분께서 성취하신 속량(贖良) 때문에 하나님에 의하여 오른쪽에 앉으셨다고 하였습니다. 그리고 다른 몇몇은 그분이 거기에 앉으신 것은 사랑 때문이라고 하였습니다. 또 몇몇은 그것은 그가 아버지의 상담자(the Father's counselor)가 되시기 위한 것이라고 하였는데, 그것은 곧 그분께서 천사들에 의하여 영광을 받기 위한 것이라고 하였습니다. 그리고 몇몇은 그것은, 아버지를 대신해서 다스리는 것이 아버지에 의하여 주어졌기 때문이라고 하였는데, 왜냐하면 성경말씀에 하늘과 땅의 모든 권세가 그분에게 주어졌다고 기술되었기 때문입니다. 그러나 대부분의 많은 자들은, 오른쪽에 있는 자에게서 그분이 무엇을 듣기 위한 것이라고 하였습니다. 그것은 그분께서 그들을 위하여 중재하시기 때문입니다. 왜냐하면 오늘날 교회에 있는 모든 사람들은, 하나님 아버지에게 가까이 나아가야 하고, 아드님의 목적에 대한 자비를 하나님 아버지에게 간구하여야 하고, 그리고 이것은 아버지 당신께서는 아드님의 중재(the Son's mediation)를 수용하시기 위하여, 아드님에게로 향하시게 한다는 것입니다. 그러나 몇몇은 이 세상에 태어나신 사람의 아들(the Son of man)에게 그분의 신성(神性, His Divinity)을 나누어 주기 위하여 아버지의 오른쪽에 앉아 계시는 분은 영원 전부터 하나님의 아들이라고 하였습니다.

[3] 이 말을 듣고서 내가 크게 놀란 것은, 영계에서 얼마 동안 산 유식한 사람들도 천계적인 것들에 대하여 매우 무지(無知)하다는 사실이었습니다. 그러나 나는 그 이유를 깨달았습니다. 다시 말하면 그것은 그들이 현자(賢者)에 의하여 가르침 받는 것을 스스로 받아들일 수 없다는 그들 자신의 총명을 믿는 신뢰 때문이라는 것을 지각하였습니다. 그러나 그들은, 아버지의 오른쪽에 앉아 계신 아드님의 좌정(坐定)의 뜻에 대한 무지(無知) 때문에 더 이상 거기에 머물 수는 없었습니다. 나는 손을 들고서, 내가 이 주제에 관해서 설명하기를 원하고, 그리고 내가 하는 말에 귀를 기울여 줄 것을 그들에게 간청하였습니다. 그들은 내 간청에 동의하였습니다. 그래서 나는 "여러분께서는 성경말씀에서 아버지(the Father)와 아들(the Son)은 한 분이시라는 것, 그리고 아버지께서 아들 안에, 아들께서 아버지 안에 계신다는 것을 잘 알지 못하는 것 아닙니까? 이 말씀은 주님께서 명확하게 요한복음 10장 30절과 14장 10,

11절에서 말씀하셨습니다. 만약에 여러분께서 이 말씀을 믿지 못하신다면 여러분은 하나님을 두 존재(two)로 나누는 것입니다. 그리고 이런 일을 여러분께서 행하신다면, 여러분께서는 하나님에 관해서 자연적으로, 감관적으로, 물질적으로 생각하는 것 이외의 다른 것을 생각할 수 없습니다. 그리고 이런 일은 영원 전부터 계신 세 분 신령 인격의 교리(the doctrine of three Divine persons)가 소개된 이른바 니케아 종교회의(the Council of Nice) 이래 이 땅에서 행해졌습니다. 그리고 그 교리에 의하여 교회는 여러 가지 색깔로 꾸민 장막들로 단장한 극장으로 바뀌었고, 그리고 그 극장에서는 배우들이 새로운 연극을 연출하게 되었습니다. 어느 누구가 하나님은 한 분이시라는 것을 모르겠습니까? 만약에 여러분들께서 심령 가운데, 또는 영혼에서 이것을 시인한다면 여러분께서 지금 말한 것은 모두 본질에서 소멸하거나, 또는 현명한 사람의 귀에 마치 터무니없는 생각과 같이, 공중으로 사라질 것입니다.

[4] 나의 이런 설명을 듣자 그들의 대다수는 몹시 화를 내고, 내 귀를 잡아당기며, 잠자코 있기를 명령하였습니다. 그러나 그 무리의 대표자는 매우 분노하면서 이렇게 말하였습니다. "이 토의는 하나님의 단일성이나 복수성(the unity and plurality of God)에 관한 것이 아닙니다. 왜냐하면 우리는 그 두 가지를 모두 믿기 때문이지요. 그러나 우리는 지금 아드님께서 그분의 아버지 오른쪽에 앉아 계신다는 명제가 뜻하는 것이 무엇인지를 토의하고 있는 것입니다. 만약에 당신께서 이것에 관해서 아시는 것이 있으면 말씀해 보십시오." 라고 하였습니다.

나는 이렇게 대답하였습니다. "내가 말씀드리지요. 여러분에게 원하건대, 소리를 낮추시고, 조용하십시오." 그리고 나는 계속해서 말하였습니다. "오른쪽에 앉아 있다"는 것은, 그 말대로 오른쪽에 앉아 있다는 것을 뜻하지 않고, 그분께서 이 세상에 입고 오신 신령인간(the Human)을 통한 하나님의 전능(the God's omnipotence)을 뜻합니다. 이것에 의하여 그분께서는 처음 것들에서와 꼭 같이 마지막 것들 안에 계십니다. 그리고 이것에 의하여 그분께서는 지옥에 들어가셨고, 지옥을 파멸하시고, 정복하셨습니다. 그리고 이 일을 통해서 천계에서 질서를 회복하셨고, 그리고 따라서 이 일을 통하여 사람들과 천사들을 속량하시고, 그리고 영원히 속량하시는 일을 계속할 것입니다. 만약에 여러분께서 성경말씀을 참조하신다면, 그리고 빛을 받을 수 있다면, 여러분께서는 "오른쪽"(=오른손 · right hand)이 여기서는 전능을 뜻한다는 것을 깨달을 것입니다. 이사야서에서는 그것이 이렇게 기술되었습니다.

    내 손으로 땅의 기초를 놓았고,
    내 오른손으로 하늘을 폈다.
    내가 하늘과 땅을 부르기만 하면,
    하늘과 땅이 하나같이 내 앞에 나와 선다.
    (이사야 48 : 13)
    주께서 그의 오른손, 곧
    그의 능력 있는 팔을 들어 맹세하셨다.
    (이사야 62 : 8)

시편서의 말씀입니다.

    주께서는 주께서 쓰시는
    구원의 방패를 나의 손에 들려 주셨고,
    주께서는 오른손으로
    나를 강하게 붙들어 주셨습니다.
    (시편 18 : 35)
    주님의 오른손으로 심으신 이 줄기와
    주님께서 몸소 굳세게 키우신 아들(=가지)을
    보살펴 주십시오…….
    주의 오른쪽에 있는 사람,
    주께서 몸소 굳게 잡아 주신 인자 위에,
    주의 손을 얹어 주십시오.
    (시편 80 : 15, 17)

아래 장절에서는 더 명확하게 이해되겠습니다. 시편서의 말씀입니다.

    주께서 내 주께 말씀하시기를
    "내가 네 원수를
    네 발판이 되게 하기까지,
    너는 내 오른쪽에 앉아 있어라" 하셨습니다.
    주께서 임금님의 권능의 홀을

시온에서 보내 주시니,
임금님께서는 저 원수들을 통치하십시오.
(시편 110 : 1, 2)

시편서의 이 장은 주님께서 지옥과 대적하여 싸우시는 그 싸움을 다루고 있고, 그리고 주님께서 지옥과의 싸움에서의 승리를 다루고 있습니다. 여기서 "하나님의 오른손"(the right hand of God)은 전능(全能 · omnipotence)을 뜻하기 때문에 주님께서는 이렇게 말씀하십니다. 마태 · 누가복음서의 말씀입니다.

이제로부터 당신들은, 인자가 권능의 보좌 오른쪽에 앉아 있는 것과 하늘 구름을 타고 오는 것을 보게 될 것이오(마태 26 : 64).
이제부터 인자가 전능하신 하나님의 오른쪽에 앉게 될 것이다(누가 22 : 69).

[5] 그러나 이런 말을 들었을 때 무리는 동요, 소란스러웠습니다. 그래서 나는, "자, 여러분 조심하십시오. 왜냐하면 천계로부터 한 손이 나타날 것입니다. 나에게 나타난 것과 같이, 손이 여러분에게 나타나면 그 손은 가공할 힘을 가지고 그것을 보는 자를 엄습할 것입니다. 그 손의 출현은 내게는 '하나님의 오른손'(the right hand of God)은 전능을 뜻한다는 증표입니다."
내가 이런 말을 끝내자마자 손 하나가 하늘 아래로 뻗쳐 나오는 것이 목격되었습니다. 이것을 보자 그 무리는 두려움에 사로잡혔고, 그들은 문쪽으로 몰려갔습니다. 어떤 자들은 창문을 뛰어 넘어갔고, 어떤 자들은 숨을 쉴 수 없을 정도로 우왕좌왕 뛰어 다녔습니다. 그러나 나는 전혀 두려움이 없이 거기에 남아 있다가 조용하게 거기에서 나왔습니다. 얼마큼 떨어졌을 때 나는 뒤를 돌아다 보았습니다. 그 때 짙은 구름이 그 학교를 에워싸고 있었습니다. 그리고 하늘에서 음성이 들렸는데, 그 음성은, 이런 일은 그들이 삼신 하나님(三神 · three Gods)을 믿는 신념에서 말을 하였기 때문이라는 것이었습니다. 그리고 앞서와 같은 밝은 빛은, 거기에 제 정신이 든 분별력이 있는 자들이 다시 모일 때, 다시 비출 것이라고 하였습니다.

137. 네 번째 영계 체험기입니다.

제 2 장 · 주님 속량주

나는 오늘날 믿음과 그리고 그 믿음에 의하여 선택받은 자의 칭의(稱義 · justification)에 관한 그들의 저술들과 학식(學識 · learning) 때문에 뭇 사람들에게서 존경을 받는 사람들의 모임이 소집되었다는 소식을 들었습니다. 이 일은 영들의 세계에서 있었습니다. 그리고 나에게는 영의 상태에서 그 모임에 참석하는 것이 허락되었습니다. 그래서 나는 성직자의 회합을 볼 수 있었는데, 그 모임에는 신념이 같은 자들과 신념이 전혀 다른 자들이 참석하였습니다. 오른쪽에는 니케아 종교회의가 있기 전 수세기 동안 살았던, 이 세상에서 이른바 사도교부(使徒敎父 · the Apostolic Fathers)라고 불리우는 자들이 있었고, 그리고 왼쪽에는 그 뒤에 이어지는 여러 세기들을 살면서 그들의 출판물, 즉 필사본들(manuscript works)로 명성(名聲)이 높은 자들이 있었습니다. 후자에 속한 대부분은 수염이 전혀 없었지만, 그러나 그들은 여인들의 머리카락으로 만든 고두머리 모양의 가발을 쓰고 있었습니다. 그들 중 더러는 여러 모양으로 주름 장식의 깃 모양의 옷을 입고 있었습니다. 이에 반하여 전자들은 수염이 있었고, 자연적인 자기 머리카락을 지니고 있었습니다.

그들 앞에 한 사람이, 손에 지팡이를 들고 있었는데, 그는 금세기의 저술물들에 대해서 판정하고, 비판하는 사람이었습니다. 그가 조용하라고, 지팡이로 마룻바닥을 두드렸습니다. 그 때 그는 강단의 가장 높은 곳에 올라갔습니다. 그리고 그는 길게 한숨을 내쉬었습니다. 그리고 그는 큰 목소리로 연설을 이어가기를 원하였지만, 그러나 그의 한숨 소리는 그의 큰 목소리를 목구멍 안으로 끌어당겼습니다.

[2] 드디어 그는 연설을 시작하였습니다. "이 자리에 참석하신 형제 여러분! 이 시대가 어찌된 것입니까?" 라고 말하였습니다. 그 때 평신도의 무리 중에서 한 사람이 일어나서 앞으로 나왔습니다. 그는 법복도 모자도, 그리고 월계관도 착용, 갖추지 않았습니다. "어떤 사람이 우리들의 믿음을 전계에서 끌어내려서, 그것을 지옥의 강(=삼도내 · the Styx)에 쳐 넣었습니다. 이 얼마나 끔찍스러운 일입니까! 그럼에도 불구하고 우리의 믿음만의 신앙은, 한밤중의 오리온(Orion) 별처럼 빛나고, 그리고 동쪽 하늘의 새벽별(Lucifer)처럼 빛나는 우리의 스타(our star)입니다. 비록 그가 우리보다 나이가 들었지만 그 사람은 우리의 믿음의 신비들(the mysteries of our faith)에 대해서는 전적으로 눈먼 장님입니

다. 그 이유는 그가 우리의 믿음을 전혀 검토, 살피지 않았기 때문이고, 그리고 우리의 믿음에서 우리의 구세주 주님의 의(the righteousness of the Lord)와 그리고 그분의 중재(His mediation)와 화해(His propitiation)를 보지 못하였기 때문입니다. 그가 이런 것들을 보지도 못하였기 때문에, 역시 그는, 죄의 용서(the remission of sins) · 중생 · 성화(sanctification) · 구원 등등을 가리키는, 그것의 칭의의 경의스러움(the wonders of its justification)을 알지 못합니다. 이 사람은, 모두를 구원하는 세 신령인격의 믿음(a faith in three Divine persons)을, 따라서 전적인 신성(the whole Deity)을 믿는 믿음을 우리의 믿음의 자리에 두고서, 그 믿음을 둘째 인격(the second person)에 옮기셨습니다. 그럼에도 불구하고 그 믿음이 그분에게(Him) 옮긴 것이 아니고, 오히려 영원 전부터 아드님의 성육신(the incarnation of the Son) 때문에, 우리가 신령하다고 하는 그분의 인성(His Human)에 옮겼습니다. 그러니 어느 누구가 단순한 인간적인 것 이외의 다른 것이라고 그것을 생각하겠습니까? 이렇게 볼 때, 마치 샘에서 흘러나오는 시냇물처럼, 자연주의(naturalism)가 그것에서 나오는 믿음 이외에 무엇이 있겠습니까? 그리고 영적인 것이 아닌, 이런 부류의 믿음은 교황이나 성자(a saint)를 믿는 믿음과 거의 다르지 않습니다. 여러분은 그의 시대에 그런 종류의 믿음에서 비롯된 예배에 관해서 말한 것을 잘 알고 있을 것입니다. 여러분에게 청하오니, 여러분 중에서 어느 분이든지 그 믿음이 어디에서 왔는지 말씀해 주시겠습니까? 그 믿음 안에 있는 구원에 속한 것들은 모두가 하나님에게서 직접 나온 것 아닙니까?" 라고 말하였습니다.
[3] 이 때, 수염이 없고, 가발을 쓰고, 그의 목에 옷깃을 세운, 왼쪽에 있었던 그의 동료들이 손벽을 치면서 소리를 질렀습니다. "귀하는 정말 현명하게 말씀을 잘 하셨습니다. 우리가 알고 있는 것은, 천계에서 우리에게 주지 않은 것은 아무것도 취할 수 없다는 것입니다. 만약에 그것이 믿음이 아니라면, 예언자가 우리에게 믿음이 어디에서 왔는지, 그 믿음이 무엇인지 말하게 하셨겠습니까? 믿음은 그 이외의 다른 것이 아니고, 그리고 다른 근원에서 올 수도 없습니다. 이것 이외의 믿음을 믿음이라고 말한다는 것은, 마치 하늘에 있는 어떤 별자리에 가서 그것에서 별 하나를 따가지고, 그것을 그의 주머니에 넣고서, 거기에서 내려오는 말을 타고 다니는 정도만큼, 불가능합니다" 라고 하였습니다. 그

가 이런 말을 한 것은 그들의 동료들로 하여금 이런 새로운 신념에 대해서 조소하기 위한 것입니다.

[4] 이런 말을 듣자, 긴 수염과 자연적인 생머리카락을 지닌, 오른쪽의 사람들은 화를 내었습니다. 그들의 하나가 자리에서 일어났습니다. 그는 비록 젊은 사람처럼 보였지만 나이가 많은 사람이었습니다. 왜냐하면 그는 천계에서 온 천사였는데, 거기에서는 나이 많은 자들도 젊기 때문입니다. 그는 이렇게 말하였습니다. "나는 당신의 믿음이 무엇인지 들었습니다. 그것은 그 설교대에 있는 사람이 그와 같이 과장해서 말한 것입니다. 그러나 그 믿음은 주님께서 부활하신 뒤, 주님의 무덤을 빌라도의 군인들이 다시 닫아버릴 때의 우리 주님의 무덤과 무엇이 다르겠습니까? 나는 그것을 잘 살피고, 검토하였지만, 그것 안에는 이집트의 마술쟁이들이 기적을 행할 때 쓰던, 요술 방망이 이외에는 아무것도 보지 못하였습니다. 사실 겉으로는 여러분의 눈에는 여러분의 믿음이 마치 여러 가지 보석들로 꾸민 금으로 만든 성체용기(聖體容器 · shrine)처럼 보이겠지만, 그러나 그 용기를 열어보면, 그것의 구석에는 교황의 유골에서 비롯된 아주 작은 먼지를 제외하면 아무것도 없을 것입니다. 그것은 교회가 이와 동일한 믿음을 가지고 있기 때문이고, 그리고 또한 오늘날 그들에게서도 그것은 마치 외적인 거룩함들(external sanctities)로 덧씌워 있기 때문입니다. 만약에 내가 더 자세하게 여러 가지 비교들로 설명, 언급한다면 여러분의 믿음은 마치 성화(聖火 · the sacred fire)을 꺼뜨렸기 때문에 생매장을 당한 고대의 처녀(a vestal virgin)와 같다고 하겠습니다. 그리고 내가 확신할 수 있는 것은, 내 눈에는 마치 모세가 여호와 앞에 불려 나아가느라고 시내 산에 올라갔을 때, 이스라엘 자손들이 그 주위에서 춤을 추는 금송아지 신상과 같습니다.

[5] 내가 여러분의 믿음에 관해서 언급하면서 이런 비교들을 사용한다는 것에 놀라지 마십시오. 왜냐하면 우리들은 천계에서 믿음에 관해서 그렇게 언급하고 있기 때문입니다. 다른 한편, 현재에도 그렇고, 과거에도 그러하였고, 미래에도 영원히 그러할 우리의 믿음은 주님을 하나님 구세주(God the Saviour)로 믿는 믿음인데, 그분의 인성은 신령하고, 그분의 신성은 인성(Human)이라는 것입니다. 따라서 그것은 사람이 영접, 수용하기에 적합한 믿음이고, 그리고 그것에 의하여 신령 영적인 것(the Divine spiritual)은 사람의 자연적인 것에 합일(合一)하였고, 그리고 영적

인 믿음은 자연적인 것 안에 형성되었고, 따라서 자연적인 우리의 믿음이 그것 안에 있는 영적인 빛으로 말미암아 이른바 투명한 것(transparent)이 되었습니다. 우리의 믿음을 형성하고 있는 진리들은 성경책에는 헤아릴 수 없을 만큼 수도 없이 많이 있습니다. 그리고 이런 진리들은 마치 하늘의 별들과 같아서, 그것들의 빛에 의하여 우리의 믿음은 아주 명료하게 되고, 그리고 그 빛은 믿음에게 형체를 제공합니다. 사람은 자신의 자연적인 빛에 의하여 성경말씀에서 이 믿음을 터득, 취하게 되는데, 그 자연적인 빛 안에는 지식(knowledge) · 사상(thought) · 종지(宗旨 · persuasion)가 내재해 있습니다. 그러나 주님께서는, 주님을 믿는 사람 안에서 그것이 확신(conviction) · 신뢰(trust) · 신임(confidence)이 되게 하십니다. 따라서 믿음은 영적 자연적인 것(spiritual-natural)이 되고, 그리고 인애(仁愛 · charity · 이웃사랑)에 의하여 살아 있는 믿음(living faith)이 됩니다. 우리에게서 이 살아 있는 믿음은 거룩한 예루살렘 성벽의 보석들과 같은 온갖 보석들로 치장한 여왕(女王 · queen)과 같습니다.

[6] 그러나 내가 말한 것이 그저 단순하게 떠버린 것들이고, 전혀 일고(一考)의 가치도 없는 그런 것들에 지나지 않는다고 생각하시지 말아주시기 위하며 나는 거룩한 성경말씀에서 몇 장절들을 여러분에게 읽어드리겠습니다. 이 장절들에게서 우리의 믿음은, 여러분이 생각하는 것과 같이, 그저 한 사람 안에 있는 그런 믿음이 아니고, 오히려 참되신 하나님 안에 있는 믿음이라는 것을 명확하게 인지(認知)하시기를 바랍니다. 그분 안에는 전적으로 신령한 것만 있습니다. 요한은 이렇게 선언하고 있습니다. 요한1서의 말씀입니다.

> 이분(=예수 그리스도)이 참 하나님이시오, 영원한 생명이십니다(요한1서 5 : 20).

사도 바울은 이렇게 선언합니다. 골로새서의 말씀입니다.

> 그리스도 안에서는 하나님의 모든 신성이 몸이 되어서, 충만하게 머물러 있습니다(골로새 2 : 9).

사도행전의 말씀입니다.

> 나(=바울)는 유대 사람에게나 그리스 사람에게나 똑같이, 회개하고 하나님께로 돌아와야 하고, 우리 주 예수를 믿어야 한다고 증언하였습니다(사도행전 20 : 21).

주님께서 친히 하신 말씀입니다. 마태복음서의 말씀입니다.

> 예수께서 다가와서, 그들에게 말씀하셨다. "나는 하늘과 땅의 모든 권세를 받았다"(마태 28 : 18).

여기에 인용된 장절은 지극히 적은 것일 뿐입니다.

[7] 이 일이 있은 뒤 천사는 나를 보고서 이렇게 말하였습니다. "귀하께서 소위 복음주의자들이라고 불리우는 자들이 주님 구세주에 관해서 믿는 것이 무엇인지 알고 계실 것이고, 그리고 또는 그들이 믿기를 기대하는 것이 무엇인지 아시고 있겠지요. 바라건대, 그들이 그분의 인성이 그저 단순한 인간적인 것이라고 믿을 만큼 어리석은 것인지 아닌지, 또는 그들이 신성에 속한 어떤 것을 주님의 속성으로 돌리는 것은 아닌지, 또는 어떠한지, 우리가 잘 알 수 있게 이런 것들에 속한 내용들을 말씀해 주십시오" 라고 하였습니다.

그 때 그 모인 무리에게 나는 1756년 라이프치히(Leipsic)에서 발행된 《일치신조》(the Formular Concordia)라고 부르는 그들의 표준 교리서에서 아래와 같은 몇 구절들을 읽어 주었습니다. 그리스도 안에 있는 신령 속성들(the Divine Natures)과 신령인간 속성들(the Human Natures)은 한 인격(one person)이 되기 위하여 합일(合一)되어 있다(그 책 606 · 767쪽 참조). 그리스도는, 나뉘어지지 않는 한 인격으로, 진정한 하나님이시고, 진정한 사람(Man)이시고, 따라서 영원히 그와 같이 남아 있으신다(같은 책 609 · 673 · 762쪽 참조). 그리스도 안에서 하나님은 사람(Man)이시고, 사람(Man)은 하나님이시다(같은 책 607 · 765쪽 참조). 그리스도의 인간성정(Christ's Human Nature)은 모든 신령권위(all Divine Majesty)에까지 올리워지셨다. 이러한 사실은 수많은 신부들에게서 비롯되었다(같은 책 844-852 · 860-865 · 869-878쪽 참조). 그분의 인간성 정의 측면에서 그리스도는 편재(偏在 · omnipresent)하시고, 그리고 모든 것들에 충만하시다(같은 책 768 · 783-785쪽 참조). 그분의 인간성정의 측면에서 그리스도 안에는 하늘과 땅의 모든 권세가 있다(같은 책 775 · 776 · 780쪽 참조). 그의 인간성정의 측면에서 그리스도는 아버지의 오른쪽에 앉아 있다(같은 책 608 · 764쪽 참조). 그의 인간성정의 측면에서 그리스도는 기도를 받으시고, 그리고 그 사실은 성경에서 비롯된 많은 인용들에 의하여 입증되었다(같은 책 226쪽 참조). 특히 아우구스티누스 신앙고백(Augustan Confession)은 이 교리를 지지하고 찬성한다(같은 책 19쪽 참조).

[8] 내가 이런 페이지들을 읽었을 때 나는 회중을 향해서, 이렇게 말하였습니다. "나는, 여기에 계신 모든 분들께서 자연계 안에 있는 여러분과 걸맞는 상대들과 제휴(提携)하시고 있다는 것을 잘 알고 있습니다. 원하옵건대 내게 말씀해 주십시오. 여러분께서는 누구와 제휴하고 있으십니까?" 라고 하였습니다.

그는 근엄한 음성으로 대답하였습니다. "내가 하겠습니다. 나는 존경받는 사람과 친분을 맺고 있는데, 그분은 교회 안에 있는 저명한 사람들의 무리에 속한 존경받은 지휘관입니다."

그가 그와 같이 근엄한 음성으로 대답하였기 때문에, 나는 "그 유명한 지휘관이 사시고 있는 곳이 어디인지 알고 계시면 말씀해 주시겠습니까?" 라고 말하였습니다.

그는 대답하였습니다. "나는 알고 있습니다. 그는 지금 루터의 무덤에서 멀지 않은 곳에 살고 있습니다" 라고 하였습니다.

이 말을 듣고, 나는 미소를 지으면서, "귀하께서는 왜 무덤이라는 말을 언급하셨습니까? 귀하께서는 루터가 다시 살아나셔서, 그분께서는 지금 영원부터 계신 세 신령 인격들(three Divine persons)을 믿는 믿음에 의한 칭의의 그분의 그릇된 개념들을 단념(斷念), 포기하셨고, 그리고 그러므로 새로운 하늘에 있는 축복받은 자들과 함께 있으면서, 자기 뒤를 미친 듯이 추종(追從), 따르는 자들을 보시고, 조소(嘲笑)하고 계신다는 것을 모르고 계십니까?" 라고 말하였습니다.

그는, "나는 잘 알고 있습니다. 그런데 그것이 나와 무슨 상관이 있습니까?" 라고 대답하였습니다.

그 때 나는, 그의 음성과 꼭 같이, 근엄한 음성으로 그에게 이렇게 일 갈(一喝)하였습니다. "귀하가 이것으로 그와 친분을 가지고 있는 그 유명한 사람에게, 구세주 우리 주님의 예배에 거슬러서 그리고 동시에 그의 교회의 정통 교리에 반대하여 책을 저술하고, 그리고 주님에게서 그분의 신성을 박탈, 도둑질한 것에 대한 두려운 생각이 있는지 없는지, 격려, 영감을 주십시오. 그리고 또한 그가 책을 저술할 때 펜으로 밭고랑을 만들고, 부지불식간에 자연주의의 씨를 파종(播種)하였다는 것을 깨닫게 하십시오" 라고 하였습니다.

이 물음에 그는 이렇게 대답하였습니다. "나는 그 일을 할 수 없습니다. 왜냐하면 그분과 나는 이 문제에 대해서는 거의 한 마음이었기 때문입니다. 그러나 내가 말할 수 있는 것은 그는 그것을 이해하지 못한다는 것입니다. 이에 반하여 그가 말하는 것을 나는 명확하게 이해한다는 것입니다" 라고 하였습니다. 이렇게 생각하는 것은 영계는 자연계에 들어가서, 거기에 있는 사람들의 생각을 지각하지만, 그러나 그 반대는 아니기 때문입니다. 그리고 이런 것이 영들과 사람들의 사귐(=제휴)의 조건입니다.

[9] 내가 거기의 대표와 이야기하는 것이 시작되었기 때문에, 그리고 나는 계속해서 "만약에 여러분께서 허락, 용인된다면 나는 다른 질문을 하나를 드리고 싶습니다. 이른바 ≪일치신조≫(一致信條)라고 하는 그들의 교회의 편람(便覽 · manual)에서 그리스도 안에서 하나님은 사람(Man)이시고, 사람(Man)은 하나님이시다, 그리고 그분의 신성(His Divine)과 그분의 인성(His Human)은 현존하시고, 그리고 이들은 나뉘지 않는 불가분의 존재로 영원히 남아 있을 것이라는, 이른바 복음주의자들의 정통교리를 알고 있는지를 물었습니다. 그렇다면 그분과 귀하 두 분께서는 자연주의로 주님의 예배를 어떻게 더럽힐 수 있습니까?" 라고 말하였습니다.

이 물음에 그는 "나는 그것을 알고 있고, 그리고 그럼에도 불구하고 그것을 모르고 있습니다" 라고 대답하였습니다. 그래서 나는 계속해 말을 하였습니다. "그는 지금 이 자리에 안 계시지만, 나는 그분에게, 그리고 그분의 자리에 있는 귀하에게 묻겠습니다. 우리 주님 구세주께서는 어느 분에게서 그분의 영혼(His soul)을 얻으셨습니까? 만약에 귀하께서 어머니에게서라고 대답하신다면, 귀하께서는 분별이 없으신 것

(irrational)이고, 그리고 만약에 요셉에게서라고 대답하신다면, 귀하께서는 성경말씀을 부인, 모독하는 것이고, 그리고 만약에 성령(the Holy Spirit)에게서라고 한다면, 당신이 뜻하는 성령이 신령발출이나 역사(役事)하시는 것을 뜻한다면, 귀하께서는 올바르게 말씀한 것입니다. 만약에 따라서 그분이 여호와 하나님의 아들(the Son of Jehovah God)을 뜻한다면 바르고 참되게 말씀하신 것입니다.

[10] 나는 재차 물었습니다. 실체의 합일(=위격의 합일 · the hypostatic union)이 무엇입니까? 만약에 귀하께서 그것이 두 인격들(two persons), 즉 상급 존재(a superior)와 하급 존재(an inferior) 사이의 합일이라고 대답하신다면 역시 귀하는 분별이 없으신 것입니다. 왜냐하면 그렇게 한다면 귀하께서는 하나님 구세주(God the Saviour)를 두 인격들로 나누는 것이고, 그것은 마치 귀하께서 하나님을 셋(three)으로 나누는 것이기 때문입니다. 그러나 만약에 귀하께서, 마치 영혼과 몸(soul and body)의 합일과 같이, 한 인격적인 합일(a personal union)을 뜻한다면 귀하께서는 바르게 말씀하신 것입니다.

이것이 귀하의 교리와 조화되는 것이고, 그리고 또한 교부들의 교리와 조화되는 것입니다. 귀하께서 ≪일치신조≫를 참조하여 보시고(같은 책 765-768쪽 참조), 그리고 이런 말이 언급된 아타나시우스 신조(the Athanasian creed)를 참조해 보십시오. '참된 믿음은 이것이니, 우리 주님 예수 그리스도께서는 하나님이시고, 사람(Man)이시다는 것을 우리가 믿고 고백한다는 것이고, 그리고 그분께서 비록 하나님이시고, 사람(Man)이시지만, 그럼에도 불구하고 둘이 아니고, 한 분 그리스도(one Christ)이시고, 그리고 본질의 혼동(confusion of substance)이 아니고, 인격의 단일성(unity of Person)에 의한 전적인 한 분이시라는 것입니다. 왜냐하면 합리적인 영혼과 육체는 한 사람인 것과 같이, 따라서 하나님과 사람(God and Man)은 한 분 그리스도(one Christ)이시기 때문입니다.'

[11] 나는 더 물었습니다. 니케아 종교회의는 콘스탄틴 대제가 그 가증한 아리우스파의 이단사절(the damnable heresy of Arius)인 주님의 인성의 신성성의 부인(his denial of the Divinity of the Lord's Human) 때문에 소집, 열린 것 아닙니까? 더욱이 예레미야서에 언급된 이런 말씀을 어떻게 이해하시는지 말씀해 주십시오. 예레미야서의 말씀입니다.

내가 다윗에게서 의로운 가지가 하나 돋아나게 할 그 날이 오고 있다.……
그는 왕이 되어 슬기롭게 통치하면서, 세상에 공평과 정의를 실현할 것이
다.…… 사람들이 그 이름을 '우리를 공의로 다스리시는 주'라고 부를 것이다
(예레미야 23 : 5, 6 ; 33 : 15, 16).

만약에 당신께서 영원 전부터 탄생한 아들(a Son born)을 말한다면, 당신은 분별이 없는 사람입니다. 그 아들은 속량주(the Redeemer)가 아닙니다. 그러나 만약에 시간 안에 탄생한 아들(the Son born in time)인 하나님의 독생자(the only-begotten Son of God)를 말한다면(요한 1 : 18 ; 3 : 16), 당신은 바르게 말한 것입니다. 그는(He) 속량을 통하여 여러분이 여러분의 믿음을 그것 위에 세우는 의(義 · the righteousness)가 되셨습니다. 또한 이사야서 9장 6절과 그리고 여호와 당신께서 이 세상에 오신다고 예언된 그 밖의 여러 장절들을 읽어 보십시오"라고 말하였습니다.

이 말에 대표자는 침묵을 하였고, 뒤돌아섰습니다.

[12] 이런 일이 일어난 뒤 대표자는 기도하는 것으로 그 회의를 마치고 싶었습니다. 그러나 바로 그 때 왼쪽에 있는 무리에서, 머리에 터번을 쓰고, 그 위에 모자를 쓴 어떤 자가 갑자기 뛰쳐나왔습니다. 그는 손가락으로 자신의 모자를 만지면서, 이렇게 말하였습니다. "나 역시 여러분의 세계에 있는 어떤 사람과 친분을 가지고 있습니다. 그는 거기에서 대단한 명예로운 지위에 있습니다. 내가 이것을 안 것은, 내가 마치 나 자신으로 말미암아 말하는 것처럼, 그로 말미암아 말하기 때문입니다"라고 하였습니다.

나는 그렇게 훌륭한 분이 사시는 곳이 어디입니까? 라고 물었습니다.

그는 "그가 사는 곳은 고텐버그(Gottenburg)입니다. 나는 언젠가 그분으로 말미암아 귀하의 새로운 교리들을 마호메트교가 선호한다는 것을 생각하였습니다"라고 대답하였습니다.

나는 내가 이 말을 들었을 때 사도 교부들(the Apostolic Fathers)이 서 있는, 오른쪽에 있는 자들 모두가 깜짝 놀라는 것을 보았고, 그들의 얼굴 모습이 크게 변하는 것을 보았습니다. 그리고 나는 그들의 입을 통해서 그들의 마음 속에서 솟아나오는 것 같은, 절규(絶叫)와 외침들을

들었습니다. "아, 이 얼마나 끔찍한 일인가!" "이 얼마나 무서운 세대인가!"
그러나 나는 그들의 정당한 분노를 진정시키기 위하여 손을 뻗어서 손사래를 치면서, 내가 하는 말에 귀 기울여 경청하기를 간청하였습니다. 그 간청이 허락되어서, 나는 이렇게 말하였습니다. "내가 알고 있는 것은, 어떤 저명한 인사가 그들에게 편지를 썼고, 그 뒤에 그 내용이 인쇄된 것을 알고 있습니다. 그러나 만약에 그 때 그가 그것이 신을 모독하는 불경(不敬)스러운 것이라는 것을 알았다면, 그는 그 편지를 갈기갈기 찢어서, 불에 던져 태웠을 것입니다. 그와 같은 비난(非難)이나 불명예스러운 것(slander)은 유대 사람에게 하신 주님의 말씀이 뜻하는 바로 그것과 같습니다. 그들은, 그리스도께서 오직 신령능력(Divine power)에 의하여 여러 이적과 기사를 행하셨을 때 그런 말씀을 하셨습니다(마태 12:22-32). 이 장절들에 주님께서 거기에서 하신 말씀을 부가하겠습니다. 마태복음서의 말씀입니다.

> 나와 함께 하지 않는 사람은 나를 반대하는 사람이요, 나와 함께 모으지 않는 사람은 헤치는 사람이다(마태 12:30).

이런 말씀을 듣자 유명한 사람과 친분을 가지고 있다는 사람은 얼굴을 떨구었습니다. 그러나 그는 곧 나를 쳐다보면서 이렇게 말하였습니다. "나는 지금까지 당신이 한 말보다 더 고약한 말은 들어본 적이 없습니다" 라고 하였습니다.
그러나 나는 더 계속해서 말하였습니다. "이 비난에는 두 가지가 문제입니다. 하나는 자연주의(naturalism)이고, 또 하나는 마호메트교입니다. 이것들은 사악한 거짓말이고, 교활한 창작물들(crafty inventions)입니다. 이들 치명적인 두 오점(汚點)들은, 사람의 의지를, 그리고 주님의 거룩한 예배에서 편견에 기울게 하고, 사람들을 단념시키기 위하여 날조(捏造)한 것들입니다" 라고 하였습니다. 그리고 나는 친분을 가진 영을 향해서 이렇게 말하였습니다. "고텐버그에 계신 분에게 말씀하십시오. 만약에 그가 가능하다면 주님께서 묵시록 3장 18절과 2장 16절에 말씀하신 것을 읽으시라고 하십시오" 라고 하였습니다.
[13] 이런 지적에 대해 소란이 일어났습니다. 그러나 그 왼쪽에 있는

무리의 대다수는 오른쪽의 무리에로 옮겨갔습니다. 다만 천박하게 생각했던 자들만 남았습니다. 그러므로 주님을 단순한 인간으로 생각했던, 어떤 선생의 말을 신뢰했던 자들만 남게 되었습니다. 천계에서 내려온 빛은, 이들 두 부류의 계층들로 말미암아 반사(反射)되어, 왼쪽에서부터 오른쪽으로 옮겨간 자들에게 비추어졌습니다.

제 3 장

성령과 신령역사
(the Holy Spirit and the Divine Operation)

138. 우리의 구세주 주님의 올바른 개념을 소중하게 마음에 간직했던 성직자들은 그들이 영계에 들어올 때, 이런 일은 일반적으로 죽은지 셋째 날에 일어나는데, 제일 처음에는 신령 삼일성(the Divine trinity)에 관해서, 그리고 특별하게는 성령(the Holy Spirit)에 관해서 교육을 받습니다. 여기서 성령은, 그 낱말만으로는 하나님은 아니지만, 그러나 성경 말씀에서 성령이 뜻하는 것은, 한 분, 무소부재 하시고, 하나님에게서 발출하는 신령역사(神靈役事 · 神靈活動 · the Divine operation)를 가리킵니다. 그들은 이와 같이 성령에 관해서 교육을 받았습니다. 그것은 그들 자신이 죽은 뒤에 성령이 된다고 믿는 미치광이 같은 망상에 빠져 있는, 광신자들이기 때문입니다. 그리고 또한 그들이 이 세상에 사는 동안 성령이 그들을 통해서 말씀하신다는 것을 맹신하는 그 교회에 속한 수많은 자들은 마태복음서에서 주님께서 말씀하신 말씀을 가지고, 즉 "성령을 모독하는 것은 용서를 받지 못할 것이다. 또 누구든지 인자를 거역하여 말하는 사람은 용서를 받을 것이다. 그러나 성령을 거역하여 말하는 사람은, 이 세상에서도 오는 세상에서도 용서를 받지 못할 것이다"(마태12 : 31, 32)는 말씀을 가지고 겁주고 위협(威脅)하기 때문입니다. 이와 같은 교육을 받은 뒤 성령이 한 분 하나님이라는 신념을 포기한 자들은, 그 뒤에는 아타나시우스 신경에 따라서 하나님의 단일성(the unity of God)은 하나님과 주님으로 따로 따로 분리하여, 세 인격들로 나뉘어지지 않고, 주님 구세주 안에 있는 마치 영혼과 몸과 모든 사람 안에 있는 발출하는 에너지가 하나인 것과 같이, 신령 삼일성(神靈三

一性・the Divine trinity)이라는 것입니다. 그 뒤 이것은 그들로 하여금 천계에 속한 믿음을 영접, 수용을 준비하게 합니다. 그리고 그와 같이 준비되었을 때 동일한 믿음이 지배하는 천계의 한 사회에로 가는 길이 열립니다. 그리고 그들의 형제들 가운데 있는 주거가 그들에게 주어지고, 그리고 형제들과 함께 그들은 영원한 지복(至福) 가운데 삶을 삽니다. 우리는 이미 앞에서 하나님 창조주와 주님 구세주에 관해서 다루었기 때문에 지금 여기서 필수적으로 다루어야 하는 것은 성령(聖靈・the Holy Spirit)에 관한 것이고, 그리고 이 주제는 다른 주제들이 다루어질 때와 같이 적절한 명제들 아래에서 아래와 같이 다루어지겠습니다.

(1) 성령은 신령진리(the Divine Truth)이고, 그리고 또한 그분 안에 신령삼일성으로 계시는 한 분 하나님에게서, 다시 말하면 주님 하나님 구세주에게서, 발출하는 신령에너지(the Divine Energy)이고, 신령역사(=신령활동・the Divine Operation)이다.

(2) 성령이 뜻하는 신령에너지나 신령역사(=신령활동)들은 일반적으로는 개혁(改革・reformation)과 중생(重生・regeneration)을 가리키고, 그리고 이것들과 일치하는 혁신(renovation)・갱생(vivification)・성화(sanctification)・칭의(justification)를 가리키고, 그리고 후자들과 일치하는 악들로부터의 정화(purification)와 죄들의 용서(forgiveness of sins), 그리고 최종적으로는 구원(salvation)을 가리킨다.

(3) "성령의 보내심"(the sending of the Holy Spirit)이 뜻하는 신령에너지와 신령역사(=신령활동)는 특히 선지자에게는 조요(照耀・enlightenment)와 교육(敎育・instruction)이다.

(4) 주님께서는 그분을 믿는 자들 안에서 이들 에너지들을 활동적으로 만드신다.

(5) 주님께서는 아버지(聖父・the Father)로 말미암아 자기 스스로 역사(役事・活動)하신다.

(6) 사람의 영(the spirit of man)은 그의 마음을 가리키고, 그리고 그의 마음에서 발출한다.

139. (1) 성령(聖靈・the Holy Spirit)은 신령진리(the Divine truth)이고, 그리고 또한 그분 안에 신령삼일성(神靈三一性・the Divine Trinity)으로 계시는 한 분 하나님에게서, 다시 말하면 주님 하나님 구세주(the Lord God the Saviour)에게서, 발출(發出)하는 신령에너지(the Divine Energy

이고, 신령역사(=신령활동 · the Divine Operation)이다.
성령(聖靈 · the Holy Spirit)은 엄밀하게는 신령진리(the Divine truth)를 뜻하고, 따라서 성언(聖言 · 말씀 · the Word)을 뜻합니다. 이런 뜻에서 주님 당신은 성령이십니다. 그러나 오늘날 교회에서는 실제적인 칭의(稱義 · actually justification)를 가리키는 신령역사(=신령활동 · the Divine operation)을 성령(the Holy Spirit)이 뜻하기 때문에, 여기서는 그 신령역사(=활동 · 役事 · 活動)를 성령으로 해석하고, 그리고 이런 뜻에서 성령은 다루어지겠습니다. 여기서 이렇게 다루어지는 것에는 여러 이유들이 있겠습니다. 신령역사(=신령활동 · the Divine operation)는 주님에게서 나오는 신령진리에 의하여 이루어지기 때문입니다. 그리고 나오는 것은 그것이 발출하는 근원이 그분에게 있는 한 존재이고, 그리고 동일한 본질이기 때문입니다. 예를 들면 그것은 세 실체(three things)인데, 즉 영혼(soul)과 몸(body), 그리고 그것들에서 발출하는 것 등입니다. 이것들은 모여서 하나의 본질을 형성합니다. 사람 안에서 그 본질은 순수한 인간적(purely human)이지만, 그러나 주님 안에서는 동시에 신령적(Divine)이고 인성적(Human)이십니다. 그리고 영광화 뒤에 이것들은 선재하는 것(prior)이 그것의 후래하는 것(its posterior)과 같이 합일하였고, 또한 본질이 그것의 형체(its form)와 같이 합일하였습니다. 따라서 이른바 아버지(Father) · 아들(Son) · 성령(Holy Spirit)이라는 세 본질들(three essentials)은 주님 안에서 하나(one)입니다.
[2] 주님께서 신령진리 자체이시고, 또한 신령진실(神靈眞實 · the Divine verity)이시라는 것은 이미 앞에서 입증되었습니다. 성령이 동일한 것이라는 것은 아래의 인용 장절들에서 명확합니다. 구약의 말씀입니다.

> 이새의 줄기에서 한 싹이 나며
> 그 뿌리에서 한 가지가 자라서
> 열매를 맺는다.
> 주의 영이 그에게 내려오신다.
> 지혜와 총명의 영,
> 모략과 권능의 영,
> 지식과 주를 경외하는 영이

그에게 내려오시니……
가난한 사람들을 공의로 재판하고,
세상에서 억눌린 사람들은
바르게 논죄한다.
그가 하는 말은 몽둥이가 되어
잔인한 자를 치고,
그가 내리는 선고는
사악한 자를 사형에 처한다.
그는 정의로 허리를 동여매고
성실로 그의 몸의 띠를 삼는다.
(이사야 11 : 1, 2, 4, 5)
원수가 강물처럼 몰려오겠으나,
주의 영이 그들을 물리치실 것이다.
주께서 시온에 속량자로 오시고,
야곱의 자손 가운데서
죄를 회개한 사람들에게 오신다.
(이사야 59 : 19, 20)
주께서 나에게 기름을 부으시니
주 하나님의 영이 나에게 임하셨다.
주께서 나를 보내셔서,
가난한 사람들에게 기쁜 소식을 전한다.
(이사야 61 : 1 ; 누가 4 : 18)
내가 그들과 맺은 나의 언약은 이러한다.
너의 위에 있는 나의 영과
너의 입에 담긴 나의 말이,
이제부터 영원토록,
너의 입과 너의 자손의 입과
또 그 자손의 자손의 입에서
떠나지 않을 것이다.
(이사야 59 : 21)

[3] 주님께서 진리 자체이시기 때문에 주님에게서 나오는 모든 것은 진리입니다. 그리고 이것이 바로, 진리의 영(the Spirit of truth)과 성령이라고 불리신 보혜사(保惠師 · the Comforter)가 뜻하는 것입니다. 이러한 내용은 아래의 장절들에게서 명확합니다, 요한복음서의 말씀입니다.

내가 너희에게 진실을 말하는데, 내가 떠나가는 것이 너희에게 유익하다. 내가 떠나가지 않으면, 보혜사가 너희에게 오시지 않을 것이다. 그러나 내가 가면, 보혜사를 너희에게 보내주겠다(요한 16 : 7).

그분 곧 진리의 영이 오시면, 그가 너희를 모든 진리 가운데로 인도하실 것이다. 그는 자기 마음대로 말씀하시지 않으시고, 듣는 것만 일러주실 것이요, 앞으로 올 일들을 너희에게 알려 주실 것이다(요한 16 : 13).

그는 나를 영광되게 하실 것이다. 그가 나의 것을 받아서, 너희에게 알려 주실 것이기 때문이다. 아버지께서 가지신 것은 다 내 것이다. 그렇기 때문에 내가, 성령이 나의 것을 받아서 너희에게 알려 주실 것이라고 말하였다(요한 16 : 14, 15).

내가 아버지께 구하겠다. 그러면 아버지께서 다른 보혜사를 너희에게 보내셔서, 영원히 너희와 함께 있게 하실 것이다. 그분은 진리의 영이시다. 세상은 그분을 보지도 못 하고 알지도 못하므로, 그분을 맞아들일 수가 없다. 그러나 너희는 그분을 안다. 그것은 그분이 너희와 함께 계시고 또 너희 안에 계시기 때문이다. 나는 너희를 고아처럼 버려 두지 않고, 너희에게 다시 오겠다.…… 그러나 너희는 나를 보게 될 것이다(요한 14 : 16-19).

그러나 보혜사, 곧 아버지께서 내 이름으로 보내실 성령께서, 너희에게 모든 것을 가르쳐 주시고, 또 내가 너희에게 말한 모든 것을 생각나게 하실 것이다(요한 14 : 26).

[4] "보혜사" 또는 "성령"이 주님 당신을 뜻한다는 것은, 이 세상이 아직은 그분을 알지 못하지만 이라고 하신 주님의 말씀에서 아주 명확합니다. 요한복음서에서는 이렇게 말씀하셨습니다. "그러나 너희는 그분을 안다.…… 나는 너희를 고아처럼 버려 두지 않고 너희에게 다시 오겠다.…… 너희는 나를 보게 될 것이다"(요한 14 : 16-19)라는 말씀입니다. 또 다른 복음서의 말씀입니다.

보아라, 내가 세상 끝 날까지 항상 너희와 함께 있을 것이다(마태 28 : 20).

이 말씀에서도, "그는 자기 마음대로 말씀하시지 않으시고, 듣는 것만 일러주실 것이요, 앞으로 올 일들을 너희에게 알려 주실 것이다(요한 16 : 13)는 말씀이 뜻하는 것을 우리가 잘 알 수 있겠습니다.

140. 그 때 성령은 신령진리를 뜻하고, 그리고 신령진리가 주님 안에

제 3 장 · 성령과 신령역사

있기 때문에, 성령은 주님 당신을 뜻합니다(요한 14 : 6). 그리고 그럼으로 성령은 다른 근원에서 발출될 수 없기 때문에 이렇게 언급되었습니다. 요한복음서의 말씀입니다.

> 예수께서 아직 영광을 받지 않으셨으므로, 성령이 아직 사람들에게 와 계시지 않았다(요한 7 : 39).

영화되신 뒤, 즉 영광을 받으신 뒤에는 이렇게 언급되었습니다. 역시 요한복음서의 말씀입니다.

> 이렇게 말씀하신 뒤에, 그들에게로 숨을 내뿜으시고 말씀하셨다. "성령을 받아라"(요한 20 : 22).

주님께서 제자들에게 숨을 내뿜으시고, 이렇게 말씀하신 것은 "숨을 내쉰다"(=숨을 내뿜는다)는 것은 "숨을 내 뿜음"(呼氣 · 내쉬는 숨 · breathing upon · aspīrátĭo)은 신령영감(神靈靈感 · inspirátĭo · 숨 들이쉼 · 吸氣 · the Divine-breathing-into)의 표징의 외적인 양식(an outward symbol)이기 때문입니다. "숨을 들이 쉼(breathing-into)은 천사적인 사회들에의 삽입(揷入 · insertion)을 실행, 완수합니다. 이상의 여러 사실에서 볼 때 주님의 수태(受胎)에 관한 천사 가브리엘이 언급한 것이 무엇을 뜻하는지 이해할 수 있겠습니다. 누가복음서의 말씀입니다.

> 천사가 마리아에게 말하였다. "성령이 네게 임하시고, 가장 높으신 분의 능력이 너를 감싸 줄 것이다. 그러므로 태어날 아기는 거룩한 분이요, 하나님의 아들이라고 불릴 것이다"(누가 1 : 35).

또 마태복음서의 말씀입니다.

> 주의 천사가 꿈에 그에게 나타나서 말하였다. "다윗의 자손 요셉아, 두려워하지 말고, 마리아를 네 아내로 맞아 들여라. 그 몸에 잉태된 아기는 성령으로 말미암은 것이다."…… 그러나 아들을 낳을 때까지, 아내와 잠자리를 같이하지 않았다(마태 1 : 20, 25).

여기에서 "성령"(the Holy Spirit)은 여호와 아버지에게서 발출하는 신령 진리(the Divine truth)를 뜻합니다. 그리고 이 발출된 것은 그 때 어머니를 감싼 가장 높으신 분의 능력을 가리킵니다. 그러므로 이 말씀은 요한복음서의 말씀과 일치합니다. 그 책의 말씀입니다.

> 그 말씀은 하나님과 함께 계셨다. 그 말씀은 하나님이셨다.…… 말씀이 육신이 되어 우리 가운데 사셨다(요한 1 : 1, 14).

여기서 "말씀"(the Word)이 신령진리를 뜻한다는 것은 위에서 "새로운 교회의 믿음"에 관해서 언급된 것을 참조하십시오(본서 3항 참조).

141. 신령 삼일성(神靈三一性)이 주님 안에 있다는 것은 이미 앞에서 입증하였습니다. 그리고 이 후에는 그 주제가 더 구체적으로 다루어질 때에는 충분하게 설명, 언급되겠습니다. 그러나 지금 그 삼일성을 복수 인격들로 분할하는 것에서 빚어지는 몇몇 모순(矛盾)들을 여기서 지적하고자 합니다. 이런 부류의 삼일성은 마치 어떤 교회의 한 목사가 설교단에서 반드시 믿고, 행하여야 할 것을 가르칠 때, 그 목사 옆에 서서 그의 귀에다 대고 "귀하는 진실을 말씀하십니다, 더 계속 하십시오"라고 부추기는 목사와 같고, 그리고 설교단의 계단에 서 있는 또 다른 목사는 제삼자들에게 "교회당으로 들어가셔서 청중들의 귀를 여시고, 그들의 마음밭에 이런 것들을 폭포수처럼 쏟아 부으십시오. 그러면 그들은 정결하고, 거룩하게 되고, 그리고 의(義)의 보증이 될 것입니다"고 말하는 것과 같습니다. 재차 말하면, 세 인격들로 나뉘어진 세 인격들의 각각이 한 분 하나님이고 한 분 주님을 가리키는 소위 신령 삼일성(a Divine trinity)은 마치 우리의 태양계 안에 있는 유일한 태양을 세 태양으로 나누어서, 하나는 높은데, 다른 하나는 그 곁에 두고, 그리고 셋째 태양은 그것들 아래에 두는 것과 같은데, 이들 세 태양에서 아래에 있는 셋째 태양은 천사들이나 사람들에게 그것의 광선을 내리쬐고, 그리고 다른 두 개의 태양의 열과 빛을 그들의 마음들이나 심장들이나, 몸들에게 모든 능력을 날라다 주고, 그리고 마치 불꽃이 건류기(乾溜器・retort)에서 건류하듯이, 그것들을 태우고(enkindling), 정화하고, 정제, 순화(refining)합니다. 만약에 이런 일이 행해진다면 사람들이 잿가루 되듯이 불에 타 버린다는 것을 누가 모르겠습니까? 다시 말씀드리면,

천계에서 복수 세 신령 인격들(=신령 삼위일체)의 통치는 마치 한 나라에서의 세 임금들의 통치와 꼭 같고, 그리고 한 군대에서 동등한 권위를 가진 세 장군들이 명령하는 것과 같고, 시저(Caesar) 황제 이전 평민들의 집정관(a consulate) · 원로원(a senate) · 호민관(a tribunate)으로 구성된, 서로 권력을 나누어 가진 로마 제국의 정부와 아주 꼭 같습니다. 그렇지만 최고의 권위는 그들 모두에게 집약되어 있었습니다. 어느 누구가 이런 정부형태를 천계에 전래, 채용하는 것이 부조리(不條理)하고, 바보스럽고, 미친짓이라는 것을 모르겠습니까? 그러나 이런 부조리하고 어리석고 미친짓은, 최고의 집정관의 권위를 하나님 아버지에게 귀속시키고, 그리고 원로원(senate)의 권위를 아들에게 귀속시키고, 호민관의 권위를 성령에게 귀속시킬 때, 행해집니다. 그리고 이런 일은, 그분 자신(Himself)에게 있는 특유의 기능(a peculiar function)이 그 각각의 탓으로 돌릴 때 일어납니다. 그리고 특히 나누어 가질 수 없는 그들의 속성들은 이런 것에 부가될 때 그런 부조리하고 어리석은 일들은 행해집니다.

142. (2) 성령이 뜻하는, 신령에너지나 신령역사(=신령활동)들은 일반적으로는 개혁(改革 · reformation)과 중생(重生 · regeneration)을 가리키고, 그리고 이것들과 일치하는 혁신(renovation) · 갱생(vivification) · 성화(sanctification) · 칭의(justification)를 가리키고, 그리고 후자들과 일치하는 악들로부터의 정화(purification)와 죄들의 용서(forgiveness of sins), 그리고 최종적으로는 구원을 가리킨다.

그들의 질서 가운데 있는 이런 것들은, 주님을 믿고, 그리고 주님의 영접과, 그분의 거처를 위하여 스스로 조정, 순응하고, 준비, 처리하는 자들 안에서 주님께서 이루시는 에너지들이고, 역사(役事)요, 활동이십니다. 그리고 이런 일은 신령진리에 의하여 행해지고, 그리고 기독교인들에게서는 성경말씀(聖言 · the Word)에 의하여 이루어집니다. 왜냐하면 성경말씀(聖言)은, 사람이 그것을 통해서 주님에게 가까이 나아가는 유일한 매체(媒體)이기 때문이고, 그리고 주님께서는 그 매체를 통해서 사람에게 들어오시기 때문입니다. 왜냐하면, 앞에서 언급한 것과 같이, 주님께서는 신령진리 자체이시고, 그리고 주님에게서 발출하는 것은 무엇이나 신령진리이기 때문입니다. 그러나 신령진리는 반드시 신령선으로 말미암아 이해되어야 하는데, 그것은 마치 믿음이 인애(仁愛)에서 이해되는 것과 같습니다. 그 이유는 믿음은 진리 이외에 아무것도 아니고, 그리고 인애는 선함(goodness) 이외에 아무것도 아니기 때문입니다. 선에서 비롯된 신령진리에 의한다는 것은, 다시 말하면 인애에서 비롯된 믿음에 의한다는 것은, 사람이 그것에 의하여 개혁되고, 중생되며, 그리고 또한 신생되고, 생기를 얻고, 성화되고, 의롭게 되기 때문이고, 그리고 이런 것들의 진전이나 성장에 따라서 사람은 온갖 악들에게서 정화되고, 그리고 악들로부터의 정화는 온갖 죄들의 용서이기 때문입니다. 그러나 주님의 이와 같은 역사들(=활동들)은 지금 여기서 하나씩 하나씩 설명할 수는 없겠는데, 그것은 각자 각자 아는 성경말씀에 의하여 확증되고, 합리적으로 예증되는 각자의 고유 분석(its own analysis)에 대하여 소명(召命)되었기 때문입니다. 지금 여기는 그것을 위한 자리는 아닙니다. 그러므로 독자 제현들께서는 우리의 이 책에서 다루고 있는 인애(charity) · 믿음(faith) · 선택의 자유(free-will) · 회개(repentance) · 개혁(reformation) · 중생(regeneration)을 순서에 따라서 아래의 장들을 참조하시기 바랍니다. 그러나 반드시 이해하여야 할 것은, 이와 같은 구원의 은총들(these saving graces)은 모든 사람 안에서 주님에 의하여 계속적으로 역사한다는 것입니다. 그것은 그것들이 천계에 오르는 계단들이기 때문이고, 그리고 주님께서는 모두의 구원을 열망하시기 때문입니다. 따라서 모두의 구원은 주님의 목적이십니다. 하나의 목적을 원하는 사람은 그 방법들 역시 원합니다. 주님의 이 세상 강림, 속량, 그리고 십자가의 고난은 곧 사람의 구원을 위한 것입니다(마태 18:11 ; 누가 19:10). 그리고 사람의 구원은, 과거에도 있었고, 그리고 장차에도 있을 주님의 영원한 목적이기 때문에, 여기서 뒤이어지는 것은 앞에서 언급된 역사들(役事 · 활동들)은 중간목적들이고, 구원은 최종목적이라는 것입니다.

143. 이런 에너지들의 활동들은, 주님께서 주님을 믿고, 그리고 그분의 영접을 준비한 자들에게 보내시는 성령을 가리킵니다. 이러한 내용이 아래의 장절들에서 "영"(the spirit)이 뜻하는 것입니다. 구약의 말씀입니다.

> (내가) 너희에게 새로운 마음을 주고, 너희 속에 새로운 영을 넣어 주며, 너희 몸에서 돌같이 굳은 마음을 없애고, 살갗처럼 부드러운 마음을 주며, 너희

속에 내 영을 두어, 너희가 나의 모든 율례대로 행동하게 하겠다. 그러면 너
희가 내 규례를 지키고 실천할 것이다(에스겔 36 : 26, 27 ; 11 : 19).
아, 하나님,
내 속에 깨끗한 마음을 새로 지어 주시고,
내 안에 정직한 새 영을 넣어 주십시오.……
주께서 베푸시는 구원의 기쁨을
내게 돌려주시고,
너그러운 영을 보내셔서
나를 붙들어 주십시오.
(시편 51 : 10, 12)
하늘을 펴신 분, 땅의 기초를 놓으신 분, 사람 안에 영을 만들어 주신 분께서
말씀하신다(스가랴 12 : 1).
나의 영혼이 밤에 주님을 사모합니다.
나의 마음이 주님을 간절하게 찾습니다.
주께서 땅을 심판하실 때에,
세상에 사는 사람들이
비로소 의가 무엇인지 배우게 될 것입니다.
(이사야 26 : 9)
너희는, 너희가 지은 죄를 모두 너희 자신에게서 떨쳐내 버리고, 마음과 영을
새롭게 하여라. 이스라엘 족속아, 너희가 왜 죽고자 하느냐?(에스겔 18 : 31).

이 밖에도 여러 곳이 더 있습니다. 인용된 구절들에서 "새로운 마음"(a new heart)은 선에 속한 의지를 뜻하고, "새로운 영"(a new spirit)은 진리에 속한 이해를 뜻합니다. 주님께서는 선을 행하고, 진리를 믿는 자들 안에서, 다시 말하면 인애에 속한 믿음 안에 있는 자들 안에서 위에 언급된 것으로 말미암아 이런 것들을 역사하신다는 것은 아주 명확합니다. 다시 말하면 하나님께서는 그분의 계율들 가운데 걷는 자들에게 영혼(soul)을 주신다는 것에서, 그리고 "자유로운 영"(a willing spirit)이라는 말에서 명확합니다. 그리고 사람은 반드시 자신의 임무(=몫)을 실천해야 한다는 것은 이런 말씀, 즉 "너희는 마음과 영을 새롭게 하여라. 이스라엘 족속아, 너희가 왜 죽고자 하느냐?"(에스겔 18 : 31)는 말씀에서 명확합니다.

144. 우리는 복음서에서 이런 말씀들을 읽습니다.

예수께서 세례를 받으시고, 곧 물에서 올라오셨다. 그 때에 그(=예수)에게 하늘이 열렸다. 그(=예수)는 하나님의 영이 비둘기 같이 내려와 자기 위에 오시는 것을 보셨다(마태 3 : 16 ; 마가 1 : 10 ; 누가 3 : 21, 22 ; 요한 1 : 32, 33)

이와 같은 일은, 세례가 중생이나 정화를 뜻하기 때문에 일어났고, 그리고 비둘기 또한 동일한 뜻을 가지고 있기 때문입니다. 어느 누구가 비둘기가 성령이 아니라는 것을 모르겠습니까? 그리고 성령이 비둘기가 아니라는 것을 모르겠습니까? 비둘기들은 천계에 자주 나타납니다. 그리고 그것들이 나타날 때 천사들은 그것들이 정동들의 대응들이라는 것을 알고 있습니다. 그리고 결과적으로 천사들은 그들 가까이에 있는 어떤 이들의 중생과 정화에 관한 생각들의 대응들이라는 것도 압니다. 그러므로 그들이 그 사람들에게 접근해서, 그들의 생각들 안에 있는 이외의 다른 주제에 관해서 이야기하면 그 순간 즉시 비둘기들이 사라지는 일이 일어납니다. 이러한 현상들은 예언자들이 수도 없이 많이 본 목격 담들입니다. 예를 들면 요한이 시온 산 위에 서 있는 어린 양을 보았을 때입니다(묵시록 14 : 1). 이밖에도 여러 경우가 있습니다. 어느 누구가 주님께서 어린 양이 아니라는 것을 모르겠습니까? 그리고 그분께서 어린 양 안에 계시지 않는다는 것을 모르겠습니까? 그러나 어린 양은 그분의 이노센스(His innocence)의 표징이라는 것을 모르겠습니까? 이러한 사실은, 주님께서 세례를 받으셨을 때, 주님에게 비둘기가 하늘에서 내려와 그분에게 앉는 것을 본 비둘기에서, 그리고 하늘에서 들려오는 음성인, "이는 내 사랑하는 아들이다"는 음성에서 세 분 인격들의 삼일성(三一性)을 추론한 그들의 오류를 잘 볼 수 있겠습니다. 주님께서는 믿음과 인애에 의하여 사람을 중생시키신다는 것은 세례 요한이 한 말씀이 잘 뜻하고 있습니다. 복음서들의 말씀입니다.

나는, 너희를 회개시키려고 너희에게 물로 세례를 준다. 내 뒤에 오시는 이는, 나보다 더 큰 능력을 가지신 분이다.…… 그는 너희에게 성령과 불로 세례를 주실 것이다(마태 3 : 11 ; 마가 1 : 8 ; 누가 3 : 16).

여기서 "성령과 불로 세례를 준다"는 것은 믿음에 속한 신령진리에 의하여, 그리고 인애에 속한 신령선에 의하여 중생시키는 것을 뜻합니다. 주님께서 하신 말씀도 동일한 내용을 뜻합니다. 요한복음서의 말씀입니다.

> 내가 진정으로 진정으로 너희에게 말한다. 누구든지 물과 성령으로 나지 않으면, 하나님 나라에 들어갈 수 없다(요한 3 : 5).

여기서 "물"(water)은, 성경말씀의 다른 여러 곳에서와 같이, 자연적인 사람, 즉 겉사람 안에 있는 진리를 뜻합니다. 그리고 "성령"(spirit)은 영적인 사람, 즉 속사람 안에 있는 선에게서 비롯된 진리를 뜻합니다.
145. 그 때 주님께서는 신령선에서 비롯된 신령진리 자체이시기 때문에, 그리고 이것은 그분의 진정한 본질이시기 때문에, 그리고 그 본질은, 그가 행하는 것이 그것에서 나오는 근원이기 때문에, 따라서 주님께서는 달리 할 수 없으시기 때문에, 주님께서 결코 멈추시는 일 없이 원하시고, 뜻하시는 것은 모든 사람 안에 진리와 선을, 또는 믿음과 인애를 심고, 활착(活着)시키시기를 원하신다는 것은 아주 명백합니다. 이러한 내용이나 사실은 이 세상에 있는 수많은 것들에 의하여 예증, 입증될 수 있겠습니다. 예를 든다면 모든 사람의 의욕(volition)이나 생각(thought)이라고 하겠는데, 그것은 그의 언어나 행위들을 허용, 용납하는 것에 비례하여 그 사람 자신의 본질에서 온 것입니다. 예를 들면 신실한 사람(a faithful man)은 믿음직스러운 생각들이나, 의도들을 가지는 것과 같습니다. 그리고 정직하고, 올바르고, 경건하고 그리고 종교적인 사람은 정직하고, 올바르고, 경건하고, 종교적인 생각들이나 의도들을 가지고 있습니다. 이에 반하여 교만하고, 교활하고, 잔꾀를 부리고, 탐욕스러운 사람은, 자신의 본성과 하나를 이루는 생각들이나 의도들을 가지고 있습니다. 점장이들은 남의 운명 따위를 말하기를 좋아하고, 바보스러운 사람은 지혜에 속한 것들에는 정반대가 되는 허튼소리를 주절거리는 것을 제외하면 바라는 것은 아무것도 가지고 있지 않습니다. 한마디로 말하면 천사는 천계적인 것들을 제외하면 아무것도, 명상(瞑想), 생각하지 않고, 그리고 노력, 애쓰지 않지만, 그러나 악마는 지옥적인 것들을 제외하면 아무것도 생각하지 않고, 노력도 하지 않습니다. 이와 같은 일은 동물계의 낮은 계층의 모든 주체들에게서도 꼭 같은데, 예를

들면 새 · 짐승 · 물고기 · 벌레 · 곤충 따위의 그 각각은 그것의 본질이나 성질에 따라서 잘 아는 것과 같고, 그리고 그것의 본능은 그 성질에서 비롯되고, 그리고 그것과 일치합니다. 식물계에서도 마찬가지입니다. 모든 나무나 관목, 그리고 식물들은 그것의 열매들이나 씨들에 의하여 분별하고, 압니다. 그것들이 가지고 있는 그것의 본질은 선천적(先天的 · innate)입니다. 그리고 그것과 같은 것이거나, 그것 자신과 같은 것에서 비롯된 것을 제외하면 그것에서 생성, 존재하는 것은 아무것도 없습니다. 사실은, 모든 종류의 흙이나 점토 따위도, 그것이 귀한 것이든 평범한 것이든, 모든 돌, 모든 광물, 심지어 모든 금속까지도 그것의 본질에 의하여 판단, 분별됩니다.

146. (3) "성령의 보내심"(the sending of the Holy Spirit)이 뜻하는 신령에너지와 신령역사(=신령활동)는 특히 성직자에게는 조요(照耀 · enlightenment)와 교육(敎育 · instruction)이다.

주님의 역사(役事 · operation of the Lord)는 앞에서의 명제(命題)들에 나열되었습니다. 다시 말하면 개혁(=바로잡음 · reformation) · 중생(=거듭남 · regeneration) · 갱생(更生 · renewal) · 생동(生動 · vivification) · 성화(聖化 · sanctification) · 칭의(稱義 · justification) · 정화(淨化 · purification) · 죄들의 용서(the forgiveness of sins), 그리고 마지막으로 근원으로, 이런 것들은 모두가 주님에게서 성직자나 평신도에게 유입되고, 그리고 주님 안에 있는, 그리고 주님께서 그들 안에 있는 자들에 의하여 영접, 수용됩니다(요한 6 : 56 ; 14 : 20 ; 15 : 4, 5). 그러나 조요(照耀)나 교육(敎育)은 특별하게 성직자에게 내통(內通)하는데, 그 이유는 이것들이 그들의 책무(責務)에 속한 것이기 때문이고, 그리고 그것과 더불어 취임식에서 성직자의 직무에 수반(隨伴)합니다. 더욱이 그들이 열정적으로 복음을 증거, 전파할 때, 그들은 자신들이 영감을 받는다고 믿고 있는데, 주님께서 제자들에게 입김을 내뿜으실 때의 주님의 제자들과 꼭 같습니다. 주님께서 이렇게 말하셨습니다. 요한복음서의 말씀입니다.

그들에게로 숨을 내뿜으시고 말씀하셨다. "성령을 받아라"(요한 20 : 22 ; 마가 13 : 11).

오늘날도 몇몇은 자신들이 입류(入流 · the influx)를 체험하였다고 증언하고 있습니다. 그러나 그들은 자기들이 자신들을 설득, 확신하고 있는 것은 아닌지, 매우 조심스럽게 살펴야 하겠습니다. 어떤 경우 말씀을 증거, 전파하는 지나친 열정으로 말미암아 그들의 마음 속에 있는 신령 활동은 종종 자기도취(陶醉)에 빠지게 됩니다. 왜냐하면 그와 같은 동일한 자나, 심지어 광신자 같은 열정적으로 말씀을 증거하는 자들의 경우에도 이런 자기도취에 빠지는 일이 있기 때문입니다. 예를 들면 그런 자기도취에 빠진 자들 심중에는 교리의 거짓들이 있기 때문이고, 심지어 성경말씀을 모독하고, 하나님 대신에 자연을 숭배하는 자들에게, 그리고 믿음이나 인애를, 마치 등에 진 보따리처럼, 뒤전으로 보내는 자들에게도 종종 그런 광신자 같은 열정을 가지고 있기 때문입니다. 그러나 성령말씀을 전파하고, 가르칠 때 그들은, 평상시에는 잔등에 있던 그 보따리를 청중 앞에 내걸어 놓고, 마치 그것에서 음식을 제공 하듯이, 그들이 알고 있는 이러 저러한 것들을 토해내는 꼴입니다. 왜냐하면, 그 본질에서 생각하면, 열정은 자연적인 사람의 불타는 격정(激情)과 같기 때문입니다. 만약에 그것 안에 진리에 속한 사랑이 있다면, 그것은 사도들에게 임재했던 성스러운 불꽃(the sacred fire)과 같습니다. 이런 사실은 사도행전에 이렇게 기술되었습니다.

> 그들에게 불길이 솟아오르는 것과 같은 혀들이 갈래갈래 갈라지면서 나타나더니, 각 사람 위에 내려앉았다. 그들은 모두 성령으로 충만해서, 성령이 시키는 대로 각각 다른 방언으로 말하기 시작하였다(사도행전 2 : 3, 4).

그러나 만약에 그것 안에, 열정이나 거짓에 속한 사랑 속에 광적인 열정이 숨겨져 있다면, 그것은 불쏘시개 속에 있는 불씨와 같아서, 그것은 전 가옥을 불사르고 말 것입니다. 성령말씀의 거룩함이나, 주님의 신성을 부인하는 여러분께서는, 내가 청하건대, 지극히 자유스럽게 하듯이 여러분의 잔등에서 그 보따리를 내려놓으시고, 열어서, 그것을 살펴보시기 바랍니다. 나는, 이사야서에서, 바빌론에 속한 그런 부류를 가리키는 "루시퍼"(Lucifer)가 뜻하는 자들을 잘 압니다. 그들은 교회에 들어갈 때나, 더욱이 그들이 강대상에 오를 때, 이런 일은 이른바 스스로 예수회(the Society Jesus) 회원이라는 자들에게서 유독 그런데, 그들은 지옥적인 사랑에서 솟아나는 여러 가지 것들과 더불어 열정에 의하여 정신을 빼앗습니다. 그리고 내가 알고 있는 것은 천계적인 사랑에서 비롯된 열정적인 사람들에 비하며 더 깊게 한숨을 내쉬면서, 그들의 심중 깊은 데서부터 보다 더 격렬하게 역설합니다. 성직자에게는, 아래에서 볼 수 있는 것이지만(본서 155항 참조), 두 개의 다른 영적인 역사(役事)가 있습니다.

147. 그럼에도 불구하고 아직까지 교회에는 모든 사람의 의지와 생각에는 외적인 것과 내적인 것이, 그리고 결과적으로 사람의 행위나 언어에도 외적인 것과 내적인 것이 있다는 것을 거의 알지 못하고 있습니다. 그리고 또한 내적인 것이 동의하지 않는다고 해도 사람은 어려서부터 외적인 것으로 말미암아 말하는 것을 꼼꼼하게 배웠기 때문에, 그것에서부터 모든 속임(假裝)・아첨・위선이 비롯된다는 것도 거의 알지 못하고, 따라서 사람은 결과적으로 이중적인 마음(=이중인격)의 소유자가 되었습니다. 그러나 사람은, 그의 외적인 것은 생각하고, 말하고, 원하고, 그리고 내적인 것으로 말미암아 서로 행동하는 단일한 마음을 가질 수 있습니다. 성경말씀에서는 "소박한 사람"(=단순한 사람・the simple)이 이런 부류의 사람을 뜻합니다(누가 8:15 ; 11:34 ; 그 밖의 여러 곳). 그럼에도 불구하고 이런 부류의 소박한 사람은 이중인격자들에 비하여 현명한 사람들입니다. 창조된 모든 사물에 이중 또는 삼겹으로 되어 있다는 것은 사람의 육신의 여러 부위들에서 명확하게 알 수 있습니다. 인체에 있는 모든 신경은 여러 섬유들로 구성되어 있고, 그리고 모든 섬유는 여러 섬유들로 구성되어 있습니다. 모든 근육(筋肉)은 섬유들의 묶음들로 구성되어 있고, 그리고 이들 근육들은 여러 운동 섬유들로 구성되어 있습니다. 그리고 인체의 동맥은 삼중적인 시리즈 안에 있는 외막들(coats)로 구성되어 있습니다. 성품과 같은 영적인 조직인 사람의 마음도 이와 같습니다. 그 이유는, 이미 앞에서 언급한 것과 같이, 그것도 세 개의 엄연히 다른 영역으로 나뉘기 때문입니다. 극내적인 것(the inmost)인 것을 가리키는 그것의 가장 높은 영역은 천적인 것(the celestial)이라고 부르고, 중간의 영역은 영적인 것(the spiritual)이라고 부르고, 가장 낮은 영역은 자연적인 것(the natural)이라고 부릅니다. 성언의 거룩함이나 주님의 신성을 부인하는 자들은 이와 같은 낮은 영역에 있는데, 그들은 이런 생각에 계속 머물러 있습니다. 그러나 그들은

어릴 때부터 교회에 속한 영적인 것들을 배웠기 때문에, 그리고 이런 것들을 수용하였기 때문에, 그들은 자연적인 것들 아래를 차지하고 있습니다. 다시 말하면 온갖 종류의 과학적인 것들, 정치적인 것들, 그리고 시민법적이고 도덕적인 것들을 가리키는 자연적인 것들 아래에 있었습니다. 그리고 또한 이런 영적인 것들은, 언어에서 가장 가까운 것을 가리키는, 마음의 가장 낮은 영역을 점유하고 있기 때문에, 이런 부류의 인물들이 교회나 공공의 모임들에서 말을 하게 되는 경우, 그들은 이런 것들로부터 말을 합니다. 그 때 놀라운 것은, 그들이 그들 안에 있는 신념에서 말하거나 가르치는 것이 아니라고 하지만, 사실 그들은 그 때 정말 그것들에 관해서 아무것도 모른다는 것입니다. 그러나 그들이 자유의 상태에 있게 되면, 만약에 개인적인 자유의 상태에 있게 되면, 그들의 마음의 내적인 것을 닫았던 그 문은 열리게 됩니다. 그 때 변함없이 그들은 대중 앞에서 공공연하게 설교하는 것을 비웃으면서 하는 말은, 그들의 마음 속에 있는 신학(theology)은 비둘기를 잡기 위해 쳐놓은 특종의 덫이라고 하였습니다.

148. 이런 부류의 사람들의 내적인 것이나 외적인 것은 당의정(糖衣錠)과 같은 독약들에게 비교될 수 있겠고, 그리고 또한 그것들은 예언자의 수련생들이 들포도 덩굴을 뜯어다가 큰 솥에 끓이다가, 그 솥에 죽음을 부르는 독이 있다고 한 것(열왕기 하 4:38-41)에 비교될 수 있겠습니다. 그리고 또한 양과 같이 두 뿔을 지니고 있고, 용처럼 말을 하는, 땅에서 올라온 짐승(묵시록 13:11), 그 뒤에 "거짓 예언자"라고 불리운 짐승에 비교될 수 있겠습니다. 그들은, 도덕적으로 살고, 합리적으로 사는 시민들이 살고 있는 도시에 난립한 도둑떼와 같고, 그리고 그들이 숲에 돌아오면 그들은 야수(野獸)로 변하는 도둑떼들과 같습니다. 그리고 그들은 육지에서는 양민들과 같지만, 바다에서는 야만스러운 해적들이나 악어들과 같습니다. 이것들은 모두 육지나 도회지에서는 양의 탈을 쓴 이리들과 같고, 사람의 옷을 걸치고 사람 같이 보이려고 달을 쓴 원숭이와 같습니다. 이런 사람은 기름을 바르고, 얼굴에 연지를 찍고, 흰 색 꽃무늬의 비단 옷을 입고 나오는 창녀와 같아서, 일단 집 안으로 들어오면 옷을 홀딱 벗어 던지고 색골들 앞에 나서고, 자기들의 성병을 그들에게 옮겨주는 그런 것에 비교될 수 있겠습니다. 마음 속에서 성경 말씀의 거룩함이나 주님의 신성을 비방하고 손상시키는 이런 부류의 성

품을 지닌 무리를 수년 동안의 경험에 의하여 알 수 있는 기회가 나에게 주어졌습니다. 왜냐하면 그 곳에서는 처음에는 그들의 외적인 상태에 간수되지만, 나중에는 그들의 외적인 것은 벗겨지고, 그들은 그들의 내적인 것에 안내, 소개되는데 그 때 그들의 촌극은 비극으로 바뀌어, 드러나기 때문입니다.

149. (4) 주님께서는 그분을 믿는 자들 안에서 이들 에너지들을 활동적으로 만드신다.

성령의 보내심이 뜻하는 이들 에너지들이 그분을 믿는 자들 안에서 주님에 의하여 활동적인 것이 된다는 것, 다시 말하면 그들이 개혁되고, 중생되고, 갱생되고, 생동되고, 성화·칭의·악에서 정화되고, 종국에 주님에 의하여 구원된다는 것은 성경말씀에서 인용된 여러 장절들에서 (본서 107항 참조) 명확합니다. 그 장절들은 주님을 믿는 자들이 구원과 영생을 받는다는 것을 입증하고 있습니다. 특히 성경말씀의 이런 장절에서 잘 증거되고 있습니다. 요한복음서의 말씀입니다.

> 예수께서 일어서서 큰소리로 말씀하셨다. "목마른 사람은 다 내게로 와서 마셔라. 나를 믿는 사람은, 성경에 이른 것과 같이, 그의 배에서 생수가 강처럼 흘러나올 것이다." 이것은 예수를 믿은 사람들이 받게 될 성령을 가리켜서 하신 말씀이다(요한 7:37-39).

묵시록서의 말씀에서도 그러합니다.

> 예수의 증언은 곧 예언의 영이다(묵시록 19:10).

여기서 "예언의 영"(the spirit of prophecy)은 성경말씀에서 비롯된 교리에 속한 진리(truth of doctrine)를 뜻하고, "예언"(prophecy)은 교리를 뜻합니다. 이에 반하여 "예언한다"(to prophesy)는 것은 교리를 가르치는 것을 뜻합니다. 그리고 "예수의 증언"(=예수께 대한 증거·testimony of Jesus)은 그분을 믿는 믿음에서 비롯된 고백(confession)을 뜻합니다. "그분의 증거"(His testimony)는 아래 장절에서 비슷한 뜻을 갖습니다. 묵시록서의 말씀입니다.

우리의 동료들(=미가엘의 천사들)은
어린 양이 흘린 피와
자기들이 증언한 말씀을 힘입어서
그 악마를 이겨냈다.……
그래서 그 용은 그 여자에게 노해서, 그 여자의 남아 있는 자손, 곧 하나님의 계명을 지키며 예수의 증언(=증거)을 간직하고 있는 사람들과 싸우려고 떠나갔다(묵시록 12 : 11, 17).

150. 주님 예수 그리스도를 믿는 사람들은, 그분 자신이 구원이시고 영생이시기 때문에 영적인 에너지들을 받을 것입니다. 그분께서는, 그분이 구세주(the Saviour)이시기 때문에, 구원이십니다. 이러한 뜻은 그분의 이름 예수(Jesus)의 뜻입니다. 그분께서 영원한 생명(永生 · eternal life)이시라는 것은, 주님께서 그 사람 안에 계시고, 그 사람이 주님 안에 있는 사람은 영원한 생명을 가지기 때문입니다. 그러므로 그분께서는 요한1서 5장 20절에서 "영생" (=영원한 생명 · eternal life)이라고 불리셨습니다. 그 때 주님께서 구원이시고, 영원한 생명이시기 때문에, 그것에서 뒤이어지는 것은, 주님께서 구원과 영생을 얻는 모든 것이라는 것입니다. 결과적으로 주님께서는 개혁 · 중생 · 갱생 · 생동 · 성화 · 칭의 · 죄들로부터의 정화, 그리고 마지막으로는 구원에 속한 모든 것이십니다. 이런 것들은 모든 사람 안에서 주님께서 하시는 역사(役事 · 活動)입니다. 다시 말하면 주님께서는 그것들을 나누어 주시려고 애쓰십니다. 그리고 주님께서는 사람이 스스로 그것들을 영접, 수용하기 위하여 적응하고, 처리할 때, 그것들을 나누어 주십니다. 적응이나, 자발적인 처리가 이루어지게 하는 본질적인 활동의 힘도 주님에게서 비롯됩니다. 그러나 만약에 사람이 자유를 가지고 이런 역사들이나 활동들을 영접, 수용하지 않는다면, 주님께서는 그 애씀 너머로 가실 수밖에 없습니다. 그럼에도 불구하고 주님께서는 그침이 없이 계속해서 그것들을 나누어 주시려고 애쓰십니다.

151. 주님을 믿는다는 것은 그분을 단순하게 시인하는 것 뿐 아니라, 그분의 계명들을 실천하는 것입니다. 왜냐하면 그분을 단순하게 시인하는 것은, 이해에 속한 어떤 것에서 야기되는 단순한 사상의 사안(事案)이기 때문입니다. 그러나 그분의 계명들을 행한다는 것은 의지에서 비

롯되는 시인의 사안이기 때문입니다. 사람의 마음은 이해와 의지들로 구성되었습니다. 이해는 생각하는 일을 담당, 처리하고, 의지는 그것을 행하는 일을 처리하기 때문에, 그러므로 사람이 시인하는 일이 이해에 속한 생각에서 단순하게 비롯되었을 때, 그 사람은 그의 마음의 절반만 가지고 주님에게 나오는 것이지만, 그러나 그가 그것들을 실천할 때 그는 그의 마음의 전부를 가지고 주님에게 나오는 것입니다. 이것이 바로 믿는 것입니다. 그러나, 다른 한편 사람은 자신의 마음을 둘로 나눌 수 있고, 그리고 그의 본성에 속한 가장 외적인 것을 하늘 높이 날아오르도록 강요할 수 있어서, 그러는 동안에 사람 안에 있는 육(肉)은 아래를 향해 기웁니다. 따라서 그는 마치 독수리가 천계와 지옥 사이를 나는 것과 같습니다. 그럼에도 불구하고 사람 자신은 그가 위를 향해 보는 것을 따르지 않고, 오히려 그의 육신의 쾌락을 따릅니다. 이와 같은 일은 그가 지옥에 있기 때문입니다. 그러므로 그는 지옥을 향해 날아가고 있습니다. 그리고 그 때 그는 육욕(肉慾)의 쾌락에게 희생 제물을 바치고, 악마들에게 헌주(獻酒)를 바칩니다. 그는 그 때 환락의 용모를 드러내고, 그리고 그의 눈에서는 탐욕의 불꽃이 번쩍입니다. 그러므로 그는 자신을 빛의 천사 모습으로 가장합니다. 주님을 시인 하지만, 그러나 주님의 계명을 지키지 않는 자들은 죽은 뒤에 사탄이 됩니다.

152. 우리는 앞서의 명제에서 사람들의 구원이나 영생은 주님의 처음 목적이고, 마지막 목적이라는 것을 입증하였습니다. 그리고 처음 목적과 마지막 목적이 그것들 사이에 있는 중간목적들을 내포하고 있기 때문에 여기에서 뒤이어지는 것은 앞에서 언급된 영적인 에너지들은 주님 안에 함께 있고, 그리고 비록 그것들이 계속해서 나오는 것이지만 주님으로 말미암아 사람 안에 있습니다. 왜냐하면 사람의 마음은 그것의 몸과 같이 자라기 때문입니다. 후자, 즉 사람의 몸은, 전자 즉 사람의 마음이 지혜 안에서 성장하는 동안, 재능(stature) 가운데 성장합니다. 그러므로 또한 그 마음은 한 영역에서 다른 영역으로 고양(高揚)됩니다. 다시 말하면 사람의 마음은 자연적인 것에서 영적인 것에로, 그리고 영적인 것에서 천적인 것에로 고양됩니다. 이 천적인 영역에서 사람은 지혜롭고, 그리고 영적인 영역에서는 사람은 총명스럽고, 가장 낮은 영역에서는 지식이 있는 사람이 됩니다. 그러나 이와 같은 마음의 고양은 오직 시간에서 시간으로의 진전에서 이루어집니다. 그리고 그것은 사람

이 자신을 위하여 진리들을 터득하고, 그 지식들을 선과 결합시키기 때문입니다. 이와 같은 사실은 집을 짓는 사람과 꼭 같습니다. 집을 짓는 사람은 처음에는 집을 짓는 것에 필요한 물건들을 준비합니다. 예를 들면 벽돌들, 타일들, 널빤지들, 기둥들이 되겠습니다. 그리고 기초들을 놓고, 벽들을 세우고, 방들을 나누고, 방들에 문들을 내고, 벽면에는 창문들을 내고, 그리고 아래층에서 위층에 오르는 계단들을 세웁니다. 이런 모든 것들은, 그가 머리 속에 그리고, 준비하는, 편리하고, 쓸모 있는 주거를 가리키는, 그 목적 안에 전부 있습니다. 교회의 건축에서도 그와 꼭 같습니다. 교회의 건축에 속한 모든 것은 그것의 목적에 포함되어 있는데, 그것은 곧 하나님에 속한 예배입니다. 이러한 것들은 정원이나 밭을 일구는 것과 같이, 그리고 고용이나 사업을 시작하는 것과 같이, 그 목적 자체를 위해서 가구들을 구입, 준비하는 것과 꼭 같습니다.

153. (5) 주님께서는 아버지(聖父 · the Father)로 말미암아 자기 스스로 역사(役事 · 活動)하신다.
여기서 역사한다(=활동한다 · to operate)는 것은 성령을 보낸다는 것과 동일한 뜻입니다. 그것은 위에서 언급한 역사(=활동)로, 그것은 일반적으로 개혁 · 중생 · 갱생 · 생동 · 성화 · 칭의 · 죄들로부터의 용서 · 정화 · 구원을 가리킵니다. 그리고 오늘날 그것들은 그분에 의하여 하나님이신 성령의 공로로 돌려지고 있는 것들로, 주님의 역사들(=활동들)을 가리킵니다. 이런 것들이 아버지에게서 비롯된 주님의 역사들(=활동들)이라는 것, 그리고 그것의 반대는 아니라는 것은 처음에는 성경말씀에서 입증된 것이고, 다음에는 이성(理性)에 적용하는 다양한 것들에 의하여 예증되겠습니다. 성경말씀에서는 아래의 장절들이 되겠습니다. 요한복음서의 말씀입니다.

> 내가 아버지께로부터 너희에게 보내려는 보혜사, 곧 아버지께로부터 오는 진리의 영이 오시면, 그 영이 나를 증언할 것이다(요한 15 : 26).
> 내가 떠나가지 않으면, 보혜사가 너희에게 오시지 않을 것이다. 그러나 내가 가면, 보혜사를 너희에게 보내 주겠다(요한 16 : 7).
> 그러나 그분 곧 신리의 영이 오시면, 그가 너희를 모든 진리 가운데로 인도하실 것이다. 그는 자기 마음대로 말씀하지 않으시고, 듣는 것만 일러 주실

것이요.…… 아버지께서 가지신 것은 다 내 것이다. 그렇기 때문에 내가, 성령이 나의 것을 받아서 너희에게 알려 주실 것이라고 말하였다(요한 16 : 13-15).
예수께서 아직 영광을 받지 않으셨으므로, 성령이 아직 사람들에게 와 계시지 않았다(요한 7 : 39).
(예수께서) 그들에게로 숨을 내뿜으시고 말씀하셨다. "성령을 받아라"(요한 20 : 22).
너희가 내 이름으로 구하는 것은 내가 무엇이든지 다 이루어 주겠다. 이것은 아들로 말미암아 아버지께서 영광을 받으시게 하려는 것이다. 너희가 무엇이든지 내 이름으로 구하면, 내가 다 이루어 주겠다(요한 14 : 13, 14).

[2] 이상의 여러 장절들에게서 볼 때 명확한 것은, 주님께서 성령을 보내신다는 것, 다시 말하면 오늘날 하나님으로 여기서는 신령의 공로로 여기는 모든 것들이 그분에 의하여 이루어졌다는 것을 뜻한다는 것입니다. 왜냐하면 그분께서는 "주님께서 아버지께로부터 보혜사를 보낼 것이다"라고 말씀하셨기 때문이고, 그리고 "그분께서 보혜사를 그들에게 보내실 것이다"라고 말씀하셨기 때문이고, "예수께서 아직 영광을 받지 않으셨으므로, 성령이 아직 사람들에게 와 계시지 않았다"라고 말씀하셨기 때문입니다. 그리고 영광을 받으신 뒤(=영화 뒤)에는 그분께서 제자들에게 숨을 내뿜으시고 말씀하셨다, "성령을 받아라"라고 말씀하셨기 때문이고, 그리고 주님께서 "너희가 무엇이든지 내 이름으로 구하면, 내가 다 이루어 주겠다"고 말씀하셨고, 그리고 "성령(=보혜사)이 나의 것을 받아서 너희에게 알려 주실 것이다"라고 말씀하셨습니다. 보혜사와 성령이 동일하다는 것은 요한복음 14장 26절에서 잘 볼 수 있겠습니다. 하나님 아버지께서는 당신에게 속한 이런 에너지들을 아들을 통해서 역사하시지 않으시고, 오히려 아들이 아버지로 말미암아 당신 스스로 그것들을 역사하신다는 것은 아래의 장절에서 명확합니다. 요한복음서의 말씀입니다.

일찍이 하나님을 본 사람이 없으나, 아버지의 품 속에 계시는 독생자이신 하나님이 그분을 나타내 보이셨다(요한 1 : 18).

다른 곳의 말씀입니다.

나를 보내신 아버지께서 친히 나를 위하여 증언해 주신다. 너희는 그의 음성을 들은 일도 없고, 그의 모습을 본 일도 없다(요한 5 : 37).

[3] 이상에서 볼 때 뒤이어지는 것은 하나님 아버지께서 아들 안에서, 그리고 아들에게 역사하시지만, 그러나 아들을 통해서 역사하시지 않는다는 것입니다. 그리고 또한 주님께서는 아버지로 말미암아 당신 스스로 역사하신다는 것입니다. 왜냐하면 그분께서 이렇게 말씀하셨기 때문입니다. 요한복음서의 말씀입니다.

> 아버지께서 가지신 것은 다 내 것이다(요한 16 : 15).
> 아버지는 아들을 사랑하여, 모든 것을 아들의 손에 맡기셨다(요한 3 : 35).

다른 곳의 말씀입니다.

> 그것은, 아버지께서 자기 안에 생명이 있는 것처럼, 아들에게도 생명을 주셔서, 그 안에 생명이 있게 하여 주셨기 때문이다(요한 5 : 26).

또 다른 곳의 말씀입니다.

> 내가 너희에게 한 그 말은 영이요, 생명이다(요한 6 : 63).

주님께서 진리의 영(the Spirit of truth)이 아버지께로부터 오신다고 선포하신 것(요한 15 : 26)은, 진리의 영이 하나님 아버지로부터 아들에게 오시기 때문이고, 그리고 아버지로 말미암아 아들에게서 나오시기 때문입니다. 그러므로 그분께서 이렇게 말씀하셨습니다. 요한복음서의 말씀입니다.

> 내가 아버지 안에 있고, 아버지께서 내 안에 계심을 믿어라. 믿지 못하겠거든, 내가 하는 그 일들을 보아서라도 믿어라.…… 그 날에 너희는, 내가 내 아버지 안에 있고, 너희가 내 안에 있고, 또 내가 너희 안에 있음을 알게 될 것이다(요한 14 : 11, 20).

주님의 명확하신 이들 선포들에게서 볼 때 오늘의 기독교계의 오류는 아주 명확합니다. 다시 말하면, 하나님 아버지께서 사람에게 성령을 보내신다는 것은 명확한 오류라는 것입니다. 그리고 희랍 교회(the Greek church)의 오류도 바로 그것입니다. 다시 말하면 하나님 아버지께서 성령을 직접적으로 보내신다는 것은 명확한 오류입니다. 하나님 아버지로 말미암아 주님 당신은 스스로 성령을 보내시며, 그 반대는 아니라는 진리는 천계에서 비롯된 진리입니다. 천사들은 이것을 비의(秘義 · an arcanum)라고 부르는데, 그것은 아직까지 이 세상에 공표된 적이 없기 때문입니다.

154. 이와 같은 모든 사실들이나 내용들은, 다종다양한 합리적인 고찰들(考察 · rational considerations)에 의하여 명료하게 입증될 수 있겠습니다. 예를 들어 보겠습니다. 우리가 잘 알고 있는 사실은, 사도들이 주님에게서 성령의 선물(the gift of the Holy Spirit)을 받은 뒤, 그들은 이 세상의 대부분에 복음(福音 · the gospel)을 전파하였고 그리고 그것의 전파는 말(speech)과 저술(writing)에 의한 것이었습니다. 그리고 그들은 자기들 스스로 하듯이 주님으로 말미암아 이 일을 행하였습니다. 왜냐하면 베드로는 한 방법으로 가르치셨고, 글을 쓰셨기 때문이고, 야고보는 다른 방법으로, 요한은 또다른 방법으로 그렇게 하였기 때문이고, 바울은 또다른 방법으로, 각자 각자는 자기 자신의 총명에 따라서 그렇게 하였기 때문입니다. 주님께서는 그들 모두를 성령으로 충만하게 하셨지만, 그러나 그들 각각이 담당한 판단(the measure)은 그의 지각의 성품과 일치하고, 그리고 이것은 그의 능력의 성품에 일치하여 선용(善用 · use)을 이루었습니다. 주님께서는 천계의 모든 천사들도 충만하게 하십니다. 왜냐하면 그들은 주님 안에, 그리고 주님은 그들 안에, 있기 때문입니다. 그럼에도 불구하고 각자 각자는 자기 자신의 마음의 상태에 따라서 말을 하고, 행동을 하는데, 어떤 이들은 단순함에, 어떤 이들은 지혜에 일치하여, 따라서 무한한 다양함에 일치하여 말하고 행동하지만, 그럼에도 불구하고 각자 각자는 주님으로 말미암아 스스로 하는 것처럼 말하고 행동합니다.

[2] 이러한 것은, 그가 진리들 안에 있든, 또는 거짓들 안에 있든 관계없이 모든 교회의 목사에게도 꼭 같습니다. 각자는 각자 자신의 언설(言說 · utterance)과 자기 자신의 총명(=이지 · intelligence)을 가지고 있

고, 그리고 각자는 자신의 마음으로 말미암아 말합니다. 다시 말하면 그가 지니고 있는 영(靈)으로부터 말합니다. 그러므로 복음주의적이라고, 또는 개혁주의적이라고 불리우든, 신교도들(all Protestants) 모두는 동일하고, 그리고 그들이 루터 · 메랑히톤(Melancthon) · 칼빈에 의하여 교리들로 교육을 받고, 가르침을 받은 뒤에도 마찬가지입니다. 그들의 추종자를 통해서 스스로 말하는 이런 지도자들이나 교리는 그와 동일하지 않지만, 그러나 그들의 추종자들은 지도자들이나 교리로부터 스스로 말합니다. 더욱이 각각의 교리는 수백의 방법으로 설명될 수 있겠습니다. 왜냐하면 각자 각자는, 마치 모두가 그것에서 선호하는 것을 끌어들이고, 그리고 자신의 자질에게 취하고, 그리고 자신의 재능에 따라서 그것을 설명하는 그런 요술 상자(=풍요의 뿔 · cornucopia)와 같기 때문입니다.

[3] 이런 사실들은 폐장 안에 있고, 그리고 폐장에 작용하는 심장의 작용(=활동)에 의하여, 그리고 심장으로 말미암아 스스로 작용하는 폐장의 반대 작용(reaction)에 의하여, 예증할 수 있겠습니다. 그런데 이들 두 작용은 엄연히 분별, 다르지만 그럼에도 불구하고 이들 둘은 상호적으로 합일합니다. 폐장은 심장으로 말미암아 스스로 숨을 쉬지만, 그러나 심장은 폐장을 통해서 숨을 쉬지는 않습니다. 만약에 이런 일이 일어난다면, 그들은 행동하는 것을 멈출 것입니다. 이것은 전 인체의 내장(viscera) 안에 있고, 그것에 작용하는 심장의 활동에서도 꼭 같습니다. 심장은 모든 방향들로 피를 보내고, 그리고 내장은 그것으로부터 그것이 수행하는 선용의 성질에 일치하여 그것이 작용하는 그것의 각각의 역할이나 몫에 맞게 피를 모읍니다. 따라서 각자 각자는 자신의 길을 가고, 역할을 담당합니다.

[4] 이와 같은 동일한 진리도 부모들에게서 비롯된, 이른바 유전악(遺傳惡 · hereditary evil)에 의하여, 예증될 수 있겠습니다. 이 유전악은 사람 안에 있고, 그리고 사람에게 작용합니다. 이와 마찬가지로 주님에게서 비롯된 선도 작용하는데 선은 그 위에서(above) 또는 그것 안에서(within)에서 작용하고, 그리고 악은 아래에서(below), 또는 밖에서(without) 작용합니다. 만약에 악이 사람을 통해서 작용한다면 그 사람은 결코 개혁될 수도 없고, 비난을 면할 수도 없습니다. 그리고 만약에 주님에게서 비롯된 선이 사람을 통해서 작용한다면 그 사람은 개혁 될

수 없을 것입니다. 그러나 이 선과 악 양자가 사람의 선택의 자유(man's free choice)에 의존하기 때문에, 그가 악으로 말미암아 스스로 행동한다면, 그는 범죄자가 될 것이고, 그리고 그가 선으로 말미암아 스스로 행동한다면 비난 받을 점이 없는 결백한 사람이 될 것입니다. 그리고 악이 악마이고, 선이 주님이기 때문에, 사람은, 그가 악으로부터 행동한다면 범죄자가 되고, 그가 주님으로 말미암아 행동한다면 그는 결백한 사람이 될 것입니다. 이러한 일은, 사람이 개혁될 수 있는, 모든 사람이 가지고 있는 선택의 자유에서 비롯됩니다.

[5] 이것은 사람 안에 있는 온전한 내적인 것이나 외적인 것의 경우에서도 꼭 같습니다. 이들 둘은 서로 분별, 구분되는 것이지만, 그럼에도 불구하고 상호적으로 합일합니다. 내적인 것은 외적인 것 안에서 행동하고, 그것에 작용하지만, 그러나 그것을 통해서는 작용하지 않습니다. 왜냐하면 내적인 것은 수천의 것들을 생각하지만, 그리고 외적인 것은 이런 것들로부터 그것의 선용에 적합한 것을 선택하기 때문입니다. 왜냐하면 이른바 그의 임의적인 것이나, 지각적인 마음을 뜻하는, 사람의 내적인 것 안에는 개념들에 속한 임의적인 무더기가 있어서, 만약에 이것들이 사람의 입에서 나오게 되면, 그것은 마치 풀무(bellows)에서 나오는 바람처럼 계속해서 나오기 때문입니다. 내적인 것은 보편적인 것들을 처리, 다루고 있기 때문에, 그것이 외적인 것이 자기에 가장 적합한 것을 그것들에게서 선택하는 마치 바다나, 화단 또는 정원에 비교할 수 있겠습니다. 다시 말하면, 주님의 성언(聖言 · the Word)은 마치 대양이나 꽃밭이나 정원과 같아서, 그것이 사람의 내적인 것 안에 충분한 계도 안에 자리 잡고 있을 때 그것은 사람을 통해서 활동하지 않고, 오히려 사람은 성경말씀으로 말미암아 스스로 말하고 활동합니다. 주님께서는 말씀(聖言)이시기 때문에, 다시 말하면 그것 안에 있는 신령진리이시고, 신령선이시기 때문에, 주님에게서도 이와 꼭 같습니다. 주님께서는 당신 자신으로 말미암아, 또는 사람 안에 있고, 사람에게 역사하는 성언으로 말미암아 활동, 역사하지만, 사람을 통해서 역사, 활동하지는 않습니다. 그것은 사람이 성언으로 말미암아 행동하고, 말할 때 사람은 자유스럽게 주님으로 말미암아 행동하고, 말하기 때문입니다.

[6] 그러나 이러한 것은, 이들 둘은 엄연히 분별, 구분되는 것이지만, 그럼에도 불구하고 상호적으로 합일하는 것들인, 영혼과 육체의 상호적

인 교류에 의하여 매우 밀접하게 예증될 수 있겠습니다. 영혼(the soul)은 몸 안에서 활동하고, 그리고 몸에게 작용하지만 그것을 통해서는 그런 일을 하지 못합니다. 그러나 육체(=몸 · the body)는 마치 영혼으로 말미암아 스스로 하듯이, 활동합니다. 영혼은 육체를 통해서 활동하지 못하는데, 그것은 이들 양자 영혼과 육체는 서로 의논, 자문(諮問)하지 않고, 그리고 또한 영혼은 육체에게 이렇게 하라, 저렇게 하라고 명령하지 않고 요구하지 않고, 또한 그의 입으로 말미암아 이렇게 저렇게 말하는 것을 명령도, 요구도 하지 않습니다. 그리고 육체도 역시 영혼에게 무엇인가를 주고, 공급할 것을 요구하지도, 구걸하지도 않습니다. 왜냐하면 영혼에 속한 모든 것은 서로 상호적으로, 그리고 서로 교환할 수 있는 육체에 역시 속해 있기 때문입니다. 이것은 주님의 신성과 인성에 관해서도 꼭 같습니다. 왜냐하면 주님의 인성의 영혼은 아버지의 신성이고, 그리고 주님의 인성은 아버지의 몸과 같기 때문입니다. 그리고 인성은 자기 자신의 신성에게 무엇을 말하고 행동할 것을 요구하지 못하기 때문입니다. 그러므로 주님께서는 이렇게 말씀하셨습니다. 요한복음서의 말씀입니다.

> 그 날이 오면, 너희가 내 이름으로 아버지에게 구할 것이다. 내가 너희를 위하여 아버지께 구하겠다는 말이 아니다. 아버지께서는 친히 너희를 사랑하신다. 너희가 나를 사랑하였고, 또 내가 하나님께로부터 왔음을 믿었기 때문이다(요한 16 : 26, 27).

이 장절에서 "그 날"은 주님의 영화 뒤를 뜻합니다. 다시 말하면 아버지와 주님의 완전하고, 완전무결한 합일(His perfect and absolute with the Father) 뒤를 뜻합니다. 이와 같은 비의(秘義)는 주님 당신에게서 비롯된 것이고, 그리고 주님의 새로운 교회에 속한 자들을 위하여 주어진 계시입니다.

155. 제 세 번째 명제에서 성령의 역사(=활동)가 뜻하는 것이 신령에너지(the Divine energy)를, 특히 목회자에게 있는 조요(照耀 · enlightenment)와 교육(敎育 · instruction)을 뜻한다는 것은 이미 앞에서 입증하였습니다. 그러나 여기에 부연할 내용이 있는데, 그것은 지각(知覺 · perception)과 성향(=성품 · 性向 · 性品 · disposition)으로 이것들은

두 중간적인 역사(=활동)들을 가리킵니다. 따라서 목회자에게는 차례로 이어지는 네 가지 것들이 있습니다. 즉 조요(照耀 · enlightenment) · 지각(知覺 · perception) · 성향(性向 · 性品 · disposition) · 교육(敎育 · instruction)입니다. 조요는 주님에게서 비롯됩니다. 지각은 사람에게 속해 있고, 그리고 그것은 교리적인 것들에 의하여 형성된 마음의 상태와 일치합니다. 만약에 교리적인 것들이 참된 것이라면 그의 지각은 조요하는 빛으로 말미암아 명료하지만, 그러나 만약에 교리적인 것들이 거짓스러운 것이라면 그의 지각은, 비록 명료한 것처럼 보이는 확증들로 말미암아, 불영명(不英明)한데, 이러한 일은 단순한 자연적인 환상에 대하여 명료한 것으로 여기는 얼빠진 빛에서 야기됩니다. 성향은 의지의 사랑에 속한 정동에서 비롯되는데, 그 사랑의 기쁨은 사람의 마음을 움직이게 합니다. 만약에 그것이 악에 속한 애욕(=사랑)의 쾌락이라면, 그리고 그것으로 말미암아 거짓에 속한 애욕의 쾌락이라면, 그것은 외견상으로는 예리하고, 거칠고, 열렬하고, 불길 같은 열정(zeal)을 자극하지만, 이에 반하여 그것은 내적인 분노이고, 잔인한 만행(蠻行)이고, 무자비함입니다. 그러나 만약에 그것이 선에 속한 사랑의 기쁨이고, 그것에서 비롯된 진리에 속한 기쁨이라면, 그것은 겉보기에는 유순하고, 부드럽고, 심금(心琴)을 울리고, 빛이 나는 것 같지만, 이에 반하여 그것 안에는 인애 · 은혜 · 자비가 있습니다. 교육은, 마치 결과가 원인들에게서 오듯이, 앞서의 이런 것들에게서 뒤이어지는 것입니다. 따라서 각 사람 안에 있는 주님에게서 비롯된 조요는, 그의 마음의 상태와 일치하는 다양한 종류의 빛이나 별으로 변합니다.

156. (6) **사람의 영(the spirit of man)은 그의 마음을 가리키고, 그리고 그의 마음에서 발출한다.**
구체적으로 사람의 영은 단순하게는 그의 마음을 뜻합니다. 이것 때문에 사람의 영은 죽음 뒤에도 사는 것이고, 그리고 그 때 그것은 영(=영체 · a spirit)이라고 불리웁니다. 만약에 그것이 선하면 천사적인 영이고, 그 뒤에는 천사가 되지만, 만약에 그것이 악하다면 사탄적인 영(a satanic spirit)이 되고, 그 뒤에는 사탄이 됩니다. 모든 사람의 마음은, 실제적으로 사람을 가리키는, 그의 속사람(his internal man)이고, 그리고 속사람은, 그의 몸을 형성하는 겉사람 안에서 삽니다. 결과적으로 이런 일은 사람의 죽음에 의하여 이루어지지만, 육체가 벗겨질 때, 내적인 것은 완전한 사람의 형체(a complete human form) 안에 존재합니다. 그러므로 사람의 마음이 오직 머리(head)에 거주한다고 믿는 사람들은 크게 잘못된 것입니다. 사람의 마음은, 제일 처음에 사람이 그의 이해로 말미암아 생각하고, 그리고 그의 의지에 행동하는 모든 것들의 근원을 가리키는, 원리들(principles) 안에 존재합니다. 그러나 몸(body) 안에는 감관이나 행동을 위해 형성하는 것은 파생적인 것들 안에 존재합니다. 그리고 그 마음은 변함없이 육체적인 구조들에게 밀착되어 있기 때문에, 그것은 그 구조들에게 감관이나 운동(sensation and motion)을 나누어 줍니다. 그리고 비록 육체가 스스로 생각하고, 행동하는 것처럼 보이지만, 육체가 스스로 생각하고 행동하는 것은, 현자(賢者)들이 잘 알고 있듯이, 그것은 하나의 오류이지만, 그러나 마음은 육체가 스스로 생각하고 행동하는 지각으로 그것들을 격려, 생각하게 합니다. 그 때 사람의 영(the spirit of man)은 이해로부터 생각하고, 의지로 말미암아 행동하기 때문에, 그리고 또한 육체는 영으로 말미암은 것을 제외하면 육체 자신만으로는 행동하지 못하기 때문에, 여기서 뒤이어지는 것은, 사람의 영은 그의 총명이나 그의 사랑의 정동을 뜻한다는 것이고, 그리고 또한 이것들에게서 나오고, 활동하는 모든 것을 뜻한다는 것입니다. "사람의 영"(the spirit of man)이 마음에 속한 이런 것들을 뜻한다는 것은 성경말씀의 수많은 장절에서 아주 명확합니다. 이것이 그런 뜻을 가리킨다는 것은 어느 누구나 그 장절들이 제시되면 즉시 잘 알 것입니다. 수많은 장절에서 아래의 몇몇 장절들을 인용하겠습니다. 구약의 말씀들입니다.

브살렐에게 하나님의 영을 채워 주어, 지혜와 총명과 지식과 온갖 기술을 갖추게 하였다(출애굽 31 : 3).
느부갓네살은 다니엘에게, 명철과 총명과 신들의 지혜와 같은 지혜를 가진 사람으로 알려진 인물이라고 말하였다(다니엘 5 : 11, 12).
모세가 눈의 아들 여호수아에게 안수하였으므로, 여호수아에게 지혜의 영이 넘쳤다(신명기 34 : 9).
너희는, 너희가 지은 죄를 모두 너희 자신에게서 떨쳐내 버리고, 마음과 영을 새롭게 하여라(에스겔 18 : 31).
내가 비록 높고 거룩한 곳에 있으나,
겸손한 사람과 함께 있고,

잘못을 뉘우치고 회개하는 사람과도
함께 있다.
(이사야 57 : 15)
하나님께서 원하시는 제물은
깨어진 마음입니다.
깨어지고 짓밟힌 심경을,
하나님은 멸시하지 않으십니다.
(시편 51 : 17)
시온에서 슬퍼하는 사람들에게
재 대신에 화관을 씌워 주시며,
슬픔 대신에 기쁨의 기름을 발라 주시며,
괴로운 마음 대신에
찬송이 마음에 가득 차게 하셨다.
(이사야 61 : 3)

마태복음서의 말씀입니다.

마음이 가난한 사람은 복이 있다.
하늘 나라가 그들의 것이다.
(마태 5 : 3)

이 밖에도 여러 장절들이 있습니다. "영"(靈 · the spirit)이 심술궂고, 사악한 마음에 속한 것들을 뜻한다는 것은 아래의 장절에서 명확합니다. 구약의 말씀들입니다.

내가 보여 준 환상을 보지도 못하고 저희들의 생각을 따라서 예언하는, 어리석은 예언자들에게 화가 있을 것이다(에스겔 13 : 3).
너희는 겨를 잉태하여 지푸라기를 낳는다.
저희는 제 꾀에 속아 넘어간다.
(이사야 33 : 11)
거짓말쟁이나 사기꾼이 와서
"너희에게 포도주와 독한 술이
철철 넘칠 것이다"
하고 예언하면,

그 사람이야말로
이 백성의 예언자가 될 것이다!
(미가 2 : 11)
조상처럼,
반역하며 고집만 부리는 세대가
되지 말며,
올바른 마음을 가지지 못하는 세대,
하나님을 믿지 아니하는 세대가
되지 말라고 하셨다.
(시편 78 : 8)
그들의 온갖 행실이 그러하니,
하나님께로 되돌아가지 못한다.
음란한 생각이 그들 속에 가득 차서,
주를 알지 못한다.
(호세아 5 : 4)
사람마다 간담이 녹으며, 두 손에 맥이 빠지며, 모두들 넋을 잃으며, 모든 무릎이 떨 것이다. 재앙이 닥쳐오고 있다(에스겔 21 : 7).
너희가 스스로 이르기를 '우리가 이방 사람, 곧 여러 나라의 여러 백성처럼 나무와 돌을 섬기자' 하지만, 너희 마음에 품고 있는 생각대로는 절대로 되지 않을 것이다(에스겔 20 : 32).
그 마음에 거짓이 없는 사람은
복되고 복되다!
(시편 32 : 2)
아침에 바로는 마음이 뒤숭숭하였다(창세기 41 : 8).
그 꿈을 알 수가 없어서 마음이 답답하다(다니엘 2 : 3).

이상의 여러 장절들이나, 그 밖의 수많은 장절들에게서 볼 때 명확한 것은 "영"(spirit)이 사람의 마음(the mind of man)이나 그 마음에 속한 것들을 뜻한다는 것입니다.

157. 사람의 영(man's spirit)이 그의 마음을 뜻하기 때문에 그러므로, 성경말씀에 자주 사용되는 관용구이지만, "영 안에 있다"는 말씀은 육체를 떠난 마음의 상태를 뜻합니다. 그리고 이 상태에서 예언자는 영계에 존재하는 것들을 보았기 때문에, 그 상태는 "하나님의 환상"(a vision of God)이라고 불리웠습니다. 그 때 예언자는 영계에서 영들이나

천사들이 있는 것과 같은 상태에 있었습니다. 그 상태에서 사람의 영이 시각의 측면에서 그의 마음과 동일하다는 것은 성경말씀이 이 곳에서 저 곳으로 옮겨지고 있지만, 그 상태에서 그 자신의 장소에 머물러 있었습니다. 이러한 상태는 내가 26년 동안 지금까지 있었던 상태이지만 그 상태에서 차이는 몸과 영으로는 동일한 때에 있었지만, 그 때마다 몸 밖에 있었습니다. 요한이 《묵시록》을 기술할 때 에스겔, 스가랴, 다니엘, 요한이 그 상태에 있었다는 것을 아래의 장절들에게서 명확합니다. 에스겔서의 말씀입니다.

> 그 때에 주의 영이 나를 들어 올리셔서, 주의 성전 동쪽으로 난 동문으로 데리고 가셨다.…… 주의 영이 나를 높이 들어 올려, 하나님의 영으로 환상 가운데 나를, 바빌로니아에 포로로 끌려올 사람들에게로 데리고 오셨다. 그런 다음에, 내가 본 환상이 내게서 떠나갔다(에스겔 11 : 1, 24).
> 그 때에 주의 영이 나를 들어 올리시는데, 주의 영광이 그 처소에서 나타날 때에, 내 뒤에서 지진이 터지는 것 같이 크고 요란한 소리가 들렸다.…… 주의 영이 나를 들어 올려서 데리고 가실 때에, 나는 괴롭고 분통이 터지는 심정에 잠겨 있었다(에스겔 3 : 12, 14).
> 하나님이 보이신 환상 속에서, 주의 영이 나를 들어서 하늘과 땅 사이로 올리셔서, 나를 예루살렘으로 데려다가 안뜰로 들어가는 북쪽 문어귀에 내려 놓으셨다. 그 곳은 질투를 자극시키는 질투의 우상이 자리 잡고 있는 곳이다(에스겔 8 : 3).
> 그는, 다른 것과 함께 있는, 네 생물들인 게르빔을 보았다(에스겔 1 · 10장).
> 그리고 새 땅과 새 성전을 보았고, 그리고 그것들을 측량하신 한 천사도 보았다(에스겔 40-48장).
> 그 때 그는 환상 속에 있었고,…… 영의 상태에 있었다(에스겔 40 : 2 ; 43 : 5).

[2] 스가랴에게서도 동일하였는데, 그 때 스가랴 안에는 한 천사가 있었습니다. 그 때 그는 이런 것들을 보았습니다.

> 화석류나무 사이에 서 있는 붉은 말을 탄 한 사람(스가랴 1 : 8).
> 뿔 네 개와…… 측량줄을 그의 손에 쥐고 있는 한 사람을 보았다(스가랴 1 : 18 ; 2 : 1, 5).
> 여호수아 대제사장(스가랴 3 : 1).

순금으로 만든 등잔대와 올리브 나무 두 그루들(스가랴 4 : 2, 3).
날아가는 두루마리와 곡식을 넣는 뒤주(=에바)(스가랴 5 : 1, 6).
두 산 사이에서 나오는 병거 네 대와 말들(스가랴 6 : 1-3).

다니엘 역시 그 상태에 있었습니다.

그 때 그는 큰 짐승 네 마리와 그것들에 관한 것들(다니엘 7 : 1-12).
그 때 그는 숫양 한 마리와 염소 사이에 있는 싸움을 보았다(다니엘 8 : 1-12).
그가 환상 가운데 본 모든 것들(다니엘 7 : 1, 2, 7, 13 ; 8 : 2 ; 10 : 1, 7, 8).
천사 가브리엘이 환상 가운데 그에게 나타났고, 그와 이야기 하였다(다니엘 9 : 21).

[3] 요한이 묵시록을 쓰고 있을 때 꼭 같은 일이 그에게 일어났습니다. 그는 이렇게 말하였습니다.

주의 날에 내가 성령(=영) 안에서 내 뒤에서 나팔과 같이 울리는 큰 음성을 들었는데(묵시록 1 : 10).
그 천사는 성령(=영)으로 나를 휩싸서, 빈 들로 데리고 갔습니다(묵시록 17 : 3).
나를 성령(=영)으로 휩싸서 높고 큰 산 위로 데리고 가서(묵시록 21 : 10).
나는 그런 환상 가운데서 말과 말을 탄 사람들을 보았다(묵시록 9 : 17).

이 밖의 다른 곳에서도 그가 기술하고 있는 것과 같은 것들을 많이 보았습니다. 그가 일곱 금 촛대 사이로 사람의 아들(=인자・人子・the Son of man)을 보았기 때문에, 그리고 성막・성전・법궤 그리고 천계에 있는 제단을 보았고, 그리고 일곱 인으로 날인, 봉인한 두루마리를 보았고, 그것에서 나오는 말들을 보았고, 그리고 그 보좌와 그 보좌에 둘러선 네 생물들을 보았고, 각 지파에서 뽑힌 120,000명을 보았고, 그리고 시온 산 위에 있는 어린 양(the Lamb)을 보았고, 아비소스에서 올라오는 메뚜기들을 보았고, 용과 미가엘이 싸우는 그 용의 싸움을 보았고, 남자 아이를 낳는 여인을 보았고, 용 때문에 그 여자가 광야로 도망을 치는 것을 보았고, 두 짐승들을 보았는데, 하나는 바다에서 올라왔고,

다른 짐승 하나는 땅에서 올라왔고, 빨간 짐승을 탄 한 여자를 보았고, 그 용이 불과 유황의 바다에 던져지는 것을 보았고, 그리고 흰 말과 큰 잔치를 보았고, 그리고 거룩한 성 예루살렘이 하늘에서 내려오는 것을 보았고, 그리고 그가 그것에 관해서 기술하고 있는 성문들·성벽들·주춧돌들을 보았고, 그리고 생명수의 강과 달마다 열매를 맺는 생명나무를 보았고, 그리고 그 밖의 수많은 것들을 보았습니다. 그들이 변모하신 예수님을 보았을 때, 베드로·야고보·요한도 동일한 상태에 있었고, 그리고 그 천계로부터 형언할 수 없는 것들을 들었을 때에도 바울 역시 동일한 상태에 있었습니다.

여 적(餘 滴)

158. 우리의 본장에서는 성령(the Holy Spirit)에 관해서 다루고 있기 때문에, 특히 몇몇 사실들이나 주의점들을 언급하는 것은 값진 일이라고 하겠습니다. 구약의 말씀에는 성령에 관해서 언급된 곳이 전혀 없습니다. 그리고 "거룩한 영"(the Spirit of Holiness)이라고 언급된 곳도 단지 세 곳에 불과한데, 한 번은 시편 51편 11절이고, 두 번은 이사야서 63장 10절과 11절입니다. 그러나 신약의 복음서들과 사도행전서에는, 그리고 사도들의 서간문들에는 자주자주 언급, 거명되고 있습니다. 이러한 사실은 성령이, 주님께서 이 세상에 강림하였을 때, 처음으로 언급되었기 때문입니다. 왜냐하면 성령은 아버지로 말미암아 주님에게서 공표되었기 때문입니다. 왜냐하면 ;

  주님만이 홀로 거룩하십니다(묵시록 15 : 4).

라고 언급되었기 때문입니다. 그러므로 천사 가브리엘은 그분의 어머니 마리아에게 이렇게 전하였습니다. 누가복음서의 말씀입니다.

  천사가 마리아에게 말하였다. "그러므로 너에게 태어날 아기는 거룩한 분이요, 하나님의 아들이라고 불릴 것이다"(누가 1 : 35).

그리고 요한복음서에는 이렇게 언급되었습니다.

예수께서 아직 영광을 받지 않으셨으므로, 성령이 아직 사람들에게 와 계시지 않았다(요한 7 : 39).

비록 이 일은 사전에 선포된 것이지만, 엘리사벳은 성령으로 충만하였고(누가 1 : 41), 사가랴도 성령으로 충만하였고(누가 1 : 67), 그리고 또한 성령이 시므온에게 임하였습니다(누가 2 : 25). 이와 같은 일은, 이미 이 세상에 계셨던 주님 때문에 성령이라고 불리운, 아버지 여호와 영이 그들을 충만하게 하셨기 때문입니다. 이것은 구약의 성경말씀의 어느 곳에서도 예언자들이, 여호와 이외에, 성령으로 말미암아 말씀하셨다는 것이 아무데도 없기 때문입니다. 왜냐하면 우리는 어느 곳에서나 "여호와께서 나에게 말씀하셨다" "여호와의 말씀이 내게 임하였다" "여호와께서 말씀하셨다" "이와 같이 여호와께서 말씀하셨다" 등등으로 읽고 있기 때문입니다. 어느 누구나 이것에 관해서 의심하지 못하는 것은 나는 이런 표현들이 등장하는 예레미야서에만 여러 장절들을 참조하고자 합니다. 예를 들면, 예레미야서 1 : 4, 7, 11-14, 19 ; 2 : 1-5, 9, 19, 22, 29, 31 ; 3 : 1, 6, 10, 12, 14, 16 ; 4 : 1, 3, 9, 17, 27 ; 5 : 11, 14, 18, 22, 29 ; 6 : 6, 9, 12, 15, 16, 21, 22 ; 7 : 1, 3, 11, 13, 19-21 ; 8 : 1, 3, 12, 13 ; 9 : 3, 7, 9, 13, 15, 17, 22, 24, 25 ; 10 : 1, 2, 18 ; 11 : 1, 3, 6, 9, 11, 17, 18, 21, 22 ; 12 : 14, 17 ; 13 : 1, 6, 9, 11-15, 25 ; 14 : 1, 10, 14, 15 ; 15 : 1-3, 6, 11, 19, 20 ; 16 : 1, 3, 5, 9, 14, 16 ; 17 : 5, 19-21, 24 ; 18 : 1, 5, 6, 11, 13 ; 19 : 1, 3, 6, 12, 15 ; 20 : 4 ; 21 : 1, 4, 7, 8, 11, 12, 14 ; 22 : 2, 5, 6, 11, 16, 18, 24, 29, 30 ; 23 : 2, 5, 7, 12, 15, 24, 29, 31, 38 ; 24 : 3, 5, 8 ; 25 : 1, 3, 7-9, 15, 27-29, 32 ; 26 : 1, 2, 18 ; 27 : 1, 2, 4, 8, 11, 16, 19, 21, 22 ; 28 : 2, 12, 14, 16 ; 29 : 4, 8, 9, 16, 19-21, 25, 30-32 ; 30 : 1-5, 8, 10-12, 17, 18 ; 31 : 1, 2, 7, 10, 15-17, 23, 27, 28, 31-38 ; 32 : 1, 6, 14, 15, 25, 26, 28, 30, 36, 42, 44 ; 33 : 1, 2, 4, 10-13, 17, 18, 19, 20, 23, 25 ; 34 : 1, 2, 4, 8, 12, 13, 17, 22 ; 35 : 1, 13, 17-19 ; 36 : 1, 6, 27, 29, 30 ; 37 : 6, 7, 9 ; 38 : 2, 3, 17 ; 39 : 15-18 ; 40 : 1 ; 42 : 7, 9, 15, 18, 19 ; 43 : 8, 10 ; 44 : 1, 2, 7, 11, 24-26, 30 ; 45 : 2, 5 ; 46 : 1, 23, 25, 28 ; 47 : 1 ; 48 : 1, 8, 12, 30, 35, 38, 40, 43, 44, 47 ; 49 : 2, 5-7, 12, 13, 16, 18, 26, 28,

30, 32, 35, 37-39 ; 50 : 1, 4, 10, 18, 20, 21, 30, 31, 33, 35, 40 ; 51 : 25, 33, 36, 39, 52, 58 등이 되겠습니다. 꼭 같은 표현들이 다른 예언서들에게서도 나타나는데, 그러나 어느 곳에도, 성령께서 그들에 말씀하셨다, 또는 여호와께서 성령을 통하여 그들에게 말씀하셨다고 언급된 것은 하나도 없습니다.

159. 나는 여기에 아래의 영계 체험기를 부가하겠습니다. 첫 번째 영계 체험기입니다.

한번은 천계에 있는 천사들과 함께 있은 때가 있었습니다. 그 때 나는 좀 떨어진 아래쪽에서 큰 연기가 솟는 것을 보았습니다. 그 때 그것에서부터 불이 일어나고 있었습니다. 나는 나와 대화를 하던 천사에게 이런 말을 하였습니다. 이것에 관해서 거의 아는 것은 없지만, 지옥에서 보이는 연기는 추론들에 의한 확증된 거짓들에게서 일어난다는 것과 그리고 그 불은 그것에 대하여 반대하는 자들에 대한 불타는 분노로 알고 있습니다. 그리고 나는 여기에 부가해서, "내가 육신을 입고 사는 곳에서와 같이, 영계에서도 불꽃은 타오르는 연기 이외에 아무것도 아니라는 것을 모르고 있다"고 말하였습니다. 이것이 사실이라는 것은 나는 가끔 경험에 의하여 입증하였습니다. 왜냐하면 내가 장작불에서 솟는 연기 같은 모양의 불길에 불을 붙인 나뭇가지를 보니까 그 연기는 같은 모양의 불길로 변해 버렸기 때문입니다. 그것은 연기의 작은 입자들은, 화약이 작열할 때와 같이, 확 타버리는 작은 불꽃과 같이 되었기 때문입니다. 우리의 아래에서 보이는 연기도 그와 꼭 같았습니다. 이 연기는 수많은 동일한 거짓들로 이루어졌고, 그리고 그것에서 타오르는 불꽃은 이런 거짓들을 대신한 열정의 불덩어리와 같습니다.

[2] 그 때 천사가 나에게 말을 하였습니다. "우리 같이 가서, 어떤 거짓들이 그와 같은 연기나 불꽃을 솟게 하는지 볼 수 있도록 그것에 가까이 가는 것을 허락해 주시기를 주님에게 요청해 봅시다" 라고 하였습니다.

이 요청이 허락되었습니다. 그런데 놀라운 일이 일어났습니다. 우리 주위에 그 곳을 집중해서 계속해서 비추는 불기둥이 나타났습니다. 그 때 우리는 영들의 무리 넷을 보았는데, 그 무리들은, 이 세상에 태어난 아들은, 그가 사람이고, 가시적이기 때문에, 이 세상에 태어난 그분의 아들은 아니지만, 하나님 아버지께서는 보이시지 않기 때문에 그분에게 가까이 가야 하고, 예배하여야 한다는 것을 열정적으로 유지하고 있는 영들이었습니다.

양쪽을 살펴보니까, 왼쪽에는 성직자에 속한 유식한 사람들이 보였고, 그리고 그들 뒤에는 불학무식한 자들이 보였습니다. 그리고 오른쪽에는 평신도에 속한 유식한 사람들이 있었고, 이들 뒤에도 역시 불학무식한 자들이 있었습니다. 그런데 우리들과 그들 사이에는 깊은 심연(深淵)이 크게 입을 벌리고 있었습니다. 그래서 가까이 간다는 것은 불가능하였습니다.

[3] 그러나 우리는 눈과 귀를 왼쪽으로 돌렸는데, 거기에는 성직자에 속한 유식한 자들이 있었고, 그들 뒤에는 불학무식한 자들이 있었습니다. 우리는 그들에게서 이런 식으로 하나님에 관해서 추론하는 소리를 들었습니다. "온 유럽에 산재해 있는 하나님에 관한 우리들의 교회의 교리에서 우리가 알고 있는 것은, 하나님께서 보이시지 않기 때문에, 그리고 동시에 영원부터 아버지와 함께 있는, 역시 비가시적인 존재인, 하나님 아들과 하나님 성령이신, 하나님 아버지에게 반드시 가까이 나아가야 한다는 것이고, 그리고 우주의 창조주이시고, 따라서 그 우주에 계시는 아버지 하나님께서는 우리가 우리의 눈을 돌리는 어느 곳에도 현존하시고, 그리고 우리가 그분에게 기도할 때에 언제나 그분께서는 친절하게 경청하시고, 그리고 아드님의 중재를 수용하신 뒤에는, 아버지께서는 성령님을 우리에게 보내시는데, 그 성령님께서는 우리의 심령에 그분의 아드님의 의(義)의 영광(the glory of His Son's righteousness)을 심어주시고, 그리고 우리 위에 축복을 주십니다. 교회에서 박사들이 된 우리들은 설교말씀을 할 때 우리의 가슴에서 느끼는 것은 성령이 보내시는 거룩한 역사(役事·the holy operation)와 그리고 우리의 마음에 임재하신 성령님의 현존으로 말미암아 그 때 우리는 헌신과 충성을 발산합니다. 우리는 이와 같이 감화 감동되는데, 그것은, 하나님 아버지께서 보내시는 성령에 의하여 우리의 이해의 시각에만 역사하는 것이 아니고, 정신적으로나 관능적으로 우리의 전 조직에 보편적으로 역사하시는, 보이지 않는 하나님에게 우리의 전 모든 감관을 집중하기 때문입니다. 이러한 결과들은 보이는 하나님의 예배에서 비롯된 것이 아니고 다시 말하면 사람과 같이 마음 앞에 똑똑하게 드러나는 하나님 예배에서 비롯되는 결과입니다"라는 것이었습니다.

[4] 이런 말을 들었을 때 교직자 뒤에 서 있던 불학무식한 자들이 손뼉을 치면서 이런 말을 하였습니다. "거룩한 것이 보이지 않고, 감지되지 않는 신령한 것 이외에 그 어디서 오겠습니까? 이런 말이 우리의 귀가 감지되는 순간, 우리의 속내가 확 트입니다. 우리는 이와 같은 감미로운 향 내음에 기쁘기 그지없고, 우리의 가슴은 방망이질 하듯이 두근거립니다. 보이고, 감지되는 신령한 것이라면 사정은 다르겠지요. 이런 말을 들었을 때 그것은 신령한 것이 아니고, 그저 단순한 자연적인 것이 되지요. 동일한 이유 때문에 로마 가톨릭은 그들의 미사에서 라틴말로 반복하고, 그리고 그들이 신령하고 신비스러운 모든 속성들을 그것의 공으로 돌리는 그 주인에게 반복하면서 그들은 제단의 벽감(壁龕)에서 끌어내어 보게 하고, 게다가 사람들을 가장 신비스러운 어떤 것으로 여겨 그 앞에 무릎을 꿇게 하고, 그리고 거룩한 향 내음을 받게 합니다"라고 말하였습니다.

[5] 이런 일이 있은 뒤 우리는 오른쪽으로 향하였습니다. 거기에는 평신도에 속한 유식한 자들이 서 있고, 그 뒤에는 불학무식한 자들이 서 있었습니다. 우리는 유식한 자들에게 아래와 같은 말을 들었습니다. "우리는, 고대인들 중에서 가장 현명한 자들이 이른바 그들이 여호와라고 부르는 보이지 않는 하나님을 예배하였다는 것을 잘 알고 있습니다. 그러나 그들 뒤에 이어지는 수 세기 동안, 사람들은 자신들을 위하여 죽은 지도자들 중에서 신(神·gods)들을 만들어 세웠는데, 그 신들 중에는 새턴(Saturn)·쥬피터(Jupiter)·넵츈(Neptune)·프루토우(Pluto)·아폴로(Apollo)·미넬버(Minerva)·다이애나(Diana)·비너스(Venus)·테미스(Themis) 등이 있습니다. 그들은 이들을 위해 신전(神殿)을 짓고, 신령한 예배를 드렸습니다. 이런 부류의 예배는 세월이 지나가면서 퇴보, 타락하였기 때문에, 그 예배는 우상숭배(偶像崇拜·idolatry)를 야기시켰고, 그리고 그 우상숭배로 말미암아 마지막에 온 세상은 광기(狂氣·insanity)로 가득 채워졌습니다. 그러므로 우리는, 영원부터 세 신령 인격들(three Divine persons)이 있었고, 지금도 있다고 하는 우리의 사제들이나, 장로들에게 전적으로 이의 없이 동의합니다. 그 세 분들의 각각은 하나님이십니다. 그들이 비가시적인 존재라는 것은 우리들에게서 이런 것으로 충분합니다"라고 하였습니다.

이 말에 대하여 그들 뒤에 서 있는 불학무식한 자들은 여기에 더해서

"우리는 그 말에 전적으로 동의합니다. 하나님은 하나님이 아니고, 사람은 역시 사람이 아닙니까? 그럼에도 불구하고 우리는, 만약에 어느 누구가 그들 앞에 하나님사람(神人 · a God-Man)을 제시한다면, 하나님에 관해서 감관적인 개념을 지니고 있는 보통사람들은 그것을 수용, 영접할 것입니다" 라고 말하였습니다.

[6] 그들이 이런 말을 하였을 때 그들의 눈이 열렸고, 그들은 그들 가까이에 있는 우리들을 보았습니다. 그러나 우리가 그들의 말을 듣고, 묵묵부답, 침묵을 지켰기 때문에 그들은 화가 났습니다. 그러나 곧 천사들이 나타났는데, 그들에게 주는 어떤 힘으로 말미암아 천사들은, 그들이 그것으로 말미암아 말하는 것인, 그들의 생각들에 속한 외적인 것, 즉 가장 낮은 것들을 차단(遮斷), 닫아 버리고, 하나님에 관해서 이런 것들로 말미암아 그들로 하여금 말하는 것을 억제시키는 내적인 것, 즉 높은 것들을 개방(開放), 열어주었습니다. 그들은 이렇게 말하였습니다. "도대체 하나님이 무엇입니까? 우리는 그분의 모습을 본 적도 없고, 그분의 음성을 들은 적도 없습니다. 그러니 처음부터 마지막까지 자연(自然 · nature) 이외에 하나님이 무엇입니까? 우리는 자연을 보았습니다. 왜냐하면 자연은 우리의 눈에 빛을 발하기 때문이고, 그리고 우리는 자연의 소리를 듣는데, 그것은 자연이 우리의 귀를 울리기 때문입니다" 라고 하였습니다.

이런 말을 듣고서 우리는 그들에게 "그대들은, 하나님 아버지만을 오직 시인하는, 소시누스(Socinus)를 본 적이 있습니까? 그리고 또한 우리의 구세주이신 주님의 신성을 부인하는 아리우스(Arius)나, 또는 그들의 추종자들을 본 적이 있습니까?" 라고 물었습니다. 그들은 이 물음에 대하여 "우리는 없습니다" 라고 대답하였습니다.

우리는 그들에게 "그들은 모두 당신들 아래의 심연에 있습니다" 라고 하였습니다. 그러나 곧 그들 중 몇몇이 심연에서 소환(召喚)되었고, 그리고 하나님에 관한 질문을 받았습니다. 그들은 다른 자들이 한 것과 같은 것을 말하였습니다. 그리고 그들은 부연해서, "무엇이 하나님입니까? 우리는 우리와 꼭 같은 많은 하나님들을 만들 수 있습니다" 라고 말하였습니다.

[7] 그 때 우리는 이렇게 말하였습니다. "그러면 이 세상에 강림하신 하나님의 아들(the Son of God)에 관해서 여러분과 이야기한다는 것은

쓸모가 없겠습니다. 그렇지만 우리는 그것에 관해서 많은 것을 말할 것입니다. 하나님에 관한 믿음, 그리고 하나님을 믿는 믿음이나 하나님에게서 비롯된 믿음에 관해서 처음 두 세기 동안에는 하나님을 본 적이 없기 때문에, 말하는 것을 금하였습니다. 그래서 하나님은 공중에 있는 찬란하고 멋진 거품(氣泡)와 같은 것으로 여겼기 때문이고, 그리고 꼭 같은 이유 때문에 그 뒤에 이어지는 여러 세기 동안, 그것은 무너지는 일이 없이 굳굳하게 이어져 왔습니다. 이와 같은 사실은 여호와 하나님께서 강림하시고, 인성을 입으시고, 따라서 당신 자신을 가시적인 존재로 만드시는 것을 기쁘게 하였습니다. 그래서 여호와 하나님께서 사람들이 신념을 가지게 하셨는데, 그것은 여호와 하나님께서는 단순히 이성에 속한 허구적인 존재가 아니고 오히려 존재 자체인데 그는 영원 전부터 영원까지 계셨고(was), 계시고(is) 그리고 계실(will be) 존재이시고, 그리고 하나님(God)이라는 존재는 단순히 세 글자들(three letters)이 아니고, 오히려 알파(Alpha)에서 오메가(Omega)까지의 실재에 속한 전부(the All of reality)이시고, 결과적으로는 그들이 가시적인 하나님(an invisible God)을 믿는다고 하는 그들의 말이 아니고, 가시적인 존재(as visible)로 그분을 믿는 모든 자의 생명(life)과 구원(salvation)이십니다. 왜냐하면 믿는다(believing)·본다(seeing)·안다(knowing)는 것은 하나(一體)를 완성하기 때문입니다. 그러므로 주님께서는 빌립에게 이렇게 말씀하셨습니다. 요한복음서의 말씀입니다.

> 예수께서 대답하셨다. "빌립아, 내가 이렇게 오랫동안 너희와 함께 지냈는데도, 너는 나를 알지 못하느냐? 나를 본 사람은 아버지를 본 사람이다"(요한 14:9).

그리고 다른 곳에서는 이렇게 말씀하셨습니다.

> 그것은 그를 믿는 사람마다 영원한 생명을 얻게 하려는 것이다. 하나님이 세상을 이처럼 사랑하셔서 독생자를 주셨으니, 누구든지 그를 믿으면 멸망하지 않고 영생을 얻을 것이다.…… 아들을 믿는 사람에게는 영원한 생명이 있다. 아들에게 순종하지 않는 사람은 생명을 얻지 못한다. 그는 도리어 하나님의 분노를 산다(요한 3:15, 16, 36 ; 14:6-15).

이 말을 들었을 때 네 무리들은 분노로 불탔으므로, 연기와 불꽃이 그들의 콧구멍에서 내뿜었습니다. 그러므로 우리는 그들을 떠났고, 그리고 나와 같이 집으로 왔던 천사들은 그들의 천계로 올라갔습니다.

160. 두 번째 영계 체험기입니다.

한번은 몇몇 천사들과 함께 있게 되었습니다. 나는 영들의 세계를 거닐고 있었습니다. 그 영들의 세계는 천계와 지옥 중간에 있는데, 모든 사람들은 죽은 뒤에 제일 먼저 오는 곳입니다. 선한 사람은 거기에서 천계를 위해 준비하고, 악한 사람은 지옥을 준비하는 곳입니다. 나는 그들과 다양한 주제들에 관해서 대화를 하였는데, 주제들 중에는 이런 것도 있었습니다. 다시 말하면 내가 육신을 입고 사는 이 세상은 밤이 되면 크고 작은 수많은 별들이 보이는데, 그 별들은 우리의 태양계에 그것의 빛을 보내는 수많은 태양들입니다. 그리고 여기에 나는, "내가 당신의 세계의 가시적인 별들을 보았을 때 나는 내가 살고 있는 세계에 있는 것만큼 수많은 별들이 있을 것이라고 상상하였습니다"는 것을 부연하였습니다.

천사들은 나의 이 말에 기뻐하면서 이렇게 말하였습니다. "아마도, 천계의 모든 사회는 천계 아래에 있는 자들의 시각에는 별들처럼 빛을 낼 것이기 때문에 별들처럼 헤아릴 수 없이 많을 것이고 그것들은 모두가 하나님 안에 있는 무한한 정동을 가리키는 선에 속한 사랑의 다양성에 일치하여 질서 정연하게 정리 정돈 되어 있습니다. 따라서 그분에게서 비롯된 것들은 헤아릴 수가 없습니다. 그리고 이런 것들은 창조 전에 이미 예견된 것이기 때문에, 자연적이고, 물질적인 몸들로 존재하는, 사람들이 살고 있는 이 세상의 별들의 수와 꼭 같은 수의 별들이 거기에 있을 것이라고, 나는 상상, 생각하였습니다."

[2] 우리가 이런 식으로 대화하고 있는 동안 나는 같은 높이의 북녘의 영들의 수많은 무리를 보았는데, 그들은 서로들 사이에 기의 일보의 공간도 없을 정도로 빼곡히 차 있었습니다. 그리고 나는 천사들에게 마치 군대가 걸어가는 것처럼 이런 식으로 수많은 영들이 길을 따라서 걷는 것을 보았다는 것을 말하였습니다. 그리고 그 때 내가 들은 것은, 자연계를 떠났을 때 이런 식으로 모두가 이 길을 따라서 지나가는 길이라는 것입니다. 수 천 수 만의 사람들이 매 주일마다 죽기 때문에 그 길은

헤아릴 수 없는 영들로 메워진다는 것이고, 그리고 죽은 뒤 그들은 이 길을 통해서 이 세계에 들어온다는 것이었습니다.

천사들은 여기에 더 부연해서 말하였습니다. "이 길은 지금 우리들이 있는 세계의 중간에서 끝이 납니다. 길이 끝이 나는 중간에는 동쪽을 향해서는 하나님사랑과 이웃사랑 안에 있는 사회들이 양쪽에 있기 때문이고, 서쪽을 향해서는 양쪽에 이런 사랑들에 반대되는 자들이 있는 사회들이 있기 때문입니다. 이에 반하여 남쪽을 향한 정면에는 다른 자들에 비하여 더 총명에 속한 자들의 사회들이 있기 때문입니다. 이러한 것은 자연계를 떠나 새로 오는 자들이 제일 먼저 이런 지점에 오게 되는 이유입니다. 그들이 지금 여기에 있는 때는, 그들이 전 세상에서 최후의 마지막에 머물러 있는 외적인 것들에 있을 때입니다. 그러나 그 뒤 그들은 점차적으로 그들의 내적인 것에로 진전하고, 그리고 그들의 성품들은 검증을 받습니다. 그리고 그 검증이 끝난 뒤에는 선한 사람은 천계에 있는 그들의 처소에 맞게 태어나고, 악한 사람은 지옥에 있는 그들의 처소로 갑니다" 라고 하였습니다.

[3] 우리는 입구를 향해 있는 지점인, 중간에 멈추었습니다. 우리는, "신참자들과 이야기할 사람들이 오는 동안, 우리는 여기에서 기다립시다" 라고 말하였습니다. 우리는 열두 명을 선발하였는데, 그들은 자연계에서 막 당도하였기 때문에 그들이 자연계에 여전히 있다는 것 외에는 아무것도 알지 못하는 자들입니다. 우리는 그들에게 천계나 지옥에 관한 그들의 견해가 무엇인지, 그리고 죽은 뒤의 삶에 관한 그들의 견해를 물었습니다.

한 사람은 이렇게 대답하였습니다. "우리의 거룩한 질서(our sacred order)는 나에게, 우리는 죽은 뒤에 산다는 신념과 그리고 천계와 지옥이 있다는 신념을 각인(刻印)시켜 주었습니다. 그러나 내가 믿는 것은, 도덕적인 삶(a moral life)을 산 모두는 천계에 간다는 것이고 그리고 모두가 도덕적인 삶을 살았기 때문에 어느 누구도 지옥에 가지 않는다는 것입니다. 그러므로 지옥은, 악한 삶을 사는 것에서 사람들을 떠나게 하기 위하여 성직자가 만들어 낸 이야기라고 믿고 있습니다. 이런 식이든 저런 식이든 하나님에 관해서 생각한다는 것이 무슨 문제가 되는 것입니까? 생각은 부질없는 왕겨 같은 것이지요. 다시 말하면 생겨났다가 사라지는 물거품 같은 것이지요" 라고 하였습니다.

그 사람 곁에 있는 사람이 말하였습니다. "내가 가지고 있는 신념은 천계와 지옥이 있다는 것이고, 하나님께서는 천계를 다스리시고, 악마는 지옥을 다스린다는 것입니다. 그리고 이들 양자는 서로 원수이기 때문에 서로서로 상반되기 때문에, 하나는, 다른 자가 선이라고 부르는 것을, 악이라고 하지요. 그리고 또한 나는 선을 악처럼 보이게 하고, 악을 선처럼 보이게 하는 가면을 쓴 사람(a dissembler)인 도덕적인 사람은 이쪽이나 저쪽 양쪽에 있을 수 있지요. 그 때 만약에 그 주인이 내게 잘해 준다면, 어느 쪽에 있느냐는 것은 내게는 아무런 문제가 되지 않습니다. 선한 것이나 악한 것은 사람들에게는 꼭 같은 기쁨이고, 쾌락이지요" 라고 하였습니다.

[4] 그 사람 옆에 서 있던, 세 번째 사람은 이렇게 말하였습니다. "천계와 지옥이 존재한다고 믿는 것이 내게 무슨 문제가 됩니까? 왜냐하면 어느 누구가 그 어떤 곳에서 와서 우리에게 그것들에 관해서 우리에게 말을 했습니까? 만일 모든 사람이 사후에도 살고 있다면, 어째서 그렇게 수많은 사람들 가운데서 한 사람도 그것을 우리에게 일러주려고 되돌아오지 않습니까?" 라고 말하였습니다.

그 다음에 넷째 사람은 이렇게 말하였습니다. "아무도 되돌아와서 말하지 않는 이유를 말씀 드리지요. 그것은 사람이 마지막 숨을 쉬고, 목숨을 거둘 때 그는 유령(a ghost)이 되어서, 사라지기 때문입니다. 아니면, 사람은 죽으면 단순한 바람(wind)과 같이, 입 속의 숨결과 같기 때문이지요. 그렇게 된 것이 어떻게 되돌아와서 어느 누구와 이야기를 할 수 있겠습니까?" 라고 하였습니다.

다섯째는 또 다른 것을 주제로 삼고서, 이렇게 말하였습니다. "친구여! 최후심판의 날까지 기다리시오. 왜냐하면 모두는 그 때 자신들의 몸으로 되돌아올 것이고, 그리고 여러분은 그들을 보고, 그들과 말할 것이고, 서로서로는 서로 얼굴을 마주하고 말할 것입니다" 라고 하였습니다.

[5] 반대쪽에 서 있던 여섯 번째가 크게 웃으면서 말하였습니다. "바람이 된 영(靈)이, 벌레들에게 먹히고, 햇볕에 썩어서 티끌이 된, 뼈다귀만 남은 그의 해골바가지에 어떻게 돌아올 수 있겠습니까? 먼저 미이라가 되고, 그 후 돌팔이 약제사에 의하여 가루가 되어 유상액(乳狀液)과 혼합된 마지막의 약을 삼킨 어느 이집트 사람이 어떻게 돌아와서 무엇을 말한다는 것입니까? 그러니, 만약에 여러분께서 그 믿음을 가지고 있다

면 마지막 날까지 기다리십시오. 그러나 여러분의 기다림은 영원할 것이고, 그리고 허망한 영원일 것입니다"라고 하였습니다.

그 뒤 일곱 번째가 말하였습니다. "만약에 내가 천계나 지옥을 믿었다면, 따라서 사후의 삶을 믿었다면, 나는 죽은 뒤 새들이나 짐승들 같이 사는 것이라고 믿었을 것입니다. 그런 것들 중에서 어떤 것은 사람들과 같이 합리적이거나 도덕적인 존재이겠지요. 그런데 짐승들이 사후에 산다는 것도 부인되고 있으니, 따라서 사람들도 사후에 산다는 것을 부인합니다. 추론은 어느 쪽은 좋고 어느 쪽은 나쁘다고 할 수 없지요. 하나는 다른 것에서 뒤이어지는 것입니다. 사람이 짐승 이외에 무엇입니까?"라고 하였습니다.

그의 뒤에 서 있던 여덟 번째가 앞으로 나오더니, 이렇게 말하였습니다. "만약에 여러분이 믿는다면 천계를 믿으십시오. 나는 지옥은 안 믿겠습니다. 전능하신 하나님이라면 모두를 구원하시지 않겠습니까?"라고 하였습니다.

[6] 그 때 아홉 번째가 그의 손을 비비면서 이렇게 말하였습니다. "하나님께서는 전능하실 뿐만 아니라 자비하십니다. 그러신 분이 어느 누구를 영원한 불 속으로 보낼 수 있겠습니까! 만약에 어느 누구가 거기에 가기를 원한다고 해도 하나님께서는 거기에서 그를 건져내시고, 그를 살리실 것입니다"라고 하였습니다.

열 번째가 그의 자리에서 중앙으로 뛰쳐나와서, 이렇게 말하였습니다. "나도 지옥은 안 믿습니다. 하나님께서는 그분의 아들을 보내시지 않으셨습니까? 그 아드님께서 온 세상의 죄들을 속죄하셨고, 그 죄들을 제거하시지 않았습니까? 악마가 이런 일에 대하여 무엇을 할 수 있겠습니까? 악마가 아무것도 할 수 없으니, 그 때 지옥이 무엇을 할 수 있겠습니까?"라고 하였습니다.

사제였던, 열한 번째가 이런 말을 듣고 불 같은 화를 내면서 말을 하였습니다. "그리스도의 공로가 그의 믿음에 새겨진 자들에게 구원이 이른다는 것을 여러분께서는 모르십니까? 그리고 하나님께서 선택한 자들에게 그 구원이 이루어진다는 것을 모르십니까? 선택은 전능존재의 뜻에, 그리고 그가 값이 있는지 여부는 그분의 판단에 있다는 것을 모르십니까? 어느 누구가 이런 뜻이나 판단에 거역, 항거할 수 있겠습니까?"라고 하였습니다.

정치가였던 열두 번째는 침묵을 지키고 있었습니다. 그러나 군중들이 무엇인가 대답할 것을 요청하였기 때문에 그는 이렇게 대답하였습니다. "내 생각으로는 천계나 지옥에 관해서, 그리고 사후(死後)의 삶에 관해서 어떤 것도 말할 수가 없습니다. 그 이유는 어느 누구도 그런 것들에 관해서 아는 것이 없기 때문이지요. 그럼에도 불구하고 여러분들은 그것들에 관해서 가르치는 사제들을 비난하지 마십시오. 왜냐하면 이런 식으로 대중의 저속한 마음들은 온갖 법률들이나 그들의 통치자들에게 예속되어 있는 보이지 않는 차꼬(an invisible bond)에 의하여 묶여 있기 때문입니다. 이른바 공공복지(公共福祉 · the public welfare)라는 것은 이런 것에 의존하고 있지 않습니다" 라고 하였습니다.

[7] 우리들은 그의 이런 말을 듣고 매우 놀랐습니다. 그리고 우리들은 서로서로 이런 말을 하였습니다. "비록 그들이 기독교인들이라고 하면서도, 그들은 사람들도 아니고, 그렇다고 짐승들도 아니지만, 그러나 그들은 사람과 짐승 그 중간의 사람-짐승 존재(men-beasts)같습니다" 라고 하였습니다. 어쨌든 그들을 잠자는 상태에서 깨워 일으키기 위하여 우리는 이렇게 말하였습니다. "지옥도 있고, 천계도 있고, 그리고 사후의 삶도 있습니다. 우리가 지금 당신들이 처해 있는 삶(=생명)의 상태를 없애버리면 그 때 여러분이 이런 것에 관한 확신을 가질 것입니다. 죽음 뒤 처음의 몇 날 동안은, 어느 누구도, 그가 죽기 전에 살았던 이 세상에서와 꼭 같이 살고 있다는 것 이외에는 아무것도 모른다오. 왜냐하면 지나 보낸 세월은 마치 잠자는 것과 같기 때문이지요. 그 잠자는 상태에서 깨어나게 되면 그 전에 있었던 곳에서 여전히 살고 있다는 것 이외에 다른 것은 아무것도 느끼지 못합니다. 지금이 바로 여러분에게는 이런 때입니다. 그러므로 여러분은 그 전의 세상에서 생각했던 것과 꼭 같은 식으로 지금 말을 하고 있는 것입니다" 라고 했습니다.

그 때 천사들이 그들의 무지의 상태를 소멸시켰습니다. 그래서 그들이 알게 된 것은 그들이 다른 세상에 있다는 것이고, 그리고 생면부지(生面不知)의 낯선 사람들과 함께 있다는 것입니다. 그들은 이렇게 울부짖었습니다. "도대체 우리가 있는 곳이 어디냐?"라고.

우리는 이렇게 말하였습니다. "여러분께서는 더 이상 자연계에 있지 않고, 오히려 영계에 있고, 그리고 우리들은 천사들입니다" 라고 했습니다.

그 때 잠에서 깨어났습니다. 그리고 그들도 "만약에 여러분이 천사들이라면 우리에게 천계를 보여 주십시오" 라고 말하였습니다. 우리는 대답하였습니다. "여기서 잠깐만 기다리십시오. 우리가 다시 돌아오겠습니다" 라고 말하였습니다. 그리고 한 시간 반 정도 지난 뒤에 우리는 우리를 기다리고 있는 그들을 발견했습니다. 그리고 우리들은 "우리를 따라서 천계에 오르시죠" 라고 말하였습니다. 그들은 그렇게 하였고, 우리는 그들과 함께 올라갔습니다. 그리고 우리가 그들과 함께 있었기 때문에, 문지기들은 문을 열어주었고, 우리는 거기에 들어갔습니다.

그리고 우리는, 입구에서 신참자들을 영접하는 자들에게 말하였습니다. "이 자들을 살펴보시지요."

그리고 그들은 그들의 주위를 둘러보더니만, 그들의 머리 뒤 부분이 아주 움푹 패인 것을 보았습니다. 그 때 그들에게 이렇게 말하였습니다. "여기서 떠나가십시오. 왜냐하면 지금 당신들이 처해 있는 상태는 악을 행하는 것을 사랑하는 쾌락에 빠져 있습니다. 그러므로 여러분은 천계와의 결합에 있지 못합니다. 왜냐하면 여러분의 마음 속에는 여러분이 하나님을 부인한다는 것, 그리고 종교를 경멸(輕蔑)하는 것으로 가득 차 있기 때문입니다" 라고 하였습니다.

그리고 우리는 그들에게 "지체하지 마십시오.. 아니면 여러분은 여기서 추방될 것입니다" 라고 말하였습니다. 그래서 그들은 아래로 서둘러 내려갔고, 멀리 떠나갔습니다.

[8] 우리는 집으로 오는 길에 영계에서 악행을 즐겨 하는 자들이 움푹 패인 후두부를 가지는 이유에 관해서 의논하였습니다. 내가 그 이유로 제시한 것은, 사람은 두 두뇌를 가지고 있는데, 하나는 이른바 소뇌(=작은 골)라는 후두부에 있는 것이고, 다른 하나는 이른바 대뇌(=큰 골)라는 앞머리에 있는 것이기 때문입니다. 의지에 속한 사랑(the love of the will)은 소뇌에 있고, 이해에 속한 사상(the thought of the understanding)은 대뇌에 있기 때문입니다. 그리고 언제나 이해에 속한 생각(=사상)이, 본질적으로 천계적인 것을 가리키는 소뇌의 지심한 것을 가리키는 사람의 의지에 속한 사랑을 인도하지 못할 때, 사람의 의지에 속한 사랑은 붕괴되는데 여기에서 움푹 패인 것이 생겨납니다.

161. 세 번째 영계 체험기입니다.

한번 나는 영계에서 방앗간의 연자매 소리를 들은 적이 있었습니다. 그 소리는 북녘에 있었습니다. 처음에는 나는 그것이 무엇일까 하고 이상하게 여겼지만, 그러나 마음에 떠오른 생각은, 연자매나 그리고 연자매로 무엇을 간다는 것(grinding)의 뜻이 성경말씀에서 교리를 위해 도움이 되는 것을 찾는 뜻이라는 것을 알았습니다. 그래서 나는 잡음이 들리는 쪽을 향해 그 곳으로 갔습니다. 내가 거기에 가까이 갔을 때 그 소리가 그치었습니다. 그 때 나는 땅 위에 있는 일종의 아치형의 지붕을 보았습니다. 거기에 동굴을 통해서 들어가는 입구가 있었습니다. 이것을 보았기 때문에 나는 내려갔고, 안으로 들어갔습니다.

보십시오. 거기에는 방이 하나 있었는데, 나는 그 방에 한 노인이 책들 사이에 앉아 있는 것을 보았습니다. 그 노인은 앞에 성경책을 놓고서, 그의 교리에 도움이 될 것을 찾고 있었습니다. 여러 조각의 종이 쪽지가 주위에 널려 있었습니다. 그는 그 쪽지에 그가 쓸 수 있는 것을 기록하였습니다. 그 방에 이어지는 방에는 그 종이들을 모아서, 새 종이에 그것을 적는 서사들(copyists)이 있었는데, 그들은 전지(全紙) 크기의 종이에 무엇을 기록하였습니다. 나는 제일 먼저 그 사람 주위에 있는 책들에 관해서 물었습니다.

그는, 그 책들이 모두 "믿음의 칭의"(Justifying Faith)에 관해서 다루고 있다고 대답하였습니다. 저것은 아주 심오(深奧)한 것으로 스웨덴과 덴마크에서 온 것들이고, 저것은 더 심오한 독일에서 온 것이고, 저것은 매우 더 심오한 영국에서 온 것이고, 이것들 중에서 가장 심오한 것은 네델란드에서 온 것입니다. 그리고 그는 그것들이 서로 다른 점들을 부연하였습니다. 그러나 오직 믿음에 의한 칭의(justification)와 구원(salvation)의 조항을 그들이 모두 동의한다는 것을 부연하였습니다. 그 뒤 그가 한 말은, 그 때 그는 칭의 믿음(justifying faith)의 첫째 원칙을 성경말씀에서 수집하는 중이라고 말하였습니다. 이른바 그 칭의는 곧 하나님 아버지께서는 인류의 온갖 죄악들 때문에 인류를 향한 자비로움을 그치셨다는 것이고, 그리고 그러므로 사람의 구원을 위해서는 반드시 신령 필연성(a Divine necessity)이 있어야 한다는 것, 그 필연성은 정의에 의한 것으로 부과(賦課)된 영벌을 누군가가 스스로 담당하는 것에 의하여 이루어질 수밖에 없는, 만족(satisfaction) · 조정(reconciliation) · 화해(propitiation) · 중재(mediation)라는 것입니다. 이러한 일은 하나님 아들 이외에는 결코 행해질 수 없다는 것입니다. 그러나 이런 일이 이루어졌기 때문에 아드님의 목적(the Son's sake)을 위한 하나님 아버지에 가까이 나아가는 길이 열렸습니다. 왜냐하면 우리는, "아버지이시여, 아버지의 아들을 보아서 우리에게 자비를 베푸시옵소서"라고 기도하기 때문입니다. 그리고 그는 이렇게 말하였습니다. "내가 지금 보고 있고, 그리고 이미 본 사실은 모든 이성(理性)이나 성경말씀에 모두 일치한다는 것입니다. 하나님의 아들의 공로들을 믿는 믿음 이외에 다른 방법에 의하여 하나님 아버지에게 가까이 나아가는 길이 무엇이겠습니까?"라고 하였습니다.

[2] 나는 이런 말을 들었을 때 정말 깜짝 놀란 것은, 이성(reason)과 성경말씀이 서로 상반됨에도 불구하고, 그가 이성과 성경말씀이 일치한다고 선언한다는 것입니다. 나는 이 사실을 그에게 명확하게 말하였습니다.

그는 그 때 그의 열정의 열기에서 "어떻게 당신은 그렇게 말씀하실 수 있습니까?"라고 말하였습니다.

그러므로 나는 내 마음을 그에게 열고 이렇게 말하였습니다. "하나님 아버지께서 인류를 향한 자비를 멈추시고, 거절하시고, 인류를 파문(破門)하신다고 생각하는 것은 이성에 전혀 반대되는 것 아닙니까? 신령은혜(Divine grace)는 신령본질(the Divine essence)의 속성(屬性 · an attribute) 아닙니까? 그러므로 은혜의 멈춤은 곧 신령본질의 중단이겠지요? 그리고 그분의 신령본질의 멈춤은 더 이상 하나님이 아닌 것이지요. 하나님께서 당신 자신에게서 당신 자신을 위해서 멀리 떠나시는 것이 가능한 것입니까? 나를 믿으십시오. 하나님의 은혜는 무한하시기 때문에 그러므로 역시 그것은 영원합니다. 사람들의 측면에서 하나님의 은혜는, 만약에 사람이 그것을 영접, 수용하지 않는다면 잃어버리는 것입니다. 그러나 하나님의 측면에서는 결코 잃어버릴 수 없습니다. 그러나 만약에 은혜가 하나님에게서 떠나 버린다면 거기에는 전 천계에게 그리고 전 인류에게 종말(終末)이 이른 것입니다. 그러므로 하나님 측면에서의 은혜는 영원한 것이고, 그리고 그것은 천사들이나 사람들을 향해서 뿐만 아니라 심지어 지옥에 있는 악마들에게까지도 영원히 지속되는 것입니다. 이런 사실은 이성에도 일치하는 것인데, 어째서 당신은 이들의 공로를 믿는 믿음을 통해서만 하나님 아버지에게의 접근이 있다고 말씀하시는 것입니까? 그럼에도 불구하고 그 때 거기에는 은혜를 통한 하나님에의 접근이 변함없이 영원히 있는 것 아닙니까?
[3] 그러나 당신께서 아드님(the Son)을 통해서라는 것 대신에 아드님의 목적을 위해서 하나님 아버지의 접근을 말하시는 이유는 무엇입니까? 아드님이 중보자(仲保者・Mediator)이시고, 구원자(救援者・Saviour)가 아니신가요? 그리고 아드님께서는 하나님(God)이시고 사람(Man) 아니신가요? 지상에서 어느 누구가 제왕, 왕, 또는 왕자에게 직접 올 수 있습니까? 거기에는 어느 누구에 의한 반드시 그분에게의 허입(許入)이나 안내(案內)의 주선(周旋)이 있어야 하는 것 아닙니까? 당신은 주님께서 사람들을 아버지에게 안내하기 위하여 이 세상에 오셨다는 것을 모르십니까? 그리고 오직 주님을 통해서만 아버지에의 접근이 가능하다는 것도 모르십니까? 이에 반하여 그분께서는 아버지 안에 계시고, 아버지께서 그분 안에 계시기 때문에 당신이 직접 주님 당신에게 나아갈 때 이 접근은 영원히 불변하다는 것을 모르십니까? 지금 곧 성경말씀을 예의 주의해서 살펴보십시오. 당신은 이것이 성경말씀과 일치한다는 것을 알게 되실 것입니다. 이에 반하여 하나님에게 나아가는 당신의 길이 이성에 어긋나듯이, 역시 성경말씀에도 반대된다는 것을 알게 되실 것입니다. 내가 당신에게 확실하게 말씀드릴 수 있는 것은, 아버지의 품 안에 계신, 그리고 홀로 아버지와 현존하시는, 그분을 통하지 않고 아버지에게 그와 같이 가까이 간다는 것은 하나의 억측(臆測)일 뿐이라는 것입니다. 여러분은 요한복음 14장 6절의 말씀을 읽지 않습니까?"
이런 말을 들었을 때 나이 많은 노인은, 그가 자기의 자리에서 벌떡 일어나, 나를 내쫓을 것을 필사하는 사람들에게 버럭 소리를 지를 만큼, 매우 화가 났습니다. 내가 내 스스로 자의(自意)에 의하여 그 즉시 거기를 나왔을 때 그 노인은 마침내 자기 손에 들고 있던 책을 내 뒤에 있는 창문을 향해 던졌는데, 그 책은 성경책이었습니다.

162. 네 번째 엥세 체험기입니다.
어떤 영들 사이에서 토론이 생겼는데, 그것은 주님에게서 비롯된 것을 제외하고, 누구나 성경말씀에서 진정한 신학적인 교리를 볼 수 있는지 그 여부에 관한 것입니다. 그들은, 요한복음서의 말씀 때문에, 하나님에게서 비롯되는 것을 제외하면 어느 누구도 그렇게 할 수 없다는 것에 동의하였습니다. 그 책의 말씀입니다.

하늘이 주시지 않으면, 사람은 아무것도 받을 수 없다(요한 3 : 27).

그러므로 이 토의는, 그가 주님에게 직접 나아가지 않고서 누구나 이것이 가능한가 하는 것이었습니다.
한쪽에서는 주님께서 선언하신 것은, 주님께서 성언이시기 때문에, 누구나 반드시 주님에게 직접 나아가야 한다는 것입니다. 그리고 다른 쪽에서는 참된 교리는, 사람이 하나님 아버지에게 직접 나아갈 때 볼 수 있다는 것이었습니다. 그러므로 이 토의는 처음에는 이런 관점으로 바뀌었습니다. 즉, 주님을 무시하고, 하나님 아버지에게 직접 나아가는 것이 기독교인에게 합법적인가로 바뀌었습니다. 주님께서는 이렇게 말씀하셨기 때문에, 즉 "나로 말미암지 않고서는, 아무도 아버지께로 올 사람이 없다"(요한 14 : 6)고 말씀하셨기 때문에 주님을 무시하고 하나님에게 직접 나아가는 것은, 오만무례하고, 뻔뻔스럽고, 매우 버릇없는 짓이 아니겠습니까?
그러나 그들은 이 주제를 떠나서, 그리고 사람은 자기 자신의 자연적인 빛에 의하여 성경말씀에서 참된 교리를 볼 수 있다고 말하였습니다. 이 주장은 부인, 거부되었습니다. 그 때 그들이 주장한 것은 하나님 아버지에게 기도하는 자들에 의하여 그것은 옳은지 틀린 것인지 알 수 있다는 것입니다. 성경말씀에 몇몇 장절들이 그들에게 낭독되었고, 그리고 그들은 그들에게 가르침을 주시기를 무릎을 꿇고 하나님 아버지에게 기도하였습니다. 그들은 성경말씀에서 그들에게 낭독된 장절에 관해서 그것에 이런 저런 진리를 내포하고 있다는 것은 말하였습니다. 그러나 그들이 말한 것은 모두가 거짓이었습니다. 그리고 그와 같은 것은 그들이 실증이 날 때까지 반복, 계속되었습니다. 그들은 종국에 더 이상 아무것도 할 수 없다고 고백하였습니다.
그러나 다른 쪽에 있는 자들은 주님에게 직접 나아가는 자들은 진리들을 본다고 하였고, 그리고 다른 자들에게 그것들을 일러주었습니다.
[2] 이와 같은 토의가 이런 식으로 끝맺음이 되었을 때, 처음에는 메뚜기들 같이 보이더니, 나중에는 난쟁이들 같이 보이는 어떤 영들이 아비소스에서 올라왔습니다. 그들은 이 세상에서 다른 자들과 같이 하나님 아버지에게 기도하였고, 그리고 오직 믿음에 의하여 스스로 칭의의 교리(依唯信得義 · the doctrine of justification)에 의하여 다짐, 확증한 자

들이었습니다. 그들은 바로 묵시록서(9 : 1-11)에서 다루어진 그들과 아주 꼭 같았습니다. 그들은 아주 밝은 빛에서 성경말씀을 봤다는 것과 그리고 성경말씀에서 율법의 행위(the works of the law)가 없이 오직 믿음에 의하여 사람은 의롭게 된다는 것을 주장, 역설하였습니다.

그들은 "도대체 믿음에 의해서?" 라는 말이 무슨 뜻인지 질문을 받았습니다. 그들은 이렇게 대답하였습니다. "그것은 하나님 아버지를 믿는 믿음에 의한 것"을 뜻한다는 것이었습니다. 그러나 그들이 옳은지 여러모로 검토, 살펴진 뒤, 천계에서 그들에게 일러진 말은, 그들이 성경말씀에서 비롯된 단 하나의 교리적인 진리도 알지 못한다는 것이었습니다. 그들은 그들이 빛 가운데서 그들 자신의 진리들을 보았다고 여전히 반론, 반박하였습니다.

그들에게 일러진 사실은 그들이 그것들을 본 빛은 얼빠진 빛(a fatuous light · 미혹하는 빛)이라는 것이었습니다. 그들은 "무엇이 얼빠진 빛(=미혹하는 빛)입니까?" 하고 물었습니다. 그들에게 일러진 것은 그 빛은 그릇된 것에 관한 확증에 속한 빛이라는 것입니다. 그리고 그 빛은 올빼미들이나 박쥐들이 처에 있는 빛에 대응한 것인데, 그리고 흑암을 빛이라고 하고, 빛을 흑암이라고 하는 것에 대응한다는 것이었습니다. 이러한 일은, 그들이 천계를 쳐다보았을 때 명확한 사실에 의하여 그들에게 확증되었습니다. 그들이 흑암이라고 본 것은 진리 자체의 주거(住居)였습니다. 그리고 그들이 그것들이 온 본래의 아비소스를 내려다 보았을 때 그들은 빛을 보았습니다.

[3] 이런 확증에 의하여 그들은 화가 났는데, 그 때 그들은 빛이나 흑암은 아무것도 아니고, 그것은 빛에 대하여 빛이라고 말하고, 흑암에 대하여 흑암이라고 말하는 것에 일치하는 단순한 눈의 상태(a mere state of the eye)라고 주장하였습니다. 그러나 그들에게 입증된 것은, 그들의 빛은, 그릇된 것을 옳다는 확증에 속한 빛을 가리키는, 얼빠진 빛이라는 것이고, 그리고 그들의 탐욕의 불길에서 야기되는 마음의 활동 이외에 아무것도 아니라는 것, 그리고 그것은 한 밤에 지하실 어두운 곳에서 생쥐를 잡아먹으려는 그들의 식욕에서 일어나는 고양이들의 눈에서 나오는 빛과 다르지 않은데, 마치 양초 불빛과 같은 그런 것에 지나지 않는다는 것입니다.

이런 말을 듣자 화가 나서, 그들은, 그들이 고양이들이 아니고, 고양이들을 닮지도 않았다고 소리를 질렀습니다. 왜냐하면 그들은 마치 자신들이 원하는 것을 볼 수 있었기 때문입니다.

그러나 그들은 그들이 무슨 이유로 보기를 원하지 않는지 질문을 받을 것이 두려워서, 그들은 뒤로 물러났고, 그리고 자신들의 거처인 아비소스에로 내려갔습니다. 아비소스에 있는 자들이나 그들과 닮은 자들은 천사들에 의하여 올빼미들, 박쥐들, 그리고 또한 메뚜기들이라고 불리웠습니다.

[4] 그들이 아비소스에 있는 그들의 동무들에게 당도하였을 때, 그 동무들에게 천사들은 그들에게 한 말을 하였습니다. "그들은 교리적인 진리가 무엇인지 전혀 아무것도 알지 못하고, 심지어 단 하나의 진리도 알지 못한다는 것을 말하였고, 그리고 천사들이 그들을 올빼미들·박쥐들·메뚜기들이라고 불렀다는 것을 말하였습니다." 이런 말들을 듣자 거기에 소란이 일어났습니다. 그리고 그들은, "우리 다같이 천계에 올리워지는 허용을 위해 하나님에게 기도합시다. 그 때 우리는 천사장들 스스로가 시인할 것들을 가리키는, 우리가 가지고 있는 수많은 교리적인 진리들을 아주 명확하게 볼 것입니다"라고 말하였습니다. 그들이 하나님에게 기도하였기 때문에 천계에 오르는 허락이 그들에게 주어졌습니다. 그들 중에 삼백 명 정도가 천계에 올리워졌습니다.

그들이 그 땅 위에 나타났을 때, 그들은 "우리는 이 세상에서 명성이 자자한 유명 인사들입니다. 왜냐하면 우리들은 오직 믿음(依唯信得義)에 의한 칭의의 신비(the mysteries of justification)를 잘 알고 있고, 그것을 잘 가르치기 때문입니다. 우리는 그 확증에서 빛을 볼 뿐만 아니라, 그것이 마치 찬란하게 빛나는 광휘(光輝)와 같이 보고 있으며, 그리고 우리는 우리들의 작은 거처에서도 여전히 그것을 보고 있습니다. 그럼에도 불구하고, 우리는 당신과 함께 있던 동무들에게서 듣는 말은 빛이 빛이 아니고, 오히려 어둠이라고 한다는 것입니다. 그런 이유 때문에 당신께서도 우리는 성경말씀에서 교리적인 진리를 전혀 가지고 있지 않다고 말하는구만요. 우리가 밝히 아는 것은, 성경말씀에 속한 진리는 모두 빛을 발한다는 것이고, 그리고 우리가 확신하는 것은, 우리가 우리의 신비적인 것들에 관해서 깊이 명상할 때 우리의 광휘(光輝·radiance)는 그 근원에서 온다는 것입니다. 그러므로 우리가 성경말씀에서 아주 풍부하게 진리들을 취한다는 것을 보여 드리고자 합니다"라고 말하였습니다. 그리고 그들은, "하나님 아버지와 그 아드님과 성령으로 이루어진, 삼일성(三一性 · a trinity)이 우리가 가지고 있는 진리 아닙니까? 그리고 사람들은 반드시 삼일성을 믿어야 한다는 것이 그 진리가 아닙니까? 그리고 우리는 그리스도께서 우리의 속량주이시고, 구세주이시다는 것이 우리가 가지고 있는 진리 아닙니까? 그리고 우리는, 그리스도께서 홀로 의(義 · righteousness)이시고, 그분에게만 공로가 속해 있다는 것, 그리고 어느 누구라도 그리스도의 공로와 의를 자기 자신의 것으로 돌리기를 열망하는 사람은 악한 사람이고, 부정(不正)한 사람이라는 진리를 가지고 있지 않습니까? 그리고 어느 누구도 유한한 인간(mortal man)은 자기 스스로는 어떤 영적인 선도 행할 수 없고, 그러나 본질적으로 선은 하나님에게서 비롯된 선이 모든 선이라는 진리를 우리가 가지고 있지 않습니까? 공로를 내세우는 선(meritorious good)이나 위선적인 선(hypocritical good)이나, 그리고 이런 부류의 선들은 선이 아니고 악이라고 하는 진리를 우리는 가지고 있지 않습니까? 그럼에도 불구하고 선행들(good works)은 반드시 행하여야 한다는 진리를 우리는 가지고 있지 않습니까? 그리고 믿음에 관한 것들이 존재한다는 것, 그리고 사람들은 반드시 하나님을 믿어야 한다는 것, 그리고 모두는 그가 믿는 것에 일치하여 생명을 취한다는 것, 그리고 이 밖에도 성경말씀에서 비롯된 다른 많은 진리들이 있다는 이 진리를 우리가 가지고 있지 않습니까? 여러분 중에서 어느 누구가 이런 진리들에 속한 것 하나라도 부인할 수 있겠습니까? 그럼에도 불구하고 여러분은 우리의 학교에서는 그 어떤 진리도 전혀 배우지 않고, 심지어 단 하나의 진리도 배우지 않는다고 주장합니다. 당신들은 무례하게도 이런 책임을 우리에게 돌리고 있지 않습니까?" 라고 말하였습니다.

[5] 그러나 그들은 이런 대답을 들었습니다. "당신들이 주장하는 이런 모든 것들은 본질직으로는 참된 것입니다. 그러나 여러분에게서 그것들은, 거짓들을 가리키는, 위하 된 진리들입니다. 그 이유는 그것들이 그릇된 원칙에서 유래(由來), 비롯된 것이기 때문입니다. 이것이 사실이라는 것은 우리는 여러분의 눈 앞에서 명료하게 할 것입니다. 여기에서 멀리 않은 곳에 하늘의 빛이 직접 비추는 곳이 있습니다. 그 곳의 중앙에는 책상이 하나 있습니다. 만약에 성경말씀에서 비롯된 어떤 진리를 어떤 종이 위에 쓰고, 그 종이를 그 책상 위에 놓으십시오. 그 종이 위

에 쓴 진리 때문에 그 종이는 밤하늘의 별처럼 빛날 것입니다. 그러므로 또 하나의 종이 위에 여러분이 믿는 진리들을 쓰십시오. 그리고 그 종이를 그 책상 위에 놓으십시오. 그러면 여러분은 이런 저런 사실을 알게 될 것입니다" 라는 것입니다.

그들은 그렇게 하였고, 그 종이를 경비원에게 주었는데, 그는 그것을 책상 위에다 놓고서, 그들에게 "그 옆에 서서 책상을 잘 살펴보십시오" 라고 말하였습니다.

그들은 뒤로 물러나서 책상을 유심히 보았습니다. 이게 웬일입니까! 그 종이는 마치 한 밤의 별처럼 빛났습니다.

그 때 경비원이 말하였습니다. "여러분이 잘 알고 있듯이 그 종이 위에 여러분이 쓴 것들은 진리들입니다. 그러나 더 가까이 가서 그것에 시선을 집중하십시오" 라고 하였습니다.

그들은 그렇게 하였습니다. 그런데 빛나던 불빛은 갑자기 사라지고, 그 종이는, 마치 화덕에서 비롯된 검댕으로 칠을 한 것처럼, 새까맣게 되었습니다.

경비원은 이어서 이렇게 말하였습니다. "그 종이를 여러분의 손으로 만져 보십시오. 그러나 글씨에는 닿지 않도록 조심하십시오" 라고 하였습니다.

그들이 그렇게 하였을 때 갑자기 불길이 솟아 나와 그 종이를 태워버렸습니다. 그들이 이런 광경을 보고 있을 때, 그들에게 일러진 말은, "만약에 여러분이 그 글씨를 만졌다면, 폭발이 일어나서 여러분의 손가락들을 태웠을 것입니다"는 것이었습니다.

그 때 그들 뒤에 서 있던 자들이 이런 말을 하였습니다. "지금 여러분이 본 것은, 여러분이 여러분의 칭의의 신비들을 입증하기 위하여 사용한 진리들은 본질적으로 진리들이었지만, 그러나 여러분 안에서 그것들은 위화된 진리들이라는 것입니다" 라고 말하였습니다.

그 때 그들은 위를 쳐다보았습니다. 하늘이 핏빛으로 그들에게 나타났습니다. 그리고 곧 짙은 흑암으로 바뀌었습니다. 그러나 천사적인 영들의 눈에는, 어떤 이에게는 박쥐들 같이, 어떤 이에게는 올빼미 같이, 어떤 이에게는 부엉이들 같이 보였습니다. 그리고 그것들이 자신들의 흑암 속으로 날아갔을 때 그 흑암은 그들의 눈에는 미혹시키는 빛으로 비추었습니다.

[6] 거기에 있던 천사적인 영들은 모두 놀랐습니다. 왜냐하면 그 때까지 그들은 그 곳, 즉 책상에 있는 장소에 관해서 아무것도 알지 못하였기 때문입니다. 그런데 남녘에서부터 그들에게 소리가 들렸는데, 말하기를 "이리오시겠어요. 아주 더 놀라운 일을 볼 것입니다" 라고 하였습니다.

그래서 그들은 그쪽으로 갔습니다. 그리고 어느 방으로 들어갔습니다. 그 방의 벽은 황금빛이 났습니다. 거기에서도 역시 그들은 성경책이 놓여 있는 책상을 보았습니다. 그 책은 천계의 모양으로 여러 가지 보석들로 둘러싸여 있었습니다.

경비 천사가 말을 하였습니다. "성경책이 열리면, 말로 형언할 수 없는 찬란한 광채가 거기에서 나올 것입니다. 그리고 그 때 그 보석들에게서는 성경책 위와 주위에 마치 무지개 모양의 영롱한 색깔이 나타날 것입니다. 삼층천의 천사가 거기에 올 때에는 성경책의 위와 주위의 무지개는 빨간 바탕에 나타나고, 이층천의 천사가 나타날 때에는 그 무지개가 푸른색 바탕에 나타나고, 그리고 가장 낮은 천계(=일층천 천계)의 천사가 나타날 때에는 무지개는 흰 색 바탕에 나타날 것입니다. 그리고 선한 영이 나타날 때에는 대리석 같은 모양의 다양한 색깔이 나타날 것입니다"고 하였습니다. 이런 일이 모두 사실로 그들에게 드러났습니다.

경비 천사는 더 이어서 말을 하였습니다. "만약에 성경말씀을 위화한 어떤 자가 가까이 오면, 처음에는 광채가 사라지고, 그리고 그 때 그가 가까이 와서 성경책에 시각을 고정시키고 응시하면, 그 둘레에는 피가 나타나고, 그리고 위험하니까 거기에서 물러나라는 경고가 있을 것입니다" 라고 하였습니다.

[7] 그러나 세상에 있을 때 오직 믿음에 의하여, 즉 의유신칭의(依唯信稱義)의 교리에 관해서 탁월한 저술자였던 어떤 사람이 대담하게 나와서 말하였습니다. "나는 이 세상에 있을 때 성경말씀을 위화, 더럽히지 않았습니다. 나는 믿음과 함께 인애를 높였고, 그리고 내가 가르친 것은, 인애와 그리고 인애의 선한 일(善行)을 실천하는 그런 상태에 있을 때 성령에 의하여 갱신되고, 중생되고, 성결하게 된다는 것이었습니다. 그리고 믿음은 자기 홀로 존재하지 못한다는 것, 다시 말하면 선행들(good works)을 떠나서는 존재하지 못한다는 것을 가르쳤습니다. 이와 같은 것은 마치 열매가 없으면 좋은 나무가 될 수 없는 것과 같고, 그

리고 빛이 없으면 해가 될 수 없는 것과 같고, 열이 없으면 불(fire)이 될 수 없는 것과 같다는 것을 가르쳤습니다. 그리고 나는 선한 행실이 필요 없다고 주장하는 자들을 비난, 꾸짖었고, 성언의 계명들에 순종하는 것이 필요 없다는 자들을 꾸짖었습니다. 그리고 나는 가장 중요한 회개를 역설하였고, 그리고 나는 아주 놀라운 방법으로 성경말씀의 모든 것을 믿음의 주제에 구체적으로 적용하는 것을 가르쳤고, 뿐만 아니라 오직 믿음만이 구원한다는 교리를 명료하게 설명, 증명하였습니다"라고 하였습니다.

그가 성경말씀을 위화하지 않고, 더럽히지 않았다는 이런 주장에 확신을 하면서 그 천사의 경고에도 불구하고 그 책상에 가까이 다가가서 그는 성경책을 손으로 만졌습니다. 그 때 갑자기 성경책에서 불과 연기가 나왔고, 그리고 그 사람을 그 방구석으로 집어 던지는 큰 폭발과 요란한 굉음이 일어났습니다. 그는 거기에서 거의 한 시간 가까이 죽은 사람과 같이 누워있었습니다.

천사적인 영들은 이 광경을 보고, 무척 놀랐습니다. 그러나 그들에게 일러진 것들은, 비록 이 지도자가 믿음에서 비롯되는 것처럼 인애에 속한 선행들이 다른 자들에 비하여 뛰어나다고 했지만, 그럼에도 불구하고 그가 뜻하고, 중요하다고 여기는 것들은, 이른바 도덕적, 시민적이라고 부르는, 정치적인 일들이나 사회적인 일들 이외에 아무것도 아니었고, 그리고 또한 이 세상을 목적한 것이고, 그리고 이 세상적인 번영(繁榮)을 목적해서 행한 것뿐이었습니다. 그런 것은 결코 구원을 위한 것은 아니었습니다. 그리고 그가 상상한 것은, 사람은 그것에 관해서 아무것도 모르지만, 성령의 숨은 역사들은 믿음의 상태에서 믿음의 역사는 일어난다는 것이었습니다.

[8] 그 때 천사적 영들은 성경말씀의 위화(僞化・the falsification of the Word)에 관해서 토의하였습니다. 그들이 서로 동의, 합의한 것은, 성경말씀을 위화, 더럽히는 것은 거짓들을 확증하기 위하여 성경말씀에서 진리들을 취하는 것이고, 그런 진리들을 응용, 적용하는 것이라는 사실입니다. 이런 짓거리에 의하여 성경말씀에서 진리들을 분리, 이리 저리로 끌고 다니는 것이고, 종국에 성경말씀을 죽이는 것입니다. 예를 들어 보겠습니다. 아비소스에서 온 영들에 의하여 인용된 그런 부류의 진리들이 오늘날의 믿음에 적용되고, 그리고 거짓들로 주입된 것을 가리

키는 그 믿음에 의하여 설명될 때, 그것이 어떤 것인지는 지금부터 아래에서 입증되겠습니다. 또 다시 말하면 만약에 어떤 사람이 성경말씀에서, 인애는 반드시 실천하여야 하고, 이웃에게 선은 반드시 행하여야 한다는 진리를 취할 때, 그리고 그 때 거기에 이런 것들이 반드시 행해져야 한다는 것을 입증하기 위하여 확증들을 더 다짐한다고 해도, 그것이 구원을 목적한 것이 아니라면, 그것은 사람이 행한 선은 선이 아니고, 단순한 공로주의적인 것이기 때문에, 그 사람은 성경말씀에서 비롯된 그 진리를 성경말씀에서 분리, 이리 저리 끌고 다니는 것이고, 종국에 그것을 죽여 버립니다. 왜냐하면 그분의 말씀에서 주님께서는, 구원받기를 열망하고 모든 사람에게 그는 반드시 이웃을 사랑하여야 하고, 그리고 그 사랑으로 말미암아 이웃에게 선을 반드시 행하여야 한다는 것을 명령하고 있기 때문입니다. 그리고 그 밖의 다른 진리들도 마찬가지입니다.

신령삼일성
(神靈三一性 · the Divine Trinity)

163. 우리는 지금까지 창조와 함께 하나님 창조주(God the Creator)를 다루었고, 그리고 또한 속량과 함께 주님 속량주(the Lord Redeemer)를, 그리고 마지막으로 신령역사와 함께 성령을 다루었습니다. 이와 같이 삼일의 하나님(the Trine God)을 다루었기 때문에, 오늘의 기독교계에서 안다고 하지만 그럼에도 불구하고 아직까지 잘 모르고 있는, 신령삼일성(神靈三一性 · the Divine trinity)을 다룬다는 것은 필연적입니다. 왜냐하면 이것의 가르침을 통하여 하나님에 속한 올바른 개념을 터득할 수 있기 때문입니다. 오늘의 교회에 있는 하나님에 속한 올바른 개념은 마치 성전 안에 있는 지성소(至聖所 · the sanctuary)나 제단(祭壇 · altar)과 같고, 또한 그의 옥좌에 계신 임금의 머리에 있는 왕관이나 그의 손에 들려 있는 홀(scepter)과 같기 때문입니다. 왜냐하면 첫 번째 교리에 매여 있는 사슬과 같이, 하나님에 속한 올바른 개념에 신학의 전 몸통

이 걸려 있기 때문입니다. 만약에 여러분께서 이 사실을 믿는다면 누구나 하나님에 관한 그의 개념에 일치하여 천계에서 그의 자리를 분배, 할당받습니다. 왜냐하면 이 개념은, 이것에 의하여 금이나 은의 순도(純度)가 검사되는 시금석(試金石)과 같기 때문입니다. 다시 말하면 사람 안에 있는 선과 진리의 성품을 검사, 검증하는 시금석이기 때문입니다. 왜냐하면 하나님에게서 비롯되는 것을 제외하면 사람 안에 구원하는 선(saving good)은 결코 존재할 수 없기 때문이고, 그리고 또한 선의 품(the boson of good)에서 그것의 성질이 유래되지 않은 진리는 어떤 것도 사람 안에 존재할 수 없기 때문입니다. 그러나 두 눈으로 신령삼일성(神靈三一性)이 무엇인지를 밝히 보기 위하여 그것에 관한 설명 내용이 아래와 같은 명제들로 세분, 다루어지겠습니다.

(1) 성부·성자·성령을 가리키는 신령삼일성(a Divine Trinity)이 있다.

(2) 세 존재를 가리키는 아버지·아들·성령은 한 분 하나님의 세 본질적인 것들이고, 그것들은 영혼·몸·활동(=역사)이 하나(一體)를 이루는 것과 같이, 사람 안에서 한 몸을 이룬다.

(3) 이 세상이 창조되기 전에 이 삼일성은 존재하지 않았다 ; 그러나 이 세상이 창조 된 뒤, 하나님께서 성육신(成肉身)되셨을 때 삼일성은 주어졌고, 생겨났다 ; 그 때 주님 안에는 하나님 속량주와 구세주 예수 그리스도께서 존재하셨다.

(4) 영원 전부터, 또는 이 세상이 창조되기 전부터 신령 인격들의 삼일성(a Trinity of Divine Persons)의 생각의 개념들 안에는 복수 하나님들의 삼일성(a Trinity of Gods)이 있었다는 것 ; 그리고 이 개념들은 한 분 하나님에 속한 입술의 고백(a lip-confession of one God)에 의해서는 결코 불식(拂拭)될 수 없다.

(5) 복수 인격들의 삼일성(a Trinity of Persons)은 사도교회(使徒敎會·the Apostolic church)에서는 알려지지 않았고, 다만 니케아 종교회의에 의하여 모색되었고, 그리고 그것에서 로마 가톨릭 교회에 전래되었고, 그리고 다시 그 교회에서 분리된 여러 교회들에게 전래, 전수되었다.

(6) 니케아 종교회의의 삼일성이나, 이른바 아타나시우스의 삼위일체설(三位一體說)은 서로 협력하여 생겨난 믿음에 의하여 전 기독교회는 왜곡되었다.

제 3 장 · 성령과 신령역사 391

(7) 이것이 다니엘서나 복음서들에게서, 그리고 묵시록서에서 주님께서 예언하신 "이전에도 없었고, 앞으로도 있지 않을 멸망의 가증이나, 환난의 근원"이다.
(8) 그러므로 역시 주님에 의하여 새 하늘과 새로운 교회가 설시 되지 않는다면 인류는 누구도 구원받을 수 없다.
(9) 아타나시우스 신경(the Athanasian Creed)에 따라서 복수 인격의 삼일성(=이른바 성 삼위일체설)에서부터 환상들이나 기형적인 것들을 가리키는, 하나님에 관한 수많은 조화롭지 않고, 이질적인 개념들은 생겨났다.
이들 명제들은 하나씩 지금 설명되겠습니다.

164. (1) **성부**(Father) · **성자**(Son) · **성령**(Holy Spirit)**이 가리키는 신령 삼일성**(a Divine Trinity)**이 있다.**
아버지 · 아들 · 성령의 삼일성이 있다는 것은, 아래에 인용된 성경말씀에서 명확하게 합니다. 누가복음서의 말씀입니다.

> 가브리엘 천사가 마리아에게 말하였다. "성령이 네게 임하시고, 가장 높으신 분의 능력이 너를 감싸 줄 것이다. 그러므로 태어날 아기는 거룩한 분이요, 하나님의 아들이라고 불릴 것이다(누가 1 : 35).

여기에는 셋이 거명되었는데, 하나님 아버지를 가리키는 가장 높으신 분과 성령과 하나님의 아들입니다. 마태복음서의 말씀입니다.

> 예수께서 세례를 받으시고, 곧 물에서 올라오셨다. 그 때에 그(=요한)에게 하늘이 열렸다. 그(=예수)는 하나님의 영이 비둘기 같이 내려와 자기 위에 오시는 것을 보셨다. 그리고 하늘로부터
> "이는 내 사랑하는 아들이다.
> 내가 그를 좋아한다"
> 하시는 소리가 들려왔다.
> (마태 3 : 16, 17 ; 마가 1 : 10, 11 ; 요한 1 : 32)

주님께서 그분의 제자들에게 하신 말씀에서는 더욱 더 명확합니다. 마태복음서의 말씀입니다.

그러므로 너희는 가서, 모든 민족을 제자로 삼아서, 아버지와 아들과 성령의 이름으로 세례를 주고……(마태 28 : 19).

요한의 서간문에는 이런 말씀으로 더욱 명확합니다. 요한1서의 말씀입니다.

하늘에서 증언하시는 세 분이 계십니다. 곧 아버지와 말씀과 성령이십니다. 이 셋은 하나입니다(요한1서 5 : 7).

더욱이 주님께서는 당신 아버지에게 기도하셨고, 그리고 그분에 관해서, 그리고 그분과 더불어 말씀하셨습니다. 그리고 아버지께서 말씀하신 것은 그분이 성령을 보내실 것이라고 말씀하셨고, 그리고 성령을 보내 주셨습니다. 마지막으로 사도들은 그들의 서간문에 자주자주 아버지·아들·성령을 거명, 언급하였습니다. 이상에서 볼 때 명확한 것은, 아버지·아들·성령을 가리키는, 신령삼일성(a Divine trinity)이 있다는 것입니다.

165. 그러나 어떤 식으로 이 장절들을 이해하느냐는 것은 문제로 남습니다. 이들이 본질에서, 그리고 이름에서 한 분 하나님(one God)이 되시는 세 하나님들(=세 신들·three Gods)을 뜻하는 것인지, 아닌지, 또는 그것들이 한 주체(one subject)에 속한 세 개체들(three objects)로 이해하여야 하는지, 다시 말하면, 그와 같이 호칭되는 한 분 하나님의 단순한 성품들(qualities)이나 속성들(attributes)로 이해하여야 하는지, 또는 다른 방법으로 이성 자체에 남는 것을 이해하고 본다는 것은 불가능하다는 것입니다. 그 때 할 수 있는 것은 무엇입니까? 사람으로서는 주 하나님 구세주에게 나아가는 것이고, 그리고 그분의 도움들(His auspices) 하에서 성경말씀을 열심히 읽는 것 이외에 다른 방법은 없습니다. 왜냐하면 그분께서는 성언의 하나님(the God of the Word)이시기 때문이고, 그리고 사람은 그 때 조요될 것이고, 그리고 역시 이성이 시인할 진리들을 볼 것이기 때문입니다. 그러나 다른 한편, 만약에 여러분이 주님에게 가까이 나아가지 않는다면, 비록 여러분이 수 천 번 성경말씀을 읽는다고 해도, 그리고 그 안에서 신령삼일성을 본다고 해도, 그리고 신령삼일성 안에 있는 단일성(單一性·the unity)을 본다고 해

도, 여러분께서는 그들의 각각이 유일 하나님이라는 세 신령 인격들(three Divine persons)이 있다는 것 이외의 다른 것을 결코 이해하지 못할 것이고, 그리고 따라서 거기에는 세 신들(=세 하나님들 · three God)이 있다는 것 이외의 다른 것을 결코 이해하지 못할 것입니다. 그러나 이것이 두루 퍼져 있는 사람들의 일반적인 지각에 대한 모순(矛盾)이기 때문에, 사실은 세 분 하나님들(three Gods)이 있지만, 셋이 아니고 유일한 한 분이라는 믿음에 절대적으로 필요한 개념을 사람들이 날조(捏造)하는 것을 피하기 위하여 그렇게 호칭하는 것뿐입니다. 더욱이 그들이 책망이나 비난 따위로 제압, 궤멸되는 것을 피하기 위하여, 이런 점에서 결정된 것은 이해를 믿음의 복종 하에 감금(監禁)하는 것이고 족쇄(足鎖)를 채우는 것이었습니다. 그리고 이것이 기독교회 안에서 기독교인의 질서에 속한 거룩한 원칙이라고 제압하였습니다.

[2] 주님의 도움 하에서 성경말씀 읽는 것을 금하는 그들의 금기(禁忌)에서 반신불수적인 후손이 빚어졌습니다. 왜냐하면 주님의 도움 하에서 성경말씀을 읽지 않는 사람은 누구나 자기 자신의 총명의 도움 아래에서 성경말씀을 읽기 때문입니다. 그렇게 성경말씀을 읽는다는 것은, 교회에 속한 본질적인 것을 가리키는, 영적인 빛 안에 있는 올빼미와 같기 때문입니다. 그리고 누구가 성경말씀에서 삼일성(三一性)에 관해서 언급된 것을 그와 같이 읽을 때, 그리고 비록 세 분 하나님들이 있지만 그럼에도 불구하고 그분들이 한 분이라고 해도, 그가 읽은 것에서 생각할 때 그 사안은 그에게 마치 지성소의 응답과 같은 것입니다. 그것은 그가 그것을 이해하지 못하기 때문에, 그는 입 속에서 우물우물 거릴 것입니다. 왜냐하면 그가 자신의 안전에서 그것을 고정시킨다면, 그것은 하나의 수수께끼가 될 것인데, 그 수수께끼는 그가 그것을 풀려고 애를 쓰면 쓸수록 그는 자기 자신을 흑암에 말려들게 하고, 종국에는 그가, 눈이 없이 보는 것과 같이, 이해가 없이 그것에 관해서 생각하기 시작할 때까지 갈 것입니다. 짧게 말하면 각자 자기 자신의 총명의 도움 하에서 성경말씀을 읽는 사람들은, 그리고 이런 일은 주님을 천지(天地)의 하나님으로 시인하지 않는 모두에 의하여 일어나고, 그리고 오직 그분에게 나아가지 않고, 그리고 그분에게 예배하지 않는 자들에 의하여 행해진다는 것은 손수건으로 눈을 가리고 노는 어린 아이들에게 비교될 수 있겠습니다. 그리고 똑바로 간다고 생각하지만, 그럼에도 불

구하고 그들이 한 발 한 발 옮길 때마다 한쪽으로 치우쳐 걷고, 종국에 반대 방향으로 걷다가, 돌부리에 걸려 넘어지는 자와 같습니다.
[3] 이런 부류는 마치 나침판이 없이 항해하는 사람들과 같아서, 그들은 그들의 배를 바위들에게 좌초, 항해를 실패합니다. 그리고 그들은 마치 짙은 안개 속에서 넓은 평원을 걷는 사람과 같아서, 전갈을 보면 새의 먹이로 잡으려고 애쓰다가 치명상을 당하는 자들과 같습니다. 또 다시 이들은 마치 큰 물고기의 등 부분을 보고, 그것을 잡아먹으려고 위에서 쏜살같이 내려와 부리를 쑤셔 박다가 그 큰 물고기에 끌려서 죽는 작은 물새들이나 새매들과 같습니다. 그리고 또한 그들은 안내하는 사람이나 항해하는 도구(道具) 없이 미로(迷路)에 들어온 자와 같아서 들어가면 갈수록 빠져나갈 길을 잃어버리는 자와 같습니다. 주님의 도움 없이, 다만 자기 자신의 총명의 도움으로 성경말씀을 읽는 사람은 자기 자신이 시라소니(lynx)나 아르거스(Argus) 보다 더 좋은 시각으로 본다고 스스로 생각하는 사람과 같아서, 그럼에도 불구하고 그는 내적으로는 진리를 털끝만큼도 보지 못하고, 대신 오직 거짓된 것만을 보는 사람입니다. 자기 자신의 종지(宗旨) 아래에서 이런 거짓은 그 사람에게는 마치 북극성과 같아서, 그의 사상의 모든 항로의 방향을 그것에 맞추는 사람과 같습니다. 그 때 그 사람은, 두더지가 하는 것 이상으로, 진리들을 전혀 보지 못합니다. 만약에 그가 진리들을 본다고 하면, 그는 그것들을 자신의 환상들에게 맞게 꾸부려서, 악용하고, 그리고 그와 같이 성경말씀의 거룩한 것들을 왜곡시키고, 위화할 것입니다.

166. (2) 세 존재를 가리키는, 아버지·아들·성령은 한 분 하나님의 세 본질적인 것들이고, 그것들은 영혼 · 몸 · 활동(=역사)(soul · body · operation)이 하나(一體)를 이루는 것과 같이, 사람 안에서 한 몸을 이룬다.

어떤 것이든 한 사물 안에는 일반적인 본질적인 것들과 개별적인 본질적인 것들이 있는데, 그리고 이런 것들은 서로 함께 합쳐서 하나의 본질을 형성합니다. 한 사람의 일반적인 본질적인 것들은 그의 영혼·몸·활동(his soul · body · operation)을 가리킵니다. 이런 것들이 하나의 본질을 형성한다는 것은 이런 것에서 잘 알 수 있겠습니다. 다시 말하면 그 하나는 다른 것으로 말미암아 존재하고, 그리고 깨지지 않은 연속적인 시리즈 가운데 다른 것의 목적을 위해서 존재한다는 것에서 잘 알 수 있겠습니다. 왜냐하면 사람은 그의 시작(his beginning)을 정액(精液·semen)의 진정한 본질을 가리키는, 영혼에게서 취하기 때문이고, 그리고 영혼은 시작 뿐만 아니라, 그것들의 질서 가운데서 몸에 속한 모든 것들을 생산하고, 그리고 그 뒤에는 이른바 활동들(=역사·operations)이라고 부르는, 영혼과 몸에서 발출(發出)하는 모든 것들을 생산하기 때문입니다. 그러므로 전자의 생산이 후자에게서 비롯되는 생산에서 볼 때, 결과적으로는 접목(接木·ingrafting)이나 결합(結合·conjunction)에서 볼 때, 밝히 알 수 있는 사실은 이들 세 본질들이 하나의 본질이라는 것이고, 그러므로 그것들은 세 본질적인 것들이라고 부른다는 것입니다.

167. 누구나 시인하는 것은 이 세 본질적인 것들, 다시 말하면 영혼·몸·활동은, 과거나 현재에도, 주 하나님 구세주 안에 존재한다는 것입니다. 주님의 영혼이 여호와 아버지에게서 온다는 것은, 적 그리스도(Antichrist)를 제외하면 결코 부인될 수 없다는 것입니다. 왜냐하면 신·구약의 성경말씀에서 그분은 여호와의 아들(the Son of Jehovah), 지극히 높으신 하나님의 아들(the Son of the Most High God), 독생자(the Only-begotten)라고 불리셨기 때문입니다. 결과적으로 아버지의 신성(the Divine of the Father)은 사람 안에 있는 영혼과 같고, 그리고 그분의 첫째 본질이기 때문입니다. 이 명제에서 뒤이어지는 것은, 마리아에게서 출생한 아들(the Son)은 그 신령 영혼(that Divine soul)에 대하여 몸과 같다는 것입니다. 왜냐하면 어머니의 자궁 안에 있을 때, 그 영혼에서 수태되고, 유래된 몸(the body)을 제외하면, 제공되고, 갖추어진 것은 아무것도 없기 때문입니다. 그러므로 이것, 즉 몸(the body)은 그분의 둘째 본질(His second essential)입니다. 활동들(=역사들·일들·operations)은 셋째 본질을 형성하는데, 그것은 이것들이 영혼과 몸을 합친 것에서 발출하였기 때문입니다. 발출되는 것은 무엇이나 그것을 생산하는 것과 같은 동일 본질에 속한 것입니다. 세 본실석인 것들, 즉 주님 안에 있는, 아버지·아들·성령은, 사람 안에 있는 영혼·몸·활동과 같다는 것을 주님께서 하신 말씀에서 명확합니다. 주님께서 하신 말씀은 아버지(the Father)와 그분(He)은 하나(one)이시라는 것, 그리고 아버지는 그분 안에, 그분은 아버지 안에 계신다는 것입니다. 이와 마찬가지로 그분과 성령도 그러하다는 것입니다. 그것은 성령이, 아버지에게서 비롯된 주님에게서 나온 신령존재(神靈存在·the Divine)이기 때문입

니다. 이러한 사실이나 내용은 이미 앞에서 성경말씀으로 충분하게 입증되었습니다(본서 153 · 154항 참조). 그러므로 여기서 다시 입증한다는 것은 불필요한 일이고, 그리고 그것은 마치 만족스럽게 배불리 잘 먹은 뒤 온갖 먹거리로 준비한 식탁과 같다고 하겠습니다.

168. 아버지·아들·성령이 한 분 하나님의 세 본질적인 것들이고, 그리고 그것은 마치 사람 안에 있는 영혼·몸·활동과 같은 것이라고 언급할 때, 그것은, 전혀 불가능한 것을 가리키는, 마치 이런 세 본질적인 것들이 세 인격들(three Persons)처럼, 사람의 마음에는 여겨질 것입니다. 그러나 그것이 그렇게 이해될 때, 영혼을 형성하는 아버지의 신성과, 몸을 형성하는 아들의 신성과, 활동(=역사)을 형성하는 성령, 즉 신령발출(the Divine proceeding)의 신성이 한 분 하나님의 본질적인 것이라는 명제는 이해가 되겠습니다. 왜냐하면 아버지 하나님께서 그분의 신성이기 때문이고, 그리고 아버지에게서 비롯된 아들은 그분의 신성이기 때문이고, 그리고 이 양자에서 비롯된 성령(=신령발출)도 그분의 신성이기 때문입니다. 그리고 이것들이 본질에서 하나(one)이고, 마음에서 하나(one)이기 때문에, 이것들은 한 분 하나님을 형성합니다. 그러나 만약에 이들 세 신령 본질적인 것들(these three Divine essentials)이 인격들(persons)이라고 불리운다면, 그리고 만약에 이 각각의 인격에게 그분 자신의 성품을 그의 공로로 여긴다면, 다시 말해서 전가(轉嫁·imputation)는 아버지의 공로로 여기고, 중재(仲裁·mediation)는 아들의 공로로, 그리고 활동(=역사·operation)은 성령의 공로로 돌린다면, 사실 신령본질(the Divine Essence)은 나뉘어지지 않는 하나(one)이지만, 신령본질은 나뉘어지게 됩니다. 따라서 이들 셋 중에서 그 어떤 것도 충분한 하나님이 아니고, 오히려 그 각각은 하급의 나뉘어진 세 능력(sub-triple power)을 가질 것인데, 이러한 개념이나 생각은 건전한 이성이 반드시 배척할 것입니다.

169. 그 때 주님 안에 삼일성이 있다는 것을 각 사람 안에 있는 삼일성에서 생각할 때 어느 누구가 깨닫지 못하겠습니까? 모든 사람에게는 영혼·몸·활동이 있듯이, 따라서 주님에게도 이들 셋이 있습니다. 왜냐하면 바울 사도가 말씀한 것과 같이, "그리스도 안에서는 하나님의 모든 신성이 몸이 되어서, 충만하게 머물러 있습니다"(골로새 2 : 9)고 언급되었기 때문입니다. 그러므로 주님 안에 있는 삼일성은 신령한 것이

지만, 그러나 사람 안에 있는 삼일성은 인간적인 것입니다. 이와 같은 신비적인 개념(mystical notion) 안에는 세 신령 인격들(three Divine persons)이 있지만, 그럼에도 불구하고 한 분 하나님이 계신다는 것, 그리고 이 하나님은, 비록 한 분이시지만, 그럼에도 불구하고 한 분 인격(one person)이라는 것이, 이성을 전혀 지니지 않았다는 것이고, 오히려 깊은 잠에 빠지게 하는 것이고, 그리고 여전히 앵무새처럼 입으로 말하도록 강요하는 것이라는 것을 누가 모르겠습니까! 이성이 깊은 잠에 빠졌을 때 입으로 말하는 것이 죽은 말(dead speech)이라는 것을 누구가 모르겠습니까? 이성이 외면하고, 찬성하지 않는 것을 입이 발설한다면 바보스러운 말이 아니겠습니까?

오늘날 신령 삼일성에 관한 인간적인 이성(human reason)은, 마치 감옥에 갇힌 사람과 같고, 수갑을 채운 사람과 같고, 족쇄에 사로잡힌 사람과 같습니다. 그리고 성화(聖火)를 꺼뜨렸기 때문에 생매장된 성 처녀(a vestal virgin)에 비교될 수 있겠습니다. 그럼에도 불구하고 교회에 속한 사람들의 마음에는 신령삼일성은 반드시 등대처럼 빛을 밝혀야 한다는 것입니다. 그 이유는 주님의 삼일성(His trinity)과 그것의 단일성(the unity) 안에 계시는 하나님은 천계와 교회의 모든 신성함들(the sanctities)이 있는 전부(the All)이기 때문입니다. 그러나 만약에 영혼이 한 분 하나님을, 몸(body)이 다른 하나님을, 활동(the operation)이 셋째 하나님을 만든다는 것은, 한 사람에 속한 세 본질적인 것들에게서 각자가 서로 상이한 세 요소들(three parts)을 만드는 것과 무엇이 다르겠습니까? 그것은 그 사람을 토막을 지어서, 그를 죽이는 것과 무엇이 다르겠습니까?

170. (3) 이 세상이 창조되기 전에 이 삼일성은 존재 하지 않았다 ; 그러나 이 세상이 창조된 뒤 하나님께서 성육신(成肉身)되셨을 때 삼일성은 주어졌고, 생겨났다 ; 그 때 주님 안에는 하나님 속량주와 구세주 예수 그리스도께서 존재하셨다.

오늘날 기독교회 안에는 이 세상 창조 이전에 한 신령 삼일성(a Divine trinity)이 존재하고 있는 것으로 시인되고 있습니다. 다시 말하면 그 삼일성은, 여호와 하나님께서 영원 전부터 한 아들을 낳으셨다는 것이고 그리고 그 때 양자에게서 성령이 나왔다는 것이고, 그리고 이들 셋의 각각은 그분(Himself), 즉 유일 하나님(singly God)에 의한 것을 가리킵니다. 그 이유는 이들 각각이 그분의 자존하는 하나의 인격(one person subsisting of Himself)이기 때문입니다. 그러나 이러한 사실이나 내용이 모든 이성에 납득되지 않고, 이해되지 않기 때문에 이른바 신비(神祕·mystery)라고 하는데, 그리고 그 신비는 이런 방법으로 간파(看破), 통찰(洞察)될 수 있다고 합니다. 그것은 이들 셋은 하나의 신령본질(one Divine essence)을 갖는데, 그 말이 뜻하는 것은 영원성(永遠性·eternity)·편재(=광대무변성·immensity)·전능(全能·omnipotence)을 뜻하고, 따라서 동등한 신성(an equal Divinity)·동등한 영광(an equal glory)·동등한 왕권(an equal majesty)을 뜻합니다. 그러나 이 삼일성이 세 분 하나님들의 삼일성(a trinity of three Gods)을 가리킨다는 것, 그리고 그럼으로 어떤 뜻으로도 신령 삼일성(a Divine trinity)을 뜻하지 않는다는 것 등등은 아래에 이어지는 설명 내용에서 잘 입증될 것입니다. 이에 반하여 앞에서 언급, 설명된 것에서 명확한 것은, 이른바 아버지·아들·성령의 삼일성을 언급한 것은, 하나님께서 성육신 하신 뒤, 따라서 이 세상이 창조된 뒤 제공, 규정되었고, 생겨졌다는 삼일성을 가리킵니다. 그 이유는 한 분 하나님 안에 삼일성이 있기 때문입니다. 이 신령 삼일성이 주님 안에 하나님 속량주이시고 구원주 예수 그리스도가 존재한다는 것입니다. 그 이유는, 하나의 본질을 형성하는, 한 분 하나님에 속한 세 본질적인 것들이 주님 안에 존재하기 때문입니다. 바울이 말한 것과 같이 신성의 모든 충만함이 그분 안에 거하신다는 것은 주님 당신께서 친히 하신 말씀에서, 즉 아버지의 모든 것들은 그분(=주님)의 것이라는 말씀에서 명확하고, 그리고 성령은 그분(=주님)으로 말미암아 말씀하시지, 결코 자기 자신으로 말미암아 말씀하시지 않는다는 것, 그리고 마지막으로 그분께서 다시 살아나셨을 때, 그분께서는, 여느 다른 사람과 다르게 무덤에서 그분 자신의 온 몸, 즉 살이나 뼈를 취하셨다는 것(마태 28:1-8 ; 마가 16:5,6 ; 누가 24:1-3 ; 요한 20:11-15) 등등에서 명확합니다. 이런 사실에 관해서 주님께서는 당신의 제자들에게 살아 있는 증거로 증명하셨습니다. 누가복음서에서 하신 말씀입니다.

> 내 손과 내 발을 보아라. 바로 나다. 나를 만져 보아라. 유령은 살과 뼈가 없지만, 너희가 보다시피, 나는 살과 뼈가 있지 않으냐?(누가 24:39).

이상에서 볼 때 만약에 그가 원한다면, 모든 사람은, 주님의 인성(the Lord's humanity)은 신령하다는 것, 결과적으로 그분 안에 있는 하나님 은 사람(Man)이시고, 사람(Man)은 하나님이시다는 것을 확신할 수 있겠 습니다.

171. 현대 기독교회가 그것의 믿음으로 채택, 신봉(信奉)하고 있는 이른 바 삼일성의 교리는, 하나님 아버지께서 영원부터 한 아들을 낳으셨다 는 것, 그리고 그 때 성령이 그 두 분에게서 나오셨는데, 그분의 각각 이 한 분 하나님(a God)이시다는 것 등등입니다. 사람의 마음은 이 삼 일성을 마치 삼두정치(三頭政治 · triarchy)와 같은 것으로 고안(考案), 수 용하였는데, 그것은 마치 한 나라에 세 임금들이 통치하는 정부와 같고, 또는 한 군대 안에서 세 장군들이 다스리는 것과 같고, 또는 한 집안에 서 세 주인들이 있는 것과 같은데, 그럼에도 불구하고 이들 모두는 동 등한 권세나 권한을 가지고 있다는 것입니다. 이런 사실에서 볼 때 그 것에서 결과로서 일어나는 것은 파괴(破壞 · destruction) 이외에 무엇이 겠습니까? 아니면, 만약에 어느 누구가 그의 마음의 시각 앞에 이 삼두 정치를 생각, 판단하기를 원하거나 또는 나타내기를 원한다면, 그리고 동시에 그것의 구성원의 단일성을 그가 한 몸에 있는 세 머리(three heads)를 지닌 한 사람으로서, 또는 한 머리에 세 몸들(three bodies)을 지닌 한 사람으로서의 존재나 그런 모습을 드러낼 수밖에 없을 것입니 다. 이와 같은 기괴한 삼일성의 모습은 하나님 당신에 의하여 각각의 세 신령 인격들(三位 · three Divine persons)이 있다고 믿는 사람들에게 나타날 수밖에 없는 것이고, 그리고 이들을 한 분 하나님에게 결합하지 만, 그러나 그분이 한 분이시고, 따라서 한 인격(one person)이기 때문 에, 그와 같이 셋이 하나로 결합된 그 하나님이 사람들에게 나타날 수 밖에 없는 모습입니다. 영원 전부터 출생된 하나님의 한 아들(a Son of God begotten)이 이 세상에 강림하셔서, 인성(人性 · a Human)을 입으셨 다는 것은, 마치 창조된 인간 영혼들이 이 세상 창조 때에 사람의 몸들 에 들어와 사람들이 되었다는 고대 사람들의 설화들(=우화 · 屑話 · fables)에 비교될 수 있겠습니다. 그리고 유대교회의 대부분이 믿는 것 과 같이, 한 인격(one person)이 다른 사람에게 들어간다는 부조리하고 터무니없는 생각이나 관념에 비교될 수 있겠습니다. 예를 들어 보겠습 니다. 엘리야의 영혼(the soul of Elijah)이 세례 요한의 몸에 들어왔다는

것, 그리고 다윗이 자기 자신으로, 또는 어떤 다른 사람의 몸으로 돌아와서 이스라엘 민족이나 유대민족을 다스릴 것이라는 것 등입니다. 그것은 에스겔서에 언급되었기 때문입니다. 그 책의 말씀입니다.

> 내가 그들 위에 목자를 세워 그들을 먹이도록 하겠다. 그 목자는 내 종 다윗이다. 그가 친히 그들을 먹이고, 그들의 목자가 될 것이다. 그 때에는 나 주가 그들의 하나님이 되고, 내 종 다윗은 그들의 왕이 될 것이다(에스겔 34 : 23, 24).

이 밖에도 여러 장절들이 있습니다. 그것은 거기에서 "다윗"이 주님을 뜻한다는 것을 모르기 때문입니다.

172. (4) **영원 전부터, 또는 이 세상이 창조되기 전부터 신령 인격들의 삼일성(a Trinity of Divine Persons)의 생각의 개념들 안에는 복수 하나님들의 삼일성(a Trinity of Gods)이 있었다는 것 ; 그리고 이 개념들은 한 분 하나님에 속한 입술의 고백(a lip-confession of one God)에 의해서는 결코 불식(拂拭)될 수 없다.**

영원부터 신령 인격들의 삼일성(a trinity of Divine Persons)이 복수 신들의 삼일성(a trinity of Gods)이라는 것은 아래에 언급되는 이른바 아타나시우스 신경(the Athanasian Creed)에서 아주 명료합니다. 그 신경에 따르면 이러합니다. "아버지의 한 인격(=한 위·位·one person)이 있고, 아들의 다른 한 인격(位·another of the Son)이 있고, 성령의 또 다른 인격(位·another of the Holy Spirit)이 있는데, 아버지(聖父·the Father)는 하나님과 주님(God and Lord)이시고, 아들(聖子·the Son)도 하나님과 주님(God and Lord)이시고, 그리고 성령(the Holy Spirit)도 하나님이시고 주님(God and Lord)이십니다. 그럼에도 불구하고 거기에는 세 하나님들(three Gods)이나 세 주님(three Lords)이 계시지 않고, 오히려 한 분 하나님과 한 분 주님이 계십니다. 왜냐하면 우리가 기독교인의 진실성(the Christian verity)에 의하여 하나님이시고 주님이신 각각의 위(位·인격)가 제각기 하나님이라고 고백하는 것에 강요되기 때문에, 그러므로 우리는, 세 분 하나님들(three Gods) 또는 세 분 주님들(three Lords)을 고백, 말하는 것이 가톨릭 종교에 의하여 금지되었습니다" 라는 것입니다. 이 신경은 전 기독교회에 의하여 세계적으로, 즉 보편적으로 수용되었고, 그리고 오늘날 하나님에 관해서 알려졌고, 시인되고 있는 모든 것은 이 신경에서 비롯되었습니다. 하나님들의 삼일성(a trinity of Gods) 이외에 니케아 종교회의의 회원들에 의하여 이해된 것을 제외하면 다른 삼일성은 결코 없습니다. 이 종교회의에서 이른바 유복자(遺腹子)와 같이 아타나시우스 신경은 태어났습니다. 이러한 것은 어느 누구나 정신을 차리고 그것을 읽으면 다 잘 아는 일입니다. 그리고 그들에 의하여 복수 하나님의 삼일성(a trinity of Gods)이 이해될 뿐만 아니라, 전 기독교계에 걸쳐서 그와 꼭 같이 이해되고 있습니다. 이런 이유 때문에 전 기독교계는 그 근원에서부터 하나님에 속한 교계의 모든 지식들을 취하게 되었고, 그리고 모든 사람은 그 신령의 규정들의 신념에 완전히 기울게 되었습니다.

[2] 나는, 평신도이건 교직자이건, 박사들이나 교수들이라는 직함을 가지고 있는, 그리고 성별된 감독들이나 대주교들에게, 그리고 적색의 법의를 입은 추기경들이나, 그리고 로마 교황 자신에게까지, 모든 이들에게 오늘날 기독교계에 복수 신들의 삼일성(a trinity of Gods) 이외의 그 어떤 것이 이해되고 있는지 그 여부를 묻습니다. 여러분 각자 각자는 스스로 자문하시고, 자신의 마음 속에 있는 것들로부터 솔직히 말씀해 주십시오. 왜냐하면 하나님에 관해서 보편적으로 수용되고 있는 교리의 규정들이나 언급들에게서 볼 때 이것은 마치 수정으로 만든 컵에 담긴 물처럼 아주 명확하고 확연하기 때문입니다. 그리고 또 명약관화한 것은 세 인격들(=삼위들) 안에 있는 그것의 각각의 인격(=위・位)은 하나님이고 주님이라는 것입니다. 더욱이 기독교인의 진실성에 따라서 각각의 개별적인 인격(=위・位)은 반드시 하나님으로, 그리고 주님으로 고백되고 시인되어야 하지만, 그러나 가톨릭 종파나 기독교 종파, 또는 신앙 (=믿음・feith)은 세 분 하나님들(three Gods)이나 세 분 주님들(three Lords)을 부르는 것이나, 말하는 것을 금지하고 있습니다. 따라서 진실성이나 종파(verity and religion) 또는 진실성이니 신앙(verity and faith)은 한 가지가 아니고 오히려 두 가지이고, 그 각각은 서로서로 상반된다는 것입니다. 그러나 이런 모든 것이 전 세계에서 조소(嘲笑)로 노출되는 것을 막기 위하여 부가, 부연되고 있는 것은 세 하나님들이나 세 주님들이 아니고, 오히려 한 분 하나님 또는 한 분 주님이라는 것입니다. 왜냐하면 어느 누구가 세 하나님들의 개념을 비웃지 않겠

습니까? 더욱이 어느 누구가 이와 같은 추가 사항에서 모순을 보지 못하겠습니까?

[3] 만약에 그들이 사실은 신령본질(the Divine essence)은 성부(the Father)에게 속한 것이고, 그리고 성자(the Son)에게 속한 것이고, 그리고 성령(the Holy Spirit)에게 속한 것이며, 그럼에도 불구하고 세 신령본질들이 있는 것이 아니고, 오히려 신령본질은 나뉘어질 수 없는 하나이다고 말하였다면 이 신비는 쉽게 이해, 납득이 되었을 것입니다. 다시 말하면 만약에 성부에 의해서는 그것이 그것에서 비롯된 신령존재(the Divine)를 뜻하고, 그리고 아들은 그것에서 비롯된 신령인간(神靈人間 · the Divine Human)을, 그리고 성령은 신령발출(the Divine proceeding)을 뜻하는데, 이것은 한 분 하나님을 이루는 세 구성요소들(the three constituents)을 가리킨다고 말하였다면 그 때 이 신비는 납득되었을 것입니다. 또는 아버지의 신령존재(the Divine)에 의해서는 사람 안에 있는 영혼과 같은 것, 그리고 신령인간(the Divine Human)에 의해서는 그 영혼에 속한 몸과 같은 것, 그리고 성령(the Holy Spirit)에 의해서는 이들 양자에서 발출하는 활동(the operation)과 같은 것을 뜻한다면, 그 때 세 본질적인 것들이 한 분에게, 그리고 동일 인격에 속한 것으로, 그리고 그러므로 하나의 불가분리적인 본질(one indivisible essence)을 형성하는 것으로 이해된다면 역시 이 신비는 납득이 되었을 것입니다.

173. 세 하나님들의 개념은, 한 분 하나님의 입술 고백에 의해서는 말살 될 수 없습니다. 그 이유는 유아기부터 이 개념이 기억에 각인(刻印), 활착되었기 때문이고, 그리고 그것은, 모두가 생각한 기억 안에 담겨져 있는 것들에게서 비롯되기 때문입니다. 사람 안에 활착된 기억은 새들이나 짐승들 안에 있는 반추(反芻)하는 밥통들 같아서, 그것들은 그 밥통에서 점차적으로 그것들에게서 영양분을 이끌어낼 먹거리를 밀어넣는데, 그리고 그 때마다 그들은 먹거리를 그 밥통에서 끌어내어, 그것을 소화시키고, 그리고 신체의 다양한 용도에 맞게 나누어 주는 마지막의 밥통에 옮깁니다. 인간적인 이해는 마치 영양분을 나누어주는 마지막의 밥통과 같은데, 그 때 기억은 전자와 같습니다. 세 하나님들의 개념과 꼭 같은 것을 가리키는, 영원부터 존재한 세 신령 인격들(=세 신령 삼위들 · three Divine persons)의 개념은 한 분 하나님의 입술의 고

백에 의하여 말살(抹殺)될 수 없다는 것은 어느 누구나 이런 사실에서 다 잘 알 수 있겠습니다. 그 사실은 그럼에도 불구하고 아직까지 말살된 일도 없고, 그리고 교회에 있는 저명한 사람들 가운데 있는 어떤 사람들은 그것이 말살되는 것을 원하지 않는다는 것입니다. 왜냐하면 이에 반하여 그들은, 세 신령 인격들(=신령 삼 위)이 한 분 하나님에 속한 것이라고 주장하기 때문이고, 그리고 그들은 한 분의 존재라는 것 때문에 그리고 한 위(one person)이기 때문에, 그 하나님을 완고(頑固)하게 부인하기 때문입니다. 그러나 현명한 사람이 스스로 생각한 것은 낱말 인격(=위ㆍ位ㆍperson)이 이 경우에 인격이나 위(位)를 뜻하지 않고 오히려, 비록 그 성품이 무엇인지 모른다고 해도, 어떤 성품이나 성질 따위를 뜻한다는 것입니다. 그리고 그 성질이나 성품을 잘 모르는 것은 유아기부터 기억 안에 활착된 것은 남아 있기 때문인데, 그것은 마치 나무의 뿌리가 땅 속에 남아 있는 것과 같이, 심지어 그 나무가 잘려진다고 해도 그 밑동에서 가지가 솟아 나오는 것과 같이, 그 기억에 활착된 것에서 솟아나오기 때문입니다.

[2] 그러나 독자 여러분, 그 나무를 벨 뿐만 아니라, 뿌리까지 뽑아 버리시고, 그 때 여러분의 정원에 좋은 열매를 맺는 나무를 심으십시오. 이 때 주의를 하십시오. 혹시 여러분의 마음에 세 하나님들의 신관 개념이 몰래 숨어서 들어오지 못하게 하십시오. 이에 반하여 여러분의 입은 그것들 안에 전혀 없는 개념으로, 한 분 하나님이라는 낱말만을 발설하도록 하십시오. 이 경우에 기억 위에 있는 이해는 세 분 하나님을 생각하지만, 동시에 기억 아래에 있는 이해는 입으로 하여금 한 분 하나님을 발설하게 할 것입니다. 이와 같은 일은 마치 이 무대에서 저 무대로 뛰어다니면서 두 역할을 하는 무대 위의 배우와 같은데, 한 쪽 무대에서는 이 말을 하고, 다른 무대에서는 정반대되는 말을 하는 경우와 같은데, 한 쪽 무대에서는 현명한 사람이라고, 다른 쪽 무대에서는 바보라고 하는 모순된 공연을 누구가 모르겠습니까? 이런 것에서 빚어진 결과는, 마치 이해가 가운데 서서, 이쪽도 보고 저쪽도 보면서 이것도 아니고 저것도 아니라고 결론을 짓는 것과 같다고 하겠습니다. 그것은 아마도 마치 한 분 하나님도 아니고, 세 분 하나님들도 아니고, 종국에는 하나님은 없다고 하는 것과 무엇이 다르겠습니까? 오늘날 만연(蔓延)된 자연주의는 다른 근원에서 비롯된 것이 아닙니다. 천계에서는 어느

누구도 이런 말들을 하나님의 각자가 따로 따로 하나님이라는 이른바 복수인격들의 삼일성을 입으로 발설할 수 있는 자는 아무도 없습니다. 왜냐하면 천계에서 음향은 천계의 진정한 기운(the very aura)에 의하여 저항을 받기 때문입니다. 그 저항에서 그것들의 생각들은, 마치 음성이 우리의 귀에서 날아가 버리고, 파장을 일으키듯이, 멀리 날아가 버리고, 파동치듯이 사라지기 때문입니다. 이런 부류의 낱말들은 위선자(僞善者)에 의하여 발설될 수 있습니다. 그리고 그의 언어의 소리는 이를 가는 것과 같이 천계적인 기운(the heavenly aura)에서는 귀에 거슬리는 소리를 내고, 또는 아름다운 노래를 부르는 새에게 지지 않으려고 하는 까마귀의 까악 까악 우는 소리와도 같습니다. 더욱이, 나는 한 분 하나님을 입술로만 고백하는 짓에 의해서 세 신들의 삼일성을 믿는 신념으로 다져진 신앙을 뿌리 뽑는 것이 나무를 그것의 종자에서 뽑아내는 것과 같고, 그리고 사람의 수염을 그 모근에서 뽑아내는 것과 같이 불가능하다는 것을 들었습니다.

174. (5) **복수 인격들(=삼위)의 삼일성(a Trinity of Persons)은 사도교회(使徒敎會 · the Apostolic church)에서는 알려지지 않았고, 다만 니케아 종교회의에 의하여 모색되었고, 그리고 그것에서 로마 가톨릭 교회에 전래되었고, 그리고 다시 그 교회에서 분리된 여러 교회들에게 전래, 전수되었다.**

사도교회는 단순히 사도들의 시대에 여러 곳에 산재해 있던 교회를 의미하는 것이 아니고, 그 시대 이후 2-3세기 동안 존속했던 교회를 뜻합니다. 그러나 마침내 사람들은 성전의 출입문의 돌쩌귀를 비틀어 뽑아 버리고, 도둑처럼 성전의 지성소에까지 뛰어 들어 날뛰기 시작하였습니다. 성전은 교회를 가리키고, 문은 주 하나님 속량주를 표징하고, 그리고 지성소는 주님의 신성을 표징합니다. 왜냐하면 주님께서 이렇게 말씀하시기 때문입니다. 요한복음서의 말씀입니다.

"내가 진정으로 진정으로 너희에게 말한다. 양 우리에 들어갈 때에, 문으로 들어가지 않고 다른 곳으로 넘어 들어가는 사람은, 도둑이요 강도다.…… 나는 문이다. 누구든지 이 문으로 들어오면 구원을 받고, 들어오고 나아가면서 꼴을 얻을 것이다"(요한 10 : 1, 9).

이런 범죄는 아리우스(Arius)와 그의 추종자들에 의하여 저질러졌습니다.

[2] 이런 이유 때문에 종교회의가 비두니아의 한 도시 니케아에서 콘스탄틴 대제(Constantine the Great)에 의하여 이른바 저 유해한 아리우스의 이단설을 파괴하기 위하여 그 회의는 소집되었습니다. 이 회의의 참석자들은, 성부·성자·성령의 신령삼위(神靈三位)가 영원부터 존재했으며, 그리고 그 각각의 삼위가 그 자신 안에, 또는 자신의 인격(personality)·존재(existence)·생존(subsistence)이 속해 있다고 고안(考案)했고, 그리고 포고(布告)하였습니다. 그리고 또한 제 이위(=둘째 位), 즉 성자(the Son)께서 이 세상에 강림하셨고, 그리고 인성(人性·人間性情·a Human)을 취하셨고, 그리고 속량의 대업(贖良大業)을 성취하셨습니다. 그러므로 본질적인 합의(a hypostatic union)에 의하여 그분의 인성은 신성을 소유하셨고, 그리고 그 합일을 통하여 그분께서는 하나님 아버지와의 밀접한 관계를 가지셨습니다. 이 때부터 하나님과 그리스도의 인격에 관한 가증스러운 이단사설들의 산더미 같은 무더기들이 이 땅에서 일어나기 시작하였고, 그리고 적 그리스도들이 그들의 머리들을 쳐들기 시작하였고, 그리고 하나님을 이른바 삼위(三位·세 인격들·three persons)로 나누기 시작하였고, 주님 구세주를 둘(2)로 쪼개었고, 마침내는 주님께서 당신의 사도들을 통하여 세우신 성전을, 주님의 말씀과 같이, 돌 하나도 돌 위에 겹 놓이지 않을 때까지 파괴되었습니다(마태 24:2). 여기서 "성전"(the temple)은 예루살렘에 있던 전당(殿堂)을 뜻할 뿐만 아니라, 마태복음 24장 전체에서 다루어지고 있는 그것의 종말 또는 마지막에 이른 교회를 뜻합니다.

[3] 그러나 그 회의에서, 또는 그 뒤에 이어지는 여러 번의 회에서 기대할 수 있는 것이 무엇이겠습니까? 그것은 마찬가지로 하나님(=신성·Godhead)을 셋으로 분할하는 것이고, 육신을 입으신 하나님(God in the flesh)을 그들의 발이 놓여 있는 발판 아래에 두는 것 이니겠습니끼? 왜냐하면 그들은, 다른 길로 기어 올라와서, 교회의 몸에서부터, 교회의 머리를 취하였습니다. 다시 말하면 그들은 주님을 지나쳐갔고, 그리고 다른 목적에서 그들의 입술로는 단순히 그리스도의 공로를 읊조리면서 하나님 아버지에게 가까이 나아갔습니다. 다시 말하면 하나님께서 자비롭게 되시기 위하여, 그리고 따라서 칭의(justification)가 자비와 함께

그 밖의 것들이 직접적으로 그들에게 입류하시기 위하여, 다시 말하면 죄의 용서·혁신·성결·중생·구원이 모두에게 직접적으로 입류하기 위한 것입니다. 그럼에도 불구하고 이런 은사(恩賜)는 사람 쪽에서는 아무런 노력이 없이 공짜로 얻기 위하여 그리스도의 공로를 구두선(口頭禪)으로 읊조릴 뿐입니다.

175. 사도교회가 복수 인격들의 삼일성이나, 영원부터 있었다는 세 인격들(三位)을 조금도 시인하지 않았다는 것은 이른바 사도신경(使徒信經·the Apostles' Creed)이라고 부르는 그 교회의 신경에서 잘 알 수 있겠는데, 그 신경에는 이런 말들이 있습니다. 즉, "나는 천지를 지으신 전능하신 하나님 아버지를 믿으며, 성령으로 잉태하시고, 동정녀 마리아에게서 나신, 그분의 외아들 우리 주님 예수 그리스도를 믿는다"는 것이고, 그리고 "나는 성령(the Holy Ghost)을 믿는다"는 것입니다. 우리가 여기서 알 수 있는 것은 영원부터 태어난 아들(a Son born)에 관한 언급이 전혀 없다는 것이고, 다만 성령에 의하여 잉태된 아들(a Son)에 관한 언급만 있다는 것이고, 그리고 동정녀 마리아에게서 나셨다는 것만 언급되었다는 것입니다. 왜냐하면 그들은 사도들에게서 그것을 잘 알고 있었기 때문입니다. 사도들의 서간문 장절들입니다.

> 예수 그리스도께서 참 하나님이시다(요한1서 5:20).
> 그리스도 안에서는 하나님의 모든 신성이 몸이 되어서, 충만하게 머물러 있습니다(골로새 2:9).
> 사도들이 우리 주 예수를 믿어야 한다고 증언하였습니다(사도행전 20:21).
> 나는 하늘과 땅의 모든 권세를 받았다(마태 28:18).

176. 그들이 교회의 하나님에게 직접 나아가지 않는다면 온갖 회의에 두었다는 신뢰가 무엇이겠습니까? 교회는 주님의 몸이시고, 주님께서는 교회의 머리 아니십니까? 머리가 없는 몸이 무엇입니까? 세 개의 머리가 그것 위에 있는 몸통은 어떤 성질이며, 그 몸의 도움 아래에서 사람들은 무슨 자문들을 구하고, 무슨 신의(神意·decrees)들을 통과시키겠습니까? 그 때 영적인 조요가 천계와 교회의 하나님이신, 그리고 또한 성언의 하나님이신, 주님에게서 비롯될 때, 그 영적인 조요는 점점 더 자연적인 것이 되고, 나중에는 감관적인 것이 되지 않겠습니까? 그렇게

되었을 때 내적인 형체로 있는 진정한 신학적 진리는, 합리적인 이해의 생각에서 즉시 쫓겨나는 일이 없다면, 단 하나까지도 지각되지 않을 것입니다. 그리고 그것은 마치 풍구 앞에서 공중으로 날아가는 왕겨와 같은 것입니다. 이런 상태에서 온갖 오류들은 진리들 대신에 마음에 몰래 스며들고, 그리고 빛살 대신에 어둠이 스며들었습니다. 그리고 사람들이 마치 코에는 안경을 걸치고 손에는 횃불을 들고 동굴 안에 서 있지만, 천계의 빛 안에 있는 영적인 진리에 대해서는 눈을 감고 있고, 그리고 육체적인 감관에 속한 도깨비 불빛에 속한 감관적인 진리들에 대해서는 눈을 활짝 여는 사람들과 같습니다. 성경말씀을 읽은 뒤에도 그런 사람의 상태는 여전합니다. 그 때 마음은 진리들에 대해서는 깊은 잠에 빠져 있고, 온갖 거짓들에 대해서는 깨어 있습니다. 그 때의 그 사람은 바다에서 올라오는 짐승과 같다고 기술되었습니다. 묵시록서의 말씀입니다.

> 내가 본 그 짐승은 표범과 비슷한데, 그 발은 곰의 발과 같고, 그 입은 사자의 입과 같았습니다(묵시록 13 : 2).

니케아 종교회의가 그 일을 마치었을 때, 주님께서 제자들에게 예언하신 일이 천계에서 일어났습니다. 마태복음서의 말씀입니다.

> 그 환난의 날들이 지난 뒤에,
> 곧 해는 어두워지고,
> 달은 빛을 내지 않고,
> 별들은 하늘에서 떨어지고,
> 하늘의 세력들은 흔들릴 것이다.
> (마태 24 : 29).

사실 사도교회는 별들이 반짝이는 창공에 나타나는 새로운 별과 같았습니다. 그러나 두 번의 니케아 종교회의가 있은 뒤 그 교회는 자연계에서 천문학자 등의 관찰에 따라서 때때로 보이는 것과 같은 어두운 별이 되었고, 종국에는 시야에서 사라지는 별이 되었습니다. 우리는 성경말씀에서 이런 장절을 읽습니다. 디모데 전서의 말씀입니다.

오직 그분만이 죽지 않으시고, 사람이 가까이 할 수 없는 빛 가운데 계신다 (디모데 전서 6 : 16).

만일 그분께서 가까이 할 수 있는 빛 가운데 그분의 거처를 두시지 않으신다면, 다시 말하면 그분께서 이 세상에 강림하셔서 인성을 입지 않으셨다면, 그리고 이 세상의 빛(요한 1 : 9 ; 12 : 46)이 되지 않으셨다면, 누구가 그분에게 가까이 나아갈 수 있겠습니까? 당신 자신의 빛 가운데 계신 여호와 아버지에게 가까이 나아가는 것이, 마치 아침 날개를 활짝 펴서, 태양을 향해 날아가는 것과 같이, 또는 물질적인 먹거리 대신에 태양 광선을 먹고 사는 것 같이, 또는 새가 에텔 속에 날아드는 것이나, 사슴이 공중을 뛰어 다니는 것과 같이, 불가능하다는 것을 누구나 잘 알 것입니다.

177. (6) 니케아 종교회의의 삼일성이나 이른바 아타나시우스의 삼위일체설(三位一體說)은 서로 협력하며 생겨난 믿음에 의하여 전 기독교회는 왜곡되었다.

니케아 종교회의와 아타나시우스의 삼일성 양자가 다수 신관의 삼일성 (a trinity of Gods)이라는 것은 앞에서 인용된 신경들에게서 잘 알 수 있겠습니다(본서 172항 참조). 이런 것들에게서 현대교회의 믿음(=신앙·the faith of the present church)은 생겨났는데, 그 믿음은 곧 하나님 아버지·하나님 아들·하나님 성령을 믿는 것입니다. 그리고 하나님 아버지를 믿는 믿음은, 하나님 아버지께서 그분의 아들 구세주의 의(義)를 사람에게 전가하시고, 그리고 사람의 공으로 돌리신다는 것이고, 하나님 아들(God the Son)을 믿는 믿음은, 그분께서 중재하시고 언약하실 것이라는 것이고, 그리고 하나님 성령을 믿는 믿음은, 그분께서 전가된 아들의 의(義)를 실제로 사람에게 각인(刻印)시켜서 사람을 의롭다고 칭하시고, 성별하시고, 중생하신다는 것에 의하여 마치 도장을 찍는 것과 같이 그것을 확인한다는 것입니다. 이러한 내용이 바로 오늘날의 믿음입니다. 그리고 이것이 복수 하나님의 삼일성(三位一體說)으로 시인되고, 예배되는 것이라는 사실은 충분하게 입증되고 있습니다.

[2] 이 믿음에서 모든 교회의 믿음은 그것의 예배에 속한 모든 것들에 유입되었을 뿐만 아니라, 그 교회의 모든 교리에도 유입되었습니다. 따

라서 그 교회의 믿음은 곧 그 교회의 교리와 같다고 말할 수 있겠습니다. 이러한 사실에서 뒤이어지는 것은 현대교회의 믿음이 세 분 하나님들을 믿는 믿음이기 때문에, 그것은 그 교회에 속한 모든 것들을 왜곡시켰다는 것입니다. 왜냐하면 믿음은 첫째 원칙(the first principle)이고, 교리적인 것들은 그것에서 파생된 것들이기 때문입니다. 그리고 파생적인 것들은 그것들의 본질을 첫째 원칙에서 취하기 때문입니다. 만약에 어느 누구가 하나하나씩 조사, 검증한다면, 예를 들어서 하나님·그리스도의 인격·인애·회개·중생·자유의지·선택(=선민)의 교리나 그리고 세례나 성만찬의 성례전들의 효능(效能 · the use of the sacraments)에 관해서 조사, 검증한다면, 그 사람은 그 각각의 것 안에 복수 하나님들의 삼일성이 내재해 있다는 것을 밝히 알게 될 것입니다. 심지어 만약에 그것이 그것의 각각에 실제적으로 나타나지 않는다고 해도, 그런 모든 것들은, 마치 그들의 샘에서 그것이 흘러나오듯이, 그것에서 비롯되었다는 것을 밝히 알게 될 것입니다. 그러나 이런 검토나 조사 따위는 여기서 밝힐 수는 없겠지만, 그러나 사람의 눈을 열게 하기 위하여 그런 것들에 관해서 살펴본다는 것은 값 있는 일입니다. 이 책에 수록된 부록(附錄 · an appendix)에는 이 사실을 잘 입증해 줄 것입니다.

[3] 하나님에 관한 교회의 믿음(=신앙)은 인체 안에 있는 영혼과 같고, 그리고 교리적인 것들은 인체의 지체(肢體)들과 같습니다. 재차 말하면 하나님을 믿는 믿음은 여왕과 같고, 교리들(=신조들 · dogmas)은 그녀의 궁전의 관리들과 같습니다. 그리고 관리들은 여왕의 명령에 의존해 있기 때문에, 그러므로 교리들(=신조들)은 믿음의 고백이나 발설에 의존합니다. 다만 교회에 속한 믿음에서 밝히 알 수 있는 것은, 그 교회에서 성경말씀을 어떻게 이해하느냐는 것입니다. 왜냐하면 믿음은 내적으로 그것 자체에 적용되고, 그것 자체에 끌어드리기 때문입니다. 그것은 마치 그것이 할 수 있는 모든 것을 끈으로 동여매는 것과 같습니다. 만약 이 믿음이 그릇된 것이리면 그것은 마치 그것 안에 있는 모든 진리들을 가지고 창녀가 하는 짓을 하는 것과 같고, 그리고 그것을 왜곡하고, 위화하는 것이고, 그리고 영적인 것들에서 사람을 미치게 만드는 것입니다. 그러나 만약에 믿음이 참된 것이라면 전 성경말씀은 그것을 잘 유지, 보존시킬 것입니다. 그리고 주 하나님 구주를 뜻하는 성언에 속한 하나님(the God of the Word)께서는 그것 위에 빛을 쏟아 부을 것이고,

그것에 그분의 신령찬성(His Divine assent)을 불어 넣어 주실 것이고, 그리고 사람을 지혜롭게 할 것입니다.

[4] 본서 부록에서 잘 볼 수 있을 것은, 그것의 내적인 형체에서는 세 분 하나님을 믿는 믿음이지만, 그것의 외적인 형체에서는 한 분 하나님을 믿는 믿음을 가리키는, 오늘날의 믿음이 성경말씀의 빛을 차단(遮斷), 소멸시키고, 그리고 교회에서 주님을 추방(追放)시키고 있고, 그리고 이와 같이 그 교회의 해 돋는 아침을 해지는 저녁으로 바꾸고 있다는 것 등등입니다. 이러한 일은 니케아 종교회의의 이전의 이단사설에 의하여 행해졌고, 더욱이 그 회의에서 야기된 이단사실에 의하여 행해졌고, 그리고 그 이후 이어져서 더욱 심하게 행해졌습니다. 그러므로 그 회의들에 둘 신뢰가 무엇이 있겠습니까? 그것은 예수님께서 말씀하신 그런 무리와 같습니다. 요한복음서의 말씀입니다.

> 내가 진정으로 진정으로 너희에게 말한다. 양 우리에 들어갈 때, 문으로 들어가지 않고 다른 곳으로 넘어 들어가는 사람은, 도둑이요 강도다.······ 나는 문이다. 누구든지 이 문으로 들어오면 구원을 받고, 들어오고 나가면서 꼴을 얻을 것이다(요한 10 : 1, 9).

그들의 토의나 심사숙고는 한낮에 장님이 길을 걷는 것과 다르지 않고, 또한 한밤에 눈이 성한 사람이 걷는 것과 같고, 그리고 그가 도랑에 빠질 때까지 도랑을 보지 못하는 사람과 같습니다. 예를 들어 보겠습니다. 교황의 선임의 제도, 죽은 자의 시성(諡聖 · canonization)과 그 많은 죽은 자들의 성자로서의 추대(invocation), 그들의 형상들의 예배, 면죄부권(免罪符權)의 부여, 그리고 잔은 성직자에게, 떡은 평신도에게, 성체를 나누는 일이나 그 밖의 여러 다른 것들을 제정, 세우는 그 종교회의들에게 무슨 신뢰를 둘 수 있겠습니까? 입에 담기도 싫은 예정론(the unspeakable doctrine of predestination)과 그리고 종교의 수호신처럼 교회의 건물 앞에 걸어 놓는 것을 제정한 그 종교회의에 무슨 신뢰를 둘 수 있겠습니까? 그러나 친구들이여, 성언의 하나님(the God of the Word)이나, 따라서 성언 자체에 가까이 가서, 그리고 양의 우리의 문을 통해서 우리에, 다시 말하면 교회 안에 들어갑시다. 여러분은 조요될 것이고, 그리고 마치 산꼭대기에서 다른 많은 사람들의 잘못한 것들 뿐만 아니라 여러분이 과거에 산 밑에의 숲속에서 잘못 살았고, 이리저리 방황했던 당신 자신들을 볼 수 있게 될 것입니다.

178. 모든 교회의 믿음(=신앙)은 그것의 교리들이 그것에서 싹터 나오는 근원인 씨(種子)와 같습니다. 그리고 그 믿음은, 나무에 속한 모든 것들이 그것에서 자라나는, 심지어 그 나무의 열매까지도 맺는, 한 나무의 씨에 비교될 수 있겠습니다. 그리고 또한 후손이나 가족들이 계속되는 시리즈에서 태어나는 근원인, 사람의 씨에도 비교될 수 있겠습니다. 그러므로 구원하는 믿음이라고 불리우는 그것의 탁월함에서 비롯된 주도적인 교리(its leading tenet)가 알려지는 순간, 그 교회의 성품(=성질) 역시 잘 알려질 것입니다. 이러한 내용은 아래의 예들에 의하여 예증될 수 있겠습니다. 자연이 우주의 창조자(the creator of the universe) 이다는 믿음을 상상해 보십시오. 이 믿음에서 뒤이어지는 것은, 우주가 신으로 불리우고, 그리고 자연은 그것의 본질이 되고, 그리고 에텔은 고대 사람들이 요브(Jove)라고 부른 최고의 신성(the supreme Deity)이 되고, 공기(the air)는, 그들이 쥬노(Juno)라고 부르고, 그리고 요브(Jove)의 아내를 만든 여신이 되고, 그리고 대양(the ocean)은 고대 사람들이 넵츈(Neptune)이라고 부르는, 이른바 이런 신들 아래에 있는 신(a god)이 됩니다. 그리고 자연에 속한 신성이 땅의 가장 중심에 이르렀기 때문에 거기에는 역시 신(god)이 있는데, 그 신은 고대 사람들에게는 플루토(Pluto)라고 불리웠습니다. 그리고 태양은, 주피터(Jupiter)가 모임을 소집하면, 그들은 거기에 모이는, 모든 신들의 궁전이었습니다. 더욱이 불(火)은 하나님에게 비롯된 생명이었습니다. 따라서 새들은 하나님 안에 날아 다녔고, 짐승들은 하나님 안에서 걸어 다녔고, 물고기들은 하나님 안에서 헤엄을 쳤습니다. 따라서 이런 것들이 우주가 창조자라고 믿는 믿음에서 상상할 수 있는 것들이 되겠습니다. 그리고 또한 여기에서 뒤이어지는 것은, 말(言語)이 공기의 변조들(變調 · modulations)이듯이 사상들(thoughts)은 단순한 에텔의 변형이고, 그리고 사랑의 정동들(love's affections)은 태양광선의 입류에 의하여 생겨난 상태의 일시적인 우연한 변화들이고, 그리고 이런 개념들에서 사후의 삶(the life after death)은 천계나 지옥과 함께 명예나 재물을 얻기 위한 목적을 위해서 성직자에 의하여 날조(捏造)된 이야기(fable)에 지나지 않지만, 비록 그것이 이야기라고 하지만 그것은 유용하고, 그리고 공개적으로 조롱(嘲

弄)을 받아서는 안 되는데, 그 이유는 그것이 지배자들에의 복종의 구속들 가운데 단순한 마음들(=사람들)을 사로잡는 것에 의한 공공의 이익에 도움이 되기 때문이지만, 그러나 종교에 의하여 꾐에 빠져 있는 자들은 사실 추상적인 것들에 헌신하는 자들이어서 그들의 생각들은 꿈을 꾸는 공상들이고, 그들의 행위들은 바보 같은 조소거리들이고, 그리고 그들 자신들은 사제들의 추종자들로서, 사제들의 명령에 의하여 그들이 보지 못하는 것을 믿고, 그들의 마음의 영기(靈氣)를 초월한 것을 본다고 믿기 때문입니다. 자연이 우주의 창조자라는 신념은 이런 결과들을 내포가 있으며, 그리고 그런 것들과 비슷한 수많은 것들을 내포하고 있고, 그리고 그것이 공개될 때 그 신념으로 말미암아 그들은 앞으로 진전합니다. 그들이 여기에 제시, 언급된 것은 현대교회에 속한 믿음 안에 있는 자들을 보여 주기 위한 것인데, 그 믿음이란, 그것의 내적인 모양에서는 세 분 하나님들을 믿는 믿음이고, 그것의 외적인 모양에서는 한 분 하나님을 믿는 믿음입니다. 하지만 거기에는 거짓들의 무리들이 있으며, 그 수많은 거짓들은, 마치 단 한 마리의 거미의 알주머니 속에 작은 새끼 거미들이 들어 있는 것과 같기 때문에 그 알집에서 수많은 거미들이 깨어나오는 것과 비슷합니다. 참된 합리적인 마음을 지니고 있는 사람 어느 누구가 주님에게서 비롯된 빛에 의하여 이것을 보지 못하겠습니까? 그리고 합리적인 마음을 가지지 못한 사람은, 그 믿음에 대한 문을 굳게 닫고 있고, 그리고 믿음의 신비를 살피는 이성이 비합법적인 것이라는 칙령에 의하여 그 마음의 파생물적인 것까지도 굳게 닫아 버리고, 자물쇠로 잠가두는 한 그것을 어떻게 볼 수 있겠습니까?

179. (7) 이것이 다니엘서와 복음서들에서, 그리고 묵시록서에서 주님께서 예언하신 "이전에도 없었고, 앞으로도 있지 않을 멸망의 가증이나 환난의 근원"이다.

우리가 다니엘서에서 읽는 말씀입니다.

> 성전의 가장 높은 곳에 흉측한 우상을 세울 것인데, 그것을 거기에 세운 사람이 하나님이 정하신 끝 날을 맞이할 때까지, 그것이 거기에 서 있을 것이다(다니엘 9:27).

마태복음서에서 주님께서 하신 말씀입니다.

> 또 거짓 예언자들이 많이 일어나서, 많은 사람을 홀릴 것이다.…… 그러므로 너희는 예언자 다니엘이 말한 바 '황폐하게 하는 가증스러운 물건이 거룩한 곳에 선 것'을 보거든, 읽는 사람은 깨달아라(마태 24 : 11, 15).

같은 책에 나오는 말씀입니다.

> 그 때에 큰 환난이 닥칠 것인데, 그런 환난은 세상 처음부터 이제까지 없었고, 앞으로도 없을 것이다(마태 24 : 21).

이와 같은 재난과 지겨운 일이 묵시록서 7장에 다루어졌습니다. 이런 것들은 그것이 뜻하는 것입니다.

> 그 어린 양이 그 봉인들을 뗄 때에 검은 말과 청황색 말이 뛰어 나왔다(묵시록 6 : 5-8).

그리고 "아비소스로부터 올라오는 짐승이 그들과 싸워서 이기고, 그들을 죽일 것이다"(묵시록 11 : 7)는 말씀도 동일한 것을 뜻하고, 그리고 "그 용은 막 해산하려고 하는 그 여자 앞에 서서, 그 여자가 아기만 낳기만 하면 삼켜 버리려고, 노리고 있었고, 그리고 그 여자는 광야를 도망을 쳤고, 그리고 그 뱀은 그 여자의 등 뒤에다가 입에서 물을 강물과 같이 토해내서, 강물로 그 여자를 휩쓸어 버리려고 하였다"(묵시록 12장)는 말씀도 같은 내용을 뜻하고, 그리고 "바다에서 올라온 짐승과 땅에서 올라온 짐승인 용의 짐승들"(묵시록13장)도 같은 내용을 뜻하고, 그리고 "용의 입과 짐승의 입과 거짓 예언자의 입에서 나온 개구리와 같이 생긴 더러운 영 셋"(묵시록 16 : 13)도 같은 내용을 뜻하고, 그리고 마지막으로 같은 것을 뜻하는 것은 "일곱 천사들이 하나님의 진노의 대접을 쏟은 뒤, 그 안에 담겨 있던 일곱 재앙들이 땅과 바다와, 샘들과 강들, 그리고 해와 짐승의 보좌와, 유프라테스 강과 마지막으로 공중에다가 쏟아 부으니 사람들이 지상에 살아온 이래 전무후무했던 큰 지진"(묵시록 16장)입니다. 여기서 "지진"은, 진리의 위화들이나 오류들에 의하여 일어난 교회의 전복(顚覆)을 뜻하고, 이러한 내용은 마태복음서의 이 장절이 뜻합니다.

> 그 때에 큰 환난이 닥칠 것인데, 그런 환난은 세상 처음부터 이제까지 없었고, 앞으로도 없을 것이다(마태 24 : 21).

아래의 장절들도 동일한 것을 뜻합니다.

> 그래서 그 천사가 낫을 땅에 휘둘러, 땅의 포도를 거두어서, 하나님의 진노의 큰 포도주를 만드는 술틀에다가 던졌습니다. 술틀은 성 밖에 있었고, 거기에서 포도가 짓밟혔습니다. 그 술틀에서부터 피가 흘러 나와서 말 굴레의 높이까지 닿고, 거의 천육백 스타디온이나 퍼져 나갔습니다(묵시록 14 : 19, 20).

여기서 "피"(blood)는 위화된 진리를 뜻합니다. 이밖에도 많은 다른 것들이 그 책의 7장들에 내포되어 있습니다.

180. 복음서들(마태 24장 · 마가 13장 · 누가 21장)에는 기독교회의 계속적인 쇠퇴(衰退)와 타락(墮落)의 상태들이 기술되었습니다. 성경의 다른 곳에 언급된 것과 같이, 거기에 언급된 "세상 처음부터 이제까지 없었고, 앞으로도 없을 그런 큰 환난"은, 위화되지 않고, 멸망에 이르지 않은 진리는 결코 남아 있지 않을 때까지, 온갖 거짓들에 의한 진리에의 엄습(掩襲)이나 공격을 뜻합니다. 그리고 이러한 뜻은 거기에 언급된 "황폐하게 하는 가증스러운 물건"(the abomination of desolation)이 뜻합니다. 그리고 또한 "혐오의 새 위에 있는 황폐"나 다니엘서의 "종말과 종결"(the consummation and decision)은 동일한 것을 뜻합니다. 그리고 바로 앞에서 인용된 그 책의 구절들에도 동일한 것들이 기술되었습니다. 그것은 시간이 지나면서 교회가 삼일성으로 하나님의 단일성(the unity of God in trinity)을 시인하는 것이나, 한 인격 안에 단일성으로 있는 그분의 삼일성(His trinity)을 시인하는 것 대신 세 분 인격들(三位) 안에 있는 나뉘어진 단일성들을 시인하였기 때문입니다. 결과적으로 교회는 마음 속에는 세 분의 하나님들의 개념 위에 세워졌고, 입술에서는 한 분 하나님의 고백 위에 세워졌습니다. 따라서 사람들은 자기 자신을 주님에게서 분리시켰으며, 종국에 그분의 신령인성 본성(His Human nature) 안에 계시는 신성의 개념(idea of Divinity)이 그들에게 전혀 남아 있지 않는 데까지 이르게 되었습니다. 사실 그분께서 인성 안에 계시는 하나님 아버지라고 할 때, 그러므로 그분께서는 이렇게 불리셨습니다.

영존하시는 아버지(이사야 9 : 6)
예수께서 빌립에게 말씀하셨다. "나를 본 사람은 아버지를 본 사람이다"(요한 14 : 9).

181. 그럼에도 불구하고, 다니엘서에 기술된 "성전의 가장 높은 곳에 세울 흉측한 우상"(다니엘 9 : 27)이 비롯된 그 원천이 어디에서 왔는지? 그리고 마태복음서에 기술된 "세상 처음부터 이제까지 없었고, 앞으로도 없을 큰 환난의 원천이 어디에서 왔는지?(마태 24 : 21)라고 질문할 수 있겠습니다. 그 대답은 이러합니다. 그것은 기독교계의 보편적인 믿음에서 비롯된 것이라고 할 수 있겠고, 그리고 그 교회의 입류·운영(=역사·operation)·전가(imputation)로 말미암아 기독교의 전통들에 따라서 그 보편적인 믿음에서 비롯된 것입니다. 사실 이것은 진정한 믿음이 아니고, 한낱 괴물(a chimera)에 지나지 않는 오직 믿음(依唯信得義)에 의한 칭의의 교리(稱義·the doctrine of justification)가 기독교회들 안에서 교리의 모든 중요 요점을 지배하고 있다는 것은 정말 놀랍고, 이상한 일입니다. 다시 말하면 성직자의 규칙으로서 그것이 가장 유일한 신학적인 원칙으로서 지배하고 있다는 것은 정말 놀라운 일입니다. 그것은 신학교의 모든 학생들이 학교에서 열심히 배우고, 익히고, 그것을 흡수한 것이고, 그리고 그 뒤에는 겉보기에는 그것이 천계적인 지혜에 의하여 영감된 것처럼 여겨, 그들은 그것을 그들의 교회에서 가르쳤고, 그것을 책으로 발간합니다. 그들은 그것에 의하여 탁월한 학문을 터득하였다는 것 때문에 명성이나 명예나 칭송을 취하기 위하여 무척 애를 쓰고, 그것들을 취하기도 합니다. 그리고 이런 것 때문에 그들에게는 졸업장들·학위들·온갖 상들이 주어집니다. 이러한 일은, 비록 오직 믿음에 의해서 행해졌는데, 주님께서 마태복음 24장 29절에 예언하신 말씀에 따르면, 오늘날 이 믿음은, 해가 어두워지고, 달은 빛을 내지 않고(=달은 그 빛이 핏빛으로 바뀌고), 별들은 하늘에서 떨어지고, 하늘

의 세력들은 흔들릴 것이라는 것입니다. 이 말씀이 나에게 입증된 것은, 이 믿음에 속한 교리는 그들이 그것들을 원하지 않을 정도로 사람의 마음을 어둡게 만들었으며, 따라서 햇빛이나 달빛에서와 같이 내적으로 신령진리를 본다는 것이 불가능하였고, 다만 한밤의 난로의 불빛에 의하여 거친 지면을 보듯이 외적으로 신령진리를 보게 되었습니다. 그러므로 내가 당당하게 선언할 수 있는 것은, 인애와 믿음의 실제적인 결합에 관한, 그리고 천계와 지옥·주님·사후의 생명·영원한 행복에 관한 신령진리들이 은(銀)으로 만든 글자로 기술되어 천계에서 내려온다고 해도 오직 믿음에 의한 교리(依唯信得義)에 의한 칭의나 성화(聖化)의 교리에 사로잡힌 자들은 그것들을 읽을 가치 조차 없다고 생각할 것입니다. 그러나 만약에 오직 믿음이라는 교리에 의한 칭의에 관한 논문 따위가 지옥에서 올려 진다면 사정은 매우 다릅니다. 그들이 이것을 받자 그들은 그것에 입을 맞추고, 그들의 가슴에 얼싸안고 그것을 집으로 가져갈 것입니다.

182. (8) 그러므로 역시 주님에 의하여 새 하늘과 새로운 교회가 설시되지 않는다면 인류는 누구도 구원받을 수 없다.

마태복음서에는 이렇게 언급되었습니다. 그 책의 말씀입니다.

> 그 때에 큰 환난이 닥칠 것인데, 그런 환난은 세상 처음부터 이제까지 없었고, 앞으로도 없을 것이다. 그 환난의 날들을 줄여 주지 않으시면, 구원받을 사람이 하나도 없을 것이다(마태 24 : 21, 22).

마태복음 24장은 "시대의 종말"(the consummation of the age)을 다루고 있는데, 그 종말은 현대교회의 마지막을 뜻합니다. 따라서 "그 날들을 줄여 준다"는 것은 그 교회를 마지막에 이르게 하고, 새로운 교회를 세운다는 것을 뜻합니다. 만약에 주님께서 이 세상에 강림하셔서 속량의 대업을 성취하시지 않으셨다면, 사람은 누구도 구원받을 수 없다는 것을 어느 누구가 모르겠습니까? 속량(贖良 · redemption)을 성취하는 것이 새로운 천계와 새로운 교회를 세운다는 것을 뜻합니다. 주님께서 다시 이 세상에 오실 것이라는 것은 주님 친히 마태복음 24장 30, 31절, 마가복음 13장 26절, 누가복음 12장 40절과 21장 27절에 예언하셨고, 그리고 특별하게는 묵시록서 마지막 장에 예언하셨습니다. 주님께서 사

제 3 장 · 성령과 신령역사 417

람을 구원하시기 위하여 새 하늘(=새로운 천계)과 새로운 교회를 세우시는 일에 의하여 오늘날도 속량의 대업을 성취하신다는 것은 우리의 책 "주님 속량주" 장의 "속량"편에서 이미 입증하였습니다.
[2] 주님께서 새로운 교회를 세우시지 않으시면 사람은 누구도 구원받을 수 없다는 매우 심오한 비의(秘義 · the great mystery)는 이러합니다. 즉, 그의 무리와 함께 그가 던져진 영들의 세계에 용이 머물러 있는 동안은 신령선에 합일된 신령진리는 왜곡되고, 위화되는 것 없이, 또 그것의 소멸이 없이는, 그 세계를 통과해서 지상의 사람들에게 도달할 수 없습니다. 이러한 내용이 묵시록의 이런 말씀들이 뜻하는 것입니다. 그 책의 말씀입니다.

> 그 큰 용, 곧 그 옛 뱀은 땅으로 내쫓겼습니다.…… 그러나 땅과 바다에는 화가 있다. 악마가…… 몹시 성이 나서 너희에게 내려왔기 때문이다. 그 용은 자기가 땅으로 내쫓겼음을 알고, 남자 아이를 낳은 그 여자를 쫓아갔습니다(묵시록 12 : 9, 12, 13).

그러나 그 때 용은 지옥으로 쫓겨났습니다(묵시록 20 : 10).

> 나(=요한)는 새 하늘과 새 땅을 보았습니다.…… 나는 또, 거룩할 도시 새 예루살렘이…… 하나님께로부터 하늘에서 내려오는 것을 보았습니다(묵시록 21 : 1, 2).

여기서 "용"(the dragon)은 현대교회에 속한 믿음 안에 있는 자들을 뜻합니다.
[3] 나는 영계에서 오직 믿음에 의하여 사람들이 의롭게 된다(依唯信得義)고 믿는 사람들과 수차례 대화를 하였습니다. 그리고 나는 그들에게 그늘의 교리가 잘못된 것이고 부소리(不條理)한 것이라고 말하였고, 그리고 그 교리가 사람들에게 그릇된 안전(false security)을 야기시키고, 맹목, 잠자는 상태를 야기시키고, 그리고 영적인 사물들에 대해서는 한밤중이 되게 한다는 것을 일러 주었습니다. 결과적으로 영혼에 대한 죽음을 야기시킨다는 것을 권면하였습니다. 그리고 나는 그들이 그것을 포기, 버릴 것을 충고하였습니다. 그러나 나는 이런 대답을 들었습니다.

"그것을 왜 포기, 버려야지? 평신도에 비하여 교역자의 우월한 박식(博識)은 오직 이 교리에 의존하고 있는 것 아닙니까?" 라는 대답입니다. 나는 "그 경우 그들은 어떤 목적 때문에 영혼의 구원에 관해서는 전혀 관심조차 없고, 다만 자기 자신의 명성에 대한 탁월함만을 염두에 두고 있다는 것과 그들은 자신들의 그릇된 원칙들에게 성경말씀의 진리들을 적용하였기 때문에, 그리고 이와 같이 그것들을 더럽혔기 때문에, 그들은, 히브리 말로는 아바돈이요, 그리스 말로는 아볼루온이라고 불리우는(묵시록 9 : 11), 아비소스의 사자들임을 가리키는데, 그들은 성경말씀의 전적인 위화(a total falsification)에 의하여 교회를 파괴하는 자들을 뜻합니다" 라는 것 등을 일러주었습니다. 그러나 그들은 이렇게 대답하였습니다. "그것이 무슨 뜻입니까? 우리의 그 믿음에 속한 비의들의 지식에 의하여 그것들은 모두가 신탁(神託 · oracles)들입니다. 그리고 그것으로 말미암아 마치 지성소(至聖所)에서 나오듯이 우리에게 응답을 줍니다. 그러므로 우리는, 아볼루온이 아니고, 아폴로(Apollos)입니다" 라고 하였습니다. 이런 대답에 나는 화가 나서 이렇게 말하였습니다. "당신들이 아폴로들이라면 역시 그대들은 리바이어던들(leviathans)이고, 그리고 여러분의 지도자들은 매우 고약한 리바이어던들(the crooked leviathans)이고, 나머지는 하나님께서 좁고 예리한 큰 칼로 벌하실 리워야단입니다"(이사야 27 : 1)라고 하였습니다. 그러나 그들은 이 말을 비웃었습니다.

183. (9) 아타나시우스 신경(the Athanasian Creed)에 따라서 복수 인격의 삼일성(=이른바 성 삼위일체설)에서부터 환상들이나 기형적인 것들을 가리키는, 하나님에 관한 수많은 조화롭지 않고, 이질적인 개념들은 생겨났다.

영원부터 있었다는 세 신령삼위의 교리(=성 삼위일체교리)에서 본질적으로 기독교회들에게 있는 모든 교리적인 것들의 핵심에서 하나님의 주제나 그분의 단일성(His oneness)의 주제가 지구의 네 방위에 있는 모든 백성들이나 민족들에게 빛이 있어야 하고, 빛이 있게 하기 위하여 기독교계에는 어울리지도 않고, 별로 값도 없는, 하나님에 속한 수많은 개념들이 생겨났습니다. 기독교계 밖에 있는 모두들, 예를 들면 마호메트교도들이나 유대교도들이나, 이들 밖에 있는 모든 사이비 종파의 이방사람들은 세 분 하나님들을 믿는다는 단순한 신념 때문에 기독교 신앙

(christianity)에 대하여 반대되고, 혐오(嫌惡)받고 있습니다. 기독교 선교사들은 이것을 잘 알고 있기 때문에 그러므로 그들은 니케아 신경이나 아타나시우스 신경에서 가르치는 것과 같은 복수 인격의 삼일성의 교리를 밝히고, 폭로하는 것에 관해서 매우 조심을 하고 있습니다. 왜냐하면 만약에 그들이 그렇게 발설, 폭로한다면 그들은 사람들에게서 경원(敬遠)시 되고, 조롱거리가 될 것이기 때문입니다.

[2] 영원부터 있는 세 신령인격들(=성 삼위일체)의 교리에서 생겨났고, 그리고 그의 귀와 눈에서 그의 사상의 시각에 들어오고 있는 그 교리의 조항들을 믿는 신념을 마음에 계속, 간직하고 있는 모든 사람에게서 지금도 여전히 솟아나고 있는 부조리하고, 우스꽝스럽고, 보잘것없는 개념들은 아래와 같습니다. 즉, 하나님 아버지께서 머리 위에 높이 앉아 계시고, 아들 (the Son)은 그분의 오른쪽에 앉아 계시고, 성령은 그분들 앞에서 그분들이 말씀하시는 것을 열심히 경청(傾聽)한다는 것입니다. 그리고 성령은 그분들의 결정에 따라서 즉시 온 세상 구석구석까지 다니면서, 칭의의 선물들을 분배, 나누어지고, 사람들의 마음에 그 은혜들을 각인시켜 주고, 진노의 자녀들로부터 은혜의 자녀들로 사람들을 변화, 바꾸어 주고, 저주나 영벌의 자식들에게서 선민(選民)으로 바꾸어 준다는 것입니다. 나는 교직자의 유식한 자나, 평신도의 학식을 갖춘 자에게 그들의 마음 속에 이런 것과 다른 삼일성의 심상(心像)이 있는지 여부를 간절하게 물었습니다. 왜냐하면 본서 16항의 영계 체험기에서 볼 수 있듯이, 이러한 것은 동일한 교리 자체에서 흘러나오기 때문입니다.

[3] 창세 이전에 그들은 서로 무슨 대화를 하였을까 하는 억측에 대한 호기심(好奇心)이 생길 수도 있습니다. 그것은 이 세상 창조에 관한 것일까? 또는 선천예정론자들(先天豫定論者 · the Supralapsarians)에 일치하는 자들에 관한 예정이나 칭의될 자들에 관한 우연(偶然)일까? 또는 속량에 뀐된 것일까? 하는 억측의 호기심일 것입니다. 마찬가지로 세상이 창조된 뒤에는 그들은 이런 것들에 관해서 서로 대화하였을까? 다시 말하면 아버지(聖父)는 전가를 위한 당신의 권위나 능력에서 말씀하시고, 아들(聖子)은 중재하기 위한 그의 능력(His power)에서 말씀하시는 것일까? 하는 호기심입니다. 더욱이 선택을 가리키는, 전가(imputation)는, 일반적으로 모두를 위해 그리고 개인적으로는 어느 누구를 위해 중재하

시는 아들의 자비(the mercy of the Son)에서 비롯된 것입니다. 그리고 아들에 대한 사랑에 의하여, 그리고 그가 십자가를 지실 때 아들에게서 입증된 그 고통(agony)에 의하여 감동된 아버지께서는 이런 자들을 위한 은혜를 가지셨다는 것에서 비롯된 것입니다. 그러나 이러한 것들이 하나님에 관한 어리석은 생각들이라는 것을 누구가 모르겠습니까? 그럼에도 불구하고 기독교회들 안에는, 입술로는 입을 맞추고 있지만, 그것들이 이성을 초월한 것이기 때문에 정신적인 시각(mental vision)에 의해서는 알 수 없다고 하는, 진정으로 신성한 것들이 여럿 있습니다. 그리고 만약에 그것들이 기억을 넘어서 이해 안에 올리워지게 되면, 사람이 미치게 되는 그런 것들도 여러 있습니다. 그러나 이것은 바보스러운 믿음을 유발하는 것을 제외하면 세 하나님들의 개념을 제거하지 못합니다. 이것 때문에 그가 하나님에 관해서 생각할 때, 그 사람은 칠흑 같은 한밤중에 이리 저리 방황하는 몽유병자에 비교되겠고, 출생 때부터 한낮에 이리 저리 떠돌아다니는 장님에게 비교되겠습니다.

184. 비록 그들이 창피한 것이라고 여겨 그것을 부인하지만 기독교인들의 마음에 뿌리박고 있는 복수 하나님들의 삼일성은 넓은 들에 있는, 그리고 기하학이나, 셈본이나, 물리학에 있는 다종다양한 것들에 의하여 넓게 보여 주는 수많은 그것들의 창의력에서 명확하고, 그리고 헝겊이나 종이를 이렇게 저렇게 접는 것들에서, 셋이 하나이고, 하나가 셋이라는 그것들의 창의적인 것에 의하여 명확하게 입증됩니다. 따라서 그들은 마치 요술쟁이가 서로서로에게 요술을 부리듯이, 신령 삼일성(the Divine trinity)을 가지고 요술을 부립니다. 이런 주제에 관한 그들의 요술은 사람인지, 책상인지, 촛대인지 분간 못하는 한 사물을 보고, 셋인지, 하나같은 셋인지, 열병으로 고통을 받고 있는 자들의 환상들에게 비교되겠습니다. 그리고 그것은 마치 부드러운 밀납을 가지고 손으로 작업을 하면서, 그것을 여러 모양들로 만드는 요술에 비교될 수 있겠습니다. 다시 말하면 세모꼴을 만들어서는 삼일성을 보여주고, 구형(球形)을 만들어서는 그것의 단일성을 보여 주는 요술에 비교되겠습니다. 그러면서도 "이 실체(substance)는 여전히 하나이고, 동일한 것 아니냐?"고 말하는 것과 같습니다. 그러나 신령삼일성은 마치 매우 값진 한 알의 진주와 같아서, 그 진주가 세 부분으로 쪼개지면 그것에 의하여 그것이 완전히 파산, 쓸모없는 것이 되는 것과 같이, 하나의 신령한

제 3 장 · 성령과 신령역사 421

인격이 셋으로 쪼개진 인격들과 같습니다.
185. 영계 체험기들을 부연합니다. 그 첫째입니다.
영계에는 자연계와 꼭 같은 기후들이 있고, 여러 지형들이 있습니다. 이 세상에 존재하지 않는 것은 저 세상에서도 존재하지 않습니다. 그럼에도 불구하고 그것들은 그 근원에서는 서로 다릅니다. 자연계에 있는 기후들은 적도(赤道)에서부터 태양의 거리에 따라서 다양하게 변하지만, 영계에서 그것들은 의지의 정동(the will's affections)의 거리에 따라서, 그리고 결과적으로는 참된 사랑과 참된 믿음에서 비롯된 이해의 생각에 따라서 변합니다. 왜냐하면 영계의 모든 것들은 자연계의 모든 것들의 대응들(對應 · correspondences)이기 때문입니다.
영계의 한랭지대(the frigid zones)에 있는 것들은 자연계의 한랭지대에 있는 것들과 비슷합니다. 땅들이나 물은 그것들 위에 눈으로 덮힌 얼음으로 묶여 있습니다. 이런 곳에 와서, 지금 여기서 살고 있는 자들은, 이 세상에 있을 때 영적인 것들에 대한 생각에서 그들의 게으름(懶怠)에 의하여 잠을 자는 그들의 이해는 잠든 상태였습니다. 그리고 결과적으로 그들은 어떤 유용한 일을 행하는 데에서도 게을렀습니다. 이런 부류는 북방의 영, 또는 한대(寒帶)의 영들(boreal spirits)이라고 불리웠습니다.
[2] 나는 한번 북방의 어떤 영들(=한대의 영들)이 살고 있는 한대의 지역을 보고 싶은 강한 열망에 사로잡힌 적이 있습니다. 따라서 나는 영의 상태에서 온 세상이 눈과 얼음으로 덮혀 있는 북쪽지역으로 인도되었습니다. 그 날은 안식일이었습니다. 나는 여러 사람들을 보았습니다. 다시 말하면 우리의 자연계의 사람들과 신장(身長)이 비슷한 영들이었습니다. 그들의 머리는, 춥기 때문에, 사자들의 가죽으로 싸매여 있었고, 입도 사자들의 가죽으로 싸매여 있었습니다. 한편 그들의 몸통은 허리에 이르기까지 앞과 뒤 모두 표범의 털가죽으로 덮여 있었고, 그들의 발은 곰의 가죽으로 덮여 있었습니다. 나는 병거(兵車)들을 타고 있는 많은 사람들을 보았습니다. 병거들의 어떤 자들은 앞을 향해 뿔들을 가지고 있었는데 그 뿔에는 용의 모습이 새겨져 있었습니다. 그 병거들은 그것들의 꼬리가 짧게 잘린 작은 말들이 끌고 있었습니다. 그 작은 말들은 야생짐승들처럼 무섭게 달리었고, 기수(騎手)는 고삐를 굳게 잡고 있었고, 계속해서 속도를 높여서, 그것들이 열심히 달리도록 채찍질

을 하였습니다.

마침내 나는 성전을 향해 무리를 지어 몰려드는 군중들을 보았습니다. 성전은 눈에 묻혔기 때문에 보이지 않았습니다. 그러나 관리인들은 눈을 치웠고, 예배에 참석하러 오는 자들을 위해 길을 내었고, 예배에 참석하기 위해 오는 자들은 말에서 내려서, 성전으로 들어갔습니다.

[3] 내게 성전 내부를 보는 것이 허락되었습니다. 성전은 수많은 등불과 횃불로 밝혀져 있었습니다. 거기에는 잘 다듬은 돌로 만든 제단이 있었고, 그 제단 뒤에는 액자가 걸려 있었는데, 그 액자에는 "본질적으로는 한 분 하나님이시지만 인격적으로는 세 분이신, 아버지·아들·성령이신 신령 삼일성"이라는 글귀가 새겨져 있었습니다.

마침내 제단 앞에 서 있었던 사제가 그 액자 앞에 세 번 무릎을 꿇은 뒤에, 그의 손에 책을 들고 설교단으로 나왔습니다. 그리고 신령 삼일성(the Divine trinity)에 관해서 설교를 시작하였습니다. "이 얼마나 신비로운 일입니까!" 라고 그는 큰소리로 외쳤습니다. 그리고 이어서 "지극히 높은 곳에 계시는 하나님께서는 영원부터 아들 하나를 낳으셨고, 그리고 그 아들을 통해서 성령을 보내셨는데, 이 세 분, 하나님·아들·성령은 그들의 본질에 의하여서는 결합된 세 존재이시지만, 그러나 그들의 속성들(=성품·properties)인 전가(imputation)·속량(redemption)·활동(=역사·役事·operation)에 의해서는 분할된다는 것이 그 얼마나 신비입니까!" 라고 외쳤습니다. "그러나 만약에 우리가 이성으로부터 이런 것들을 우러러 본다면 우리의 시각은 점차 어두워지는데, 그것은 마치 아무런 가리개 없이 육안(肉眼)으로 태양을 쳐다 볼 때 우리의 눈앞에 검은 점이 나타나는 것과 같아서, 시야가 어두워지고, 초점이 흐려지는 것과 같습니다. 그러므로 여기에 계신 청중 여러분! 이 사안에 대해서 이해를 믿음의 복종 하에 두십시다!" 라고 하였습니다.

[4] 그는 다시 큰소리로 외쳤습니다. "우리의 거룩한 믿음이 그 얼마나 신비로운 것입니까! 그 믿음은 곧 하나님 아버지께서는 그분의 아들의 의(義)를 전가하시고, 그리고 성령을 보내셔서, 성령께서는 그 전가된 의로 말미암아 칭의의 확신들의 일을 하십니다! 우리가 믿는 신념에는, 죄들의 용서이고, 갱생이고, 중생이고, 구원이 있습니다. 사람은 마치 롯의 아내가 소금 기둥으로 변한 것과 같이, 그것의 입류의 행위에 관해서 사람은 아무것도 알지 못합니다. 그리고 그것의 내재(內在)나 상태

에 관해서 사람은 바다의 물고기에 비하여 더 아는 것이 없습니다. 그러나 친구 여러분! 이 믿음 안에는, 그것의 한 조각도 보이지 않도록 깊숙이 감추어지고, 숨겨진 보석(寶石)이 있습니다. 그러므로 우리는 이 사안에 대해서 우리는 우리의 이해를 믿음의 복종 하에 두는 것입니다" 라고 말하였습니다.

[5] 몇 번 한숨을 쉰 뒤에 다시 이어서 그는 역설하였습니다. "선택이라는 것이 그 얼마나 신비로운 것입니까! 그분이 하나님께서 그 믿음을 전가시키신 자들 중에서 선택된 자 하나가 되셨을 때, 이 일은 그분께서 나누어 주신 것인데, 그것은 그분이 원하시는 때에 그분께서 원하시는 자에게 그분의 좋은 기쁨으로 순수한 은혜를 나누어 주시는 일입니다. 그에게 이것이 주어지는 동안 사람은 죽은 나무 밑동과 같지만, 그러나 이 일이 행해질 때 그 사람은 살아 있는 나무와 같이 됩니다. 선한 행위를 가리키는 열매들은 그 나무에 주렁주렁 매어 달릴 것입니다. 그 나무는 표징의 뜻에서 우리의 믿음을 가리킵니다. 그러나 그 열매는 그 나무에 그저 단순하게 달라붙어 있는 것은 아닙니다. 그러므로 그 나무의 진가(眞價)는 그 열매에 있지 않습니다. 그럼에도 불구하고 비록 그것이 참된 신비라고 할지라도, 그 소리는 마치 이단사설(異端邪說)처럼 들릴 것입니다. 형제 여러분! 우리의 이해를 그것을 믿는 믿음의 복종 상태에 두십시다"고 하였습니다.

[6] 잠깐의 쉼이 지난 뒤, 마치 그의 기억에서 무슨 멋진 생각이 떠오른 것처럼, 다시 일어나서, 그의 강연은 계속되었습니다. "아주 신비의 덩어리에서 나는 하나만 더 피력하려고 합니다. 그것은 다름이 아니라, 사람은 영적인 것들에 관해서 자유의지(自由意志 · free-will)에 속한 것은 콩 한 톨 만큼도 가지고 있지 않다는 것입니다. 왜냐하면 우리의 질서 가운데 있는 높은 지위에 있는 고관대작들이나 지도자들은, 특히 영적이라고 하는, 믿음(faith)이나 구원(salvation)에 속한 사안들에서 사람은 무엇인가 원하고, 생각하는 것, 즉 무엇인가를 이해하는 능력을 가지고 있지 않고 있고, 그리고 그것들의 수용에 자신을 적응하고, 적용하는 능력을 전혀 가지고 있지 않다고 그들 자신의 신학적인 규범들(theological canons)에서 역설, 주장하고 있기 때문입니다 그러므로 나 스스로도 말할 수 있는 것은 사람이 이성에서 이런 것들에 관해서 생각한다는 것이나, 자신들의 생각에서 이런 것들에 관해서 말한다는 것은

마치 앵무새나, 까치나 까마귀에 비하여 더 나을 것이 없다는 것입니다. 그러므로 영적인 것들에서 사람은 사실은 당나귀에 불과하고, 자연적인 것들에서 그는 한 사람일 뿐입니다. 그러나 친구 여러분! 이런 것이 우리의 이성을 성가시게 하지 못하도록, 다른 것들에서와 꼭 같이, 이런 것들에서도 우리의 이해를 믿음에의 복종의 상태에 있도록 하십시다. 왜냐하면 우리의 신학은 끝이 없는 무저갱(無底坑 · a bottomless abyss)과 같아서, 그리고 만약에 여러분이 여러분의 총명적인 시각으로 그것을 살펴본다면 여러분은 그것에 압도될 것이고, 조난을 만난 난파선과 같이 멸망할 것입니다. 그럼에도 불구하고 마음에 이것을 간직하십시오. 즉, 우리는, 우리의 머리의 위에서 내려 쪼이는, 복음의 참된 빛 가운데 있다는 것을 잊지 말고, 깊이 간직하십시다. 그러나 이렇게 말한다는 것은 슬픈 일이지만, 우리의 머리의 머리카락들이나 우리의 두개골의 뼈다귀들에 의하여 그 빛의 통로를 가로막고 서 있어서 우리의 이해의 구석구석들에 파고드는 빛을 차단하고 있습니다"라고 하였습니다.

[7] 이런 말을 한 뒤 그는 설교대에서 내려왔습니다. 그리고 그가 제단에서 기도를 드렸고, 그리고 예배는 끝이 났습니다. 나는 그 사제와 함께 대화를 하고 있는 몇몇 사람들에게 다가갔습니다. 그 사제 주위에 서 있던 자들은 이렇게 말하였습니다. "우리는 그와 같이 지혜가 충만하고, 장엄한 당신의 설교말씀에 영원한 감사를 드립니다"라고 하였습니다.

그래서 나는 그들에게 "여러분은 그 설교말씀에서 무엇을 이해하였습니까?"라고 물었습니다.

그들은, "우리는 귀를 기울여서 열심히 설교말씀을 들었습니다. 그런데 당신은 우리가 이해한 여부를 묻는 이유가 무엇입니까? 이해는 그런 문제에 의하여 바보스럽게 되는 것은 아니지요?"라고 대답하였습니다.

그리고 이런 대답에 그 사제는 덧붙여서 "듣고서도 이해하시지 못하였으니, 귀하는 복 받았습니다. 왜냐하면 귀하는 구원을 받은 것이기 때문입니다"라고 말하였습니다.

[8] 그 뒤에 나는 그 사제와 대화를 하였고, 나는 그에게 그가 학위(學位)를 받았는지를 물었습니다. 그는 "석사 학위를 받았습니다"라고 대답하였습니다.

그 때 나는 그에게 이렇게 말하였습니다. "석사님, 나는 귀하께서 신비들에 관해서 설교한 것으로 들었습니다. 만약에 귀하께서 이른바 신비들이 담고 있는 내용을 알지 못하고, 그 신비들을 말씀하셨다면 정말 사제께서는 아무것도 모르시는 것이지요. 왜냐하면 그것들은 마치 삼중의 자물쇠로 굳게 잠근 상자들과 같은 것이기 때문입니다. 만약에, 반드시 이해에 의하여 열릴 수밖에 없는 그 상자들을 열지 않고, 그리고 그 안을 보지 않았다면, 선생님은 그것에 담긴 것들이 값진 귀한 것인지, 또는 값이 없는 것인지, 또는 해로운 것인지 모르는 것 아닙니까? 만약에 그 안에 있는 것들이, 이사야서의 말씀대로(이사야 59 : 5), 독사의 알들이나, 거미줄로 짠 옷감이 될 수 있지 않겠습니까?" 라고 하였습니다.

이 말에 대하여 그 사제는 더러운 것을 쳐다보듯이 나를 보았습니다. 예배에 참석했던 사람들은 그 자리를 떠났습니다. 그들은 모두 믿음에 속한 것들이나, 구원의 방법들에 관해서 마치 온갖 기론(奇論)들이나 모순(矛盾)들에 취해서, 그리고 공허(空虛)한 말들에 갈피를 못 잡고, 흑암에 빠진 채 타고 온 마차에 올랐습니다.

186. 두 번째 영계 체험기입니다.

나는 신학적인 문제들에 마음이 빼앗긴 그 마음에 관해서 깊이 생각에 잠긴 적이 있습니다. 제일 먼저는 영적인 것들이나 천계적인 것들이 가장 높은 영역을 점유하였을 것이라고 생각하였습니다. 왜냐하면, 마치 한 가옥이 세 층으로 나뉘어졌듯이, 사람의 마음도 세 영역으로 나뉘어져 있기 때문입니다. 그리고 또한 천사들의 주거들도 세 천계들로 나뉘어졌기 때문입니다.

그 때 내 가까이 서 있던 천사가 "진리가 진리이기 때문에 진리를 사랑하는 사람들에게는 신학적인 문제들은 마음의 가장 높은 영역에 오르지요. 그것은 그 영역에 그들의 천계가 있기 때문이고, 그리고 그들은 천사들이 기주하는 빛 기운데 있기 때문입니다. 그러나 신학적으로 검토되고, 지각된 도덕적인 수체늘은 가장 높은 영역 아래에 있는 둘째 영역에서 그들의 자리를 차지합니다. 그 이유는 그들이 영적인 것들과 내통, 교류하기 때문입니다. 이들 영역 아래에 있는 첫째 영역에는 정치적인 주체들이 그들의 자리를 차지합니다. 이에 반하여 여러 겹으로, 그리고 종(種)과 유(類)에 관계를 가지고 있는 과학적인 사안들(scientific matters)은 이들 보다 높은 사안들을 향해 있는 문(門·door)을 형성하고 있습니다. 이와 같이 영적인 것들, 도덕적인 것들, 정치적인 것들, 과학적인 것들과 함께 하는 자들은 따라서 그와 같이 종속(從屬)되어 있고, 그리고 그들은 정의와 공의(justice and judgment)에서 생각한 것을 생각하고, 그렇게 생각한 것을 행합니다. 이렇게 하는 것은, 천계의 빛을 가리키는 진리의 빛은, 가장 높은 영역에서 그 아래에 이어지는 영역들에게 빛을 비추기 때문입니다. 예를 들면 태양의 빛이, 번갈아서 에텔 층을 통과하고, 대기 층을 통과해서, 사람들의 눈에, 그리고 짐승들이나 물고기들의 눈에 비추는 것과 같습니다. 그러나 진리이기 때문에 진리를 사랑하지 않고, 오히려 자신들의 광영이나 명예 때문에 진리를 사랑하는 자들에게서 신학적인 사안들은 전혀 사정이 다릅니다. 그들에게서 신학적인 주제들은 과학적인 주제들과 같이 가장 낮은 영역에 자신들의 자리를 갖습니다. 천사들 중 몇몇은 후자들과 뒤섞이기도 하고, 나머지 자들은 그와 같이 섞일 수는 없습니다. 동일한 영역에 있지만 그럼에도 불구하고 낮은 영역에는 정치적인 주제들이 있고, 그리고 이들 아래에는 도덕적인 주제들이 있는데, 그것은 이런 부류에는 둘의 높은 영역들이 오른쪽으로는 열려 있지 않기 때문입니다. 결과적으로 그들은 공의에서 비롯된 내면적인 이성을 가지고 있지 않고, 그리고 정의를 위한 정동 역시 전혀 가지고 있지 않지만, 그러나 그들은 마치 총명에서 비롯된 것처럼 모두 주제에 관해서 말할 수 있는 재주를 가지고 있고, 그리고 또한 마치 이성에서 비롯된 것처럼, 드러난 것은 무엇이나 확증할 수 있는 재주를 가지고 있습니다. 그러나 그들이 주로 사랑하는 이성에 속한 것들은 거짓들입니다. 그것은 이런 것들이 감관들의 오류들에 밀착되어 있기 때문입니다. 이러한 것은 바로 장님들이 볼 수 있는 것에 비하여 성경말씀에서 비롯된 교리에 속한 진리들을 전혀 보지 못하는 자들이 이 세상에 그렇게 많은 이유입니다. 그리고 이런 부류가 진리들을 들을 때 그들은, 진리들에 속한 향기가 그들을 방해하거나 욕지기를 자극하는 것을 막기 위하여, 그들의 코를 막아버립니다. 이에 반하여 다른 한편 그들은 그들의 모든 감관들을 거짓들에 대해서 열고, 고래가 물을 빨아 드리듯이, 그것들을 삼켜 버립니다"라고 말하였습니다.

187. 셋째 영계 체험기입니다.
언젠가 내가 묵시록서에 언급되어 있는 용과 짐승과 거짓 예언자에 관해 깊은 생각에 빠진 적이 있습니다. 그 때 천사적인 영이 나타나서, 나에게 "당신은 무엇에 관해서 그렇게 깊이 생각하고 있습니까?" 라고 물었습니다. 나는 "거짓 예언자입니다" 라고 대답하였습니다.

그 때 그 천사적인 영은, "내가 당신에게 거짓 예언자가 뜻하는 자들이 차지하고 있는 장소에 관해서 말씀을 드리겠습니다" 라고 말하고, 그가 부연해서 말하기를, "어린 양처럼 두 뿔을 가지고 있고, 용처럼 말을 하는, 묵시록서 13장에서 땅에서 올라온 짐승이 뜻하는 자들과 꼭 같습니다" 라고 하였습니다.

나는 그의 말에 뒤이어서, 놀랍게도 나는 큰 무리를 보았는데, 그 무리 가운데에는, 그리스도의 공로를 믿지 않는 사람은 어느 누구도 구원을 받지 못한다는 교리를 가르치는 교회의 지도자들이 있었습니다. 그들이 교회에서 가르친 것은, 행위들이 선하다고 해도, 그러나 그것들은 구원에 아무것도 이바지 하지 못하지만, 그럼에도 불구하고 성경말씀에서 필수적으로 배워 익혀야 할 것은 평신도, 특히 단순한 사람(the simple)은 통치자들(magistrates)에 대한 복종의 속박들에 단단히 묶여 있어야 하고, 그리고 종교에서 비롯된 것처럼, 따라서 안에서 비롯된 것처럼 도덕적인 이웃사랑(moral charity)을 실천하는 것은 강압적으로 지키기 위한 것이었습니다.

[2] 그들 중에서 어느 한 분이 나를 쳐다보면서, "우리의 성전을 보시렵니까? 거기에는 우리의 믿음의 표징적인 형상(an image representative of our faith)이 있습니다" 라고 말하였습니다.

나는 그 성전에 다가가서 성전을 살펴보았습니다. 그 성전은 정말로 장엄하였습니다. 그 성전 한 가운데에는 자색 옷을 입고, 오른손에는 금화를 들고 있고, 왼손에는 진주 목걸이를 가지고 있는 여인의 신상이 있었습니다. 그러나 이 신상이나 성전은 모두 환상(phantasy)을 통해서 생성된 것입니다. 왜냐하면 환상들을 통해서 지옥의 영들은 마음의 내면적인 것들은 굳게 닫고, 오직 그것의 외면적인 것들을 열어 보여 주는 것에 의하여 장엄한 것들을 나타낼 수 있기 때문입니다. 그러나 내가 그 때 관찰한 것은 이런 것들이 모두가 사기(詐欺)들이고 마술들이라는 것이었습니다. 그래서 나는 주님께 기도하였습니다. 즉시 내 마음의 내면적인 것들이 열렸습니다. 그 때 내가 본 것은 성전의 장엄한 장소에는 꼭대기서부터 밑바닥까지 금이 가고, 여러 조각들로 깨진 집이 있었고, 그 여인이 있었던 곳에는 용의 머리와 표범의 몸통과 곰의 발과 사자의 입을 가지고 있는 형상으로, 그것은 묵시록 13장 2절에 바다에서 올라온 것으로 기술된 짐승과 꼭 같은 현상으로 꾸며진 건물이 걸려 있었습니다. 왜냐하면 그 바닥에는 그것 안에 개구리 떼가 가득 찬 늪이 있었기 때문입니다. 그리고 내게 일러진 것은 그 늪 아래에는 아주 큰 잘 다듬은 돌이 있고, 그리고 그 돌 밑에는 성경말씀이 깊숙이 감추어져 있었기 때문입니다.

이것을 보자 나는 요술쟁이에게 "이것이 당신의 성전입니까?"라고 물었더니, 그는 "그렇습니다"라고 대답하였습니다.

그런데 갑자기 그는 그의 내적인 시각이 열리었고, 그 시각으로 그는 내가 보는 것들과 꼭 같은 것을 보았습니다. 그리고 그는 "이것이 다 무엇이요? 어디에서 왔지?"라고 크게 소리를 쳤습니다.

나는 이렇게 말하였습니다. "그것은 천계의 빛에서 그렇게 된 것입니다. 그 빛은 모든 외적인 모습의 성질을 까발깁니다. 따라서 귀하의 믿음의 성품이 영적인 인애에서 분리되었다는 것입니다"라고 하였습니다.

[3] 그 때 갑자기 동쪽에서부터 바람이 불어 왔는데, 그 바람은 성전과 신상들을 날려버렸고, 늪을 말렸습니다. 따라서 그 돌 아래에 깔려있던 성경말씀이 백주에 드러났습니다. 그리고 따스한 봄바람이 천계로부터 불어 왔습니다. 그러나 겉보기에 동일한 장막이 그 자리에 나타났습니다.

나와 함께 있던 천사가 말하였습니다. "이것은 아브라함의 장막입니다. 이 장막은, 세 천사들이 그에게 와서 이삭의 탄생을 예언했을 때 그것과 꼭 같은 것입니다. 겉으로 보기에는 단순, 소박하지만, 그러나 그것은 천계에서 오는 빛의 입류에 따라서 매우 매우 장엄합니다"라고 하였습니다.

지혜 가운데 있는 영적인 천사들이 차지하고 있는 천계가 공개되는 일이 그들에게 허락된 것입니다. 한번은 천계에서 입류하는 빛으로 말미암아 그 성막은 예루살렘에 있는 성전과 같이 보였습니다. 그 때 나는 그 내부를 보았는데, 나는 성경말씀이 그것 아래에 놓여 있는 초석(礎石 · the foundation-stone)을 보았는데, 그것은 둘레를 보석들로 장식하였고, 이 보석들로부터 영롱한 색깔이 벽에 비추었는데 그 벽에는 게르빔의 형상이 나타났고, 그 벽은 온갖 색깔의 멋진 빛으로 채색되었습니다.

[4] 내가 이런 것들을 놀랍게 보고 있을 때, 천사들이 말하였습니다. 셋째 천계가 열리는 것이 그들에게 허락되었는데, 거기에는 사랑의 상태에 있는 천적인 천사들이 살고 있습니다. 그 때 그 천계에서 불이 타고 있는 것과 같은 빛이 비추어졌기 때문에 성전 전체가 사라졌습니다. 그리고 그 자리에는, 주님께서 요한에게 나타나셨던 모습과 같이(묵시록 1장) 초석에 서 계시는 주님께서 홀로 서 계시는 모습으로 나타나 보이셨습니다. 그러나 그 때 천사들의 마음의 내면적인 것들이 거룩함으로 가득 채워졌기 때문에 그들은 그들의 얼굴을 땅에 대고, 경배하였는데, 그 때 주님에 의하여 삼층천으로 가는 길은 닫히고, 이층천에서 내려오는 빛을 위해 이층천으로 가는 길이 열리었습니다. 이것에 의하여 사라졌던 예전의 모습의 성전과 장막이 다시 나타났는데 성막은 지금 성전 중앙에 있었습니다.

이 일련의 것은 곧 묵시록서의 이런 말씀이 뜻하는 내용입니다. 그 책의 말씀입니다.

> 보아라,
> 하나님의 집이 사람들 가운데 있다.
> 하나님께서 그들과 함께 계실 것이요,
> 그들은 하나님의 백성이 될 것이다.
> (묵시록 21 : 3)

이런 말씀도 같은 내용을 뜻합니다. 같은 책의 말씀입니다.

> 나는 그 안에서 성전을 볼 수 없었습니다. 그것은 전능하신 주 하나님과 어린 양이 그 도시의 성전이시기 때문입니다(묵시록 21 : 22).

188. 넷째 영계 체험기입니다.
주님께서 내게 천계에 있는 놀라운 것들이나, 천계 아래에 있는 그런 것을 보는 기회를 나에게 허락하였기 때문에, 내게 명령된 것으로 여겨, 내가 본 것을 필히 언급하여야 하겠습니다.
아주 웅장한 궁궐이 보였고, 그 궁궐의 극내적인 곳에는 성전(=예배실)이 있었고, 그 성전 중앙에는 성경말씀이 그것 위에 놓인 금으로 만든 책상이 있었습니다. 그리고 두 천사들이 그것의 양쪽에 서 있었습니다. 그 책상 주위에는 세 줄의 좌석들이 있었습니다. 첫 번째 줄의 좌석들은 자주색의 좋은 비단으로 씌워져 있었고, 그 둘째 줄의 좌석들은 하늘색의 비단으로 씌워져 있었고, 셋째 줄의 좌석들은 흰색의 비단으로 씌워져 있었습니다.

천정 아래, 책상 위 조금 위에는 무지개의 각 색깔이 영롱한 보석들로 장식 된 넓은 천개(天蓋・a wide canopy)가 보였습니다. 그것에서 비치는 빛은 하나의 무지개의 색깔이었습니다. 그것은 마치 소나기가 온 뒤의 맑은 하늘에서 보이는 것 같았습니다. 갑자기 좌석의 숫자만큼, 한 떼의 사제들이 나타나더니, 그 좌석들을 차지하였습니다. 그들은 성직자의 임무에 속한 법복을 입었습니다. 한쪽에는 한 문지기 천사가 지키고 서 있는 옷장이 있었는데, 그 옷장 안에는 화려한 옷들이 잘 정돈된 채 가지런히 싸여 있었습니다. 주님께서 회의를 소집하셨다는 하늘에서 들려오는 음성을 나는 들었습니다. 그 음성은 "깊이 생각하고, 의논하라"는 것이었습니다.

그러나 그들은, "주제가 무엇이야?" 라고 말하였습니다.

그 때 일러진 것은, "주님 구세주와 성령에 관해서" 라는 것입니다. 그러나 그들이 이들 주제에 관해서 명상하기 시작했을 때 그들은 조요의 상태에 있지 않았습니다. 그러므로 그들은 기도하였고, 그리고 천계에서 빛이 내려 왔습니다. 처음에는 그들의 머리의 뒤통수에 비추었고, 다음에는 관자놀이를, 나중에는 그들의 얼굴에 비추었습니다. 그 때 그들은 처음에는 주제가 주어진 대로, 주님 구세주에 관해서 명상, 생각을 하였습니다.

[2] 제안되고, 의논한 첫째 관점은 "누구가 처녀 마리아에게서 인성 (the Human)을 취하였는가?"였습니다.

그 때 성경말씀이 그것 위에 놓여 있는 책상 옆에 서 있던 천사가 그들에게 누가복음서의 아래의 장절들을 읽었습니다. 그 책의 말씀입니다.

> 보아라, 네가 잉태하여 아들을 낳을 것이니, 너는 그의 이름을 예수라고 하여라. 그는 위대하게 되고, 가장 높으신 분의 아들이라고 불릴 것이다.…… 마리아가 천사에게 말하기를 "나는 남자를 알지 못하는데, 어떻게 이런 일이 있겠습니까?" 하였다. 천사가 마리아에게 말하였다. "성령이 네게 임하시고,

제 3 장 · 성령과 신령역사 431

가장 높으신 분의 능력이 너를 감싸 줄 것이다. 그러므로 태어날 아기는 거룩한 분이요, 하나님의 아들이라고 불릴 것이다"(누가 1 : 31, 32, 34, 35).

그리고 그는 마태복음서에서 아래의 장절들을 읽었습니다. 그 책의 말씀입니다.

주의 천사가 꿈에 그(=요셉)에게 나타나서 말하였다. "다윗의 자손 요셉아, 두려워하지 말고, 마리아를 네 아내로 맞아들여라. 그 몸에 잉태된 아기는 성령으로 말미암은 것이다.…… 그러나 아들을 낳을 때까지, 아내와 잠자리를 같이하지 않았다. 아들이 태어나니, 요셉은 그 이름을 예수라고 하였다(마태 1 : 20, 25).

그는 또한 복음서들의 다른 장절들도 읽었습니다. 예를 들면 마태복음 3장 17절, 17장 5절, 요한복음 1장 18절, 3장 16절, 20장 31절이었습니다. 그리고 그 밖의 여러 곳의 장절들이 많이 있었습니다. 거기에는 그분의 인성에 관해서 주님께서 하나님의 아들(the Son of God)이라고 불리셨고, 그리고 다른 곳에서는 그분의 인성으로 말미암아 그분께서는 여호와를 그분의 아버지(His Father)라고 부르셨습니다. 그는 또한 예언서들에서도 여러 장절들을 읽으셨는데, 그 장절에는 여호와 당신께서 이 세상에 강림하실 것이라는 것이 예언되었고, 그런 장절들 가운데서 이사야서에서 아래 두 절을 읽으셨습니다.

그 날이 오면,
사람들은 이런 말을 할 것이다.
바로 이분이 우리의 하나님이시다.
우리가 하나님을 의지하였으니,
하나님께서 우리를 구원하신다.
바로 이분이 주님이시다.
우리가 주님을 의지한다.
우리를 구원하여 주셨으니
기뻐하며 즐거워하자.
(이사야 25 : 9)
광야에서 한 소리가 외친다.

"광야에 주께서 오실 길을 닦아라.
사막에 우리의 하나님께서 오실 큰길을
곧게 내어라.……
주의 영광이 나타날 것이니,
모든 사람이 그것을 함께 볼 것이다.
이것은 주께서 친히 약속하신 것이다."……
만군의 주 하나님께서 오신다.
그가 권세를 잡고 친히 다스리실 것이다.……
그는 목자와 같이 그의 양 떼를 먹이시며,
어린 양들을 팔로 모으시고 품에 안으시며,
젖을 먹이는 어미 양들을
조심스럽게 이끄신다.
(이사야 40 : 3, 5, 10, 11)

[3] 그리고 천사는 이렇게 말하였습니다. "여호와께서 친히 이 세상에 오셨고, 인성(the Human)을 입으셨기 때문에, 그는 예언서들 여러 곳에서 구원자와 속량자라고 불리셨다"고 하였습니다. 그는 그 때 그들에게 아래의 장절들을 읽었습니다. 구약의 말씀입니다.

주께서 말씀하신다.
"과연 하나님께서 당신과 함께 계십니다.
그 밖에 다른 이가 없습니다.
다른 신은 없습니다" 할 것이다.
구세주, 이스라엘의 하나님,
진실로 주께서는
자신을 숨기시는 하나님이십니다.
(이사야 45 : 14, 15)
나 주가 아니고 누구냐?
나 밖에 다른 신은 없다.
나는 공의와 구원을 베푸는 하나님이니,
나 밖에 다른 신은 없다.
땅 끝까지 흩어져 있는 사람들아!
모두 나에게 돌아와서 구원을 받아라.
(이사야 45 : 21, 22)

나, 곧 내가 주이니,
나 말고는 어떤 구원자도 없다.
(이사야 43:11)
그러나 나는,
너희가 이집트 땅에 살 때로부터
주 너희의 하나님이다.
그 때에 너희가 아는 하나님은
나밖에 없고,
나 말고는 다른 구원자가 없었다.
(호세아 13:4)
그리고 나면, 모든 사람이,
나 주가 네 구원자요,
네 속량자요,
야곱의 전능자임을 알게 될 것이다.
(이사야 49:26 ; 60:16)
우리의 속량자는
그 이름이 만군의 주님,
이스라엘의 거룩하신 하나님이시다.
(이사야 47:4)
그들의 구원자는 강하니,
그 이름은 '만군의 주'다.
(예레미야 50:34)
나의 반석이시오 구원자이신 주님,
나의 말과 나의 생각이
언제나 주의 마음에 들기를 바랍니다.
(시편 19:14)
주, 너의 속량자,
이스라엘의 거룩하신 분께서 이르시기를
"나는 주, 네 하나님이다."
(이사야 48:17 , 43:14 ; 49:7 ; 54:8)
주께서는 우리의 아버지이십니다.……
오직 주 하나님은
우리의 아버지이십니다.
옛적부터 주의 이름은
'우리의 속량자'이십니다.

(이사야 63 : 16)
너의 구원자,
너를 모태에서 만드신 주께서 말씀하신다.
"내가 바로 만물을 창조한 주다.
나와 함께 한 이가 없이,
나 혼자서 하늘을 폈으며, 땅도 넓혔다."
(이사야 44 : 24)
이스라엘의 왕이신 주,
이스라엘의 속량자이신
만군의 주께서 말씀하신다.
"나는 시작이요, 마감이다.
나 밖에 다른 신이 없다."
(이사야 44 : 6)
너를 지으신 분께서
너의 남편이 되실 것이다.
그분의 이름은 만군의 주님이시다.
너를 구속하시는 분은
이스라엘의 거룩하신 하나님이시다.
그분은 온 세상의 하나님으로 불릴 것이다.
(이사야 54 : 5)
내가 다윗에게서 의로운 가지가 하나 돋아나게 할 그 날이 오고 있다. 나 주의 말이다. 그는 왕이 되어 슬기롭게 통치하면서, 세상에 공평과 정의를 실현할 것이다. 그 때가 오면 유다가 구원을 받을 것이며, 이스라엘이 안전한 거처가 될 것이다. 사람들이 그 이름을 '우리를 공의로 다스리는 주'라고 부를 것이다(예레미야 23 : 5, 6 ; 33 : 15, 16).
주께서 온 세상의 왕이 되실 것이다.
그 날이 오면,
사람들은 오직 주 한 분만을 섬기고,
오직 그분의 이름 하나만으로
간구할 것이다
(스가랴 14 : 9)

[4] 이런 장절들에 의하여 진정으로 힘을 얻은 좌석에 앉아 있던 자들이 만장일치로 여호와 당신 스스로 사람들을 속량하시고, 구원하시기 위하여 인성을 입으신 것이다 라고 선언하셨습니다.

그 때 제단 뒤에 자신들의 모습들을 숨겼던 로마 가톨릭 교도들에게 한 음성이 들렸습니다. 그 음성은 "어떻게 여호와 하나님께서 사람(a Man)이 될 수 있다는 것인가? 그분께서는 우주의 창조자가 아니신가?" 라는 것이었습니다.

둘째 줄 좌석에 앉아 있던 자들 중 하나가 뒤를 돌아다보면서 "그러면 누구란 말입니까?" 라고 말하였습니다.

그러자 제단 뒤에 있던 자가 제단에 가까이 서서, "영원부터 계신 아드님이시지요" 라고 말하였습니다.

그러나 그는 이런 대답을 들었습니다. "귀하의 믿음의 고백에 따르면 영원부터 계신 아드님이 아닌가요? 그리고 그분이 우주의 창조자 아닙니까? 그렇다면 영원부터 아드님(a Son)은 무엇이고, 그리고 하나님(a God)은 무엇입니까? 한 분이시고 불가분의 존재이신 신령본질(the Divine essence)이 어떻게 분리될 수 있고, 그리고 그것의 하나가 어떻게 이 세상에 내려오셨고 나머지 존재는 남아 있을 수 있습니까?"

[5] 주님에 관한 토의의 두 번째 주제는, 아버지와 주님은, 마치 영혼과 몸이 하나인 것과 같이, 하나인가? 라는 것이었습니다. 영혼이 아버지에게서 비롯되기 때문에, 그들은 응당 그런 것이라고 말하였습니다.

그 때 좌석의 셋째 줄에 앉아 있는 자들 중에서 한 사람이 아타나시우스 신경이라고 부르는 것에서 아래와 같은 것을 읽었습니다. "하나님의 아들이신 우리 주님 예수 그리스도는 하나님이시고 사람(Man)이시지만, 그럼에도 불구하고 이들은 둘이 아니고, 한 분 그리스도이십니다. 맞습니다. 전적으로 하나입니다. 그분은 한 인격이십니다. 그것은 영혼과 몸이 한 사람을 이루기 때문에, 따라서 하나님과 사람(God and Man)은 한 분 그리스도이시기 때문입니다" 라는 구절이었습니다. 낭독자는 그것 안에 있는 이런 말들이 기초가 되어 있는, 이 신경은 전 기독교계가 수용하고 있고, 심지어 로마 가톨릭 교회까지도 수용하고 있습니다 라고 말하였습니다.

다른 사람들이 "무엇이 더 필요하겠습니까? 하나님 아버지와 그분은, 영혼과 몸이 하나인 것과 같이, 한분이십니다" 라고 말하였습니다. 그리고 그들은 이렇게 말하였습니다. "이것은 사실입니다. 우리가 밝히 아는 것은, 주님의 인성(the Lord's Human)은 신령합니다. 그것은 그것이 여호와의 인성(the Human of Jehovah)이시기 때문이고, 그리고 또한 가까이 다가가는 그분의 신령인성(His Divine Human)의 측면에서 주님이시기 때문이고, 그리고 아버지(聖父)라고 불리시는 신령존재는 이런 식으로 가까이 갈 수 있고, 그리고 이런 방법 외에는 가까이 갈 수 없기 때문입니다" 라고 하였습니다.
[6] 그들의 이와 같은 결론을 그 천사는 성경말씀의 수많은 장절들에 의하여 확증을 하였는데, 그 장절들 가운데는 이런 것들이 있었습니다. 이사야서의 말씀입니다.

> 한 아기가 우리에게서 태어났다.
> 우리가 한 아들을 얻었다.
> 그는 우리의 통치자가 될 것이다.
> 그의 이름은 '기묘자, 모사,
> 전능하신 하나님,
> 영존하시는 아버지,
> 평화의 왕'이라고 불릴 것이다.
> (이사야 9 : 6)

같은 책의 말씀입니다.

> 주께서는 우리의 아버지이십니다.
> 아브라함은 우리를 모르고
> 이스라엘은 우리를
> 인정하지 않는다 하여도,
> 오직 주 하나님은
> 우리의 아버지이십니다.
> 옛적부터 주의 이름은
> '우리의 속량자'이십니다.
> (이사야 63 : 16)

요한복음서의 말씀입니다.

> 예수께서 큰소리로 말씀하셨다. "나를 믿는 사람은 나를 믿는 것이 아니라 나를 보내신 분을 믿는 것이요, 나를 보는 사람은 나를 보내신 분을 보는 것

이다(요한 12 : 44, 45).
빌립이 예수께 말하였다. "주님, 우리에게 아버지를 보여 주십시오. 그러면 좋겠습니다." 예수께서 대답하셨다. "빌립아, 내가 이렇게 오랫동안 너희와 함께 지냈는데도, 너는 나를 알지 못하느냐? 나를 본 사람은 아버지를 본 사람이다. 그런데 네가 어떻게 '우리에게 아버지를 보여 주십시오' 한다는 말이냐? 내가 아버지 안에 있고 아버지께서 내 안에 계심을, 네가 믿지 않느냐?…… 내가 아버지 안에 있고, 아버지께서 내 안에 계심을 믿어라. 믿지 못하겠거든, 내가 하는 그 일들을 보아서라도 믿어라"(요한 14 : 8-11).
예수께서 말씀하셨다. "나와 아버지는 하나다"(요한 10 : 30).

같은 책의 말씀입니다.

아버지께서 가지신 것은 다 내 것이다(요한 16 : 15).
나의 것은 모두 아버지의 것이고, 아버지의 것은 모두 나의 것입니다(요한 17 : 10).

마지막으로 그 책의 말씀입니다.

예수께서 대답하셨다. "내가 곧 길이요 진리요 생명이다. 나로 말미암지 않고서는, 아무도 아버지께로 올 사람이 없다"(요한 14 : 6).

이 모든 것에 그 낭독자는 이런 것들을 부가하였습니다. 여기에 주님께서 당신 자신과 그분의 아버지(Himself and His Father)에 관해서 말씀하신 모든 것들은, 사람이 자기 자신과 자신의 영혼에 관해서 알게 하기 위한 것입니다. 이런 말을 듣자 그들은 한 음성으로, 그리고 한 마음으로 선언하였습니다. 즉, 주님의 인성(the Lord's Human)은 신령하시다는 것이고, 이 인성은 반드시 아버지(the Father)에게 가까이 나아가기 위한 것입니다. 그것은, 그것에 의하여 여호와 하나님께서 그분을 이 세상에 보내셨다는 것, 그리고 사람들의 눈 앞에 그분을 보이시기 위한 것, 따라서 가까이 근접하게 하기 위한 것이라고 큰소리로 외쳤습니다. 그분께서 당신 자신을 이런 식으로 고대 사람들에게 보이셨고, 그리고 인간형체(a Human Form)로 가까이 가기 쉬웠습니다. 그러나 그 때는 천사(an angel)를 통하셨습니다. 그러나 그 형체가 강림하시게 될 주님의 표징이기 때문에, 그러므로 고대 사람들에게 있었던 교회에 속한 모든 것들은 표징적인 것입니다.
[7] 성령에 관한 토의는 계속되었습니다. 제일 처음에는 하나님 아버지 · 아들 · 성령에 관한 수많은 개념들이 언급되었습니다. 다시 말하면 하나님 아버지께서는, 그분의 오른쪽에 아드님이 계시는, 높은 자리에 앉아 계시고, 그리고 이들 두 분께서 인류를 조요하기 위하여, 그리고 가르치고, 칭의하기 위하여, 그리고 성화하기 위하여 성령을 보내셨습니다.
그 때 천계로부터 음성이 들렸습니다. 말씀하기를 "그와 같은 생각의 개념은 우리에게는 정말 참고 들을 수가 없겠습니다. 여호와 하나님께서 편재하시다는 것을 누구가 모르겠습니까? 어느 누구나 반드시 알고, 시인하여야 할 것은, 그분께서 조요하시고, 가르치시고, 의롭게 하시고, 성화하신다는 것이고, 그리고 마치 한 사람이 다른 사람과 분별, 구분되는 것과 같이, 그분에게서 구분되는 중재하는 하나님이 계시지 않는다는 것, 그런데 하물며 두 분 하나님들에게서 구분되는 한 분 하나님이 계시지 않는다는 것 등입니다. 따라서 전자의 개념은 매우 어리석은 것이니 올바른 생각을 받아드리십시오. 그러면 여러분은 그 사안에 관해서 명료하게 알게 될 것입니다"는 것이었습니다.
[8] 성전의 제단 가까이에 서 있던 로마 가톨릭 교도들에게서 이런 소리가 들렸습니다. "그렇다면 성경말씀의 복음서들과 바울 서신에 성령에 관해서 언급, 거명된 것은 무엇이란 말입니까? 그것에 의하여 사제들의 수많은 유식한 분들이, 특히 우리들 자신이 성령은 우리를 인도하신다고 말한 것은 무엇입니까? 오늘날 기독교계에서 어느 누구가 감히 성령을 부인하고, 성령의 역사나 활동을 부인한다는 것입니까?" 라는 것이었습니다.
이런 말들을 듣고 있던 좌석의 둘째 줄에 앉아 있던 자들 중에서 한 사람이 돌아서면서 말을 하였습니다. "여러분께서는 지금까지 성령은 그분 스스로에 의하여 한 인격(a person)이시고, 그리고 그분 스스로에 하나의 하나님(a God)이시라고 말씀하셨습니다. 그런데 한 인격에서 나오고, 공표되는 역사(役事 · 운영 · operation)를 제외하면, 한 인격에서 나오고, 공표되는 인격은 무엇입니까? 한 인격은 다른 인격에서 나올 수도 없고, 공표될 수도 없는데, 역사(=활동 · operation)는 가능하다는 것

입니까? 또는 하나님에게서 나오고, 발출하는 한 분 하나님(a God)은 무엇이고, 그리고 나오고, 발출하는 신령한 것은 무엇입니까? 한 분 하나님(One God)은 다른 하나님(another God)에게서 나올 수 없고, 공표될 수 없으며, 더욱이 다른 하나님을 통해서 나오고, 발출할 수 없지만, 그러나 신성(=신령존재 · the Divine)은 한 분 하나님(one God)에게서 나오시고, 발출할 수 있습니다" 라고 하였습니다.

[9] 이 말을 듣자 자리에 앉아 있던 자들은 만장일치로 이런 결론을 내렸습니다. 성령도 자기 스스로 한 인격(a person)이 아니고, 따라서 자기 스스로 하나님도 아니지만, 그러나 성령은 주님을 가리키는, 유일하시고, 전능하신 하나님에게서 나오시고, 공표되신 분이지요.

이 말을 듣자, 성경말씀이 그 위에 놓여 있는 금 책상 곁에 서 있던 천사가 "예, 그것입니다. 지금은 어느 누구나 구약 성경에서 읽는 것은, 예언자들은 성령으로 말미암아 성언을 읽는다고 했지만, 그러나 여호와로 말미암아 그것을 읽는 것이고, 그리고 신약에서는 성령은 신령발출(the Divine going forth)을 뜻한다고 언급하고 있는데, 그것이 곧 신령조요이고, 가르침이고, 생기를 주는 것이고, 개혁이고, 중생이지요" 라고 말하였습니다.

[10] 이런 말씀이 오간 뒤에 성령에 관한 또 다른 토의가 이런 관점에서 더 이어졌습니다. 성령이 뜻하는 신령발출은 누구에게서 나오는가? 다시 말하면 아버지에게서 나오는가? 주님에게서 나오는가? 라는 것이었습니다. 그들이 이 주제에 관해서 토의하고 있는 중에, 천계로부터 빛이 그들에게 비추었습니다. 그들은 그 빛을 통해서 거룩한 신성(the Holy Divine)을 보았는데, 그것이 바로 성령이 뜻하는 것으로, 성령은 아버지로부터 주님을 통해서 나오는 것이지, 아버지로부터 주님에게서 나오는 것은 아닙니다. 예를 들면 마치 사람의 활동(man's activity)은, 몸을 통해서 영혼에게서 나오는 것이 아니고, 영혼으로 말미암아 몸에서 나오는 것과 같습니다.

책상 옆에 서 있던 천사는 성경말씀에서 아래와 같은 장절에 의하여 이것을 입증하였습니다. 이사야서의 말씀들입니다.

  이새의 줄기에서 한 싹이 나며
  그 뿌리에서 한 가지가 자라서

열매를 맺는다.
주의 영이 그에게 내려오신다.
지혜와 총명의 영,
모략과 권능의 영,
지식과 주를 경외하는 영이
그에게 내려오신다.
(이사야 11 : 1, 2)
내가 그에게 나의 영을 두었으니,
그가 뭇 민족에게 공의를 베풀 것이다.
(이사야 42 : 1 ; 61 : 1 ; 누가 4 : 18)

요한복음서의 말씀입니다.

하나님께서 보내신 이는 하나님의 말씀을 전한다. 그것은 하나님께서 그에게 성령을 아낌없이 주시기 때문이다. 아버지는 아들을 사랑하여, 모든 것을 아들의 손에 맡기셨다(요한 3 : 34, 35).
내가 아버지께로부터 너희에게 보내려는 보혜사, 곧 아버지께로부터 오는 진리의 영이 오시면, 그 영이 나를 증언하실 것이다(요한 15 : 26).
그는 나를 영광되게 하실 것이다. 그가 나의 것을 받아서, 너희에게 알려 주실 것이기 때문이다. 아버지께서 가지신 것은 다 내 것이다. 그렇기 때문에 내가, 성령이 나의 것을 받아서 너희에게 알려 주실 것이라고 말하였다(요한 16 : 14, 15).
내가 떠나가지 않으면, 보혜사가 너희에게 오시지 않을 것이다(요한 16 : 7).
예수께서 아직 영광을 받지 않으셨으므로, 성령이 아직 사람들에게 와 계시지 않았다(요한 7 : 39).

그러나 영광을 받으신 뒤의 말씀들입니다. 요한복음서의 말씀입니다.

이렇게 말씀하신 뒤에, 그들에게로 숨을 내뿜으시고 말씀하셨다. "성령을 받아라"(요한 20 : 22).

묵시록서의 말씀입니다.

주님,

제 3 장 · 성령과 신령역사 441

누가 주님을 두려워하지 않겠습니까?
누가 주님의 이름을 찬양하지 않겠습니까?
주님만이 홀로 거룩하십니다.
(묵시록 15 : 4)

[11] 성령이 그분의 신령편재(His Divine omnipresence)에서 비롯된 주님의 신령역사(=운영 · the Lord's Divine operation)을 뜻하기 때문에, 그러므로 주님께서 제자들에게 주님께서 아버지로 말미암아 보내시겠다는 성령에 관해서 말씀하실 때 이렇게 말씀하셨습니다. 요한복음서의 말씀입니다.

나는 너희를 고아처럼 버려두지 않고, 너희에게 다시 오겠다.…… 그 날에 너희는, 내가 내 아버지 안에 있고, 너희가 내 안에 있고, 또 내가 너희 안에 있음을 알게 될 것이다(요한 14 : 18, 20).

예수님께서 세상을 떠나시기 바로 직전 그분께서 이렇게 말씀하셨습니다. 마태복음서의 말씀입니다.

보아라, 내가 세상 끝 날까지 항상 너희와 함께 있을 것이다(마태 28 : 20).

그들에게 이런 구절들을 읽으신 뒤에 천사는 이렇게 말하였습니다. "지금 낭독한 구절들이나, 성경말씀에서 비롯된 다른 구절들에게서 명확한 것은 성령이라고 불리는 신령존재(神靈存在 · the Divine)가 아버지로부터 주님에게서 발출하신다는 것입니다"라고 하였습니다.
이 말씀에 이어서 자리에 앉아 있던 자들은 "이것이 바로 신령진리입니다"고 말하였습니다.
[12] 마지막으로 뒤이어서 채택된 신경(creed)입니다. 즉 ―, "이 회의의 토의에서 우리가 명확하게 알게 되고, 따라서 신령진리로서 시인한 것은, 주 하나님 구세주 예수 그리스도(the Lord God the Savour Jesus Christ) 안에는 신령 삼일성(a Divine trinity)이 있다는 것, 다시 말하면 아버지(the Father)라고 불리시는, 그 자격으로서(*a quo*) 신령존재(神靈存在 · the Divine)와, 아들(聖子 · the Son)이라고 부르는 신령인성(神靈人

性 · the Divine Human)과, 성령이라고 부르는 신령발출(神靈發出 · the Divine going forth · the Divine proceeding)이 있다는 것입니다"고 하였다. 그러자 그들은 이렇게 모두 소리를 쳤습니다. 골로새서의 말씀입니다.

> 그리스도 안에서는 하나님의 모든 신성이 몸이 되어서, 충만하게 머물러 있습니다(골로새 2:9).

따라서 교회 안에는 하나님 한 분이 계십니다.
[13] 이 멋진 회의에서 이런 결론이 마지막에 이르렀을 때, 거기에 참석했던 회원들은 모두 자리에서 일어났고, 그리고 그 옷장을 지키고 있던 천사가 와서 그 자리에 있던 자들 각각에게 금실로 짠 멋진 겉옷을 나누어 주었습니다. 그리고 그는 "이 혼인 예복을 받으십시오" 라고 말하였습니다. 그들은 영광의 상태에서 새로운 천계에 인도되었습니다. 새 예루살렘을 가리키는, 이 땅의 주님의 교회에서 결합될 것입니다.

제 4 장

성서(聖書) · 주님의 말씀

I.
성서(聖書 · the Sacred Scripture), 곧 성언(聖言 · the Word)은 신령진리 자체이다

189. 모든 사람의 입에서 회자(膾炙)하는 말은, 성경말씀(聖言 · the Word)은 하나님에게서 비롯된 말씀이고, 그러므로 신령하게 영감(靈感) 되었다는 것입니다. 그럼에도 불구하고 성경말씀은 아직까지 성경말씀 그 어디에 성경말씀의 신성(its Divinity)이 내재해 있는지 알지 못합니다. 왜냐하면 성경말씀의 문자(文字)에서 성경말씀은 보통의 문학작품 같이 보이고, 그리고 그 문체(文體)도 낯설어서, 그것의 겉모습이나 외현에서 보면 오늘날의 문학작품들 같이 장엄하지도 않고, 찬란하게 빛나는 것도 아닙니다. 이런 이유 때문에, 하나님 대신에 자연(自然)을 숭배하거나, 하나님 이외의 다른 존재를 숭배하는 사람이나, 또는 자기 자신으로 말미암아, 그리고 자기 자신의 가치관(價値觀)에서 비롯된 사상을 가지고 있고, 그리고 그것이 천계를 통해서 주님에게서 비롯된 것이 아니라는 생각이나 주장을 가지고 있는 사람은, 성경말씀(聖言 · the Word)에 관해서, 아주 쉽게 빠시기 쉽고, 그리고 성경말씀에 내하여 경멸(輕蔑)하기 쉽고, 그리고 성경말씀을 읽을 때, 스스로 의심하고, 자기 스스로 이것은 무슨 뜻이고, 저것은 무슨 뜻이냐? 라고 자문(自問)하기가 일수입니다. 그리고 이것은 어째서 신령한 것이고, 무한한 지혜를 가지신 하나님께서 이렇게 말씀하실 수 있다는 것인가? 그 어떤 종교적

인 생각이나 소견에서, 그리고 그것의 결과인 종지(宗旨)에서 비롯된 것을 제외하면, 그 어디에 그것의 거룩함이 있고, 그 거룩함의 근원은 무엇이라는 것인가? 라는 따위의 자문에 빠지기 쉽습니다.

190. 더욱이 그와 같이 생각하고, 자문하는 사람은 천지(天地)의 하나님이신 여호와 주님께서 모세나 여러 예언자들을 통하여 성경말씀을 말씀하셨다고 깊이 생각하지 않습니다. 그런 나머지 여호와 주님 당신께서 말씀하신 것은 반드시 이런 것이어야 하기 때문에 그것은 신령진리 이외의 다른 것일 수밖에 없다고 생각합니다. 그는, 여호와와 같은 분이신 주님 구세주께서, 그것의 대부분은 그분 자신의 입을 통해서, 복음서들의 성언을 말씀하셨다는 것이나, 그리고 그분의 열두 제자들을 통하여, 성령을 가리키는 그분의 입기운(the breath of His mouth)에 의하여 복음서들의 나머지 말씀들을 말씀하셨다는 것 등등은 깊이 생각 하지 않았습니다. 그러므로 그분께서 말씀하신 것과 같이, 그분께서 말씀하신 그분의 말씀들(His words) 안에는 성령이 있고, 생명이 있다는 것, 그리고 그분은 빛을 비추는 그 빛(the Light)이라는 것, 그리고 그분께서 진리(the Truth)이시라는 것 등등입니다. 이러한 사실은 아래의 장절들에게서 명확합니다. 요한복음서의 말씀입니다.

생명을 주는 것은 영이다.…… 내가 너희에게 한 그 말은 영이요, 생명이다(요한 6 : 63).
야곱의 우물이 거기에 있었다. 예수께서 길을 가시다가, 피로하여 우물가에 앉으셨다.…… 예수께서 그 여자에게 대답하셨다. "네가 하나님의 은사를 알고, 또 너에게 물을 달라는 사람이 누구인지를 알았더라면, 도리어 네가 그에게 청하였을 것이며, 그는 너에게 생수를 주었을 것이다." 여자가 말하였다. "선생님, 선생님에게는 두레박도 없고, 이 우물은 깊은데, 어떻게 나에게 생수를 구해 주시겠습니까?"…… "그러나 내가 주는 물을 마시는 사람은, 영원히 목마르지 않을 것이다. 내가 주는 물은 그 사람 속에서, 영생에 이르게 하는 샘물이 될 것이다."(요한 4 : 6, 10, 11, 14).

이 장절에서 "야곱의 우물"은 성언(聖言 · the Word)을 뜻하기 때문입니다(그것에 관해서는 신명기 33장 28절에 언급되었다). 그러므로, 그분께서 성언이시기 때문에, 주님께서는 우물 곁에 앉으셨고, 그리고 그 여인과 대화를 하셨습니다. 여기서 "생수"(生水 · living water)는 성경말씀의 진리(=성언의 진리 · the truth of the Word)을 뜻합니다. 복음서의 말씀입니다.

>예수께서 일어서서 큰소리로 말씀하셨다. "목마른 사람은 다 내게로 와서 마셔라. 나를 믿는 사람은, 성경에 이른 것과 같이, 그의 배에서 생수가 강처럼 흘러 나올 것이다"(요한 7 : 37, 38).
>시몬 베드로가 대답하였다. "주님, 우리가 누구에게로 가겠습니까? 선생님께는 영원한 생명의 말씀이 있습니다"(요한 6 : 68).
>예수께서 말씀하셨다. 하늘과 땅은 없어질지라도, 나의 말은 절대로 없어지지 않을 것이다(마가 13 : 31).

그분께서 진리(the Truth)이시고, 생명(the Life)이시기 때문에, 주님의 말씀은 진리(Truth)이시고, 생명(Life)이십니다. 주님께서는 요한복음서에서 이렇게 가르치셨습니다.

>예수께서 대답하셨다. "내가 곧 길이요 진리요 생명이다"(요한 14 : 6).

같은 책의 말씀입니다.

>태초에 말씀이 계셨다. 그 말씀은 하나님과 함께 계셨다. 그 말씀은 하나님이셨다.…… 그의 안에 생명이 있었다. 그 생명은 사람의 빛이었다(요한 1 : 1, 4).

여기서 "말씀"(the Word)은 신령진리에 관해서 주님을 뜻하고, 그리고 홀로 그분 안에는 생명이 있고, 빛이 있다는 것을 뜻합니다. 이런 이유 때문에, 주님에게서 비롯된 말씀(the Word)이나 주님을 가리키는 말씀(the Word)은 성언이라고 불리웠습니다. 성경말씀에는 이렇게 기술되었습니다.

>생수의 근원(예레미야 2 : 13 ; 17 : 13 ; 31 : 9).
>구원의 우물(이사야 12 : 3).
>샘(스가랴 13 : 1).
>생명수의 강(묵시록 22 : 1).

그것은 이렇게 언급되었습니다. 묵시록서의 말씀입니다.

보좌 한가운데 계신 어린 양이
그들의 목자가 되셔서,
생명의 샘물로
그들을 인도하실 것이다.
(묵시록 7 : 17)

성경말씀의 다른 구절에서는 성언(聖言 · the Word)이 성소(a sanctuary) 또는 성막(a tabernacle)이라고 불리셨고, 그리고 거기에 주님께서 사람과 함께 사신다고 하였습니다.

191. 그럼에도 불구하고 자연적인 사람(the natural man)은 성언(聖言 · the Word)이 신령진리 자체이고, 그 진리 안에는 신령지혜와 신령생명이 있다는 것을 신뢰하지 않습니다. 왜냐하면 그 사람은 그것의 문체(文體)에서 어림잡아서, 그 말씀에서 그는 이런 것들을 볼 수 없다고 생각하기 때문입니다. 그럼에도 불구하고 성언의 문체(the style of the Word)는 신령문체(the Divine style) 자체이고, 그리고 그것은 그 밖의 다른 문체에 비교될 수 없지만, 그러나 그것은 장엄, 웅대하고, 훌륭하고, 뛰어난 것으로 생각된다는 것입니다. 성언의 문체는, 성경말씀의 모든 낱말 하나하나에, 그리고 문장들 안에, 그리고 심지어 그 문자들 안에 있는 어떤 곳에는, 거룩함(holiness)이 내재해 있는 그런 것이라는 것입니다. 그리고 그런 것에 의하여 성언은 주님과 사람을 결합시키고, 그리고 천계를 엽니다. 그것의 본질에서 성언은 이들 모두라는 것입니다. 그 이유는, 바로 앞에서 언급한 것과 같이, 성언은 주님과 사람을 결합시키고, 천계를 열고, 그리고 성언은 사람을 사랑에 속한 선들이나, 지혜에 속한 진리들로 가득 채웁니다. 따라서 사람의 의지를 사랑에 속한 선으로, 그리고 사람의 이해를 지혜에 속한 진리들로 채웁니다. 따라서 그 성언에 의하여 사람은 생명을 갖습니다. 그러나 여기서 밝히 깨달아야 할 것은, 마치 샘에서 길어 올린 진리들을 삶에 적용할 목적으로 하듯이, 그들의 본래의 샘(水源)에 그렇게 하듯이, 성언에서 신령진리들을 끌어들이는 목적으로 성경말씀을 읽고, 탐독(耽讀)하는 사람들

만이 생명을 얻는다는 것입니다. 이에 반하여 세상적인 명예와 재물을 취할 목적에서 성경말씀을 읽는 사람들에게는 그것에 반대되는 결과가 뒤따릅니다.

192. 마치 영혼이 육체 안에 있는 것과 같이, 성경말씀 안에 확실한 영적인 뜻이 담겨 있다는 것을 알지 못하는 사람은 반드시 성경말씀의 문자적인 뜻에서 그 사실을 판단하여야 합니다. 그럼에도 불구하고, 그 때 이 영적인 뜻은, 마치 고귀한 것들이 담겨져 있는 함(函)을 여는 것과 같이, 거기에 성경말씀의 영적인 뜻이 있습니다. 그러므로 이 영적인 뜻을 알지 못할 때, 성언에 속한 신령거룩함(the Divine holiness of the Word)은, 마치 그것을 담고 있는 모암(母岩 · matrix)에서 보석을 어림잡을 때와 비슷하게 추측, 판단 될 수 있겠습니다. 그리고 그것은 자주 마치 보통의 돌멩이처럼 보입니다. 또는 그 속에 다이아몬드 · 루비 · 홍마노 · 황옥 따위를 그것 안에 넣어두기 위하여 만든, 벽옥(碧玉) · 청금석(靑金石) · 석면(石綿) · 마노(瑪瑙) 따위로 만든 작은 상자로 짐작하기가 쉽습니다. 그것의 내용물이 무엇인지 모르는 동안에는 그 상자가 눈에 보이는 재료들의 가치에 따라서 짐작, 계산된다는 것은 결코 이상하지 않습니다. 성경말씀의 진정한 가치도 성경말씀의 문자적인 뜻의 측면에서는 마찬가지입니다. 그러므로 사람들이 성언이 진정으로 신령하고, 매우 거룩한 것인지 아닌지, 계속해서 의심한다는 것은, 주님께서 나에게 성경말씀의 속뜻(內意)을 계시하기 전까지는, 능히 계속될 수 있었습니다. 주님께서는 성경말씀의 속뜻을 계시하셨는데, 그 속뜻은 본질적으로 영적인 것이고, 그 속뜻은 자연적인 뜻을 가리키는 겉뜻(the external sense) 안에 내재해 있습니다. 그것은 마치 영혼이 몸 안에 있는 것과 같습니다. 이 영적인 뜻(=속뜻)은 문자에게 생명을 주는 영적인 것입니다. 결과적으로 영적인 뜻은, 성경말씀의 신성(神性 · Divinity)이나 거룩함을 증거 할 수 있고, 그리고 자연적인 사람이 그것에 대하여 확인하기를 원한다면, 자연적인 사람을 능히 확신시킬 수 있는, 그런 뜻입니다.

II.
성경말씀 안에는 아직까지 알려지지 않은 영적인 뜻이 있다.

193. 성언이 신령하기 때문에 성언의 심오한 것에 영적인 것이 있다고 주장할 때 그 누구가 그 사실을 시인하지 않겠으며, 찬성하지 않겠습니까? 그러나 아직까지 영적인 것이 무엇인지, 성경말씀 그 어디에 그것이 감추어져 있는지 누구가 알겠습니까? 영적인 것이 무엇인지는 우리의 본문장 말미의 "영계 체험기"에서 명료하게 될 것입니다. 거기에서는 성경말씀에 숨겨져 있는 것이 아래에 이어지는 것에서 잘 드러날 것입니다. 성경말씀의 심오한 것에 있는 성언은 영적입니다. 그 이유는 그것이 여호와 주님에게서 내려왔기 때문이고, 그리고 천사적인 천계를 통해서 내려왔기 때문입니다. 그리고 신령존재 자체는 그 본질에서 무엇이라고 형언할 수도 없고, 지각될 수도 없는 그 성언이 내려오는 과정에서 그것은 천사들의 지각에 맞게 적용될 수 있게 되었고, 종국에는 우리 사람들의 지각에 맞게 적용될 수 있게 되었습니다. 이렇게 볼 때 영적인 뜻은, 마치 영혼이 사람 안에 존재하는 것과 같이, 그리고 이해에 속한 생각이 언어(言語)에 존재하는 것과 같이, 그리고 의지의 정동(the will's affection)이 행위(行爲·action) 안에 존재하는 것과 같이, 자연적인 것 안에 내적으로 존재한다고 하겠습니다. 그리고 만약에 그것이 자연계 안에서 사람의 눈에 나타나는 것과 같이 그것들에 비교되는 것이 허락, 용인(容認)된다면, 그 영적인 뜻은, 마치 전 두뇌가 그것의 뇌막들이나 또는 두피들 안에 있는 것과 같이, 그리고 나무의 가지들이 그것들의 겉껍질이나 속껍질에 있는 것과 같이, 또한 병아리의 생성을 위해 필수적인 것들이 달걀의 껍질 안에 있는 것과 같이, 그리고 이와 비슷한 그 밖의 것들과 같이, 자연적인 뜻 안에 존재합니다. 성경말씀의 영적인 뜻이 성경말씀의 자연적인 뜻 안에 있다는 것은 아직까지는 누구에게나 알려졌고, 발견된 것은 아닙니다. 이런 이유 때문에 필수적인 것은, 본질적으로 지금까지 알려진 것에 모든 비의(秘義)를 뛰어넘는 탁월함을 세우는 것을 가리키는, 이른바 이 비의(秘義·arcanum)가 이해에 대하여 필요하게 한다는 것은 필수적입니다. 그것은 아래의 순서

에 따라서 설명되겠습니다.
 (1) 영적인 뜻은 무엇인가?
 (2) 이 뜻은 성경말씀의 모든 개별적인 것이나, 모든 부분 안에 있다.
 (3) 성경말씀은, 이 뜻 때문에, 신령하게 영감, 감동되고, 모든 낱말 안에는 거룩함이 있다.
 (4) 지금까지 성경말씀의 영적인 뜻은 알려지지 않았다.
 (5) 지금까지는 성경말씀의 영적인 뜻은 주님에게서 비롯된 순수한 진리들(genuine truths) 안에 있는 그런 존재에게 주어질 것이다.
 (6) 성경말씀의 영적인 뜻에서 비롯되는 성경말씀에 관한 놀라운 것들.
지금 이런 명제들이 개별적으로 밝혀지겠습니다.

194. (1) 영적인 뜻은 무엇인가?
영적인 뜻은, 어느 누구가 교회에 속한 어떤 독단적인 교리(some dogma)를 확증하기 위하여 성언을 연구하고, 그래서 그것을 논리적으로 해석하려고 할 때, 성경말씀의 문자적인 뜻에서 빛나는 그런 뜻은 아닙니다. 영적인 뜻은 곧 성경말씀의 문자적인 뜻이나, 교회적인 뜻(ecclesiastical sense)이라고 부를 수 있는 뜻입니다. 그러나 영적인 뜻은 문자적인 뜻에는 전혀 나타나지 않습니다. 그 뜻은, 마치 몸 안에 영혼이 있는 것과 같이, 이해에 속한 생각이 눈에 있는 것이나, 또는 사랑의 정동(the love's affection)이 얼굴에 있는 것과 같이, 문자적인 뜻 안에 내면적으로 있습니다. 영적인 뜻은 주로 사람들 뿐만 아니라, 천사들을 위하여 성경말씀을 영적으로 만듭니다. 그러므로 그 뜻에 의하여 성언은 천계와 교류, 내통을 합니다. 성경말씀이 내적으로 영적이기 때문에 성경말씀은 대응들(對應 · correspondences)에 의하여 순전히 기술되었습니다. 그리고 성경말씀은 그것의 극외적인 뜻으로 대응들에 의하여 기술되었기 때문에, 그것은 비록 그것이 겉모슘(外現)으로는 진부(陳腐)한 평범한 것 같지만, 그럼에도 불구하고 그것 안에는 신령지혜(Divine wisdom)와 모든 천사적인 지혜가 감추어져 있는 예언서들·복음서들·묵시록서와 같은 문체(文體)로 기술되었습니다. 대응들(對應 · correspondences)이 무엇인지는 1758년 런던에서 발간된 ≪천계와 지옥≫(Heaven and Hell)에서 사람 안에 있는 모든 것들과 천계의 모든 것들의 대응을 다룬 장에서 잘 알 수 있고(≪천계와 지옥≫ 87-102항 참조), 그리고 땅에 있는 모든 것들과 천계에 있는 모든 것들의 대응을 다룬 곳에서 잘 볼 수 있겠습니다(전게서 103-115항 참조). 그리고 더 상세한 내용은 아래에 인용된 성경말씀에서 발췌한 여러 장절들에 의하여 설명되겠습니다.

195. 신령천적인 것(the Divine Celestial)·신령영적인 것(the Divine Spiritual)·신령자연적인 것(the Divine Natural)은 주님에게서부터 서로서로 뒤이어져 나옵니다. 주님의 신령사랑(the Lord's Divine love)에서 나온 것을 신령천적이라고 부르는데, 그것의 모두는 선을 가리킵니다. 그리고 주님의 신령지혜(the Lord's Divine wisdom)에서 나온 것은 신령영적이라고 부르고, 그것의 모든 것은 진리를 가리킵니다. 그러나 신령자연적인 것은, 이들 양자—신령천적인 것과 신령영적인 것—에게서 나오고, 극외적으로는 그것들의 복합체(their complex)입니다. 삼층천, 즉 최고의 천계를 형성하는 자들인 천적인 왕국의 천사들은 이른바 천적이라고 불리우는 주님에게서 나온 그 신령한 것 안에 있는 자들입니다. 그 이유는 그들이 주님에게서 비롯된 사랑에 속한 선 안에 있기 때문입니다. 이층천, 즉 중간천계를 형성하는 주님의 영적 왕국에 속한 천사들은, 이른바 영적이라고 불리우는 주님에게서 나온 그 신령한 것 안에 있습니다. 그 이유는 그들이 주님에게서 비롯된 신령지혜 안에 있기 때문입니다. 일층천, 즉 가장 낮은 천계를 형성하는 주님의 자연적인 왕국에 속한 천사들은, 이른바 신령 자연적이라고 불리우는 주님에게서 비롯된 그 신령한 것 안에 있습니다. 그리고 그들은 주님에게서 비롯된 인애에 속한 믿음(the faith of charity) 안에 있습니다. 교회에 속한 사람들은, 그들의 사랑이나 그들의 지혜나, 그들의 믿음에 일치하여 이들 왕국에 속한 자들 중의 하나입니다. 그리고 그 중 어떤 왕국에 지금은 있고, 죽은 뒤에는 그들은 그 왕국에 들어갑니다. 이런 부류의 천계가 곧 주님의 말씀이 가리키는 천계입니다. 그 말씀의 극외적인 뜻 안에 있는 것은 자연적이고, 그 말씀의 내면적인 뜻 안에 있는 것은 영적이고, 그 말씀의 극내적인 뜻 안에 있는 것은 천적입니다. 따라서 그것은 세 천계들에 속한 천사들에게 적용되고, 그리고 또한 사람에게 적용됩니다.

196. (2) **영적인 뜻은 성경말씀의 모든 개별적인 것이나 모든 부분 안에 있다.**

제 4 장 · 성서 · 주님의 말씀 451

이 명제는 아래의 것과 같이, 예들에 의하여 가장 잘 알 수 있겠습니다. 요한이 묵시록서에서 기술, 언급한 것입니다.

> 나는 또 하늘이 열려 있는 것을 보았습니다. 거기에는 흰 말이 있었는데, '신실하신 분' '참되신 분'이라는 이름을 가지신 분이 그 위에 타고 계셨습니다. 그분은 의로 심판하시고, 싸우시는 분입니다. 그분의 눈은 불꽃과 같고, 머리에는 많은 관을 썼는데, 그분 밖에는 아무도 알지 못하는 이름이 그의 몸에 적혀 있었습니다. 그분은 피로 물든 옷을 입으셨고, 그분의 이름은 '하나님의 말씀'이라고 하였습니다. 그리고 하늘의 군대가 희고 깨끗한 고운 모시 옷을 입고, 흰 말을 타고 그분을 따르고 있었습니다. 그분의 입에서 날카로운 칼이 나오는데 그분은 그것으로 모든 민족을 치실 것입니다. 그는 친히 쇠지팡이를 가지고 모든 민족을 다스릴 것이요, 전능하신 하나님의 맹렬하신 진노의 포도주 틀을 밟으실 것입니다. 그분의 옷과 넓적다리에는 '왕들의 왕' '군주들의 군주'라는 이름이 적혀 있었습니다. 나는 또 태양 안에 한 천사가 서 있는 것을 보았습니다. 그는 공중에 나는 모든 새들에게 큰소리로 외치기를 "하나님의 큰 잔치에 모여라. 왕들의 살과, 장군들의 살과, 힘센 자들의 살과, 말들과 그 위에 탄 자들의 살과, 모든 자유인이나 종이나 작은 자나 큰 자의 살을 먹어라" 하였습니다(묵시록 19 : 11-18).

이들 장절의 말씀들이 뜻하는 것은, 성경말씀의 영적인 뜻에서 비롯된 것을 제외하면, 어느 누구도 이해할 수 없습니다. 그리고 또한 어느 누구도, 대응들에 속한 지식에서 비롯된 것을 제외하면 영적인 뜻을 알 수 없습니다. 왜냐하면 여기의 이런 낱말들(=말씀들)은 모두가 대응들이기 때문이고, 그리고 그것들에 속한 것은 어느 것 하나도 뜻이 없는 것은 없기 때문입니다. 대응들의 과학(=학문 · the science of correspondences)은 "흰 말"(白馬 · the white horse) "그 말 위에 타신 분" "불꽃과 같은 그분의 눈" "그분의 머리에 있는 많은 관들" "피로 물든 옷" 하늘의 군대가 입고 있는 "깨끗한 고운 모시" "태양 안에 서 있는 한 천사" 공중에 나는 모든 새들에게 일러진 "큰 잔치" "모두 모여라" "왕들의 살과 수천의 장군들의 살" 그리고 그들이 먹어야 할 그 밖의 많은 자들의 살의 뜻을 가르치고 있습니다.

[2] 그러나 이 장절들의 개별적인 것이 영적인 뜻으로 뜻하는 것이 무엇인지는 ≪묵시록계현≫*(黙示錄啓顯 · the Apocalypse Revealed)의

820-838항에 설명된 것에서 볼 수 있고, 그리고 나의 작은 책 ≪백마론≫*(the white Horse)에 설명된 것에서 볼 수 있겠습니다. 그러므로 여기에서는 그것들의 상세한 내용은 설명할 필요가 없겠습니다. 거기에서 입증된 것은 주님께서 성언의 측면에서 기술되었다는 것입니다. 그 장절의 각각에서, "불꽃과 같은 그분의 눈"은 그분의 신령사랑에 속한 신령지혜를 뜻하고, "머리에 쓴 많은 관들"이나 "그분 밖에는 아무도 알지 못하는 이름"은 그분에게서 비롯된 성언에 속한 신령진리들을 뜻하고, 그리고 성경말씀의 영적인 뜻으로 성언의 본성(=본질 · the nature of the Word)은 주님 이외에는, 그리고 주님께서 그것을 계시해 준 사람 이외에는, 누구도 알 수 없다는 것을 뜻하고, "피로 물든 그분의 옷"은 문자적인 뜻을 가리키는, 성경말씀의 자연적인 뜻(the natural sense)을 뜻하고, 그리고 그것에 폭행(violence)이 행해졌다는 것을 뜻합니다. 여기서 명확한 것은 성언(=성경말씀)이 그와 같이 기술되었다는 것입니다. 왜냐하면, "그분의 이름이 '하나님의 말씀'이라고 언급되었기 때문입니다." 주님께서 뜻하는 것이 이와 같이 명료하다는 것은 그 흰 말 위에 타고 계신 분의 이름이 '왕들의 왕' '군주들의 군주'라고 언급되었기 때문이고, 그리고 묵시록 17장 14절에는 "어린 양이 그들을 이길 것이고, 어린 양이 만주의 주요 만왕의 왕이다" 라고 언급되고 있기 때문입니다.

[3] 교회의 마지막 때에 성경말씀의 영적인 뜻이 개봉될 것이라는 것은 흰 말(白馬 · the white horse)과 그 말 위에 타신 분에 관해서 언급된 것뿐만 아니라, 태양 안에 서 있는 한 천사가 공중에 나는 모든 새들에게 큰 잔치에 모이라고, 그리고 왕들의 살과 장군들의 살과 그 밖의 여러 것의 살을 먹기 위하여 초대된 하나님의 큰 잔치가 뜻합니다. 이런 말씀들이 뜻하는 것은 주님에게서 비롯되는 모든 선들의 전유(專有 · the appropriation of all goods from the Lord)를 뜻합니다. 이런 모든 표현들은, 만약에 마치 몸 안에 영혼이 있는 것과 같이, 그것들 안에 영적인 뜻이 없다면, 공허한 말들(空虛 · empty words)이고, 그리고 생명도 영(spirit)도 없는 말들이 될 것입니다.

---

* ** 이 두 책은 <예수인>에서 2009-2010년과 2015년에 출판하였다(역자주).

제 4 장 · 성서 · 주님의 말씀 453

197. 묵시록서에서 새 예루살렘(the New Jerusalem)은 이렇게 기술되었습니다. 그 책의 말씀입니다.

> 그 도시는 하나님의 영광에 싸였고, 그 빛은 지극히 귀한 보석과 같고, 수정과 같이 맑은 벽옥과 같았습니다. 그 도시에는 높고 큰 성벽이 있고, 거기에는 열두 대문이 달려 있었습니다. 그 열두 대문에는 열두 천사가 지키고 있고, 이스라엘 자손 열두 지파의 이름이 적혀 있었습니다.…… 그 도시는 네모가 반 듯 하고, 가로와 세로가 같았습니다. 그가 자막대기로 그 도시를 재어 보니, 가로와 세로와 높이가 서로 똑같이 만이천 스타디온이었습니다. 또 그가 성벽을 재어 보니, 사람의 치수로 백사십사 큐빗이었는데, 그것은 천사의 치수이기도 합니다. 그 성벽은 벽옥으로 쌓았고, 도시는 맑은 수정과 같은 순금으로 되어 있었습니다. 그 성벽의 주춧돌들은 각색 보석으로 꾸며져 있었습니다. 첫째 주춧돌은 벽옥이요, 둘째는 사파이어요, 셋째는 옥수요, 넷째는 비취옥이요, 다섯째는 홍마노요, 여섯째는 홍옥수요, 일곱째는 황보석이요, 여덟째는 녹주석이요, 아홉째는 황옥이요, 열째는 녹옥수요, 열한째는 청옥이요, 열두째는 자수정이었습니다. 또 열두 대문은 열두 진주로 되어 있는데, 그 대문들이 각각 진주 한 개로 되어 있었습니다. 도시의 넓은 거리는 맑은 수정과 같은 순금이었습니다(묵시록 21 : 11, 12, 16-21).

이 장절들에게서 영적으로 이해되어야 할 모든 내용은 ≪묵시록계현≫(the Apocalypse Revealed)에 설명된 것에서 잘 볼 수 있겠습니다(전게서 880항 참조). 여기서 "새 예루살렘"(the New Jerusalem)은 주님에 의하여 장차 설시될 새로운 교회(a new church)를 뜻합니다. 그리고 그것은 여기서 "예루살렘"이 그 교회를 뜻하기 때문입니다. 그것이 하나의 도시로서 그것의 모든 것이 언급되었는데, 그것은 곧 그것의 대문들·성벽들·그 성벽의 주춧돌들과 그리고 영적인 뜻을 담고 있는 그것의 치수들이 되겠습니다. 왜냐하면 그 교회와 관계되는 것은 영적이기 때문입니다. 이런 것들이 뜻하는 것이 무엇인지는 ≪묵시록계현≫ 896-925항에서 잘 입증되고 있습니다. 그러므로 더 상세한 설명은 불필요하겠습니다. 이런 설명에서 충분하게 잘 알 수 있는 것은, 마치 몸 안에 영혼이 있는 것과 같이, 위의 설명의 내용의 모든 개별적인 것 안에는 영적인 뜻(a spiritual sense)이 있다는 것이고, 그리고 그 뜻이 없으면, 거기에 기술된 것 안에는 교회에 관계되는 것은 아무것도 볼 수 없다는 것입니다. 예를 들면, 그 도시가 순금으로 되어 있다, 그 대문들이 각각 진주 한 개로 되어 있다, 그 성벽은 벽옥으로 쌓았다, 각색의 보석으로 꾸며진 그 성벽의 주춧돌들 등이 되겠습니다. 그리고 그 성벽의 치수는, 사람의 치수이고, 또한 천사의 치수인, 백사십사 규빗이라는 것이고, 그 도시는 가로와 세로와 높이가 서로 꼭 같이 만이천 스타디온이었다는 것과 그 밖의 등등이 되겠습니다. 그러나 이런 모든 것들은 영적인 뜻으로 터득, 익숙한 대응에 속한 지식으로 말미암아 누구나 이해된다는 것입니다. 예를 들면 성벽이나 그것의 주춧돌들은 성경말씀의 문자의 뜻에서 취한 그 교회의 교리적인 것들을 뜻한다는 것이고, 그리고 숫자 열둘(12)이나, 일백사십사(144)나 일만이천(12,000)은 교회에 속한 모든 것들을, 다시 말하면 복합체적으로 교회의 모든 진리들이나 선들을 뜻한다는 것입니다.

198. 주님께서 그분의 제자들에게 시대의 종말(the end of the age)에 관해서 말씀하시는 곳에서, 다시 말하면 교회의 마지막 때(the last time of the church)에 관해서 말씀하시는 곳에서, 주님께서는 상태의 계속적인 변화들에 관한 주님의 예언들의 마무리에서 이렇게 말씀하셨습니다. 마태복음서의 말씀입니다.

"그 환난의 날들이 지난 뒤에,
곧 해는 어두워지고,
달은 빛을 내지 않고,
별들은 하늘에서 떨어지고,
하늘의 세력들은 흔들릴 것이다.
그 때에 인자가 올 징조가 하늘에서 나타날 터인데, 그 때에는 땅에 있는 모든 민족이 가슴을 치며, 인자가 큰 권능과 영광으로 하늘 구름을 타고, 오는 것을 볼 것이다. 그리고 그는 자기 천사들을 큰 나팔 소리와 함께 보낼 것인데, 그들은 하늘 이 끝에서 저 끝까지, 사방에서 선택된 사람들을 모을 것이다"(마태 24 : 29-31).

이 말씀이 영적으로 이해되었다면, 이 말씀은 해나 달이 어두워지는 것을 뜻하지 않고, 그리고 별들이 하늘에서 떨어지는 것이나, 주님의 강림의 징조가 하늘에 나타난다는 것이나, 그들이 구름들 가운데 계시는 주님을 볼 것이라는 것, 또는 나팔 소리와 함께 천사들을 본다는 것을 뜻하지 않고, 오히려 여기서 개별적인 낱말은 교회에 속한 어떤 영적인 것을 뜻하고, 그리고 교회의 마지막 때의 교회의 상태를 다루고 있다는 것입니다. 왜냐하면 영적인 뜻으로 어두워질 "해"(the sun)는 주님사랑을 뜻하기 때문이고, 빛을 내지 않을 "달"(the moon)은 주님을 믿는 믿음을 뜻하기 때문이고 하늘에서 떨어질 "별들"(the stars)은 참된 것이나 선한 것에 속한 지식들을 뜻하기 때문입니다. "하늘에 나타날 인자가 올 징조"는 주님에게서 비롯된 성경말씀 안에 있는 신령진리의 나타남(=현존 · appearing)을 뜻하고, 그리고 "땅에 있는 모든 민족이 가슴을 친다"(=몹시 슬퍼한다)는 것은, 믿음에 속한 모든 진리의 불이행(不履行 · failing)을 뜻하고, 그리고 사랑에 속한 모든 선의 결핍(缺乏 · failing)을 뜻하고, "큰 권능과 영광으로 하늘 구름 가운데 오는 인자(人子 · the Son of man)의 오심"(the coming of the Son of man)은 성언 안에 계시는 주님의 현존(=임재 · the Lord's presence)이나 계시를 뜻하고, "하늘의 구름"(=하늘 구름 · the clouds of heaven)은 성경말씀의 문자의 뜻을 뜻하고, "영광"(glory)은 성경말씀의 영적인 뜻을 뜻하고, "큰 나팔소리와 함께 있는 천사들"은, 신령진리가 그것에서 오는 그것의 근원인 천계(heaven)을 뜻하고, "하늘 이 끝에서 저 끝까지, 사방에서 선택된 사람들을 모을 것이다"는 말씀은 주님을 믿는 믿음을 가지고 있는, 그리고 그분의 계명들(=명령들)에 일치하여 사는 자들로 형성된 새로운 천계(a new heaven)와 새로운 교회(a new church)를 뜻합니다. 이 장절의 말씀이 해와 달이 어두워지는 것이나, 땅에 떨어지는 별들을 뜻하지 않는다는 것은, 주님에게서 이 세상에 강림하시게 될 때의 교회의 상태에서 관해서 예언서들의 동일한 장절들의 언급에서 명료합니다. 이사야서의 말씀입니다.

주의 날이 온다.
무자비한 날,
진노와 맹렬한 분노의 날,
땅을 황폐하게 하고
땅에서 죄인들을 멸절시키는,
주의 날이 온다

하늘의 별들과 그 성좌들이
빛을 내지 못하며,
해가 떠도 어둡고,
달 또한 그 빛을 비치지 못할 것이다.
"내가 세상의 악과
흉악한 자들의 악행을 벌하겠다.
교만한 자들의 오만을 꺾어 놓고,
포학한 자들의 거만을 낮추어 놓겠다."
(이사야 13 : 9-11 ; 24 : 21, 23)

요엘서의 말씀입니다.

주의 날이 오고 있다.
그 날이 다가오고 있다.
그 날은 캄캄하고 어두운 날,
먹구름과 어둠에 뒤덮이는 날이다.……
해와 달이 어두워지고,
별들이 빛을 잃는다.
(요엘 2 : 1, 2, 10 ; 3 : 15)

에스겔서의 말씀입니다.

내가 네 빛을 꺼지게 할 때에,
하늘을 가려 별들을 어둡게 하고,
구름으로 태양을 가리고,
달도 빛을 내지 못하게 하겠다.
하늘에서 빛나는 광채들을
모두 어둡게 하고,
네 땅을 어둠으로 뒤덮어 놓겠다.
(에스겔 32 : 7, 8)

여기서 "여호와의 날"(the day of Jehovah)은 주님의 강림(降臨 · the coming of the Lord)을 뜻하는데, 그 일은 교회 안에 더 이상 사랑에 속한 선이나 믿음에 속한 진리가 남아 있지 않을 때, 또는 주님에 대한 시인이 전혀 없을 때 일어납니다. 그러므로 "그 날은 캄캄하고, 어두운 날"이라고 언급되었습니다.

199. 주님께서 이 세상에 계실 때 주님께서는 대응에 의하여 말씀하셨다는 것, 다시 말하면 그분께서 자연적으로 말씀하셨을 때 그분께서는 역시 영적으로 말씀하셨다는 것은 그분의 비유말씀들(His parables)에서 잘 알 수 있는데 그 비유말씀의 각각의 말씀에는 영적인 뜻이 있습니다. 그 예를 열 처녀의 비유말씀에서 들어 보겠습니다. 마태복음서의 말씀입니다.

"하늘 나라는 이런 일에 비길 수 있을 것이다. 처녀 열 사람이 등불을 마련하여, 신랑을 맞으러 나갔다. 그 가운데 다섯은 어리석고, 다섯은 슬기로웠다. 어리석은 처녀들은 등불은 마련하였으나, 기름은 여분으로 마련하지 않았다. 그러나 슬기로운 처녀들은 등불과 함께 통에 기름도 마련하였다. 신랑이 늦어지니, 처녀들은 모두 졸다가 잠이 들었다. 그런데 한밤중에 외치는 소리가 났다. '신랑이 온다. 나와서 맞이하여라.' 그 때에 그 처녀들이 모두 일어나서, 제 등불을 손질하였다. 미련한 처녀들이 슬기로운 처녀들에게 말하기를 '우리 등불이 꺼져 가니, 너희의 기름을 좀 나누어 다오' 하였다. 그러나 슬기로운 처녀들이 대답하기를 '그렇게 하면, 우리에게나 너희에게나 다 모자랄 터이니, 안 된다. 차라리 기름 장수들에게 가서, 사서 써라' 하였다. 미련한 처녀들이 기름을 사러 간 사이에 신랑이 왔다. 준비하고 있던 처녀들은 신랑과 함께 혼인 잔치에 들어가고, 문은 닫혔다. 그 뒤에 나머지 처녀들이 와서 '주님, 주님, 문을 열어 주십시오' 하고 애원하였다. 그러나 그는 대답하여 말하기를 '내가 진정으로 말한다. 나는 너희를 알지 못한다' 하였다(마태 25 : 1-12).

이들 장절의 개별적인 것들 안에는 영적인 뜻(a spiritual sense)이 있다는 것, 그러므로 신령거룩함(a Divine holiness)이 있다는 것이나, 성경말씀이 영적인 뜻을 가지고 있다는 것이나, 영적인 뜻이 무엇인지 아는 사람을 제외하면 어느 누구도 이 장절들의 뜻을 알 수 없습니다. 여기서 영적인 뜻으로, "하늘 나라"(the kingdom of the heavens)는 천계와 교회를 뜻하고, "신랑"(the bridegroom)은 주님을 뜻합니다. "혼인"(the wedding)은, 사랑에 속한 선과 믿음에 속한 진리를 통한 천계나 교회와 주님과의 혼인을 뜻합니다. "처녀들"(virgins)은, 교회를 형성하는 자들을 뜻하고, "열"(10 · ten)은 모두를 뜻하고, "다섯"(5 · five)은 어떤 부분이나 몫(portion)을 뜻하고, "등불"(lamps)은 믿음에 속한 것들을 뜻하고, "기름"(oil)은 사랑에 속한 선에 속한 모든 것들을 뜻하고, "잔다"(to sleep)는 것이나 "일어난다"(to arise)는 것은 자연적인 것을 가리키는, 이 세상에 있는 사람의 생명(man's life)을 뜻하고, 그리고 영적인 것을 가리키는 죽음 뒤 사람의 생명을 뜻합니다. "산다"(to buy)는 것은 자신을 위하여 조달(調達)하는 것이나 주선(周旋)하는 것을 뜻하고, "기름을 팔고, 사는 자들에게 간다"는 것은 죽음 뒤 다른 자들에게서 사랑에 속한 선을 자기 자신을 위하여 조달하고 주선하는 것을 뜻합니다. 그리고 비록 그들이 등불과 그들이 산 기름을 가지고 혼인 잔치가 있는 혼인 예식장의 문에 이르렀다고 해도, 그 때 사랑에 속한 선을 더 이상 조달, 주선하지 못하기 때문에, 그럼에도 불구하고 신랑은 그들에게 "나는 너희를 알지 못한다"고 말하였습니다. 이것은, 이 세상에서 그의 삶을 마친 뒤 사람은 이 세상에서 산 그런 것만 남아 있기 때문입니다. 이런 일련의 모든 것들에서 볼 때 명확한 것은, 주님께서는 오로지 대응들에 의하여 말씀하셨다는 것이고, 그리고 그것은 주님께서는 그분 안에 계시는, 또는 그분을 가리키는, 신령존재(神靈存在)로 말미암아 말씀하시기 때문입니다. "처녀들"이 교회를 형성하는 자들을 뜻하기 때문에 그러므로 낱말 처녀·시온의 딸·예루살렘의 딸·유다의 딸·이스라엘의 딸 등등은 예언서의 장절에 자주자주 사용, 언급되고 있습니다. 그리고 "기름"(oil)이 사랑에 속한 선을 뜻하기 때문에 교회의 모든 성스러운 것(聖物)들은 기름으로 도유(塗油)하였습니다. 주님께서 말씀하신 다른 비유말씀이나 그 밖의 모든 말씀도 마찬가지입니다. 이런 일련의 내용이 주님께서, 그분의 말씀(His words)은 영이고 생명이다고, 말씀하신(요한 6:63) 이유입니다.

200. (3) 성경말씀은, 이 뜻 때문에, 신령하게 영감(靈感), 감동하고, 모든 낱말 안에는 거룩함이 있다.

교회에 일러진 것은, 성경말씀은 여호와 주님께서 그것을 말씀하신 이유 때문에 거룩하다는 것입니다. 그러나 성경말씀의 거룩함이 문자의 단순한 뜻 안에 나타나지 않았기 때문에, 누구나 한번쯤은 성경말씀을 읽을 때마다, 거기에 있는 수많은 것들에 의하여 성경말씀이 자신의 의심들을 확증해 준다는 그 이유 때문에 의심하는 것에 빠지고는 합니다.

왜냐하면 그 사람은 스스로 '이것이 거룩할 수 있을까?' '이것이 신령할 수 있을까?' 하고 자문(自問)하기 때문입니다. 그러므로 이런 부류의 생각들이 수많은 사람의 마음에 들어가지 않게 하기 위하여, 그리고 그 뒤에는 의심이 더욱 커지지 않게 하기 위하여, 결과적으로는 성경말씀이 아무런 값이 없는 하찮은 작품으로서 배척, 거부되지 않기 위하여, 그리고 그렇게 하는 것에 의하여 사람과 주님의 결합은 파괴되는 것이므로, 이렇게 언급하는 것은 성경말씀의 어느 곳에나 신령 거룩함(the Divine holiness)이 숨겨져 있다는 것을 알게 하기 위하여 주님께서 지금 성경말씀의 영적인 뜻을 계시하는 일이 주님을 무척 기쁘시게 합니다. 그래서 예를 들어서 예증하고자 합니다. 성경말씀은 이따금 이집트에 관해서 다루고 있고, 때로는 앗시리아에 관해서, 또 때로는 에돔이나 모암에 관해서 다루고 있고, 때로는 암몬 자손이나, 블레셋·두로·시돈·곡의 자손들에 관해서 다루고 있습니다. 이런 것들의 이름들이 천계나 교회에 속한 것들을 뜻한다는 사실을 알지 못하는 사람은 성경말씀이 그런 백성들이나 민족들에 관해서 언급하고 있다는 무척 큰 오류에 빠지기 쉽고, 그리고 성경말씀이 천계나 교회에 관해서는 별로 다루지 않고, 따라서 성경말씀은 천계적인 것들은 거의 아니고, 대부분 이 세상적인 것들에 관해서 더 많이 다루고 있다는 오류에 빠지기 쉽습니다. 그러나 그가 그 민족들이 뜻하는 것이 무엇인지, 그리고 그들의 이름들이 뜻하는 것이 무엇인지를 알게 될 때 그 사람은 그 과오나 오류에서 참된 진리에로 되돌아갈 것입니다.

[2] 마찬가지로 성경말씀을 읽을 때 그는 정원들·과수원들·숲들이나 그것들의 나무들, 예를 들면 올리브 나무·포도나무·삼목(the cedar)·백양목·상수리나무 등 성경 말씀에는 자주 언급되는 것을 보고, 그리고 또한 어린 양·양들·염소·송아지·황소 등도 보고, 여러 산들·언덕들·골짜기 등과 그것들의 샘들·강들·호수나 바다 등이나, 그 밖의 다른 여러 가지들도 보는데, 그 때 성경말씀의 영적인 뜻에 관해서 아무것도 알지 못하는 사람은 이런 대상물들만이 뜻하는 고유의 뜻을 믿을 수 없을 것입니다. 왜냐하면 그는 "정원"·"과수원"·"숲"이 지혜·총명·지식을 뜻한다는 것을 모르기 때문이고, 그리고 "올리브나무"·"포도나무"·"삼목"(the cedar)·"백양목"·"상수리나무" 등등이 천적·영적·합리적·자연적인 것을 가리키는, 교회에 속한 선이나 진리를 뜻한다는 것을 모

르기 때문입니다. 그리고 또한 "어린 양"·"양"·"염소"·"송아지"·"황소" 등등도 이노센스(innocence)·인애·자연적인 정동을 뜻한다는 것을 모르고, 그리고 "산들"·"언덕들"·"골짜기들"이 교회에 속한 것들의 높은 것들이나, 낮은 것들이나, 가장 낮은 것들을 뜻한다는 것을 모르기 때문입니다.

[3] 그리고 또한 그 사람은 "이집트"가 과학지(科學知·the scientific knowledge)를 뜻하고, "앗시리아"가 합리적인 지식(the rational knowledge)을, "에돔"이 자연적인 것을, "모압"이 선의 섞음질(the adlteration of good)을, "암몬의 자손들"이 진리의 위화를, "불레셋 사람들"이 인애에서 분리된 믿음을, "두로와 시돈"이 선과 진리의 지식들을, "곡"이 내적인 예배에서 떠난 외적인 예배를 각각 뜻한다는 것을 알지 못합니다. 일반적으로 "야곱"은 성경말씀에서 자연적인 교회를 뜻하고, "이스라엘"은 영적인 교회를 뜻하고, "유다"는 천적인 교회를 뜻합니다. 사람이 이런 모든 것을 알 때 그는 성경말씀이 천계적인 것들을 제외하면 아무것도 다루지 않는다는 것을 알게 될 것이고, 그리고 이런 이 세상적인 것들은 천계적인 것들을 담는 단순한 주체들이라는 것을 알게 될 것입니다. 이러한 내용은 성경말씀에서 비롯된 장절들에 의하여 예증되겠습니다.

[4] 우리는 이사야서에서 이런 말씀을 읽습니다. 그 책의 말씀입니다.

> 그 날이 오면,
> 이집트에서 앗시리아로 통하는 큰길이 생겨,
> 앗시리아 사람은 이집트로 가고
> 이집트 사람은 앗시리아로 갈 것이며,
> 이집트 사람이 앗시리아 사람과 함께
> 주님을 경배할 것이다.
> 그 날이 오면
> 이스라엘과 이집트와 앗시리아,
> 이 세 나라가 이 세상 모든 나라에
> 복을 주게 될 것이다.
> 만군의 주께서
> 이 세 나라에 복을 주며 이르시기를
> "나의 백성 이집트야,

나의 손으로 지은 앗시리아야,
나의 소유 이스라엘아,
복을 받아라" 하실 것이다.
(이사야 19 : 23-25)

영적인 뜻으로 이 장절들의 말씀은, 주님의 강림 때에 과학적인 것, 합리적인 것, 영적인 것이 하나(一體)를 이룰 것이라는 것, 그리고 과학적인 것은 그 때 합리적인 것을 섬기고, 그리고 양자, 즉 과학적인 것이나 합리적인 것이 영적인 것을 섬길 것이라는 것을 뜻합니다. 왜냐하면, 앞에서 언급한 것과 같이, "이집트"는 과학적인 것을, "앗시리아"는 합리적인 것을, "이스라엘"은 영적인 것을 뜻하기 때문입니다. 그리고 두 번이나 언급된 "그 날"(that day)은 주님의 첫 번째와 두 번째의 강림을 뜻하기 때문입니다.

201. (4) 지금까지 성경말씀의 영적인 뜻은 알려지지 않았다.
자연계 안에 있는 개별적인 것들이나 전체적인 것들이 영적인 것들에 대응한다는 것, 그리고 마찬가지로 사람의 몸(人體) 안에 있는 개별적인 것들이나 전체적인 것들이 영적인 것들에 대응한다는 것은 ≪천계와 지옥≫(Heaven and Hell)에서 입증되었습니다(전게서 87-105항 참조). 그러나 지금까지는 대응(對應・correspondence)이 무엇인지 알려지지 않았지만, 그럼에도 불구하고 그것은 태고시대에서는 잘 알려져 있었습니다. 왜냐하면 그 때 살고 있었던 사람들에게는 대응의 지식(the knowledge of correspondences)들이 지식들 중의 지식이었기 때문이고, 그리고 대응이 보편적이어서, 그들의 모든 저술들이나 서적들은 대응에 의하여 기술되었기 때문입니다. 고대교회의 책인 욥기서(the book of Job)는 대응들로 가득합니다. 태고시대의 신화(神話・fable)와 꼭 같이 이집트 사람들의 상형문자(象形文字・hieroglyphics)는 대응을 제외하면 아무것도 아니었습니다. 모든 고대교회들도 영적인 것들에 속한 표징적인 교회들이었습니다. 그들의 예전(禮典)들이나, 그들의 예배에 일치하는 법령들이나 규칙들은 모두가 순전히 대응들에 의하여 세워졌고, 이루어졌습니다. 이스라엘 자손들 가운데 있었던 교회의 모든 것들도 그와 마찬가지입니다. 번제물(燔祭物・burnt offerings)・희생제물(犧牲祭物・the sacrifices)・곡식제물(the meat offerings)・헌주(獻酒・the drink

offerings)는 그것들의 개별적인 것과 함께 모두가 대응들입니다. 이와 마찬가지로 성막과 성막 안에 있는 모든 것들, 그리고 그들의 잔치들, 예를 들면 무교병 잔치(無酵餠 · the feast of unleavened bread) · 장막절 (the feast of tabernacles) · 첫 열매를 드리는 잔치나 아론이나 레위 지파의 제사장직과 그들의 옷(法衣 · their garments of holiness)까지도 모두 대응들입니다. 이런 것들에 대응하는 영적인 것이 무엇인지는 런던에서 발간된 ≪천계비의≫(Arcana Celestia)에서 입증되었습니다. 더욱이 그들의 예배나 삶에 관계되는 모든 규범이나 공의들은 대응들입니다. 신령한 것들은 자신을 대응으로 이 세상에서 드러내기 때문에 성경말씀(聖言 · the Word)은 순수한 대응들에 의하여 기술되었습니다. 그리고 주님께서는 신령존재(the Divine)로 말미암아 말씀하셨기 때문에 주님께서는 대응들에 의하여 말씀하셨습니다. 왜냐하면 신령존재에게서 비롯된 것은 무엇이나 신령한 것들에 대응하는 자연계 안에 있는 것들에게 들어오기 때문입니다. 그 때 이런 것들은, 이른바 천적인 것이나 영적인 것이라고 부르는 신령한 것들을 자신들의 품에 차곡차곡 저장됩니다.

202. 내가 알게 된 것은, 홍수 이전에 있었던 태고교회(太古敎會 · the Most Ancient church)의 사람들은 천계의 천사와 대화를 할 정도로 성품이 순수하였다는 것이고, 그리고 대응들에 의하여 그들과 대화를 하였다는 것입니다. 결과적으로 태고교회의 사람들의 지혜의 상태는, 만약에 그들이 이 세상에 본 것은 무엇이나, 그들은 자연적으로 생각할 뿐만 아니라, 동시에 영적으로 생각하였습니다. 따라서 그들은 천계의 천사들과 연대해서 생각하였습니다. 더욱이 내가 알게 된 것은, 창세기 5장 21-24절에 거명된 에녹이나, 그와 제휴된 자들은 이런 사람들의 입에서 대응을 수집(蒐集)하였고, 그리고 이 지식을 그들의 후손들에게 전해주었습니다. 그리고 또한 이 때부터 아시아의 수많은 나라들에게 대응의 지식이 존재하였고, 장려, 계발되기 시작하였다는 것입니다. 특히 그 나라들 중에서 가나안 땅과 이집트에서, 그리고 앗시리아 · 갈데아 · 시리아 · 아리비아 · 두로 · 시돈 · 니느웨에서 괄목하게 발전하였다는 것이고, 그리고 거기에서 그리스에 전달되었다는 것인데, 그러나 여기에서 그것은, 고대 그리스의 저작물들에게서 볼 수 있는 것과 같이 이른바 신화들(神話 · myths)로 바뀌었습니다.

203. 대응의 지식은, 비록 그들 중에는 점쟁이들(=예언자 · diviners)이나 현자들(賢者 · sages)이라고 불리웠지만, 몇몇 박사들(Magi)에 의하여 아세아의 여러 민족들과 함께 오랜 동안 유지 보존되었다는 것을 입증하기 위하여 나는 그 예로서 사무엘 상서 5·6장을 제시하고자 합니다. 거기에 기록된 것은 우리가 거기에서 읽고 있듯이, 십성언(the Decalogue)이 그 위에 쓰여진 두 돌판들이 블레셋 사람들에 의하여 강탈(强奪)되었다는 것, 그리고 아스돗에 있는 다곤의 신전에 두었다는 것, 그리고 다곤이 그 궤 앞의 땅에 쓰러져 있었고, 그 뒤에는 그의 머리와 그의 두 팔목이 그의 몸에서 떨어져 나가, 그 신전의 문지방 위에 나뒹굴었다는 것이고, 그리고 이 법궤 때문에 수천의 아스돗 사람들과 에그론 사람들이 악성 종기로 고생하고, 그들의 땅이 들쥐들로 황폐해졌다는 것 등등입니다. 그래서 블레셋 사람들은 그들의 영주들(their lords)과 점쟁이들을 불러 모았습니다. 그런 파멸들을 멈추기 위하여 그들이 결정한 것은, 금으로 종기(腫氣 · tumor) 다섯(5)개와 생쥐 다섯 마리와 새 수레를 만들기로 하였습니다. 그리고 그 수레에 법궤를 싣고, 그리고 그 금 종기들과 금 생쥐들을 실었습니다. 그리고 두 마리 암소들이, 그것을 이스라엘 자손들에게 보내려고, 그 수레를 끌고 갔습니다. 그들은 암소들과 수레를 제물로 바쳤습니다. 이렇게 하여 이스라엘의 하나님은 화해하였습니다. 블레셋의 점쟁이들에 의하여 찾아낸 이런 모든 것들이 대응들을 가리킨다는 것은, 아래에 언급될 그것들의 뜻에서 명확합니다. 여기서 "블레셋 사람들"은 인애에서 분리된 믿음 안에 있는 자들을 뜻하고, "다곤"(Dagon)은 그 종교를 표징하고, 그들이 그것에 의하여 고통을 받은 "종기들"은 자연적인 사랑들(=애욕들)을 뜻하고, 그리고 자연적인 사랑들(=애욕들)은 영적인 사랑에서 분리되었을 때 불결합니다. 그리고 "생쥐들"(mice)은, 진리의 위화들에 의한 교회의 황폐를 뜻하고, "새 수레"(the new cart)는 그 교회의 자연적인 교리를 뜻합니다. 영적인 진리에서 비롯된 교리는 성경말씀에서 "병거"(兵車 · a chariot)가 뜻합니다. "암소들"(the cows)은 선한 자연적인 정동들을 뜻하고, "금 생쥐들"(=금으로 만든 생쥐들)은, "금"(金)이 성경말씀에서 선을 뜻하기 때문에, 선에 의하여 정화된 교회의 황폐나 파괴(vastation)를 뜻하고, "길을 가면서 암소들이 운다"는 것은 악에 속한 자연적인 사람의 탐욕이 선한 정동들로 바뀌는 매우 어려운 전환(轉換 · the difficult

conversion)을 뜻하고, 번제물처럼 "새 수레와 함께 암소들이 제물로 받쳐졌다"는 것은 이와 같이 하여 이스라엘의 하나님께서는 화해(和解), 유화(宥和)되었다는 것을 뜻합니다. 그들의 점쟁이들의 조언에 의한 블레셋 사람들이 행한 이런 모든 것들은 대응들을 가리키는데, 그것은 곧 그 민족들 가운데 오랜 동안 보존된 지식에서 비롯되었다는 것을 명확하게 합니다.

204. 대응적인 교회의 표징적인 예전들(禮典 · the representative rites)은 세월이 지나면서 우상숭배들(偶像崇拜)로, 그리고 마술(魔術 · magic)적인 것으로 바뀌기 시작하였기 때문에, 그 지식(知識)은 주님의 신령섭리(the Lord's Divine Providence)에 의하여 점차적으로 소멸(消滅)되었고, 그리고 이스라엘 민족이나 유대 민족에서는 전적으로 말살(抹殺)되었습니다. 그 민족의 예배는 사실 오로지 대응들로 이루어졌고, 그리고 그러므로 천계적인 것들의 표징들이었지만, 그러나 그들은 그것들의 뜻을 단 하나도 알지 못하였습니다. 왜냐하면 그들은 전적으로 자연적인 사람들이었기 때문이고, 결과적으로는 그들은 영적인 것들이나 천적인 것들에 관해서 무엇인가를 알려고 하지도 않았고, 따라서 대응들에 관해서도 역시 알려고도 하지 않았기 때문입니다. 왜냐하면 대응들은 자연적인 것들 안에 있는 영적인 것들이나 천적인 것들의 표징들이기 때문입니다.

205. 땅 위에 있는 모든 가시적인 것들은 대응하기 때문에 고대 그 민족들의 우상숭배들은 대응들의 지식에서 시작, 근원이 되었습니다. 따라서 나무들뿐만 아니라, 온갖 짐승들·새들·물고기들이나 그 밖의 다른 것들도 대응들이 되어 버렸습니다. 대응들의 지식을 가지고 있던 고대 사람들은 자기 자신들을 위하여 천계적인 것들에 대응하는 형상들(形像 · images)을 만들었고, 그리고 그것들이 천계나 교회에 속한 그런 것들을 뜻하기 때문에, 그들은 그것들에서 기쁨을 취하였습니다. 결과적으로 그들은 그들의 성전들(=산당들 · temples)뿐만 아니라, 자신들의 집에까지 그 형상들(images)을 안치(安置)하였습니다. 그것은 예배(=숭배)를 위한 것이 아니고, 그것들이 뜻하는 이른바 천계적인 것들을 자신들의 마음에 불러들이기 위한 것이었습니다. 그러므로 이집트나 그 밖의 다른 여러 곳에는 송아지들·황소들·뱀들의 형상(=신상 · 神像)들을 세웠고, 뿐만 아니라 어린 아이들(boys)·노인들·처녀들의 신상을 안

치하게 되었습니다. 그 이유는 송아지들이나 황소들은 자연적인 사람의 정동들이나 능력들(powers) 따위를 뜻하기 때문이고, 뱀들(serpents)은 감관적인 사람의 영특함(=용의주도 · the prudence)이나 교활함(狡猾 · cunning)을 뜻하기 때문이고, 어린 아이들(boys)은 순진무구(純眞無垢 · innocence)나 인애를 뜻하기 때문이고, 노인들(old men)은 지혜를, 그리고 처녀들은 진리에 대한 정동을 뜻하기 때문이고, 그 밖의 것들도 그러하기 때문입니다. 대응들의 지식이 소멸하였을 때, 이런 형상들이나 조상들(彫像 · figures)이 고대 사람들에 의하여 그들의 신전(=사당) 안이나 인근(隣近)에 안치하였기 때문에 그들의 후손들은 그것들을 거룩한 것으로, 종국에는 신들(神 · deities)로 숭배하기 시작하였습니다. 꼭 같은 이유 때문에 고대 사람들은, 거기에 있는 온갖 종류의 서로 다른 나무들에 따라서 정원들이나 과수원들 안에서, 또는 산들이나 언덕들에서, 그런 것들을 경배, 숭배하였습니다. 왜냐하면 정원들(gardens)이나 과수원들(=숲들 · groves)이 지혜나 총명을 뜻하기 때문이고, 그리고 각각의 개별적인 나무는 그런 것들에 속한 그 어떤 것을 뜻하기 때문입니다. 따라서 올리브 나무는 사랑에 속한 선을 뜻하고, 포도나무는 그 선에서 비롯된 진리를 뜻하고, 백향목(cedar)은 합리적인 선이나 진리를 뜻하고, 산(山)은 가장 높은 천계를 뜻하고, 언덕은 가장 높은 천계 아래에 있는 천계를 뜻하기 때문입니다. 대응들의 지식이, 심지어 주님의 강림 때까지 동방의 수많은 백성들에게 남아 있었다는 것은, 주님께서 탄생하셨을 때 주님을 경배하기 위해 찾아온 동방의 박사들의 찾아옴(謁見)에서 잘 알 수 있겠습니다. 마태복음서에는 "주님이 탄생하셨을 때, 별의 안내를 받아 황금·유향·몰약을 예물로 가지고 와서 주님에게 그것들을 드렸던 동방의 현인들(=동방의 박사들)의 이야기"(마태 2 : 1-11)가 있습니다. 왜냐하면 여기서 그들을 인도한 "별"(the star)은 천계에서 비롯된 지식을 뜻하기 때문이고, "금"(金)은 천적인 선을 뜻하기 때문이고, 그리고 유향(乳香)은 영적인 선을, 그리고 몰약(沒藥)은 자연적인 선을 뜻하기 때문입니다. 그럼에도 불구하고 비록 그들의 예배에 속한 모든 것들이나, 그리고 모세에 의하여 그들에게 주어진 법규들이나 공의들이나, 성경말씀의 모든 것들이 순수한 대응들이었지만, 이스라엘 민족이나 유대 민족에게는, 대응들에 속한 지식은 무엇 하나 남아 있지 않았습니다. 이러한 것은 유대 사람의 마음 속에는 우상들이 자리를 차지하고 있기 때문이고, 따라서 천계적인 것들이나 영적인 것들을 뜻하는 그들의 예배에 속한 어떤 것도 알려고 하는 것이 없었기 때문입니다. 왜냐하면 그들은 그들의 예배에 속한 모든 것들을 본질적으로 거룩하다고 믿었기 때문이고, 그러므로 만약에 천계적인 것들이나 영적인 것들이 그들에게 적나라하게 까발겨진다면, 그들은 그것들을 배척할 뿐만 아니라, 그것들을 모독하였을 것이기 때문입니다. 이런 이유 때문에 천계는, 그들이 영원한 생명(生命)이 있다는 것만 거의 알 만큼, 그들에게는 닫혀 있었습니다. 이것이 진정한 사실이라는 것은, 비록 온 성경(the whole Sacred Scripture)이 주님에 관해서 예언하고 있고, 그분의 강림에 관해서 예언하고 있지만, 그들은 주님을 시인하지 않았다는 사실에서 아주 명확합니다. 그들은, 주님께서 이 땅의 왕국 대신에 천계적인 왕국을 가르쳤다는 이유 때문에, 오로지 주님을 배척, 부인하였습니다. 왜냐하면 그들은 이 세상의 모든 민족들 보다도 그들을 높이 우러르게 할 메시아를 원하였을 뿐, 그들은 그들의 영원한 구원을 주시하시는 메시아를 원한 것이 아니었기 때문입니다.

206. 이런 저런 시기들이 지나간 뒤, 그것에 의하여 성경말씀의 영적인 뜻이 내통하는, 대응들의 지식이 완전히 단절(斷絶), 폐쇄(閉鎖)되었습니다. 이런 이유 때문에 초대교회의 기독교인들은 그 지식이 그들에게 드러날 정도로 단순하였고, 그리고 그것이 밝혀진다고 해도 그들은 그것을 그들에게 유용하게 사용하지도 못하였고, 또한 그들은 그것을 이해하지도 못하였을 것입니다. 이런 시기들이 지나간 뒤 짙은 흑암이 전 기독교계에 엄습(掩襲), 내려앉았습니다. 그것의 첫째 이유는 수많은 이단사설(異端邪說 · heresies)이 퍼져나가 만연(蔓延)되었기 때문이고, 그 뒤에는 얼마가지 않아서 영원부터 계신 신령 삼위 인격(three Divine persons from eternity)에 관한 이른바 니케아 종교회의의 심의(審議 · deliberations)이나 포고령(布告令 · decree of the Council of Nice)에 의하여, 그리고 여호와 하나님의 아들이 아니고 마리아의 아들(the Son of Mary)이시라는 그리스도의 인격에 관한 그 공의회의 포고령에 의하여 만연되었기 때문입니다. 이것으로 말미암아 칭의(稱義 · justification)에 관한 현대의 교의가 생겨났는데, 그 교의가 가르치는 것은 세 분 하나님들(three Gods)이 그들의 순서에 따라서 가까이 갈 수 있는 것이고, 오늘날의 교회에 속한 개별적인 것들이나 전체적인 것들은, 마치 신체

의 모든 기관들이 머리에 의존하는 것과 같이, 이 믿음에 의존하고 있습니다. 그리고 성경말씀에 속한 모든 것들은 이와 같은 그릇된 교의(=교리 · 신념)를 확증하기 위하여 적용되기 때문에 영적인 뜻은 열려질 수가 없었습니다. 왜냐하면 만약에 그 영적인 뜻이 열려졌다고 해도 그들은 그 영적인 뜻을 꼭 같은 목적에 적용하였을 것이고, 그것에 의하여 그들은 성언의 진정한 거룩함을 모독하였을 것이기 때문입니다. 따라서 천계는 그들에 대하여 완전히 차단, 닫혔을 것이고, 그들은 교회에서 주님을 분리, 추방하였을 것입니다.

207. 성경말씀의 영적인 뜻이 이것에 의하여 교류, 내통되는 대응들의 지식은 오늘날 계시되고 있는데, 그 이유는 교회에 속한 신령진리들이 지금 빛 가운데로 드러나기 때문이고, 그리고 성경말씀의 영적인 뜻을 구성하는 진리들이 바로 이런 진리들이기 때문입니다. 이런 진리들이 사람 안에 있을 때 성경말씀의 문자의 뜻은 악용되지도 않고 왜곡되지도 않습니다. 왜냐하면 성경말씀의 문자의 뜻은 어떤 방향으로 바뀔 수 있는 그런 것이기 때문입니다. 만약에 성경말씀의 문자적인 뜻이 거짓된 것에게로 기울게 되면 성경말씀의 내적인 거룩함은 소멸되고, 그리고 그것과 더불어 성경말씀의 외적인 거룩함도 소멸합니다. 그러나 만약에 그것이 참된 것에게로 기울게 되면 성경말씀의 거룩함은 그대로 남아 있습니다. 그러나 이런 것들의 상세한 설명은 아래에서 언급되겠습니다. 오늘날 영적인 뜻이 열려지고 있다는 것은 열려진 천계를 요한이 보았다는 것이 뜻하는데, 그 때 요한은 흰 말(白馬 · a white horse)을 보았습니다. 그리고 요한은 역시 태양 한가운데 서 있는 천사가 모두를 큰 잔치에 초대하는 것을 그가 보고 들은 것이 뜻합니다. 이러한 내용은 묵시록 19장 11-18절을 참조하십시오. 그러나 이 장절의 뜻이 오랜 동안 시인되지 않았다는 것은, 그 백마를 타신 분과 싸우려고 하는 짐승과 지상의 여러 왕들에 의하여 뜻해지고 있습니다(묵시록 19 : 19). 그리고 사내 아이를 낳은 여자를 노리는 용의 협박(脅迫 · the dragon's persecuting)에 의하여, 심지어 광야에까지 쫓아가서, 그 용은 그녀를 멸망시키기 위하여 그의 입에서 홍수처럼 그 여자에게 물을 토해내기까지 하였습니다(묵시록 12 : 13-17)는 말씀이 뜻합니다.

208. (5) 지금까지 성경말씀의 영적인 뜻은 주님에게서 비롯된 순수한 진리들(genuine truths) 안에 있는 그런 존재에게 주어질 것이다.

이 명제는 성경말씀의 영적인 뜻이 오직 주님에게서 비롯된 자를 제외하면, 그리고 주님에게서 비롯된 신령진리들 안에 있는 자가 아니면, 어느 누구도 그것을 알 수 없기 때문입니다. 왜냐하면 성경말씀의 영적인 뜻은, 주님만을, 그리고 주님의 왕국(=나라 · His kingdom)만을 다루고 있기 때문이고, 천계에 있는 주님의 천사들은 이 뜻 가운데 있기 때문입니다. 그것은 성경말씀의 영적인 뜻이 곧 천계에 있는 주님의 신령진리이기 때문입니다. 이 진리는 만약에 사람이 대응들의 지식을 소유하고 있을 때에는 사람은 능히 그 진리를 공격, 폭행을 할 수 있는 진리입니다. 그리고 그 지식에 의하여 자기 자신의 총명에서 성경말씀의 영적인 뜻을 탐구, 조사한다는 것은 곧 진리에게 폭행을 저지르는 것입니다. 그 이유는 그 사람에게 알려진 지극히 보잘 것 없는 대응들에 의해서 그 사람은 그 뜻을 왜곡할 수 있기 때문이고, 그리고 그것을 거짓된 것을 확증하는데 그것을 왜곡시키기 때문입니다. 이와 같이 그 사람은 신령진리에게 폭행을 가하는 것이고, 그리고 그 진리들이 있는 곳인 천계를 향해 폭행을 저지르는 것이기 때문입니다. 그러므로 어느 누구가, 주님으로 말미암은 것이 아니고, 자기 자신으로 말미암아 그 뜻을 공개하기를 추구한다면, 천계는 닫혀집니다. 그리고 그 때 천계가 닫혀지면, 그 사람은 진리에 속한 것은 아무것도 보지 못하고, 아니면 그 사람은 영적으로 미치광이가 될 것입니다. 이런 것들이 주님께서 성경말씀에 의하여 모두를 가르치시는 이유이고, 그리고 이런 것들로부터 사람이 가지고 있는 지식을 가르치는 이유이고, 그리고 직접적으로 새로운 지식을 부어주시지 않는 이유입니다. 그러므로 만약에 사람이 신령진리들 안에 있지 않는다면, 또는 그가 지극히 보잘 것 없는 진리들 안에 있거나, 그리고 동시에 거짓들 안에 있다면, 그 사람은 이런 거짓들에 의하여 진리들을 위화할 것입니다. 이런 일은 성경말씀의 문자의 뜻에 대한 모든 이단자(every heretic)에 의하여 행해지는 것입니다. 그러므로 아무나 영적인 뜻에 들어가지 못하게 하기 위하여, 그리고 그 뜻에 속해 있는 순수한 진리를 왜곡시키지 않게 하기 위하여 주님에 의하여 파수꾼들(guards)이 세워졌는데, 그 파수꾼들은 성경말씀에서 "게르빔"(cherubim)이 뜻합니다.

209. (6) **성경말씀의 영적인 뜻에서 비롯되는 성경말씀에 관한 놀라운 것들.**

자연계에는 성경말씀에서 야기되는 놀라운 일은 결코 없습니다. 그것은 영적인 것이 보이지 않기 때문입니다. 영적인 놀라운 것은 본질적으로 사람에 의하여 내적으로 수용되지 않기 때문입니다. 그러나 영계에서는 성경말씀에서 야기되는 놀라운 것들이 잘 드러나는데, 그것은 거기에 있는 모든 것들은 영적인 존재들이기 때문이고, 그리고 영적인 사람은, 자연적인 사람이 자연적인 것들에 의하여 감화, 감동되듯이, 영적인 것들에 의하여 감화, 감동되기 때문입니다. 영계에서 성경말씀에서 야기되는 것들은 너무나도 많은데, 나는 그중에서 극소수만 여기서 언급하고자 합니다. 성경말씀이 있는 성전에 찬란한 빛은 천사들의 눈에는 아주 큰 별과 같이, 어떤 것은 마치 태양과 같이 비춥니다. 그것 주위에 있는 밝은 후광(後光 · the bright radiance)은 마치 아주 멋지고 영롱한 무지개와 같이 보입니다. 이런 광경은 성소(the shrine)가 열리는 순간에 일어납니다.

[2] 성경말씀의 개별적인 진리나 전체적인 진리들이 빛을 발한다는 것은, 성언에서 비롯된 지극히 작은 어떤 문귀가 종이 위에 기술될 때, 나에게 보여진 사실에서 아주 명확합니다. 그것에서 발하는 찬란한 빛은 공중으로 뻗치었고, 그 종이 자체는 마치 그 종이가 조각조각 잘리운 모양처럼 반짝반짝 빛을 발하는 것을 본 사실에서 나에게는 아주 명확합니다. 따라서 성경말씀에 의하여 영들은 아주 멋지게 빛나는 다양함을 생성할 수 있습니다. 그리고 영들은 새들의 모양들이나 물고기의 모양들을 만들어 드러낼 수 있습니다. 다시 언급하면 어느 누구가 그의 얼굴이나 손을 비비거나, 또는 입고 있는 옷을 만질 때 더욱 놀라운 일이 일어났고, 그리고 열린 말씀(the open Word)이 그것들 위에 쓰여져 있는 것들을 만지면 얼굴, 손, 입고 있는 옷 자체들은, 마치 그가 그 빛에 의하여 에워싸여 있는 별 가운데 서 있는 것처럼, 빛을 찬란하게 비춥니다. 나는 자주자주 이런 광경을 보았는데, 그 때까지 늘 놀라웠습니다. 따라시 모세가 언약의 돌판들(the tables of the covenant)을 시내산에서 가지고 내려올 때 모세의 얼굴이 얼마나 찬란하게 빛을 발하였는지 나에게 명확하게 합니다.

[3] 이 밖에 성경말씀에서 일어난 놀라운 일들은 너무나도 많이 있습니다. 예를 들어 보겠습니다. 만약에 어떤 사람이 거짓들 가운데 있으면서 성경말씀 쪽으로 향하게 되면 그것의 거룩한 곳에는 갑자기 그의

눈을 덮어버리는 것 같은 흑암이 있게 되고, 결과적으로는 성경말씀은 그에게는 칠흑 같이 검은 것으로 나타나고, 어떤 때는 검댕이로 덮어버리기도 하였습니다. 만약에 그가 성경말씀을 손으로 만지면 요란한 소리와 함께 폭발이 일어나고, 그는 방 한구석에 나가 떨어져 있고, 그리고 죽은 사람처럼 한 시간 가량 누워 있습니다. 만약에 성경말씀에서 비롯된 어떤 것을 거짓들 가운데 빠져 있는 자가 종이 위에 그것을 쓰게 되면 그 종이는 공중으로 날아가 버리는데, 그것은 마치 폭발이 일어난 것처럼 그의 눈과 공중 사이에서 사라져 버리고, 그리고 그 종이는 여러 조각으로 찢어지고, 종국에 사라져 버립니다. 이와 꼭 같은 일은, 그 종이를 가까이에 서 있는 천사를 향해 던질 때에도, 일어납니다. 나는 이런 광경을 자주자주 목격하였습니다.

[4] 이와 같은 일은, 교리의 거짓들 안에 빠져 있는 자들은 성경말씀을 통해서 천계와의 교통을 전혀 가지지 못한다는 것을 본 나에게는 아주 명확합니다. 그러나 그들의 성경말씀을 읽는 일은 이런 식으로 사라졌고, 그리고 그 종이를 공중에 던졌을 때 마치 폭약이 터져 나가듯이 사라졌습니다. 이와 정반대되는 일은 주님으로부터 성경말씀을 통한 교리의 진리들 안에 있는 자들에게서 일어났습니다. 그들이 성경말씀을 읽는 일이 천계에까지 미치었고, 그리고 거기에 있는 천사들과 결합까지 이루었습니다. 천사들 자신들은 그들이 아래의 임무를 부과받기 위하여 천계에서 내려올 때 그들은, 특히 머리 주위에 작은 별들로 에워싼 모습으로 나타나는데, 그러한 광경은 성경말씀에서 비롯된 신령진리들이 그들 안에 있다는 증표입니다.

[5] 더욱이 영계에 있는 것들은 이 세상에 있는 것들과 매우 비슷하지만, 그러나 거기에 있는 개별적인 것들이나 전체적인 것들은 영적인 근원(a spiritual origin)에서 비롯되었습니다. 이와 같이 금(金)과 은(銀)도 거기에 존재하고, 온갖 종류의 보석들도 있습니다. 그리고 이런 것들의 영적인 근원은 성경말씀의 문자의 뜻을 가리킵니다. 이런 이유 때문에 묵시록서에서 새 예루살렘 성의 성벽의 주춧돌들은 열두 보석들에 의하여 기술되었습니다. 이 이유는 그 성벽의 주춧돌들은, 성경말씀의 문자의 뜻에서 유래된 것을 가리키는, 새로운 교회의 교리적인 것들이기 때문입니다. 꼭 같은 이유 때문에, 그것에 의하여 천계로부터 주어진 응답들을 가리키는, 아론의 법복에는 우림과 둠밈(Urim and Thummim)이라

고 불리는 열두 보석들이 박혀 있습니다. 이밖에도 성언 안에 있는 진리에 속한 능력과 관계를 가지고 있는, 성경말씀에서 발출하는 놀라운 것들은 수도 없이 많이 있습니다. 이 능력은 너무나도 크기 때문에, 만약에 그것에 관해서 기술한다면, 그것은 모든 신념(all belief)을 초월할 것입니다. 왜냐하면 그것은 영계에 있는 산들이나 언덕들 따위를 뒤집어엎을 그런 것이고, 그것들을 아주 멀리 떼어놓을 그런 것이고, 그리고 그런 것들을 바다에다가 집어쳐 넣을 그런 것이기 때문입니다. 이밖에도 놀라운 것들은 수도 없이 많이 있습니다. 한마디로, 성경말씀에서 발출하는 주님의 능력은 무한(無限)합니다.

III.
성경말씀의 문자적인 뜻은 성경말씀의 영적인 뜻이나, 천적인 뜻의 기초이고, 수용그릇이고, 버팀목이다.

210. 신령한 모든 사물 안에는 첫째 것(a first)·중간 것(a middle)·마지막 것(a last)이 있는데, 첫째 것은 중간 것을 통과해서 마지막 것에 이릅니다. 그리고 그것으로 그것은 존재하고(existing), 존속합니다(subsisting). 결과적으로 마지막 것은 기초(the basis)가 됩니다. 다시 말하면 첫째 것은 중간 것에 존재하고, 그리고 중간 것을 통과해서 마지막 것에 존재합니다. 따라서 마지막 것은 수용그릇(the continant)이 됩니다. 그리고 마지막 것이 수용그릇이고, 기초이기 때문에 역시 마지막 것은 버팀목(the support)입니다. 학자가 밝히 이해하고 있는 것은 이들 셋(3)이 곧 목적(end)·원인(cause)·결과(effect)라고 불리운다는 것이고, 그리고 다른 말로는 존재(存在·being·esse)·생성(生成·becoming·fieri)·성형(成形·standing forth·existere)이라고 불리운다는 것입니다. 그리고 목적(the end)이 존재(being)이고, 원인(the cause)이 생성(becoming)이고, 결과(the effect)가 성형(=현현·顯現·standing forth)이라는 것입니다. 결과적으로 모든 완전한 사물 안에는 삼 겹(trine)이 있는데, 그것들은 첫째 것(the first)·중간 것(the middle)·마지막 것(the last)이 있고, 또한 목적·원인·결과가 있다는 것입니다. 이 사실이 밝히

이해될 때, 역시 밝히 이해될 수 있는 것은, 모든 신령한 일(every Divine work)은 그것의 마지막 것 안에 존재하는 완전한 것(complete)이고 완벽한 것(perfect)이라는 것이고, 그리고 전체적인 것(the whole)은 마지막 것 안에 존재하는데, 그것은 그것 안에 선재하는 것들(prior things)이 함께 있기 때문입니다.

211. 이러한 내용이 바로 성경말씀에서 영적인 뜻으로 숫자 삼(three)이 완전한 것이나 완벽한 것을 뜻하는 이유이고, 그리고 전체를 뜻하는 이유입니다. 이것이 숫자 셋(3)의 뜻이기 때문에, 그 숫자는 성경말씀에서 특정한 것을 명명, 나타내려고 할 때 사용되었습니다. 예를 들면 이런 장절들이 되겠습니다. 구약의 말씀입니다.

> 나의 종 이사야가
> 삼 년 동안 벗은 몸과 맨발로 다니면서,……
> (이사야 20 : 3)
> 주께서 사무엘을 세 번째 부르셨다.…… 그제야 엘리는, 주께서 그 소년을 부르신다는 것을 깨닫고, 사무엘에게 일러주었다(사무엘 상 3 : 1-8).
> 요나단이 다윗에게 3일 동안, 들녘에 숨어 있겠다고 하였고, 요나단은 후에 돌 곁에 화살 셋을 쏘았고, 다윗은 세 번 큰 절을 요나단에게 하였다(사무엘 상 20 : 5, 12-42).
> 그는 그 아이의 몸 위에 세 번이나 엎드려서, 몸과 몸을 맞춘 다음, 주께 또 부르짖었다(열왕기 상 17 : 21).
> 엘리야가 그들에게 제단과 나뭇단 위에 세 번 물을 쏟으라고 하였다(열왕기 상 18 : 34).
> 요나는 사흘 밤낮을 그 물고기 뱃 속에서 지냈다(요나 1 : 17).

신약서의 말씀입니다.

> 예수께서 또 다른 비유를 그들에게 말씀하셨다. "하늘 나라는 누룩과 같다. 어떤 여자가 그것을 가져다가, 가루 서 말 속에 섞어 넣었더니, 마침내 온통 부풀어 올랐다"(마태 13 : 33).
> 예수께서 그에게 말씀하셨다. "내가 진정으로 너에게 말한다. 오늘 밤에 닭이 울기 전에, 네가 세 번 나를 모른다고 할 것이다"(마태 26 : 34).
> 예수께서 세 번 베드로에게 "네가 나를 사랑하느냐?"고 물으셨다(요한 21 : 15-17).

예수께서 그들에게 말씀하시기를 "이 성전을 허물어라. 그러면 내가 사흘 만에 다시 세우겠다" 하였다(요한 2 : 19 ; 마태 26 : 61).
예수께서 겟세마네에서 세 번 기도하셨다(마태 26 : 39-44).
예수께서 셋째 날(=이레의 첫 날)에 다시 살아나셨다(마태 28 : 1).

숫자 "셋"(3)이 언급된 것은 이 밖에도 많은 장절들이 있습니다. "셋"(3)이 완전한 것을 뜻하기 때문에, 일이 끝이 나거나, 완전한 일이 이루어질 때에는 그 숫자가 거명되었습니다.

212. 천계도 셋이 있는데, 가장 높은 천계(三層天)·중간 천계(二層天)·가장 낮은 천계(一層天)입니다. 가장 높은 천계는 주님의 천적인 왕국(the Lord's celestial kingdom)을 형성하고, 중간 천계는 주님의 영적인 왕국(His spiritual kingdom)을, 그리고 가장 낮은 천계는 주님의 자연적인 왕국(His natural kingdom)을 각각 형성합니다. 세 천계가 있기 때문에 성경말씀의 뜻들도 셋이 있습니다. 그것은 곧 천적인 뜻·영적인 뜻·자연적인 뜻입니다. 이러한 내용은 위에 언급된 내용과 일치합니다(본서 210항 참조). 다시 말하면 첫째 것(三層天)은 중간 것(二層天) 안에 있고, 그리고 중간 것을 통해서 마지막 것(一層天)에 있습니다. 이것은 곧 목적(the end)이 원인(the cause) 안에, 그리고 원인을 통해서 결과(the effect) 안에 있는 것과 꼭 같습니다. 이러한 사실은 성경말씀의 성질, 다시 말하면 자연적인 것을 가리키는, 성경 말씀의 문자의 뜻 안에는 영적인 것을 가리키는 내적인 뜻(an inner sense)이 있고, 그리고 이 내적인 뜻 안에는 천적인 것을 가리키는 극내적인 뜻(an inmost sense)이 있습니다. 따라서 자연적인 뜻이고, 그리고 문자의 뜻(the sense of the letter)이라고 부르는 극외적인 뜻(the outmost sense)은 두 내면적인 뜻들(the two interior senses)의 수용그릇이고, 그리고 따라서 그것의 기초이고, 버팀목입니다.

213. 여기서 뒤이어지는 사실은, 성경말씀의 문자의 뜻이 없다면 성경말씀(聖言·the Word)은 기초가 없는 궁전과 같고, 따라서 땅 대신에 공중에 있는 궁전과 같아서, 그것은 곧 소멸할 궁전의 그림자일 뿐이라는 것입니다. 또 다시 말하면 성경말씀의 문자의 뜻이 없는 성경말씀(=성언)은, 수많은 거룩한 것들을 소장(所藏)하고 있지만, 그러나 지붕도 없고, 벽도 없는, 그것의 수용그릇을 가리키는, 성전의 지성소와 같으니

다. 그리고 만약에 이런 것들이 결여(缺如), 없다면, 또는 이런 것들이 제거(除去)되었다면, 그것에 있는 거룩한 것들은 도둑들에 의하여 빼앗기고, 그리고 땅 위의 짐승들이나, 공중의 새들에 의하여 더럽혀질 것이고, 따라서 산산이 흩어지고, 소멸될 것입니다. 그것은 역시 광야에 있던 이스라엘 자손의 성막과 꼭 같은 것인데, 그 때의 그 성막에는 그것의 극내적인 것에는 언약궤(the ark of the covenant)가 안치되었고, 그 중간에는 금 촛대와 향이 그것 위에 놓이는 금 제단(the golden altar)과 진설병(陳設餠)이 그것 위에 놓이는 상(table)이 있고, 그리고 그것의 가장 외적인 것 바깥에는 휘장들·장막들·기둥들이 있었습니다. 사실 성경말씀의 문자의 뜻이 없는 성언(聖言)은, 마치 살갗이라고 부르는 그것을 가리는 가리개들(coverings)이 없는 인체나, 뼈들이라고 부르는 그것의 버팀목들(supports)이 없는 인체와 꼭 같은 것입니다. 이런 것들이 빠져 없는 그것의 내적인 부위들은 산산이 무너질 것입니다. 재차 말하면 그것은 마치 늑막(肋膜)이라고 부르는 그것들의 가리개(covering)가 없는 그리고 갈비뼈라고 부르는 그것의 버팀목이 없는 흉곽(胸廓) 안에 있는 심장이나 폐장과 같습니다. 그리고 또한 그것은 마치 경뇌막(硬腦膜)이나 연뇌막(軟腦膜)이라고 부르는 그것의 가리개들이 없는, 그리고 두개골(頭蓋骨)이라고 부르는 일반적인 가리개(covering)·수용그릇(containant)·버팀목(support)가 없는 두뇌(brain)와 같습니다. 그러므로 그것은 마치 성경말씀의 문자의 뜻이 없는 성경말씀(聖言)과 같은데, 그러므로 이사야서에는 이렇게 언급되었습니다. 그 책의 말씀입니다.

> 하나님께서는 예루살렘을
> 그의 영광으로 덮으셔서,
> 한낮의 더위를 막는 그늘을 만드시고,
> 예루살렘으로 폭풍과 비를 피하는
> 피난처가 되게 하실 것이다.
> (이사야 4:6)

IV.
성경말씀의 문자적인 뜻 안에는 그것의 충만함과 거룩함과 능력 가운데 신령진리가 존재한다.

214. 문자적인 뜻 안에는 성언(聖言 · the Word)이 그것의 충만함 · 그것의 거룩함 · 그것의 능력 가운데 존재합니다. 그 이유는 영적인 것이나 천적인 것이라고 부르는 두 선재적인 뜻들(the two prior senses)이나 내면적인 것들(the two interior)은, 앞에서 언급한 것과 같이(본서 210 · 212항 참조), 문자의 뜻을 가리키는 자연적인 뜻(the natural sense) 안에 동시적으로 존재하기 때문입니다. 그것들이 어떻게 동시에 존재하는지는 뒤에 상세하게 설명되겠습니다. 천계나 이 세상에는 계속적인 질서(=연속적인 질서 · successive order) · 동시적인 질서(simultaneous order)가 있습니다. 전자, 계속적인 질서는 가장 높은 것에서부터 가장 낮은 것에 이르기까지 하나의 것이 계속 해서, 다른 것에 뒤이어져서 이어지고 있습니다. 그러나 후자, 동시적인 질서는 극내적인 것들(inmosts)에서부터 극외적인 것들(outermosts)에 이르기까지 하나가 뒤이어지는 다른 것에 맞서서 서 있는 관계입니다. 동시적인 질서는 정상(頂上)에서 하부(下部)에 이르기까지 여러 단계를 거쳐서 마치 잘 정돈된 기둥(a column arranged)과 같습니다. 이에 반하여 동시적인 질서는 원심(圓心 · the center)에서부터 그것의 가장 외적인 표면에 이르기까지 원주(圓周)와의 밀착하는 작품(a work coherent)과 같습니다. 나는 지금 여기서 계속적인 질서가 어떻게 극외적인 것 안에 있는 동시적인 질서가 되는지를 설명하고자 합니다. 그것은 이런 과정을 거쳐서 행해집니다. 계속적인 질서의 가장 최고의 것들(=정상적인 것들)은 동시적인 질서의 극내적인 것들이 됩니다. 그리고 계속적인 질서의 가장 낮은 것들은 동시적인 질서의 극외적인 것들이 됩니다. 비교해서 말하면, 그것이 밑바닥으로 내려앉을 때(subside), 보조를 맞추어서 단계적으로 내려앉는 원뿔(圓錐 · cone)이 평면에 밀착된 몸통과 같습니다. 따라서 동시적인 질서는 계속적인 질서에서 형성됩니다. 이것은 자연계나 영계에 있는 개별적인 것이나 전체적인 것에서 꼭 같습니다. 왜냐하면 어디에서나 처음 것, 중간의 것, 마지막의 것이 있고, 그리고 처음의 것은

중간의 것을 통해서 그것의 마지막의 것에 이르고 통과하려는 경향이 있기 때문입니다. 그러나 우리가 여기서 반드시 명확하게 이해하여야 할 것은 이미 결정된 이런 질서들과 일치하는 순수성에 속한 계도들(degrees of purity)이 있다는 사실입니다.

[2] 이제는 성경말씀에 관해서 언급하겠습니다. 주님에게서 나오는 천적인 것·영적인 것·자연적인 것은 동시적인 질서 안에 있습니다. 따라서 성경말씀의 천적인 뜻이나 영적인 뜻은 동시적으로 성경말씀의 자연적인 뜻 안에 존재합니다. 이런 사실이나 내용이 파악, 이해될 때 성경말씀의 자연적인 뜻이 어떻게 성경말씀의 영적인 뜻이나 천적인 뜻의 수용그릇이 되고, 기초가 되고, 버팀목이 되는지 이해할 수 있겠습니다. 그리고 또한 신령선과 신령진리가 어떻게 그것의 충만함이나, 거룩함 또는 그것의 능력 가운데 성경말씀의 문자의 뜻에 존재하는지도 이해할 수 있겠습니다. 이렇게 볼 때 명확한 것은 성경말씀은 문자의 뜻 안에서 진정한 성언(the real Word)이라는 것입니다. 왜냐하면 내적으로 이것 안에는 영(spirit)과 생명이 있기 때문입니다. 이것이 바로 주님께서 말씀하신 것입니다. 요한복음서의 말씀입니다.

내가 너희에게 한 그 말은 영이요, 생명이다(요한 6 : 63).

왜냐하면 주님의 말씀은 자연적인 뜻으로 말씀된 것이기 때문입니다. 성경말씀의 자연적인 뜻에서 분리된 천적인 뜻이나 영적인 뜻은 성언이 아닙니다. 왜냐하면 그것들은 몸 밖에 있는 영이나 생명과 같기 때문이고, 그리고 또한 기초가 없는 궁전과 같기 때문입니다(본서 213항 참조).

215. 성경말씀의 문자의 뜻에 속한 진리들은 부분적으로는 적나라한 진리들(=옷 벗겨진 진리 · naked truths)이 아니고, 오히려 진리의 외현들(appearances of truth)이고, 그리고 자연계에 존재하는 것들에게 취한 유사한 것(similitudes)이고, 비교되는 것(comparisons)입니다. 그러므로 그것은 소박한 사람이나 어린 아이들의 능력에 적합, 순응되고, 적응되겠습니다. 그러나 이런 것들은 동시에 대응들이기 때문에 그것들은 순수한 진리의 수용그릇들이고, 거처(居處)들입니다. 그리고 그것들을 담는 그릇들입니다. 예를 들면 그것들은 좋은 포도주를 담는 수정으로 만든 잔(cup)이고, 맛있는 음식을 담는 은 접시와 같습니다. 그리고 그것

들은 귀중한 몸을 감싸는 옷들과 같습니다. 그것은 마치 젖먹이를 위한 배내옷(a swaddling clothes)과 같고, 처녀를 위한 멋진 의상들과 같습니다. 그것들은 역시 자연적인 사람의 지식들과 같은데, 그 지식들은 자신들 안에 영적인 진리의 지각(知覺)들이나 정동(情動)들을 담고 있습니다. 자연적인 뜻을 내포하고 있고, 담고 있고, 옷 입혀져 있고, 포함되고 있는 적나라한 진리들(the naked truths)은 성경말씀의 영적인 뜻 안에 있고, 그리고 적나라한 선들(the naked goods)은 성경말씀의 천적인 뜻 안에 있습니다. 그러나 이러한 내용은 성경말씀으로 예증되겠습니다.

[2] 예수님께서는 마태복음서에서 이렇게 말씀하셨습니다.

> 율법학자들과 바리새파 사람들아, 위선자들아, 너희에게 화가 있다! 너희는 잔과 접시의 겉은 깨끗이 하지만, 그 안은 탐욕과 방종으로 가득 채우기 때문이다. 눈 먼 바리새파 사람들아! 먼저 잔 속을 깨끗이 하여라. 그러면 그 겉도 깨끗하게 될 것이다(마태 23 : 25, 26).

여기서 주님께서는, 대응들을 가리키는, 유사(類似)한 것들이나, 대조(對照)들에 의하여 말씀하였는데, 그것은 낱말들 "잔"(cup)이나 "접시"(platter)를 사용하고 있기 때문입니다. 여기서 "잔"(cup)은 성경말씀의 진리를 가리키고, 뜻하는 것이 아닙니다. 왜냐하면 "잔"은 포도주를 뜻하고, 그리고 "포도주"는 진리를 뜻하기 때문입니다. 그러나 여기서 "접시"는 먹거리(food)를 뜻하고, 먹거리는 선을 뜻하기 때문입니다. 그러므로 "먼저 잔이나 접시의 속을 깨끗이 하여라"는 것은 성경말씀에 의하여, 의지나 생각에 속한 것을 가리키는, 마음의 내면적인 것들을 정화(淨化)하는 것을 뜻합니다. "그러면 그 겉도 깨끗하게 될 것이다"는 말씀은 사람이 행하고 말한 것들을 가리키는 외면적인 것들(the exteriors)이 따러서 정화될 것이라는 것을 뜻합니다. 왜냐하면 이런 것들(=외면적인 것들)은 자신들의 본질을 전자, 내면적인 것들에서 취하기 때문입니다.

[3] 예수님께서 다시 이렇게 말씀하셨습니다. 누가복음서의 말씀입니다.

"어떤 부자가 있었는데, 그는 자색 옷과 고운 베옷을 입고, 날마다 즐겁고 호화롭게 살았다. 그런데 그 집 대문 앞에는 나사로라 하는 거지 하나가 헌데 투성이 몸으로 누워 있었다(누가 16 : 19, 20).

여기서 역시 주님께서는 대응들을 가리키는 유사한 것들이나, 대조들에 의하여, 그리고 영적인 것들을 내포하고 있는 그런 것들에 의하여, 말씀하셨습니다. 여기서 "부자"(the rich man)은, 유대민족을 뜻합니다. 그것은 영적인 재물(spiritual riches)을 담고 있는 성경말씀을 그 민족이 가지고 있기 때문에 부자(富者 · rich)라고 불리웠습니다. 그가 입고 있었던 "자주색 옷과 고운 베옷"은 성경말씀의 선과 진리를 뜻합니다. 여기서 "자주색"(purple)은 성경말씀의 선을 뜻하고 "고운 베"(fine linen)은 성경말씀의 진리를 뜻합니다. "그가 날마다 즐겁고, 호화롭게 살았다"(his faring sumptuously every day)는 것은 성경말씀을 가지고 있다는 것에서의 그들의 만족(their satisfaction)과 그들의 성전들이나 회당들에서 성경말씀에서 비롯된 수많은 것들을 듣는다는 것에서의 그들의 만족을 뜻합니다. 여기서 "거지 나사로"(the beggar Lazarus)는 이방 사람들(the Gentiles)을 뜻하는데, 그것은 그들이 성경말씀을 가지고 있지 않기 때문입니다. 이방 사람들이 유대 사람들에 의하여 멸시되고, 배척되었다는 것은 "그가 부잣집 대문 앞에 누워 있었다"는 말씀이 뜻하고, 그리고 "그의 헌데 투성이 몸"은 이방 사람들이 수많은 거짓들 가운데 빠져 있는 그들의 진리의 결핍에서 기인된 것을 가리킵니다.
[4] 나사로가 이방 사람들을 뜻한다는 것은 주님께서 이방 사람들을 사랑하셨기 때문입니다. 나사로에 관한 말씀입니다.

"주님, 보십시오, 주께서 사랑하시는 사람이 앓고 있습니다" 하고 말하였다. …… 예수께서는 마르다와 그의 자매와 나사로를 사랑하셨다.…… 그러자 유대 사람들은 "보십시오, 그가 얼마나 나사로를 사랑하였는가!" 하고 말하였다(요한 11 : 3, 5, 36).
그들에게 "우리 친구 나사로가 잠들었다. 내가 가서, 그를 깨우겠다" 하고 덧붙여서 말씀하셨다(요한 11 : 11).
나사로는 예수와 함께 음식을 먹고 있는 사람 가운데 끼어 있었다(요한 12 : 2).

위의 두 장절들에게서 볼 때 아주 명확한 것은, 성경말씀의 문자적인 뜻에 속한 진리들이나 선들은 그릇들(vessels)과 같다는 것, 즉 성경말씀의 영적인 뜻들이나 천적인 뜻들이 숨겨져 있는 적나라한 선이나 진리(the naked good and truth)를 위한 가리개(clothing)와 같다는 것입니다.

[5] 문자적인 뜻 안에 있는 성경말씀은 이런 부류의 것이기 때문에, 뒤이어지는 것은, 그들이 주님에게서 비롯된 조요의 상태들(states of enlightenment)에서 성경말씀을 읽을 때, 신령진리들 안에 있고, 그리고 내적으로 그것의 속내부(its bosom)에 있는 성경말씀은 거룩 신령한 것이라는 신념 안에, 더욱이 성경말씀의 영적인 뜻들이나 천적인 뜻 때문에 성경말씀은 그러한 것이라고 믿는 신념 가운데 있는 자들은 자연적인 빛 안에서 신령진리들을 본다는 것입니다. 왜냐하면 그것 안에 영적인 뜻이 있는 천계의 빛은 그것 안에 성경말씀의 문자적인 뜻이 있는 자연적인 빛에 입류하기 때문이고, 그리고 영적인 빛은, 그것들이 나타내고, 그리고 그것들이 숨겨져 있는 곳들에 있는 신령진리들을 보게 하고 시인하게 하는, 이른바 합리적인 것이라고 부르는 사람의 총명적인 기능(=능력)에 빛을 비추기 때문입니다. 이런 자들에게는 진리들이 천계의 빛과 함께 동시에 입류하고, 심지어 그들이 그런 것에 관해서 전혀 알지 못하는 때에도 자주자주 입류합니다.

216. 성경말씀의 천적인 뜻 때문에, 성경말씀의 아주 깊은 곳에 있는 성언(=성경말씀 · the Word)은 점화시키는 온화한 불꽃(a gentle flame)과 같고, 그리고 그것의 영적인 뜻 때문에, 그것의 중간적인 깊은 곳에는 빛을 조요(照耀)하는 빛과 같기 때문에, 그러므로 그것의 자연적인 뜻 때문에 그것의 극외적인 것 안에는 그 불꽃이나 그 빛을 영접, 수용하는 투명한 물체(a transparent object)와 같고, 그리고 그 불꽃에서는 신홍색과 같은 루비와 같은 색깔이 있고, 그 빛에서는 눈과 같이 흰 색깔이 있습니다. 따라서 그것은, 천적인 불꽃으로 말미암아서는 루비와 같은, 그리고 영적인 빛으로 말미암아서는 다이아몬드와 같은, 루비나 다이아몬드에 비유 될 수 있겠습니다. 성경말씀의 문자적인 뜻 안에 있는 성언은 이런 것과 같기 때문에, 성경말씀의 문자적인 뜻 안에는 아래와 같은 내용을 뜻하는 것이 있습니다.

(1) 성경말씀의 문자적인 뜻에 속한 진리들은 새 예루살렘의 주춧돌들을 형성한 여러 보석들이 뜻한다.
(2) 성경말씀의 문자적인 뜻으로 성언의 선들이나 진리들은 아론의 에봇(法衣)의 우림과 둠밈이 뜻한다.
(3) 두로의 왕이 살았다고 언급된 곳인, 에덴 동산 안에 있는 여러 보석들이 뜻한다.
(4) 성경말씀의 문자적인 뜻 안에 담겨 있는 극외적인 것들 안에 있는 진리들이나 선들은 성막(tabernacle)의 휘장들 · 천막들, 기둥들이 표징한다.
(5) 예루살렘 성전의 외적인 것들이 뜻한다.
(6) 주님께서 현성용(顯聖容 · transfiguration)하셨을 때, 주님 안에서 표징하는 그것의 광영 안에 있는 것은 성언을 표징한다.
(7) 성경말씀의 극외적인 것들 안에 있는 성언의 능력은 나사렛 사람에 의하여 표징되었다.
(8) 말로 표현할 수 없는 성언에 속한 능력에 관하여.
이런 명제들이 하나 하나씩 언급, 예증되겠습니다.

217. (1) 성경말씀의 문자적인 뜻에 속한 진리들은 새 예루살렘의 주춧돌들을 형성한 여러 보석들이 뜻한다.
이미 앞에서 언급한 것과 같이(본서 209항 참조), 자연계와 꼭 같이, 영계에도 보석들이 있다는 것, 그리고 그것들의 영적인 근원은 성경말씀의 문자적인 뜻에 속한 진리들이라는 것 등입니다. 이런 것은 거의 믿을 수 없는 것 같이 보이지만, 그럼에도 불구하고 그것은 사실이고 진실입니다. 그리고 이런 내용은 성경말씀에 보석들이 자주 자주 언급, 거명되는 이유입니다. 그리고 그것은 그것들이 영적인 뜻으로 진리들을 뜻하기 때문입니다. 이렇게 볼 때 여기서 뒤이어지는 것은 예루살렘 성을 축성(築城)할 때의 주위의 성벽의 주춧돌들을 형성하는 "보석들"(the precious stones)은 새로운 교회의 교리에 속한 진리들을 뜻합니다. 그것은 "새 예루살렘"(New Jerusalem)이 성경말씀에서 비롯된 교리의 측면에서 새로운 교회(the New church)를 뜻하기 때문입니다. 그러므로 그것의 "성벽"(城壁 · its wall)이나 "그 성벽의 주춧돌들"은 성경말씀의 문자적인 뜻을 가리키는 성경말씀의 외적인 것 이외의 다른 것을 뜻하지 않습니다. 왜냐하면 그것은 교리가 존재하는 이 뜻에서 비롯되기 때문이고, 그리고 교회는 교리에 의하여 존재하기 때문입니다. 이에 반하여 성경말씀의 외적인 것은, 마치 하나의 성읍을 에워싸고 있고, 방어하는, 그것의 주춧돌들과 함께 성벽과 같습니다. 새 예루살렘 성과 그것의 주춧돌들에 관해서 우리는 묵시록서에서 이렇게 읽습니다. 그 책의 말씀입니다.

> 그 도시의 성벽에는 주춧돌이 열두 개가 있고, 그 위에는, 어린 양의 열두 사도의 열두 이름이 적혀 있었습니다.…… 천사가 그 성벽을 재어 보니, 사람의 치수로 백사십사 규빗이었는데, 그것은 천사의 치수이기도 합니다. 그 성벽은 벽옥으로 쌓았고,…… 그 성벽의 주춧돌들은 각색 보석으로 꾸며져 있었습니다. 첫째 주춧돌은 벽옥이요, 둘째는 사파이어요, 셋째는 옥수요, 넷째는 비취옥이요, 다섯째는 홍마노요, 여섯째는 홍옥수요, 일곱째는 황보석이요, 여덟째는 녹주석이요, 아홉째는 황옥이요, 열째는 녹옥수요, 열한째는 청옥이요, 열두째는 자수정이었습니다(묵시록 21 : 14, 17-20).

그 성벽은 수많은 보석들로 이루어진 열두 주춧돌들을 가지고 있었습니다. 그 이유는 숫자 "열둘"(12)이 선에서 비롯된 진리에 속한 모든 것들을 뜻하기 때문입니다. 그러므로 여기서는 교리에 속한 모든 것들을 뜻합니다. 그러나 이 절이나, 앞서의 절, 그리고 우리의 본문장에 이어지는 절에서는, 우리의 책 《묵시록계현》에서나, 예언서의 말씀에서 발췌, 인용한 구절들에 의하여 상세하게 설명된 것이나 입증된 것을 볼 수 있겠습니다.

218. (2) 성경말씀의 문자적인 뜻으로 성언의 선들이나 진리들은 아론의 에봇(Aron's ephod · 法衣)의 우림과 둠밈이 뜻한다.

우림과 둠밈(the Urim and Thummim)은 아론의 에봇에 있었는데, 그것들을 지니고 있는 그의 사제직(司祭職 · priesthood)은 신령선이나 구원의 대업(the work of salvation)의 측면에서 주님을 표징합니다. 사제의 겉옷들, 즉 그것의 거룩함은 주님에게서 비롯된 신령진리들을 표징하고, 에봇(法衣)은 성경말씀의 극외적인 것 안에 있는 신령진리를 표징하고, 따라서 성경말씀의 문자적인 뜻 안에 있는 성언(聖言 · the Word)을 표징합니다. 왜냐하면 그것이 바로 성경말씀의 극외적인 것 안에 있는 신령진리이기 때문입니다. 그러므로 우림과 둠밈을 구성하는 이스라엘의 두 지파의 이름과 더불어, 열두 보석들은 그것들의 복합체적으로 신령선에서 비롯된 신령진리들을 표징합니다. 이런 것들에 관해서 우리는 아래와 같이 모세의 글에서 이렇게 읽습니다. 출애굽기서의 말씀입니다.

> 그들은, 금 실과 청색 실과 자주색 실과 홍색 실과 가늘게 꼰 모시 실로 정교하게 감을 짜서 에봇을 만들어야 한다.…… 너는 에봇을 짤 때와 같은 방법으로 금 실과 청색 실과 자주색 실과 홍색 실과 가늘게 꼰 모시 실로 정교하게 짜서 판결 가슴받이를 만들어야 한다. 이것은 두 겹으로 겹쳐서 네모나게 만들되, 그 길이가 한 뼘, 너비가 한 뼘이 되게 하여라. 그리고 거기에 네 줄 보석을 박아라. 첫째 줄에는 홍보석과 황옥과 취옥을 박고, 둘째 줄에는 녹주석과 청옥과 백수정을 박고, 셋째 줄에는 풍신자석과 마노와 자수정을 박고, 넷째 줄에는 녹주석과 얼룩 마노와 벽옥을 박되, 이 보석들은 모두 금테를 물려라. 이 보석들은 이스라엘의 아들의 수대로 열둘이 되게 하고, 인장 반지를 새기듯이 보석마다 각 사람의 이름을 새겨서, 이 보석들로 열두 지파를 나타내게 하여라.…… 아론이 성소로 들어갈 때에는, 이스라엘의 아들들의 이름이 새겨진 판결 가슴받이를 가슴에 달고 들어가게 하여, 이것을 보고 나 주가 언제나 이스라엘을 기억하게 하여라. 판결 가슴받이 안에 우림(=빛)과 둠밈(=완전함)을 넣어서, 아론이 주 앞으로 들어올 때에, 그것을 가슴에 지니고 들어오게 하여라(출애굽기 28 : 6, 15-21, 29, 30).

아론의 옷, 그의 에봇, 겉옷, 관, 띠가 표징하는 것이 무엇인지는, 이 장을 다루고 있는, 런던에서 발간된 ≪천계비의≫에서 설명되었습니다. 거기에서 입증된 것은, 에봇은 그것의 극외적인 것 안에 있는 신령진리를 표징한다는 것이고, 그리고 에봇에 박힌 보석들은 선에서 비롯된 투명한 진리들을 표징하고, 네 줄로 정렬된 열두 보석들은 처음부터 마지막 것에 이르기까지 이런 진리들을 표징하고, 그리고 열두 지파들은 교회에 속한 모든 것들을 표징하고, 가슴받이(=판결 가슴받이)는 보편적인 뜻으로 신령선에게서 비롯된 신령진리를 표징하고, 우림과 둠밈(=빛과 완전함)은 극외적인 것 안에 있는 신령선에게서 비롯된 신령진리의 찬란함(光輝・resplendency)을 표징합니다. 왜냐하면 천사적인 언어에서 우림은 빛나는 불을 뜻하고, 둠밈은 찬란함(光輝)을 뜻하고, 그리고 히브리 말에서는 완전함(integrity)을 뜻하기 때문입니다. 거기에서 보여진 것은, 응답들이 다종다양한 빛에 의하여 주어졌기 때문입니다. 그리고 또한 동시에 묵시의 지각(tacit perception)에 의하여 생생한 음성(a living voice)에 의하여 응답들이 주어졌기 때문입니다. 이밖에 다른 여러 것들이 있습니다. 이상에서 볼 때 명확한 것은 이들 보석들이 역시 성경말씀의 극외적인 뜻으로 선에게서 비롯된 진리들을 뜻한다는 것을 잘 알 수 있겠고, 그리고 천계에서 주어진 응답들 이외의 다른 것을 뜻하지 않는다는 것도 잘 알 수 있겠습니다. 왜냐하면 그 뜻에는 그것의 충만함 가운데 신령발출(the Divine going forth)이 있기 때문입니다.

219. (3) 두로의 왕이 살았다고 언급된 곳인, 에덴 동산 안에 있는 여러 보석들이 뜻한다.

우리는 에스겔서에서 이런 장절들을 읽습니다. 그 책의 말씀입니다.

> 사람아,… 너는 두로 왕에게 전하여라.
> "너는 정교하게 만든 도장이었다.
> 지혜가 충만하고,
> 흠잡을 데 없이 아름다운 도장이었다.
> 너는 옛날에
> 하나님의 동산 에덴에서 살았다.
> 너는 온갖 보석으로 네 몸을 치장하였다.
> 홍보석과 황보석과 금강석과
> 녹주석과 홍옥수와 벽옥과
> 청옥과 남보석과 취옥과 황금으로
> 너의 몸을 치장하였다."
> (에스겔 28 : 12, 13)

성경말씀에서 "두로"는 선과 진리에 속한 지식들의 측면에서 교회를 뜻하고, "왕"(the king)은 교회에 속한 진리를 뜻하고, "에덴 동산"은 성경말씀에서 비롯된 지혜와 총명을 뜻하고, "보석들"은 선에 속한 것이기 때문에 투명한 진리들을 뜻하고, 그리고 이런 진리들은 성경말씀의 문자적인 뜻 안에 있습니다. 그리고 이들 보석들의 뜻이 이런 것이기 때문에 보석들은 그것의 가리개(=옷들·covering)라고 불리웠습니다. 성경말씀의 문자적인 뜻이 성경말씀의 내면적인 것들에 대한 가리개(=덮개·a covering)를 가리킨다는 것은 앞서의 설명 내용을 참조 하십시오.(본서 213항 참조).

220. (4) 성경말씀의 문자적인 뜻 안에 담겨 있는 극외적인 것들 안에 있는 진리들이나 선들은 성막(tabernacle)의 휘장들 · 천막들 · 기둥들이 표징한다.

광야시대 모세에 의하여 세워졌던 성막(the tabernacle)은 천계와 교회를 표징합니다. 그러므로 그것의 형체(形體)는 시내 산에서 여호와께서 보여 주었습니다. 결과적으로 성막 안에 있는 모든 것들은, 말하자면 촛대(the candle stick) · 향을 피우는 금 제단 · 진설병이 그 위에 놓이는 식탁 등은 천계나 교회의 거룩한 것들을 표징하고, 뜻합니다. 그리고 언약궤가 안치되는 곳인 지성소(the holy of holies)는 천계나 교회에 속한 극내적인 것을 표징하고, 따라서 그런 것들을 뜻합니다. 두 돌판에 쓰여진 율법 자체는 성언(聖言 · the Word)을 뜻하고, 법궤를 덮고 있는 게르빔은 신성모독(神聖冒瀆 · desecration)으로부터 성언에 속한 거룩한 것들을 방어하는 파수꾼들(guards)을 뜻합니다. 그 때 외적인 것들은 내적인 것들로부터 그것들의 본질을 취하기 때문에, 그리고 외적인 것들이나 내적인 것들 이 양자는, 여기서는 율법(the law)을 가리키는, 극내적인 것에서 그것들의 본질을 취하기 때문에, 그러므로 성막에 속한 모든 것들은 성언에 거룩한 것들을 표징하고, 그리고 뜻합니다. 이렇게 볼 때 여기서 뒤이어지는 것은 성막의 외적인 부분들인, 가리개들(coverings) · 수용그릇들(containers) · 버팀목들(supports)을 가리키는, 성막의 휘장들 · 천막들 · 기둥들은, 성경말씀의 문자적인 뜻에 속한 진리들이나 선들을 가리키는, 성경말씀의 극외적인 것들을 뜻합니다. 그 이유는 이것이 그것들이 뜻하는 것이기 때문입니다. 출애굽기서의 말씀입니다.

> 열 폭으로 성막을 만들어라. 그 천은, 가늘게 꼰 모시 실과 청색 실과 자주색 실과 홍색 실로 그룹을 정교하게 수놓아 짠 것이라야 한다(출애굽기 26 : 1, 31, 36).

일반적으로나 개별적으로 성막이나 성막 안에 있는 모든 것들이 표징하는 것이나 뜻하는 것이 무엇인지는, 이 장이 다루어지고 있는 곳의, ≪천계비의≫에서 이미 상세하게 설명되었습니다. 거기에서 입증된 것은 휘장들이나 천막들은 천계나 교회의 외적인 것들을 표징한다는 것이고,

따라서 성경말씀의 외적인 것들을 역시 표징합니다. 그리고 "가늘게 꼰 고운 모시 실"(linen)은 영적인 근원에서 비롯된 진리를 표징하고, "청색 실"은 천적인 근원에서 비롯된 진리를 뜻하고 "자주색 실"은 천적인 선을 뜻하고, "홍색 실"(=두겹으로 꼰 홍색 실)은 영적인 선을 뜻하고, "그룹"(the cherubs)은 성언의 내면적인 것들의 파수꾼들을 뜻합니다.

221. (5) 예루살렘 성전의 외적인 것들이 뜻한다.
이 명제는, 성막이 천계와 교회를 표징하는 것과 꼭 같이, 성전을 표징하기 때문입니다. 성전은 영적인 천사들이 살고 있는 천계를 표징하고, 성막은 천적인 천사들이 살고 있는 천계를 표징합니다. 영적인 천사들은 성언에서 비롯된 지혜 안에 있는 자들이고, 천적인 천사들은 성언에서 비롯된 사랑 안에 있는 자들입니다. 예루살렘에 있는 성전이, 최고의 뜻으로, 주님의 신령인성(the Lord's Divine Human)을 뜻한다는 것을 주님께서 요한복음서에서 가르치셨습니다. 그 책의 말씀입니다.

> 예수께서 그들에게 말씀하시기를 "이 성전을 허물어라. 그러면 내가 사흘 안에 다시 세우겠다" 하였다.…… 그러나 예수께서 성전이라고 하신 것은 자기 몸을 두고 하신 말씀이었다(요한 2 : 19, 21).

주님께서 뜻하시는 곳은 역시 성언을 뜻하였습니다. 그것은 주님께서 성언(聖言 · the Word)이시기 때문입니다. 그 때 성전의 내면적인 것들은 천계나 교회의 내면적인 것들을 표징하기 때문에, 따라서 역시 성언의 내면적인 것들을 뜻하기 때문에, 그러므로 그것의 외면적인 것들은 천계와 교회의 외면적인 것들을 뜻하고, 따라서 역시 성언의 외면적인 것들을 뜻하는데, 그것은 곧 성언의 문자적인 뜻에 속해 있습니다. 성전의 외면적인 것들에 관해서 우리는 이렇게 읽습니다. 열왕기 상서의 말씀입니다.

> 돌은 채석장에서 잘 다듬어낸 것을 썼으므로, 막상 성전을 지을 때에는, 망치나 정 등, 쇠로 만든 어떠한 연장 소리도, 성전에서는 전혀 들리지 않았다. …… 그는 성전의 지성소와 외실의 벽으로 돌아가면서, 그룹의 형상과 종려나무와 활짝 핀 꽃 모양을 새겼다. 또 그 성전의 지성소와 외실 마루에도 금으로 입혔다(열왕기 상 6 : 7, 29, 30).

여기의 모든 것들은, 성경말씀의 문자적인 뜻에 속한 거룩한 것들을 가리키는, 성언의 외적인 것들을 뜻합니다.

222. (6) **주님께서 현성용(顯聖容·transfiguration)하셨을 때, 주님 안에서 표징하는 그것의 광영 안에 있는 것은 성언을 표징한다.**
주님께서 베드로·야고보·요한 앞에서 변모하셨을 때 주님에 관해서 우리는 이렇게 읽습니다. 마태복음서의 말씀입니다.

> 예수께서는 베드로와 야고보와 그의 동생 요한을 데리시고, 따로 산으로 가셨다. 그런데 그들이 보는 앞에서 그의 모습이 변하였다. 그의 얼굴은 해와 같이 빛나고, 옷은 빛과 같이 희게 되었다. 그리고 마침 모세와 엘리야가 그들에게 나타나더니, 예수와 더불어 말을 나누었다.…… 갑자기 빛나는 구름이 그들을 뒤덮었다. 그리고 구름 속에서 "이는 내 사랑하는 아들이다. 내가 그를 좋아한다. 너희는 그의 말을 들어라" 하는 소리가 들려왔다(마태 17 : 1-5).

그 때 내게 일러진 것은 주님께서 성언을 표징한다는 것입니다. 여기서 "해 같이 빛나는 그분의 얼굴"(His face)은 그분의 신령사랑에 속한 신령선을 표징하고, "빛과 같이 희게 되었다"는 "그분의 옷"(His garments)은 그분의 신령지혜에 속하는 신령진리를 표징하고, 여기서 "모세"와 "엘리야"는 역사적인 성언(the historic Word)과 예언적인 성언(the prophetic Word)을 뜻합니다. 그리고 "모세"는 그를 통해서 기록된 성언을 표징하고, 일반적으로는 역사적인 성언을 표징합니다. 그리고 "엘리야"는 전체적인 예언적인 성언을 표징합니다. "제자들을 뒤덮어버린" "빛나는 구름"은 성경말씀의 문자적인 뜻 가운데 있는 성언을 표징합니다. 그러므로 구름 속에서 나는 소리를 들었는데, 그 소리는 "이는 내 사랑하는 아들이다. 너희는 그의 말을 들어라"고 말하였습니다. 왜냐하면 성경말씀의 문자적인 뜻 안에 있는 것과 같은 극외적인 것들을 통하는 것을 제외하면 천계에 비롯되는 그 어떤 알림들(announcements)이나 응답들은 결코 있을 수 없기 때문입니다. 왜냐하면 그런 것들은 주님에 의하여 충분함 가운데 이루어지기 때문입니다.

223. (7) **성경말씀의 극외적인 것들 안에 있는 성언의 능력(the power**

of the Word)은 나사렛 사람에 의하여 표징되었다.
우리는 사사기에서 삼손이 모태에서부터 나실 사람이었고, 그리고 그의 힘이 그의 머리카락에 있었다는 것을 읽습니다. 더욱이 "나실 사람"이나 "나실 사람의 성품·신분"은 머리카락이 뜻합니다. 그의 힘이 그의 머리카락에 있다는 것은 그 사람 자신이 보여 주고 있습니다. 그는 이렇게 말하였습니다. 사사기서의 말씀입니다.

> 삼손은 그에게 속마음을 다 털어 놓으면서 말하였다. "나의 머리는 면도칼을 대어 본 적이 없는데, 이것은 내가 모태에서부터 하나님께 바쳐진 나실 사람이기 때문이오. 내 머리털을 깎으면, 나는 힘을 잃고 약해져서, 여느 사람처럼 될 것이요"(사사기 16 : 17).

만약에 성경말씀에서 "머리"(head)가 뜻하는 것을 알지 못한다면, 머리카락을 뜻하는 나실 사람의 신분이 정해진 이유나, 삼손의 힘이 그의 머리카락에 있는 이유를 어느 누구도 알 수 없습니다. 성경말씀에서 "머리"는, 사람들이나 천사들이 주님으로부터 신령진리를 통하여 취하는 총명(intelligence)을 뜻합니다. 그러므로 "머리카락"(hair)은 극외적인 것들, 또는 마지막 것들 안에 있는 신령진리에서 비롯되는 총명을 뜻합니다. "머리카락"의 이 뜻 때문에 나실 사람들을 위한 율법(=규율)이 있었습니다. 민수기서의 말씀입니다.

> 나실 사람이 되어 주께 헌신하기로 하고, 특별한 서약을 했을 때에는, 그는 포도주와 독한 술을 삼가야 한다.…… 그는, 나실 사람으로 서원하고 헌신하는 그 모든 기간에는, 자기 머리를 삭도로 밀어서는 안 된다.…… 머리털이 길게 자라도록 그대로 두어야 한다(민수기 6 : 1-21).

그러므로 이런 규율도 있습니다. 레위기서의 말씀입니다.

> 모세는 아론과 그의 아들들에게 말하였다. "그대들은 머리를 풀거나 옷을 찢어 애도를 해서는 아니 되오. 그렇게 하다가는 그대들마저 죽을 것이오. 주의 진노가 모든 회중에게까지 미치지 않도록 하시오"(레위기 10 : 6).

대응에서 비롯된 이런 뜻 때문에 성언의 측면에서 주님을 가리키는 사람의 아들(人子 · the Son of Man)은, 심지어 머리카락에 대해서 이렇게 기술되었습니다.

> 머리와 머리털은 흰 양털과 같이, 또 눈과 같이 희었다(묵시록 1 : 14).
> 옷은 눈과 같이 희고,
> 머리카락은 양 털과 같이 깨끗하였다.
> (다니엘 7 : 9)

머리카락이 극외적인 것들 안에 있는 진리를 뜻하기 때문에 따라서 성경말씀의 문자적인 뜻을 뜻하기 때문에, 영계에서 성언을 무시, 경멸하는 자들은 대머리가 됩니다. 그리고 다른 한편 영계에서 성언을 거룩한 것으로 가장 높이 존경하고, 공경하는 자들은 멋진 머리카락을 지닌 자들로 보입니다. 이와 같은 것은 그것의 대응 때문입니다. 열왕기 하서의 말씀입니다.

> 엘리사가 그 곳을 떠나 베델로 올라갔다. 그가 베델로 올라가는 길에, 어린 아이들이 성읍에서 나와 그를 보고, "대머리야, 꺼져라. 대머리야, 꺼져라" 하고 놀려댔다. 엘리사는 돌아서서 그들을 보고, 주의 이름으로 저주하였다. 그러자 곧 두 마리의 곰(=암콤)이 숲에서 나와서, 마흔 두 명이나 되는 아이들을 찢어 죽였다(열왕기 하 2 : 23, 24).

왜냐하면 "엘리사"는 성경말씀에서 비롯된 교리의 측면에서 교회를 표징하기 때문입니다. 그리고 암콤(she-bear)은 극외적인 것들 안에 있는 진리의 능력을 뜻하기 때문입니다. 신령진리의 능력, 또는 성경말씀의 능력은 성경말씀의 문자적인 뜻 가운데 있습니다. 그것은 거기에서 성언이 그것의 충분함 가운데 있기 때문이고, 그리고 주님의 나라의 천사들이나 사람들은 그 뜻 가운데 함께 있기 때문입니다.

224. (8) 말로 표현할 수 없는 성언에 속한 능력에 관하여
오늘날에는 진리들 안에 어떤 능력이 있다는 것을 거의 누구도 알지 못하고 있습니다. 왜냐하면 사람들이 진리에 대해서, 반드시 복종히여야 한다는 이유 때문에 권위(權威)를 가진 어떤 사람이 발설하는 명령(=문장・성명・statement) 이외의 아무것도 아니라고 생각하기 때문입니다. 따라서 진리는 입에서 나오는 숨결이나, 귀에 들리는 소리와 같다고 여겼습니다. 그럼에도 불구하고 진리나 선은, 영적인 세계나 자연적인 세계에 있는 모든 것들의 원칙(=원리・principle)입니다. 그리고 역시 그것들은 그것에 의하여 우주가 창조된 수단들을 가리키고, 그리고 우주가 그것들을 통하여 보존되는 수단들을 가리키고, 그리고 사람은 그것에 의하여 그렇게 창조, 보존되는 수단들입니다. 그러므로 이들 둘(2)은 모든 것들 안에 있는 전부(the all)입니다. 우주가 신령진리에 의하여 창조되었다는 것은 요한복음서에서 아주 명료하게 선언되었습니다. 그 책의 말씀입니다.

> 태초에 말씀이 계셨다. 그 말씀은 하나님과 함께 계셨다. 그 말씀은 하나님이셨다.…… 모든 것이 그로 말미암아 생겨났으니, 그가 없이 생겨난 것은 하나도 없다.…… 그는 세상에 계셨다. 세상이 그로 말미암아 생겨났는데도, 세상은 그를 알지 못하였다(요한 1 : 1, 3, 10).

시편서의 말씀입니다.

> 주님은 말씀으로 하늘을 지으시고,
> 입김으로 모든 별을 만드셨다.
> (시편 33 : 6)

이들 장절에서도 "말씀"(聖言・the Word)은 신령진리를 뜻합니다. 우주가 이 진리에 의하여 창조되었기 때문에, 그러므로 역시 우주는 그것에 의하여 유지, 보존됩니다. 왜냐하면 생존(=현존・subsistence)은 곧 변함없는 항구적인 존재(perpetual existence)이기 때문에, 그러므로 보존(=유지・preservation)은 변함없는 항구적인 창조입니다.
[2] 신령진리에 의하여 사람은 창조되었습니다. 그것은 사람 안에 있는 모든 것들이 이해와 그리고 의지와 관계를 가지고 있기 때문입니다. 여기서 이해는 신령진리의 수용그릇이고, 의지는 신령선의 수용그릇입니다. 그러므로 이들 두(2) 원칙들로 구성된 사람의 마음(the human mind)은, 자연적으로 영적으로 조직, 구성된, 신령선과 신령진리의 형체(a

form) 이외에 아무것도 아닙니다. 그리고 사람의 머리(the human brain)가 바로 그 형체입니다. 그리고 사람에 속한 전체가 그의 마음에 의존하고 있기 때문에, 그러므로 그의 몸에 속한 모든 것들은, 이 두 원칙에 의하여 움직이고, 그리고 생명(=삶)은 그것들에게서 비롯되는, 부속물들(=부속기관들 · appendages)입니다.

[3] 이상의 모든 것에서 볼 때 밝히 알 수 있는 사실은, 하나님께서 왜 말씀으로 이 세상에 오셨는지, 그리고 왜 사람(Man)이 되셨는지, 다시 말하면 속량의 대업(贖良大業 · the work of redemption)을 완수하시기 위하여 말씀으로 이 세상에 오셨고, 사람(Man)이 되셨다는 것입니다. 왜냐하면 그 때 하나님께서는, 신령진리를 가리키는 그분의 인성(His Human)에 의하여, 모든 능력을 실연(實演)하셨고, 그리고 천사들이 있는 천계에 이르기까지 팽창한 지옥을 정복하셨습니다. 그리고 지옥을 정복하셔서, 지옥을 당신 자신에게 복종하도록 항복시키셨습니다. 이러한 일은 직접 말씀하신 말씀에 의한 것뿐만 아니라, 신령진리를 가리키는 신령성언(the Divine Word)에 의하여 행하셨습니다. 그 뒤 주님께서는 지옥에서부터 어느 누구도 건너올 수 없는, 아주 큰 심연(深淵 · a great gulf)을 천계와 지옥 사이에 두셨습니다. 만약에 어느 누구가 그 심연을 건느려고 한다면 그는 첫 발부터 마치 뱀이 뜨거운 철판 위에 놓인 것과 같은 고통을 겪어야 하고, 또는 개미둑에서 겪는 고통을 겪습니다. 왜냐하면 신령진리의 냄새의 첫 번째 근접에서 악마들이나 사탄들은 그 즉시 자기 자신들을 아비소스에 던지고, 그리고 갈라진 틈도 전혀 보이지 않는 무저갱(無底坑)의 동굴 속으로 거꾸로 자기 자신들을 쑤셔 박습니다. 이런 일은 이런 부류의 작자들의 의지가 온갖 악들 가운데 있고, 그리고 그들의 이해가 온갖 거짓들 안에 있기 때문입니다. 다시 말하면 신령선에, 그리고 신령진리에 정반대되는 것에 빠져 있기 때문입니다. 앞에서 언급한 것과 같이 그 사람 전체가 생명(=삶)에 속한 두 원칙들로 이루어졌기 때문에, 따라서 그들은 머리부터 발까지 완전하고도 비참한 그들의 반대되는 감동이나 감정 때문에 아주 무기력(無氣力)하게 되기 때문입니다.

[4] 이상의 모든 것에서 볼 때 밝히 알 수 있는 것은 신령진리에 속한 능력(the power of Divine truth)을 필설로 무엇이라고 표현할 수 없다는 것입니다. 그리고 기독교회가 가지고 있는 성경말씀이 세 계도들(three

degrees) 안에 있는 신령진리의 수용그릇이기 때문에, 그 성경말씀이 뜻하는 것이 무엇인지는 요한복음서 1장 1, 3, 10절에서 명확합니다. 성경말씀의 능력이 필설로 표현할 수 없다는 것은 내가 영계에서 수많은 명확한 체험들에 의하여 능히 입증할 수 있겠습니다. 그러나 이런 확신들은 신념 따위를 초월하고, 또한 믿을 수 없는 것으로 보이기 때문에, 내가 여기서 그것들에 관해서 언급, 제시하는 것은 생략하겠습니다. 그러나 여러분 중에서 몇몇은 그것들에 관한 기록을 이 책 209항에서 볼 수 있겠습니다. 아래의 내용은 이런 진리들을 기억력 속에 간직하는 것에 이바지할 것입니다. 주님에게서 비롯된 신령진리들 안에 교회가 지옥을 다스리는 능력을 가지고 있다는 것이나, 그리고 베드로에게 하신 주님의 말씀들은 이런 교회와 관계를 가지고 있습니다. 마태복음서의 말씀입니다.

  너는 베드로다. 나는 이 반석(=페트로스) 위에다가 내 교회를 세우겠다. 죽음의 세력(=지옥의 대문)이 그것을 이기지 못할 것이다(마태 16 : 18).

이 말씀은 베드로가 이 고백을 한 뒤 주님께서 말하신 말씀입니다. 그 유명한 말씀입니다.

  선생님은 살아 계신 하나님의 아들 그리스도십니다(마태 16 : 16).

여기서 "반석"(rock)은 그런 진리를 뜻합니다. 왜냐하면 성경말씀 어디에서나 "반석"(=바위 · rock)은 신령진리의 측면에서 주님을 뜻하기 때문입니다.

V.

교회의 교리는 반드시 성경말씀의 문자적인 뜻에서 취하여야 하고, 그리고 그 뜻에 의하여 확인, 확증되어야 한다.

225. 앞서의 단원에서 설명, 입증된 것은, 성경말씀의 문자적인 뜻으로 그것의 충만함이나 거룩함 그리고 그것의 능력 가운데 있다는 것이었습

니다. 그리고 주님께서 말씀(聖言)이시기 때문에, 그리고 묵시록서(묵시록 1 : 17)에서 그분 친히 말씀하신 것과 같이 "처음이시고, 마지막이시기" 때문에, 거기에서 뒤이어지는 것은, 주님께서 그 뜻 안에 충만하게 현존(現存)하신다는 것, 그리고 그것으로부터 주님께서는 사람을 가르치시고, 조요(照耀)하신다는 것 등등입니다. 그러나 이러한 사실은 아래의 순서에 따라서 설명, 입증되겠습니다.
(1) 교리가 없이 성경말씀은 이해되지 않는다.
(2) 교리는 반드시 성경말씀의 문자적인 뜻에서 취하여야 하고, 그리고 그것에 의하여 확증되어야 한다.
(3) 반드시 교리를 구성하는 진정한 교리는 주님에 의하여 조요의 상태에 있는 자들이 성경말씀의 문자적인 뜻 안에 있는 것을 볼 수 있다.

226. (1) 교리가 없이는 성경말씀은 이해되지 않는다.
이 명제는, 문자적인 뜻 안에 있는 성언(聖言 · the Word)은 순수하게 대응들에 의하여 이루어졌기 때문에, 그리고 그것이 동시에 영적인 것들이나 천적인 것들을 내포, 담기 위하여, 그리고 각각의 낱말은 이런 것들의 수용그릇(a container)이고 버팀목(a support)이 되기 위한 것이라는 사실입니다. 이런 이유 때문에 문자적인 뜻 안에는 신령진리들이 아주 드물게는 적나라한 진리들(naked truths)로 있지만, 그러나 대부분 옷 입혀진 진리들(truths clothed)입니다. 그리고 이런 것들은 진리의 외현들(appearances of truth)이라고 부르고, 그것의 대부분은 소박한 사람(the simple)의 이해에 적용되는데, 여기서 소박한 사람은, 그들이 그들의 눈 앞에 보여진 그런 것들 위에(above) 그들의 생각을 올리지 못하는 사람을 가리킵니다. 나머지 다른 것들은, 비록 성경말씀이 그것의 영적인 빛 안에서 관찰된다고 해도 그것 안에서 찾을 수 있는 모순은 전혀 없는, 그런 모순들(矛盾 · contradictions)과 같은 모습으로 보입니다. 더욱이 예언서들의 어떤 부분에는, 그것에서 논리적으로도 전혀 아무런 뜻도 찾을 수 없는, 수많은 인명들(names)이나 지명들(places)의 뭉치들(collections)이 있습니다. 성경말씀은 문자적인 뜻 안에서는 그런 것이기 때문에, 여기서 명확한 것은 교리가 없이는 이해될 수 없다는 것입니다.
[2] 이러한 내용은 실례들에 의하여 예증되겠습니다. 이런 말씀이 언급되었습니다.

> 여호와께서 뜻을 돌이키신다(=다시 생각하신다) (출애굽기 32 : 12, 14 ; 요나 3 : 9 ; 4 : 2).

역시 이런 말씀도 언급되었습니다.

> 여호와께서는 변덕을 부리지도 아니하신다(=후회하지 않으신다) (민수기 23 : 19 ; 사무엘 상 15 : 29).

만약에 교리가 없다면 이런 문장들이나 진술들은 조화를 이룰 수 없습니다. 이렇게 언급되기도 하였습니다.

> 나(=여호와)는, 아버지가 죄를 지으면
> 본인뿐만 아니라 자손 삼사 대까지
> 벌을 내리신다.
> (민수기 14 : 18)

이런 말씀도 언급되었습니다.

> 자식이 지은 죄 때문에 부모를 죽일 수 없고, 부모의 죄 때문에 자식을 죽일 수 없다. 사람은 저마다 자기가 지은 죄 때문에만 죽임을 당할 것이다(신명기 24 : 16).

교리의 빛 가운데서는 이런 장절들이나 진술들은 서로 상충(相衝)하지 않고, 오히려 동의, 일치합니다.
[3] 예수님께서 하신 말씀입니다. 마태복음서의 말씀입니다.

> "구하여라, 주실 것이요, 찾아라, 찾을 것이요, 문을 두드려라, 열어 주실 것이다. 구하는 사람마다 받을 것이요, 찾는 사람마다 찾을 것이요, 문을 두드리는 사람에게 열어 주실 것이다" (마태 7 : 7, 8 ; 21 : 21, 22).

만약에 교리가 없다면 상상할 수 있는 것은 누구나 그가 구한 것은 무엇이나 다 받을 수 있겠다는 것입니다. 그러나 교리로 말미암아 알게 되는 것은 사람의 요구가 주님에게서 비롯될 때 그가 요구한 것이 그에게 주어진다는 것입니다. 이 사실을 주님께서는 이렇게 가르치셨습니다. 요한복음서의 말씀입니다.

> 너희가 내 안에 머물러 있고 나의 말이 너희 안에 머물러 있으면, 너희가 무엇이든지 다 그대로 이루어질 것이다(요한 15 : 7).

[4] 주님께서 하신 말씀입니다. 누가복음서의 말씀입니다.

> 너희 가난한 사람은 복이 있다.
> 하나님의 나라가 너희의 것이다.
> (누가 6 : 20)

만약에 교리가 없다면 이 말씀 역시 천계는 가난한 사람을 위한 것이지, 부자를 위한 것이 아니라고 가르친다고 생각할 수 있겠습니다. 그러나 교리는 영으로 가난한 사람을 뜻하는 것을 가르칩니다. 왜냐하면 주님께서는 이렇게 말씀하셨기 때문입니다. 마태복음서의 말씀입니다.

> 마음이 가난한 사람은 복이 있다.
> 하늘 나라가 그들의 것이다.
> (마태 5 : 3)

[5] 다시, 주님께서는 이렇게 말씀하십니다. 마태복음서의 말씀입니다.

> 너희가 심판을 받지 않으려거든, 남을 심판하지 말아라. 너희가 남을 심판하는 그 심판으로 하나님께서 너희를 심판하실 것이다(마태 7 : 1, 2 ; 누가 6 : 37).

만약에 교리가 없다면, 누구나 이런 말씀에서 결론을 짓는 것은, 그는 악한 사람이 악하다고 심판받아서는 안 되는 것이라고 생각할 것입니다. 그러나 교리에 따르면, 심판하는 것이 적법(適法)한 것이면, 그 심판은 옳은 것이라는 것입니다. 왜냐하면 주님께서는 이렇게 말씀하시기 때문입니다. 요한복음서의 말씀입니다.

겉모양으로 판단하지 말고, 공정한 판단을 내려라(요한 7 : 24).

[6] 예수께서 이렇게 말씀하셨습니다. 마태복음서의 말씀입니다.

그러나 너희는 선생이라는 칭호를 듣지 말아라. 너희의 선생은 한 분뿐이요, 너희는 모두 학생이다. 또 너희는 땅에서 아무도 너희의 아버지라고 부르지 말아라. 너희의 아버지는 하늘에 계신 분, 한 분뿐이시다. 또 너희는 지도자라는 칭호를 듣지 말아라. 너희의 지도자는 그리스도 한 분뿐이시다(마태 23 : 8-10).

역시 여기서도 교리가 없다면, 이 말씀에서 뒤이어지는 것은 사람은 결코 다른 사람을 선생, 아버지, 지도자라고 부르지 말아야 한다는 것이지만, 그러나 교리로 말미암아 알 수 있는 것은, 자연적인 뜻으로는 허용되지만 그러나 영적인 뜻으로는 허용되지 않는다는 것입니다.
[7] 예수님께서는 그의 제자들에게 이렇게 말씀하셨습니다. 마태복음서의 말씀입니다.

예수께서 그들에게 말씀하셨다. "내가 진정으로 너희에게 말한다. 새 세상에서 인자가 자기의 영광스러운 보좌에 앉고, 만물이 새롭게 될 때에, 나를 따라온 너희도 열두 보좌에서 앉아서, 이스라엘 열두 지파를 심판할 것이다(마태 19 : 28).

이런 장절들에게서 어떤 사람이 결론을 짓는 것은, 주님의 제자들이 심판하실 것이고 하겠지만, 사실은 그 때 제자들이 어느 누구도 심판할 수 없고, 그리고 여기에 숨은 비의(秘義)는, 전지(全知)하시고, 모두의 마음을 잘 아시는 주님께서 홀로 심판하실 것이라는 것, 그리고 심판하실 수 있을 것이라는 것을 교리에 의하여 명료하게 될 것이라는 사실입니다. 그리고 "그분의 열두 제자들"은 성경말씀을 통하여 주님에게서 비롯된 모든 진리들이나 선들의 측면에 교회를 뜻한다는 것, 따라서 교리가 입증, 보여주는 것은, 요한복음서 3장 17, 18절과 12장 47, 48절에 따라서 모두는 이런 진리들에 의하여 심판받는다는 것입니다. 성경말씀에는 이와 비슷한 다른 여러 가지 설명들이나 진술들이 있으며, 그리고 그것은 교리가 없으면 성경말씀은 이해되지 않는다는 것을 명확하게 합니다.

227. 성경말씀은 교리에 의하여 이해될 뿐만 아니라, 역시 그것은 이해 안에서 빛을 발합니다. 그것은 그 때 마치 등불이 켜져 있는 큰 촛대의 가지들과 같기 때문입니다. 따라서 사람은 그 전에 보았던 것보다 더 많은 것을 보고 있기 때문이고, 그리고 또한 그가 그 전에 이해하지 못했던 것들을 이해하기 때문입니다. 불영명한 것들이나 부조화한 것들을 그는 마음 써서 보는 일 없이 간과(看過)하거나, 또는 그는 교리에 따라서 그것들을 생각나게 하여 그것들을 분명하게 합니다. 성경말씀이 교리로 말미암아 판단된다는 것, 그리고 교리에 따라서 분명하게 한다는 것은 기독교의 실제적인 사실이 잘 입증해 줍니다. 모든 개혁교회(the Reformed)는 그들 자신들의 교리로부터 성경말씀을 조사, 검토하고, 그리고 교리에 따라서 분명하게 합니다. 마찬가지로 가톨릭 교도들도 그들의 교리로 그렇게 하고, 유대교도들 역시 자신들의 교리에 따라서 그렇게 합니다. 결과적으로 그들은 거짓 교리들로부터는 거짓들을 보고, 참된 교리들로부터는 진리들을 봅니다. 이런 모든 것들이 명료하게 하는 것은 참된 교리(true doctrine)는 어두운 밤에 등불과 같고, 또는 길가에 있는 도로 표지와 같다는 것입니다.

228. 이렇게 볼 때 밝히 잘 알 수 있는 것은, 교리가 없이 성경말씀을 읽는 사람들은 모든 진리에 관해서 불영명하고, 그리고 그들의 마음은 흔들이고, 확신이 없고, 오류에 기울고, 이단사설에 빠지게 된다는 것입니다. 그들은 만약에 어떤 총애(寵愛)나 권위(權威)가 용기를 북돋아주고, 명성(名聲)이 위험에 빠지지 않는다면 그들은 그런 오류나 이단사설까지도 용납, 굳게 신봉(信奉)할 것입니다. 이런 부류의 사람들에게 성경말씀은 빛이 없는 큰 촛대의 가지 촛대와 같고, 그리고 그들은 마치 어둠 속에서 수많은 것들을 보는 것과 같을 것입니다. 사실 그들은 거의 아무것도 보지 못합니다. 왜냐하면 교리는 마치 불이 켜져 있는 등불과 같기 때문입니다. 나는 이런 사람들이 천사들에 의하여 점검(點檢)되는 것을 여러번 목격하였고, 그리고 그 때마다 발견된 것은, 그들은 성경말씀에서 그들이 원하는 것들만을 확증할 수 있고, 그리고 그들은 특히 자기 자신에 속한 자기사랑(自我愛)이나 다른 사람들이 자신들을

떠받드는 사랑 따위에 속한 그런 것들을 선호, 확증한다는 것 등입니다. 그리고 나는, 그들이 전혀 진리들을 가지고 있지 않다는 증표(證票)로서 그들의 옷들이 모두 벗겨진 것을 보았습니다. 영계에서 옷들은 진리들을 가리키기 때문입니다.

229. (2) 교리는 반드시 성경말씀의 문자적인 뜻에서 취하여야 하고, 그리고 그것에 의하여 확증되어야 한다.

이것은, 주님께서 거기에 현존하시고, 그리고 주님께서 거기에서 가르치시고, 빛을 비추시기 때문입니다. 왜냐하면 주님께서는 충만한 상태에 계시지 않으면 결코 역사(役事)하시지 않으시기 때문이고, 그리고 성언은 성경말씀의 문자적인 뜻 가운데 성경말씀의 충만함이 있기 때문입니다. 이러한 사실은 이미 앞에서 입증, 설명되었습니다. 이것이 바로 교리는 반드시 성경말씀의 문자적인 뜻에서 취하여야 한다는 이유입니다. 더욱이 진정한 진리(genuine truth)에 속한 교리는 성경말씀의 문자적인 뜻에서 반드시 취하여야 합니다. 그것은 그 뜻 안에 성언은, 마치 그의 얼굴이나 손들은 아무것도 걸친 것이 없이 드러나 있지만, 그의 몸은 옷을 입고 있는 사람과 꼭 같기 때문입니다. 그리고 사람의 믿음이나 생명(=삶)에 속한 모든 것들은, 따라서 그의 구원은 거기에서 적나라하게 드러나 있지만, 이에 반하여 나머지 것들은 옷 입혀진 것 같이 가려져 있습니다. 그러나 그들이 옷입혀 있다고 하는 수많은 곳에서, 마치 어떤 여인이 자기의 얼굴을 가리고 있는 두터운 비단 베일을 통해서 자기 앞에 있는 대상물들을 보는 것과 같이, 그것을 통하여 자기 자신 앞에 있는 사물들을 봅니다. 더욱이 성경말씀의 진리들은 증대되기 때문에, 다시 말하면 그 진리들에 대한 사랑에 의하여, 그리고 질서 정연하게 배치, 정돈된 이 사랑에 의하여 그것들은 더욱 더 밝게 빛을 발하고, 그리고 명료하게 깨닫고, 알게 되기 때문입니다.

230. 여기에서 우리가 생각할 수 있는 것은, 진정한 진리에 속한 교리는, 대응들에 속한 지식을 통하여 주어지는 성경말씀의 영적인 뜻에 의하여 터득되지만, 그러나 그 뜻에 의하여 터득되지 않은 교리는 그저 다만 예증하고 확실하게 할 뿐입니다. 왜냐하면 본서 208항에서 언급, 설명한 것과 같이, 그와 같은 일은, 잘 알고 있다는 대응들에 속한 몇몇 지식들에 의하여 이런 저런 것들을 수집, 집합시킨 것들에 의하여 성경말씀을 위화(僞化)하고, 그리고 이미 그의 마음 속에서 적용된 어떤

원칙에 의하여 세워진 그의 마음 속에 있는 것을 확증하기 위하여 그것들을 적용, 응용하려는, 그런 자들에게는 또한 가능하기 때문입니다. 더욱이 주님께서는 영적인 뜻을 통하여 어느 사람과도 교류하시기 때문이고, 그리고 천계가 그 뜻 안에 있기 때문에 마치 주님께서 천사적인 천계를 지키듯이, 주님께서는 어느 누구도 지켜, 보호하십니다.

231. (3) 반드시 교리를 구성하는 진정한 진리는 주님에 의하여 조요의 상태에 있는 자들이 성경말씀의 문자적인 뜻 안에 있는 것을 볼 수 있다.

조요(照耀 · Enlightenment)는 오직 주님에게서만 비롯되고, 그리고 그것이 진리이기 때문에 진리들을 애지중지 사랑하는 사람 안에, 그리고 진리들을 삶에 속한 선용들을 이루는 자들 안에 존재합니다. 그렇지 않은 사람들에게 성언 안에 있는 조요는 전혀 불가능합니다. 조요가 주님에게서만 비롯된다는 것은, 성언이 그분에게서 비롯되기 때문이고, 결과적으로는 주님께서 성언 안에 계시기 때문입니다. 진리들이 진리이기 때문에 진리들을 애지중지 여기고, 사랑하는 사람들에게, 그리고 진리들을 삶에 속한 선용들을 이루는 사람에게, 조요가 주어진다는 것은, 그것들이 주님 안에 있기 때문이고, 그리고 주님께서 역시 그것들 안에 계시기 때문입니다. 왜냐하면, 이미 주님에 관해서 다룬 장에서 입증한 것과 같이, 주님께서는 진리 자체이시기 때문입니다. 그리고 사람들이 주님의 신령진리에 따라서 살 때 사람들은 주님을 사랑하는 것이기 때문입니다. 다시 말하면 사람들이 이런 진리들로 말미암아 선용들을 실천, 이룰 때 사람들은 주님을 사랑하는 것이기 때문입니다. 이런 사실을 요한복음서에서 이런 말씀으로 가르치셨습니다. 그 책의 말씀입니다.

> 그 날에 너희는, 내가 내 아버지 안에 있고, 너희가 내 안에 있고, 또 내가 너희 안에 있음을 알게 될 것이다. 내 계명을 받아서 지키는 사람은 나를 사랑하는 사람이요, 나를 사랑하는 사람은, 내 아버지의 사랑을 받을 것이다. …… 누구든지 나를 사랑하는 사람은 내 말을 지킬 것이다. 그러면 내 아버지께서 그 사람을 사랑할 것이요, 우리는 아버지께로 가서 아버지와 함께 살 것이다(요한 14 : 20, 21, 23).

이런 부류의 사람들은, 그들이 성경말씀을 읽을 때 조요의 상태에 있을 것이고, 그 조요와 함께 성언은 빛을 발할 것이고, 투명하게 드러날 것 인데, 그 이유는 영적인 뜻이나 천적인 뜻은 성경말씀의 모든 개별적인 것 안에 담겨, 내재해 있기 때문이고, 그리고 이런 뜻 —영적인 뜻이나 천적인 뜻—은 천계의 빛 가운데 있기 때문입니다. 따라서 이런 뜻이나, 이런 빛에 의하여 주님께서는 성경말씀의 자연적인 뜻 안에 입류(入流) 하시고, 그리고 사람 안에 있는 그 뜻에 속한 빛에 입류하시고, 결과적 으로는 사람은 내면적인 지각으로 말미암아 진리를 시인하고, 따라서 자신의 생각 안에서 그것을 보고, 알기, 때문입니다. 그리고 이런 일은 그 사람이 진리를 위한 정동이나, 진리에 대한 목적 안에 있을 때 자주 있습니다. 왜냐하면 지각은 정동에서 비롯되고, 그리고 지각에서 비롯 된 생각에서 비롯되고, 따라서 믿음이라고 부르는, 시인이 그것에서 생 성되기 때문입니다.

232. 거짓된 종교에 속한 교리에서 성경말씀을 읽는 사람들에게서는 이와 정반대되는 것이 일어납니다. 더욱이 그들 자신의 광영이나 이 세 상적인 소유물에 대한 관심이나 관점을 가지고 이런 일을 행하면서, 성 언에 의하여 그 교리를 확증하는 자들에게는 더욱 더 이와 정반대되는 일이 생겨납니다. 이런 자들에게서 성경말씀의 진리들은 마치 한밤중의 칠흑 같은 흑암이고, 거짓들은 마치 한낮의 빛과 같은 광명일 것입니다. 그들은 비록 진리들을 읽지만, 결코 그것들을 알거나 보지는 못합니다. 그리고 만약에 본다고 해도 그들은 마치 그것들의 그림자를 보는 것과 같고, 그리고 그들은 그것들을 위화합니다. 이런 무리가 그들에 관해서 주님께서 말씀하신 자들입니다. 마태복음서의 말씀입니다.

이사야의 예언이 그들에게서 이루어질 것이다.
"너희가 듣기는 들어도 깨닫지 못하고,
보기는 보아도 알아보지 못할 것이다.
이 백성의 마음은 무디어지고,
귀는 듣지 못하고,
눈은 감겼다.
이는 그들이
눈으로 보고 귀로 듣고 마음으로 깨달아
내게 고침을 받을까 염려된다."

(마태 13 : 14, 15)

결과적으로 교회에 속한 것을 가리키는 영적인 사안(事案)에 관한 그들의 빛은 오직 자연적이고, 그리고 그들의 내적인 통찰(mental vision)은, 마치 잠에서 막 깨어났을 때의 어떤 사람처럼 비몽사몽 같은 환상을 보는 것과 같고, 또는 그가 잠을 자면서 그가 깨어 있다고 생각하는, 몽유병자(夢遊病者 · sleep-walker)와 꼭 같습니다.

233. 나에게는 죽은 뒤의 수많은 사람들과 대화하는 일이 주어졌습니다. 그들이 믿고 있는 것은 그들이 밤 하늘의 별들처럼 밝게 빛난다는 것입니다. 그 이유는, 그들이 주장하고 있는 것과 같이, 그들은 성경말씀을 거룩한 것으로 생각하고, 그리고 그것을 자주자주 읽는 것을 통해서 그것으로부터 그들이 자신들의 믿음(=신앙)의 교리나 신조를 그것에 의하여 확증하는 그런 수많은 것들을 그것에서 수집, 모으기 때문입니다. 결과적으로 그들은 유식한 사람들처럼 추앙(推仰)을 받는 사람이 되었기 때문입니다. 이런 이유 때문에 그들이 신봉하는 것은, 그들이 미카엘 천사나 라파엘 천사가 된다는 것입니다. 그러나 그들의 대부분은 그들이 성경말씀을 연구, 공부하게 한 근원을 가리키는 사랑에 관해서 검토, 검증되었습니다. 거기에서 밝혀진 결과는 그들 중 몇몇은 자기사랑에서 비롯된 그런 근원에서 성경말씀을 연구, 공부하였다는 것이고, 어떤 자들은 교회에서 중요 지도자로서 공경받기 위하여, 어떤 자들은 세상사랑에서 비롯된 근원에서 그들이 수많은 재물들을 취하기 위한 근원에서 비롯된 것이라는 것이 밝혀졌습니다. 그리고 또한 이들은 그들이 가지고 있는 성경말씀의 지식들에 관해서 검토되었을 때 역시 거기에서 밝혀진 결과는 그들이 성경말씀에서 순수한 진리에 관해서 배운 것은 아무것도 없고, 다만 위화된 것을 진리라고 부르는 것에 적합한 그런 진리들만을 익히고, 배웠다는 것이 드러났습니다. 사실 그런 부류의 진리는 본질적으로 천계에서는 고약한 냄새를 풍기는 악취(惡臭)를 가리킵니다. 이런 부류의 작자들에게 일러진 것은, 그들이 성경말씀을 읽을 때, 그들이 자신들의 목적으로 삼았던, 자기사랑이나 세상사랑 때문에, 그리고 믿음에 속한 진리나 삶의 선에 속한 것은 전혀 없었기 때문에 그들에게는 이와 같은 꼭 같은 경우가 되겠다는 것이었습니다. 그리고 자아(自我)나 이 세상이 목적들이 되었을 때 성경말씀을 읽는 마

음은 자아나 이 세상에 굳게 뿌리를 박고 있습니다. 결과적으로 그들의 생각(=사상)은 언제나 자기 고유속성(=자아)에서 온 것입니다. 그리고 사람의 고유속성(man's own · 自我)은 천계나 교회에 속한 모든 것에 관해서는 칠흑 같은 암흑 상태에 있습니다. 이런 상태에서 사람이 주님에 의하여 올리워지고, 천계의 빛에 들어간다는 것은 전혀 불가능합니다. 그러므로 주님으로부터 천계를 통하여 어떤 입류를 영접, 수용한다는 것 역시 전혀 불가능합니다. 나는 역시 이런 인물들이 천계 오르는 것을 목격하였고, 그리고 그들에게서 진리들의 결핍(缺乏)이 드러나, 발견되었을 때, 그들은 아래로 쫓겨났고, 그리고 그럼에도 불구하고 그들 자신의 공로사상적인 그들의 자만(自慢)은 여전히 그들에게 남아 있었습니다. 그러나 진리가 진리이기 때문에 진리를 알고자 하는 일념에서 비롯된 정동에서 성경말씀을 읽고, 공부한 사람들에게는 사정은 전혀 다릅니다. 그리고 진리는 삶에 속한 선용들을 섬기고, 봉사하는 것이라는 것 때문에, 그리고 자기 자신을 위한 것뿐만 아니라, 이웃의 선용을 위해서 성경말씀을 연구, 공부하는 사람에게는 역시 사정은 전혀 다릅니다. 이런 사람들이 천계에 오르는 것을 나는 목격하였고, 따라서 거기에 신령진리가 있는 빛의 상태에 들어가는 것도 목격하였습니다. 그리고 내가 직접 목격, 본 사실은 이런 사람들은 동시에 천사적인 지혜에 허입(許入)되고, 그들은 천계의 천사들이 거기에서 천계의 행복을 누리는 천계의 행복에 올리워졌다는 것도 목격하였습니다.

VI.
성경말씀의 문자적인 뜻에 의하여 주님과의 결합이 있고, 천사들과의 교제가 있다.

234. 주님께서 성언(聖言 · the Word)이시기 때문에, 다시 말하면 성언 안에는 본질적인 신령진리와 신령선이 있기 때문에 성언에 의한 주님과의 결합(結合 · conjunction)이 있습니다. 주님과의 결합은 성경말씀의 문자적인 뜻에 의하여 이루어지는데, 그 이유는 그 뜻 안에 있는 성언은 성경말씀의 충만함, 거룩함, 능력 가운데 있기 때문입니다(본 단원 IV

항 참조). 이 결합은 사람에게는 나타나지 않지만, 그러나 그것은 진리에 대한 정동 가운데, 그리고 진리의 지각(the perception of truth) 안에 존재합니다. 성경말씀의 문자적인 뜻에 의한 천계의 천사들과는 교제(交際 · affiliation)가 이루어지는데, 그것은 그 뜻 안에 영적인 뜻과 천적인 뜻이 있기 때문입니다. 그리고 천사들도 이 뜻들 안에 있는데, 주님의 영적인 왕국에 속한 천사들은 성경말씀의 영적인 뜻 안에 있고, 그리고 주님의 천적인 왕국에 속한 천사들은 성경말씀의 천적인 뜻 안에 있습니다. 이들 두 뜻은, 성경말씀(=성언)을 거룩한 것으로 존경하는 사람이 성경말씀을 읽을 때, 성경말씀의 자연적인 뜻에서 서서히 드러납니다. 이 들어남(發出 · the evolution)은 동시적이고, 결과적으로는 그것이 곧 천사들과의 교제입니다.

235. 영적인 천사들은 성경말씀의 영적인 뜻 안에 있고, 천적인 천사들은 성경말씀의 천적인 뜻 안에 있다는 것은 나에게는 수많은 경험에 의하여 매우 확실합니다. 내가 성경말씀을 그것의 문자적인 뜻으로 읽을 때, 천계와 함께 하는 역할이 허락되었을 때 그것을 지각하는 일이 나에게 허락되었고, 지금은 거기에 있는 사회와 함께 하는, 그리고 지금은 그 지각과 함께 하는 일이 허락되었습니다. 그리고 내가 성경말씀의 자연적인 뜻에 따라서 이해하는 것들을 영적인 천사들은 그것의 영적인 뜻에 따라서 이해하였고, 그리고 천적인 천사들은 그것의 천적인 뜻에 따라서 이해하였는데, 이런 이해는 순간적으로 즉시 이루어졌습니다. 나는 이와 같은 교류는 수천 번 허락되었지만, 그것에 관한 의심은 추호(秋毫)도 없었습니다. 더욱이 천계 아래에는 영들이 있었는데, 이런 부류의 영들은 성경말씀의 문자적인 뜻에서 어떤 장절들을 인용(引用)하는 것에 의하여 그 진의(=그 몫 · sharing)를 오용, 남용하였습니다. 그것은 그러한 진의(=몫)가 이루어지는 사회에 대해서는 즉시 관찰되고 주목받고 있었습니다. 역시 나는 이런 일을 자주 목격하였고, 들었습니다. 이런 식으로 생생한 경험을 통하여 이런 사실을 알게 하는 일이 나에게 허락된 것은, 성경말씀의 문자적인 뜻 안에 있는 성언(聖言 · the Word)은, 주님과의 결합이나 천계의 천사들과 교제의 신령중간매체(the Divine medium)이라는 것 때문입니다.

236. 그러나 사람이 성경말씀을 읽을 때 자연적인 뜻에서 영적인 천사들은 그들의 뜻을 어떻게 지각하는지, 그리고 천적인 천사들은 그들의

뜻을 어떻게 지각하는, 몇 가지 예들에 의하여 예증하겠습니다. 십성언(=십계명)에서 네 개의 계명을 실례로 사용하겠습니다. 그것의 다섯째 계명으로 "살인하지 못한다"(출애굽 20 : 13)는 계명의 말씀입니다. 이 계명을 통하여 사람은 단순히 살인한다는 것을 이해할 뿐만 아니라 사람을 죽이기까지에 이르는 증오(憎惡)를 마음에 품지 말고, 원수를 갚는 것을 열망하지 말라는 것을 이해하고, 깨닫습니다. 영적인 천사는 "살인한다"(killing)한다는 말씀을 악마와 같이 행동하고, 사람의 영혼을 살해하는 것으로 이해합니다. 이에 반하여 천적인 천사는 "살인한다"(killing)는 말씀을 주님과 성언을 증오하는 것으로 이해합니다.

[2] 여섯째 계명입니다. "간음하지 못한다"(출애굽기 20 : 14). 사람은 "간음한다"(committing adulter)는 말이 간통(whoredom) · 외설적인 행위들 · 음란스러운 말짓거리 · 상스러운 생각들 등등을 뜻한다고 이해합니다. 영적인 천사는 "간음한다"는 말씀을 성언에 속한 선들을 섞음질하는 것으로, 그리고 성언에 속한 진리들을 위화하는 것으로 이해합니다. 이에 반하여 천적인 천사는 "간음한다"는 말씀을 주님의 신성을 부인하고, 그리고 성언을 모독하는 것으로 이해합니다.

[3] 일곱째 계명입니다. "도둑질하지 못한다"(출애굽기 20 : 15). 사람은 이 말씀을 어떤 구실에 의하여 남의 재산, 물건을 훔치는 것이나, 속여 사취(詐取)하는 것이나 빼앗는 것을 뜻하는 것으로 이해합니다. 영적인 천사는 "도둑질한다"(stealing)는 말씀을 악들이나 거짓들에 속한 방법들에 의하여 믿음에 속한 다른 사람들의 진리들이나 선들을 빼앗는 것을 뜻하는 것으로 이해합니다. 이에 반하여 천적인 천사는 "도둑질한다"는 말씀을 주님에게 속한 것을 자기 자신의 공로로 돌리는 것을 뜻하는 것이나, 주님의 의나 공로를 자기 자신의 것으로 요구하는 것을 뜻하는 것으로 이해합니다.

[4] 여덟째 계명입니다. "너희 이웃에게 불리한 거짓 증언을 하지 못한다"(출애굽기 20 : 16)는 것입니다. 사람은 이 말씀을 어느 누구에게 거짓말을 하거나, 중상(中傷)하는 것을 뜻하는 것으로 이해합니다. 영적인 천사는 "거짓 증거한다"는 말씀을 거짓을 진리라고, 악을 선이라고, 또는 그것과 정반대로 말하는 것이나, 설득하는 뜻으로 이해합니다. 이에 반하여 천적인 천사는 "거짓 증거한다"는 말씀을 주님이나 성언을 모독, 훼방하는 것을 뜻하는 것으로 이해합니다.

[5] 이와 같은 예들이 보여 주고 있는 것은, 영적인 것이나 천적인 것이 성경말씀의 자연적인 뜻에 어떻게 점차 발출, 도출하고, 그리고 이끌어 내는지를, 그리고 그것들이 그것 안에 어떻게 들어오는지를 보여주고 있습니다. 그리고 더 놀라운 것은 천사들은 사람이 생각하고 있는 것이 무엇인지 아는 것 없이 그것들에 속한 것을 이끌어낸다는 것입니다. 그럼에도 불구하고 천사들의 생각들이나 사람들의 생각들은 대응들에 의하여 하나를 이룬다는 것인데, 그것은 곧 목적・원인・결과가 하나를 이루는 것과 같습니다. 더욱이 목적들은 실제적으로 천적인 왕국에 주재(駐在)하고, 원인들은 영적 왕국에 주재하고, 결과들은 자연적인 왕국에 주재합니다. 성경말씀에 의하여 천사들과 사람들의 제휴는 이런 것에서 비롯된다는 것입니다.

237. 영적인 천사는 성경말씀의 문자적인 뜻에서 영적인 것을 불러내고, 천적인 천사도 역시 그것에서 천적인 것을 불러, 취하는데, 그것은 이런 뜻들이 천사의 성품(=본성)과 일치하기 때문이고, 그리고 그것들과 동질의 것이기 때문입니다. 이것의 진성한 뜻은 자연계의 세 왕국들, 즉 동물계・식물계・광물계에 있는 것들에 의하여 예증될 수 있겠습니다. 먹거리(=음식물・food)에서 보면, 그것이 유미(乳糜・chyle)가 되었을 때, 혈관은 피를 끌어내고, 불러내지만, 신경섬유(the nervous fibers)는 그의 즙(汁)을, 그리고 섬유의 근원들을 가리키는 실질적인 것은 그것의 정기(精氣・spirit)를 불러내고, 취합니다. 식물계의 경우입니다. 한 나무는, 그것의 밑동(樹幹)과 더불어 가지들・열매들은 그것의 뿌리에 의하여 서 있고, 그리고 그 뿌리에 의하여 흙(土壤)에서 밑동이나, 가지들・잎들을 위해서는 조악한 즙(汁・a grosser juice)을 불러내 취하고, 열매의 과육(果肉)을 위해서 좀 더 순수한 즙을, 그리고 그 열매 안에 있는 씨들을 위해서는 가장 순수한 즙을 불러내어 취합니다. 광물계의 경우입니다. 땅 속에 있는 어떤 장소들에는 금・은・구리・철 등은 암석들에게서 나오는 발산물이나 자기소(磁氣素・effluvia)에서 그리고 이런 것들을 운반하는 주변에 있는 물의 요소(the watery element)에서 자기 자신의 요소를 취합니다.

238. 문자 안에 있는 성언은, 질서정연하게 보석들・진주들・왕관들이 들어 있는 보물상자와 같습니다. 성경말씀을 거룩한 것으로 공경하고, 그리고 삶의 선용들(the uses of life)의 목적으로 성경말씀을 읽는

사람의 마음에 속한 생각들은 그의 손에 이런 보물상자를 들고, 그리고 천계를 향해 그 상자를 들어 올리는 사람에게 비교되겠습니다. 그것을 들어 올리는 열려 있는 보물상자나 그것 안에 있는 진귀한 것들은, 그것들을 보고, 살피는 것에 크게 기뻐하는 천사들에게는 속속들이 드러나고, 밝혀집니다. 이와 같은 천사들의 기쁨들은, 그 사람에게 내통, 교류되고, 그리고 그 지각들의 교제나 몫을 이룹니다. 왜냐하면 천사들과 교제의 목적이나, 동시적인 주님과의 결합의 목적은 성만찬을 제정한 것이기 때문입니다. 천계에서 성만찬의 그 떡(=빵)은 신령선이 되고, 그 성만찬의 포도주는 신령진리가 되는데, 이것의 각각은 모두 주님에게서 비롯된 것입니다. 이러한 대응은, 천사적인 천계와 땅 위의 교회가 하나가 되기 위하여 창조에 의하여 존재합니다. 그리고 일반적으로는 영계와 자연계가 하나를 이루기 위하여, 그리고 주님께서는 즉시 당신 자신과 결합하기 위한 것입니다.

239. 천사와 사람과의 교제는, 모든 사람 안에는 창조에 의하여 생명의 세 계도들, 즉 천적인 생명, 영적인 생명, 자연적인 생명이 있어야 한다는 이유 때문에, 성경말씀의 자연적인 뜻이나 문자적인 뜻에 의하여 이루어집니다. 그러나 사람이 이 세상에 있는 동안에는 자연적인 계도 안에 있지만, 그럼에도 불구하고 동시에 사람은 진정한 진리 안에 있는 것에 비례하여 천사적인 영적 계도에 있고, 그리고 사람의 이런 진리들에 일치하는 삶 안에 있는 것에 비례하여 그는 천적인 계도 안에 있습니다. 그럼에도 불구하고 그가 죽기 전에는 영적인 것이나 천적인 것에 들어가는 것은 아닙니다. 그 이유는 이들 양자는 그의 자연적인 개념 안에는 갇혀 있고, 감추어져 있기 때문입니다. 그러므로 그가 죽음에 의하여 자연적인 계도가 벗겨질 때 영적인 계도나 천적인 계도는 남아 있고, 그리고 그 때 그의 생각들의 개념들은 이런 것들로부터 나오게 됩니다. 이런 모든 사실은, 주님께서 말씀하신 것과 같이, 성경말씀에는 오직 영과 생명이 있다는 것에서 명료하게 됩니다. 복음서의 말씀입니다.

생명을 주는 것은 영이다. 육은 아무데도 소용이 없다. 내가 너희에게 한 그 말은 영이요, 생명이다(요한 6 : 63).
내가 주는 물을 마시는 사람은, 영원히 목마르지 않을 것이다. 내가 주는 물은 그 사람 속에서, 영생에 이르게 하는 샘물이 될 것이다(요한 4 : 14).
사람이 빵으로만 살 것이 아니라,
하나님의 입에서 나오는
모든 말씀으로 살 것이다.
(마태 4 : 4)
너희는 썩을 양식을 얻으려고 일하지 말고, 영원한 생명에 이르게 하는 양식을 위하여 일하여라. 그 양식은, 인자가 너희에게 줄 것이다(요한 6 : 27)

Ⅶ.
성언(聖言 · the Word)은 모든 천계에 존재하고, 천사적인 지혜는 그것에서 비롯된다.

240. 지금까지 알려지지 않은 사실은 성언이 천계에 존재한다는 것, 그리고 또한 이 세상에 있는 사람들과 같이, 얼굴이나 온 몸을 지닌 사람들인 천사들이나 영들이 존재한다는 것을 알고 있지 못하는 한에는 성언이 천계에 존재한다는 것 역시 알 수 없습니다. 그들에 관한 것들과 사람들에 관한 것들은 모든 면에서 비슷하지만, 유일한 차이는 천사들은 영적 존재이고, 그리고 그들 주위에 있는 모든 것들은 영적인 근원에서 비롯된 것이라는 사실입니다. 이에 반하여 이 세상에 있는 사람들은 자연적인 존재이고, 그리고 그들 주위에 있는 모든 것들은 자연적인 근원에서 비롯되었다는 것입니다. 이런 사실을 알지 못하는 한, 천계에 성언이 있다는 것이나, 거기에 있는 천사들이 그것을 읽는다는 것이나, 그리고 천계 아래에 있는 영들에 의하여서도 그것을 읽고 있다는 것 역시 알 수 없습니다. 그러나 더 이상 이런 무지(無知)의 상태에 남아 있지 않게 하기 위하여 나에게는 천사들이나 영들과의 제휴(提携)가 허락되었고, 그리고 그들과 대화하고, 그들 주위에 있는 것들을 보는 것이 허락되었습니다. 그런 뒤에는 내가 보고, 들은 수많은 것들을 언급, 설명하는 것이 허락되었는데, 이런 일들은 1758년 런던에서 발간된 ≪천계와 지옥≫(Heaven and Hell)이라는 나의 저서에서 언급하였습니다. 그 책에서 볼 수 있는 사실은, 천사들이나 영들이 사람들이라는 것이고, 그리고 거기에는, 마치 사람들이 이 세상에서 가지고 있는 것과 같은

모든 것들이 그들에게 넉넉하게 있다는 것입니다. 천사들이나 영들이 사람들이라는 것은 ≪천계와 지옥≫ 73-77 · 453-456항을 참조하시고, 그리고 그들에 관한 것들은 이 세상에 있는 사람들에 관한 것들과 같다는 것은 같은 책 170-190항을 참조하십시오. 더욱이 그들 가운데 있는 교회들 안에서는 신령예배와 설교말씀이 있었다는 것은 같은 책 221-227항을 참조하시고, 그리고 그들이 저작물들이나 책들을 가지고 있다는 것은 같은 책 258-264항을, 그리고 성경 즉 성언을 가지고 있다는 것은 같은 책 259항을 참조하십시오.

241. 천계에 있는 성언에 관해서 언급하면, 그것은 자연적인 문체(the natural style)와는 전적으로 다른, 영적인 문체(the spiritual style)로 기술되었습니다. 이 영적인 문체는 단순한 글자들로 이루어졌지만, 그러나 그것의 각각의 문자는 어떤 의미를 가지고 있습니다. 그리고 그 문체에는 그 문자들 위에나 그 사이에, 그리고 그 글자들 안에, 선들(lines)이나 굽음들(畵 · turns)이나 점들(dots)이 있는데, 그것들은 그 뜻을 높이기도 하고 고상하게도 합니다. 영적인 왕국의 천사들에게서 그 글자들은 우리의 세상에서 인쇄할 때 사용된 것들과 비슷합니다. 천적인 왕국의 천사들 가운데 있는 글자들은 아랍어나 고대 히브리 글자들과 비슷하지만, 그러나 위나 아래에 굽음(curved)이 있고, 글자들 위, 사이에, 안에 표식들(marks)이 있는데, 이와 같은 개별적인 것은 완전한 뜻을 가지고 있습니다.

[2] 그들의 저작물들의 성질이 이러하기 때문에 그들에게 있는 성경말씀의 인명(人名)들이나 지명(地名)들은 그런 저런 표지들(sings)에 의하여 표현되고 있어서, 그 표지들에 의하여 현명한 사람은 그 각각의 이름이 뜻하는 영적인 의미나 천적인 의미를 이해할 수 있습니다. 예를 들면 "모세"라는 이름에 의해서는 그를 통해서 쓰여진 하나님의 말씀(the Word of God)을 이해하고, 그리고 일반적으로는 역사적인 밀씀(the historic Word)을 이해합니다. "엘리야"(Elias)에 의해서는 예언적인 말씀으로, 그리고 "아브라함 · 이삭 · 야곱"에 의해서는 천적인 신성(the celestial Divine), 영적인 신성(the spiritual Divine), 자연적인 신성(the natural Divine)의 측면에서 주님을 뜻하는 것으로 이해하고, "아론"(Aaron)에 의해서는 주님의 사제직분(the Lord's priesthood)을 뜻하는 것으로, "다윗"에 의해서는 주님의 왕권(His royalty)을, 야곱의 아들

들의 이름이나, 이스라엘의 열두 지파의 이름들에 의해서는 천계나 교회의 다양한 구성요소들을, 그리고 주님의 열두 제자들의 이름들에 의해서는 역시 위와 동일한 구성요소들을 뜻하는 것으로 이해합니다. 그리고 "시온"(Zion)이나 "예루살렘"(Jerusalem)에 의해서는 성경말씀에서 비롯된 교리의 측면에서 교회를 뜻하는 것으로 "가나안 땅"은 교회 자체를 뜻하는 것으로 이해합니다. 그리고 요단 강 양쪽의 장소들이나 거기에 있는 성읍들에 의해서는 교회나 그 교회의 교리에 속한 다양한 것들을 뜻하는 것으로 이해합니다. 숫자들(numbers)에게서도 역시 꼭 같습니다. 천계에 있는 성경말씀의 사본들(the copies)에서는 숫자들은 발견되지 않지만, 그러나 그 숫자들을 대신해서 그 숫자들에 대응하는 것들이 있습니다. 이렇게 볼 때 우리가 밝히 알 수 있는 것은, 천계에 있는 성언(the Word)은 그것의 문자적인 뜻으로는 우리의 성경말씀과 유사하다는 것이고, 그리고 동시에 우리의 성경말씀은 그것에 대응한다는 것입니다. 그러므로 그것들은 곧 하나(one)라는 것입니다.

[3] 놀라운 사실은 천계에 있는 성언은, 단순한 사람은 그것을 단순하게 이해할 수 있도록, 현명한 사람은 그것을 현명하게 이해할 수 있도록 기술, 쓰여졌다는 것입니다. 왜냐하면, 앞에서 언급한 것과 같이, 그 뜻을 높이고, 강조하는, 글자들 위에 그것 나름대로의 획(畫·굽은 것·turns)이나 표지들(markings)이 많이 있기 때문입니다. 단순한 사람들은 이런 것에 대하여 예의주시하지도 않고, 그것들에 관해서 아무것도 알지 못합니다. 그러나 현명한 사람은 그것들에 예의주시하고, 그리고 자기 자신의 지혜에 따라서 그 각각을 주시하고, 심지어 자신의 최고의 지혜에 따라서 그 각각을 주시하고, 이해합니다. 주님에 의하여 영감을 받은 천사들에 의하여 필사(筆寫)된 성언의 사본(copy of the Word)은 그 큰 사회에 의하여 거기의 성스러운 곳에 잘 보관되어 있습니다. 따라서 그 본관에 의하여 그 성언은 지극히 작은 점 하나까지도 변경되지 않고 잘 보관, 간수되고 있습니다. 우리의 세상에 있는 성경말씀은, 단순한 사람은 성언을 단순하게 이해하고, 현명한 사람은 그것을 현명하게 이해한다는 측면에서는, 천계에 있는 성언과 비슷하지만, 이러한 일은 여러 면에서 차이가 있게 일어납니다.

242. 천사들은 성경말씀을 통해서 그들의 모든 지혜를 얻는다는 것을 그들은 고백합니다. 왜냐하면 그들이 성경말씀의 이해 안에 있는 것에

비례하여 그들은 빛 안에 있기 때문입니다. 천계의 빛은 곧 신령지혜(the Divine wisdom)입니다. 그리고 이 지혜는 천사의 눈에는 빛이기 때문입니다. 성경말씀의 사본(寫本·copy)이 간수되어 있는 거룩한 곳에는 빛이 있는데, 그 빛은 마치 불꽃과 같고, 그 성언이 보관된 장소에서 나오는 빛은 천계의 그 어떤 계도의 빛에 비하여 월등하게 영롱합니다. 천적인 천사들의 지혜는 영적인 천사들의 지혜에 비하여 월등하게 뛰어나는데, 그것은 마치 영적인 천사의 지혜가 사람들의 지혜를 월등하게 초월하는 것과 같습니다. 그것은 천적인 천사들은 주님에게서 오는 사랑에 속한 선 안에 있기 때문이고, 그리고 영적인 천사들은 주님에게서 오는 지혜에 속한 진리들 안에 있기 때문입니다. 그리고 사랑에 속한 선이 있는 곳에는 역시 거기에 지혜가 있지만, 그러나 진리들이 있는 곳에 사랑에 속한 선이 있는 정도 만큼만 지혜가 있습니다. 이것이 주님의 천적인 왕국에 있는 성언은 주님의 영적인 왕국에 있는 성언과 달리 기술된 이유입니다. 왜냐하면 천적인 왕국의 성언 안에는 사랑에 속한 선들이 표현되었고, 그리고 그 표지들은 그 사랑에 속한 정동들이기 때문입니다. 이에 반하여 영적인 왕국의 성언 안에는 지혜에 속한 진리들이 표현되었고, 그리고 그 표지들은 진리에 속한 내면적인 지각들입니다. 이상에서 볼 때 누구나 지을 수 있는 결론은 이 세상에 있는 성경말씀 안에는 무엇이라고 기술할 수 없는 지혜가 숨겨져 있다는 것입니다. 왜냐하면 성경말씀 안에는 필설로 표현할 수 없는 모든 천사적인 지혜가 숨겨져 있기 때문입니다. 그리고 주님에게서 비롯된 성언을 통하여 천사가 된 사람은 죽은 뒤에 그 지혜안에 들어갑니다.

VIII.
교회는 싱언으로 말미암아 존재하고, 사람에게서 그 교회는 성언의 이해와 같다.

교회가 성언으로 말미암아 존재한다는 것은 어느 누구도 의심할 수 없습니다. 이 사실이 위에서 입증되었기 때문에 여기서 뒤이어지는 것은, 성언은 신령진리이다는 것(본서 189-192항 참조), 교회에 속한 교리는 성경말씀에서 비롯된다는 것(본서 225-233항 참조), 그리고 성경말씀에 의하여 주님과의 결합이 있다는 것(본서 234-239항 참조) 등등입니다. 그러나 성경말씀의 이해가 교회를 형성한다는 것은 능히 의심을 불러올 만 합니다. 왜냐하면 이 세상에는, 자신들이 성경말씀을 가지고 있고, 그것을 읽고 있으며, 그리고 또한 그것에서 비롯된 설교말씀을 듣고 있고, 그래서 성경말씀의 문자적인 뜻에 속한 어떤 것들을 알고 있다는 것 등등의 미덕이나 장점에 의하여 자신들이 교회가 된다고 믿는 사람들이 있기 때문입니다. 그러나 그들은 성경말씀의 이런 것이나 저런 것을 어떻게 이해하여야 하는지는 모릅니다. 그리고 더러는 그것이 매우 중요한 것으로 생각하지 않기도 합니다. 그러므로 여기서 반드시 정립하여야 할 것은 교회를 형성하는 것이 성경말씀이 아니고, 성경말씀의 올바른 이해라는 것입니다. 그리고 교회는, 그 교회에 있는 사람에게 있는 성경말씀의 이해가 바로 그것이라는 것입니다.

244. 교회는 성경말씀의 이해와 일치하는데, 그 이유는 그 이해가 믿음에 속한 진리들이나 인애에 속한 선들과 일치하기 때문입니다. 그리고 이들 양자는 성경말씀의 모든 문자적인 뜻에 널리 퍼져 있을 뿐만 아니라, 그것 안에는 마치 보물창고에 있는 귀한 것들이 숨겨 있는 것과 같이, 그것에 숨겨 있는 것과 같은, 보편적인 것이기 때문입니다. 성경말씀의 문자적인 뜻 안에 있는 것들은, 그것들이 자신들의 안전에 직접적으로 드러나고 있기 때문에, 모든 사람에게 드러나 있습니다. 그러나 영적인 뜻에 숨겨져 있는 것들은 진리가 진리이기 때문에 진리들을 사랑하고, 그것들이 선들이기 때문에 선들을 행하는 사람들에게 오직 드러납니다. 이런 자들에게는 문자적인 뜻으로는 가려져 있고, 보호되고 있는 보물들은 드러나 열려 있습니다. 이런 선들과 진리들이 교회에 속한 본질적인 구성요소들입니다.

245. 우리가 여기서 반드시 주지하여야 할 사실은, 교회는 그 교회의 교리와 일치한다는 것이고, 그리고 교리는 성경말씀에서 비롯된다는 것 등입니다. 그럼에도 불구하고 교리는 교리에 속한 건전성(soundness)이나 순수성(purity)을 제외하면 교리가 아닙니다. 결과적으로 교리는 성경말씀의 이해이고, 그것이 교회를 세운다는 것입니다. 개별적인 사람 안에 있는 교회를 세우는 것은 사실은 교리가 아니고, 그 교회와 일치하는 믿음과 삶 그것입니다. 그러므로 역시 사람 안에 있는 개별적인

것 안에 교회를 세우고, 완성하는 것은 성경말씀이 아니고, 오히려 사람이 그것을 성경말씀에서 취하고, 그리고 그것을 자기 자신에게 적용하는 진리들과 일치하는 믿음이고, 선들과 일치하는 삶입니다. 성경말씀은 그것의 깊은 곳에 금이 묻혀 있는 금광(金鑛)이나 은(銀)이 풍부하게 묻혀 있는 은광(銀鑛)과 같고, 그리고 성경말씀은, 깊고, 또는 얕게 진귀한 광석들을 매장하고 있는 광산과 같습니다. 이런 광산은 성경말씀에 대한 사람의 이해의 정도에 맞추어서 열려집니다. 성경말씀은 본질적으로 그것의 속내부나 그것의 깊은 곳에 있는 것과 같은 것이어서, 만약에 그것이 이해되지 않는다면, 비록 그 광산의 주인이나 광부는 아니라고 해도, 아세아에 있는 광산들이 유럽 사람들을 부자로 만드는 것 이상으로 사람 안에 교회는 결코 세워지지 못할 것입니다. 믿음에 속한 진리들이나 삶에 속한 선들을 위하여 성경말씀을 연구하고, 탐구하는 자들에게서 성경말씀은 페르시아 왕이 소유한 보물들과 같고, 그리고 또한 몽고나 중국의 황제가 소유한 보물들과 같고, 그리고 교회에 속한 사람들은, 마치 그들이 좋아하는 것만큼, 자신들의 씀씀이 위해 취하는 것이 허락된 자들을 관리인들로 둔 책임자들과 같습니다. 그러나 단순하게 성경말씀을 가지고 있고, 성경말씀을 읽지만, 그러나 자신들의 믿음을 위하여 그것에서 진정한 진리들을 얻으려고 애쓰지 않고, 그리고 자신들의 삶(=생명)을 위하여 진정한 선들을 차지하려고 애쓰지 않는 사람들은, 마치 거기에 귀하고 큰 보물들이 있다는 풍문에 의하여 알려고 하지만, 그러나 그것들에게서 땡전 한 닢도 받지 못하는 자들과 같습니다. 성경말씀은 가지고 있지만 그것에서 진정한 진리의 이해를 취하지 못하였거나, 또는 진정한 선의 의지를 취하지 못한 자들은, 마치 다른 사람들에게서 차용(借用)한 돈에 대해서 자기 자신의 재물이라고 생각하는 사람들이나, 또는 다른 사람들에 속한 토지들, 가옥들, 상품들을 소유하고, 그것이 자신의 것이라고 생각하는 자들과 같습니다. 이러한 사실은, 모두가 잘 알고 있는 것과 같이, 단순한 환상(mere hallucination)입니다. 이런 부류의 작자들은 호화스러운 옷을 입고 다니고, 금으로 도금한 마차를 타고 다니고, 경호원이나 시종들을 앞과 뒤에 거느리고 다니지만, 그럼에도 불구하고 자기 자신의 것은 아무것도 없는 자들과 같습니다.

246. 이런 부류의 작자들이 유대 민족입니다. 그러므로 그 민족이 성경

말씀을 가지고 있었기 때문에 그 민족은 주님에 의하여, 자색 옷과 고운 모시옷을 입고 있는 그리고 매일 사치스럽게 사는 부자(富者)에 비유되었습니다. 그럼에도 불구하고 이 부자는, 그 집 대문 앞에 헌데투성이 몸으로 누워 있는 거지 나사로에게 연민(憐憫)을 베풀만한 진리나 선을 성언에서 얻지 못하였습니다. 그 민족은 성경말씀에서 그 어떤 진리들로 전혀 전유(專有)하지 못하였을 뿐만 아니라, 그 민족은 성경말씀에서 너무나도 많은 거짓들을 흡수하였을 뿐만 아니라, 종국에는 그 민족은 그 많은 거짓들에 의하여 단 하나의 진리도 볼 수 없었습니다. 왜냐하면 거짓들에 의하여 진리들은 전적으로 가리워지지는 않았지만, 진리들은 심지어 말살(抹殺)시켰고, 추방시켰기 때문입니다. 이런 이유 때문에 유대 사람들은, 비록 모든 예언자들이 그분의 강림에 관해서 예언하였지만, 메시아를 시인하지 않았습니다.

247. 예언서의 수많은 곳에는 이스라엘 민족이나 유대 민족에게 있었던 교회가 깡그리 망한 것으로 기술되어 있고, 그리고 성경말씀의 뜻이나 이해를 그들이 위화는 것에 의하여 아무것도 아닌 것으로 바꾸어 놓았다고 기술되어 있습니다. 왜냐하면 성경말씀이 아무것도 아니라고 한 것은 곧 교회를 파괴하는 것이기 때문입니다. 참된 것이든 그릇된 것이든, 성언의 이해는 예언서들에게서, 특히 호세아서에서 "에브라임"(Ephraim)에 의하여 기술되었습니다. 왜냐하면 성경말씀에서 "에브라임"은 교회 안에 있는 성경말씀의 이해를 뜻하기 때문입니다. 성경말씀의 이해가 교회를 형성하기 때문에 에브라임은 이렇게 성경말씀에 언급, 기술되었습니다.

> 에브라임은 나의 귀한 아들이다.
> 내가 가장 사랑하는 자식이다.
> (예레미야 31 : 20)
> 에브라임은 나의 맏아들이다.
> (예레미야 31 : 9)
> 에브라임은 내 머리에 쓰는 투구요(=힘이요).
> (시편 60 : 7 ; 108 : 8)
> 에브라임 사람들은 용사와 같다.
> (스가랴 10 : 7)

제 4 장 · 성서 · 주님의 말씀

에브라임은 내가 먹인 화살이다.
(스가랴 9 : 13)

에브라임의 자손들에 관해서 언급된 말씀입니다.

에브라임의 자손은 무장을 하고,
활을 들고 있었다.
(시편 78 : 9)

왜냐하면 활(bow)은 거짓들에 대항하여 싸우는 성경말씀에게서 비롯된 교리를 뜻하기 때문입니다. 그러므로 이런 말씀도 있습니다. 창세기서의 말씀입니다.

에브라임과 므낫세도 나의 아들로 한다······ 야곱은 에브라임을 므낫세 보다 앞세웠다(창세기 48 : 5, 20).

또 신명기서의 말씀입니다.

에브라임의 자손은 만만이요,
므낫세의 자손은 천천이다.
(신명기 33 : 13-17)

[2] 그러나 성언의 이해가 파괴되었을 때, 그 교회의 상태가 어떤 것인지 예언서들에서 "에브라임"에 의하여 표현, 기술되었는데, 특히 호세아서에는 아래 장절에 의하여 이렇게 기술되었습니다. 그 책의 말씀입니다.

이스라엘과 에브라임은
저의 죄에 걸려서 넘어질 것이다.······
에브라임이 벌을 받는 날에는,
온 나라가 황무지가 될 것이다.······
에브라임이 심판을 받아,
억압을 당하고 짓밟혔다.

(호세아 5 : 5, 9, 11-14)
에브라임아,
내가 너를 어떻게 하면 좋겠느냐?
나를 사랑하는 너희의 마음은
아침 안개와 같고,
덧없이 사라지는 이슬과 같구나.
(호세아 6 : 4)
에브라임이
주의 땅에서 살 수 없게 되어
다시 이집트로 돌아가고,
앗시리아로 되돌아가서
부정한 음식을 먹을 것이다.
(호세아 9 : 3)

이 장절에서 "주의 땅"(=여호와의 땅)은 교회를 뜻하고, "이집트"는 자연적인 사람의 아는 기능(the knowing faculty)을 뜻하고, "앗시리아"는 그것에서 비롯된 추론을 뜻합니다. 그리고 이런 양자들은 성언의 내면적인 이해를 위화시킵니다. 그러므로 "에브라임은 다시 이집트로 돌아가고 앗시리아로 되돌아가서 부정한 음식을 먹을 것이다"라고 언급되었습니다. 같은 책의 말씀입니다.

[3] 에브라임은 바람을 먹고 살며,
    종일 열풍을 따라서 달리고,
    거짓말만 하고 폭력만을 일삼는다.
    앗시리아와 동맹을 맺고,
    이집트에는 기름을 조공으로 바친다.
    (호세아 12 : 1)

"바람을 먹고 산다"는 것이나 "열풍(=동풍)을 따라서 달린다"는 것, 그리고 "거짓말만 하고, 폭력을 일삼는다"는 것은 진리들을 위화하는 것, 따라서 교회를 파괴하는 것을 뜻합니다. "에브라임의 음행"(Ephraim's whoredom)은 동일한 뜻을 갖습니다. 그 이유는 "음행"(whoredom)이 성언의 이해의 위화를 뜻하기 때문입니다. 다시 말하면 성언의 진정한 진리의 위화를 뜻합니다. 이러한 것은 아래 장절에서도 마찬가지입니다.

> 나는 에브라임을 잘 안다.
> 내 앞에서는 이스라엘이 숨지 못한다.
> 에브라임이 몸을 팔고 있고,
> 이스라엘이 몸을 더럽히고 있다.
> (호세아 5 : 3)
> 내가 이스라엘 집에서
> 소름 끼치는 일들을 보았다.
> 거기에서 에브라임이 몸을 팔고,
> 이스라엘이 몸을 더럽힌다.
> (호세아 6 : 10)

이스라엘은 교회 자체를 가리키고, 에브라임은 성언의 이해를 가리키는데, 교회는 성언의 이해로 말미암아 존재하고, 그것에 일치합니다. 그러므로 "에브라임은 몸을 팔고 있고, 이스라엘은 몸을 더럽히고 있다" 라고 언급되었습니다.

[4] 이스라엘 민족이나 유대 민족에게 있었던 교회가 성인의 위화에 의하여 전적으로 파괴되었기 때문에 에브라임에 관해서 이렇게 언급되었습니다. 같은 책의 말씀입니다.

> 에브라임아,
> 내가 어찌 너를 버리겠느냐?
> 이스라엘아,
> 내가 어찌 너를 원수의 손에 넘기겠느냐?
> 내가 어찌 너를 아드마처럼 버리며,
> 내가 어찌 너를 스보임처럼 만들겠느냐?
> (호세아 11 : 8)

그 때 호세아서는 첫 장부터 마지막 장까지 성언의 진정한 이해의 위화를 다루고 있기 때문에, 그리고 그것에 의한 교회의 멸망을 다루고 있기 때문에, 그리고 매춘(賣春 · 음행 · whoredom)이 교회 안에 있는 진리의 위화를 뜻하기 때문에, 그 예언자가 간음을 저질렀다는 것은 그것에 의하여 교회의 상태를 드러내기 위한 것입니다. 그래서 그 책에 이렇게 기술되었습니다.

창녀를 아내로 취하여, 그녀로 아이들을 낳게 하였다(호세아 1장).

그리고 이어서

음란한 여인을 아내로 취하였다(호세아 3장).

이러한 장절들은, 그 교회가 어떤 것인지는 교회 안에 있는 성언의 이해를 가리킨다는 것, 그리고 만약에 그것의 이해가 성경말씀의 진정한 진리들에 비롯된 것이라면 그 교회는 뛰어나고 값진 것이지만, 그러나 만약에 위화된 진리에서 비롯된 것이라면 그 교회는 파괴된 것이고, 불결한 것이라는 것을 성경말씀에서 보여 주고 입증하기 위하여, 인용 제시된 것입니다.

IX.
성경말씀의 개별적인 모든 것 안에는 주님과 교회의 혼인이 있고, 그리고 결과적으로 선과 진리의 혼인이 있다.

248. 성경말씀의 모든 개별적인 것 안에는 주님과 교회의 혼인이 있다는 것, 결과적으로 선과 진리의 혼인이 있다는 것 등은 지금까지 알 수 없었습니다. 그리고 또한 그것을 알 수 없었던 것은, 성경말씀의 영적인 뜻이 지금까지 밝히 밝혀지지 않았기 때문이고, 그리고 그것의 밝혀짐에 의한 그 혼인도 역시 알 수 없었기 때문입니다. 왜냐하면 성경말씀에는, 성경말씀의 문자적인 뜻 안에 숨겨져 있는, 두 뜻들이 있는데, 하나는 영적인 뜻이라고 하고, 또 다른 하나는 천적인 뜻이라는 것이 있기 때문입니다. 성경말씀의 이와 같은 내면적인 진수들(=내용들 · 眞髓 · contents)은 영적인 뜻으로는 주로 교회와 관계를 가지고 있고, 천적인 뜻으로는 주로 주님과 관계를 가지고 있습니다. 다시 말하면 이들

두 진수들은, 영적인 뜻으로는 신령진리와 관계를 가지고 있고, 천적인 뜻으로는 신령선과 관계를 가지고 있습니다. 이렇게 볼 때 성경말씀에는 그와 같은 혼인이 있다는 것은 명확합니다. 그러나 이와 같은 사실은 성경말씀의 영적인 뜻이나 천적인 뜻에서 성경말씀의 낱말들이나 용어들(words)이나, 이름들(names)의 뜻을 아는 사람에게 명확합니다. 왜냐하면 어떤 낱말들이나 용어들, 그리고 이름들은 선에 관해서 서술, 언급하고 있고, 그리고 그와 같은 어떤 것들은 진리에 관해서 서술, 언급하고 있고, 그리고 어떤 것들은 이들 양자에 관해서 그러하기 때문입니다. 그러므로 만약에 그것들의 뜻에 관한 지식이 없다면, 성경말씀의 모든 개별적인 것들 안에 혼인(婚姻·marriage)이 있다는 것은 알 수 없습니다. 이와 같은 사실은 지금까지 밝혀지지 않은 비의(秘義·arcanum)입니다. 성경말씀의 모든 개별적인 것 안에 이와 같은 혼인이 있기 때문에 거기에는 역시 동일한 것의 반복(反復)들과 같은 것을 드러내는 두 표현들이 있습니다. 그럼에도 불구하고 그런 표현들은 반복적인 것이 아니고, 오히려 그 중의 하나는 선에 관계되는 것이고, 또 다른 하나는 진리에 관계되는 것입니다. 그리고 합쳐진 이 둘은 그들의 결합을 형성하고, 따라서 한 사물을 형성합니다. 성경말씀의 신령거룩함(the Divine holiness)은 곧 이런 사실에서 오는 것입니다. 왜냐하면 모든 신령한 일(Divine work)에는 진리와 결합된 선과, 선과 결합된 진리가 있기 때문입니다.

249. 주님과 교회의 혼인(=결합)이 있다고 언급하였습니다. 결과적으로 성경말씀의 모든 개별적인 것들 안에는 선과 진리의 혼인이 있다고 언급하였는데, 그것은 주님과 교회의 혼인이 있는 곳에는 선과 진리의 혼인이 있기 때문입니다. 그리고 후자는 전자에게서 비롯되기 때문입니다. 왜냐하면 교회가, 다시 말하면 교회에 속한 사람이 진리들 안에 있을 때 주님께서는 선과 더불어 그 사람의 진리들에게 입류하기 때문이고, 그리고 그것들을 생기빌릴하게 만들기 때문입니다. 그리고 또한 동일한 내용이지만, 교회에 속한 사람이 진리의 이해에 있을 때 주님께서는 인애의 선(the good of charity)을 통해서 그 사람의 이해에 입류하기 때문입니다. 따라서 그 속에 생명을 부어줍니다. 모든 사람 안에는, 이해(understanding)와 의지(will)라고 부르는, 두 기능들(two faculties)이 있습니다. 여기서 이해는 진리의 수용그릇이고, 따라서 지혜의 수용그릇

이고, 의지는 선의 수용그릇이고, 따라서 인애의 수용그릇입니다. 사람은 누구나 이들 두 기능이 반드시 하나(one)가 될 때 교회에 속한 사람이 됩니다. 그리고 그 두 기능들은, 사람이 진정한 진리들로 그의 이해를 형성할 때 하나(one)를 완성합니다. 이러한 것은 겉보기에는 마치 사람 자신이 혼자서 행하는 것처럼 보이지만, 사실은 그의 의지가 사랑에 속한 선으로 가득 채워질 때 이들 두 기능들은 하나로 완성되는데, 이런 일은 주님에 의하여 이루어지는 것입니다. 이 결과에 따라서 사람은 양자, 즉 진리의 생명과 선의 생명을 취합니다. 그리고 진리의 생명은 그의 이해에 존재하고, 선의 생명은 그의 의지에 존재합니다. 그리고 이들 양자가 하나가 되었을 때 그것들은, 두 생명이 아니라, 한 생명(one life)을 형성, 완성합니다. 이것이 바로 주님과 교회의 혼인이고, 그리고 또한 사람 안에서는 선과 진리의 혼인입니다.

250. 예의 주시하면서 성경말씀을 읽는 독자들은, 성경말씀 안에 마치 동일한 사물의 반복들처럼 보이는, 두 겹의 표현들(dual expressions)이 있다는 것을 볼 것입니다. 예를 들면 형제들과 동료들(brother and companion), 가난한 자와 궁핍한 자(poor and needy), 황야와 광야(waste and wilderness), 공허와 텅 빔(void and emptiness), 원수와 적군(foe and enemy), 죄와 불법(sin and iniquity), 노여움과 진노(anger and wrath), 민족과 백성(nation and people), 즐거움과 기쁨(joy and gladness), 비통과 슬픔(mourning and weeping), 정의와 공의(justice and judgment) 등등이 되겠습니다. 이런 표현들은 동의어(同義語) 같이 보이지만, 그러나 그것들은 같은 뜻의 동의어가 아닙니다. 왜냐하면 전자들, 즉 형제·가난한 자·황야·공허·원수·죄·노여움·민족·즐거움·비통·정의 등등은 선에 관해서 서술, 언급하고 있기 때문이고, 그리고 악에 속한 반대의 뜻에 관해서 서술, 언급하고 있기 때문입니다. 이에 반하여 후자들, 즉 동료·궁핍한 자·광야·텅 빔·적군·불법·진노·백성·기쁨·슬픔·공의 등등은 진리에 관해서 서술, 언급하고 있기 때문이고, 그리고 거짓에 속한 반대의 뜻에 관해서 서술, 언급하고 있기 때문입니다. 그럼에도 불구하고 이와 같은 비의(秘義)에 무지한 독자들에게는 가난한 자와 궁핍한 자, 황야와 광야, 공허와 텅 빔이나 그 밖의 것들이 동일한 것으로 보이겠지만, 그러나 그것들은 동일한 것이 아니고, 오히려 결합에 의하여 하나를 이룰 뿐입

니다. 성경말씀에는 그 밖의 수많은 것들이 함께 뒤섞여 있습니다. 예를 들면 불과 불꽃(fire and flame), 금과 은(gold and silver), 구리와 쇠(brass and iron), 나무와 돌(wood and stone), 빵과 물(bread and water), 빵과 포도주(bread and wine), 자주색 옷과 고운 베 옷(purple and fine linen) 등등이 되겠습니다. 그것은 불・금・구리・나무・빵・자주색 등은 선에 관해서 서술, 언급하기 때문이고, 이에 반하여 불꽃・은・쇠・돌・물・포도주・고운 모시 등등은 진리에 관해서 서술, 언급하고 있기 때문입니다. 이와 마찬가지로 사람은 "온 마음과 온 뜻으로"(with his whole heart and his whole soul) 하나님을 반드시 사랑하여야 한다고 언급되었고, 그리고 하나님께서는 사람 안에 "새로운 마음과 새로운 영혼"(a new heart and a new spirit)을 창조하실 것이라고 언급되었습니다. 그것은 "마음"(heart)이 사랑에 속한 선에 관해서 서술, 언급하고 있기 때문이고, "영혼이나 영"(soul and spirit)은 믿음에 속한 진리들에 관해서 서술, 언급하고 있기 때문입니다. 거기에서 이런 낱말들(=용어들)은, 그것들이 이것들의 뜻에서 선과 진리 양자를 담고 있기 때문에, 어떤 때는 홀로 사용된 것이고, 그리고 그것들이 결합되지 않은 다른 낱말들(=용어들)은 전혀 없습니다. 그러나 이런 것들이나 그 밖의 많은 것들은 천사들에게 명확하게 드러나고, 그리고 자연적인 뜻 안에 있는 것과 꼭 같이 영적인 뜻 안에 있는 사람들에게 명확하게 드러납니다.

251. 성경말씀에서 동일한 것의 반복들처럼 보이는, 이른바 성경말씀의 이중적 표현들(dual expressions)이 있다는 사실을 성경말씀에서 입증한다는 것은 퍽 지루할 것입니다. 왜냐하면 그렇게 입증한다는 것은 수많은 지면을 차지, 채울 것이기 때문입니다. 그러나 의심을 버리게 하기 위하여 나는 "민족과 백성"(nation and people)과 "즐거움과 기쁨"(joy and gladness)과 같이 함께 언급된 성경말씀의 몇몇 장절들을 인용하겠습니다. 아래 장절들에는 "민족"과 "백성"이라는 낱말이 언급되었습니다. 이사야서의 말씀입니다.

슬프다!
죄 지은 민족, 허물 많은 백성,
흉악한 종자, 타락한 자식들!

(이사야 1:4)
어둠 속에서 헤매던 백성이
큰 빛을 보았고,……
하나님,
주께서 그들에게 기쁨을 주셨다(=당신이 이 민족을 번성하게 하셨습니다)(이사야 9:2, 3).
앗시리아에게 재앙이 닥쳐라!
"그는 나의 진노의 몽둥이요,
그의 손에 있는 몽둥이는
바로 나의 분노다.
내가 그를 경건하지 않은 민족에게 보내며,
그에게 명하여
나를 분노하게 한 백성을 치게 하며"……
(이사야 10:5, 6)
그 날이 오면, 이새의 뿌리에서 한 싹이 나서, 만민의 깃발로 세워질 것이며, 민족들이 그를 찾아 모여들어서, 그가 있는 곳이 영광스럽게 될 것이다(이사야 11:10).
화를 내며 백성들을 억누르고,
또 억눌러 억압을 그칠 줄 모르더니……
(이사야 14:6)
그 때에 만군의 주께서
예물을 받으실 것이다.……
강대국 백성이
만군의 주께 드릴 예물을 가지고
만군의 주의 이름으로 일컫는 곳,
시온 산으로 올 것이다.
(이사야 18:7)
그러므로 강한 민족이
주님을 영화롭게 할 것이며,
포악한 민족들의 성읍이
주님을 경외할 것이다.
(이사야 25:3)
주께서 이 산에서
모든 백성이 걸친 수의를 찢어서 벗기시고,
모든 민족이 입은

수의를 벗겨서 없애실 것이다.
(이사야 25 : 7)
민족들아, 가까이 와서 들어라.
백성들아, 귀를 기울여라.
(이사야 34 : 1)
나 주가 의를 이루려고 너를 불렀다.······
너를 백성의 언약과 이방의 빛이
되게 할 것이다.
(이사야 42 : 6)
모든 열방들과, 뭇 민족도
함께 재판정으로 나오너라.
(이사야 43 : 9)
내가 뭇 민족을 손짓하여 부르고,
뭇 백성에게 신호를 보낼 터이니······
(이사야 49 : 22)
내가 그를
많은 민족 앞에 증인으로 세웠고,······
네가 알지 못하는 나라를
내가 부를 것이다.
(이사야 55 : 4, 5)

다른 선지서의 말씀입니다.

한 백성이 북녘 땅에서 오고 있다.
큰 나라가 온다.
저 먼 땅에서 떨치고 일어났다.······
딸 시온아,
그들은 전열을 갖춘 전사와 같이
너를 치러 온다
(예레미야 6 : 22, 23)
내가 다시는 이방 나라들이 너를 비웃지 못하게 하며 뭇 민족이 다시는 너를
조롱하지 못하게 하겠다
(에스겔 36 : 15)
민족과 언어가 다른 뭇 백성이
그를 경배하게 하겠다

(다니엘 7 : 14)
주의 소유인 이 백성이
이방인들에게 통치를 받는 수모를
당하지 않게 하여 주십시오.……
세계 만민이
'그들의 하나님이 어디에 있느냐?' 하면서
조롱하지 못하게 하여 주십시오.
(요엘 2 : 17)
살아 남은 나의 백성이 그들을 털며,
살아 남은 나의 겨레가
그 땅을 유산으로 얻을 것이다.
(스바냐 2 : 9)
수많은 민족과 강대국이,
나 만국의 주에게 기도하여
주의 은혜를 구하려고,
예루살렘으로 올 것이다.
(스가랴 8 : 22)

신약의 말씀입니다.

내 눈이 주님의 구월을 보았습니다.
주께서 이것을
모든 백성 앞에 마련하셨으니,
이것은
이방 사람들에게는 계시하시는 빛이요,
주의 백성 이스라엘에게는 영광입니다.
(누가 2 : 30-32)
주님께서는……
주님의 피로
모든 종족과 언어와 백성과 민족 가운데서
사람들을 사서서 하나님께 드리셨습니다.
(묵시록 5 : 9)
그 때에 "너는 여러 백성과 민족과 언어와 왕들에 관해서 다시 예언을 하여야 한다" 하는 음성이 내게 들려 왔습니다(묵시록 10 : 11).

시편서의 말씀입니다.

주께서는 반역하는 백성에게서
나를 구하여 주시고,
나를 지켜 주셔서
뭇 민족을 다스리게 하시니,
내가 모르는 백성들까지 나를 섬깁니다.
(시편 18 : 43)
주님은, 나라들의 도모를 흩으시고,
민족들의 계획을 무효로 돌리신다.
(시편 33 : 10)
주께서 우리를
뭇 민족의 이야기 거리가 되게 하시고,
여러 부족의 조소거리가 되게 하십니다.
(시편 44 : 14)
만민을 우리에게 복종케 하시고,
뭇 나라를 우리 발 아래 무릎 꿇게 하신다.……
하나님은 뭇 나라를 다스리는 왕이시다.
하나님이 그의 보좌에 앉으셨다.
온 백성의 통치자들이
아브라함의 하나님의 백성과 더불어 모였다.
열강의 군왕들은 모두 주님께 속하였다.
하나님은 지존하시다.
(시편 47 : 3, 8, 9)
온 세상이 주의 뜻을 알고
모든 민족이 주의 구원을
알게 하여 주십시오.
하나님,
민족들이 주님을 찬송하게 하시며
모든 민족들이 주님을 찬송하게 하십시오.
주께서 온 백성을 공의로 심판하시며,
세상의 온 나라를 인도하시니,
온 니리가 기뻐하며,
큰소리로 외치면서 노래합니다.
(시편 67 : 2-4)

주님,
주의 백성에게 은혜를 베푸실 때에,
나를 기억하여 주십시오.
그들을 구원하실 때에
나를 구원하여 주십시오.……
주님 나라의 기쁨을
함께 기뻐하게 해주시며,
우리에게 주신 주의 유산을
자랑하게 해주십시오.
(시편 106 : 4, 5)

이 밖에도 여러 장절들이 있습니다. 민족들(nations)이나 백성들(peoples)이 함께 언급, 거명되고 있을 때에는 그것은 민족들이 좋은 뜻으로는 선 안에 있는 자들을 뜻하고, 나쁜 뜻으로는 악 안에 있는 자들을 뜻하기 때문이고, 그리고 백성들은 좋은 뜻으로는 진리들 안에 있는 자들을 뜻하고, 나쁜 뜻으로는 거짓들 안에 있는 자들을 뜻하기 때문입니다. 그러므로 주님의 영적인 왕국에 있는 자들은 "백성들"(peoples)이라고 불리었고, 주님의 천적인 왕국에 있는 자들은 "민족들"(nations)이라고 불리었습니다. 왜냐하면 영적인 왕국에 있는 자들은 진리들 안에, 결과적으로는 총명 안에 있기 때문이지만, 이에 반하여 천적인 왕국에 있는 자들은 모든 선들 안에 있고, 결과적으로는 지혜 안에 있기 때문입니다.

252. 다른 낱말들도 마찬가지입니다. 예를 들면, "즐거움"(joy)이 언급된 곳에는 "기쁨"(gladness) 역시 거명되었습니다. 예컨대 이런 장절들이 되겠습니다.

너희가 어떻게 하였느냐?
너희는 오히려 흥청망청
소를 잡고 양을 잡고,
고기를 먹고 포도주를 마시며
"내일 죽을 것이니,
오늘은 먹고 마시자" 하였다.
(이사야 22 : 13)

즐거움과 기쁨이 넘칠 것이니,
슬픔과 탄식이 사라질 것이다.
(이사야 35 : 10 ; 51 : 11)
우리 하나님의 성전에는
기쁨도 즐거움도 없다.
(요엘 1 : 16)
내가 유다의 성읍들과 예루살렘의 모든 거리에서, 흥겨워하는 소리와 기뻐하는 소리, 즐거워하는 신랑 신부의 목소리를 사라지게 하겠다(예레미야 7 : 34 ; 25 : 10).
열째 달의 금식일이 바뀌어서, 유다 백성에게 기쁘고 즐겁고 유쾌한 절기가 될 것이다(스가랴 8 : 19).
예루살렘을 사랑하는 사람들아,
그 성읍과 함께 기뻐하고 즐거워하여라.
예루살렘을 생각하며 슬퍼하던 사람들아,
너희는 모두
그 성읍과 함께 크고 기뻐하여라.
(이사야 66 : 10)
우스 땅에 사는 딸 에돔아,
기뻐하고 즐거워 하여라.
(애가 4 : 21)
하늘은 즐거워하고, 땅은 기뻐 외치며……
(시편 96 : 11)
기쁨과 즐거움의 소리를 들려주십시오.
(시편 51 : 8)
주께서 시온을 위로하신다!……
그 안에 기쁨과 즐거움이 깃들며,
감사의 찬송과 기쁜 노랫소리가
깃들 것이다.
(이사야 51 : 3)
그 이들은 내게 기쁨과 즐거움이 되고, 많은 사람이 그의 출생을 기뻐할 것이다(누가 1 : 14).
나는 너희들이 흥겨워하는 소리와 기뻐하는 소리와 즐거워하는 신랑 신부의 목소리를, 너희들이 보는 앞에서 너희 시대에 이 곳에서 사라지게 하겠다(예레미야 16 : 9 ; 7 : 34 ; 25 : 10).
사람도 없고 주민도 없고 짐승도 없는 유다의 성읍들과 예루살렘의 거리에,

또다시, 환호하며 기뻐하는 소리와 신랑 신부가 즐거워하는 소리와 감사의 찬양 소리가 들릴 것이다(예레미야 33 : 10, 11).

이 밖에도 여러 장절들이 있습니다. 즐거움과 기쁨(joy and gladness)이 함께 거명, 언급되었는데, 그것은 즐거움(joy)이 선에 관해서 서술, 언급하기 때문이고, 기쁨(gladness)은 진리에 관해서 서술, 언급하기 때문입니다. 그리고 또한 즐거움은 사랑에 관해서 언급, 서술하고, 기쁨은 지혜에 관해서 언급, 서술합니다. 왜냐하면 즐거움은 마음(heart)에 속한 것이고, 기쁨은 영(spirit)에 속한 것이기 때문입니다. 그리고 또한 즐거움은 의지에 속한 것이고, 기쁨은 이해에 속한 것입니다. 거기에 주님과 교회의 혼인이 존재한다는 것은 이런 장절들의 표현에서 명확합니다. 예레미야서의 말씀입니다.

흥겨워하는 소리와 기뻐하는 소리, 즐거워하는 신랑 신부의 목소리를 사라지게 하겠다(예레미야 7 : 34 ; 16 : 9 ; 25 : 10 ; 33 : 10, 11).

왜냐하면 주님께서는 신랑이시고, 교회는 신부이시기 때문입니다. 주님께서 신랑이시라는 것은 마태 14 : 15 ; 마가 2 : 19, 20 ; 누가 5 : 34, 35에서 잘 볼 수 있고, 교회가 신부라는 것은 묵시록 21 : 2, 9 ; 22 : 17에서 역시 잘 볼 수 있습니다. 그러므로 세례 요한은 주님에 관해서 이렇게 말하였습니다. 요한복음서의 말씀입니다.

신부를 차지하는 사람은 신랑이다(요한 3 : 29).

253. 신령선과 신령진리의 혼인(the marriage of Divine good and Divine truth)이 성경말씀의 모든 개별적인 안에 존재하기 때문에 여호와와 하나님(Jehovah and God), 여호와와 이스라엘의 거룩한 분이라는 표현은 마치 그들이 두 존재인 양 매우 매우 자주 성경말씀에 나타나지만, 그럼에도 불구하고 그 때 그 두 존재는 한 존재입니다. 왜냐하면 "여호와"는 신령사랑에 속한 신령선의 측면에서 주님을 뜻하기 때문이고, 이에 반하여 "하나님"이나 "이스라엘의 거룩한 분"은 신령지혜에 속한 신령진리의 측면에서 주님을 뜻하기 때문입니다. 여호와와 하나님

(Jehovah and God), 그리고 여호와 이스라엘의 거룩한 분(Jehovah and the Holy One of Israel)이 성경말씀의 수많은 곳에 거명된다는 것, 그리고 그럼에도 불구하고 유일한 한 분(One only)을 뜻한다는 것은 주님 속량주에 관한 교리에서 잘 알 수 있겠습니다(본서 82-133항 참조).

X.
이단사설(異端邪說)이 성경말씀의 문자적인 뜻에서 비롯될 수는 있지만 그것을 확증한다는 것은 매우 유해(有害)하다.

254. 앞에서 입증된 것은, 교리가 없으면 성경말씀이 이해될 수 없다는 것, 그리고 교리는 진정한 진리들을 분명하게 보게 하는 등불과 같다는 것, 그리고 그것은 성경말씀이 순수한 대응들에 의하여 기술되었기 때문이다는 것 등등입니다. 결과적으로 성경말씀 안에 있는 수많은 것들은 진리의 겉모습(外現)들이지, 결코 적나라한 진리들(naked truths)은 아니라는 것입니다. 그리고 수많은 것들은 단순한 자연적인 사람의 이해에 일치하여 기술되었다는 것, 그리고 그럼에도 불구하고 그와 같이 기술되었기 때문에 단순한 사람(the simple)은 그것들을 단순하게, 총명한 사람(the intelligent)은 그것들을 총명하게, 그리고 현명한 사람(the wise)은 지혜롭게 이해할 수 있겠습니다. 성경말씀의 성질(=속성 · the nature)이 이러하기 때문에, 옷 입혀진 진리들을 가리키는, 진리의 이와 같은 겉모습(外現)들이 적나라한 진리들이라고 생각할 수 있겠습니다. 그리고 그것들이 그렇게 확증되었을 때 그것들은 본질적으로 거짓들을 가리키는 거짓들이나 오류들이 됩니다. 이렇게 볼 때 진정한 진리들이나 확증된 진리들이라고 생각되는 진리의 외현들은 기독교계에 존재하고 있는, 모든 이단사설들을 생겨나게 하였고, 그리고 그 이단사설은 변함없이 존재할 것입니다. 이단사설들 자체는 사람들을 정죄(定罪 · condemn)하지 못합니다. 그렇지만 사람들은 성경말씀에서 비롯된 그것들의 확증에 의하여 정죄되고, 그리고 자연적인 사람에게 비롯된 추론들에 의하여 생겨난 온갖 거짓들은 이단사설에 존재하고, 그리고 그런 거짓들에 의한 삶에 의하여 사람은 사악하게 됩니다. 왜냐하면 모든 사

람은 그의 나라나 그의 부모에 속한 종교에 태어나고, 그리고 젖먹이 때부터 그 종교에 입문(入門), 시작되고, 그 뒤에는 그는 그것에 사로잡히기 때문입니다. 그리고 이 세상적인 사업 때문에, 그리고 그런 종류의 진리들에 대한 조사, 연구하는 그의 이해의 취약성(脆弱性) 때문에 그는 그것의 온갖 거짓들로부터 스스로 뒤로 물러날 수가 없습니다. 그러나 정죄하는 것은 사람을 사악하게 살아가게 하고, 그리고 진정한 진리들을 파괴하는 정도에까지 거짓들을 확증하게 합니다. 왜냐하면 자신의 종교에 사로잡혀 있고, 하나님을 믿고, 더욱이 만약에 기독교회에서 주님을 믿고, 성경말씀을 거룩한 것으로 중시, 존중하고, 그리고 종교적인 동기로부터 십성언(=십계명)의 계명들에 따라서 살고, 그리고 자기 자신을 거짓들을 범하지 않게 하는 사람은, 그리고 그러므로 그가 진리들을 경청, 순종하고, 그리고 자기 자신의 삶에서 그것들에 속한 지각(知覺)을 가지고 있다면, 그 사람은 그것들을 영접, 포용할 수 있고, 그리고 그것들에 의하여 온갖 거짓들로부터 구출될 수 있습니다. 그러나 자기 자신의 종교에 속한 거짓들로 확증된 사람은 전혀 그렇지 않습니다. 그렇게 확증된 것 때문에 거짓은 불변하고, 그리고 그 뿌리는 뽑힐 수 없습니다. 왜냐하면 확증 뒤의 거짓은, 마치 누구가 맹세, 서약한 것과 같고, 특히 그것이 자기사랑이나 또는 자기 자신의 총명의 자만 따위에 밀착되었다면, 더욱 더 영구불변하고, 그 뿌리는 결코 뽑힐 수 없기 때문입니다.

255. 나는 영계에서, 수세기 전에 이 세상에 살았고, 그리고 자기 스스로 그들의 종교의 거짓들로 확증한 몇몇 사람들과 대화를 한 적이 있습니다. 그 때 내가 발견, 알게 된 사실은 그들은 여전히 변함이 없이 그런 것들 안에 계속해서 남아 있다는 것이었습니다. 나는 거기에서 동일한 종교에서 살았고, 동일한 방법으로 생각을 하였지만, 그러나 스스로 그것의 거짓들로 확증을 하지 않은 몇몇 자들과 대화를 하였습니다. 그 때 내가 알게 된 것은, 그들이 천사들에 의하여 교육을 받은 뒤 그들은 거짓들을 배척하고, 진리들을 영접, 수용한다는 것이었습니다. 그리고 또한 이들은 구원을 받았지만, 이에 반하여 전자는 구원을 받지 못했다는 것이었습니다. 누구나 모든 사람은 사후(死後)에 천사들에 의하여 교육을 받으며, 그리고 진리를 알고, 그 진리들로부터 거짓들을 아는 사람은 천계에 영접, 오르지만, 그러나 스스로 거짓들로 확증하지 않은

자는 쉽게 진리들을 봅니다. 그리고 스스로 확증을 한 자들은 진리들을 보고, 알기를 원하지 않습니다. 만약에 진리들을 보게 되면, 그들은 외면을 하거나 또는 진리들을 조소(嘲笑)하거나 위화합니다. 이와 같은 진실된 이유는 그와 같은 확증은 의지에 들어오고, 그리고 그 의지는 그 사람 자신이고, 그리고 의지는 자기 하고 싶은 대로 이해를 소유, 부려먹기 때문입니다. 그러나 발가벗은 지식(bare knowledge)은 단순하게 이해에 들어오지만, 이것은 의지를 지배할 능력(=권한)은 결코 가지지 못하고, 다만 사람 안에서 마치 마당이나 출입구에 서 있는 자와 같고, 그러나 집안에 들어와 있는 것은 아닙니다.

256. 그러나 이러한 내용은 예를 들어서 설명, 예증하겠습니다. 성경말씀의 수많은 곳에는 성냄(anger)・분노(wrath)・복수(vengeance) 따위를 하나님의 탓으로 돌리는 표현이 있고, 그리고 하나님께서 벌을 주시고, 지옥으로 내쫓고, 유혹하고, 그리고 이밖에도 많은 다른 일을 하신다고 언급되고 있습니다. 철없는 어린 아이 같이 단순히 이런 것을 믿는 사람은, 결과적으로 하나님을 두려워하고, 그분에 대하여 죄짓는 일을 피하는 사람은, 그와 같은 단순한 신앙(=신념・simple belief) 때문에 정죄받지는 않습니다. 그러나 성냄・분노・복수나 악에서 발출하는 그 밖의 것들이 하나님 안에 있다고 믿는 것으로 자기 자신 안에서 이런 것들을 확증, 다짐하는 사람은, 정죄를 받고, 그리고 하나님께서 사람을 벌주시고, 성냄・분노・복수로부터 사람을 지옥으로 쳐넣으신다고 믿고, 다짐하는 사람은 정죄를 받습니다. 그것은 그 사람이 진정한 진리, 다시 말하면 하나님께서 사랑 자체시고, 자비 자체시고, 선 자체시다는 것, 그리고 이런 존재이신 하나님께서는 성내시고, 분노하시고, 복수할 수 없다는 진정한 진리를 파괴하기 때문입니다. 이런 것들이 성경말씀에는 하나님의 탓으로 돌리고 있는데, 그것은 단순히 외현일 뿐입니다. 이런 것들은 곧 진리의 외현들이고 겉모양들이기 때문입니다.

257. 성경말씀의 문자적인 뜻 안에는 수많은 것들이 그것들 안에 진정한 진리들이 숨겨져 있다는 것, 그리고 단순하게 생각하는 것은 유해(有害)하지 않고, 그리고 진리의 외현들에 따라서 그와 같이 말하는 것은 유해하지 않지만, 그럼에도 불구하고 그것들을 다짐하고 확증하는 것은 매우 위험하고 유해합니다. 그것은 이런 확증에 의하여 그것들 안

에 숨겨져 있는 신령진리가 파괴되기 때문인데, 그것은 예들에 의하여 본질에서 예증될 수 있겠습니다. 그와 같이 들어내 놓고 예증, 설명하는 것은 자연적인 것이 영적인 것에 비하여 더 명료하게 설명, 예증하고, 그리고 가르치기 때문입니다. 태양은 사람의 눈에는 매일 매일, 또는 해마다, 지구 주위를 도는 것처럼 보입니다. 결과적으로 태양은 뜨고(日出), 진다(日沒)고 말하고, 그리고 아침·낮·저녁·밤을 일으킨다고 말하고, 또한 봄·여름·가을·겨울을 만든다고 말하고, 따라서 날들과 햇수를 만든다고 말합니다. 그럼에도 불구하고 태양은 전혀 움직임이 없이 그 자리에 서 있습니다. 왜냐하면, 태양은 불바다(a fiery ocean)이고, 그리고 지구는 매일 자전(自轉)하고, 그리고 해마다 태양 주위를 공전(公轉)하기 때문입니다. 태양이 지구 주위를 공전한다고 단순하게 또는 무지하게 생각하는 사람은, 지구가 그것의 지축(地軸)을 중심으로 자전하고, 일 년에 한 번 황도(黃道·ecliptic)를 따라서 공전한다는, 자연적인 진리를 파괴하지는 않습니다. 그러나 자연적인 사람에게서 비롯되는 추론들에 의하여 태양의 외관적인 운동을 확증하는 사람은, 더욱이 성경말씀에 의하여 그렇게 하는 사람은, 그 때 거기에서도 해가 뜨고, 진다고 말하기 때문에, 진리를 약화(弱化)시키고, 그리고 진리를 파괴합니다. 그리고 그 뒤에는 진리를 거의 보지 못하게 되고, 그리고 심지어 그에게 주어진 눈에 보이는 실증을 가리키는 온 하늘의 별들도 매일 매일, 매년, 그런 식으로 외견상 움직인다는 것을 증명해도 거의 알지 못하게 되고, 그럼에도 불구하고 하나의 별은 다른 별과의 관계에서 고정된 자리에서 움직인다는 것도 알지 못하게 됩니다. 태양이 움직인다는 것은 외견상의 진리이고, 태양이 움직이지 않는다는 것은 불변의 진정한 진리입니다. 그럼에도 불구하고 누구나 외면상의 진리에 따라서 말을 하기 때문에, 태양은 뜨고, 진다고 말합니다. 이러한 것은 크게 문제가 되지 않고 용납될 수 있습니다. 왜냐하면 그는 그와 달리 말할 수 없기 때문입니다. 그러나 모든 사실을 확증한 뒤에도 외견상의 진리에 따라서 생각한다는 것은 합리적인 이해(the rational understanding)를 무디게 하고, 어두움게 합니다.

258. 성경말씀에 있는 진리의 외현들을 확증하는 것이 유해한 근본적인 원인은, 그것에 의하여 그것이 거짓들이 되기 때문이고, 그리고 따라서 그것에 의하여 파괴된 외현들 안에 있는 신령진리의 문자적인 뜻

안에 있는 모든 개별적인 것이나 전체적인 것들은 천계와 내통, 교류되기 때문입니다. 왜냐하면 앞에서 입증한 것과 같이, 문자적인 뜻 안에 있는 개별적인 것이나 전체적인 것들 안에는 영적인 뜻이 있기 때문이고, 그리고 이 영적인 뜻은, 사람에게서 천계를 통과하는 것에서, 열리워집니다. 영적인 뜻에 속한 모든 것들은 진정한 진리들입니다. 그러므로 사람이 거짓들 안에 있고, 문자적인 뜻을 그와 같은 거짓들에게 적용할 때 거짓들은 그 뜻 속에 들어오고, 그리고 그것들이 진리들 안에 들어올 때 진리들은 소멸되는데, 이런 일은 사람에게서부터 천계에 들어오는 길에 일어납니다. 이와 같이 소멸되는 일은, 담즙이 꽉 차 있는 오줌통을 다른 자들을 향해 던질 때, 그것이 사람에게 닿기도 전에 공중에서 터져서, 담즙이 산산이 뿌려지는 것에 비교될 수 있겠습니다. 그러므로 담즙으로 오염된 공기를 냄새 맡게 되었을 때 다른 사람들은 그것에서 외면, 그것이 그의 혀에 닿는 것을 막으려고 입을 다무는 것에 비교되겠습니다. 또는 삼목나무의 어린가지로 엮어 만든 망태기에 벌레들이 우글거리는 식초를 담은 가죽부대에 비교될 수 있겠습니다. 그 가죽부대는 운반 도중에 터질 것이고, 그것의 고약한 냄새가 다른 사람에게 감지, 그것 때문에 욕지기가 나기 때문에, 그 악취가 그의 코에 들어오지 못하게 즉시 부채질을 하는 사람에게 비교될 수 있겠습니다. 그리고 이것은 마치 아몬드의 알맹이 대신 새로 깐 뱀 새끼가 그 안에 가득 차 있는 아몬드 껍질에 비교될 수 있겠고, 뱀 알의 껍데기가 깨어질 때 작은 뱀 새끼들이 바람에 날려, 그것을 피하려는 사람의 눈에 날려 오는 것에 비교되겠습니다. 그것은 마치 거짓들 가운데 빠져 있는 사람이 성경말씀을 읽을 때 자신의 거짓들을 성경말씀의 문자적인 뜻에 적용하려는 사람에게 비교될 수 있겠는데, 그 경우 그런 것들이 유입되어 천사들을 괴롭히는 것을 막기 위하여 천계에 이르는 길은 차단됩니다. 왜냐하면 거짓이 진리에 접촉할 때, 그것은 마치 바늘 끝이 신경 섬유에 닿는 것과 같고, 또는 눈동자에 낳는 것과 같습니다. 잘 알고 있듯이, 신경섬유는 그 즉시 스스로 몸을 사려 나선형을 만들고, 그리고 움추려들고, 그리고 처음의 접촉에서는 눈은 눈꺼풀로 가려서 자신을 보호합니다. 이런 모든 것에서 밝히 알 수 있는 것은 위화된 진리는 천계와의 교류에서 제거되고, 천계를 차단한다는 것입니다. 이것은 바로 어떤 이단적 거짓을 확증, 굳히는 것이 유해하기 때문입니다.

259. 성경말씀은 멋진 정원과 같고, 천계적인 낙원(a heavenly paradise)이라고 하겠습니다. 거기에는 온갖 종류의 감미로움들(珍味・delicacies)이 있고, 각종의 기쁨이 있고, 그 감미로움은 거기에 있는 각종의 꽃들에 있습니다. 그리고 정원의 중앙에는 생명에 속한 나무들(the trees of life)이 있고, 그것들 가까이에는 생수의 샘들(fountains of living waters)이 있고, 그리고 그 정원 주위는 각종 나무들로 우거진 숲이 있습니다. 교리로 말미암아 신령진리들 안에 있는 사람은 생명의 나무들이 있는 정원 중앙에 있고, 그리고 그 사람은 거기에 있는 감미로움이나 기쁨의 실제적인 즐거움을 만끽(滿喫)하고 있습니다. 이에 반하여 교리에서 비롯된 것이 아닌 진리들 안에 있고, 다만 문자적인 뜻에서 비롯된 진리들 안에 있는 사람은, 그 정원 주변에 있고, 단순히 그 숲만 볼 뿐입니다. 그러나 거짓 종교에 속한 교리 안에 있고, 그리고 스스로 그것의 거짓으로 다짐, 확증한 사람은 그 숲에 있는 것이 아니고, 메마른 사막 평원의 변두리에 있는데, 그 곳은 심지어 잡초(雜草)마저도 없습니다. 이러한 광경이 사후 그런 부류의 상태를 가리킨다는 것은 ≪천계와 지옥≫에서 잘 그려 보여 주고 있습니다.

260. 더욱이 필히 이해하여야 할 사실은, 성경말씀의 문자적인 뜻은 그것 안에 숨겨져 있는 진리들이 해를 입지 않기 위하여 그 진리들을 위한 진정한 파수꾼(a guard)이라는 것입니다. 이런 식의 파수꾼의 역할은 이러합니다. 그 파수꾼은 여기저기를 두루 살피고, 각자 각자의 성경말씀의 이해에 맞추어서 설명합니다. 그럼에도 불구하고 거기에는 성경말씀의 내적인 것에 대한 위해(危害)도 없어야 하고, 폭행도 없어야 합니다. 왜냐하면 어느 누구가 이런 상태에서 성경말씀의 문자적인 뜻을 이해할 때 그 어떤 위해나 폭행 따위가 행해지지 않아야 하기 때문입니다. 그리고 다른 사람에게는 다른 방법으로 행해집니다. 그러나 거짓들이 신령진리들에 정반대되는 것이 소개, 초래되었을 때 위해가 일어나는데, 이런 일은 자기 자신을 거짓들로 다짐하고, 확증한 자들에 의해서만 일어납니다. 이런 식으로 성경말씀에 대한 폭행이나 모독도 행해집니다. 이러한 것이 바로 문자적인 뜻이 그런 위해에 대하여 지킨다는 뜻이고, 내용입니다. 이와 같은 파수꾼의 일은 그들의 종교에서 비롯된 온갖 거짓들 안에 빠져 있는 자들에 대한 것이고, 그러나 이런 거짓들을 다짐, 확증하지 않은 자들에게는 아닙니다. 이와 같은 파수꾼의 일

을 가리키는 성경말씀의 문자적인 뜻은 성경말씀에서 "게르빔"(=그룹 · cherubs)이 뜻하고, 성경말씀에서는 이런 식으로 기술되었습니다. 이 파수꾼은, 아담과 그의 아내가 에덴 동산에서 추방되었을 때, 에덴 동산의 입구에 세워둔 게르빔들이 뜻합니다. 이런 것에 관해서 우리는 아래와 같은 장절들을 읽습니다. 창세기의 말씀입니다.

> 주 하나님은 그를 에덴 동산에서 내쫓으시고,…… 그를 내쫓으신 다음에, 에덴 동산의 동쪽에 그룹들을 세우시고, 빙빙 도는 불칼을 두셔서, 생명나무에 이르는 길을 지키게 하셨다(창세기 3 : 23, 24).

[2] 만약에 거기에 있는 "그룹들"(=게르빔들) · "에덴 동산" "생명 나무"(the tree of life), 마지막으로 "빙빙 도는 불칼" 등이 뜻하는 것을 알지 못한다면, 어느 누구도 이 장절이 뜻하는 것이 무엇인지 알 수 없습니다. 이와 같은 개별적인 것들은 런던에서 발간된 ≪천계비의≫의 그 장의 해설에서 설명되었습니다. 다시 말하면 "그룹"은 파수꾼을 뜻하고, "생명나무에 이르는 길"은 주님에게로 들어가는 입구를 뜻하는데, 그것은 사람이 성경말씀의 영적인 뜻에 속한 진리들을 통하여 터득합니다. "빙빙 도는 불칼"은 성경말씀의 문자적인 뜻 안에 있는 성언을 가리키는, 극외적인 것들 안에 있는 신령진리를 뜻하는데, 이런 뜻은 그와 같이 빙빙 돈다고 하였습니다. 동일한 뜻이 이렇게 기술되었습니다. 출애굽기의 말씀입니다.

> 금은 두들겨서 그룹 두 개를 만들고, 그것들을 속죄판의 양쪽 끝에 각각 자리잡게 하여라. 그룹 하나는 이쪽 끝에, 또 다른 하나는 그 맞은쪽 끝에 자리잡게 하되, 속죄판과 그 양끝에 있는 그룹이 한 덩이가 되도록 하여라. 그룹들은 날개를 위로 펴서 그 날개로 속죄판을 덮게 하고, 그룹의 얼굴들은 속죄판 쪽으로 서로 마주보게 하여라. 너는 그 속죄판을 궤 위에 얹고, 궤 안에는 내가 너에게 준 증거판을 넣어 두어라(출애굽 25 : 18-21).

여기서 "궤"(ark)는, 그것이 담고 있는 "십성언"(十聖言 · 十誡命 · the Decalogue)이 성경말씀의 원초적인 것(the primitive of the Word)이기 때문에 곧 성언(聖言 · the Word)을 뜻하고, "그룹"은 파수꾼을 뜻합니

다. 그러므로 그룹들 사이에서 주님께서는 모세와 말씀을 하셨습니다(출애굽 25 : 22 ; 27 : 9 ; 민수기 7 : 89). 그리고 주님께서는 자연적인 뜻으로 말씀하셨는데, 그것은, 앞에서 볼 수 있는 것과 같이(본서 214-224항 참조), 성경말씀의 충만함을 제외하면, 그리고 문자적인 뜻 안에 있는 그것의 충만함 안에 있는 신령진리를 제외하면, 주님께서 사람과 말씀하시지 않으시기 때문입니다. 역시 동일한 내용을 뜻합니다. 출애굽기서의 말씀입니다.

> 그 천은, 가늘게 꼰 모시 실과 청색 실과 자주색 실과 홍색 실로, 그룹을 정교하게 수놓아 짠 것이어야 한다(출애굽 26 : 1, 31).

왜냐하면 성막의 휘장이나 천막은 천계나 교회의 극외적인 것들을 뜻하기 때문이고, 그리고 따라서 성경말씀의 극외적인 것들을 뜻하기 때문입니다(본서 220항 참조). 그러므로 또 이렇게 언급되었습니다. 열왕기서의 말씀입니다.

> 그는 성전의 지성소와 외실의 벽으로 돌아가면서, 그룹의 형상과 종려나무와 활짝 핀 꽃 모양을 새겼다(열왕기 상 6 : 29, 32, 35).

본서 221항을 참조하십시오. 역시 마찬가지 뜻입니다. 에스겔서의 말씀입니다.

> 그 판자에는 그룹과 종려나무들을 새겼는데, 두 그룹 사이에 종려나무가 하나씩 있고, 그룹마다 두 얼굴이 있었다(에스겔 41 : 18-20).

[3] "그룹"이 파수꾼을 뜻하기 때문에, 주님이나 천계, 그리고 성경말씀에 내면적으로 존재하는 신령진리에는, 극외적인 것들을 통하는 간접적인 것을 제외하면, 직접적으로 가까이 근접하는 것이 허락되지 않았습니다. 이것이 두로 왕에 관해서 이렇게 언급되었습니다. 에스겔서의 말씀입니다.

> 너는 두로 왕을 두고 애가를 불러라. 너는 그에게 전하여라.

"나 주 하나님이 말한다.
너는 정교하게 만든 도장이었다.
지혜가 충만하고
흠잡을 데 없이 아름다운 도장이었다.
너는 옛날에
하나님의 동산 에덴에서 살았다.
너는 온갖 보석으로 네 몸을 치장하였다.
홍보석과 황보석과 금강석과
녹주석과 홍옥수와 벽옥과
청옥과 남보석과 취옥과 황금으로
너의 몸을 치장하였다.……
나는 그룹을 보내어,
너를 지키게 하였다.
너는 하나님의 거룩한 산에 살면서
불타는 돌들 사이를 드나들었다.……
그런데 마침내 네게서 죄악이 드러났다.
물건을 사고 파는 일이 커지고 바빠지면서
너는 폭력과 사기를 서슴지 않았다.
그래서 내가 너를 더럽게 여겨,
하나님의 거룩한 산에서 쫓아냈다.
너를 지키는 그룹이,
너를 불타는 돌들 사이에서 추방시켰다."
(에스겔 28 : 12-16)

여기서 "두로"는 선과 진리의 지식의 측면에서 교회를 뜻하고, 그러므로 "두로의 왕"은, 그 지식들이 그것 안에, 그리고 그것으로 말미암아 그 지식들이 존재하는 근원인, 성언(聖言)을 뜻합니다. 여기서 두로 왕은 성경말씀의 극외적인 것 안에 있는 성경말씀을 뜻하고, "그룹"은 그것의 보호(=방어)를 뜻한다는 것은 아주 명확합니다. 왜냐하면 "너는 정교하게 만든 도장" "너는 온갖 보석으로 네 몸을 치장하였다" "나는 그룹을 보내어 너를 지키게 하였다" "너를 지키는 그룹" 등등이 언급되었기 때문입니다. 여기에 거명, 등장하는 "보석들"은 성경말씀의 문자적인 뜻에 속한 것들을 뜻합니다. 이것들에 관해서는 본서 217 · 218항을 참조하십시오. "그룹"이 극외적인 것 안에 있는 성언을 뜻하기 때문에, 그리고 파수꾼을 뜻하기 때문에 시편서에는 이렇게 언급되었습니다. 그 책의 말씀입니다.

> 주께서 하늘을 가르고 내려오실 때에,
> 그 발 아래에는 짙은 구름이 깔려 있었다.
> 주께서 그룹을 타고 날아오셨다.
> 바람 날개를 타고 오셨다.
> (시편 18 : 9, 10)
> 아, 이스라엘의 목자이신 주님,……
> 그룹 위에 앉으신 주님,
> 나타나 주십시오.
> (시편 80 : 1)
> 주께서 그룹 위에 앉으시니,
> 땅이 흔들리는구나.
> (시편 99 : 1)

"그룹을 탄다" "그룹 위에 앉는다"는 말씀은 성경말씀의 극외적인 뜻 위에 라는 것을 뜻합니다. 성경말씀 안에 있는 신령진리나, 그리고 그것이 무엇을 뜻하는지는 에스겔서에서 그룹이라고 불리운 네 짐승들(the four animals)에 의하여 기술되었습니다(에스겔서 1 · 9 · 10장 참조). 그리고 또한 보좌 한가운데와 보좌 주위에 있는 네 짐승들에 의하여 기술되었습니다(묵시록 4 : 6 그 이하). 암스텔담에서 나에 의하여 출판된 ≪묵시록계현≫* 239 · 275 · 314항을 참조하십시오.

XI.

주님께서는 이 세상에 계실 때 성경말씀에 기록된 모든 것들을 이루셨고, 그리고 그것에 의하여 성언(聖言 · the Word), 다시 말하면 신령진리가 되셨고, 심지어 마지막 것들 안에 계신다.

---

* 이 책은 <예수인>에서 2010년 ≪묵시록계현≫ 1-5권으로 출간하였다(역자주).

261. 주님께서 이 세상에 계실 때 성경말씀에 속한 것들을 모두 이루셨다는 것, 그리고 그 일을 통하여 신령진리, 즉 성언(聖言 · the Word)이 되셨다는 것, 그리고 심지어 마지막 것들 안에 계신다는 것 등을 뜻한다는 것은 요한복음서의 이런 말씀들이 뜻합니다. 그 책의 말씀입니다.

> 말씀이 육신이 되어 우리 가운데 사셨다. 우리는 그의 영광을 보았다. 그 영광은 아버지께서 주신 독생자의 영광이며, 그 안에는 은혜와 진리가 충만하였다(요한 1:14).

"육신이 되었다"는 것은 마지막 것들 안에 있는 말씀(聖言 · the Word)이 되었다는 것입니다. 마지막 것들 안에 있는 성언이신 주님이 무엇을 뜻하는 것인지는, 주님께서 친히 주님께서 변화하셨을 때(顯聖容) 당신의 제자들에게 입증하셨습니다(마태 17:2, 그 이하 ; 마가 9:2, 그 이하 ; 누가 9:28, 그 이하). 거기에 모세와 엘리야가 영광 가운데 나타나셨다고 언급되었는데, 여기서 "모세"는 그를 통해서 기록된 성경말씀인, 일반적으로는 역사적인 말씀(the historical Word)을 뜻합니다. 그리고 "엘리야"는 예언적인 말씀(the prophetical Word)을 뜻합니다. 마지막 것들 안에 있는 말씀(聖言 · the Word)으로서의 주님께서는 묵시록서에서 요한에게 드러내셨습니다(묵시록 1:13-16). 거기서 그분에 관해 기술된 모든 것들은 신령진리에 속한 극외적인 것들, 곧 성경말씀에 속한 극외적인 것들(the outmosts of the Word)을 뜻합니다. 이런 일에 앞서 주님께서 사실 성언이였고, 즉 신령진리이셨지만, 그러나 처음 것들 안에 계셨습니다. 왜냐하면 이렇게 언급되었기 때문입니다. 요한복음서의 말씀입니다.

> 태초에 말씀이 계셨다. 그 말씀은 하나님과 함께 계셨다. 그 말씀은 하나님이셨다. 그는 태초에 하나님과 함께 계셨다(요한 1:1, 2).

그러나 성언(聖言 · the Word)이 육신이 되었을 때, 주님께서는 역시 마지막 것들 안에 있는 성언이 되셨습니다. 이것이 곧 주님께서 이렇게 언급된 이유입니다. 묵시록서의 말씀입니다.

나는 알파와 오메가다(=나는 처음이며 마지막이다)(묵시록 1 : 8, 11, 17 ; 2 : 8 ; 21 : 6 ; 22 : 13 ; 이사야 44 : 6).

262. 주님께서 성경말씀에 속한 모든 것들을 이루셨다(成就)는 것은 주님에 의하여 이루어질 것이라고, 모든 것들이 마감될 것이라고 예언된 율법이나 성경말씀에 기술된 아래와 같은 여러 장절들에게서 명확합니다. 예수님께서는 이렇게 말씀하셨습니다. 복음서의 말씀들입니다.

내가 율법이나 예언자들의 말을 폐하러 온 줄로 생각하지 말아라. 폐하러 온 것이 아니라 완성하러 왔다.…… 천지가 없어지기 전에는 율법은 일점 일획도 없어지지 않고 다 이루어질 것이다(마태 5 : 17, 18).
예수께서…… 늘 하시던 대로, 안식일에 회당에 들어가셨다. 성경을 읽으려고 일어서서 예언자 이사야의 두루마리를 건네 받아 그것을 펴시어, 이런 말씀이 있는 데를 찾으셨다.
"주의 영이 내게 내리셨다.
주께서 내게 기름을 부으셔서,
가난한 사람들에게
기쁜 소식을 전하게 하셨다.
주께서 나를 보내셔서,
포로된 사람들에게 자유를,
눈먼 사람들에게 다시 보게 함을 선포하고,
억눌린 사람들을 풀어 주고,
주의 은혜의 해를 선포하게 하셨다."
예수께서 두루마리를 말아서, 시중 드는 사람에게 되돌려 주시고, 앉으셨다.…… 예수께서 그들에게 말씀하셨다. "이 성경말씀은 너희가 듣는 가운데서 오늘 이루어졌다"(누가 4 : 16-21).
"나의 빵을 먹은 자가 나를 배반하였다" 한 성경말씀이 이루어질 것이다(요한 13 : 18).
그들 가운데서는 한 사람도 멸망하지 않았습니다. 다만 멸망의 자식만 잃은 것은 성경말씀을 이루시려는 것입니다(요한 17 : 12).
이렇게 말씀하신 것은 예수께서 전에 "아버지께서 나에게 주신 사람을, 나는 하나도 잃지 않았습니다" 하신 그 말씀을 이루게 하시려는 것이다(요한 18 :

9).

(예수께서 베드로에게 말씀하셨다.) "네 칼을 칼집에 도로 꽂아라. 칼을 쓰는 사람은 모두 칼로 망한다.…… 그러나 그렇게 되면, 이런 일이 반드시 일어난다고 한 성경말씀이 어떻게 이루어지겠느냐?"…… "그러나 이 모든 일이 이렇게 되게 하신 것은, 예언자들의 글을 이루려고 하신 것이다"(마태 26 : 52, 54, 56).

인자는 자기에 관하여 성경에 기록되어 있는 대로 떠나가지만,…… 그러나 이것은 성경 말씀을 이루려는 것이다(마가 14 : 21, 49).

"'그는 무법자들 속에 끼어서 같은 무리로 몰렸다'고 기록된 이 성경말씀이, 내게서 반드시 이루어져야 한다. 과연, 나에게 관하여 기록한 일은 이루어지고 있다"(누가 22 : 37 ; 마가 15 : 28).

이는
"그들이 내 겉옷을 서로 나누어 가지고,
내 속옷을 놓고서는 제비를 뽑았다"
하는 성경 말씀이 이루어지게 하려는 것이다. 군인들은 이런 일을 하였다(요한 19 : 24).

그 뒤에 예수께서는 모든 일이 이루어졌음을 아시고, 성경 말씀을 이루시려고 "목마르다" 하고 말씀하셨다(요한 19 : 28).

예수께서 신 포도주를 드시고 "다 이루었다" 하고 말씀하셨다(요한 19 : 30). 일이 이렇게 된 것은 '그의 뼈가 하나도 부러지지 않을 것이다' 한 성경말씀을 이루게 하려는 것이다. 또 성경에 '그들은 자기들이 찌른 사람을 쳐다볼 것이다' 한 말씀도 있다(요한 19 : 36, 37).

전 성경말씀은 주님에 관해서 기록되었다는 것, 그리고 그분께서는 그것을 이루시기 위하여 이 세상에 오셨다는 것 등을 주님께서 이 세상을 떠나시기 전에 그분의 제자들에게 이런 말씀을 하셨습니다. 누가복음서의 말씀입니다.

예수께서 그들에게 말씀하셨다. "그대들은 참 어리석습니다. 예언자들이 말한 모든 것을 믿는 마음이 참 무딥니다. 그리스도가 반드시 이런 고난을 겪고서, 자기 영광에 들어가야 하지 않겠습니까?" 그리고 예수께서는 모세와 모든 예언자로부터 시작하여, 성경 전체에 자기에 관하여 쓴 일을 그들에게 설명해 주셨습니다(누가 24 : 25-27).

예수께서 그들에게 말씀하셨다. "내가 전에 너희와 함께 있을 때에 너희에게 말하기를, 모세의 율법과 예언자의 글과 시편에 나를 두고 기록한 모든 일이 반드시 이루어져 한다고 하였다. 그 때에 예수께서는 성경을 깨닫게 하시려고 그들의 마음을 열어주셨다(누가 24 : 44, 45).

주님께서 이 세상에 계실 때 성경 말씀의 모든 것들을 이루셨다는 것, 심지어 지극히 작은 것들까지도 이루셨다는 것은 주님의 이런 말씀에서 명확합니다. 마태복음서의 말씀입니다.

내가 진정으로 너희에게 말한다. 천지가 없어지기 전에는 율법은 일점일획도 없어지지 않고 다 이루어질 것이다(마태 5 : 18).

이상에서 우리가 지금 밝히 알 수 있는 것은, 주님께서 율법에 속한 것들을 모두 이루었다는 주님의 성취는 십성언의 계명들을 이루셨다는 것을 뜻하지 않고, 오히려 성경말씀에 속한 것들을 이루셨다는 것을 뜻한다는 것입니다. 성경말씀에 속한 모든 것들이 율법이 뜻하는 것이라는 것은 이런 장절들에게서 알 수 있겠습니다. 요한복음서의 말씀입니다.

예수께서 그들에게 말씀하셨다. "너희의 율법에 '내가 너희를 신들이라고 하였다' 하는 말이 기록되어 있지 않으냐?" (요한 10 : 34).

이 장절은 시편서 82편 6절에도 기록되어 있습니다. 또 요한복음서의 말씀입니다.

그 때에 무리가 예수께 말하였다. "우리는 율법에서, 그리스도는 영원히 살아 계신다는 것을 배웠습니다"(요한 12 : 34).

이 말씀은 시편 89편 30, 37절과 110편 4절, 그리고 다니엘 7장 14절에 기록되었습니다. 요한복음서의 말씀입니다.

이것은 그들의 율법에 '그들은 까닭 없이 나를 미워하였다'고 기록한 말씀을 이루게 하려는 것이다(요한 15 : 25).

이 말씀 역시 시편 35편 19절에 기록되어 있습니다. 누가복음서의 말씀입니다.

> 율법에서 한 획이 빠지는 것보다, 하늘과 땅이 없어지는 것이 더 쉽다(누가 16 : 17).

다른 곳에서 자주 언급한 것과 같이, 이 장절에서 율법은 전 성경책(the whole Sacred Scripture)을 뜻합니다.

263. 주님께서 어떻게 성언(聖言 · the Word)이 되시는지 대부분 이해를 하지 못합니다. 왜냐하면 그들이 생각하고 있는 것은, 비록 주님께서 성경말씀을 통해서 조요(照耀)하시고 가르치셨다고 해도, 그분께서는, 이것 때문에, 성언이라고 불리실 수 없다는 것 때문입니다. 그러나 반드시 이해하여야 할 것은, 모든 사람은 자기 자신의 의지와 이해를 가리키고, 그리고 각 사람은 그의 의지와 이해로 말미암아 다른 사람과 분별, 구분된다는 것입니다. 의지가 사랑의 수용그릇(the receptacle of love)이고, 따라서 그 사랑에 속한 모든 선들의 수용그릇이기 때문에, 그리고 이해가 지혜의 수용그릇이고, 따라서 그 지혜에 속한 진리의 모든 것들의 수용그릇이기 때문에, 그것에서 뒤이어지는 것은, 각각의 사람은 자기 자신의 사랑이고 자기 자신의 지혜라는 것입니다. 같은 말이지만, 자기 자신의 선이고 자기 자신의 진리라는 것입니다. 왜냐하면 사람이 사람인 것은 또다른 이유가 없기 때문이고, 사람 안에 있는 것 이외의 것은 그 사람이 아니기 때문입니다. 주님에 관해서 언급하면, 그분께서는 사랑 자체시고, 지혜 자체이며, 따라서 선 자체시고, 진리 자체십니다. 그리고 이것은 바로 주님께서 성경말씀에서 모든 선과 모든 진리를 이루시는 것에 의하여 그렇게 되셨습니다. 왜냐하면 이것은 진리 이외에 아무것도 생각하지 않고, 말하지 않는 사람은 그 진리가 되기 때문이고, 그리고 오직 선한 것을 원하고 행하는 사람은 그 선이 되기 때문입니다. 그리고 주님께서는 성경말씀에 담겨 있는 모든 신령진리와 신령선을, 성경말씀의 문자적인 뜻에서, 그리고 성경말씀의 영적인 뜻에서, 이루어졌기 때문에, 그분께서는 선 자체가 되셨고, 진리 자체가 되셨고, 따라서 성언이 되셨습니다.

XII.
지금 이 세상에 있는 성언(聖言 · the Word)이 있기 전에 성언이 있었는데, 그것은 잃어버렸다.

264. 모세의 책들에서 일러진 것에서 명확한 것은 희생제물들에 의한 예배가 있었다는 것과, 그리고 모세나 예언자들을 통하여 이스라엘 민족에게 성경말씀이 주어지기 전에는 사람들이 하나님의 입에서 예언한 희생제물에 의한 예배가 있었다는 것은 명확합니다. 희생제물에 의한 그 예배를 잘 알 수 있는 것은 아래의 장절에서 명확합니다. 모세의 책(五經)의 말씀입니다.

> (이스라엘 자손들에게 명령된 것입니다.) 너희는 그들의 제단을 허물고, 그들의 석상을 부수고, 그들의 아세라 목상(=그들의 숲)을 찍어 버려라(출애굽 34 : 13 ; 신명기 7 : 5 ; 12 : 3).
> 이스라엘이 싯딤에 머무는 동안에, 백성들이 모압 사람의 딸들과 음행을 하기 시작하였다. 모압 사람의 딸들이 자기 신들에게 바치는 제사에 이스라엘 백성을 초대하였고, 이스라엘 백성은 거기에 가서 먹고, 그 신들에게 머리를 숙였다. 그래서 이스라엘은 바알브올과 결합하였다. 주께서는 이스라엘에게 크게 진노하셨다(민수기 25 : 1-3).
> (시리아에서 온 발람은 제단을 쌓고) 발락은 소와 양을 잡아 제사를 드리고, 발람과 그를 데리고 온 고관들에게 고기 얼마를 보내 주었다(민수기 22 : 40 ; 23 : 1, 2, 14, 29, 30).
> (발람은 주님에 관해서 예언하였다.)
> 한 별이 야곱에게서 나올 것이다.
> 한 홀이 이스라엘에서 일어설 것이다.
> (민수기 24 : 17)
> 그는 여호와의 입으로부터 예언하였다(민수기 22 : 13, 18 ; 23 : 3, 5, 8, 16, 26 ; 24 : 1, 13).

이상의 여러 장절들이 보여 주는 것은, 모세에 의하여 이스라엘 민족 가운데 제정된 것과 거의 같은 신령예배가 그 민족들 가운데 존재하였다는 것입니다. 그 예배가 아브라함의 시대 이전에도 존재하였다는 것은 모세의 책들의 말씀에서 명확하지만(신명기 32 : 7, 8), 그러나 살렘왕 멜기세덱이 말한 것에서 더 명확합니다. 창세기서의 말씀입니다.

> 그 때에 살렘 왕 멜기세덱은 빵과 포도주를 가지고 나왔다.…… 그는 아브람에게 복을 빌어 주었다.…… 아브람은 가지고 있는 모든 것에서 열의 하나를 멜기세덱에게 주었다(창세기 14:18-20).

여기서 멜기세덱은 주님을 표징합니다. 왜냐하면 그는 가장 높으신 하나님의 제사장이라고 불리웠기 때문입니다(창세기 14:18). 그리고 주님에 관해서 시편서에는 이렇게 언급되었습니다. 그 책의 말씀입니다.

> 주께서 맹세하시기를
> "너는 멜기세덱을 따른
> 영원한 제사장이다" 하셨으니,
> 변하지 않으실 것입니다.
> (시편 110:4)

이런 이유 때문에 멜기세덱은, 교회의 가장 거룩한 것들을 가리키는, 그리고 그것들이 성만찬에서 거룩한 것들을 가리키는, 빵과 포도주를 가지고 왔습니다. 이런 것들이나 그밖의 다른 여러 것들이 명확하게 증거하는 것은 이스라엘 백성에게 성경말씀이 주어지기 이전에, 그와 같은 계시가 유래된 근원인 성경말씀이 있었다는 것입니다.

265. 고대시대 사람 가운데 성언(a Word)이 있었다는 것은, 그것을 언급하고, 그리고 그것에서 확실한 것들을 취한, 모세에게서 명확합니다. 그것은 민수기 21장 14, 15, 27-30절의 말씀이 되겠습니다. 그것의 역사적인 부분들은 "여호와의 전쟁기"(the Wars of Jehovah)라고 불리웠고, 그것의 예언적인 부분은 "선언"(Enunciations)이라고 불리웠습니다. 그 성언의 역시적인 부분에서 모세는 아래의 상설들을 인용하였습니다. 민수기서의 말씀입니다.

> '주의 전쟁기'에도 다음과 같은 말이 있다.……
> 수바 지역의 와헵 마을과
> 아르논 골짜기와
> 모든 골짜기의 비탈은

아르 고을로 뻗어 있고
모압의 경계에 닿아 있다.
(민수기 21 : 14, 15)

오늘 우리들의 성경말씀에서와 같이, 그 말씀의 '여호와의 전쟁기'(=주의 전쟁기 · the Wars of Jehovah)는, 주님께서 이 세상에 오셨을 때 주님의 지옥과의 싸움과 그리고 그것을 정복한 주님의 승리를 뜻하고, 그리고 그런 것들이 기술되었습니다. 예를 들면 가나안 땅의 여러 민족들과의 여호수아의 전쟁들에 관해서 언급한 것과 같이, 그리고 사사들이나 이스라엘의 여러 왕들의 전쟁들에 관해서 언급한 것과 같이, 우리의 성경책의 역사서 부분의 수많은 곳에는 꼭 같은 싸움들(=다툼들 · 갈등들 · conflicts)이 뜻하고 있고, 그리고 그것들이 기술되어 있습니다.
[2] 아래의 장절들은 그 말씀의 예언적인 부분에서 인용한 것입니다. 민수기서의 말씀입니다.

그래서 시인들은 이렇게 읊었다.
헤스본으로 오너라.
시혼의 도성을 재건하여라.
그것을 굳게 세워라.
헤스본에서 불이 나오고,
시혼의 마을에서 불꽃이 나와서,
모압의 아르를 삼키고,
아르논 높은 산당들을 살랐다.
모압아,
너에게 화가 미친다.
그모스 신을 믿는 백성아,
너는 망하였다.
아모리 왕 시혼에게 꼼짝없이,
아들들이 쫓겨가고 딸들이 끌려갔다.
그러나 우리는 그들을 넘어뜨렸다.
헤스본에서 디본에 이르기까지,
메드바에서 가까운 노바에 이르기까지,
우리는 그들을 쳐부수었다.
(민수기 21 : 27-30)

제 4 장 · 성서 · 주님의 말씀 545

번역자들은 "잠언의 저자들"(composers of proverbs) 또는 잠언들로 말한 자들이라고 표현하고 있지만, 그러나 "발설자들"(發說者 · Enunciators)이나 "예언적인 발설들"(Prophetic Enunciations)이라고 표현해야 한다고 생각되는데, 그러한 것은, 잠언들(proverbs)이나 예언적인 발설들(prophetic enunciations)을 뜻하는 히브리어의 낱말 뮤살림(*Meschalim*)의 뜻에서 잘 볼 수 있겠습니다(민수기 23 : 7, 18 ; 24 : 3, 15). 여기에서 주님과 관계되는 예언을 가리키는, 발람이 "그의 선언을 발설하였다"고 언급되었습니다. 이 선언은 단수(單數)로 "마샬"(*Maschal*)이라고 불리웠습니다. 더욱이 모세는 그것에서 인용된 것을 잠언이라고 하지 않고, 오히려 예언이라고 하였습니다.

[3] 이 말씀(聖言)이 마찬가지로 신령하게 감동되었다는 것은 예레미야서에서 명확한데, 거기에는 거의 동일한 것들이 언급되었습니다. 그 책의 말씀입니다.

    도피하는 자들이 기진하여
    헤스본 성벽의 그늘 속에 머물러 선다 해도
    헤스본 성 안에서 불이 나오고,
    시혼의 왕국에서 불꽃이 뿜어 나와서,
    모압 사람들의 이마와
    소란 피우는 자들의 정수리를
    살라 버릴 것이다.
    모압아, 너에게 화가 미쳤다.
    그모스 신을 믿는 백성아,
    너는 이제 망하였다.
    마침내, 네 아들들도 포로로 끌려가고,
    네 딸들도 사로잡혀 끌려갔구나.
    (예레미야 48 : 45, 46)

여기에다 부가해서 이른바 "야살의 책"(the books the Jasher), 또는 "정직한 자의 책"(the book of the Upright)이라고 하는 고대 말씀의 예언적인 책에 다윗과 여호수아에 의하여 거명, 언급되었는데, 아래의 장절은 다윗에 의하여 언급된 것입니다. 사무엘 하서의 말씀입니다.

다윗이 사울과 그의 아들 요나단의 죽음을 슬퍼하여, 조가를 지어 부르고, 그것을 '활 노래'라 하여, 유다 사람들에게 가르치라고 명령하였다. '야살의 책'에 기록되어 있는 조가는 다음과 같다.
이스라엘아,
우리의 지도자들이 산 위에서 죽었다.
가장 용감한 우리의 군인들이
언덕에서 쓰러졌다.
(사무엘 하 1 : 17-19)

여호수아에 의하여 언급된 것입니다. 그 책의 말씀입니다.

여호수아가…… 이스라엘 백성이 보는 앞에서 그가 주께 외쳤다.
"태양아,
기브온 위에 머물러라!
달아,
아얄론 골짜기에 머물러라!"
백성이 그 원수를 정복할 때까지 태양이 멈추고, 달이 멈추어 섰다. '야살의 책'에, 해가 중천에 머물러 종일토록 지지 않았다고 한 말이, 바로 이것을 두고 한 말이다(여호수아 10 : 12, 13).

266. 이상의 모든 것에서 밝히 알 수 있는 것은, 이 세상에, 특히 아시아에 이스라엘적인 말씀이 있기 전에 고대 성언(an ancient Word)이 있었다는 것입니다. 이러한 내용은 "성경말씀" 또는 "주님의 말씀"의 본 장 말미의 셋째 영계 체험기에서 볼 수 있는데, 이 성언은 그 당시에 살았던 천사들 가운데 있는 천계에 보존되어 있습니다. 더욱이 오늘날에는 여전히 대 타타르 민족들(the nations of Great Tartary) 가운데 존재하고 있습니다.

XIII.
교회 밖에 있고, 그리고 성경말씀을 가지고 있지 않는 자들에게 성언(聖言)을 통한 빛이 있었다.

267. 만약에 성경말씀을 가지고 있는 교회가 이 땅에 존재하지 않는다면, 성경말씀에 의하여 천계와의 결합은 결코 있을 수 없고, 그리고 성경말씀에 의하여 주님을 안다는 것 역시 불가능합니다. 왜냐하면 주님께서는 천지(天地)의 하나님이시기 때문이고, 그분이 없다면 거기에 구원이 없기 때문입니다. 주님과의 결합이나 천사들과 교제(交際)가 성경말씀에 의하여 이루어진다는 것은 이미 앞에서 입증되었습니다(본서 234-239항 참조). 성경말씀이 있는 곳에 교회가 있다는 것은 재론의 여지가 없겠습니다. 그리고 그것이 상대적으로 지극히 적다고 해도, 주님께서는 그럼에도 불구하고 그것에 의하여 온 세상에 두루 현존하시고, 그리고 그것은 그것에 의하여 인류와 천계의 결합이 있기 때문입니다.

268. 그러나 여기서 어떻게 성경말씀에 의하여 지상의 모든 곳에 주님과 천계의 결합과 그것의 임재(=현존)가 있는지는 반드시 언급되어야 하겠습니다. 주님의 시야(the Lord's sight)에는 전 천사적인 천계가 단 한 사람의 존재처럼 있다는 것입니다. 그리고 그와 같이 지상의 교회도 존재하기 때문입니다. 이런 것들이 실제적으로 한 사람과 같이 보인다는 것은 나의 저서 ≪천계와 지옥≫(Heaven and Hell) 59-86항에서 잘 볼 수 있겠습니다. 성경말씀이 읽혀지는 곳인 그 사람 안에 교회가 있다는 것, 그리고 성경말씀에 의하여 주님께서 알려지는 교회는 마치 심장과 폐장(the heart and lungs)과 같고, 그리고 주님의 천적인 왕국은 심장과 같고, 주님의 영적인 왕국은 폐장과 같습니다. 인체 내에 있는 이들 두 생명의 원천들로 말미암아 나머지 기관들·내장들·조직들은 생명을 유지하고, 살아가기 때문에, 그러므로 성경말씀에 의한 교회와 주님, 교회와 천계의 결합으로 말미암아 종교를 가지고 있는 지상의 모든 사람은 존속되고, 살아가고, 그리고 한 분 하나님을 예배하고, 잘 살아가고, 그리고 그 사람 안에 있는 그것에 의하여 심장과 폐장을 담고 있는 흉부(胸部) 밖에 있는 기관들이나 내장들과 관계를 가지고 있습니다. 왜냐하면 기독교회 안에 있는 성언(聖言·the Word)은, 마치 전 인체의 기관들이나 내장들의 생명이 심장과 폐장에서 비롯되는 것과 꼭 같이, 나머지 세계에 천계를 통하여 주님에게서 비롯되는 생명과 꼭 같기 때문입니다. 그리고 거기에 꼭같은 교류가 있습니다. 이것이 바로 그들 가운데 있는 성경말씀을 읽는 기독교인들이 한 사람의 흉부를 형

성한다는 이유입니다. 이런 기독교인들은 모두의 중심에 있고, 그들 주위에는 로마 가톨릭 교도들이 있고, 그리고 그들 주위에는 대 선지자나, 하나님의 아들로 주님을 시인하는 마호메트 교도들이 있습니다. 이들 뒤에는 아프리카 사람들이 있습니다. 이에 반하여 아시아 사람들이나 인도 사람들은 변방을 형성합니다.

269. 이것이 천계에 진정한 모습이라는 것은, 천계에 있는 각각의 사회에 있는 동일한 것들에게서 추측할 수 있겠습니다. 왜냐하면 각각의 사회는 작은 형체(a less form)로 존재하는 천계이기 때문이고, 그리고 그것은 한 사람의 모습과 같기 때문입니다. 이것이 사실이라는 것은 ≪천계와 지옥≫ 41-87항에서 잘 볼 수 있겠습니다. 천계의 각 사회에서 중심에 있는 자들은 심장이나 폐장과 관계를 가지고 있는 자들이고, 거기에 있는 그들에게는 가장 큰 빛(the greatest light)이 있습니다. 결과적으로 진리의 지각을 가리키는 그 빛 자체는 원심에서 모든 방향으로 원주(圓周)로 뻗쳐 나아가고, 따라서 그 사회에 있는 모두에게 확산되고, 그리고 그들의 영적인 생명을 형성합니다. 이런 사실이 입증, 보여주는 사실은, 원심(=중심·圓心)에 있는 자들이, 심장이나 폐장의 영역을 형성할 때, 그리고 가장 밝은 빛과 함께 있는 자들이 거기에서 사라지게 되면, 그들 주위에 있던 자들은 불영명한 이해를 가지게 되고, 따라서 진리의 지각이 거의 보잘 것 없기 때문에 그들은 매우 비참하게 됩니다. 그러나 다른 자들이 그들에게 돌아오게 되면 즉시 빛이 나타나고, 그들의 진리의 지각은 종전과 같은 상태에 있습니다. 이러한 것은, 거기의 태양이신 주님에게서 비롯된 천계의 빛이나 별도, 마찬가지입니다. 다시 말하면 본질에서 그 빛은 신령진리이고, 그리고 천사들이나 사람들에게는 모든 지혜나 총명의 근원입니다. 그러므로 성경말씀에는 이렇게 언급되었습니다. 요한복음서의 말씀입니다.

> 태초에 말씀이 계셨다. 그 말씀은 하나님과 함께 계셨다. 그 말씀은 하나님이 셨다.…… 그 빛이 세상에 오셨으니, 모든 사람을 비추는 참 빛이시다. 그 빛이 어둠 속에서 비추니, 어둠이 그 빛을 이기지 못하였다(요한 1 : 1, 9, 5).

여기서 말씀(聖言 · the Word)은 신령진리의 측면에서 주님을 뜻합니다.

270. 이상의 모든 것에서 볼 때 명료한 것은 개신교회나 개혁교회들이

소유하고 있는 성경말씀은 영적인 교류(=내용)에 의하여 모든 민족들이나 백성들에게 조요한다는 것이고, 그리고 또한 주님께서는 이 땅에서 성경말씀이 읽혀지는 곳에는 언제나 교회를 준비하신다는 것이고, 그리고 그것에 의하여 주님께서 주님을 잘 알게 하신다는 것 등입니다. 그러므로 로마 가톨릭 교도들에 의하여 거의 성경말씀이 배척, 거부되었을 때, 주님의 신령섭리에 의하여 종교개혁(宗敎改革 · the Reformation)이 일어나게 하셨고, 그리고 그것에 의하여 이른바 숨김(concealment)에서 끌어올려졌고, 그리고 선용에 다시 살아나게 되었습니다. 그러므로 성경말씀이 유대 민족에 의하여 전적으로 위화되고 섞음질되었을 때, 말하자면 성경말씀이 아무런 효능(效能)이나 효과(效果)가 없게 되었을 때, 주님께서는 천계로부터 강림, 성언으로서 이 세상에 오셔서, 그 말씀을 이루시기를 기뻐하셨고, 그리고 그것에 의하여 성언을 회복하시고 재성립하셨고, 그리고 주님의 말씀에 일치하여, 땅 위의 주민들에게 다시 한 번 더 빛을 주셨습니다. 주님의 말씀입니다.

> 어둠 속에서 헤매던 백성이
> 큰 빛을 보았고,
> 죽음의 그림자가 드리운
> 땅에 사는 사람들에게 빛이 비쳤다.
> (이사야 9:2 ; 마태 4:16)

271. 이 교회의 종말 때에 천지(天地)의 하나님으로 주님께서 인지(認知)되지 않는 것에서, 그리고 인애에서 믿음을 분리시키는 것에 의하여, 암흑이 일어날 것이 예언되었습니다. 이것의 결과로 성경말씀에 속한 진정한 이해나, 그리고 그 이해와 함께 그 교회가 멸망하는 것을 막기 위하여 주님께서는 그 때 성경말씀의 영적인 뜻을 계시하시기를 기뻐하시고, 그리고 그 뜻 인에 담겨 있는 그 싱언을 밝히시는 것을 기뻐하셨고, 그 늣으로부터 자연적인 뜻 안에 있는 헤아릴 수 없이 많은 것들을 밝히셨고, 그리고 이런 일들을 통하여 성경말씀에서 비롯된 거의 꺼져가는 진리의 빛을 다시 회복, 살리셨습니다. 진리의 빛이 이 교회의 마지막 때에 거의 소멸, 꺼셔간다는 것은 묵시록서의 많은 곳에 예언되었습니다. 이것이 주님 말씀의 뜻입니다. 마태복음서의 말씀입니다.

"그 환난의 날들이 지난 뒤에,
곧 해는 어두워지고,
달은 빛을 내지 않고,
별들은 하늘에서 떨어지고,
하늘의 세력들은 흔들릴 것이다.
그 때에 인자가 올 징조가 하늘에서 나타날 터인데, 그 때에는 땅에 있는 모든 민족이 가슴을 치며, 인자가 큰 권능과 영광으로 하늘 구름을 타고 오는 것을 볼 것이다(마태 24 : 29, 30).

여기서 "해"(太陽)는 사랑의 측면에서 주님을 뜻하고, "달"(月)은 믿음의 측면에서 주님을 뜻하고, "별들"(stars)은 진리와 선의 지식의 측면에서 주님을 뜻하고, "인자"(=사람의 아들 · the Son of man)은 성경말씀의 측면에서 주님을 뜻하고, "구름"(cloud)은 성경말씀의 문자적인 뜻을 뜻하고, "영광"(glory)은 성경말씀의 영적인 뜻을, 그리고 문자적인 뜻을 통한 영적인 뜻의 빛남을 뜻하고, 그리고 "능력"(power)은 그것의 권능을 뜻합니다.

272. 나는 수많은 경험들을 통하여 배우는 것이 허락되었는데, 그것은 사람이 성경말씀을 통하여 천계와의 교류(交流)나 내통(內通)을 가지고 있다는 것입니다. 내가 성경말씀을 이사야서의 첫 장에서부터 말라기서의 마지막 장을 읽을 때, 그리고 또한 다윗의 시편서를 읽을 때, 내 생각은 영적인 뜻에 고정시켰습니다. 그 때, 그 성경말씀의 각각의 장절은 천계의 어떤 사회와 교류라는 명료한 지각이 나에게 주어졌고, 그리고 따라서 온 천계와 전 성경말씀이 교류, 내통하는 것이 나에게 주어졌습니다. 그것이 명확하게 보여 주고 입증한 것은, 주님께서 성언(=말씀 · the Word)이시라는 것, 천계(heaven) 역시 성언(=말씀 · the Word)이시라는 것입니다. 그것은 천계가 주님으로 말미암아 천계이기 때문이고, 그리고 주님께서는 성언을 통하여 천계의 모든 것들 안에 있는 전부(the all)이시기 때문입니다.

XIV.
만약에 성경말씀이 없다면, 어느 누구도 하나님·천계·지옥·사후 생명은 물론이고, 심지어 주님에 관해서도 아무것도 알지 못한다.

273. 어떤 사람들은 성경말씀 없이도 하나님의 존재, 천계와 지옥의 존재는 물론 성경말씀에 의하여 배운 그 밖의 것들까지도 알 수 있다고 스스로 철저하게 다짐하고, 고집합니다. 이런 부류의 인물들은 정정당당하게 성경말씀으로 말미암아 호소(呼訴), 간청(懇請)할 수 없고, 다만 자연적인 이성의 빛(the light of natural reason)에서 그렇게 하는 것뿐입니다. 그것은 그들이 성경말씀을 믿지 않고, 다만 자기 자신들만을 믿기 때문입니다. 그 때 이성의 빛에서 물어 보십시오. 여러분은, 사람 안에 이해라고 부르는 기능과 의지라고 부르는 기능들이 있다는 것을 알게 될 것이고, 그리고 이해는 의지에 종속(從屬)되었지만, 그러나 의지는 이해에 종속되지 않았다는 것도 알게 될 것입니다. 왜냐하면 이해는 단순하게 의지로 말미암아 반드시 행하여야 할 것이 무엇인지 가르치고 지적하기 때문입니다. 그리고 이런 이유 때문에 예리한 천성의 성품의 수많은 사람들은 삶에 속한 도덕적인 원칙들 이외에 다른 것들을 더 잘 이해하지만, 그럼에도 불구하고 그것들에 따라서 살지 않습니다. 그러나 만약에 그들의 의지가 그것들은 선호(選好)한다면 사정은 전혀 달라집니다. 더 자세하게 살펴볼까요. 여러분이 알게 될 것은 사람의 의지는 그 사람 자신의 자아(=고유속성·*proprium*)이라는 것과 그리고 사람의 자아(=고유속성)는 선천적으로 악하다는 것과 그리고 이것으로 말미암아 이해에는 거짓이 들어온다는 것 등등입니다. 여러분이 이런 것들을 발견, 알게 되었을 때 여러분이 재차 알게 되는 것은 사기 자아에 속한 사람은, 그의 의지에 속한 자아에서 비롯되는 것을 제외하면, 어떤 것도 이해하려고 하는 열망이나 바람을 전혀 가지고 있지 않다는 것입니다. 그리고 만약에 이것이 그의 유일한 지식의 근원이라면, 그는 자아나 이 세상에 속한 것을 제외하면, 무엇도 이해하려는 그의 의지의 이기심(selfhood)으로 말미암아 결코 이해의 열망이나 바람을 가지고 있다는 것이고, 그리고 이런 것 이상의 모든 것은 칠흑 같은 흑망에 빠져

있을 것입니다. 예를 들어 보겠습니다. 해 · 달 · 별들을 쳐다볼 때, 만약에 그가 그것들의 근원에 관해서 생각한다면, 그것들이 자기 자신들에게 존재한다는 것 이외에 다른 것들을 생각할 수 없을 것입니다. 그 사람은, 이 세상에 있는 수많은 유식한 사람에 비하여, 자신의 생각을 더 높이 올릴 수 있을까요? 이에 반하여 어느 누구가 삼라만상을 하나님께서 창조하셨다는 것을 성경말씀에서 알고 있기 때문에 그럼에도 불구하고 자연을 시인하겠습니까? 만약에 이런 것들을 성경말씀에서 전혀 알지 못한다면 그들이 생각한 것은 무엇이겠습니까? 고대 현인(賢人)들, 예를 들면 아리스토텔레스 · 키케로 · 세네카나 그 밖의 여러 사람들이 하나님에 관해서, 영혼의 불멸(靈魂不滅)에 관해서 글을 쓴 사람들이 그들 자신의 이해에서 근본적인 이런 지식들을 터득하였다고 여러분은 상상하겠습니까? 물론 아니겠지요. 그들은, 그것에 관해서 앞서 말씀드린 것과 같이, 고대 성경말씀(the ancient Word)에서 제일 먼저 그것에 관해서 안 사람들로부터 전해 내려온 것에 의하여 다른 자들에게서 그것을 터득하였습니다. 자연신학(自然神學 · Natural Theology)에 관한 저술가들도 자신들에게 그런 지식들을 터득한 것이 아닙니다. 그들은 성경말씀이 존재하고 교회로부터 그들이 터득, 안 것을 합리적인 추론(rational deduction)에 의하여 단순하게 확증, 다짐하였습니다. 그런 것들 중에서 어떤 것은 확증, 다짐할 수 있다고 여기는 것도 그들은 그것을 믿지 않기도 했습니다.

274. 어느 섬에서 태어났고, 시민법적인 사안들에서 합리적이지만, 그러나 하나님에 관해서는 어떤 것도 알지 못하는 사람들을 살펴보는 기회가 나에게 주어진 적이 있습니다. 영계에서 이들은 스핑크스처럼 보였습니다. 그러나 그들이 사람들로 태어났었기 때문에, 따라서 그들이 영적인 생명을 영접, 수용하는 능력을 가지고 있었기 때문에, 그들은 천사들에 의하여 교육을 받았고, 그리고 사람이신 주님(the Lord as a Man)에 관한 지식에 의하여 생기(生氣)가 돌았습니다. 자기 자신으로 말미암아 사람이라고 여기는 사람이 어떤 존재인지는 지옥에 있는 자들에게서 명료하게 잘 드러납니다. 이런 자들 가운데는 지도자들도 있고, 하나님에 관해서는 무엇인가 듣기조차 원하지 않는 자들도 있습니다. 그러므로 그들은 낱말 '하나님'조차도 발설할 수 없습니다. 나는 이들을 목격한 적이 있고, 그리고 그들과 대화를 한 적도 있습니다. 내가 대화

한 어떤 자들은, 그들이 어느 누구가 하나님에 관해서 말하는 것을 들었을 때 성냄이나 진노의 불길을 사르는 자들도 있었습니다. 그 때 생각했습니다. 하나님에 관해서 그 어떤 것도 결코 들으려고 하지 않는 사람은 어떤 사람이며, 그 때 하나님에 관해서 말하고, 그리고 하나님에 관해서 글을 쓰고, 하나님에 관해서 설교하는 사람은 도대체 어떤 인품일까 깊이 생각하였습니다. 이런 부류의 작자들은, 악한 것을 가리키는, 자신들의 의지 때문에 그런 존재입니다. 앞에서 언급한 것과 그들은 그의 의지가 이해를 끌고 가고, 그리고 그 의지는 성경말씀에서 비롯된 그것 안에 있는 그 어떤 진리까지도 제거하였습니다. 만약에 어떤 사람이 자기 스스로 하나님이 존재한다는 것, 그리고 사후 생명이 존재한다는 것 등등을 안다면, 그 사람이 사람은 사후의 사람이 건전한 사람이라는 것을 알지 못하는 이유는 무엇일까요? 그리고 그가, 그의 영혼, 즉 영(靈)은 시체나 해골이 하나로 결합, 어떤 존재가 될 때까지, 보는 눈도, 듣는 귀도, 말하는 입도 가지고 있지 않는, 한낱 스치는 바람결이나 에텔과 같은 존재라고 믿는 이유는 무엇입니까? 그러므로 그런 경우 오직 이성의 빛으로 말미암아 생겨난 어떤 교리가 주어진다면, 그것은 자기 자신이 예배 받아야 한다고 가르치지 않을까요? 이런 일은 수세기 동안 행해졌고, 그리고 지금도 여전히 변함없이 오직 하나님께서만 예배를 받으셔야 한다는 것을 성경말씀을 통해서 아는 사람들까지도 자기 자신이 예배 받아야 한다는 일은 행해지고 있습니다. 사람의 성품에서 볼 때 결코 자아 이외의 다른 예배, 심지어 해나 달을 섬기는 일까지도, 생겨날 수 없겠습니다.

275. 태고시대(太古時代)부터 종교(宗教)가 있었다는 것, 그리고 지구상의 어떤 곳에 살고 있는 주민들도 하나님에 관한 지식이나, 사후의 삶에 관한 지식을 가지고 있었다는 것 등등은 자기 자신들이나, 자기 자신들의 총명에서가 아니고, 다만 고대 성경말씀(the ancient Word)에서 (본서 264-266항 참조), 그 뒤에는 이스라엘 민족의 성경말씀에서 질 일고 있었습니다. 이들 두 말씀에서부터 종교적인 제도들이나 체제들(religious systems)은 인도와 그것의 섬들에 퍼져나갔고, 그리고 이집트나 에티오피아를 통해서 아프리카의 여러 왕조들에게 퍼져 나갔고, 그리고 아세아의 해안 영역에서 그리스로, 그리고 그리스에서 이탈리아로 퍼져나갔습니다. 그러나 성경말씀은 오직 표징들(representations)에 의

하여 기술되었기 때문에, 그리고 이 세상에 있는 그것들은 천계적인 것들에 대응하기 때문에, 따라서 천계적인 것들을 뜻하기 때문에, 이런 민족들의 종교들은 우상숭배들(=사신 숭배들 · idolatries)로 바뀌었고, 그리고 그리스에서는 신화들(神話 · fables)로 바뀌었습니다. 그리고 신령적인 속성들이나 특성들(the Divine attributes and properties)은 수많은 신들(many gods)로 바뀌었고, 이런 것을 뛰어 넘어 그들 중 어떤 것은 최고의 존재(supreme)가 되었는데, 그런 최고의 존재를 그들은 조브(Jove)라고 불렀는데, 그 이름은 여호와에게서 비롯된 가능성도 있습니다. 여기서 우리가 주지하여야 할 것은 그들이 낙원의 지식이나 홍수 · 성화(聖火 · the sacred fire)에 관한 지식을 가지고 있었다는 것이고, 그리고 또한 다니엘서 2장 31-35절에 기술된 것과 같이, 첫째 시대, 즉 황금시대에서 마지막 시대 즉 철기시대에 이르는 네 시대들에 관한 지식을 가지고 있었다는 것 등입니다.

276. 하나님에 관한 지식이나, 천계나 지옥, 그리고 교회에 속한 영적인 것들에 관한 지식을 그들 자신의 총명에서 터득할 수 있다고 굳게 믿는 사람들은, 자기 자신을 살필 때 자연적인 사람이 영적인 사람에 정반대된다는 것을 알지 못하고, 따라서 그들은 들어오려고 하는 영적인 것들을 박멸(撲滅)시키기를 열망하고, 또는 그것들을 거짓들 가운데 뒤섞는 것을 열망하는데, 그것은 마치 식물들의 뿌리나 열매들을 갉아 먹고, 못쓰게 만드는 벌레들과 같습니다. 이런 부류의 작자들은 독수리의 등을 타고, 하늘 높이 나는 꿈을 꾸는 사람들에게 비교되겠고, 페가수스를 타고 파르나소스 산을 넘어 헬리콘까지 날아가는 꿈을 꾸는 자들에게 비교되겠습니다. 이에 반하여 실제적으로 그들은, 자신들을 거기에서 "아침의 아들들"이라고 부르는(이사야 14 : 12) 지옥에 있는 루시퍼들(Lucifers)과 같습니다. 그들은 마치, 그것의 꼭대기가 하늘에까지 이르는 탑을 세우느라고 애를 쓰는 시날 평원의 골짜기에 있는 사람들과 같습니다(창세기 11 : 2-4). 그리고 그들은 마치 자신들이 골리앗과 같다고 자기를 절대적으로 의지하는 사람과 같아서, 그 이마에 날아와 박히는 팔매돌에 의하여 쓰러진다는 것을 예견하지 못하는 자와 같습니다. 나는 죽음 뒤에 그런 자들을 기다리는 처지가 무엇인지를 말하려고 합니다. 처음에는 그들은 마치 술에 취한 사람과 같고, 다음에는 바보처럼 되고, 종국에는 전신이 마비된 사람(stupid)처럼 되고, 그리고 흑암

에서 살게 됩니다. 그러므로 사람들은 이런 광기(狂氣)에 관해서 잘 알고 있어야 하겠습니다.

277. 나는 여기에 아래의 영계 체험기들을 부가하겠습니다. 영계 체험기 첫째입니다.

나는 어느 날 영의 상태에서 영계에 있는 다양한 장소를 두루 다닌 적이 있습니다. 그것은 수많은 곳에서 보이는 천계적인 것들의 표징들을 관찰하는 것이 목적이었습니다. 어떤 집에는 천사들이 있었는데, 나는 거기에서 다량의 은전(銀錢)이 들어 있는 아주 큰 자루들을 보았습니다. 그 자루는 열려 있었기 때문에 누구나 그것 안에 있는 은전을 가져가도 되는 것 같이 보였지만, 그러나 그 자루 곁에는 젊은 파수꾼들이 지키고 있었습니다. 그 자루들이 놓인 장소는 마구간에 있는 구유처럼 보였습니다. 그 다음 방에는 정숙한 부인과 함께 한 청순한 처녀가 보였고, 그리고 그 방 곁에는 어린 아이들 둘이 서 있었습니다. 어린 아이들에 관해서 그들은 어린 것으로 다루지 말고 현명한 사람으로 여겨 다루라는 말이 일러졌습니다. 잠시 뒤에 창녀가 보였고, 그리고 그 때 죽은 말이 누워 있는 것이 보였습니다. 이런 광경을 보고 있는 중에 내게 일러진 것은 그것 안에 영적인 뜻이 있는, 그들이 성경말씀의 자연적인 뜻을 표징하고 있다는 것이었습니다. 은전이 가득 들어 있는 큰 자루들은 매우 풍부한 진리들에 속한 지식들을 뜻하는 것이고, 그것들이 열려 있지만, 젊은 파수꾼들이 지키고 있다는 것은 어느 누구가 그것에서 진리에 속한 지식들을 취할 수 있지만, 그러나 반드시 조심하여야 할 것은 순수한 진리들을 담고 있는 영적인 뜻이 해를 입어서는 안 된다는 것입니다. 마구간에 있는 것과 같은 구유는, 구유가 이런 뜻을 가지고 있었기 때문에, 이해를 위한 영적인 영양물을 뜻합니다. 옆방에서 보인 청순한 처녀들은 진리에 대한 정동들을 뜻하고, 정숙한 부인은 선과 진리의 결합을 뜻합니다. 어린 아이들은 지혜에 속한 이노센스를 뜻합니다. 왜냐하면 천사들 중에서 가장 현명한 천사들을 가리키는 가장 높은 천계의 천사들은, 그들의 이노센스 때문에, 먼 거리에서는 어린 아이들처럼 보이기 때문입니다. 죽은 말과 함께 있는 창녀는 오늘날 수많은 사람들에 의하여 위화된 진리의 위화를 뜻하는데, 진리에 속한 모든 이해는 그것에 의하여 소멸됩니다. 창녀가 이런 위화를 뜻하고, 죽은 말은 진리에 속한 이해가 전혀 없다는 것을 뜻합니다.

278. 두 번째 영계 체험기입니다.

한번은 그것에 히브리 글자가 쓰여진 작은 종이 한 장이 천계에서 내게 내려온 적이 있는데, 그것은 고대 사람들이 쓰던 글자들이어서 오늘날의 글자들처럼 곧지 않고, 글자 위에는 작은 뿔과 같이 약간 위로 올라간 모양이었습니다. 나와 같이 있었던 천사들이 하는 말은 그들이 그 글자들의 각각의 뜻을 잘 알고 있다는 것이고, 특히 글자들의 굽은 선이나, 글자의 꼭대기 부위의 글자들의 의미를 알고 있다고 일러 주었습니다. 천사들은 역시 그 글자들이 분리될 때나 또는 합쳐질 때의 뜻이 무엇인지도 설명하였고, 그리고 아브람(Abram)이나 사라(Sarah)의 이름의 철자에 더해진 "H"의 뜻을 말하였는데, 그것은 무한(無限 · infinite)이나 영원(eternal)을 뜻한다는 것이었습니다. 그들은 나에게 시편서 32장 2절의 말씀의 뜻을 설명하였는데, 그 글자들이나, 음절들(syllables)에서 그 뜻을 설명하였습니다. 그것들의 뜻들은 간략하게 이런 뜻이라고 설명하였는데, 그것은 주님께서는 심지어 악을 행하는 자들에게도 자비하시다는 것이었습니다. 그들이 나에게 일러 준 것들은, 삼층천에서 쓰여진 글자들은 굽은 글자들(letters bent)이나 다양하게 굽고 휜 글자들로 구성되었는데, 그것의 각각은 확실한 의미를 지니고 있다는 것이고, 그리고 거기에서 모음(母音)은, 정동들에 대응하는, 음성의 음질(the tone of the voice)을 뜻하고, 그리고 또한 천계에서 모음 i자나 e자는 발음하는 것이 불가능하고, 그러나 그들 자리에서는 대신 y자나 eu자를 사용한다는 것, 그리고 모음 a · o · u자는, 그것들이 충분한 소리를 지니고 있기 때문에 모음들 가운데서 널리 사용된다고 하였습니다. 그들이 말한 것은, 자음(子音 · consonants)들은 거칠게 발음하지 않고, 부드럽게 발음한다는 것이었습니다. 이것이 바로 어떤 히브리 글자들은, 그것들이 부드럽게 발음하여야 한다는 표로서 그 글자들 안에 점들을 가지고 있는 이유입니다. 여기에 더 부가해서 영적인 천계에서 거친 발음하는 글자들도 사용되는데 그것은 거기에 있는 천사들은 진리들 안에 있기 때문이고, 그리고 진리는 거칠음(roughness)을 허용하지만, 그러나 주님의 천적인 왕국이나, 삼층천의 천사들이 있는 그 곳의 선은 거칠음이 허용되지 않기 때문입니다. 더욱이 그들은, 특별한 뜻을 가리키는, 작은 뿔(=획)이 있는 굽은 글자들이나, 정상에 공간이 있는 글자들로 쓰여진 말씀을 가지고 있다고, 말하였습니다. 이러한 내용이나 뜻

은 주님께서 하신 말씀이 뜻하는 것에서 명확힙니다. 마태복음서의 말
씀입니다.

> 천지가 없어지기 전에는 율법은 일점 일획도 없어지지 않고 다 이루어질 것
> 이다(마태 5 : 18).

누가복음서의 말씀입니다.

> 율법에 한 획이 빠지는 것보다, 하늘과 땅이 없어지는 것이 더 쉽다(누가 16
> : 17).

279. 세 번째 영계 체험기입니다.
칠 년 전의 일입니다. 내가 "여호와의 전쟁기"(the War of Jehovah)와
"예언적인 잠언"(Enunciation)이라고 부르는 두 책에서 모세가 민수기
21장에 기술한 것들에 대하여 무엇인가를 찾으려고 한 적이 있습니다.
거기에 있던 어떤 천사들이 내게 일러준 것은, 이들 책들은 고대의 성
경말씀(the ancient Word)인데, 그것의 역사적인 부분은 "여호와의 전쟁
기"라고 부르고, 예언적인 부분은 "잠언" 또는 "발설들"(Enunciations)이
라는 것입니다. 그리고 천사들이 한 말은, 이 성경말씀은 여전히 천계
에 보존되어 있다는 것, 그리고 그들이 이 세상에 살 때 이 성경말씀을
가지고 있었던 거기의 고대 백성(the ancient people) 사이에서 사용되고
있다는 것 등입니다. 그들 가운데서 이 성경말씀을 사용했던 이들 고대
백성은 지금도 여전히 천계에서 그 성경말씀을 사용하고 있는데, 그 백
성은 가나안 땅이나, 그 땅의 주변 나라들인, 시리아 · 메소포타미아 ·
앗시리아 · 이집트 · 시돈 · 두로나 니느웨에서 온 사람들입니다. 이런
나라들의 모든 주민들은 대응적인 예배(representative worship)를 가지
고 있었고, 결과석으로 그들은 대응들의 지식을 가지고 있었습니다. 그
시대의 지혜는 그 지식에서 비롯된 것이고, 그리고 그것에 의하여 사람
들은 내면적인 지각을 가지고 있었고, 그리고 천계와의 교류도 가지고
있었습니다. 그 말씀에 속한 대응들을 알고 있었던 자들은 지혜로운 사
람이나 총명한 사람이라고 불리웠고, 그리고 그 뒤에는 선견자(先見者 ·
diviners)들이나 박사들(=점성가 · Magi)라고 불리웠습니다.

[2] 그러나 그 성경말씀은, 천적인 것들이나 영적인 것들을 뜻하는 것과는 떨어진 좀 그런 부류의 대응들로 채워졌기 때문에, 그리고 결과적으로는 수많은 사람들에 의하여 위화되기 시작하였기 때문에, 시간이 지나면서 주님의 신령섭리(the Lord's Divine Providence)에 의하여 그 성경말씀은 사라지게 되었고, 그리고 그렇게 동떨어지지 않게, 대응들에 의하여 쓰여진 다른 성언이 주어지게 되었는데, 이 말씀은 예언자들을 통하여 이스라엘 자손들 가운데 존재하였습니다. 이 말씀에는 가나안 땅이나, 아세아에 있는 주위의 여러 지명(地名)들이 존속, 계속해서 유지되고 있는데, 그것들에 속한 모든 것은 교회에 속한 사물들이나 상태들을 뜻합니다. 그러나 이런 뜻들은 모두가 고대 성경말씀(the ancient Word)에서 온 것들입니다. 이런 이유 때문에 아브람에게는 그 땅에 갈 것이 명령되었고, 야곱을 통해서 그의 후손은 그 땅에 인도되었습니다.

[3] 이스라엘의 성경말씀(the Israelitish Word)이 있기 전에 아세아에 존재한 고대 성경말씀에 관해서 나에게 이 새로운 것을 선언하는 것이 허락되었습니다. 다시 말하면 이 성경말씀은 대 탈타르에 살고 있던 백성들 가운데 여전히 보존되어 있다는 것입니다. 나는 영계에서 그 나라에서 온 영들이나 천사들과 대화를 하였는데, 그들이 한 말은, 그들이 지금도 성언(a Word)을 가지고 있다는 것이고, 그리고 그것은 고대시대들로부터 가지고 있었다는 것입니다. 그리고 또한 이 말씀에 따라서 그들은 신령예배를 드린다는 것과 그리고 그 성언은 오로지 대응들로 구성되었다는 것입니다. 그들이 한 말은, 그 성언 안에는 여호수아 10장 12, 13절에 그리고 사무엘 하서 1장 17, 18절에 언급된 "야살의 책"(the Book of Jasher)도 있다는 것입니다. 그리고 또한 모세에 의하여 언급된 민수기서 21장 14, 15절과 27, 30절의 "주의 전쟁기"(the Wars of Jehovah) · 발설(=잠언 · Enunciations)이라고 부르는 책들도 그들에게 있다는 것입니다. 내가 그들에게 모세가 그것에서 인용한 말씀들을 읽어주었을 때 그들은 그것들이 거기에 있는지 살폈고, 그리고 그들은 그것을 찾았습니다. 이렇게 볼 때 나에게 명확한 것은, 고대 성언은 여전히 그 백성 가운데 존재한다는 것이었습니다. 그들과 대화를 하는 동안 그들은, 어떤 자들은 보이지 않는 하나님(an invisible God)으로, 어떤 자들은 보이는 하나님(a visible God)으로 여호와를 예배한다는 것을 말하였습니다.

[4] 그들이 나에게 일러준 것은, 그들은 외국 사람들이 그들에게 들어오는 것을 중국 사람들을 제외하면 허락되지 않는다는 것인데, 그 이유는 중국의 황제가 그들의 나라에서 왔기 때문이고, 중국 사람들은 평화 관계를 장려, 촉진하기 때문이라고 하였습니다. 그리고 인구가 매우 많아서 그들은 전 세계의 어느 지역도 자기들에 비하여 인구 밀도가 높다고 믿지 않았고, 이러한 것은 예전의 중국 사람들이 다른 백성으로부터 침략을 막기 위하여 그렇게 긴 수 마일의 성벽을 구축하였다는 것에서 역시 믿을 만 합니다. 나는 그 천사들에게서 더 많은 것을 들었는데, 그것은 창세기서 앞장 부분의 세상 창조에 관해서 아담과 이브에 관해서, 에덴 동산과 그리고 홍수가 있기 전의 그들의 자녀들이나 후손들에 관해서, 그리고 노아와 그의 자녀들에 관해서 다루고 있는 것들이 그 말씀에 내포되어 있다는 것, 그리고 따라서 모세에 의하여 그것에서 옮겨 썼다는 것 등등입니다. 대 탈타르 지역에서 온 천사들이나 영들은 동녘의 남쪽에서 보였습니다. 그리고 이들은 보다 높은 영역에 사는 것에 의하여 다른 자들에게서 분리되었고, 그리고 기독교계에서 온 어느 누구도 그들에게 들어오는 것이 허락되지 않았습니다. 그리고 또한 만약에 어느 누구가 거기에 올라오게 되면 그들이 그전의 곳으로 돌아가지 못하게 그들을 지켰습니다. 그들이 이와 같은 분리된 삶을 사는 것은 그들이 가지고 있는 다른 말씀 때문입니다.

280. 넷째 영계 체험기입니다.

나는 한번은 멀리 떨어진 곳에 나무들이 줄지어 있는 사이에 산책길이 있고, 젊은 사람들의 무리들이 거기에 떼지어 있었는데 지혜의 사안에 관해서 토의하는 많은 동료들이 모여 있는 것을 보았습니다. 이것은 영계에 있었던 일입니다. 나는 그들을 향해 다가갔고, 그리고 내가 가까이에 이르렀기 때문에, 나는 그들의 지도자로서 나머지 사람들이 존경하는 한 사람을 보았는데, 그는 지혜의 측면에서 다른 자들에 비하여 월등하였기 때문입니다.

그가 나를 보자, 그는 이렇게 말하였습니다. "나는 당신이 가까이오고 보고 있을 때 이상한 일을 겪었습니다. 그것은 어떤 때는 당신이 시야에서 보이고, 어떤 때는 시야에서 없어졌습니다. 다시 말하면 내가 당신을 볼 수 있기도 하고, 그리고 그 때 갑자기 볼 수 없기도 하였습니다. 당신은 확실히 우리들과 같은 삶의 상태에 있는 것은 아니지요?"

라고 하였습니다. 그 때 나는 웃으면서 이렇게 말하였습니다. "나는 배우도 아니고, 베르탐누스(Vertumnus)도 아니고, 나는 다만 번갈아 귀하의 빛에 있었다가, 귀하의 그늘에 있었다가 하지요. 따라서 여기서는 내가 이방인이었다가, 동향사람이었다가 합니다"라고 하였습니다. 이런 말을 듣자 현명한 사람은 나를 흥미롭게 쳐다보면서 "당신의 말은 정말 이상하기도 하고, 놀랍기도 합니다. 당신이 누구신지 말씀해 주시지요"라고 말하였습니다. 그래서 "나는 당신이 언젠가 있었던 거기에서 이리로 온 그 세상에 있는 사람입니다. 그 곳은 자연계라고 불리는 곳이지요. 그리고 지금은 당신이 있는 영계라고 부르는 그 세계에 있지요. 확실히 나는 동시에 자연적인 상태와 영적인 상태에 있고, 자연적인 상태에서는 땅의 사람들과 같이 있고, 영적인 상태에서는 여러분과 함께 있습니다. 그러니 내가 자연적인 상태에 있을 때는 여러분에게 내가 보이지 않고, 다만 내가 영적인 상태에 있을 때 나는 여러분에게 보이는 것이지요. 내가 이런 상태에 있는 것은 주님에게서 내게 허락하신 일이지요. 조요의 상태에 있는 여러분에게 잘 알려진 것은, 자연계의 사람은 영계의 사람을 보지 못한다는 것이고, 그리고 그 반대도 마찬가지이지요. 그러므로 내가 만약에 나의 영이 나의 육신의 몸에 내려오게 되면 나는 여러분에게 보이지 않게 되고, 반대로 내가 육신에서 벗어나 위로 오르게 되면 나는 보이는 것이지요. 이런 일은 영적인 것과 자연적인 것 사이의 그 구분에서 일어나는 것입니다"고 하였습니다.

[2] 그가 이런 단어들을 들었을 때, "영적인 것과 자연적인 것의 차이"라고 말하면서, "그 차이가 무엇입니까? 그것은 더 순수한 것과 덜 순수한 것 사이에 있는 것 아닙니까? 다시 말하면 영적이라는 것은 단순하게 더 순수한 자연적이 아닙니까?"라고 말하였습니다. 나는 이 말에 "그런 것은 차이가 아니지요. 자연적인 것은 아무리 순수하게 된다고 해도 결코 영적인 것이 될 수가 없습니다. 왜냐하면 이 차이는 마치 선재하는 것(the prior)과 후래하는 것(the posterior) 사이에 있는 것과 같고, 그리고 그 사이에는 한정된 비율(finite ratio)이 없기 때문입니다. 왜냐하면, 선재하는 것(the prior)은, 마치 그것의 결과 안에 원인이 있는 것과 같이, 후래하는 것(the posterior) 안에 있기 때문이고, 그리고 후래하는 것은, 마치 원인이 그것의 결과에서 존재하는 것과 같이, 선재하는 것에서 존재하기 때문입니다. 그러므로 전자는 후자에게 보이지

않습니다" 라고 대답하였습니다. 이 말에 대하여 지혜로운 사람은 "나는 이 차이에 관해서 깊이 명상을 하였지요. 그러나 그 일은 허사였습니다. 나는 내가 그것을 깨닫기를 열망합니다" 라고 말하였습니다. 나는 이 말에 "당신은 영적인 것과 자연적인 것 사이의 차이를 지각할 것이고, 그리고 밝히 알 것입니다" 라고 대답하였습니다. 그 때 나는 또 "당신은 당신의 동료들과 함께 있을 때는 영적인 상태에 있지만, 그러나 나와 함께 있을 때는 자연적인 상태에 있지요. 왜냐하면 당신의 동료들과는 영적인 언어(a spiritual language)로 말하는데, 그 언어는 모든 영이나 천사에게는 일상적인 언어이기 때문입니다. 그러나 나와 함께 있을 때는 당신은 모국어(母國語)로 말을 하기 때문입니다. 왜냐하면 천사나 영이 사람에게 말을 할 때에는 사람의 본래 언어를 사용하기 때문입니다. 따라서 프랑스 사람에게는 프랑스 어로, 그리스 사람에게는 그리스 어로, 아라비아 사람에게는 아랍 어로, 그 밖의 등등 이렇게 말을 하기 때문입니다.

[3] 그러므로 만약에 당신이 언어의 측면에서 영적인 것과 자연적인 것의 차이를 알고자 한다면 이렇게 하십시오. 당신의 동료들에게 가서, 어떤 것을 말해보십시오. 그리고 그 말을 잊지 않고 있다가 그것을 당신의 기억에 가지고 돌아가서 그것을 나에게 말씀하십시오" 라고 말하였습니다. 그는 그렇게 하였습니다. 그의 입에 그 낱말들을 가지고 나에게 돌아와서 그 낱말을 발설하였습니다. 그 낱말들은 전혀 이상하였고, 완전히 외국어였습니다. 이런 낱말들은 자연계에 있는 어떤 언어에서도 발견되지 않는 그런 것이었습니다. 이와 같이 여러 차례 반복되는 경험에 의하여 명료하게 알게 된 사실은, 영계에 있는 모두는 자연적인 언어와 공통적인 것을 가지고 있는 영적인 언어는 아무것도 가지고 있지 않다는 것이고, 그리고 모든 사람은 자기 스스로 사후에 그 영적인 언어에 익숙하게 된다는 것입니다. 내가 한번 알게 된 것은 영적인 언어에 속한 소리는 자연적인 언어에 속한 소리와 전혀 다르다는 것입니다. 그리고 심지어 영적인 언어의 소리가 크다고 해도 자연적인 사람은 전혀 들을 수 없다는 것, 그리고 또한 그와 반대로 자연적인 언어의 소리가 아무리 커도 영적인 사람은 역시 전혀 들을 수 없다는 것입니다.

[4] 이런 일이 있은 뒤 나는 영들이나 그들의 동료들 곁에 서 있는 자들에 가서, 종이 위에 어떤 문장을 쓰고, 그것을 내게 가지고 와서, 그

것을 읽어 주기를 청하였습니다. 그들은 그렇게 하였습니다. 그들은 손에 그 종이를 들고 돌아왔습니다. 그러나 그들이 그것을 읽으려고 돌아왔을 때, 그들은 그것을 읽을 수 없었는데, 그 이유는 그들이 쓴 문장은, 그 글자 위에 굽이 있는, 어떤 알파벳 글자들로 구성되었는데, 그 문장의 각각의 글자는 그 주제에 속한 어떤 것을 뜻하고 있었기 때문입니다. 그 알파벳의 각각의 글자는 어떤 의미를 뜻하고 있기 때문에, 주님께서 "알파와 오메가"(the Alpha and Omega)라고 불리신 이유가 명확하였습니다. 그들은 반복해서 글을 썼고, 다시 되돌아 왔는데, 그 때 그들이 알게 된 것은, 그 글은, 자연적인 글로는 표현할 수 없는, 수많은 것들을 내포하고 있고, 뜻하고 있다는 사실입니다. 그리고 그들에게 일러진 것은, 이것이 사실인 것은 영적인 사람의 생각들은 자연적인 사람에게는 이해될 수도 없고, 표현할 수도 없기 때문에, 그리고 그것들이 다른 문장이나 말로 번역될 수도 없기 때문이라는 것이었습니다.

[5] 그 때 곁에 서 있던 자들은, 영적인 생각이 무엇이라고 표현할 수 없을 정도로 자연적인 생각을 초월한다는 것을 이해하려고 하지 않았기 때문에 내가 그들에게 "직접 실험을 해봅시다. 여러분은 여러분의 영적인 사회에 들어가셔서, 그리고 어떤 주제에 관해서 생각을 하고, 그리고 그것을 간직하시고, 돌아오셔서 그것을 내 앞에서 표현해 보십시오"라고 말하였습니다. 그들은 그 사회에 들어갔고, 한 주제에 관해서 생각을 하였고, 그것을 간직하였고, 그 사회에서 돌아왔습니다. 그리고 그들이 그것을 표현하려고 애를 썼지만, 그들은 표현할 수가 없었습니다. 왜냐하면 그들은 자연적인 생각의 개념이 순수한 영적인 생각의 어떤 개념에도 결코 적합하지 않다는 것을 발견할 수 있었기 때문입니다. 따라서 그것을 표현할 수 있는 글자들이 없었기 때문입니다. 그 뒤에 그들은 다시 거기에 들어갔다가 되돌아왔습니다. 그리고 확신을 가지게 된 것은, 영적인 개념들(spiritual ideas)은 초자연적인 것(supernatural)이고, 그리고 자연적인 사람에게는 표현할 수도 없고, 설명할 수도 없고, 이해시킬 수도 없는 것이라는 것입니다. 그리고 그들은, 자연적인 개념들이나 생각에 비교하면 영적인 개념들이나 생각들은 매우 탁월하기 때문에 그것은 개념들 중의 개념들이고, 생각들 중의 생각들이고, 그러므로 그것들에 의하여 특성들의 특성들이고, 정동들 중의 정동들이라고 표현될 수 있다는 것을 말하였습니다. 결과적으로 영적인 생각들은 자

연적인 생각들의 시작들이고, 근원들이라고 하겠습니다. 이렇게 볼 때 명확한 것은 영적인 지혜는 지혜 중의 지혜이고, 따라서 자연계의 그 어떤 현명한 사람에게도 표현할 수 없는 것이라고 하겠습니다.

[6] 그 때 보다 높은 천계에서 이렇게 일러졌습니다. 사실 천적이라고 부르는 보다 내면적이고, 보다 영적인 지혜가 있는데, 영적인 지혜와의 관계에서 그 지혜는 마치 영적인 지혜와 자연적인 지혜와의 관계와 같고, 그리고 이들 지혜는, 무한을 가리키는 주님의 신령지혜로부터, 천계에 따라서 질서 가운데 입류합니다. 그러므로 나와 같이 말하던 그 사람은 "이것이 내가 목격한 것입니다. 그것은 내가 그것을 지각하였기 때문인데, 하나의 자연적인 개념은 수많은 영적인 개념들의 수용그릇이라는 것이고, 또한 하나의 영적인 개념은 수많은 천적인 개념들의 수용그릇이라는 것입니다. 여기에 결론적인 것으로 뒤이어지는 것은 분할(分割)되는 것은 점점 더 단순하게(simple) 되는 것이 아니고, 더욱 더 다양, 복잡한 것(manifold)이 된다는 사실입니다. 그것은, 모든 것들을 무한히 수용, 담는, 무한존재(the infinite)에게 보다 더 가까이 접근하기 때문입니다.

[7] 이런 일이 있은 뒤에, 나는 옆에 있는 자들에게 "이와 같은 세 경험적인 증명들에서 여러분은 영적인 것과 자연적인 것의 차이가 어떤 것인지, 그리고 비록 그들이 완전한 인간적인 모습으로 있다고 해도, 그리고 그런 형체로 말미암아 하나가 다른 쪽을 볼 수 있는 것처럼 보이지만 자연적인 사람은 영적인 사람을 보지 못하고, 또는 영적인 사람은 자연적인 사람을 보지 못하는 이유가 무엇인지 알았을 것입니다. 그러나 마음에 속한 내면적인 것들은 그 형체를 구성하는 것이고, 그리고 영들의 마음이나 천사들의 마음은 영적인 것들로 형성되지만, 이에 반하여 사람들의 마음들은, 그들이 이 세상에 사는 동안에는, 자연적인 것들로 이루어진다는 것도 알았을 것입니다" 라고 말하였습니다.

이 일이 있은 뒤 높은 천계에서 한 음성이 들렸습니다. 옆에 서 있는 자에게 "이리 오십시오" 라고 말하였습니다. 그가 거기에 갔다가 되돌아 와서 하는 말은, 천사들도 전에는 영적인 것과 자연적인 것의 차이를 알지 못하였는데, 그 이유는 한번 두 세계에 있있던 사람 안에는 비교의 방법이 전에는 주어지지 않았기 때문이고, 그리고 비교나 관계가 없다면 이들의 차이는 알 수 없기 때문입니다 라고 하였습니다.

[8] 우리는 서로 헤어지기 전에, 우리는 다시 이 사안에 관해서 토의하였습니다. 나는 "이런 차이들은 오직 이런 것에서 비롯된 것입니다. 그것은 영계의 여러분은 물질적인 것이 아닌, 본질적인 것에 있고, 그리고 본질적인 것들은 물질적인 것들의 시작들입니다. 물질적인 것이란 물질적인 것들의 집합체 이외에 무엇이겠습니까? 그러므로 여러분은 원리들(principles) 안에 있고, 따라서 지극히 작은 구성 요소들(the least particles) 안에 있지만, 이에 반하여 우리들은 파생적인 것들(derivatives)이나 합성된 것들(compounds) 안에 있습니다. 여러분은 특유한 것들(particulars) 안에 있지만, 이에 반하여 우리는 조악한 것들(generals) 안에 있습니다. 그리고 조악한 것들은 특유한 것들 속에 들어올 수 없듯이 따라서 물질적인 것을 가리키는 자연적인 것들은 본질적인 것을 가리키는 영적인 것들 속에 들어올 수 없습니다. 그것은 마치 배에 쓰이는 닻줄이 바늘귀에 들어올 수 없고, 통과할 수 없는 것과 꼭 같고, 또한 신경(nerve)이 그것들로 형성하는 신경섬유의 하나에 들어올 수 없는 것과 꼭 같습니다. 이런 것이 바로 자연적인 사람이 영적인 사람의 생각들(思想)을 생각할 수 없는 이유이고, 따라서 자연적인 사람이 영적인 사람의 생각을 발설할 수 없는 이유입니다. 그러므로 바울이 삼층천으로부터 들은 것을 그는 필설로 표현할 수 없는 것(ineffable)이라고 하였습니다.

[9] 여기에 더 부연하십시오. 영적으로 생각한다는 것은 시간(時間)이나 공간(空間)을 떠나서 생각하는 것입니다. 이에 반하여 자연적으로 생각한다는 것은 시간과 공간에 일치하여 생각하는 것입니다. 왜냐하면 자연적인 생각에 속한 모든 것에는 시간과 공간에서 비롯된 것이 밀착(密着)되어 있기 때문이지만, 그러나 영적인 개념은 그렇지가 않기 때문입니다. 그리고 이런 이유 때문에 영계는, 자연계가 존재하는 것과 같이, 공간이나 시간 안에 존재하지 않고, 오히려 이런 양자에 속한 외현(外現・appearance) 안에 있는 것뿐입니다. 동일한 방법으로 두 세계의 생각들(=사상들・thoughts)과 지각들(perceptions)은 서로 다른 것입니다. 이런 이유 때문에 여러분께서는 영원부터 계시는 하나님의 본질(essence)이나 전능(omnipotence)에 관해서 생각할 수 있고, 다시 말하면 세상 창조 이전의 하나님에 관해서 생각할 수 있는 것입니다. 그것은 여러분이 시간을 떠나서 하나님의 본질에 관해서 생각하기 때문이고, 공간을 떠

나서 하나님의 전능을 생각하기 때문입니다. 따라서 여러분은 사람의 자연적인 개념들을 초월한 것으로 이런 것들을 이해, 파악할 수 있기 때문입니다" 라고 말하였습니다.

[10] 그 때 나는 그들에게 이런 말을 하였습니다. 나는 언젠가 영원부터 계신 하나님의 본질과 편재(遍在 · 무소부재)에 관해서, 다시 말하면 세상 창조 이전에 계신 하나님에 관해서 생각을 하였습니다. 내가 그 때 나의 생각에 속한 개념들로부터 공간이나 시간을 분리시킬 수 없었기 때문에 나는 몹시 불안하였습니다. 그것은 자연에 속한 개념이 하나님의 자리를 차지하고 있었기 때문입니다. 그러나 내게 일러진 것은 "어서 공간과 시간의 개념을 떠나십시오. 그러면 알게 될 것입니다" 라는 것이었습니다. 그리고 나는 그것들에게서 떠나는 일이 허락되었습니다. 그리고 나는 보고, 알았습니다. 그것은 그 때 영원부터 계신 하나님에 관해서 생각할 수 있었지만, 그러나 영원부터 없는 자연에 관해서는 결코 생각할 수 없었기 때문입니다. 왜냐하면 하나님께서는 시간을 떠난 모든 시간 안에 계시기 때문이고, 공간을 떠난 모든 공간 안에 계시기 때문입니다. 그러나 자연은 시간 안에 있는 모든 시간 안에 존재하고, 공간 안에 있는 모든 공간 안에 존재하기 때문입니다. 그것의 시간이나 공간과 함께 있는 자연은 반드시 시작(beginning)을 가지고 있어야 하지만, 그러나 시간이나 공간을 떠난 하나님은 시작을 가지지 않습니다. 그러므로 자연은 영원부터 있는 하나님은 아니고, 다만 자연은 하나님으로 말미암아 시간 안에 존재하고, 자연은 그것 고유의 시간이나 공간과의 관계에서 존재합니다.

281. 다섯째 영계 체험기입니다.

나에게는 주님에 의하여 영계와 자연계에 동시에 있는 일이 허락되었기 때문에, 따라서 나는 동시에 사람들과 더불어 천사들과 같이 대화를 할 수 있었기 때문에, 그리고 그런 일에 의하여 지금까지 이 세상에는 알려지시 않은 사망 뒤에 들어가는 사람들의 상태 등에 대해서 잘 알게 되었습니다. 왜냐하면 나는 나의 친척들이나 친구들과 대화를 하였기 때문이고, 그리고 지금까지 27년 동안 계속되는, 그들의 최후를 마친 임금들, 귀족들 · 유식한 사람들과 이야기를 나누었기 때문입니다. 나는 체험한 생생한 경험들로부터 사후 사람들의 상태들을 능히 기술할 수 있었습니다. 그 상태들이란 착하게 산 사람이나 악하게 산 사람의 상태가 되겠습니다. 그러나 여기서 나는 성경말씀에서 비롯된 교리의 거짓들로 스스로 다짐, 확증한 자들의 상태에 관한 몇몇을 언급하려고 합니다. 특히 오직 믿음에 의한 칭의(依唯信得義)의 교리에서 옹호하는 이런 일이 행해진 자들의 상태입니다. 계속되는 이런 부류의 상태들은 아래와 같습니다.
(i) 사람은 죽은 뒤 영으로 다시 소생(蘇生)하는데, 이런 일은 일반적으로 심장의 고동(鼓動)이 멎은 뒤 셋째 날에 일어납니다. 그 때 그들은, 그들이 이 세상에 살 때와 너무나 꼭 같아서, 자신들에게는 육신을 입고 있는 것처럼 보여서, 그들이 여전히 예전의 세상에 살고 있다는 것 이외에 아무것도 알지 못합니다. 그럼에도 불구하고 물질적인 몸으로 있지 않고, 본질적인 것을 가리키는 몸으로 있는데, 그들의 감관들에게는 물질적으로 있는 것 같이 보이지만, 그러나 물질적인 것은 아닙니다.
[2] (ii) 몇 날들이 지난 뒤 그들은 그들이 다종다양의 사회들로 이루어진 어느 세상에 있다는 것을 알게 되는데, 그 새로운 세상을 영들의 세계(the world of spirits)라고 부릅니다. 그리고 영들의 세계는 천계와 지옥 중간에 있습니다. 거기에 있는 헤아릴 수 없이 많은 모든 사회들은 놀라웁게도 선하고, 악한 자연적인 정동들에 따라서 정리, 정돈되어 있습니다. 자연적인 선한 정동에 따라서 정리, 정돈된 사회들은 천계와 교통하고, 그리고 자연적인 악한 정동에 따라서 정리, 정돈된 사회들은 지옥과 교통합니다.
[3] (iii) 신참 영(the novitiate spirit), 즉 영적인 사람은 선하거나 악한 사회들에게로 안내, 옮겨지게 되고, 그리고 선하고 참된 것에 의해서는 어떻게 감동되는지, 또는 악하고 거짓된 것에 대해서는 어떻게 영향을 받는지에 관해서 시험, 검토됩니다.
[4] (iv) 만약에 그가 선한 것이나 참된 것에 의하여 감동되면, 그는 악한 사회들에게서 격리(隔離)되고, 그리고 선한 사회들에게 인도되고, 그리고 그는 그의 자연적인 정동과 일치하는 대응 가운데 있는 한 사회에 들어가기까지 다양한 여러 사회들에게 인도됩니다. 그리고 거기서 그는 그 정동에 대응하는 선을 향유(享有)하고, 그리고 이런 것을 향유하는 일은 그가 자연적인 정동을 벗고, 영적인 정동(a spiritual affection)을 입을 때까지 계속되고, 그리고 그 때 그는 천계에 오르게

됩니다. 그리고 이런 일은, 이 세상에서 인애의 삶(a life of charity)을 살고, 따라서 주님을 믿고, 악들을 죄들로 알고, 기피하는 믿음의 삶(a life of faith)을 산 자들에게 일어납니다.
[5] (v) 그러나 온갖 추론들에 의하여 거짓들 가운데 자기 자신을 다짐, 확증한 자들은, 특히 성경말씀에 의하여 확증한 자들은, 그래서 단순히 자연적으로 살았고, 따라서 악한 삶을 산 자들은, 왜냐하면 악들은 거짓들을 수반(隨伴)하고, 그리고 거짓들에 밀착하기 때문에, 그러므로 그들은 선한 것이나 참된 것에 의하여 감동되지 않고, 오히려 악한 것이나 거짓된 것에 의하여 영향을 받기 때문에, 선한 사회들로부터 악한 사회들에게 안내되고, 그리고 그들이 그들의 애욕에 속한 탐욕에 맞는 어떤 사회에 들어갈 때까지 다른 여러 사회들에게 안내, 들어가게 됩니다.
[6] (vi) 그러나 비록 그들의 내적인 것들 안에는 오직 악한 정동들, 즉 탐욕들이 있지만, 이 세상에서 이런 자들은 외적인 것들에서는 선한 정동들로 가장(假裝)할 수 있기 때문에, 그들은 번갈아 가면서 겉으로는 선 안에 있습니다. 이 세상에서 여러 사회들을 지배, 장악했던 자들은 영들의 세계에서는 그들의 이전 생활에 맞는 임무들의 범위에 이르는 전 사회나 또는 부분적으로 지배하는 일에 여기저기에서 일을 담당하게 됩니다. 그러나 그들은 참된 것이나 정의로운 것에 대한 사랑을 전혀 가지고 있지 않기 때문에, 그리고 참된 것이나 정의로운 것을 알려고 하는 조요의 상태에 있을 수 없기 때문에 몇 날이 지나면, 그들은 그 자리에서 물러납니다. 나는 한 사회에서 다른 사회로 옮겨지는 자들을 여럿 보았고, 그리고 그들에게 주어진 직무의 권위까지도 얼마 가지 않아서 늘 빼앗기는 것도 자주 보았습니다.
[7] (vii) 빈번한 실직들이 있은 뒤, 어떤 자들은 원하지 않는 싫증으로 말미암아, 또는 도저히 참을 수 없는 그들의 명성(名聲)의 실추(失墜)에 내한 두려움으로 말미암아 또 다른 직무를 찾아야 한다는 두려움으로 말미암아 그들은 의기소침(意氣銷沈)하였고, 슬픔에 빠져 있었고, 그리고 그 뒤에는 사막으로 쫓겨났고, 그들은 거기에 있는 오두막에 머물러 있었고, 그리고 어떤 자들은 거기에서 무엇인가를 하는 일이 주어지기도 하였습니다. 그들은 그 일을 하는 것으로 겨우겨우 입에 풀칠을 하였습니다. 만약에 그들이 이런 일마저 하지 않는다면 그 때 그들은 먹거리

를 전혀 받지 못해서 굶주림에 빠지고, 따라서 먹고 살아야 하는 필수품 때문에 강압적으로 굴복할 것입니다. 거기에도 우리의 세상에 있는 것과 같은 먹거리가 있지만, 그러나 그것은 영적인 근원에서 비롯된 것이고, 그리고 주님에 의하여 천계를 통하여 그들이 성취한 선용들(善用・uses)에 일치해서 모두에게 주어집니다. 게으르고 나태(懶怠)한 자에게는, 그들이 쓸모가 없기 때문에, 전혀 먹거리가 주어지지 않습니다.

[8] (viii) 한참 지난 뒤 그들은 그들이 하는 일에 싫증이 생겨서, 그들의 오두막들을 떠났습니다. 만약에 그들이 사제들이었다면 그들은 큰 빌딩을 짓는 일을 열망하였을 것입니다. 그들은 즉시 담음은 돌・벽돌들・들보들・널빤지들의 무더기가 즉시 보이게 되고, 갈대나 짚더미・흙더미・석회더미・역청 무더기가 눈에 띌 것입니다. 아마도 그들이 이런 것들을 보게 되면 그들은 속에서 빌딩을 짓겠다는 큰 욕망의 불을 지피겠지요. 그리고 그들이 지금은 돌로, 다음은 벽돌, 다음은 갈대로, 그 다음은 진흙을 가지고 그들 눈에는 질서정연하게 보이지만, 무질서하게 이것 위에 저것을 쌓는 식으로 집을 짓기 시작할 것입니다. 그러나 그들이 낮 동안에 지은 것은 밤에 무너지고, 그리고 다음 날 그들은 잡동사니 속에서 재료들을 다시 모으고, 다시 집을 지을 것입니다. 그리고 낮에 지은 것이 밤에 무너지는 식으로 계속 이어지면, 그들은 집짓는 일에 탈진(脫盡), 지쳐 쓰러질 것입니다. 이런 일은 곧 대응으로 말미암아 일어난 것입니다. 그 대응은, 믿음으로 거짓이 무엇인지 증명하기 위하여 성경말씀에서 어떤 장절을 모으는 일을 가리킵니다. 그들의 그와 같은 거짓들은 마치 교회를 세우는 일과 다르지 않습니다.

[9] (ix) 그런 뒤에 그들은 지쳐서 그 일에서 손을 떼고, 외로이 처량하게 앉아 있게 됩니다. 앞에서 언급한 것과 같이, 천계에서는 게으른 자에게 먹거리가 전혀 주어지지 않기 때문에 그들은 점차 배고프기 시작하였습니다. 그는 어떻게 하면 무엇을 먹을 수 있을까 하는 것 이외에는 아무것도 생각 않고 오로지 배고픔만 생각하였습니다. 그들이 이런 상태에 있는 동안 여러 사람들을 찾아가서 그들에게 도움을 청하였습니다. 그러나 이들은 하나같이, "당신은 왜 그렇게 게으르게 앉아 있습니까? 우리와 같이 집으로 가십시다. 우리는 당신에게 일할 수 있는 일거리를 주고, 먹을거리도 줄 것입니다"라고 말하였습니다. 그 때 그들은 반가웁게 그 자리에서 일어나, 그들과 함께 집으로 돌아갔습니다.

제 4 장 · 성서 · 주님의 말씀 569

각자에게 그들의 일이 주어졌고, 그리고 그 일을 한 대가로 음식을 받았습니다. 그러나 이들 중에는 믿음에 속한 거짓들로 다짐, 확증한 자들은 아무도 없기 때문에 그들은 선용을 이루기 위하여 일들을 열심히 할 수 있었습니다. 그러나 나쁜 목적을 위해서 일을 할 수 있는 자들은 믿음직스럽게 일을 할 수 없었고, 다만 남을 속이는 일이나 하고, 성의 없이 억지로 일을 하였습니다. 그들은 자신들의 업무를 포기하고, 쓸데없이 동료들을 찾아가서 잡담이나 하고, 이러 저리 빈둥거리며 돌아다니고, 아니면 잠자는 일로 시간을 보냈습니다. 그들은 주인이 시키는 일을 할 수 없게 되어서 그들은 쓸모없는 사람이 되어 해고(解雇), 거기에서 쫓겨났습니다.

[10] (x) 그들이 해고되어 쫓겨났을 때 그제서야 그들은 제정신이 들어 눈을 뜨게 되었고, 그들은 어떤 동굴로 가는 길을 보았습니다. 그들이 거기에 이르자 문이 열렸습니다. 그들은 안으로 들어가서, 거기에 먹을 것이 있는지를 물었습니다. 그 때 그들에게 일러진 것은 거기에 남아서 그들이 구걸해도 된다는 허락이 있었습니다. 그들이 그 안으로 안내되어 들어가자 그들 뒤에서 문이 닫혀 버렸습니다. 그 때 동굴을 지키는 자가 와서 그들에게 말하였습니다. "당신은 앞으로 나아갈 수 없소. 당신은 당신의 동료들을 잘 보십시오. 그들은 모두 열심히 애를 쓰고 있소. 그들의 노력에 따라서 하늘로부터 먹거리가 그들에게 주어질 것입니다. 나는 이것 밖에 할 말이 없소. 잘 아십시오" 라고 하였습니다. 그들의 동료들도 역시 그들에 말하였습니다. "우리의 감독자는 각자가 할 수 있는 적정량의 일거리를 잘 알고 있소. 매일 매일 각자에게 그 과업량을 부과할 것입니다. 당신이 일을 한 날에는 먹거리가 주어지고, 일을 하지 않으면 먹거리는 물론, 입을 옷가지고 주어지지 않습니다. 그리고 만약에 어느 누구가 다른 사람에게 해를 끼치면, 동굴 구석에 먼지로 덮여 있는 침대에 던져질 것이고, 그 곳에서 심한 고통을 겪을 것입니다. 이러한 일은 감독관이 당신 몸에서 회개의 어떤 증표가 보일 때까지 계속될 것이고, 그리고 그 때 거기에서 풀려나고, 그리고 그의 과업이 주어질 것이오" 라고 하였습니다.

[11] 그 때 그에게 일러진 것은 각자는 자신의 과업량을 다한 뒤에, 거니는 일도, 말을 하는 일도, 그리고 그 뒤에 잠자는 일도 허락된다는 것이었습니다. 그리고 그는 더 깊이 굴 속으로 들어갔는데, 거기에는

매춘부들이 있었고, 각자 각자는 그녀들 중에서 하나를 골라서, 그의 아내로 그녀를 부르는 것이 허락되었습니다. 그러나 문란한 매춘행위는 형벌들로 금지하였습니다. 그 지옥은 영원한 작업장 이외에 아무것도 없는 곳들로 이루어졌습니다. 나는 알고 있는 사실을 명확하게 하기 위하여 그 곳에 들어가 거기를 보는 것이 허락되었습니다. 거기에 있는 자들은 모두 저속한 자들 같이 보였습니다. 그들 중에는 그가 이 세상에서 살 때 어떤 사람이었는지, 무슨 직업을 가졌었는지 아는 자는 아무도 없었습니다. 그러나 나와 함께 있는 천사가 나에게 이런 말을 하였습니다. "이 사람은 세상에 있을 때 종이었고, 이 사람은 군인이었고, 이 사람은 장군이었고, 이 사람은 사제였고, 이 사람은 지위가 높은 사람이었고, 이 사람은 부자였습니다. 그러나 그들이 어떤 사람이었는지는 그들 이외에는 아무도 알지 못하였습니다. 그러나 지금은 노예의 일원이라는 것 밖에는 아무것도 모릅니다. 그것은, 비록 겉으로 보기에는 닮지 않았지만, 그들은 속으로는 서로 비슷하였기 때문입니다. 영계에 있는 모두는 그들의 내면적인 것에 따라서 서로 모여 있습니다.

[12] 일반적으로 지옥을 보면, 지옥은 주로 동굴들이나 노역장들로 이루어져 있습니다. 그러나 사탄이 있는 곳에 있는 자들은 악마들이 있는 곳에 있는 자들과 다릅니다. 사탄들이라고 불리는 자들은 거짓들 안에 있는 자들이고, 결과적으로는 악들에 빠져 있는 자들입니다. 그리고 악들에 빠져 있는 자들은 악마들이라고 불리는데, 결과적으로는 거짓들에 빠져 있습니다. 사탄들은 천계의 빛 가운데서는 마치 죽은 송장처럼 검푸른 색(livid)을 띄우고, 어떤 자들은 마치 미라들처럼 검게 보입니다. 천계의 빛에서 악마들은 거무스름한 불길처럼 보이고, 어떤 자들은 숯검댕이처럼 검게 보입니다. 그러나 그 모양과 용모는 모두가 괴물입니다. 그러나 목탄이 타는 빛 같은 그들의 빛 가운데서는 그들은 사람들과 같지는 않지만 괴물들과 같이 보이지는 않습니다. 이런 모든 것은 그들이 서로 친교하도록 주어진 것입니다.

≪순정기독교≫ 상권 끝

□ **옮긴이 약력**

이 영 근 서강대학교 경상대학 경제학과, 중앙대학교 사회개발 대학원 사회복지학과, 한국 새교회 신학원에서 공부하였으며, 예수교회 목사로 임직한 이후 예수교회 공의회 의장을 역임하였고, 월간「비지네스」편집장, 월간「산업훈련」편집장, 한국 IBM(주) 업무관리부장을 역임하였다. 현재 예수+교회 제일예배당 담임목사이고,「예수 + 교회」발행인 겸 편집인, 도서출판 〈예수인〉 대표이다. 역서로는 스베덴보리 지음 〈창세기1·2·3장 영해〉(1993), 〈순정기독교 상·하〉(공역·1995), 〈최후심판과 말세〉(1995), 우스터 지음〈마태복음 영해〉(1994), 스베덴보리 지음〈천계비의1권〉아담교회·2권 노아교회[1]·3권 노아교회[2]·4권 표징적 교회[1]·5권 표징적 교회[2]·6권 표징적 교회[3]·7권 표징적 교회[4]·8권 표징적 교회[5]·9권 표징적 교회[6]·10권 표징적 교회[7]·11권 표징적 교회[8]·12권 표징적 교회[9]와 13권 표징적 교회[10]·14권 표징적 교회[11]·15권 표징적 교회[12]·16권 표징적 교회[13]·17권 표징적 교회[14]·18권 표징적 교회[15]·19권 표징적 교회[16]·20권 표징적 교회[17]〈천계와 지옥(上·下)〉(공역·1998), 〈신령사랑과 신령지혜〉(공역·1999), 〈혼인애〉(2000) 〈새로운 교회·새로운 말씀〉(공역·2001), 〈스베덴보리 신학 총서(上·下)〉(2002), 〈영계일기[1]〉(공역·2003)·〈영계일기[2]〉공역·2006)·〈영계일기[3]〉(공역·2008), 〈묵시록해설[1-6]〉, 〈새로운 교회의 사대교리〉(2003)와 저서로는 〈이대로 가면 기독교 또 망한다〉(2001), 성서영해에 기초한 설교집 〈와서 보아라〉[1]·[2](2004)와 [3](2005)과 편찬으로는 〈천계비의 색인·용어 해설집〉이 있다.

순정기독교 [상]

2017년 4월 1일 인쇄
2017년 4월 10일 발행
지은이 임마누엘 스베덴보리
옮긴이 이영근
펴낸이 이영근
펴낸곳 예수인

  1994년 12월 28일 등록 제 11-101호
  (우) 157-014
  연락처·예수교회 제일예배당·서울 강서구 화곡 4동 488-49
  진 화·0505-516-8771·2649-8771·2644-2188
  대금송금·국민은행 848-21-0070-108 (이영근)
      우리은행 143-095057-12-008 (이영근)
      우 체 국 012427-02-016134 (이영근)

ISBN 97889-88992-73-9 04230(set)   값 40,000원
ISBN 97889-88992-74-6

◇ 예수인의 책들 ◇

순정기독교(상.하) 스베덴보리 지음 · 이모세 · 이영근 옮김 각권 값 20,000원
혼인애 스베덴보리 지음 · 이영근 옮김 값 35,000원
천계와 지옥(상 · 하) 스베덴보리 지음 · 번역위원회 옮김 각권 값 11,000원
신령사랑과 신령지혜 스베덴보리 지음 · 이모세 · 이영근 옮김 값 11,000원
최후심판과 말세 스베덴보리 지음 · 이영근 옮김 값 9,000원
천계비의 ① **아담교회** ―창세기 1-5장 영해― 스베덴보리 지음 · 이영근 옮김 값 11,000원
천계비의 ②③ **노아교회** [1]·[2] ―창세기 6-8장 / 9-11장 영해― 스베덴보리 지음 · 이영근 옮김 각권 값 11,000원
천계비의 ④-⑱ **표징적 교회** [1]·[2]·[3]·[4]·[5]·[6]·[7]·[8]·[9]·[10]·[11]·[12]·[13]·[14]·[15] ―창세기 12-14/15-17/8-19/20-21/22-23/24-25/26-27/28-29/30-31/32-34/35-37/38-40 /41-42장 /43-46/47-50영해― 스베덴보리 지음 · 이영근 옮김 각권 값 11,000원
천계비의 ⑲ **표징적 교회** [16]·[17] ―출애굽기1-4장/ 5-8장 영해― 스베덴보리 지음 · 이영근 옮김 각권 값 14,000원
묵시록 해설[1]·[2] 스베덴보리 지음 · 이영근 · 박예숙 옮김 각권 값 15,000원
스베덴보리 신학총서 개요 (상 · 하) 스베덴보리 지음 · M. 왈렌 엮음 · 이영근 옮김 각권 값 45,000원
영계 일기[1]·[2]·[3] 스베덴보리 지음 · 안곡 · 박예숙 옮김 각권 값 11,000원
새로운 교회의 사대교리 스베덴보리 지음 · 이영근 옮김 값 40,000원
이대로 가면 기독교 또 망한다 이영근 지음 값 12,000원
성서영해에 기초한 설교집 ≪와서 보아라≫[1]·[2]·[3] 이영근 지음 각권 값 9,000원

* 이 책들은 영풍문고 · 교보문고 · ≪예수인≫본사에서 구입할 수 있습니다.